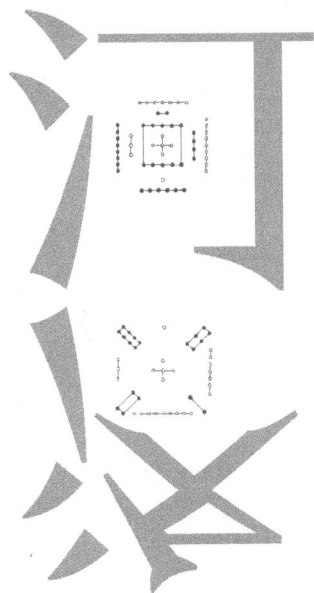

河洛文化研究丛书

河洛文化与汉民族散论

陈义初　主编

河南人民出版社

图书在版编目(CIP)数据

河洛文化与汉民族散论/陈义初主编. — 郑州:河南
人民出版社,2018.2
(河洛文化研究丛书)
ISBN 978-7-215-11328-2

Ⅰ. ①河… Ⅱ. ①陈… Ⅲ. ①文化史—研究—
河南 ②汉族—民族历史—研究 Ⅳ. ①K296.1 ②K281.1

中国版本图书馆 CIP 数据核字(2018)第 027218 号

河南人民出版社出版发行
(地址:郑州市经五路66号 邮政编码:450002 电话:65788063)
新华书店经销 北京虎彩文化传播有限公司印刷
开本 710 毫米×1000 毫米 1/16 印张 38.25
字数 500 千字
2018 年 2 月第 1 版 2018 年 2 月第 1 次印刷
定价:266.00 元

目　　录

中国古代都城考古反映的
河洛文化历史地位

刘庆柱

古代都城是古代国家的政治统治中心、经济管理中心、军事指挥中心、文化礼仪活动中心,都城是国家的历史缩影。一个地区的古代都城分布情况,可以反映出其在国家及民族历史发展中的地位。

就"文化"命名而言,"河洛文化"不是传统意义上的考古学文化,它应属于历史地理学的文化概念,即古代历史的区域文化。河洛文化是以地域命名的历史"文化"。

关于河洛文化的时空概念,已有许多学者发表大量文章,其观点也各有不同。[①] 但是大多数学者认为"河洛"的空间范围应以洛阳地区为中心,包括了河南境内的黄河中游一带,也就是通常所说的中原地区;时间上应该包括新石器时代晚期、三国、汉魏至唐宋时代。

---

① 李学勤先生认为:"河洛文化这一名称可有狭义、广义的不同理解。狭义的河洛,只指洛阳四周一带,若从文化角度来看,应该说这只是更广阔的一个区域的中心。这个大的区域,就是黄河中游的中原地区。因此,这里说的河洛文化即是中原文化。"见《光明日报》2004 年 8 月 24 日,《河洛文化研究的重要意义》。许顺湛先生提出:"河洛地区大体包括黄河与洛河交汇的内夹角洲、外夹角洲以及黄河北岸的晋南和豫北。河洛文化圈向西可伸入关中,向东可以达到豫东。"见《光明日报》2004 年 9 月 7 日,《河洛文化与黄河文明》。朱绍侯先生指出:河洛文化分布地区以洛阳为中心,西至华阴、东至开封,南至汝颍、北至晋南;河洛文化圈则包括今河南全境。因此说,河洛文化就是狭义的中原文化。广义的中原文化应包括河洛、齐鲁、秦晋、燕赵等文化。见《河洛文化与河洛人、客家人》,《文史知识》,1994 年第 3 期。张新斌同志的《河洛文化若干问题的讨论与思考》一文,介绍了学术界关于河洛文化所涉及的时空概念的一些主要观点。见《根在河洛——第四届河洛文化国际学术讨论会论文集》,大象出版社 2004 年版。

　　河洛地区在中国古代历史上的重要地位,可以从该地区的古代都城史得到佐证。中国古代都城之中,自夏商周至秦汉隋唐与北宋,在中国古代都城发展史上,有着重要政治与学术意义的都城遗址,如偃师二里头遗址、偃师商城遗址、郑州商城遗址、西周时代的成周和东周王城遗址、汉魏洛阳城遗址、隋唐洛阳城遗址和北宋开封城遗址,均分布在"河洛文化"地区。从考古学的宏观层面上说,上述古代都城遗址是河洛文化最为重要的物化载体,是河洛文化最为集中的物化体现,它们再现了河洛文化的历史地位:即"河洛文化"地区是中国古代文明形成与国家出现的地区,是其作为都城时期的国家"京师"与"京畿"的全国首善之区,是国家的政治统治中心、经济管理中心、军事指挥中心与文化礼仪活动中心。河洛地区的区位优势,决定了河洛文化必然是河洛地区作为都城时代的国家"主体文化"。

　　下面分别以河洛地区不同时期的古代都城,说明河洛文化在中国古代文明及以汉族为主体的中华民族的形成与发展中的历史地位与作用。

　　1. 河南偃师二里头遗址。学术界一般认为,夏代是中国古代王国的最早的朝代,也就是中国历史上第一个王国。如果王国可以被视为真正意义上的"国家"的话,那么夏王朝就是中国历史上的第一个国家。从政治学、历史学来看,"文明形成"与"国家出现"是同意的,这里的"文明"社会是相对"野蛮"社会而言的,"文明"社会实际上是有"政府"的社会,即"国家"社会;反之,"野蛮"社会应该是"无政府"的社会,即"前国家"社会,也就是"史前时代"社会或"原始社会"。因此,夏王朝的王国是目前我们可以认定的中国古代"文明形成"、"国家出现"的最早国家。夏王国的都城是其物质文化最为集中的反映,位于河洛地区中心地带的河南偃师二里头遗址,被学术界一般认为是夏代中晚期的夏王朝都城遗址,也是学术界认为目前唯一可以确认的夏王朝都城遗址,有人形象地将其誉为"中国第一王都"。二里头遗址发现的中国古代最早的宫城及其内部的大型宫殿夯土建筑遗址、青铜礼器与青铜冶铸作坊遗址、绿松石的龙形器及绿松石作坊遗址,以及一批具有重要礼仪功能的玉器等,无疑是二里头遗址作为中国古代第一王都的物化载体,它们也是河洛文化影响其后中华文明发展的集中体现。

　　考古发现说明,中国古代都城必须具备宫城,而宫城的平面一般为方形或长方形,宫城之中主要分布着宫殿或宫庙建筑群。从明清北京城的皇城和紫禁城、元大都的皇城与宫城向上推,北宋开封城的内城与宫城、隋唐长安城的皇城与宫城(即大明宫、兴庆宫)与隋唐洛阳城的皇城与宫城、邺城的宫城、北魏洛阳城的内城与宫城、魏晋洛阳城的宫城、东汉洛阳城的南宫与北宫、汉长安城的未央宫、秦咸阳城的咸阳宫、东周列国都城的小城或宫城(秦雍城、楚纪南城、齐临淄城、燕下都、郑韩故城、赵邯郸城、魏安邑城等小城或宫城)、偃师商城宫城等,均循此律。而二里头遗址的近年考古发现,证实这样一种涉及国家都城建设的基本制度,从目前考古资料来看,其源头就始于河洛文化中心地区的重要古代文化遗存二里头遗址的宫城遗址。①

宫殿建筑是古代国家权力机构的最为集中的空间形式,考古学上的大型宫殿建筑遗址是国家政权的物化体现。二里头遗址第一号、第二号及其宫城遗址中的其他宫殿建筑遗址,是目前我们可以确认的中国古代最早的宫殿建筑遗址。以二里头遗址第一号和第二号宫殿建筑遗址为例,其封闭式的长方形或近方形的院落平面,主体建筑居北、坐北朝南、平面为长方形或矩形,宫殿南部为庭院,院落南面中部辟门等建筑形制,②基本上为以后历代都城宫殿建筑所沿袭。如偃师商城宫城中宫殿建筑遗址、东周列国都城之宫殿建筑遗址、汉长安城未央宫前殿遗址、东汉洛阳城南宫前殿与北宫德阳殿、魏晋洛阳城与北魏洛阳城宫城太极殿遗址、隋唐长安城宫城太极殿与大明宫含元殿遗址、隋唐洛阳城宫城的乾元殿、北宋开封城宫城的大庆殿、元大都宫城的大明殿、明清北京城宫城的明代皇极殿与清代太和殿等建筑布局形制,均可反映出二里头遗址的宫殿建筑遗址的深刻影响。建筑作为凝固的历史,充分说明二里头遗址的都城宫城及宫殿建筑对中国古代文明的发展影响之深远。

作为都城遗址的二里头文化墓葬中出土的铜爵是中国古代出现最早的青铜礼器,二里头遗址出土的青铜器均产生于当地的大规模青铜冶铸作坊遗址,这无

---

① 中国社会科学院考古研究所二里头工作队:《河南偃师市二里头遗址宫城及宫殿区外围道路的勘察与发掘》,《考古》2004 年第 11 期。

② 中国社会科学院考古研究所:《偃师二里头——1959 年~1978 年考古发掘报告》,中国大百科全书出版社 1999 年版。

疑又说明二里头文化的青铜礼器是二里头遗址"土生土长"的。① 这里发现的青铜礼器奠定了三代青铜文明的基础。真正严格意义上的青铜文明是从二里头文化开始的,是从二里头遗址影响到其他地方。二里头遗址发掘出土的绿松石龙形器最为接近中华民族所推崇的"龙"。②

作为河洛文化中心地区二里头遗址考古发掘所揭示的都城之宫城与宫殿建筑遗址布局结构、出土的最早的青铜礼器与绿松石龙形器都凸现出它们在中华文明的形成与发展中的关键地位和重要作用。二里头文化是河洛文化的重要内容,是河洛文化在中国古代文明形成与早期发展的核心作用与历史地位的考古学的科学佐证。

2. 偃师商城与郑州商城遗址。在二里头遗址附近发现的偃师商城——尸乡沟商城,属于商代早期的都城。偃师商城遗址的考古发现说明,它传承、发展了二里头遗址及二里头文化的文明,并以此进一步扩展了华夏文明在中华大地的影响。这主要反映在偃师商城由大城和宫城两部分组成(有的学者认为偃师商城由大城、小城和宫城三重城组成。我认为这里所说的大城与小城是属于不同时期的,大城建成后,小城可能就被逐渐废弃了。小城与宫城同时使用时,大城尚未修建),以及宫城中的宫庙建筑群分列东西与宫城北部辟有池苑与祭祀区等。③ 与偃师商城年代相近的郑州商城的考古发现,也揭示了这座都城由大城和宫城两部分组成。④ (有的学者认为郑州商城为三重城,我认为就目前考古资料来看还是属于两重城。)河洛文化分布区的偃师商城与郑州商城的"双城制",一直是作为商周至北魏时代之前的都城基本模式。至于偃师商城宫城北部池苑的设置,开启了中国古代都城之宫城修建池苑传统,其影响所及相当深远,秦咸阳城的兰池、汉长安城未央宫的沧池和建章宫的太液池、唐长安城宫城的"四海池"和大明宫的蓬莱池、隋唐洛阳城宫城的九州池、北宋东京城大内的

---

① 中国社会科学院考古研究所:《中国考古学·夏商卷》第 109～115 页,中国社会科学出版社 2003 年版。

② 中国社会科学院考古研究所二里头工作队:《河南偃师市二里头遗址中心区的考古新发现》,《考古》2005 年第 7 期。

③ 中国社会科学院考古研究所:《中国考古学·夏商卷》第 203～215 页,中国社会科学出版社 2003 年版。杜金鹏:《偃师商城初探》,中国社会科学出版社 2003 年版。

④ 河南省文物考古研究所:《郑州商城——1953 年～1985 年考古发掘报告》,文物出版社 2001 年版。

艮岳之雁池、元大都皇城的太液池、明清北京城皇城的北海、中海和南海等,古代都城的池苑无不与此有关。

3. 汉魏洛阳城遗址的考古发现。秦汉王朝是中国古代历史从"王国时代"进入"帝国时代"的国家,其都城的秦咸阳城、汉长安城、东汉雒阳城与魏晋洛阳城仍然沿袭了自商代早期以来的"双城制"的都城形制。作为物质文化的都城与政治文化的国家形态从总体上说应该是一致的,但是都城形制的变化,一般滞后于国家社会形态的变化。"双城制"都城与王国时代国家社会形态基本共存,"三城制"都城与帝国时代国家社会形态基本共存。但是,从目前的考古资料来看,在历史发展过程中,当社会历史从"野蛮"进入"文明"时代(王国时代),"双城制"都城并未与之同步出现;当王国时代发展为帝国时代,"三城制"都城略晚于帝国的出现。"三城制"都城作为"成熟"帝国时代历史缩影的物质文化载体,最早出现于河洛地区的北魏洛阳城。① 北魏洛阳城的都城布局形制,影响了东魏和北齐的邺南城、隋唐长安城与隋唐洛阳城、北宋开封城、元大都及明清北京城。北魏洛阳城集秦汉魏晋都城之大成,在此基础上又发展为外郭城、内城(即隋唐时代及其以后的皇城)和宫城的"三城制"都城。内城或皇城的出现,是中央集权政府的地缘政治加强的反映。汉魏洛阳城不但都城布局形制对中国古代历史影响深远,都城所体现的其他各种各样的历史文化对于以汉族为主体的中华民族的历史发展,也有着更为突出的影响。

汉代是以汉族为主体的中华民族的形成时代。秦帝国拉开了这一历史时代的序幕,西汉中期完成了"形成"的"突变",东汉及魏晋南北朝时代奠定了此后中华民族发展的历史轨迹。在此基础之上,作为"汉文化"与"汉文化圈",成为这一历史时期和中古时代东亚地区的主要区域文化。汉文化的意识形态以"儒家"学说为基础,以汉字为其民族文化的载体,以汉译佛经的佛教和本土的道教为其宗教信仰。从儒家学说在都城洛阳的发展,可以说河洛地区孕育了"汉文化"。周公制礼于成周,"孔子入周问礼"于王城,汉代洛阳地区的经学在中国经学发展史上占有突出地位,东汉雒阳城更成为全国儒学研究与教育的中心。建

---

① 钱国祥:《汉魏洛阳故城沿革与形制演变初探》,《21世纪中国考古学与世界考古学论文集》,文物出版社2002年版。

于公元 29 年的太学①，是国家的儒家学说研究中心与教育中心，这是当时世界上规模最大的国立大学，拥有学员 3 万人，皇帝亲自到太学讲课。太学门前的"熹平石经"是中国历史上最早的儒家经典石刻本，其中包括 7 部儒家经典，刻于 46 座石碑之上，碑文约 20 万字。此外，太学之中还有曹魏的"正始石经"，它与"熹平石经"是当时皇家中央政府颁布的国家儒学基础教材。考古工作者在汉魏洛阳城遗址，考古勘查、发掘了其太学遗址，究明了其位置、范围与形制，②并发现部分蔡邕等书写的东汉"熹平石经"和邯郸淳等人书写的曹魏"正始石经"。③ 说明这里是当时全国的儒家学说研究与教学中心。从东汉雒阳城的白马寺，到北魏洛阳城的永宁寺④，佛教从这里走向全国、走向朝鲜半岛和日本等东北亚地区。白马寺建于东汉永平十一年（公元 68 年），这是佛教传入中国后，由中央政府建立的第一座国家佛教寺院，被中国佛教界视为至高无上的"祖庭"与"释源"。继东汉洛阳的白马寺之后，在北魏洛阳城建筑的永宁寺以及都城附近的龙门宾阳洞、古阳洞石窟，确立了洛阳在中国佛教发展史上不可动摇的"祖庭"与"释源"地位。道教鼻祖——老子就是中原人，生于斯、长于斯，成名于斯、传授道家思想于斯，鹿邑、函谷关等中原大地，留下他的众多遗迹。在汉字发展史及汉文化传播方面，东汉时代的许慎与蔡伦对中华民族的伟大历史功绩，可以说无论如何评价都不为过。他们恰恰就是在洛阳成就了其光辉的事业。

隋唐洛阳城与隋唐长安城并称隋唐两京，其在中国古代历史的鼎盛时期所处的中心地位是十分明显的。北宋王朝以东京开封城为首都、以洛阳城为西京，河洛地区东西两京的确立，更加突出了中原在国家的中心地位。从隋唐洛阳城到北宋东西两京所反映出的都城政治、经济、文化对全国乃至周边国家的影响，众多的历史文献记载，不断的相关考古新发现，使我们看到这里放射的光辉文明泽被神州、远播海外！这时的广义河洛地区文化，已不只是以汉族为主体的中华

① 《后汉书·光武帝纪》：建武"五年冬十月，初起太学"。
② 王仲殊：《汉魏洛阳城遗址》，《中国大百科全书·考古学》第 181 页，中国大百科全书出版社1986 年版。
③ 中国社会科学院考古研究所洛阳工作队：《汉魏洛阳故城太学遗址新出土的汉石经残石》，《考古》1982 年第 4 期。许景元：《新出熹平石经〈尚书〉残石考略》，《考古学报》1981 年第 2 期。王竹林、许景元：《洛阳近年出土的汉石经》，《中原文物》1988 年第 2 期。
④ 中国社会科学院考古研究所：《北魏洛阳永宁寺——1979~1994 年考古发掘报告》，中国大百科全书出版社 1996 年版。

民族文化的核心文化,而且也是包括朝鲜半岛、日本及越南等地在内的"汉文化圈"核心文化。据此而言,自秦汉至唐宋以来的河洛地区文化成为当时东亚地区最为重要的古代文化,它与西方的罗马文化(包括西罗马与东罗马)并称为古代世界东西方的两大古代文化。

河洛文化与河洛地区在中国历史上长期以来作为国家的都城所在地有着极为重要的关系。河洛地区的历代都城文化,是河洛文化的组成部分。河洛文化正是通过其所在地域政治、经济、文化在全国的中心地位,成为中国历史上的主体文化。

河洛文化的几个问题

孟令俊

一、河洛文化的概念

河洛文化,是产生于河洛地区的中华民族古老的传统文化,是华夏文化的源头。它不同于中国其他区域性的传统文化,在中华民族文化史上占有极其重要的地位。

河洛文化,内容丰富,光辉灿烂。河洛文化在中华民族古文化的产生和发展中处于核心地位。同时,对中国其他各区域性文化的产生、发展和形成也都起到了促进和交融的作用。

河洛文化,广义而言,就是产生于今日豫西地区的古代的传统文化。狭义而讲,就是产生于洛阳一带的古代的传统文化,不管是广义,还是狭义,河洛文化都是以古都洛阳为中心的中原文化的核心,华夏文化的源头,在中国几千年的古代社会中都处于正统的地位。《河图》、《洛书》、《周易》、道家经典、儒家经学、释教佛学、老庄玄学、谶纬神学、伊洛理学,或肇始于斯,或渊源于斯,或发展于斯,或形成于斯,或兴盛于斯,都极大地丰富了中国思想文化宝库。不仅对中国的传统文化产生了巨大的影响,而且成为东方文化的渊源。

二、河洛文化的地域

河洛,从字面上讲,就是黄河与洛河。也有人说,河洛,是《河图》与《洛书》的代名词。还有人说,河洛,是河南(县)加洛阳(县)。而我们这里所说的河洛,是一个地域概念,是一个专用名词。大凡是指以洛阳为中心,西至潼关、华阴,东至荥阳、郑州,南越伏牛山,北跨黄河两岸,古称河南府,又叫河洛地。

洛阳是中国历史文化名城,又是中国著名的古代都城。而以洛阳为中心的河洛地区在中国历史上处于极其重要的地位。所以,古书上说的河洛,皆指此地而言。诸如,司马迁在《史记·封禅书》中说:"昔三代之居,皆在河洛之间。"左思在《三都赋》中说:"崤函有帝皇之宅,河洛为王者之里。"

三、河洛文化圈与中原文化

关于河洛文化圈的问题,河南大学教授朱绍侯先生在《河洛文化与河洛人、客家人》一文中指出:"作为河洛文化圈,实际要超过河洛区域范围。河洛文化圈应该涵盖目前河南全部地区,东与齐鲁文化圈相衔接,南与楚文化圈相衔接,西与秦晋文化圈相衔接,北与燕赵文化圈相衔接。"(1994年《文史知识》第3期)朱先生的说法无疑是正确的。

河洛文化与中原文化的关系问题,是研究河洛文化的一个重要问题。我国自古就有"得中原者,得天下;失中原者,失天下"之说。狭义的中原,指河南一带。广义的中原应包括黄河中下游地区。中原几乎成了中国的代名词,华夏的别名。而河洛文化则不然。由于河洛这个名词,只是在文化界传播,所以,河洛文化对广大的人民来说却知之不多,了解甚少。究其原因,主要是我们将河洛文化作为一个专题,一个完整的体系来研究起步较晚,影响还不广泛,还未深入人心。这有待我们去研究,去开发,去宣扬。李学勤先生指出:"无论怎样理解,河洛都是中原的中心。因此,我们今天在这里谈论河洛文化,可以说是把握了中原文化研究的关键。"(1994年《文史知识》第3期)

河洛是中原的中心,曾有"中国"之称。河洛文化是中原文化的源头,也是中原文化的核心。没有河洛文化,中原文化便成了无源之水,无本之木。所以,河洛文化就是狭义的中原文化。广义的中原文化,还应包括齐鲁文化、秦晋文化、燕赵文化等。

洛阳,位于黄河中游南岸。北依邙山,南临洛水。黄河是中华民族的摇篮,洛阳是这个摇篮的中心。在中国几千年的文明史上,曾有夏、商、前周、后周、前汉、后汉、曹魏、西晋、北魏、隋、唐、武周、后梁、后唐、后晋等十五个朝代在此建都,历经105个帝王,历时1 650年之久。中国都城的历史就是从这里开始的。

洛阳在中国七大古都中,是建都最早、朝代最多,年代最长的一座著名古都。千余年间,洛阳曾是全国政治、经济、文化的中心。汉唐时期,洛阳已成为国际性的商业大都会,丝绸之路的中心点,司马光有言:"若问古今兴废事,请君只看洛阳城。"此乃名家之见,公允而概括。洛阳五大古都群,国内仅有,举世无双。它是河洛文化的重要基地,又是河洛文明的象征。无论是谈到中华民族的优秀文化遗产,还是讲到中国的古代文明,河洛文化都占有重要的地位。

四、河洛文化的分期及其各自的主要内容

以洛阳为中心的河洛文化按历史发展的顺序可分为五个时期。

(一)远古时期的河洛文化(约公元前 100 万年~前 21 世纪)

旧石器时期(约公元前 100 万年~约前 1 万年)

据考古发现,在旧石器时期,河洛地区就有了人类的活动和繁衍生息。1957年以来,在河洛地区发现的旧石器遗址,是目前河南省发现及发掘最多的地区。1957 年在三门峡的水沟和会兴沟发现了旧石器时代的石器遗址,距今大约百万年左右。1961 至 1962 年,在黄河北岸属于河洛文化圈内的山西芮城县西侯度村发现了 32 件石器,据测定距今有 180 万年,是目前我国发现年代最早的旧石器遗址(1965 年在云南元谋县发现的人类牙齿化石,距今有 170 万年;1964 年在陕西蓝田发现的猿人头盖骨及牙齿化石,距今有 80 万年;1927 年在北京发现的猿人距今有 70 万年),1984 年,在洛阳西南部的卢氏横涧乡发现了距今 10 万年的原始人类头骨残片和牙齿化石。1994 年,在洛阳西南部栾川县天鼓山山坡上发现有两个洞穴,从中挖出许多人骨和兽骨化石。其中有人类头盖骨、下腭骨、牙齿化石和大量的虎、鹿等脊椎动物化石,还有陶片、骨剑、灰烬和炭屑。据专家鉴定,这是属于旧石器时代古人类生活的遗址,距今约 10 万年左右。1978 年夏季在洛阳市凯旋东路南侧洛水北岸 10 米深处发现一具完整的纳玛象牙化石,长3.3 米。在象牙化石旁边有 31 件石器,据专家鉴定,属于旧石器时代的遗物,距今有 5 万多年的历史。这说明在远古时期,河洛已有原始人类居住。

这个时期,河洛地区将要结束原始社会的原始群时代,迈入氏族公社的母系氏族公社时期。大约距今万年左右,河洛人已开始进入了母系氏族公社的繁荣阶段。考古学家贾兰坡先生断言,以洛阳为中心的豫西地区是我国人类最早的踏脚地之一。考古学家张森水先生认为,豫西地区是我国旧石器文化南来北往、东播西传的重要地区。这说明,在远古时期,河洛一带就有了人类的居住和繁衍生息,他们在环境极其恶劣的情况下创造着人类原始的河洛文化。

新石器时期(约公元前1万年～前21世纪)

新石器时期,河洛文化有了很大的发展,河洛文明的曙光开始照亮了东方。1977年以来,在河洛地区已发现新石器早期文化遗址20多处。洛阳东南部的裴李岗文化是这个时期的典型代表。其他还有登封、巩义、郑州等地发现了这类文化遗址。距今大约10 000年到8 000千年之间,河洛地区的农业已经产生,家畜的饲养已经出现。农业的产生,是人类发展史上的一场伟大革命。从此,人类开始由完全依靠大自然到依靠自身的生产劳动来维持生活,求得生存。人们已过着以农业为主的定居生活。

1921年,在洛阳西部渑池县仰韶村发现了新石器后期的文化遗址,定名为仰韶文化,距今大约有七八千年。陕县庙底沟、洛阳王湾、孙旗屯等处还发现了同类的文化遗址。这一时期,洛阳一带,靠山沿水及周山角下,已是村落棋布,人口密集之地。

1992年,中国社科院考古研究所在二里头发现了古代宫殿遗址五处。现已发掘一处,东西长100米,南北宽50米,是大型夯土建筑基址,考古专家认定这是一群大型宫殿遗迹。距今大约有5 500多年的历史。这一发现引起了广大史学家、考古学家们的关注。是夏都中的另一处宫殿群,还是帝喾之都,虽有争论,但有一点是可以肯定的——中国都城的历史是从这里开始的。

《周易·系辞上》说:"河出图,洛出书,圣人则之。"《河图》、《洛书》是中华民族原始文化的主要标志,它奠定人类文化的初基,对人类社会的文明有着重要的价值。《河图》、《洛书》的内容极其丰富,它反映了河洛先民在与大自然的斗争中所形成的人类思维的伟大成就,是河洛先民智慧的结晶,也是河洛先民对人类文明的杰出贡献。考古发现证明,《河图》与《洛书》并非天书,也不是陈抟所伪造,而是华夏文明史上渊源有自的两部杰作,对我国古代的政治、经济、文化等都产生了深刻的影响。《河图》产生的年代,距今大约有七八千年的时间,《洛书》产生于何时,据出土的文物证实,比大禹还早1 000多年,距今至少有5 500多年的历史。《河图》、《洛书》产生于河洛,流传于后世,影响于中外。这是河洛人的骄傲,河洛人的自豪。

远古时期的河洛文化,是中华民族古代传统文化的重要组成部分,是华夏文化的源泉,是中原文化的核心,它开创了中华文明的新纪元,达到了世界文明的高峰。

(二)夏商周时期的河洛文化(公元前21世纪~前256年)

夏商周时期,中国社会发生了巨大的变化。中国第一个王朝夏朝在河洛地区诞生。这一创举,在中国历史上具有划时代的意义。它向天下宣告,原始社会在这里已经结束,代之而起的奴隶制社会已经开始。河洛大地在全国率先全方位地进入了文明时代。

河洛一带,是夏民族活动和建邦立国的中心地区。太史公有言:"昔三代之居,皆在河洛之间。"(《史记·封禅书》)《史记·周本纪》集解:"夏居河南,初在阳城,后居阳翟。"《古本竹书纪年》云:"太康居斟鄩,羿亦居之,桀又居之。"《今本竹书纪年》云:"仲康即帝位,居斟鄩。"《史记·孙子吴起列传》中说:"夏桀之居,左河济,右泰华,伊阙在其南,羊肠在其北。"阳城在河南登封告成镇,阳翟在河南禹州市,斟鄩在河南偃师二里头。这就是说,夏王朝除了曾在山西安邑、晋阳、平城之外,从大禹到桀大多数时间的都城皆在河洛地区这个范围之内。这里成了夏代政治、经济、文化的中心。从河洛几处夏文化遗址发掘来看,夏代这里已经有了文字,有了青铜器,有了学校,有了夏历。这说明在夏代,河洛地区已有了相当发达的文化。夏文化遗址二里头的发现和发掘,具有重大的历史意义,它证明了夏王朝不是传说中的朝代,而是真实的中国历史上的第一个王朝。同时,对后来都城的建设奠定了基础,创造了条件。

商王朝是中国奴隶社会发展的一个重要阶段,其地盘广大,人口众多,文化发达,是当时世界上一个强大的文明国家。商代活动的中心,大都在河洛地区。商朝时期,这里不仅有了小学,而且还有了大学。音乐、舞蹈也很盛行。青铜器、玉器的制作更加精致美观,手工业更加发达。在偃师尸乡沟发现发掘的商城西亳,被列为世界重大考古发现。从此结束了千余年来关于西亳城争论的疑案。都城建设,规模宏大,井然有序。城内道路纵横,城外环城路相绕。偃师商城在中国都城建设史上具有承前启后的意义。商朝自汤至纣大约经历了600年,而西亳作为商都城约有400年之久。

　　周人长期活动在渭水流域。周灭商后,武王没有马上回镐,居洛观察地形。《史记·周本纪》云:武王"营周居于洛邑而后去",遂"迁九鼎于洛邑"(《左传·桓公二年》)。武王认为洛邑是建都的好地方,在此建造了一座城邑,并将象征国家的重器九鼎迁在这里,然后才返回镐京。《何尊》铭文云:"唯王初迁宅于成周,复禀武王礼,福自天。……惟武王既克大邑商,则廷告于天曰:'余其宅兹中国,自之乂民。'"这里的王,是指成王。成周、中国皆指洛邑。这说明武王克商后就想把都城设在洛阳。成王禀武王之意,派周公营建新大邑洛阳。洛邑建成后成王便宅之洛阳王城。实际上,西周同时有两个都城,可谓双都制。平王东迁后,东周只有一个固定的都城,成为全国政治、经济和文化的中心。周、召分陕而治。周公长期居住洛邑施政及制礼作乐,对巩固和加强周代社会及管理与秩序化起到了重要作用,使古代中国成为世界上著名的礼乐之国。李耳久居洛邑,曾任周守藏室柱下史,管理周及以前的文物典籍,开创了中国第一个图书馆。李耳的《道德经》是我国古代重要的具有唯物辩证思想的哲学著作,成为我国道家学派的经典。孔子入周问礼,至洛邑请教老子,学习周代的典籍及洛阳一带的风物人情。周代十分重视教育。周代的学校教育是我国奴隶社会学校教育的典型代表,并初具学制体系。周代设在中央王城的大学,规模较大,门类较全,人数较多。中央大学又分为成均、上庠、辟雍、东序、瞽宗五学。教育的主要内容是六艺,即礼、乐、射、御、书、数。周的教育具有德、智、体、美四个元素。社科与自科并举,文武兼备,知能兼求,这种教育思想、教育原则,在我国教育史上具有开创意义,对世界各国的古代教育也具有深远的影响。《诗经》是我国第一部诗歌总集,几千年来,一直被人们所传颂。《诗经·国风·周南》等就是产生于河洛地区的优秀民歌,反映了河洛一带人民的生产、生活和爱情方面的社会现实,具有伟大的人民性和很高的艺术性。

　　三代之时,河洛的手工业很发达。青铜铸造水平代表了一个社会,一个国家高度发展的科学技术水平。据史书记载,大禹做了国君之后,收集九牧之金,铸九鼎以象征九州。《越绝书》中云"禹穴之时,以铜为兵,"偃师二里头文化遗址中就出土了价值很高的青铜器及手工青铜作坊遗址。商代西亳城也有青铜器的发现。1973年,在洛阳东站北发现了西周前期大型青铜铸造作坊遗址,面积10万多平方米。所铸青铜器,造型浑重庄严,纹饰华丽。洛阳王湾遗址还出土有陶瓦,属于西周时期的产物。这说明河洛的建筑业也相当发达。铁制农具的出现,促使了农业的发展。洛阳王城后边的市场是全国最大的商场,商业随着工农业的发展也相当繁荣。

(三)汉魏时期的河洛文化(公元前 200~534 年)

汉魏时期,是河洛文化发展的一个高峰。历有"汉魏文章半洛阳"之说。

西汉初都洛阳,后迁长安。东汉都洛 165 年,曹魏都洛 46 年,西晋都洛 51年,北魏都洛 41 年,在长达 300 多年的历史中,洛阳曾是全国的政治、经济中心,也是全国的文化中心。

西汉时,洛阳人虞初,根据《周史》中的资料写成了一部通俗易懂的《周说》,后人称他的《周说》为小说。洛阳则是中国小说的发源地。

东汉时,邵陵人许慎曾任大尉南阁祭酒,他在洛阳完成的《说文解字》集古文经学训古之大成,是中国最早、规模最大的字书。

思想家、教育家王充,青年时代,游学洛阳,受业太学,师从班彪,博览群书,其哲学著作《论衡》,对反映神秘主义,捍卫和发展古代唯物主义发生了巨大影响。章太炎认为,王充是"汉代一人"。

东汉著名学者班彪,作《史记后传》65 篇,以补《史记》的西汉部分。彪卒,其子固续其书,完成 120 卷,定名为《汉书》。固死,其妹昭奉旨完成《八表》及《天文志》。《汉书》是中国第一部纪传体断代史,是研究西汉的重要文献。

张衡在洛阳完成了天文巨著《灵宪论》及算学《算罔论》,发明了浑天仪、地动仪、候风仪,使他成为举世闻名的中国古代伟大的科学家。他用 10 年工夫写成了《两京赋》。他的《四愁诗》开创了中国七言诗的先河。

汉和帝时的宦官蔡伦,在总结前人造纸经验的基础上,于洛阳发明了植物纤维造纸术,被誉为"蔡侯纸"。这一发明在人类文明发展史上具有极其重要的意义,为中国和世界文化科学的大发展和广泛传播做出了巨大的贡献。

汉代,洛阳藏书极为丰富,东观、兰台成为国家大型的图书馆。仁寿阁、石室为皇家藏书之所。洛阳各高校也皆有藏书之处。除政府官藏外,还有私人藏书。大街小巷书肆如林。

东汉时期,佛教开始传入洛阳。汉明帝永平十一年(68 年)在洛阳创建的白马寺,是佛教传入中国后的第一个官办寺院,也是释教佛学在东方的传播中心。

佛教的传入对我国文化、建筑、石刻、艺术都产生了重大影响。到了北魏时期,佛教大为发展,成为中国佛教佛学发展的黄金时代。全国佛寺 30 000 多所,僧尼200 多万,仅洛阳佛寺就有 1 367 所。洛阳水宁寺是皇家所建的一所规模最大的寺院,在中国佛教史上、建筑史上都占有重要的地位。洛阳南部的龙门石窟、少林寺都是北魏时创建的。

东汉洛阳教育相当兴盛,"学校如林、庠序盈门"。建武五年(29 年)光武帝刘秀创办的洛阳太学,规模之大,生员之多,历史之长,举世无双。它对继承和传播中华民族的历史文化曾起到了积极作用。光和元年(178 年),汉灵帝刘宏在洛阳创办的鸿都门学,是中外历史上第一所专门院校。它的创立,不仅打破了"独尊儒术"的藩篱,而且对中国高校由单科性向多科性的发展开辟了道路。洛阳太学,鸿都门学,像天上的两颗明星,光耀于世界的东方。

汉魏石经,是中国最早的官定儒家经本,是中国古代文化的精华,也是河洛文化的瑰宝。它对汉字的统一,文化知识的传播,书法、雕刻的发展等方面均有积极意义。西晋咸宁四年十月立于太学的"三临辟雍碑"是研究我国古代教育的重要历史文献。

今古文经,经过了 200 多年的论战,到了东汉后期才在洛阳得到了统一。郑玄久居洛阳,知识渊博,兼通今古文经,又博览谶纬神学。郑玄杂糅今古文经,形成了自己的学派,号称"郑学",成为魏晋之后经学的主流,新的儒家学派。

魏晋时期,许多文人学士,云集洛阳,留下了大量的诗篇和著作。诸如"建安三曹"、"建安七子"、"竹林七贤"、"金谷二十四友"等等都是当时著名的诗人。左思的《三都赋》问世后,世人争相传抄,出现了"洛阳纸贵"的佳话。曹植的《洛神赋》,想象丰富,描写细腻,颇具浪漫色彩。陈寿的《禹贡地域图》,杨衒之的《洛阳伽蓝记》,郦道元的《水经注》等都有很高的历史价值。

玄学是魏晋时期的一种哲学思潮,主要是以老庄思想糅合儒学的经义,以代替两汉时期的经学。魏晋玄学在河洛地区的勃兴,为中国古代思想史增添了新的内容。

曹魏时期,马钧在洛阳发明了龙骨水车,对农业生产的发展起了积极作用。他发明的指南车,轰动了整个宫廷。他改新的发石车,是当时最先进的攻城武器。他改新的丝绫机,提高了工效五倍。他制作的百戏模型,表演时明帝大为赞赏。马钧是我国古代一位伟大的科学家和发明家。

汉魏洛阳城,规模宏大,建筑雄伟,交通发达,经济繁荣,教育昌盛,经、佛、神、玄四学形成,河洛文化得到了很大的发展。

(四)隋唐时期的河洛文化(605～907 年)

隋唐时期,是中国封建社会发展的一个高峰,中国古代文化也发展到了一个全面繁荣的新阶段。以东都洛阳为中心的河洛文化出现了百花齐放、万紫千红的新局面。隋代的"百戏",唐代的诗歌、教育、雕刻、书画、建筑、商业等成为河洛文化的主要内容。

隋炀帝时,全国音乐、舞蹈、戏剧、杂技、魔术中的佼佼者会集洛阳,史称"百戏"。每年正月十五,在端门外公演,戏场周长十多里,乐队 1.8 万人,演员 3 万余人,场面之大,历史罕见,世界少有。

隋代设在洛阳的尚药局,既是医学的研究机构,又是教学机构,可以说,它是中国及世界最早的医科大学。巢元方著的《诸病源候论》五〇卷,成书于大业六年(610 年),是我国第一部谈论病源和病状的著作。洛阳人张文景所著《随身备急药》也是一部重要的医学著作。星历学家耿询创造的水力转动浑天仪,反映天象相当准确。裴矩绘编的《西域图记》,是一部文图并茂的地理著作。炀帝开设进士科,是我国科举选拔人才之始。

唐诗是中国古代诗歌发展的高峰。在洛阳创作,或歌咏洛阳的传世名作 5 000 余首。初唐四杰,留恋洛滨风光。李白、杜甫于洛阳相会,传为佳话。白居易久居洛阳,千余首诗歌留给后世。刘希夷、刘禹锡、孟浩然、王维、韩愈、杜牧、王昌龄、王建、张籍、元稹、李贺、孟郊、宋之问、上官仪、上官婉儿等众多的诗人,也都留下了传世佳作。唐代诗歌,是我国文学史上巍然耸立的一座丰碑,时至今日,仍散发着河洛文化的香醇。

唐代河洛教育发达昌盛,高等院校灿若群星。东都洛阳曾是中国高校的集中地,有传播儒家经典的太学、国子学、弘文馆、崇文馆、四门学等院校,也有各种各样的专门院校,诸如律学、算学、书学、医学、兽医学、卜筮学、天文学、历数学、漏刻学等专门院校。学校种类之多、专业教育与实科教育之发达,均居当时世界领先地位。

隋唐时期,著名的书法家房彦藻、虞世南、欧阳询、褚遂良、颜真卿等人曾居住洛阳。吴道子在天宫寺作壁画,生动逼真。洛阳三彩,是唐代釉陶工艺的精华,反映了唐代高度发展的文化艺术。隋代的观文殿、唐代的集贤殿都是当时全国最大的图书馆,已具有完备的图书管理方法。龙门石窟,始于北魏,盛于唐代。奉先寺为武则天时所开凿,是龙门石窟中规模最大,艺术价值最高的一窟,为国之瑰宝。

东都洛阳城的格局,打破了以前"左祖、右社、前朝、后市,王宫居中央"的模式,宫城、皇城、明堂、天堂、上阳宫等建筑水平之高,令世人惊叹。

隋唐时期,洛阳是全国水陆交通的中心。南北大运河开通后,贯穿南北海、河、淮、江四大水系,水运尤为发达。从洛阳出发,南达余杭,北达涿郡,西至长安,东至于海。当时,文化交流也相当频繁,洛阳已成为丝路的中心地带。

（五）北宋前后的河洛文化（909～1600年）

雕版印刷业,在东汉后期出于洛阳,到了后唐时,洛阳便成了中国北方雕版印刷业的中心。印刷业的进步,也促使了文化艺术的繁荣,后唐庄宗时,洛阳已是中国北方文艺的中心。

北宋结束了中国历史上五代十国分立割据的战乱局面,社会经济出现了新的繁荣。北宋时期,开封为东京,洛阳为西京,众多的逸老名臣,文人学士,云集洛阳。赵普、富弼、邵雍、吕蒙正、司马光、文彦博、张齐贤、苏舜钦、吕公著、刘克庄、欧阳修、梅尧臣、尹师鲁、阳之总、张大素、程颢、程颐等等,为河洛文化增添了光彩。

司马光寓居洛阳,用了19年的时间完成了我国第一部编年体通史《资治通鉴》,为发展我国的历史文化起到了积极作用。他的《过故洛阳城》"若问古今兴废事,请君只看洛阳城"准确地表明了洛阳在全国的地位。

两宋时期是理学产生和形成时期。理学又称"道学",是把佛家和道家思想巧妙地糅和在儒家哲学后所创造的一种新的儒家学说。二程洛学的核心是"理",其基本思想是理性主义。南宋时期,朱熹继承和发展了二程的思想,形成了以理为中心的哲学体系。以洛学为中心内容的程朱理学,自北宋之后七百年间成为中国封建社会后期统治阶级的正统思想,影响了整个社会。

北宋时期,孟津人武宗元被称为"壁画一绝"。洛阳人陈与义是两宋之际一位伟大的爱国主义诗人。洛阳人姚燧,是元代的著名作家,他的散曲,代表了一个时代。孟津人王铎,是明末清初我国书坛上的一位佼佼者,被誉为"神笔"。正是这一代一代的杰出人物和那些不见经传的河洛劳动人民共同构筑和缔造了绚丽多彩的河洛文化。

五、河洛文化的辐射

由于河洛地区处于天下之中,又是我国较早的进入文明时代的先进地区,在这里形成的传统文化,自然是开放性的民族文化。它通过种种途径向外发展,向外辐射,与周边文化进行广泛的交流与渗透。

夏朝之时,河洛地区已成为全国先进的地区,河洛文化已相当发达。洛阳的学校、舞蹈、夏历已被商周部族所效仿,先进的生产技术也被周边地区所采用。商周之时,三股文化在洛阳相会,形成了以河洛文化为主线的中华民族的传统文化。周代的礼乐制度及文化典籍也出自洛阳,后推行于全国。春秋时期,孔子尊崇周文化,入周问礼,学习河洛文化,回鲁后传播河洛文化,并创立了儒家学说。老子的《道德经》成书于河洛、流传于全国。战国时期,以河洛文化为核心的中原文化下移,在学术上出现了百家争鸣的局面。这时,周边地区的交往非常频繁,北方的先进技术、先进文化传到了南方,南方也派人来洛阳学习。思想的交融、文化的感染,在长江中游地区便形成了以巫文化融合河洛文化为基础的楚文化。楚文化的产生,又对河洛文化产生了很大的影响。

东汉时期,白马寺成了全国佛教活动的中心,各地派人来洛阳学习佛学,创建佛寺,影响了中国建筑业和雕刻技术的变化。这种变化作为一种文化现象也是从河洛地区开始的,然后传遍全国。儒家的学说,作为一种经学,在洛阳得到了统一。汉魏石经是中国官定的标准教材,而且也是全国考生唯一的儒家经学的标准答案。

汉魏洛阳太学,是当时中央大学,历经四个王朝,500多年的历史,生员来自全国各地,学完之后,大都回原地做官,或从事教育。他们对继承和传播河洛文化,也都起到了积极作用。

西晋永嘉之乱后,以河洛人为主的北方人大批南迁,总数多达百万。其多数迁于闽赣地区,时至今日,那里在许多方面还留着历史的遗迹。福州有晋安河,泉州有晋江,惠安有洛阳江、洛阳桥,这些都是晋代河洛人到福建后才命名的。

唐高宗时期,河洛固始人陈政任闽南行军总管,镇压"蛮獠"叛乱,其母率固始五十八姓军校去支援,陈政卒,其子陈元光代父领兵,经过九年之战,获得胜利。唐垂拱二年(686年)设漳州,五十八姓军校留驻漳州。陈元光被闽人尊奉为"开漳圣王"。

安史之乱,河洛一带成为主战场。为了避乱,北人南迁也形成了高潮,迁地主要是赣、闽及岭南。

宋元期间,又有两次南迁。一次是金兵入侵,赵构迁都临安,中原人也随之大量南迁。后来元军攻占临安,追捕南下的宋军及抗元的迁民,迁去的北方人又继续南迁,主要是福建、广东一带山区。明清之际,又有北人南迁的潮流。后来,这些人又往海外迁居。先是海南岛、台湾,尔后又奔向东南亚及世界各国。目前,全世界的河洛人、客家人总数在千万以上。他们走到哪里,河洛文化也就传播到哪里。闽粤客家人,台湾河洛郎,以及众多的海外侨胞,血缘同宗,文化同源,问祖寻根,根在河洛。河洛人遍布全世界。

六、河洛文化的传播及对世界的影响

(一)河洛文化在朝鲜半岛的传播及影响

早在周朝,中国与朝鲜半岛就有了交往。当时,北部为古朝鲜,南部有马韩、弁韩、辰韩。中朝两国史书均有箕子去朝鲜的记载。《史记·周本纪》载:箕子劝殷纣王而被监禁起来,武王灭商后被释放。"已而命召公释箕子囚","武王已克殷,后二年,问箕子殷所以亡。箕子不忍言殷恶,以存亡国宜告,武王亦丑,故问以天道"。《尚书·大传》也记载:"武王胜殷,继公子禄父,释箕子之囚。箕子不忍为周之释,走之朝鲜。武王闻之,因以朝鲜封之。箕子受周之封,不得无臣礼,故于十三纪来朝。"《朝鲜史略》也有记载:"周武王克商,箕子率中国人五千,入朝鲜。"周武王闻箕子去朝鲜后,也给加封,封为侯,遂为周的藩属。武王十三年,箕子被周邀回到中国,与武王讨论治国的道理。箕子是河洛人,他率5 000人去朝鲜,把这里先进的技术及文化也带到那里。朝鲜自高丽朝开始,就把箕子尊为自己的祖先,成为箕氏朝鲜。

汉魏时期,朝鲜的南部仍为三韩。朝鲜北部有三个部族,公元前57年建新罗。公元前37年建高句丽。公元前18年建百齐。这时,他们均未形成国家,分属三韩管辖。东汉时期,中国与三韩仍有联系,有交往,三韩均服于东汉之管辖。东汉与辰韩关系最密切。曹魏时期,中国与朝鲜的联系,主要是辰韩。中国南北朝时期,朝鲜为高句丽、新罗、百济三国鼎立时期。北魏都于洛阳,高句丽都于平壤。北魏与高句丽关系密切,两国交往 70 多次,相当频繁。高句丽沿袭以往对北魏的藩属朝贡关系。北魏曾派使团去朝 10 多次,高句丽也派使团来洛阳学习及朝贡 59 次。由于频繁的交往,中朝的贸易往来与文化交流得到了发展。中国的丝绸、冶铁技术也先后传入朝鲜。东汉时期,朝鲜人民已使用汉字,书写汉文。朝鲜曾多次派留学生来洛阳学习儒学。儒学也成为朝鲜三国统治的精神支柱。高句丽也仿照洛阳太学的模式,创建太学,教育子弟。新罗曾将儒经定为"国学"。朝鲜在治学方法上,也采取许慎、马融、郑玄的训古之法,注重考究经史。他们倡导儒家以"德"治国的思想,坚持忠、孝、信、义的教化方针。这个时期,佛教也传入了朝鲜半岛,最早传入的是高句丽。唐高宗时(680 年),新罗打败了高句丽、百济,第一次完成了朝鲜半岛的统一。到了高丽王朝时(936 年,高丽再次统一朝鲜半岛),已采取中国的科举选人制度。高丽忠王时,曾派大批留学生来中国学习程朱理学,他们回去后传播程朱理学。到了朝鲜李氏王朝时(1392 年,李成桂灭高丽建朝鲜,即李氏王朝),以洛学为基础的理学,在朝鲜得到了普遍的传播,曾出现了许多名师大儒。

朝鲜人的姓氏与中国相仿,尤以李、金、崔三姓为多。在统传文化中,朝鲜半岛与河洛文化有着密切的关系。现在半岛南部韩国的国旗上的图案就是采用了伏羲八卦中的四卦。

(二)河洛文化在日本的传播及影响

河洛文化对外影响最大的莫过于日本。中日两国的往来,源远流长。据说,在秦始皇时,曾派徐福率三千童男童女去日本岛求长生不老药,之后他们就在日本岛安家落户了。中国先进的生产技术和文化在那里传播,促进了日本社会的发展。日本从绳文文化的石器时代开始迈入了弥生式的陶器时代。日本著名的历史学家井上清认为:"弥生文化并不是绳文文化的继承和发展,而是外来的文化,这是无可置疑的。"(井上清:《日本历史》上册)。1966 年,在属于弥生文化的立岩遗址(在日本福冈饭冢市)发现有丝织物,它是日本出土最古的丝织物,具有浓郁的中国大陆色彩。日本人民尊徐福为蚕桑之神。有的学者认为徐福就是日本开国神武天皇。日本每年9月1日,还要举行"徐福祭日"。由此可见,徐福是中国文化的传播者,中日丝绸之路的开拓者。

东汉时期,中日两国有了正式外交关系。《后汉书·倭传》记载:"建武中元二年(57年)正月,倭奴国奉贡朝贺,使人自称大夫,倭国之极南界也。光武赠以印绶。安帝永初元年(107年),倭国王帅升等献生口百六十人,愿请见。"日本两次派遣使者来到都城洛阳,均受到汉光武帝和汉安帝的热情接待。光武帝赐金印,加以册封。封日王为"汉倭奴国王",中日两国从此才有了正式外交关系。1784年2月23日,日本一位农民在九州福冈县玄海滩边的志贺岛上挖水沟时,发现了一金属块,上有"汉倭奴国王"字样,日本将这块金印作为国宝保存在福冈市立美术馆中,这块金印边长2.3厘米,厚0.8厘米,正方形,重108克,印柄为蛇形。《魏志·倭人传》载,魏明帝景初三年(238年)倭女王卑弥呼遣难升米、都市牛利等至魏都洛阳朝贡,献男女生口及班布,魏王甚喜,授封卑弥呼"亲魏倭王"金印,并回赠龙锦、文锦、铜镜、真珠、铅丹等物,授难升米等官号,并于正始元年(240年)派遣使者与来使一起送到倭国,倭王甚为高兴。魏正始四年(243年),倭女王卑弥呼复遣使者至魏都洛阳,献生口、倭锦、绵衣等物。日本国出土文物中发现了很多汉魏时期的铜镜。

隋唐之时,中日交往更多。隋大业三年(607年)倭国派小野妹子带国书来隋都洛阳,第二年三月至洛,隋派裴世清等13人与小野妹子同去日本,受到倭国的隆重接待。裴世清等人回国时,倭国又派小野妹子与留学生四人、学问僧八人一起入隋都洛阳学习。隋大业四年,小野妹子返日。此次留学人员留在中国学习,有的长达30年之久。唐代,中日交往更多。唐总章二年(669年),唐使郭务惊率2 000余人去日本。671年,郭务惊又出使日本,去者达600余人。日本先后13次派出遣唐使团。武周长安三年(703年),武则天在洛阳麟德殿接见了日本使团一行,唐开元四年(716年),日本第九次遣唐使团一行550余人入唐学习,唐玄宗在应天门城楼上接见了这次日本遣使团,其中有吉备真备、朝衡等日本名人。朝衡16岁来中国,游太学,参加科举,官至校书、左拾遗、左补阙、秘书监,从事经史子籍的整理和编纂工作,终老未归。中日交往,河洛文化源源不断地被日本所吸取,对日本的文化及整个社会发生了重大的影响。

(1)汉字。有史记载和出土文物证明,中国的汉字是汉魏时期传入日本的。

东汉光武帝在洛阳赐给倭奴国王的金印上有"汉倭奴国王"五个汉字的字样,这是汉字传入日本最早的见证。曹魏明帝时,赠给倭女王"亲魏倭王"金印,此印的拓样已收在日本的《好古日录》中。据《日本书纪》记载,西晋武帝执政时,即日本应神天皇时代,汉人王仁由朝鲜至日本,做皇子之师,献《论语》十卷等,中国的汉字大量传入日本。唐朝时期,汉字在日本广泛流行,日本人已用汉字写书。日本最早的史书《古事记》与《日本书纪》就是用汉字写成的,成书在唐代中期。号称日本国史的六部书《日本纪》、《续日本记》《日本后纪》《续日本后纪》、《三代实录》、《六德实录》都是用汉字写成的。

(2)佛教。佛教本源于印度,东汉传入中国,洛阳白马寺成为中国佛教活动的中心。日本的佛教固然带有日本民族的特点,但佛教传入日本,全依赖于中国,而且具有中国特点,中国风格的佛教。这就是说,佛教是作为中国文化(其核心是河洛文化)传入日本的。佛教开始传入日本是在魏晋南北朝时期,广泛传入日本应该是在隋唐。这个时期,长安与洛阳并举,洛阳是东方佛教的祖庭。日本和尚来华学佛及中国和尚去日本传经络绎不绝。

(3)儒学。中国儒学传入日本,以王仁献《论语》开始,在中国的西晋太康时期。隋唐时期,日本派大批留学生来中国洛阳与长安学习中国文化的各个方面,主要是儒经。他们模仿中国的教育制度兴办太学,"四书"、"五经"成为日本士大夫的必读之书。日本的吉备真备曾两次游唐,长达18年之久,回国后,倡兴孔孟祭奠,宣扬孔孟之道。

北宋之后,日本来中国的留学生,大都主攻程朱理学,他们回国后,开院授徒,传播理学思想,从而促使了本民族的发展与进步。

(4)城建。日本城市建设,尤其是都城的选择与建设也受到了中国都城格局的影响。日本的京都就是模仿中国的洛阳古都构建的。洛阳城周围是山,中间有河。日本的京都周围也有山,中间也有河。洛阳的汉魏城及隋唐城,都有里坊和园林的设置,日本的京都也是这样。日本的京都历史上曾有"洛阳"之称。今天,中国的洛阳仍简称"洛",日本京都俗称"洛"。日本京都地域至今还有洛中、洛东、洛西、洛南、洛北及洛内、洛外之称。

(5)政治制度。日本自接受东汉政府的封号后,不断模仿中国制度,到了唐代几乎全面仿唐政制。如中央设省,地方设郡县,建京都、设驿站等。

洛阳唐三彩传入日本后,日本也成功地烧制了三彩器物,被称为"奈良三彩"。日本人也喜欢唐诗,尤其是白居易的诗。有的白诗,人人皆知,人人会背。

(三)河洛文化在东南亚的传播及影响

河洛文化在东南亚的传播,不及朝鲜、日本那样早,那样广泛。但随着水陆交通的发达和河洛人、客家人的外迁等因素,以河洛文化为核心的中原文化还是源源不断地传入东南亚各国。

在东南亚诸国中,越南是接受中国文化影响最早的国家。越南在中国古文献中有"越裳"国之名,后又有"交趾"、"交州"之称。《后汉书·南蛮西南夷传》云:"交趾之南,有越裳国。周公摄政六年,制礼作乐,天下和平,裳以三象重译而献白雉。"汉唐时期,洛阳已成为"丝路"的中心点,交通很方便,商业也很发达。加上汉唐国势强大,对外有很大的辐射力,各国商人纷纷而来。古代越南,盛产珍珠,珍珠便成为往来商贾及官吏贩运的商品。东汉初年,马援自交趾返回洛阳时带回明珠、文犀等。后来,双方商人多从事买卖明珠而富贵。商人也将这里的丝绸带到那里。到西晋时,这种交往更为频繁。据说,西晋的石崇在荆州时,就是靠抢劫来往的客商而成为当时著名的大贵族、大富翁的。这种商业活动继至北魏、隋、唐。随着商业的交往,文化也进行了交流。在民俗方面,越南同中国一样,过阴历年,张灯结彩、贴春联、演古戏等。全国通用汉字,说汉话。直至20世纪才改用拉丁化的"国语"。他们也采取开科取士的制度,学校也以"四书"、"五经"为主要教材。河洛文化在越南的传播是广泛的,影响也是很大的。

东南亚国家中的菲律宾、缅甸、印尼、新加坡等国在历史上都较早地与中国建立了友好往来的关系。尤其是海路畅通之后,交往更多;河洛人、客家人大批地向这些地区流动,他们在那里婚娶繁衍,代代相传,以河洛文化为核心的中原文化也随之带到了那里。菲律宾、新加坡等国中汉人所占比例很大,华语通行,风俗习惯都与中国几乎无异。广大华侨对东南亚的开发、繁荣、文化传播都作出了重大贡献。

(四)河洛文化在欧州的传播及影响

中国与欧州的交往,是通过丝绸进行的。中国是世界上发明丝绸最早的国家。我国与欧洲经济上,在先秦时期就有民间的交往。但这种交往不是直接交往,而是通过中亚、西亚分段进行的,而且道路时通时断。西汉,张骞通西域,为中国内地与西方经济、文化交往打下了基础,开辟了道路。东汉时,班超从洛阳出发再通西域,使"丝路"西延。汉和帝永元九年(97 年),班超派他的副手甘英使大秦,到了波斯湾被劝阻而归。虽未到达罗马,但他是开辟欧亚交通的第一人。汉永元十二年(100 年)十一月,罗马商团历经一年到达洛阳,惊动了东汉宫廷。汉和帝在洛阳热情地接见了罗马商团,不仅赐其"金印紫绶",而且也回赠了包括河洛一带出产的丝绸在内的大量商品。罗马商团洛阳之行,打通了中西贸易的路线,是中西经济文化交流史上开通最早的丝绸之路。洛阳成为"丝路"东方的起点。河洛一带的丝绸源源不断地运往欧洲,而那里的珠宝也销往洛阳市场。东汉桓帝延熹九年(166 年)大秦王(罗马国王)安敦遣使来到洛阳,带来了许多象牙、犀角、玳瑁等礼物,献给汉宫,汉桓帝刘志很高兴。这是中国与欧洲国家之间直接往来之始,它标志着"丝路"西路最后的开通,也是"丝路"东西国家之间丝绸贸易的开始。

隋唐时期,中亚、西亚的商人来洛阳经商的更多。隋大业三年(607 年)始,西域诸国的使者,商人来中国的很多。炀帝派遣裴矩在武威、张掖之间往来接待,先后接待了 44 个国家。大业中来到东都洛阳的计 30 余国,炀帝为了炫耀国威,在洛阳丰都市设宴大加款待,醉饱而散,不取分文,胡客皆惊叹不已。唐时,西域人在洛阳开设行社,经营买卖。唐在洛城南市西南的修善坊设有"波斯胡寺",南市东南的会街坊设有"祆祠",北市西南的立德坊有"胡祆祠"。1955 年在洛阳唐墓中首次出土波斯萨珊王朝银币 16 枚。1981 年在安培夫妇墓发掘出土有罗马金币一枚,圆形,直径为 22 厘米,重 4.3 克,铸造年代为 602～610 年。这充分说明唐代波斯及罗马人曾来这里经商。

蔡伦造纸术在唐代中期传入了中亚和西亚的一些国家,再由那里传入欧洲。从而结束了欧洲落后的羊皮纸的历史。欧洲第一次造纸的记载是 1150 年,比中国造纸晚了 1 000 多年。纸的发明与传播对人类文明的进程产生了巨大的影响,加速了欧洲近代化的过程。西方的历史学家威尔斯在他的《历史大纲》中说:"没有从中国传入的纸,也不会有文艺复兴。"德克·卜德在他的《中国物品西传考》中说:"纸对后来西方文明整个进程的影响无论怎样估计都不会过分。"1990 年 8 月 18 日至 22 日,国际造纸协会在比利时举行 20 届代表大会,与会者一致认为,中国是世界上造纸术的发明国。蔡伦是造纸术的伟大的发明家。造纸术的发明与传播,对世界文化的发展与国际文化的广泛交流都起到了积极作用。纸的发明地在洛阳,纸作为河洛文化的重要内容传入世界各国,推动了世界各国文化的发展和文明的进程,这是河洛人对人类文明的重大贡献。

洛阳是中国雕版印刷术的发源地。中国雕版印刷是在东汉灵帝时开始的,唐代有了发展,后唐洛阳成了中国雕版印刷业的中心。后唐明帝于 932 年批准用雕版印制经书,历时 21 年。唐代之后,我国的雕版印刷术先后传到了朝鲜、日本、波斯、埃及。后来传到了欧洲,欧洲最早用雕版印刷标明年代的是 1423 年。欧洲的雕版印刷比中国的雕版印刷晚了 1 200 多年。

对欧洲来说,雕版印刷和造纸术的传入具有划时代的意义,成为欧洲文艺复兴的两把利剑。

七、弘扬河洛文化,振奋民族精神

从某种意义上讲,弘扬河洛文化,就是弘扬中华文化。所谓"弘扬",包含着继承和创新两个方面。河洛文化的基本精神是什么呢?

(一)奋发向上,勇于创新,自强不息的民族精神

河洛文化的基本精神之一就是奋发向上、勇于创新、自强不息。这种精神曾激励了千千万万的河洛儿女。他们创造了河洛文化,世世代代又发扬光大。《河图》《洛书》是河洛人聪明智慧的结晶,它奠定了人类文化的初基。老子的《道德经》成为中国道家的经典著作;"三班"著《汉书》,我国第一部断代史问世;司马光等人用了近 20 年的时间,我国第一部编年体通史才能成书;蔡伦以最大的毅力终于造出了"蔡侯纸";张衡不屈不挠,百折不回创造出候风仪、地动仪、浑天仪;左思构思十年,《三都赋》问世,才有"洛阳纸贵"之说;玄奘西域取经,历经 17 年之久,才有御封"三藏法师"之称。二程几乎用尽终生之力,才创立了"洛学",为中国理学奠定了基础。这一项项发明,一次次创造,一件件革新,无不体现了自强不息、奋发向上的民族意识和民族精神。那种坚忍不拔、勇往直前、战天斗地、不惧牺牲的伟大人格和崇高的品质,也正是这种民族精神的完美的体现。

(二)大团结,大联合,大统一的爱国主义精神

河洛文化是河洛人创造的,也是各族在大团结、大联合、大交流的前提下所

形成的光辉灿烂的传统文化。以河洛人为主体的中原人南迁,以至后来迁居海外的千千万万人,他们都无时无刻不怀念祖国、怀念家乡,为中华的崛起而自豪,为河洛的兴旺而喜悦。不管他们走在哪里,即使经过了数代之后,由于文化的传统性,"永怀河洛间,煌煌祖宗业"。数千年来,河洛文化形成了凝聚意识,凝聚精神。这种精神的表现,就是大统一的爱国主义思想。每一位河洛人、客家人,都不会忘记,自己是炎黄子孙,都会热切地希望祖国统一,民众富裕,国家强盛,这种伟大的思想,正是河洛文化的基本精神之一。

（作者单位:河南科技大学河洛文化研究中心）

先秦河洛文化族属述略

张正明　董　珞

　　中华先民进入文明时代,应当从夏朝的建立算起。夏代是中华文明的草创阶段,尚不免于因陋就简;商代是中华文明的勃兴阶段,异彩纷呈的青铜器,奇诡美妙的甲骨文,使它的业绩得以永垂不朽;周代是中华文明的成熟阶段,学术尤为灿然可观。夏、商、周三代相因亦相革,而俱奠都于河洛地区。恰如《史记·封禅书》所云:"昔三代之居(君),皆在河洛之间。"

　　三代的河洛文化是中华文化的主源。《易·系辞上》云:"河出图,洛出书。"《河图》与《洛书》只是中华文明抽象化且神秘化的符号,并非实有其物。图自河出,书自洛出,虽为传说,却正是先民对中华文明肇源于河洛的准确记忆。

　　三代的中华就是汉族的先民华夏,或称诸华、诸夏。与华或夏对称的,一言以蔽之曰夷。夷因方位之别而有异称,是为东夷、西戎、南蛮、北狄,加上中华,便是一个完整的民族体系了。

　　河洛虽是华夏的龙兴之地,但它的文化不是华夏独自创造的,蛮夷戎狄亦与有功焉。

　　作为族称的华夏,不是从夏朝创立伊始就有的。它是周人对虞、夏、商、周四族的总称,表明他们都是文明的,华者美也,夏者大也。[①] 张正明曾说过:"夷夏

---

　　① 《尚书·顾命》以"华玉"与"文贝"并称,可证华即华采之华,文即文采之文,"华"与"文"可为互文。《尚书·舜典》孔颖达疏云:"夏训大也。"《方言》卷一云:"自关而西,秦晋之间,凡物之壮大者而爱伟之,谓之夏。"

之称始于西周,夷夏之辨严于春秋。"而且,"华夏为蛮夷戎狄所化成"。①

虞人本为东夷,孟子就说过:"舜……东夷之人也。"②虞人与其他东夷的差别,在于虞人是东夷之文化先进者。

夏人本为西戎或称西羌,司马迁就说过:"禹兴于西羌。"③夏人与其他西戎的差别,在于夏人是西戎之文化先进者。

商人出自东夷族系,《尚书·泰誓》即视纣为夷。④ 姜亮夫曾作《夏殷民族考》,⑤论证"殷"字由"夷"字分化而来,其言有据。

周人至少曾混迹于戎狄之间,含有大量戎狄成分。用祭公谋父的说法,是周人的"先王"曾"自窜于戎狄之间"。⑥ 周的公族有姬、姜两姓,姬姓就是曾"自窜于戎狄之间"的,姜姓则是戎系的羌人。⑦ 孟子云:"文王……西夷之人也。"⑨按,西夷即西戎。直到春秋时期,还有姬姓之戎和姜姓之戎。

张正明曾指出:"华夏是蛮夷戎狄异化又同化的先进产物。从蛮夷戎狄方面去看,华夏是在它们自身因社会发展速度不同而发生的异化过程中出生的。从华夏方面去看,它是在蛮夷戎狄的某些部分因社会发展阶段相近和彼此频繁交往而发生的同化过程中合成的。无论从血统上来说,还是从文化上来说,华夏都是蛮夷戎狄共同创造的。"⑩

假如我们追溯到早于文明社会的时代去,那就更可以说河洛是东西南北族群交汇之薮了。

先秦时,人们普遍认为,灵魂进出经由囟门,人死之后灵魂要回到故乡去。因此,亡人下葬时,头要朝着故乡。当时,黄河下游西段的天然环境特别优越,为周边诸多族群所竞进、争占,此即中原,而河洛之间是中原的腹心。中原的族群结构是多元的,这可以从葬俗上看个分明:东夷及其先民流行东首葬,留下的是东向墓;西戎及其先民流行西首葬,留下的是西向墓;南蛮及其先民流行南首葬,

①⑩ 《先秦的民族结构、民族关系和民族思想》,载《民族研究》1983 年第 5 期。

②⑨ 《孟子·离娄下》。

③ 《史记·六国年表》。

④ 《墨子·非命上》引《泰誓》云:"纣夷处……"《非命中》引《泰誓》云:"纣夷之居……"《左传·昭公二十年》引《泰誓》云:"纣有亿兆夷人……"

⑤ 载《民族杂志》第 1 卷第 11、12 期和第 2 卷第 1、2 期。

⑥ 《国语·周语上》。

⑦ 章炳麟《检论·序种姓》云:"羌者,姜也。"倒过来说也是可以的,"姜者,羌也"。

留下的是南向墓;华夏及其先民流行北首葬;留下的是北向墓。这是通例,①很像有四个花瓣的迎春,②河洛之间正是它的花蕊。

新郑的裴李岗遗址是中原迄今已知年代最早的新石器时代文化遗存,流行南首葬。1978 年和 1979 年在裴李岗遗址发掘的墓葬 106 座,少数南向。③ 新密峨沟北岗遗址年代与裴李岗遗址相若的墓葬 68 座,"墓坑的方向一般为南偏西 15°至 32°",④也都在南向墓之列。这些墓葬表明,新石器时代早期后段,河洛之间有不少居民来自南方。

此外,河洛之间新石器时代的墓葬,也有东向的和西向的,虽不多,但都提供了人口流徙和族群交错的线索。东向的,如偃师所发现的属于大汶口文化的东向墓;⑤西向的,如汝州(旧称临汝)所发现的仰韶时期的西向墓,⑥和禹州(旧称禹县)所发现的龙山时期的西向墓。⑦

尤其值得注意的,是在同一个时期、同一个地点,有多种头向的墓葬。禹州瓦店遗址即如此:第一期为龙山早期,墓葬 2 座,俱北向,按,北向是龙山文化的主流葬式;第二期为龙山中期,墓葬 2 座,俱西向;第三期为龙山晚期,墓葬 20 余座,除个别南向外,俱东向。⑧在这个龙山时期的遗址里,东西南北四种头向都有,可见当初人口流徙之频繁和族群交错之复杂。

从夏代起,亦即进入文明时代以后,河洛之间的北向墓就占压倒优势了。

如上所述,河洛文化并非一系单传,而是多元互动的成果,它的开放性是与生俱来的。

(作者单位:张正明,华中师范大学楚学研究所;董珞,中南民族大学民族学与社会学学院)

---

① 也有特例,即异向墓,那是因族群的流徙、穿插、混杂或者因死亡原因异常而发生的,为数无多。
② 迎春原产于包括中原在内的华北平原,因以为喻。
③ 《裴李岗遗址发掘简报》,《考古》1979 年第 3 期;《1979 年裴李岗遗址发掘简报》,《考古》1982 年第 4 期。
④ 《河南密县峨沟北岗新石器时代遗址发掘简报》,《文物》1979 年第 5 期。
⑤ 参考武津彦:《略论河南境内发现大汶口文化》。
⑥ 《河南临汝大张新石器时代遗址发掘简报》,《考古》1960 年第 6 期。
⑦⑧ 《禹县瓦店遗址发掘简报》,《文物》1983 年第 3 期。

河洛文化溯源

——从史前岩画看《河图》、《洛书》

周兴华

《史记·封禅书》说:"昔三代之君,皆在河洛之间。"

《河图》、《洛书》发现于黄河、洛河流域,是河洛文化的开山鼻祖,是儒家经典的成书来源,是道家学派的重要典籍,是谶纬秘籍的发生源泉。所以,《河图》、《洛书》是上古文化的集中体现,是华夏文化的神圣象征。当人们论及中华文化的源泉时,莫不以《河图》、《洛书》为代表。但是,当涉及《河图》、《洛书》的历史存在时,权威的文化典籍现今仍以"传说"对待之,如现版《辞海》对"河图"、"洛书"的解释是"儒家关于《周易》和《洪范》两书来源的传说",并不承认《河图》、《洛书》是上古实有的图书。这是一个很大的矛盾。

《河图》、《洛书》到底有无?究竟是什么东西?随着史前考古成果的不断涌现,应依据新的发现进行新的探索。

《河图》、《洛书》与经典文献

中国最古老的图书见于古代经典文献记载的有《河图》、《洛书》、《三坟》、《五典》、《八索》、《九丘》及出自《河图》的谶讳秘籍。据中国经典文献记载与古代权威学者传疏,上述古书都是三皇五帝时代的遗籍。

中国的三皇五帝时代有无图书?司马迁在《太史公自序》中说:"伏羲至纯厚,作《易》、《八卦》。尧舜之盛,《尚书》载之。"伏羲所作的《易》、《八卦》,总得以某种形体的符号记录下来。《补史记·三皇本纪》说伏羲"造书契以代结绳之政"，伏羲之前的"结绳"记事，也是一种记录思想语言的方式。到了伏羲时代，人类已经感到"结绳"记事不适应需要了，这才创造了"书契"这种记录思想语言的方法。所谓"书契"，就是在坚硬的物品上以书写刻画图符的方式记录思想语言的办法。考古界近年在河南舞阳贾湖遗址里发现的距今 9 000 年左右的龟甲石片上的刻画符号就是明证。司马迁将记录尧舜事迹的图书《尚书》与伏羲所作的《易》《八卦》相提并论，说明司马迁所说伏羲氏所著的《易》《八卦》本身就是类似"蝌蚪古文"《尚书》的一种图书。从司马迁在《太史公自序》中追溯的他的祖先掌管史书的历史看，上古某些阶段的史书是以某种图符记录延续下来的图画或图画文字书籍。他说："昔在颛顼，命南正重以司天，北正黎以司地。"《正义》引司马彪序云："南正黎，后世为司马氏。"司马迁从颛顼历数到唐虞、夏商，说明他的历代祖先都是掌管天文地理记录的专职史官；如时无典册，司马迁的历代祖先以何记载他们的所见所闻以传世？他们作为代代相传的史官又掌管什么东西？到了周朝，司马迁说"司马氏世典周史"，这自然是掌管《尚书》之类的古文字书籍了。到了汉代，司马迁之父司马谈又是太史公，掌握国家的图书档案。司马迁秉承父业，有条件进入国家图书档案馆，他才能阅读"史记石室金匮之书"。司马迁在《史记》中记述的西汉之前的史实，尤其是上古史，如其所言，他是依据国家图书馆收藏的"史记石室金匮之书"摘抄编辑而成的。由此证明，中国上古时代是有某种型制的图书的。

为了论述方便，本文将古文献记载中所说的三皇五帝时代的各种古书统称为"三皇古书"，并以《河图》《洛书》为其代表。

《河图》最早见于《尚书·顾命篇》。《尚书·顾命篇》记述周康王即位时的陈设时写道："越玉、五重、陈宝、赤刀、大训、弘璧、琬琰，在西序。大玉、夷玉、天球、河图在东序。"从上述记载来看，周康王即位大殿的东、西墙前的席上，陈列的都是周朝历代所收藏的传世古董宝物，其中大多数都是其先祖使用过的玉器、宝刀和文献典籍。在文献典籍中，有一种叫"河图"的宝藏陈列在大殿东墙前的席上。历代学者公认，伏生的今文本《尚书》、孔宅出土的古文本《尚书》都是春秋到秦汉时的官方定本，是中国最早的史料汇编，其内容反映了上古华夏文化的方方面面，是研究上古华夏文化的重要文献。载有河图的《尚书·顾命篇》传自伏生的今文本《尚书》，它与汉武帝末年鲁恭王刘余在孔宅发现的用先秦古文写的孔壁本《尚书·顾命篇》是一致的,这篇文献并非伪古文《尚书》本中的伪造内容。出自今文本、孔壁本《尚书·顾命篇》的《河图》古籍应是一本客观存在的上古图书。

《洛书》先后见于周秦古籍。《易·系辞上》载:"河出图,洛出书,圣人则之。"《洛书》的客观存在,也为其他周秦古籍所证实。《论语·子罕》载:孔子叹息说:"凤鸟不至,河不出图,吾已矣夫!"对于"凤鸟不至"的含义,《吕氏春秋·应同篇》作了注释,该书记载说,"及文王之时,天先见火,赤乌衔丹书集于周社"。由此可知,《吕氏春秋·应同篇》所说的"赤乌衔丹书集于周社"这件事指的就是孔子所叹息的"凤鸟不至"这件事;《吕氏春秋》中的"赤乌",就是论语中的"凤鸟"。孔子以"凤鸟"代指《洛书》。所以,孔子所说的"凤鸟不至",就是"洛书不至",亦即"洛不出书"。对《吕氏春秋》的这个注释,司马迁作了完全的肯定,他在《史记·孔子世家》中引用孔子原话说"河不出图,洛不出书,吾已矣夫!"类似这样的上古史事,司马迁在《史记》中记载了很多。对于这类记载,过去有人说是司马迁杜撰的。1889年殷商甲骨文发现以后,经专家、学者对甲骨文的研究,证明了《史记》对商代帝王先后顺序的排列是完全正确的。由此可见,《史记》所载的《河图》、《洛书》必有所据,并非伪造之书。《史记》所载的《河图》、《洛书》,应是客观存在过的上古图书。《河图》、《洛书》及谶讳图书,亦见载于道家经典《道藏》。道家为先秦学派之一。道家渊源于中国古代巫术,是华夏族群土生土长的原始宗教。其观堂庙宇多散处深山老林,在搜访、收录、保存古代典籍和民间发现、流传的图画、符箓、巫术资料等图籍方面,做出了独有的贡献。《道藏》中收存的大量记述原始文化的图书,两汉以来称之为谶书。对谶书的来源,《论衡校释·卷二六至三十附篇》说:"孔子将死,遗谶书。众经引义三苍曰:'谶,秘密书也',出《河图。》'"由此可知,《河图》应是前代所传留下来的秘不示人的国家图书档案,其中谶讳图书就出自《河图》。以上三皇古书,是只有上层人物、史官才能阅读的秘密图书。据《史记》记载,司马迁就看过黄帝时代流传下来的图书,其记载只是年代上不够具体,不是说没有上古流传下来的某种载体的图书。

对《河图》、《洛书》等三皇古书的客观存在,历代文献记载极多,认可极广,影响极大。仅两汉时期,有关《河图》、《洛书》的专著就有近50种,这还不包括诸子百家的记载。但是,由于《尚书·顾命篇》、《易·系辞上》、《史记》、《左传》仅有对《河图》、《洛书》等三皇古书名称的记载,而没有对《河图》、《洛书》等三皇古书具体内容的详细描述解说,致使后世研究者对其图书的真假有无、形制内容等各有所见,各自发挥,各圆其说。在对《河图》、《洛书》等三皇古书的各种研究解说中,有些倾向值得商榷。一些学者将其说成是上古社会的神话传说,否定了《河图》、《洛书》等三皇古书的客观存在,抹去了神话传说中自有的真实历史的折光。多数学者将其穿凿附会为星象、八卦、谶书、术数,使《河图》、《洛书》等三皇古书变成了深奥的高等数论、天文运演和迷信编织,将原始人类的思维观念等同于现代人类,或将其引入了荒诞不经,否定了数百万年来人类的体质、思维由低级向高级进化的自然史观。还有一些人,如清初著名学者黄宗羲,他在其《易学象数论》中,虽然承认《河图》、《洛书》的客观真实性,但用现代眼光审视《河图》、《洛书》,将《河图》、《洛书》说成是现今地图、方志一类的图书,混淆了远古图画、图画文字与现代文字书籍的原则区别。以上倾向,均不利于对《河图》、《洛书》等三皇古书原貌的探索。

《河图》、《洛书》与史前时代

古今很多学者都说《河图》、《洛书》等三皇古书是三皇五帝时代的图书,那么,中国古史究竟有无三皇五帝时代? 疑古派对三皇五帝的出处、名号来源、对应人物、排序交替、延续时间等等,从文献考据上予以否定。但是,否定三皇五帝这一名号的存在,并不等于否定了三皇五帝所代表的那个历史时代的存在。上百年以来,中外史前考古学家在中国大地上发现了数以千计的史前人类文化遗址,各地区遗址里出土了数十万件土、石、骨、木、角、陶、玉、铜等质地的史前遗物,这些遗物中有各种各样的生产工具、实用器物、居址房屋、生活物资、史前岩画、刻绘艺术、原始文字、装饰用品、埋葬墓地等物质与精神的遗物。这些史前遗物至少揭示了距今百十万年至一万年左右史前社会的采集、渔猎、畜牧、农耕、祭祀、礼仪、艺术、风俗等方面所达到的发展层次与技术水平。经现代科学研究与技术测定,上述遗址及出土物,均属中国旧石器时代至新石器时代的人类所创造和使用。从年代学上说,它们都遗存于夏、商、周之前,相当于或远早于中国历史上以三皇五帝为名号的那个史前时代。对于那个遥远的史前时代,我们习惯将其称呼为三皇五帝时代。实际上,经科学研究和测定的许许多多的史前遗物的遗存年代都要比现今史学界所断代或推测的三皇五帝时代要早得多。

三皇五帝时代的人类究竟有无作为其思维与语言载体的某种型制的图书?对此问题,历来争论不休。

说《河图》、《洛书》等三皇古书是真有其书的,他们能将其来龙去脉记述得清清楚楚,均有所据。《周礼·春官》说:"外史 ……掌三皇五帝之书",依其记载,三皇五帝时代是实有图书的。说《河图》、《洛书》等三皇古书是传说或伪书的,也讲出了一些理由。研究这些理由,其说词与依据也不无商榷之处。以《古三坟书》为例,北宋叶梦得说,"《古三坟书》为古文,奇险不可识,了不知其为何语,其妄可知也。"明代胡应麟在《四部正讹》中针对他自己分析的《三坟》中的内容及词语说《古三坟书》中出现了"舟楫"、"轩盖"、"屋室"、"戈矛"、"征伐兵争"等名称,而这些名称所代表的实物,都是神农氏时代所没有的。他研究了《古三坟书》中出现的与天、地、水、火、日、月、云、山、川、湖、泉、涧、溪等相联系的卦象后说:上述内容、词语空洞浅薄,好像是村学塾师对小儿的启蒙课本,不像三皇五帝时代的文献典籍高深玄奥。据此,他认为《古三坟书》是伪书。

众所周知,现今各地发现的史前岩画,学者们公认这是原始人类刻在岩石上的史书。面对扑朔迷离的岩画图像符号,有些人也认为它们是"奇险不可识,了不知其为何语",或说是后人的"涂鸦之作"。但是,我们总不能以现在尚无法破译岩画的图像语言,就去否认岩画是史前的一个客观的真实存在。胡应麟所列举的神农氏时代没有的"舟楫","轩盖"、"屋室"、"戈矛""征伐兵争"等史事,在史前岩画中均有其对应的图像,在史前考古资料中均有其对应的出土文物。胡应麟嘲笑的天、地、水、火、日、月、云、山、川、湖、泉、涧、溪等启蒙课本式的卦象内容,岂不知这些内容正是原始思维的特点,原始人类自然崇拜的对象,原始图画语言的特色,原始文化的内涵,原始人类认识世界的开端与启蒙课本。当然,《三坟》、《古三坟书》中的有些内容及表达基于各种人为原因可能窜入一些后世的内容及表达方式,致使与古三皇书的原貌有所出入。但上述否定《河图》、《洛书》、《三坟》、《古三坟书》等三皇古书的理由都恰恰背离了原始文化的客观内容与本质特征,经不起史前考古所获科研证据的质证。

北京晁公武在《郡斋读书志》中说,"七略不载《三坟》,隋志亦无之"。南宋陈振孙在《直斋书录解题》中说"孔子定书,断自唐、虞以下;前乎唐、虞,无征不信",还说"二千年而其书忽出,何可信也!"上述理由经不住中国许多古籍面世的验证。如西晋太康二年汲冢出土的《竹书纪年》、《穆天子传》,现代河南、山东、陕西出土的殷代甲骨文,古墓中出土的云梦秦简、侯马盟誓、曾侯乙墓竹简,银雀山汉墓简册中的《孙子兵法》、《孙膑兵法》、《六韬》、《尉缭子》、《管子》、《墨子》、《晏子》等周秦古籍。晁公武、陈振孙都没有见过他们身后出土的上述古书,上述很多古书出土前也没有见诸晁公武、陈振孙之前的任何文献记载,这些古书都是一二千年后突然冒出的珍稀典籍。因此,以上各家否定《河图》、《洛书》、《三坟》等上古图书的理由是不足为凭的。

《河图》、《洛书》与史前考古

中国文字的创造成熟,图画典籍的生成,绝不限于某代某人,而是经历了许多漫长历史时代的不断发展与众多社会人物的接续推进。

《礼纬·含文嘉》载:"伏羲德洽上下,天应以鸟兽文章,地应以《河图》、《洛书》。"

《山海经》载:"伏羲得《河图》,夏人因之,曰《连山》。"

《云笈七签》载:"三皇所授经合三卷,尔时号为《三坟》是也","又有八帝,上天又各以经一卷授之,时号为《八索》是也。"

《补史记·三皇本记》载:伏羲氏"仰则观象于天,俯则观法于地,旁观鸟兽之文与地之宜。近取诸身,远取诸物。始画八卦,以通神明之德,以类万物之情。造书契以代结绳之政。"

《路史·疏仡记》载:黄帝"乃命沮诵作云书,孔甲为史"。

《韩非子·五蠹》、《吕氏春秋·君守》、《世本》均载:黄帝臣"仓颉作书"。

《世本》载:"史皇作图。"宋衷注说:"史皇,黄帝臣也,图为画物象也"。张澍粹注引《易卦通验》说:"轩辕子苗龙,为画之祖。"

《汉书·五行志》载:"刘歆以为伏羲氏继天而王,受《河图》,则而画之,八卦是也。禹治洪水,赐《洛书》,法而陈之,《洪范》是也。"

以上记载中的具体人物和史实,应是各个历史时期语言载体重要特征的典型代表。他们有的可能是文字、图书的发明创造者,有的可能是文字图书的发现、总结、改进者,有的可能是在文字、图书的使用推广中做出重大贡献的代表性人物。但是,上述记载中的人物和史实,均出现和发生在三皇五帝时代。这就是说,中国文字与图书产生于三皇五帝时代。那么,中国三皇五帝时代有无可能产生那个时代的某种型制的"文字"、"图书"?

史前考古资料证实,原始人类采用敲凿、刻画、涂画等方法,在骨角、岩石、陶器等物体上制作图画符号由来已久。这种图画符号,都是原始人类表情达意的工具,思维语言的载体,遗存至今的有骨角刻符、史前岩画、陶器图纹等等。原始人类制作的图画符号,经历了写实性图像、象征性图像、抽象符号、图画文字诸阶段,其中作为表情达意的图画符号,逐步发展为象形文字、图画文字、符号文字,成为人类的语言载体,演变为社会通用的文字图书。

人类制作图画符号的能力究竟始于何时?这既与人类形象思维、抽象思维的产生发展息息相关,也与人类制作工具的能力水平紧密相关,并直接关系到文字图书的产生。现代考古遗址中出土的许多人类遗物,都可用现代科学技术手段测定其遗存年代。这种科学测试的成果,为我们推断各种图画形体在作为语言载体的符号系统中的发展序列提供了年代证据,也为中国文字图书的产生时代提供了时代依据。根据各书刊媒体报道:

在距今 170 万年前的山西芮城县西侯度人类文化遗址里,发现了两件具有人工加工痕迹的残鹿角,其中一个鹿角上留有一条人工切割或砍砸所致的尖底短沟槽。尖底短沟槽的形成,标示着当时的人类已经具有了在骨角、石、木等坚硬物体上刻画图画符号的能力。

在距今 14 万年前的重庆市奉节县兴隆洞古人类遗址中,出土了剑齿象牙刻画。经专家研究后认为,剑齿象牙上刻画的几条直的和弯曲的痕迹应该是人工刻画的,而且是用石器刻的。其特点是刻纹直而深,曲形纹弧度大。这件刻有图案的剑齿象象牙化石通过大英博物馆的鉴定,被认定为人类历史上最早的艺术品。兴隆洞剑齿象牙刻画图案的出土,证明中国旧石器时代中期的人类就已经刻制图画了。

在距今 45 000 年前的欧洲晚期石器时代遗址里,已经充满了岩画、完善的骨形工具和复杂的丧葬方式的证据。专家们认为,原始人类的这些遗物,都是典型的符号思想的反映。处在晚期石器时代的人已经开始学会建筑持久的住所,而不用主要依靠洞穴。他们懂得怎样捕得更大的鱼和进行更具进攻性的狩猎,他们发现了可以远抛的武器。在石器时代晚期用骨头和鹿角制造的工具已经很普遍,比在非洲发现的中石器时代(28 000 年前至 45 000 年前)的石制工具要成熟得多。

在距今 28 000 年的中国山西峙峪遗址中,发现了一块刻着似为羚羊、飞鸟和猎人等图像的兽骨片,有些学者称其为围猎驼鸟图、羚羊图或古雕动物人物画。从艺术形象和刻画技法看,这类图像的刻画时代已晚于现今发现的许多中国岩画。

在距今 2 万年至 1 万年的四川攀枝花回龙湾洞穴遗址中,出土了有"×"形原始符号刻痕的石片。

在距今 9 000 年至 8 000 年前的湖南彭头山遗址里,出土文物上发现的图像符号有石牌上的"×"形符号,陶器器座上的"×"形镂空符号,陶器表面上的双线方格纹、弦纹、连珠形太阳纹、连珠形月亮纹、十字纹符号等。这种刻画符号与晚期岩画中的抽象符号类似。

在距今 8 800 年至 7 500 年的河南贾湖遗址中,出土了三件龟甲,共刻有七个符号。经专家解读的有三个刻画符号,第一个刻符与甲骨文"目"极为相似,第二个刻符与现代汉字"日"相似,第三个刻符似"七"形。还出土了一件石器,其上竖排连结地刻有四个符号。发掘简报指出,"在这些龟甲和随葬品中的骨器、石器上发现的契刻符号,很可能具有原始文字的性质,这批契刻符号的发现,为研究汉字的起源提供了重要资料。"贾湖遗址龟甲、石器上的契刻符号说明,在距今 9 000 年左右的新石器时代早期,中国原始人类已经使用着契刻符号这种形体的语言载体。

在距今 8 000 年至 4 000 年的中国裴李岗、仰韶、龙山、崧泽、良渚、乐都柳湾、马家窑、二里头等 30 余处新石器遗址中,出土了大量的带有刻画符号的陶器。这些陶器上的刻画符号有 700 个左右。这些符号的结构笔画有横、竖、折、斜、曲、圈、勾、点,它们或独用,或连结,或交叉,或穿插,或包围。其中相当多的刻画符号形体稳定,在不同时代,不同地区,不同器物上反复出现,长期使用,存活数千年。这说明,它们应是原始文字的孑遗。仰韶文化陶器上的刻画符号约有 50 种,郭沫若、于省吾认为是原始文字。长沙考古工作者发现的一块彩陶残片,距今7 100年至6 800年,其上刻有许多图画与符号,经过专家解读,认为这是一篇图画与符号夹杂的一篇散文。湖北柳林溪遗址出土了大量陶器。经研究员周国平整理研究,发现有刻画符号的陶器80件,共有符号232个。这些符号可分为63种,它们分别代表自然界和人类生产、生活中的事物。其中出现次数最多的符号与甲骨文中的"田"、"文"、"五"、"四"、"三"等字有一定的相似性。这些刻画符号在陶器上的布局,多是从上到下,从左到右刻画的,与今天文字的书写方式相同。湖北宜昌杨家湾遗址,距今约在6 000年前,这里出土陶器上发现的刻画符号有170余种。从其符号形象看,有的似水波、闪电、太阳升起等自然景观,有的似谷穗、垂叶、花瓣、大树等植物,有的像长蛇、贝壳等动物,有的像鱼钩、鱼网、弓箭、叉具等生产工具,有的反映了房屋建筑和人类劳作的情景。这些符号,是对当时人们生活的记录和描绘。从笔画运用看,还有大量圆笔。这些符号,与殷墟甲骨文中的许多字形接近。专家们认定,这些符号是迄今为止发现的我国最早的象形文字。山东大汶口文化遗址,距今5 500多年。这里出土陶器上发现的刻画符号有18个,于省吾、唐兰认为是文字。

在距今5 000年至4 000年前的江苏高邮龙虬庄遗址,出土了磨光泥质黑陶盆口沿残片。在这件陶器残片的内壁上,刻有两行陶文,左行四字,以直线为主,横平竖直,结体有序;右行四符,酷似动物侧视图形的象形文字,第一符似兽,第二符似鱼或蟹,第三符似蛇,第四符似鸟。河南大河村类型白衣彩陶钵肩部饰一周三组六个六爻白彩坤卦符号。

在距今4 800年至4 200年的山西龙山文化陶寺遗址,出土了一件陶背壶。陶背壶的碎片上有一个清清楚楚的用毛笔书写的红色"文"字。这标志着距今5 000年左右,中国文字已经使用,毛笔书写已用于文字记录,人类进入了文明时代。陶背壶上用毛笔书写的红色"文"字的发现,证明这种形体的中国记事文字典册应产生于距今5 000年前。

夏朝距今已4 000多年了。《尚书·多士》载:"唯殷先人,有册有典,殷商革命",这就是说,殷朝推翻夏朝时,殷朝的先人就已经有了图书典籍。3 000多年来,殷商有图书典籍的记载是被作为"传说"对待的。1889年甲骨文发现以后,至今已见15万件,其中不重复的字约有4 500多个,可识的有1 500字。甲骨文大多数是以朱墨书写。此后,世人方信《尚书》言之不虚,殷商确有国家图书档案,而且是成熟文字记载。殷商上距夏朝先人仅400多年,从全世界文字发生、发展、成熟的历史看,夏禹时代肯定已有表达思想、记录语言的早期文字。用这些文字表情达意或记事,就形成了夏禹时代的图书典册。

以上史前考古资料证实,具有语言表达能力的智人出现以后,各个时代、各个地区、各个种族都有自己的语言载体。作为语言载体的图书符号,并不限于一种结构,一种形体。中国重庆市奉节县兴隆洞剑齿象牙刻画出现于距今14万年前,这说明作为语言载体的中国刻画符号,至少产生于旧石器时代中期。这是早期智人的活动时代,出现具有语言载体的契刻符号与其智力显现水平是相适应的。到了旧石器时代晚期至新石器时代,作为语言载体的史前岩画非常繁荣昌盛,非洲岩画、欧洲岩画、中国岩画等史前岩画在大范围内的普遍出现,说明史前岩画作为一种图画语言已经达到了其发展的高峰。从铜石并用时代开始,语言图画已向着图画文字、象形文字、符号文字依次演变,其图像带有会意、指事的语言功能。距今9 000年左右的河南贾湖遗址龟甲石器上的刻符说明,在新石器时代早期,中国的原始人类已经使用着刻画符号这种形体的语言载体。从距今8 000年到4 000年期间,中国各地陶器上的刻画陶文多达700个左右,特别是龙山文化陶寺遗址中用毛笔书写的朱书“文”字的发现,标志着类似甲骨文结构的这种文字形体的语言载体产生于距今5 000年前。从夏禹时代开始,中国文字已进入了成熟阶段,人类文明已进入了有册有典的图书时代。

上述史前考古资料显示的作为中国语言载体的图画符号的发展历程,与中国上古文献资料所记载的中国文字、图书的发展历程是完全一致的。源自《河图》的谶纬秘籍《三皇经》说:三皇五帝时代约合14.8万年,中国最早的图书《三坟》、《五典》产生于三皇五帝时代。《三皇经》这一猜测性的说法,与古人类学中早期智人活动的时代及其智力显现的形式不谋而合,也与史前考古学中旧石器时代晚期人类的文化面貌完全相符。更为巧合的是,中国上古文献记载中凡与文字、图书产生的有关史实与人物,也都出现在三皇五帝时代。如伏羲“始画八卦”、“造书契”、“受河图”,黄帝命“沮诵作云书、孔甲为史”、“仓颉作书”、“史皇作图”、“苗龙为画之祖”,夏禹“受洛书”等。由此看来,中国上古文献所记载的早期“文字”、“图书”,当指表情达意的史前写实型岩画、骨刻类图画、符号,它们产生于旧石器时代中期,繁盛于旧石器时代晚期。中石器至新石器时代的“文

字"、"图书",一般指荷载语义的史前象征型岩画,骨、木、陶器类刻画符号。以
上各类图画符号,虽是一种语言载体,但无表音功能,尚未发展到文字阶段。大
约在铜石并用时代,各类图画符号中的象征符号、抽象符号逐步演变为图画文
字、象形文字、符号文字这类原始文字。

从伏羲氏到夏禹,这是个漫长的史前时代,至少是涵盖了中国旧石器时代中
晚期到新石器时代。在这个时代,许多的氏族、部落、部族联盟都曾在华夏大地
上繁衍生息、居留、迁移、交流、融合、创造、发明。他们创造的文化,均发生于中
国甲骨文产生之前。但对他们史迹的记述,以往多记载在甲骨文之后的古代文
献中。这种文献记载,有的采自远古遗存或后人追记,有的录自口耳相传,有的
得自古墓、民藏,有的采自洞穴山崖,有的摘自古书佚文。上述资料来源的符号
形体,都是上古时代的史前岩画、刻画符号、图画文字、象形文字、符号文字。这
种图画符号,多为人所不识,加之残缺不全,晦涩简略,被称之为"鬼神之书"、
"赤文象文"、"云书"、"鸟篆"、"蝌蚪古文"等等。后人对以上原始资料的辨认、
诠释,有的猜想推测,有的断章取义,有的语焉不详,有的错讹矛盾,有的云遮雾
罩,有的神光弥漫,有的曲意阿世,致使三皇古书的多数内容与时增减。所以,对
于三皇古书的内容,若想探索其原初含义,除从文献上钩沉索隐外,还应依据中
外史前考古资料的新发现,将其纳入中外史前史的大进程中勘察类比。对照史
前学有关学科已取得的科研成果,拨开加于三皇古书上的神彩迷雾,从中钩沉出
三皇古书的原初面貌。

三皇五帝时代的人类,盛行对岩画图像的信仰崇拜。这种习俗延续时间很
长。岩画等图像的这种神圣、灵异、巫术、实用功能,总是通过某种形体的语言载
体显现和实施的。考古资料证实,原始人类制作的岩画和其他形式的图像,就是
这种原始思维和巫术语言的载体。这类语言载体的汇集、保存和流传,就是后世
所说的三皇五帝时代的图书典册。

《河图》、《洛书》与史前岩画

20 世纪 80 年代以来,中国大地上发现了一处又一处的岩画。在此之前,国
外岩画的发现与研究已取得了令人瞩目的科学成果。经过历代中外学者的研
究,绝大多数学者认为岩画是史前遗物。联合国教科文组织在《世界遗产名录》

中对岩画作了科学界定:"岩石上的绘画和图形,正如人们通常所说的岩画,它们产生在人类还不知道如何读和写之前,是开始于智人出现的时候,它们提供了人类在文字发明之前极其重要的历史资料。"早期智人出现于距今20万年至5万年,晚期智人距今约5万年至1万年。原始人类在大范围内遗留下来的丰富多彩的岩画,这正是他们刻在岩石上的"史书"。将三皇古书与史前岩画做一对照,三皇古书中出现的巢居穴处、采集渔猎、原始婚配、生殖崇拜、动物崇拜、图腾崇拜、巫术实践、部落战争、民俗风情、契刻文字等等,都能在岩画中找到与之相同、相似、相通的图像。反过来,对照岩画图像,重新认识解读古代传说、文献记载中的三皇古书的内容,就可以从神话迷雾和简略晦涩的传说、记载中窥见其原始面貌。所以,探索《河图》《洛书》等三皇古书的原始面貌应从这些古书所处时代的文化环境与史前考古资料中寻踪觅迹。比较三皇古书与史前岩画,可以看出两者确有许多相似之处。

《河图》、《洛书》究竟有无? 如无,为什么中国古代经典文献及诸子百家多载之? 如有,它到底是什么东西? 在探索这一千古之谜前,我们不妨先阅读关于"宝石负图"的古代岩画记载:

晋《搜神记卷七·一七九》载:初,汉元、成之世,先识之士有言曰:"魏年有和,当有开石于西三千余里,系五马,文曰'大讨曹'"。及魏之初兴也,张掖之柳谷有开石焉。始见于建安,形成于黄初,文备于太和。周围七寻,中高一仞。苍质素章,龙马、麟鹿、凤皇、仙人之象,粲然咸着。此一事者,魏、晋代兴之符也。至晋泰始三年,张掖太守焦胜上言:"以留郡本国图校今石文,文字多少不同,谨具图上。"案其文有五马象:其一有人平上帻,执戟而乘之;其一有若马形而不成。其字有"金",有"中",有"大司马",有"王",有"大吉",有"正",有"开寿";其一成行,曰:金当取之。

张掖柳谷的这幅"开石岩画",唐代文献亦有记载:唐《艺文类聚·卷十·符命部》载:

《魏氏春秋》曰:明帝青龙三年,张掖郡删丹县金山玄川溢、涌宝石负图,状象灵龟,立于川西,有石马七,其一仙人骑之,其一羁绊之,其五有形而不善成,有玉匣,开盖于前,上有玉字,玉二、玉横一。又有骐弓在东,凤凰在南,白虎在西,牺牛在北,马自中布列南方,有字曰:'大讨曹,金但取之。'此司马氏革运之徵。

从文献记载看张掖柳谷的这幅岩画,它从发现到晋、唐经历了四次变化:

第一次,柳谷岩画发现于汉献帝建安年代,岩石上仅有图像,并无文字,当时称之为"开石"文字,指的是遗存于汉代以前的一幅远古岩画。张掖郡曾将这幅岩画制图存档。

第二次,柳谷岩画发现于司马晋代曹魏时,为司马晋效命的谶纬术士就借柳谷岩画编造了"大讨曹"的文字。

第三次,柳谷岩画遗存到晋泰始三年,张掖郡太守焦胜将存档的柳谷岩画原图与柳谷岩画原石对校,发现岩画石面上后人加刻了15个字。

第四次,柳谷岩画遗存到唐初时,记载中增加了《魏氏春秋》对这幅岩画存在环境和图像保存的详细调查。调查发现,柳谷岩画凿刻在一块形状像龟的大石头上,这块龟形大石头在山洪暴发时,是从一条名叫玄川的大山沟被洪水冲出来的。洪水将冲出来的龟形大石头冲滚搁置在大山水沟的西边,被人发现后,才知其上竟然凿刻着7幅马图像和虎、牛、鸟等动物图像及文字。文字是晋代为司马氏政权效力的谶纬术士加刻的。《魏氏春秋》将柳谷岩画称之为"宝石负图"。

张掖柳谷岩画发现于汉末,当时称其为"开石"文字,司马晋称其为"符瑞"图,唐代称其为"宝石负图"。我们根据《魏氏春秋》的记述,若依照《河图》、《洛书》的称呼来源或唐人对柳谷岩画的命名办法,因为凿刻岩画的大石头"状像灵龟",我们也可以将其称为"灵龟负图";因为岩画图像中有"龙马"、"凤凰",我们也可以将其称为"龙马负图"或"凤凰来仪"。这些称谓,应该说都是言出有据、名符其实的。张掖柳谷的"宝石负图"岩画,一直遗存到现在。据《一统志》引《甘镇志》:"柳谷在甘州东南一百里,与山丹卫接界,即金山也"。前些年,当地的文物工作者前往实地调查,发现这里的岩画很多,"宝石负图"仅是其中的一幅。

像柳谷这样被洪水冲出来的"宝石负图"、"灵龟负图"岩画,现在我国发现的岩画中也有不少。宁夏中卫大麦地岩画区,位于黄河古道旁边,这里就有临河、临水或被洪水冲在山水沟边的各具形态的岩画石头,上面凿刻着龙、马、虎等图像。如依照《书中候握河记》关于《河图》的记述,亦可将这些岩画描述为"龙马衔甲赤文绿色,自河而出……黄龙负图,卷舒之水畔……有苍龙负图临河……河龙负图出,赤文象文以授命";依照《路史·夏后氏》关于"始禹之治水七年矣……于是上观于河,河精授图"的记述,也可将这里的岩画称之为"龙马负图"、"虎精授图"。

　　2004年2月11日中新网报道:1988年,河南省具茨山发现了3 000多幅(个)岩画。具茨山岩画发现的重大意义是将中国岩画的分布从边疆地区扩展到了中原地区。这一扩展说明,岩画是史前人类生活中的普遍现象,并非只是遗存于少数民族分布的边疆狩猎游牧地区。史前岩画是边疆文明的源头,也是中原文明的源头,华夏文明的源头。具茨山岩画凿刻在峡谷的石壁上,图像以点、圆和几何图形组合居多。这些凿刻在岩石上的神秘图像,有些类似现在的棋盘,有些类似甲骨文。有单个的符号,也有成串、成行、成篇的符号。具茨山位于新郑、新密和禹州等地的交界处。据《水经注》记载:"黄帝登具茨之山,升于洪堤上,受《神芝图》于华盖童子。即是山也。"具茨山是黄帝族群活动的场所,他在这里曾接受了华盖童子赐与的《神芝图》。《神芝图》是什么东西?文献没有记载。假若我们将具茨山岩画与黄帝接受的《神芝图》联系起来看,《神芝图》也许就是凿刻于黄帝之前的史前岩画。从报道的岩画图形看,具茨山岩画已属于抽象化阶段的史前岩画了。这一阶段的岩画,已经具有了指事与会意的语言功能,距中国图画文字产生的源头也就不远了。岩画发展的这一阶段,相当于考古学上的铜石并用时代,属于原始社会的晚期,与中国历史上的黄帝时代差不多。无独有偶,我国古文献记载中的"轩辕始造书契"、"黄帝之史仓颉始初造书契"也产生于这一阶段。观察在黄帝活动地区发现的具茨山岩画,使人不能不将河南具茨山岩画、甘肃柳谷"宝石负图"岩画、宁夏中卫大麦地"龙、马、虎"岩画、江苏连云港"天文图象"岩画等史前岩画的发现与《河图》、《洛书》、《神芝图》、"轩辕造字"、"仓颉造字"的发现及名称来源联系起来思考。

　　现今发现的史前岩画,相当多的图像都凿刻在江、河、湖、海边的岩石上,凿刻在荒山旷野中的山水沟、冲沟、临水的岩面上。涨水、发山洪时,临水的岩画都没入水中;落水、山洪断流后,临水的岩画都显现了出来,而且比平时还格外清晰。岩画随水涨落而出没的情况,在宁夏中卫大麦地岩画区、香山岩画区、黄河两边的岩画带上,经常可以见到这种奇观。对照《河图》《洛书》发现时的记载,我们完全可以推测《河图》的来源就是在黄河边随水落涨而出没的马形岩画,马图像上画的斑纹类似图画;《洛书》就是在洛河边随水落涨而出没的龟形岩画,龟图像上画有类似文字的符号。类似《河图》《洛书》的马岩画、龟岩画,在20世纪70年代至80年代初期发现的宁夏中卫大麦地等处的岩画中,均可找到与之相同、相似的图像。由此可见,《河图》《洛书》的原初形制,应是上古时代发现于黄河边、洛河边的马、龟等动物岩画的汇辑与解说。

综上所述,我国文字由骨、木刻画、史前岩画、各种图画符号、图画文字、象形文字、符号文字、甲骨文字演变而来。上述图画符号,都是表情达意或记述语言的载体。各种形式的语言载体,构成了各种形制的古代"图书"。这种推测,也是有古代经典文献可据,有现代史前考古资料为证的。三皇古书中关于中国文字创生的形体及时代,都可从史前考古中见到与其记载对应的出土文物。铜石并用时代的骨文、陶文、石文这类原始文字,殷商时代的甲骨文、商周时代的金文,它们之中的许多图画、符号文字,均可在旧石器时代中、晚期至新石器时代的岩画中找到与之相同、相似的图画符号。中国原始文字、原始图书与史前岩画的关系,在我国现代少数民族的图画文字书籍中也能见到例证。我国纳西族的图画文字叫色究鲁究,意为刻在木石上的文字。现行1 000多个东巴文中,有500个文字保留着文字画形式。用东巴图画文字写成的书籍叫东巴经。东巴图画文字和东巴图画书籍东巴经是现在世界上唯一活着和使用着的图画文字。东巴文中的许多图画文字,都能在云南纳西族地区岩画、宁夏中卫岩画、灵武岩画、贺兰山岩画中找到与之相同相似的图画符号。因此,史前岩画就是史前人类的语言载体,是史前人类的图画语言,是史前人类的图画书籍。

我们拨开道家、儒家加于三皇古书的云遮雾罩及穿凿附会,从古书记载中可以看出,《河图》《洛书》《三坟》《五典》《八索》《九丘》《山海经》及谶纬图书等上古图书,其原初型制实际上都是史前岩画和其他图画符号的图录汇集与解说传闻。这些图录反映的是上古时代的原始宗教、原始巫术、原始社会形态等古老内容。这些图画书籍,流传到夏禹时代的型制内容的记录方式,最晚的也是图画文字。图画文字作为一种原始语言的交流工具和信息载体,它是语言图画的延续,是史前岩画的最早辑录方式与解说方式。中国文字产生以后,文字记载便替代了史前岩画、图画文字的作用。除一些原始民族刻制岩画、使用图画文字外,对岩画的制作著录就被文字替代了。

从上可知,《河图》、《洛书》等三皇古书是古代中国人对岩画的最早认识、录制与解说,是上古社会的语言载体,是人类即将迈入文明大门的图书,是人类文化的源头。

（作者单位:宁夏文物局）

论河洛文化

——东方文明的天文与人文导源

伊世同

河、洛指大河与洛水;河洛交汇,概谓中原。故,河洛文化实乃中原文化。

河图、洛书,是卦符体系的源头;河洛文化又可视为《易》学文化或八卦文化。

中原文化是中华民族的主系文化或祖系文化,是先民的聚合点和扩展标志;近者扩散于中国境内边区,远则漂洋过海地迁徙于全世界;从文化承传的角度去透析,河洛文化也是由敬天法祖所导致的认祖归宗文化。

中华民族是以汉族为主体的多民族、多族系的混合群体,所谓河洛文化,也必然是一种合成文化;它的凝聚与谐和,有着漫长的变演、拓展、成熟过程,不可等闲视之。饮水思源,落叶归根;河洛文化从某种意义或现象上看,也是一种寻根文化。

河洛文化既然是合成文化,也就说明了它和其四周文化之间的有来有往关系;不是什么固步自封式的独特文化,而是能够容纳五湖四海,并向全方位开放的文化。

文明与文化

"文明"一词,引自《易·文言》:"天下文明。"孔颖达疏:"有文章而光明也。"

古文字中,"文"与"纹"是相通的;文章不仅指文字作品,也指纹饰、图画。后者,当代学界往往不太注意,甚而误解、误会。

现代汉语中,用"文明"一词翻译西文中 Civilization 一词,系指人类社会进步的状态,与"野蛮"相对。但,按中国古文字理解,文明不仅指入史以后的文明,也有萌始含义,可谓文明伊始。

按中国文字释读,文明也该包括有文明阶段在内,从"左图右史"的典故中,知道古人对图画实比文字更为重视;没有文明,又怎么谈得上文化?

河图洛书

河图、洛书,反映着中国传统文化的序次;说得更完整些,应该是河图、卦符、洛书,即图画在先,简化为符号或形成文字在后。

《易·文言》中的"天下文明"。既指图画,又指文字,是统言入史和史前的一个漫长阶段,其时限约从旧石器时代晚期开始,标志则是人类能够以图示意,进而形成远古传达信息的符号。其间,最为人们乐道者,就是经历代承传的卦符体系。

析解先天卦符隐语,我们可以求证出华夏文明的伊始年代约为26 000年前。透过天文推算,传统星象以龙心大火为参照点的确切距今年代,应为 24 500 年前;上下漂浮可圈定在 ±1 500 年间。换句话说,从星象长期变演的视点去析解卦符传递的史前信息,东方文明的伊始背景,当在距今 26 000 ~ 23 000 年前,是以天文岁差法推演为证的;可圈可点,经得起推敲。

伏羲时代

伏羲即伏曦,是来自东方的族系统称,也是族系领袖人物的人名,其旺势上限年代约为距今 13 000 年前,下限则不会晚于距今 6 500 年前;这已有考古发掘的实物为证,不再是什么推算。

伏羲属东夷族系或族团,祖居地当在贝加尔湖和黑龙江、松、辽水系一带;离我们最近的冰期,曾逼使高纬度地区的远古人类被迫迁徙。他们大体上分期分批地兵分三路,时间上则延续了近万年。

冰期来临迫使古人类的大规模迁徙,自然是盲目的,其行为表现则是东边的人向西方跑,西方的人向东边跑,直到被自然环境所阻挡,或者是碰到敌人。而所谓兵分三路,分为:

北路——顺贝加尔湖纬度带西向,绕漠北,进入甘肃走廊东南端(今甘肃省天水市附近);

南路——沿松辽水系南下,沿海岸进入朝鲜半岛、辽东半岛、山东半岛,抵长江入海口附近,其中间地区即现今的山海关和山东地区;

东路——跨日本海峡进入日本列岛,或跨白令海峡进入北、南美洲。

三路迁徙队伍中的北路和南路族系或族团,在入史前后终于在河洛地区会师(在时间上大约经过万年左右);不过,再次会合时已经是"一家人不认识一家人"了。

关于远东地区黄种人族系的形成或演变过程,涉及千万年来的生物进化,离题过远,只能请教古人类学者。

华夏文明

东来西往或西来东往的东、西两大族系或族团,终于能在甘肃走廊一带汇聚,进而形成现世的中华民族,其过程之漫长,是超过人们的想象范围的;而混合民族所体现的,当然也是一种混成文化。

中国入史后的第一代王朝——夏代,是以氐、羌联盟的形式主政的。氐的后代,主要是西南少数民族中的彝族;羌的后代,则主要是青海、西藏地区的藏族;氐、羌族系早期入主中原(河洛地区)的先民,早已形成汉族的中坚骨干,分不清你或我了。

入史后的第二代王朝——殷代,是东夷族系的代表者主政,其文化也反映出东方文化的主导性质。

周伐殷,早期摄政者——周公,是以夏人后代自居的,并曾幻想恢复夏的礼制体系或祭祀仪式,也为迁都选址去阳城洛水一带测影求"中"。

夺取周室天下而代之的秦始皇帝,承认自己是东夷后人,崇奉鸟图腾;也为此东临国门朝拜东升的红日,去泰山敬仰斗极。

始皇陵兵马俑的队伍朝向是东指的,但皇陵正门已向南开放。表明在祭祀方位上,始皇帝执行的是一种混合文化政策,或者说,他的族系概念已经很模糊了。

汉代以后两千年间,逐渐形成以汉族为主体的汉民族和汉文化。而汉民族本身就是多民族的混同体；汉文化也表现为一种混合文化，实即中原文化或谓河洛文化、华夏文化。

华夏文明或河洛文化是以中华民族的合成与拓展为标志的；华夏文明昌盛或发展，当然也要为之付出代价或牺牲，表现形式之一就是弱势民族逐渐混合于强势族系的同化和消亡过程。而所谓强势，是既指武功，又指文化；就表面现象而言，文化则比武化更为突出，文化也比武化更具内聚力。问题是，文化也往往要以武功为辅成条件，甚而以武为先；对此，不能过于书生气十足。

文化合成

华夏文明，导原于东、西部族的冲突与同化，在大多数情况下，往往是以武力征伐开始，以文治同化告终；大势所趋，很难以主观意识左右。

试以天文为背景，至今仍可看到合成中国传统文化的族系痕迹：

西部族系的天文观测法，以测日影为主；计数方式则以五、十进制为纲。人手有五指，双手为十，合乎天然。

东部族系的天文观测，以观测北斗斗柄指向为主，有着高纬度漫漫长夜的背景；计数方式则为二进制，这和近极圈附近的半年白昼，半年黑夜的黑白分明季候特征有关。

祭祀朝向：西部族系偏重于南、北。东部族系祭祀朝向则偏重于东、西。

祭祀的图腾物，西部偏重于龙、虎；东部族系则崇奉凤、龟。

南龙、北虎，含有远古先民夏渔、冬猎等自然生存条件背景；虎踞上席，也显示出母系社会对女性的尊重。当年，虎乃黑色母虎，踞守极下尊位，证明黑虎是天帝派驻人间的代表。

丹凤朝阳，金鸡报晓；龟蛇秋伏，蟾蜍守月——反映出东部族系对日、月等明亮天体崇拜的史前天文与人文。

实际上，史前人类，无论是西方或是东方族系，对日、月、五星等明亮天体都是崇拜的；对行星在众恒星间的位置漂移或进退穿插，也都是注意观测的，也觉察出其中的某些运行规律，进而以这类规律去指导祭祀选时以及农事、狩猎、网鱼等生产与生活、占卜等活动；当然，这类活动也都要服务于战争。

东、西部族的聚会、混合也呈现在文化合成的诸多方面，使华夏文化（或曰河洛文化)既保留和突出有东、西族系的优点或特色,又遗存混合前的原始痕迹。

文化交往

族系间的交往(无论是武攻还是文守)促使文化合成;而合成文化的前提条件,当然也要有所交往。中国文化是多元的,没有交往则不可能有什么主体文化,而没有多元文化的漫长同化过程,也不可能形成主体文化。主体不仅表现为数量上的"多",更表现在质量上的提高或拓展;否则,无法进步。

文化承传

文化的承传过程,也就是文化内含诸多方面的择优汰劣过程;它既表现为对优质文化的吸收、合成,也表现为文化内含的某些淘汰。

承传不仅仅是照老样子办事,更该强调其对异方文化的吸收、对本土文化的净化,故,所谓"敬天法祖"不是原封不动地事物或事务传递过程,也是后人对先祖遗传文化的调整、补充、改革;不然的话,所谓承传,是既不能"承",也"传"不下去的——即文化发展中的吐故纳新。

文化承传不是绝对的,更不可能是静止的,而是某种渐进式的拓展过程;其间,既有渐变,也有突变,但,绝对不会不变。

宇宙观和方法论

上下四方为"宇";往古来今曰"宙"。这话据传是鬼谷子的老师尸佼说的,原载于《尸子》,失传。故,文献中引用者也时有文字出入;但文词含义还是准确的。

上、下、四方,指空间,即古人通常所讲的"六合";往古来今,指时间,即历史。是人类较早,也较为严格的宇宙概念。

上、下、四方是三维空间;再加上时间标度,也就是爱因斯坦的四维时空论,但,比后者要提前了 2 000 多年,颇值得关注。

我们提倡科学的宇宙观,是因为只有科学的宇宙观才能反映出符合实际的方法论。

　　河洛文化的思维思辩逻辑符号体系,即反映在卦符所显示的古人宇宙时空认知,更表现为古人对卦符数码体系的多次调整或释读演变。它证明了先圣先王的聪明才智,也透析有后圣后贤对《易》学的补充、拓展;前呼后应,更能说明宇宙观和方法论的辅成关系;它是顺理成章的,更是本固枝荣的,二者是一个问题的两个方面,缺一不可。仍以古代天文与人文促进关系为例:

　　先天卦符,显示出阳位南、阴位北、火位东、水位西等四正方位;后世的解释则把阳为男、为父,女为阴、为母相匹配,并以南方为祀天尊位。实则,北为上席有着更为悠久的古风,序次也是以北为主的;即北为上,南为下。坐北面南,头顶天极,是传统文化序位的基础。20 000多年前,母虎座镇北方,左火右水、南龙,可谓次序井然。

　　离为鸟,古文字可证。坎即水,卦符本来就是古写的水字。离(鸟)位东方,象征着东方红;东方红也可表现为东方初升的红日。水位西,也就是金星镇守方位;金星又名太白、长庚,也是与红日相对的称谓。和东方红日相对应,西方则为月亮的方位。

　　后世几经调整,东方离鸟,已转移到南方;可以说是凤鸟东南飞,变成了火凤凰。水则调换到北方;冰天雪地,衬托出龟、蛇冬眠的背景或环境。

　　20 000多年前,镇守北方的是黑虎;在6 000多年前,变为白虎去换岗西方。南方水族的代表(红龙或火龙),6 000多年前则转移到东方,成了青龙(或苍龙)。由于6 000多年前中国传承的星象体系已处于定型化的早期,再想改变龙东、虎西、凤南、龟北的方位布局,就不太容易了。

　　离我们最近一次的星象方位调整,约在殷、周之交;周文王距今约3 000年,却传递着6 000多年前的星象方位信息。周文王明知星象方位不符合实际,却扭曲星象指向,使其既照顾“祖法”,又能联系“实际”,用心良苦。试翻阅传承天文图,分至点与画面水平、垂直线,均无法重合,成了绘图史上的特例。

　　文献中常提及入史之初,先王为调整星象序次而改换“三正”的传文,只能说明那是一种不得已的措施。

　　三正,是先王们发觉岁差所导致的斗转星移而必要的人为调整手段,是人类最早发现岁差的证明。

　　卦符方位改变,是以星象长期因岁差而漂移所采取的调整手法;当然,这类发现还显得模糊,尚处于感觉状态。

类似上述实证的例子尚多,不拟列举;但透过卦符所显示的远古信息,是信得过的,是可以查证、核实的,不容置疑。

《易》为诸经首;透过卦符所显示的数码体系,既可释读其确切时空信息,又能传导其模糊的以类比象……它们可以相互证实河洛文化或文明的源远流长。

东方文明的悠久背景可考可证;西方文明也该有类似的史前变演阶段,只不过我们尚未找到相当于卦符所描述的确切信息罢了,只能期待以时日。反过来,它更说明了河洛文化或文明的诸多奉献,值得引以骄傲。

河洛文化与文明,既然是一种混同文化,其中自然也含有来自西方的人文因素,但以东方为主体仍是可证的。

(作者单位:北京古观象台)

河洛文化形成中的外力作用

——从海岱地区与河洛文化的碰撞说起

徐　基　刘嘉玉

一、序言

河洛地区,地处中华大地腹心区的东半部,向西连接泾、渭流域的关中平原,北上沿河抵达河套地带和燕山山脉内外,向南沿淅水、白河而通向江汉平原,沿河、济东下,或顺涡、颍水东南走,则直下海岱江淮地区,可谓四通八达。在地理位置上,河洛地区的先民先自拥有了向外开拓发展的地利优势;对于周边地区的先民来说,这里自然也成为他们走向外部世界的第一"平台";以河洛为中心的广大中原地区,也因此逐步发展成中华民族经济、文化交流的枢纽和人文荟萃之地。新石器时代中期至夏商时期(距今约 9 000 ~ 3 000 年),正值地球的大暖期(其间曾有过几次间断性降温事件),[①]气候温润,林茂草盛,土地肥沃,这又为河洛区的先民发展农业经济和工商业生产,并与外界沟通联络创造了极为适宜的生存环境。

优越的天时地利条件,使河洛地区的先民,从旧石器时代起,直到历史时期的夏商时代,创造了连绵发展、脉络清楚的河洛系文化,这自然成为我们探讨中华文明起源问题的重中之重的地区。在我国历史文献中,有关河洛地区先民活

---

① 　a. 施雅风等:《中国全新世大暖期气候与环境的基本特征》,《中国全新世大暖期气候与环境》,海洋出版社 1992 年版。
　　b. 浦庆余:《末次冰期以来中国自然环境变迁及其全球变化的关系》,《第四季研究》,科学出版社1991 年版。

动的记载,格外丰富多彩。这里更是"五帝"活动的舞台,并存留下许多传说和"遗迹",其中有许多都与周边文化有着密切的关联。有意义的是,这些大都在多半个世纪的考古发现中得到了支持和印证;也正因为有这些记载和传说,使沉睡在地下的遗迹慢慢变得鲜活起来。凡此都说明河洛文明有着得天独厚的生存条件,在其内部运行机制的合理运作中,在与外来文化的冲撞和适时调整中完善了自己,发展壮大,从而成为率先摆脱掉古老的古国联盟藩篱,而成为泱泱中华各部迈入文明社会后,唯一一个实现世袭传子制的奴隶制中央大国。本文拟从考古学的视角,结合相关古代文献与传说,就外部文化、尤其是古代东方对河洛文化的冲击及河洛地区先民以海纳百川的气度吸收外来文化的养分,加速了自己跨进文明社会的进程,谈几点认识,供研究者参考,更希望得到识者指正。

在谈正题之前,先就本文将涉及的中国文明起源,或国家的形成、出现作三点说明:

1. 中国文明的起源和国家出现,有一个长期发展的过程。如果说人类进入文明社会、形成为国家需要归纳出若干个文明因素的话,那么这些文明因素的出现,也都有个产生、发展、形成的长过程。其间,从产生、发展到最后形成(制度化、规范化),必存在一个由量的积累到质变的飞跃过程。如城市的出现,它由一般聚落到中心邑寨,再到挖壕筑大城以卫君守民的社会分层(聚—邑—都)是如此;礼制之由原始的习俗、信念到私有制产生后的演化、提升,再到规范化的礼仪制度也是如此。就社会形态而言,即由原始社会的高级阶段—部落联盟或军事民主制时期,跃变为国家的初级阶段—早期国家(古国),再到王国,帝国。这个初级阶段,根据我国国情—依照古文献中常常出现的"国"、"邦"、"方",或"万邦"、"万国"的记载和说法,相对于后来广为统一的、由不同地域、多个部族或部落集团组成的国家而言,它的权力机关可能尚不完备、政体幼稚,但它已按国家机制运作,摈弃了四岳(狱)、突破了血缘氏族纽带羁绊,它是古老的然而是新兴社会组织形态——国家,我们认为这种尚处在幼稚期的国家,以称"古国"为宜,而不叫什么"酋邦"。

2. 新中国的学者探讨中国文明起源,大体经过了两个阶段。20世纪八九十年代以前,为第一阶段。当时相关的考古材料尚不多,研究者往往从宏观上分析、谈论和把握文明要素。其时谈到最多的是龙山时代,常常把晚期红山文化、良渚文化、屈家岭—石家河文化、晚期大汶口—龙山文化和中原龙山文化所涌现出来的文明因素,撮要统论,这当然也需要胆识,但往往不能服众。近十年来的研究,可称第二阶段,首先是在理论方法上,注意文明因素、文明社会形成的过程(进程)等的研究。这也是因为随着考古材料大为丰富,可以对前述文化进行个案研究,然后再予以归纳综合,这样的认识自然会是接近史实的,其说服力便大为增强。如讲到晚期大汶口—龙山文化,我们既有因都—邑—聚的分化形成的新型社会结构,也有贫富极度分化、财产高度集中、阶层、阶级的等级出现,有礼仪制度的形成完善,也有以宫殿、宗庙反映宗教和公共权力机关的存在,有新材料铜器的开发、使用等的物证,甚至还有记事文字的创造,等等。一个文明国家的轮廓浮现出来了。这在良渚文化、屈家岭—石家河文化和仰韶文化晚期—中原龙山文化中,也都有很大程度上的存在和发现。这就说明类似海岱地区的上述发现,绝非个别的社会现象,而是带有普遍意义的社会变革在古老的中华大地上运行着。如此这般,说泱泱中华有超五千年的国家文明史,我们觉得已经没有多少疑点了。当然,还要继续挖掘,研究未有穷期,要在更为丰富的材料基础上,深究、完善这一认识。

3.我国的大部分地区,大约在仰韶时代晚期(距今约 5 300 年)即进入早期文明社会——古国时期,与传说中的五帝时代早段大体相当。① 而在后段的尧舜禹时期(距今 4 100 年前),在我国文献中便常常以"万邦"、"万国"的各国联合、结盟并推选有权威、有德行的共主(宗主)领导各部、各国的形式出现。河洛地区建立的夏王朝,是走在各个古国之前的、我国第一个世袭传子制形成一家之天下的王朝国家。夏之建国,对于尚残留着许多原始民主成分的尧、舜、禹时期的早期古国来说,是一场革命。它占有了幅员较大的地域,并实行了最初的分封制,除同姓国外,周边的异姓方国、侯国则是相对独立的。它们的精神信仰、文化上的同化程度都很低,夏王实质上还带有许多宗主国的盟主、宗主色彩。商汤灭夏而入主中原建成的商王朝,是我国早期帝国时期第一个以强大武力统一和控制各诸侯方国的庞大王国,王权专政,控制"四土",东方夷人之大半和西方的周、

---

① a.田昌五:《夏文化探索》,《夏文化论文集》第 370 页,中州古籍出版社 1985 年版。

　　b.苏秉琦:《远古时代·序言》,白寿彝总主编《中国通史》第 2 卷,上海人民出版社,1994 年版;又见《中国文明起源新探》第 145 页,生活·读书·新知三联书店 1999 年版。

羌,先后称臣于商,后又南降荆楚、北控幽燕,而夏文化则渐次消失,这是以前从未出现过的多元一统的大局面。

二、仰韶至龙山时代前期周边文化对河洛文化的影响

我国传统史学认为,泱泱中华文明五千年,由黄帝而三代,千古一系,黄河流域是其摇篮,华夏族是先进的,而其周边地区的夷狄戎蛮则是落后的。在夏与诸夷关系中,则必以"夷不乱华"、"以夏变夷"为行为信条。然而近三十多年的考古发现与研究,彻底突破了这一观念。黄河流域的河洛文化有过开拓发展,领跑四夷的辉煌;周边文化也各有美好时光,它们恰如满天星斗,映照着中华大地,而且从不间断地为河洛文化提供着精神和物质的滋养。

在我国的上古历史中,何时开始了远距离的、不同地区、不同部族之间的往返交流? 这在学术界尚存在不同的看法。而这种不同部族之间的接触、文化交流,对于社会发展和文明社会的形成,却是至关重要的,不能不辩。有学者说,早在新石器时代中期之始,或说为新石器时代早期(距今约 9 000 年),人群迁徙,文化交流已形成规模。如说贾湖文化(一称裴李岗文化贾湖类型),直接或间接东传、北上,影响到后李文化、磁山文化,北辛文化也由之产生。[①] 我们则从自然与人文环境多方面考虑,认为在新石器时代早、中期阶段,各地方文化中出现的一些相似或相同因素,大半都不属于文化传播而形成,实属一种文化上的类同现象。[②]简而言之,新石器时代早、中期,当时的人口尚少,不同人群居住相对疏远、分散,而适宜的自然地理条件,让第一批原始农人经过辛勤开垦种植,加上采集、狩猎等生产方式,生活已然可以维持了。人们因定居农作而形成的活动范围,已远不像过去靠狩猎、采集为生阶段那样艰辛、游荡,要逐草木鸟兽而生存;只是到了新石器时代晚期(大约距今 6 800 年)的仰韶时代之后,随着生产的发展,人口的繁殖,对外交际才逐渐增多,甚至成为一种社会需求(包括抢夺和战争),形成为人类社会发展的一大趋势和特征,自然也对河洛文化的发展、河洛文明的形成

---

① a. 河南省文物考古研究所编:《舞阳贾湖》第 531～544 页,科学出版社 1999 年版;

　b. 栾丰实:《海岱地区考古研究》第 47～48 页,山东大学出版社 1997 年版;

　c. 高广仁:《海岱区先秦考古论集》第 79 页,科学出版社 2000 年版。

② 徐基:《中国东方地区新石器时代早中期诸文化因素异同之考辨》,山东大学东方考古研究中心编《东方考古》第 1 集,第 75～92 页,科学出版社 2004 年版。

起到了至关重要的作用。考古学提供了这方面的材料。

就海岱地区与河洛区文化的关系看,自新石器时代中期开始,即各自形成了较为完善的文化发展序列,而且两大文化体系同步发展,各个时段的年代大致可以相互对应,有的稍微早晚相错,或先进,或滞后,反映出两地社会于阶段性发展中存在着不平衡性。

河洛地区:贾湖文化—裴李岗文化—仰韶文化—中原龙山文化—二里头文化(夏文化)

海岱地区:后李文化—北辛文化—大汶口文化—龙山文化—岳石文化(诸夷文化)

若就目前的考古发现作全方位考察,我国两大河流域以农业为生计的先民,最早走出旧居地、出现在周边居民面前的是河洛地区的早期仰韶人,随后跟进的则是东方海岱区的晚期北辛人及其后继者大汶口人。传达这一信息的,是双方须臾不能离的日常生活用具——陶器。仰韶人开始东进的范围就较大——可谓先声夺人,从鲁南的滕州北辛,经鲁西的汶上东贾柏、阳谷红谷堆、阿城,到鲁北邹平的西南村(遗址),都发现了数量不等的典型仰韶文化(半坡类型和后岗一期)的器物。[①] 如蒜头(花苞)形细颈壶、敛口球腹壶、突唇敞腹盆和多钮大口缸等。这些器物明确地出现在今津浦路线左近,说明早期仰韶文化传播或影响的范围限制在上述地带。早期仰韶文化的这种发展势头,也见于沿河北上而止于河套顶一带,其他方位则未见早期仰韶人的踪影。但是后来的仰韶文化(中期)却成了四面开花(出击、“裂变”)的强势文化,南面越过鄂西北到达长江中游的沿江地带,如大溪文化之关庙山、红花套、螺丝山、大寺诸遗址,均出有庙底沟类型(期)的彩陶盆、钵、折沿球腹罐和双唇尖底瓶等典型陶器。仰韶人北上河套地区的范围也较前扩大了,并形成另具特色的白泥窑子文化、海生不浪文化和阿善文化。东面到达泰山西侧,并产生了广泛而深远的影响。从苏北邳县大墩子,到鲁南邹县野店,直到鲁北章丘董东诸遗址,均见庙底沟期典型彩陶,如彩画钩叶圆点纹或弧边三角纹的曲腹罐、折沿盆和敛口钵等。长江下游的海安青墩,崧

---

① 关于后岗一期文化的属性,传统说法把之划为仰韶文化后岗(一期)类型;近年北京镇江营一期文化发现后,本人也同意将后岗一期文化纳入幽燕文化序列,镇江营文化是后岗一期文化的直接源头。参见北京市文物研究所编《镇江营与塔照》,中国大百科全书出版社 1999 年版。

泽文化中的吴县草鞋山、青浦崧泽等遗址,也见有仰韶式钩叶圆点纹和花瓣纹陶器,这大约是由大汶口文化或淮南薛家岗文化(一期)中介再传的结果了。类似情况,也见于山东半岛(如蓬莱紫荆山和长岛北庄)、辽东半岛的顶端(小珠山、郭家店诸遗址),而不见于山东内陆地区,这两地的仰韶式彩陶似乎成了飞来之物,至今成为山东大汶口文化考古研究之谜。我们推测,它们属于辗转贸易而来的舶来品,不像是仰韶人中的冒险家遗留物。

经济、文化的交往活动,从来是相互的。对于早期仰韶人如此大的举动,东方、南方居民也先后做出了相应的反映。这就是在河洛东区先后看到的晚期北辛文化和大汶口文化早期(后段)的文化因素。如新郑裴李岗晚期,长葛石固四、五期的长足罐形鼎,郑州大河村、后王庄和渑池仰韶村遗址包含的矮领釜形鼎,和盛行于大汶口早期的白衣彩陶等。我们知道,河洛地区的仰韶人,主要以深腹罐和釜、灶为炊器,西部的关中地区则用夹砂罐;东区早段(如郑州地区石固五期)用鼎尚少,中段(大河村文化一、二期)陶鼎渐多,其形制却与东方大汶口早期的锐折腹鼎、凿足盆形鼎酷似,另外还有白衣彩陶,它们的来路当自明了。[①] 我们还知道,东方先民自北辛文化直至岳石文化,前后相延四千年,炊器主要用三足鼎,而且前后器形演变有清晰的轨迹。结合白衣彩绘敷底技法和审美观念的西传,陶鼎和稍晚折腹豆之由东西传,郑州地区当为第一站;自仰韶晚期到中原龙山文化,鼎与豆终成为整个中原地区先民的日常生活用具和礼器中的核心,并在夏商周三代得到发扬和提升。鼎之由炊器而升格为宴享礼器,又为具有中国特色的古老的"鼎鬲文化"之形成奠定了基础。[②] 此一时期,还有一个重要的文化现象,即仰韶庙底沟文化类型的北上,与南下的红山文化在冀西北、燕山南麓相遇,形成"龙与花"的"巧妙结合",这对河洛文化,乃至中华文明的形成都具有深远的意义。[③] 另外,世居大江流域的大溪文化北传,对豫西南淅川地区的居民也有较大影响。[④]

中期阶段,大汶口文化对河洛地区的仰韶文化影响大增,而仰韶文化对东方

---

①　a. 河南省文物研究所:《长葛石固遗址发掘报告》,《华夏考古》1987 年第 1 期;
　　b. 郑州市博物馆:《郑州大河村遗址发掘报告》,《考古学报》1979 年第 3 期。
②　翦伯赞:《诸夏的分布与鼎鬲文化》,《夏文化论文选集》,中州古籍出版社,1985 年版。
③　苏秉琦:《华人·龙的传人·中国人——考古寻根记》第 88 页,辽宁大学出版社 1994 年版。
④　李绍连:《华夏文明之源》第 212 页,河南人民出版社 1992 年版。

的影响则大为降低。如在大河村三、四期所含大汶口文化因素,在陶器中表现最为清楚,除罐形鼎、背壶、盉、平底尊、圈足尊和浅盘豆等,遗址中还发现了随葬陶背壶的大汶口文化本色墓葬(M_9),这种现象似又表明,文化交流常常是随着人口流动进行的。

晚期阶段,也即龙山时代早段(大约距今5 300至4 500年),东西方文化对峙的形势发生了巨大变化,仰韶文化中衰,或呈向西退却(发展?)之势。晚期大汶口文化昌盛,向西推进到整个豫东、皖北地区,并沿颍水、涡河逆流而上,甚至远播至信阳、淅川、郧县、商县一带的丹江上游地区。前面两地所见大汶口遗址、墓葬分布面积广大,聚落点也比较密集。仅皖北地区发现含有大汶口文化遗存的遗址即有30多处;在河南,则漫过豫东地区(商丘、周口)到达伊洛河下游仰韶文化腹地,大汶口文化的遗址多达40余处。可见这已不是一般的文化交流、文化影响所致,或偶然的人员游走了,而是大范围、大场面形成浩荡之势的移民迁徙和扎根繁衍。它们是鲁东南的大汶口人向中原地区挺进发展的一支,带着自己的传统徽记符号("旦"、"日火山"),保持着自己的文化个性,又改变了当地旧有的文化面貌,故学术界命之为大汶口文化颍水类型或尉迟寺类型。①

重要的是,即便在典型的仰韶文化遗存中,也常常闪烁着大汶口文化的光辉。如在河洛东区,分别见于郑州大河村四期和长葛石固Ⅷ期的浅腹豆、圈足镂孔豆、背壶、尊和盉,大河村五期的釜形鼎、折沿豆和大口缸等;北区晋南垣曲东关、夏县东下冯庙底沟二期遗存的背壶、宽肩壶、筒形杯等都是;远至(西区)商县的紫荆、渑池仰韶遗址中也出土了大汶口常见的口边捏塑出钩状钮的凹腰杯和陶缸。引起我们注意的还有,在河洛腹心地区也活动着大汶口人的身影,如偃师滑城M_1和平顶山寺岗墓,分别随葬有典型的大汶口觚形杯、背壶、高足杯、陶豆和圈足尊等陶器;在上蔡十里堡、淅川下王岗等地的墓葬内,还发现了类似大汶口人头枕骨人工变形和拔牙的习俗。这又表明,跟随着文化交流和传播的还有创造这些物的主人。大汶口人不仅带去了物件,还有他们的生产技术、生活习惯和精神信仰。所有这些都说明大汶口人对河洛文化的丰富与发展,会产生积

① a. 武彦津:《略论河南境内发现的大汶口文化》,《考古》1981年第3期;
　b. 杜金鹏:《试论大汶口文化颍水类型》,《考古》1992年第2期;
　c. 吴加安:《安徽北部的新石器文化遗存》,《考古》1996年第9期。

极的影响。有学者即认为,庙底沟二期文化(中原龙山文化早期)出现的陶斝,就是在大汶口文化陶鬶的直接影响下产生的。[1]

也就是在这个时间段,我们注意到,江汉流域继大溪文化之后兴起的屈家岭文化突然崛起,并呈现出大举北上之势。这里原本也是一个鼎、豆、壶文化发达的文化区。豫西南地区考古发现了丰富的屈家岭文化遗存,如淅川下王岗、下集和黄楝树等遗址。即在豫中的禹县谷水河和郑州大河村(四期),也发现有典型屈家岭遗物,如鸭嘴形足鼎、瓦足鼎、高圈足杯和折(双)腹豆等。[2] 结合前述中晚期大汶口人之挥戈西向,可知屈家岭文化在河洛南区、东区"边缘地带"的出现,并非偶然。我们尚不敢断定东方的大汶口人和南方的屈家岭人有联手进军中原大地的合谋行动,但同样可以肯定这也不属于和平的往来交易或文化传播,应是江汉人向中原地区拓展和显示实力的物证。大汶口人、屈家岭人,一东一南的两支鼎文化同时挺进中原,一方面说明二者正处在上升发展的阶段;另一方面,也说明被他们挤压的仰韶社会内部发生了什么变故,是实力衰退了,还是因为(仰韶人)向西面甘青地区发展、派生出一支彩陶更为繁荣的马家窑文化,而给东、南两支强势文化拓展的契机了呢? 这是今后要给予全方位观察、权衡的。其中可能有更深层的原因,即随着生产力的发展,私有制确立后,具有扩张和掠夺本性的早期国家出现了,仰韶人向西推进,却给早就觊觎着中原大地的两个邻居以可乘之机。

以上是我们着重对仰韶时代的东方、北方和南方诸文化、给予河洛文化强劲影响的一些概述。由此我们产生了这样一个认识:我国古史传说中的"五帝时代"是大体可信的,它是我们先祖曾经的一段历史;就其历史研究价值论,不能再当一般的神话传说对待了;[3]司马迁的"五帝本纪"是很有些根据的,尽管其中有"层累"形成的部分;历史学家、考古学家认为五帝时代已经是文明时代的观

---

[1]   卜工:《庙底沟二期文化的几个问题》,《文物》,1990 年第 2 期。

[2]   杨育彬:《试论河南境内大汶口文化与屈家岭文化》,宿白主编《苏秉琦与当代考古学》第 286 ~ 298 页,科学出版社 2001 年版。

[3]   a. 苏秉琦:《远古时代·序言》,白寿彝总主编《中国通史》第 2 卷,上海人民出版社 1994 年版;又见《中国文明起源新探》第 145 页,生活·读书·新知三联书店 1999 年版。
        b. 许顺湛:《五帝时代研究》,转引自《中原文物·五帝时代研究笔谈》第 4 ~ 5 页,2005 年第 5 期。

点是正确的。不然,我们无法解释考古学揭示的仰韶文化庙底沟期之空前繁荣,也不能理解在仰韶晚期的中原地区频频出现东方、南方和北方文化的现象。同样,也就根本读不懂"五帝本纪"等古代历史学家呕心沥血成就的历史大作。相反,如果我们把考古发现与研究的成果,与历史文献两相整合,那么,历史上黄帝"而娶於西陵之女"、"乃征师诸侯,与蚩尤战……"以及"咸谓蚩尤不死,八方皆为殄灭"等的记述(均见《史记·五帝本纪》),便有了根据和着落;考古发现中河洛文化因素(仰韶文化)分别在江汉、海岱和河套地带出现,海岱地区的东方因素和江汉地区的古文化,乃至北方古文化与河洛文化的接触、碰撞与融合,便得到了有姓有名的、接近史实的解释。有关"五帝时代"的历史,还有待更有价值的考古发现予以澄清去浊、准确诠释和叙写。就目前的资料看,龙山时代晚段,约当"五帝"后期,也即尧、舜、禹时期的资料,要比前段的稍觉充实些,这也是因为周边地区的文化遗存,在河洛文化中起到了更为有效的显示剂(试剂)的作用。请看下文。

三、龙山时代后期周边文化对华夏河洛文化的认同

考古学上的龙山时代后期,包括与本文相关的中原龙山文化、海岱龙山文化、良渚文化后段、石家河文化、齐家文化和陶寺文化等,年代大约相当于"传说"中的尧、舜、禹时期,[1]距今约 4 500 ~ 4 100 年。

海岱龙山文化在同期文化中属佼佼者,它的活动范围较大汶口时期又有所扩大,沿渤海湾西区都可见它的踪迹,总面积达到 20 多万平方公里。龙山社会的生产力提高、经济发展突出表现在三个方面:第一,目前已发现铜器地点 7 处,制陶(蛋壳黑陶)技术被誉为手工业制陶的巅峰;第二,人口增殖很快,聚落密集,已发现龙山遗址 1 300 多个,而先前的大汶口文化遗址尚不足 500 个;第三,域内古国林立,已知龙山城址 15 座,[2]城乡三级分化的格局(都—邑—聚)已初步形成。有此三条,在同期文化中,涌现出东夷强国—虞国(后因舜成为继尧之

---

① a. 苏秉琦:《中国文明起源新探》第 161 页,生活·读书·新知三联书店 1999 年版;
　　b. 严文明:《略论中国文明的起源》,《文物》1992 年第 1 期,第 48 ~ 49 页。
② 《张学海考古论集·山东史前聚落时空关系宏观研究》,学苑出版社 1999 年版。

后竞争入选为万国联盟盟主而成为宗主国),①是可以理解的历史的选择。

东夷诸国的发展,给以陶寺文化为核心的河洛地区的文明进程以强烈影响和积极的推动作用。影响之一,表现在海岱人以西南区域的有虞氏国—造律台类型为向西发展的前沿基地,②直接受它影响的还是郑洛地区。在郑州站马屯、临汝煤山、登封王城岗等遗址中,都发现了具有龙山文化特色的袋足鬶、圈足盘、三瓦足盆、甗和三角形足鼎,传统磨光黑陶的烧造技艺,也应该是由这里传向西部去的。另外,远处关中地区的岐山双庵等遗址出土的高领陶鬶、陶盉和菌状钮器盖,③也明显具有海岱龙山文化特征。显然,这些是属于辗转传递或文化影响所及,而非直接交易的东方商品了。

影响之二,海岱龙山文化西北向,对豫北后岗类型的冲击是最大的,尤其是在常见陶器方面,从制作工艺,到器物造型,都具有浓厚的东方特点。如这里磨光黑陶甚多(占 20%),又有薄胎黑陶和白陶,盲鼻、乳钉纹和横耳等装饰附件的采用,也与海岱龙山文化同趣;而鸟首形足鼎、折沿豆、横耳瓮、子母口盆、筒腹单耳杯和白陶鬶等,简直与城子崖类型的同类器如出一模。比较而言,中原龙山文化对海岱区的影响则很有限。但需要强调的是,中原陶系的拍印纹饰(方格、绳纹)和炊器用鬲,却为鲁西居民加以改造后普遍采用(变绳纹尖裆鬲为弦纹筒腹弧裆鬲——东方原本无陶鬲)。弦纹陶鬲,甚至作为城子崖类型的品牌性物件传递到了东南海滨的两城、尧王城等地。这个意义非同小可,它使得海岱地区及早地纳入古代中国特色的"鼎鬲文化"中了。

海岱大汶口—龙山文化因素的西传,尤其是带有礼制色彩的一套组合陶器,为河洛地区先民认同、使用,对于最后形成三代文明中的礼仪制度,起到了难以估量的作用。著名考古学家邹衡先生在论到先夏和夏文化时认为:二里头文化中的陶盉、爵、盉、鸡彝和瓦足簋(后二者当指鬶、盉和三足盆——笔者注)等礼

---

①   徐基:《中华早期文明与齐鲁文化雏议》,2005 章丘《齐鲁文化暨中华早期文明与汉民族的形成国际学术讨论会文集》待刊。

②   我们认为鲁豫皖接壤地带的造律台类型属海岱龙山文化一支,其族属为有虞氏(国)。参见 a.李伯谦:《论造律台类型》,《文物》,1983.4;b.徐基:《山东龙山文化类型研究简论》,《纪念城子崖遗址发掘 60 周年国际学术讨论会论文集》第 180~182 页齐鲁书社,1993 年版;c.栾丰实:《王油坊类型初论》,《海岱地区考古研究》第 283~300 页,山东大学出版社 1997 年版。

③   西安半坡博物馆:《陕西岐山双庵新石器时代遗址》,《考古学集刊》3。

器,"大都来自东方"。① 石兴邦先生在考察中华民族原始共同体时,也认为"在中原传统历史文化中,东方部分是占优势的"。② 究其原因,就是因为在仰韶—龙山两大时段,东、西方频繁的人事活动带来了文化碰撞和思想观念上的沟通,许多东方文化的合理因子被河洛文化吸收融会了,并由此传至千秋万代。

说到周边诸国文明对河洛文化的影响,以及欲证明河洛文明此时已进入文明时代,我们以为具有重量级价值的考古材料来自北区的汾水下游地区——陶寺文化。汾水下游的晋西南地区,是五帝时代尧、舜、禹传说最为集中的地方。近三十年来的考古工作,在这里不仅发现了国王级的陵墓、等级分明的礼仪(墓葬)制度和面积浩大的城郭,重要的还在于发现了来自长江中下游良渚文化的玉石礼器琮、冠饰、镞形坠、大型推刀和屈家岭文化的月牙纹瓿;来自西方齐家文化的双大耳罐和折肩罐;还有北方红山—小河沿文化的玉环、多孔璧和折腹盆、折肩壶、陶案,以及有关龙的信仰(见有龙纹、鳞纹图案)等。尤其叫人吃惊又有兴趣的是,陶寺墓地竟出现了十几种具有浓郁的晚期大汶口文化特色的玉、陶制品。如镶嵌玉片并带散孔的玉钺、玉璋,陶圈足尊、喇叭口壶、单耳杯和口沿与肩部绘红彩的大口罐等。上述这些器物,均被视为陶寺"部落联盟举行祭典或议事时使用的礼制性器具"③。事实上,原作者也认为这已经不属于原始"部落联盟"级别的行为,而应该是相关国家的元首、使臣参与联合国会盟(尧帝"合和万国",据《史记·五帝本纪》),或朝聘、进贡,"之中国"于宗主国、盟主国王的礼品。这一发现带来的信息是如此重大,对此,苏秉琦先生指出:"在中原、北方、河套地区文化以及东方、东南方古文化的交汇撞击之下,晋南兴起了陶寺文化。……而且确立了在当时诸方国中的中心地位,它相当于古史上的尧舜时代,亦即先秦史籍中出现最早的'中国',奠定了华夏的根基。"④我们认为,苏先生所说至确。

① 邹衡:《夏商周考古学论文集·试论夏文化》,文物出版社1980年版。又见李伯谦:《二里头类型的文化性质与族属问题》,《文物》,1986年第6期。
② 石兴邦:《山东地区史前考古方面的有关问题》,《山东史前文化论文集》,齐鲁书社,1986年版。
③ 高炜、张岱海:《汾河湾旁磬和鼓——苏秉琦先生关于陶寺考古的论述》,宿白主编《苏秉琦与当代考古学》第660~669页,科学出版社2001年版。
④ 苏秉琦:《华人·龙的传人·中国人——考古寻根记》第243页,辽宁大学出版社1994年版。

四、夏商时期周边文化在夏商文明形成中的作用与贡献

夏商之时的历史状况便更趋明朗。它与周边的盟国、方国或与国,再远,或者错杂其间的一些古国、部落,有着密疏不同、时和时战的关系,对夏商文化、河洛文明的最终形成,都产生了或多或少的影响,这在古文献中也有许多记载。

先说在河洛地区(包括晋南)兴起的夏王朝—夏文化。在我国历史上,夏王朝建国前,尚处在"万邦林立"、古国纷争的时期。但以中原大地为核心的政局大势,经过近二千年来的经济、文化交往和战争洗礼早已形成。"王者,择天下之中而立国"(《吕氏春秋·慎势》),这大约是当时的政治家深切认识到的。由尧、舜、禹第相禅让,禹作为宗主国国君执"多国"联盟之牛耳当盟主时的形势是:"禹合诸侯于涂山,执玉帛者万国"(《左传·哀公七年》)。紧接下来,便如《史记·夏本纪》所载:"禹子启贤……故诸侯皆去益而朝启",遂有"启代益作后"(《楚辞·天问》)。启实现了其父禹世袭传子的家天下制,建立了范围较大而又相对统一的地域性王国政权。对于这个新型国家,启实行了加强王权专制的政策。先是"益干启政,启杀之"(《古本竹书·纪年》),接着用重兵降服了同姓邦国有扈氏,稳定王位,维护了统一;后有夏桀囚汤于夏台等事件(据《史记·夏本纪》)。其间除分封同姓诸侯并令其"以国为姓"外,又允许异姓方国存在,如唐、虞、英、六、仍、缗、葛、韦、顾、昆吾和商国等,这实在又为国家的统一和稳定埋下了隐患。正如《左传·昭公元年》在历数虞夏商周的几次平叛战事后所说:"自无令王,诸侯逐进,狃主齐盟,其又可壹乎?"说明有夏一代虽加强了中央王权的统治力度,也只能保持住尧、舜以来诸国联盟式的多头政要和多元政体格局。在这种形势下,夏文化自然会具有多元合和的特点,这是毋庸置疑的,且让我们举几个例子说明它。

这里要特别强调的是,夏代早期曾经有一次重大社会变故,即因太康"盘于游田,不恤民事"(《史记·夏本纪》集解孔注)而失国,东方的夷羿、浞相继代夏,扰攘数十年间,涉及东方的有穷、及鬲、仍、虞诸国。另外,也有少康复国中兴后,"方夷来宾",帝芬时的"九夷来御",帝发之世又有"诸夷入舞"的和平交往(《后汉书·东夷传》注),这在夏文化中自然都会注入更多的东方夷人的文化因素,大约这便是在大家公认的二里头文化即为夏文化中,屡屡看到的东方本色文化

了。如带有刮抹痕的素面夹砂褐陶系的深腹罐($81YLH_{1:2}$)、圆腹罐($85YL\ V$ $H_{15:1}$)、鬲($87YL\ VII\ H_{2:1}$、$83YL\ III\ _{C:1}$),和泥质灰黑陶系的突唇盉、高领小罐、子口尊和菌状纽器盖等。[①] 尤为重要的是,夏人礼仪制度中的酒器觚、爵、鬶、盉,以及玉璋和镶嵌玉石工艺等,"大都来自东方"的龙山文化和岳石文化,并成为二里头文化中小型墓葬随葬品中的稳定组合。而前引夷人"来宾"、"入舞"于夏王,奉献的必有夏人乐意接受的乐舞类礼乐器。由此可见东夷文化与夏文化关系之密切,东夷文化对夏文化影响之深切,河洛文明对海岱文明吸收之广泛。唯其如此,有研究者认为,三代时期的中国历史,主要是东西方两个系统的关系;[②] 更有学者认为夏族先起源于东方,以后才西迁中原。[③]

我们还要说说夏代的车子,也是源于东方的。据《左传·僖公二十七年》引《夏书》说"赋纳以言,明试以功,车服以庸",夏王朝用车马服装奖酬有功人员,说明当时马车是时兴的代步工具。可是 20 世纪的考古发现,只知道商代有马车,于是一些吵闹着"中国文化西来说"的人,便武断殷墟出土的车子源在西方(西亚)。前年的一期《中国文物报》,宣告二里头遗址宫城南侧通道上发现了长长的双轮车辙。一石激起千层浪,这一发现意义非同寻常,一下子把中国有车子的历史提前了五六百年。连带的问题是:车子的发明权是夏人的吗? 不是,可能为东夷的薛人。我们的根据是,《左传·定公元年》说"薛之皇祖奚仲,居薛以为夏车正";《管子·形势解》则讲得更为具体:"奚仲之为车器也,方圆曲直,皆中规矩钩绳,故机旋相得,用之牢利,成器坚固。"合两条记载可知,夷族薛人奚仲是当时有名的驾车能手和造车名匠,后来被选为夏王朝的车官。1995 年秋季,考古工作者恰恰在薛国中心地(今滕州薛城旁边的前掌大遗址)发现了三座商代车马坑(每坑一车,为单辕二马车)和一辆拆成零件的车,或当说明薛地确有造车、用车的传统。奚仲入夏为车正,实在也是指给我们一条马车的传播路线:马车是由夏或龙山时期(龙山时代的末期已进入夏代积年)的东方薛人西传到中原大地的,而后又在商代得到发扬光大。

---

① 中国社会科学院考古所编著:《二里头陶器集粹》,中国社会科学出版社 1995 年版。

② 傅斯年:《夷夏东西说》,刘梦溪主编《中国现代学术经典·傅斯年卷》,河北教育出版社 1996 年版。

③ a.杨向奎:《评傅孟真"夷夏东西说"》;b.杜在忠:《关于夏代早期活动的初步探析》。均见《夏史论丛》,齐鲁书社 1985 年版。

另外,在二里头文化中,我们还看到许多来自遥远国家的文化(因素)。如具有东南沿海地区良渚文化特色的玉琮、圭和玉镞形坠及其制玉工艺;有江南流行的印纹硬陶和原始青瓷;有商族先人惯用的炊器鬲、斝、甗、花边罐和大口尊等。这里值得注意的是,二里头一、二期基本不见(先)商文化因素,但于三、四期却呈剧增趋势,反映出商文化是随着商国势力的扩大,而对夏文化增大了影响力度,以至最后取代夏文化的。当然,在夏商毗邻错居地区的沁水下游西区,先商文化对夏文化的影响一直是比较大的。① 北方红山文化—夏家店下层文化系统的古文化,对夏文化的形成,也有一定的影响作用。如龙和蛇龙纹、鳞纹,即为突出代表。二里头遗址曾见"蛇龙纹(塑)透底器"6 件(其一为 92YLⅢH$_{2:1}$)即是物证。其他还有新疆的玉、海南贝和龟甲等。凡此都说明夏文化在其自身发展的长过程中,是通过种种方式和途径,汇聚、融合了周边不同文化共同体的文化养分后,才形成了胜过前代的多元合和的夏代文明。

再说兴起于河漳之间,而后渡河革夏命的商王朝——商文化。首先,先商时期的商国,是夏王国的一个属(侯)国,而且历代都有在夏朝政府为官(司空)者,如昭明、相土、昌若和冥等。因此,夏文化对先商文化有过强烈影响是自不必说的了。据研究比较,"夏文化中具有代表性的器物,在沁水东岸的先商文化中几乎都可以看到"。如日常生活中的青铜小刻刀、陶刻槽盆、平口瓮、捏口罐和伞形器盖等都是。②而在有商一代的礼仪制度方面,更有直接照搬、继承夏制的可能。如青铜礼器中用鼎、甗、爵、盉之制,宫殿规制和棺椁制度等,即得到了考古学的验证。由此我们认为,孔子说"殷因于夏礼"是可信的。

先商人的活动区域主要在沁河以东的漳河流域,东面地接鲁西北的岳石文化区(王推官庄类型),在邢台葛庄等地先商遗址中,含有岳石文化因素。如盆形鼎、浅盘细柄豆、碗形豆,以及密集的细绳纹等都是。而在整个鲁西地区的岳石文化中,也见到少量来自先商文化的陶鬲、斝和花边罐等。似这种你中有我、我中有你的文化两合现象,只能说明两大部族间的关系是很紧(亲)密的。尤其值得提及的是,在大家熟知的早商都城郑州古城(亳)南关外曾发现大量岳石类型的遗存和先商遗存共存伴出,在城内的商代堆积中,也发现了典型岳石文化的

---

① ②　李伯谦:《夏文化与先商文化关系探讨》,《中原文物》1991 年第 1 期。

素面夹砂大沿罐和弧裆瓶、圆底鼎和泥质盆等。这除了说明两者有比邻而居的邻国交往关系外,近年有学者又考证说,这就是商夷结盟伐夏、有著名"景亳之命"(誓师)的历史遗迹。①

至于考古发现中,代表商文化礼仪制度的丧葬礼(棺椁、随葬品、腰坑并祭以狗等)、青铜礼器中的鼎、爵、瓠、斝、豆、簋、卣、罍等器物及其组合关系,有的可能直接"因于夏礼",但我们也不可以忘记了商夷两大部族关系至深至切的历史渊源。例如两大部族都有鸟图腾和人牲、犬祭等信仰,居住地也交错接壤,文化上早就互有影响是毋庸置疑的。在这种情况下,商族(国)直接或间接地接受夷人的礼俗观念、文物制度,是很有可能的。

中商之后,商人大举东侵,占据了整个山东的西半部,封建诸侯,并扶持一些土著方国以维护其对东方的控制,如奄、逢、蒲菇和薛等。由此也形成了许多个有特色的地方文化类型(考古学文化)。如济南地区的大辛庄类型、鲁北的史家类型、鲁中北区的苏埠屯类型、鲁中南的凤凰台类型和鲁豫交接地带的安丘类型等。在这些地方类型中,商文化是主体,是主流文化,但其中却包含着或多或少的当地土著夷人的传统文化因素。由这里呈现出的商、夷文化两源特色,反映着商王朝采取了不同的殖民政策。值得注意的还有,这些夷文化因素,不仅在原土著夷人中保留着,也为商王朝中心区居民所采纳。如青铜礼器中的大三角折线纹,最早见之于龙山文化中期的陶鬹,岳石文化的青铜鼎、青铜鬲延续了这一传统。② 而在郑州市张寨街、北京平谷等地发现的商中期的铜鬲上也见有这种纹饰;到殷墟文化晚期则在陶簋、陶罐上大为流行。在著名的郑州小双桥也发现岳石方孔石镢和素面褐色陶器。另外,在鲁西地区中商文化中开始出现并于晚商流行的折沿筒腹细绳纹鬲和晚商出现的窄折沿厚方唇小鬲,也分别见于殷墟文化中。

近年在济南大辛庄遗址发现了商代龟甲卜辞,无王亦无贞人名,有许多特色,这也可能为殷墟的"非王卜辞"找到一注脚;大辛庄发现的卜甲中,绝大多数

---

① 田昌五、方辉:《"景亳之会"的考古学观察》,张光明等主编:《夏商周文明研究》第 110～118 页,中国文联出版社 1999 年版。

② a. 徐基:《夏时期岳石文化的铜器试探》,2005 平谷《华夏文明国际学术讨论会文集》待刊;
　　b. 王迅:《东夷文化与淮夷文化研究》第 149 页图二之 3,北京大学出版社 1994 年版。

的钻凿排列形式与殷墟的不同,即卜甲凿槽靠近中缝(千里路),钻窝则在凿槽外侧,而此种布局(卜法)只在安阳苗圃北地发现过几例。① 上述两个现象或能说明,东夷地区的卜师巫人,也曾在商王朝中央所在地小试身手。总之,东夷文化的许多因素为商文化所容纳、合和,对丰富、提升商文化的内容和品位,是起过重要作用的。

商人也曾广泛吸收夷人以外的优秀文化。如长江下游区玉礼器中的琮、圭和玉镞形坠及其制玉工艺;高级日用器皿中的印纹硬陶和原始青瓷双耳瓿、矮领罐、圆底罐、敛口壶和矮柄豆等具有南方同类器的形制作风,都可能分别来自古越族和荆楚。江西、湖南和淮南,是三代时期铜料的重要供应源,而后者更是"南金"、"金道锡行"的必经之地。② 正是有了"南金"源源不断的供应,才保证了三代青铜文化更现其灿烂光华。在《左传》、《尚书》等古文献及甲骨文记载中,曾有商王朝与巴、蜀、彭、邓、濮等使臣交往或战争的记录。如蜀人向商王朝进献射手和御人等事,即见于甲骨文记载(见《铁》·2·3·8,1·30·6)。商人与燕山南北的一些古老部族、古国也有联系,并彼此受到影响。远至贝加尔湖畔,也可以见到华夏文化中独有的商式陶鬲,而在殷墟文化中则有它们的铃首刀、兽首刀和管銎斧,以及表现在殷墟玉虎背、虎尾(M_5:366,991)、龙身(M_5:360)和玉人身后饰件上的蛇龙纹(M_5:371)、蛇纹鬲等,均具有明显的草原文化风格。③ 尤其是龙和龙蛇身上的鳞片纹饰,最早见于红山文化彩陶,此后南传至陶寺文化(朱绘龙盘),再传到夏商文化中。凡此都说明,商殷文明在其自身发展过程中,既给周边文化以强大冲击和同化力,同时又收受到周边部族文化给予的奉献与影响。它吸收外部养分,丰富和完善自身,终造就成闻名世界的商殷文明。

五、结语

无论从我国古文献和传说,还是从民族、民俗学的角度说,河洛文化都是多

① 郑振香:《论殷墟文化分期及其相关问题》,《中国考古学研究》,文物出版社 1986 年版。
② 陈公柔:《"曾伯□簠"铭中的"金道锡行"及相关问题》,《中国考古学论丛》,科学出版社 1995 年版。
③ 中国社会科学院考古所编:《殷墟的发现与研究》第 300～303 页,科学出版社,1994 年版。

元合和的。这,从本文撮要列举的考古学成果中也能看得清清楚楚,并在许多重要方面对上述研究提供了印证材料。就全国大部分地区说,早在新石器时代的晚期,仰韶人即以其充沛的活力,利用优越的地理条件到周边地区"探险",显示了经济实力和文化魅力,随即引来东、南、西、北四方先民的异族文化大汇聚,其中尤以东方大汶口—龙山人给予的影响最大、最深。严文明先生分析这一形势后形象地说道:"假如把每个文化区比喻为一个花瓣,全中国的新石器文化就很像是一个重瓣花朵。"①这个花朵的核心,自然是河洛地区。正是因为这些外围、内环的花瓣的向心聚拢,才为河洛先民在博采众长、容纳吸收后,逐渐形成为标领几代的先进文化,并孕育出一代代英雄圣杰,为五帝后期发展成为以尧、舜、禹为领袖的核心地位奠定了基础。

此后,夏商两代历经千余年的发展,经过不同程度的开疆、拓土,以海纳百川的胸怀和气魄,同化、融和周边古国或部族及其文化,取得了不同程度的然而又都是开创性的、空前的政治统一,经济发展与文化繁荣,为以后周王朝和秦汉帝国在大河洛地区政治、经济、文化中心的设立,为中华民族多元一统的政体格局的最后完成和文化上的认同,打下了牢固的基础。

(作者单位:山东大学考古学系、济南汽车总厂)

---

① 严文明:《中国文明起源的探索》,《中原文物》1996 年第 1 期。

"河洛"初考

邢永川

河洛文化研究中使用频率最高的词汇,毫无疑问是"河洛"。而这一词汇在中国古代文献中是早已被广泛运用的。本文主要对二十五史中"河洛"一词的出现进行一次考查,但愿相关的成果能对方兴未艾的河洛文化研究有所帮助。

在众所周知的中国二十五部所谓的"正史"中,没有出现过"河洛"一词的有《梁书》、《新五代史》、《辽史》,仅占百分之十二,而其他有此词的二十三种史书,上至《史记》,下到《清史稿》,跨越了两千多年。正如申小龙教授所说:"社会在发展中会有突变,语言虽然随社会的发展而发展,却不会产生相应的突变,而是稳固发展、缓慢变化的。"而"词汇是语言里的词和词的等价物的总汇"(邢福义《文化语言学》247页),专名泛化是词义变化的一种方式,专有名称由特指某人某事某地到泛指某人某事某地,跟文化历史背景关系非常密切。

"河洛"一词在二十三种史书中一共出现了108次,具体分布如下:

《史记》3　《汉书》7　《后汉书》5　《三国志》4　《晋书》12

《宋书》2　《南齐书》3　《陈书》1　《魏书》13　《北齐书》2

《周书》3　《隋书》2　《南史》4　《北史》8　《旧唐书》15

《新唐书》4　《旧五代史》2　《宋史》3　《金史》1　《元史》5

《明史》4　《清史稿》4

在这108次当中,只有3次是出现在注释部分,其他均出现在正文,即105次,如果按体例划分,则105次的分布情况是:

本纪12　志12　书1　表2　传78

在 105 次正文出现的"河洛"一词,可以发现用于地名意义的情况最多,但地名的范围却有明显的区别。我们可以将它归纳为以下三类:

一、微观的。所谓微观的,是指河洛一词在文中出现时,往往指该词所指的最小的范围。

(1)"盖闻皇汉之初经营也,尝有意乎都河洛矣。"(《后汉书》卷四〇上《班固传》)〔案:萧统《文选》卷四张衡《南都赋》有"据彼河洛,统四海焉"之句,有唐代李善注:"河洛,谓东都也。"班固《东都赋》称:"王莽作逆,汉祚中缺。于是圣皇握干符,辟坤珍、披皇图、稽帝文,赫然发愤,应若兴云。遂超大河、跨北岳,立号高邑,建都河洛。"

(2)因谓子孙云:"河洛三代所都,必有治于此者。我死不劳向北代葬也。即可就此。"(《魏书》卷三八《韩延之传》、《北史》卷二七)

(3)又曰:"昔周王为犬戎所逐,东迁河洛,镐京犹称'宗周',以存本也。"(《魏书》卷六〇《韩麒麟列传附子显宗传》、《北史》卷四〇)

(4)魏帝曰:"高祖定鼎河洛,为永永之基,经营制度,至世宗乃毕。"(《北齐书》卷二,《北史》卷六)

(5)信生世等于龙门,辞亲同于河洛。(《周书》卷四一《庾信传》)

(6)后数日,帝与荣见宫阙壮丽,列树成行,乃叹曰:"臣一昨愚志,有迁京之意,今见皇居壮观,亦何用去河洛而就晋阳。臣熟思元尚书言,深不可夺。"(《北史》卷一九)

(7)至德之失驭也,则思明再陷于河洛。(《旧唐书》卷一一、卷五二)

(8)逆贼史思明寇逼河洛,副元帅李光弼议守河阳,令陟率东京官属入关回避,乃领兵守陕州。有诏迁吏部尚书,留守如故,令止于永乐,不许至京,候光弼收复河洛,令陟依前居守。(《旧唐书》卷九二)

(9)是时,禄山虽据河洛,其兵锋东止于梁、宋,南不过许、邓。(《旧唐书》卷一〇六《杨国忠传》)

(10)禄山、史思明继陷河洛,孝忠皆为其前锋。(《旧唐书》卷一四一)

(11)禄山之叛,怀仙以裨将从陷河洛。(《旧唐书》卷一四三《李怀仙传》)

(12)其年冬,贼陷河洛,中使促骈讨贼,冠盖相望,骈终逗挠不行。(《旧唐书》卷一八二《高骈传》,卷一八四《鱼朝恩传》)

（14）及潼关失守，河洛阻兵，于是尽征河陇、朔方之将镇兵入靖国难，谓之行营。（《旧唐书》卷一九六《吐蕃传》）

（15）少保、陕西行省左丞相秃鲁统率关陕诸军，东出潼关，攻取河洛。（《元史》卷四七《顺帝纪十》）

上列文献中所涉"河洛"一词，应该专指今天的河南洛阳。有意思的是，在二十五史中，"洛阳"作为专有地名，出现的次数是"河洛"的三倍。并且前者使用的时间跨度要大于后者，从明代以后，史部书籍中"河洛"一词以洛阳的意义出现较少。（案：唐人舒元舆《鄂政记》："天子闻。至五年冬十二月下诏，征公尹河南。河洛人贺，声动河洛。"唐人穆员《监察御史裴府君墓志铭》："魏都河洛，在天地之中。"《韩愈集》有《东都遇春》诗。注文称："东都，河南也。唐都长安，显庆二年以洛阳宫为东都。"《古今治平略》："收豪俊之用以攘夷狄、复境土，然后复据河洛而都之，此今日权宜之上策也。"明代王惟俭《役支记》："且河自分陕，折而东北，委蛇河洛之郊，崩腾怀卫之墟。"《明外史·张德胜传》："洪武元年，以都督兼右率府，使从功乐安，克汴梁、河洛，还守济宁。"）

但该词汇的其他意义仍然被使用，这就是我们要分析的"河洛"一词的中观意义。

我们认为"河洛"一词的地理含义，可以包括两方面。其一是指洛阳地区，它以洛水和嵩山为中心，包括汝水、颍水上游地区，它北起中条山，南达伏牛山，东至京广铁路，西至潼关，与今河南省的西部和中部地区大体相当。在部分史书中也有这样的用处：

（1）淹言："昔武王灭纣，悉居河洛，中因刘石乱华，仍随司马东渡。"（《魏书》卷五九、《北史》卷四六《成淹传》）

（2）后属赫连氏入寇，避地河洛，因家于汝颍。（《周书》卷三六）

（3）察罕帖木儿既定河南，乃以兵分镇关陕、荆襄、河洛、江淮，而重兵屯太行，营垒旌旗相望数千里。（《元史》卷一四一《察罕帖木儿传》）

（4）以河洛、荆襄四战之地，关中其故乡，士马甲天下，据之可以霸，决策西向。（《明史》卷二六三《冯师孔列传》）

其二是指黄河与洛河交汇的流域。"河洛"中的河是指黄河，洛是指黄河中段南面的支流洛水，为了和今天陕西境内渭水的支流洛河区别开来，人们也把前者称作南洛河,把后者称为北洛河。下列文献所出现的"河洛",其涵义就属于这一种。多指黄河与洛水。

(1)昔三代之居皆在河洛之间。(《史记》卷二八)

(2)而子迁适使反,见父于河洛之间。(《史记》卷一三〇《太史公自序》)

(3)比及数年,戎士习练,乘衅齐进,以临河洛。(《晋书》卷七三《庾亮传》)

(4)以去月下旬,济次河洛。会前使人邢峦等至,审知彼有大艾。(《南齐书》卷五七《魏虏传》)

(5)河洛之间,重隆周道。(《魏书》卷二四)

(6)我大周感苍昊之精,受河洛之锡,武功文德,光格区宇,创业垂统,永光无穷。(《周书》卷七《宣帝纪》)

(7)且如天下诸津,舟航所聚,旁通巴、汉,前指闽、越,七泽十薮,三江五湖,控引河洛,兼包淮海。(《旧唐书》卷九四《崔融传》)

(8)又云,唐叔虞之后晋成公子憖,食采于阎邑,晋灭,子孙散处河洛,前汉末,居荥阳。(《新唐书》卷七三下《宰相世系》三下)

(9)京师旱,庚申,敕郡国二千石各祷名山岳渎,遣大夫谒者诣嵩高、首阳山并祠河洛,请雨。(《后汉书》卷六)

(10)(武帝泰始)七年六月,大雨霖,河洛伊沁皆溢,杀二百余人。(《晋书》卷二七)

(11)泰始六年六月,大雨霖。甲辰,河洛沁水同时并溢,流四千九百余家,杀二百余人,没秋稼千三百六十余顷。(《宋书》卷三〇)

(12)永嘉三年五月,大旱,襄平县梁水淡渊竭,河洛江汉皆可涉。(《宋书》卷三一)

(13)二月丁丑,诏曰:"豫州南临江浒,北接河洛,民荒境旷。"(《宋书》卷三)

(14)十二年,出为汴州刺史。河南,汴为雄郡,自江淮达于河洛。(《旧唐书》卷一九〇中)(案:《昭明文选》卷九班彪《北征赋》:"望河洛之交流兮,看成皋之旋门。"李善注引郭璞《山海经注》曰:洛水东至河南巩县入河。《广雅》曰:交,合也。明代焦希程《喜客泉记》:"予尝朔河洛江淮之源。"东汉黄宪《入梁》:"虎牢以为关,河洛以为渠。"晋潘岳《登虎牢关赋》:"登虎牢,览河洛之二川。"

杜佑《通典》:"隋炀帝大业元年,更令开导,名通济渠。西通河洛,南达江淮。"
《拾遗记》:"帝尧在位,圣德光洽,河洛之滨得玉版方尺,图天地之形。"元吴澄
《十贤堂记》:"河洛之间,四方之中也。"明王祎《洛书辩》:"夫圣人但言图书出
于河洛而已。"明丘睿《道南书院记》:"程子既长,归北方。以其所得周子者,教
河洛之间,一时南北士多从之。"《元史·许衡传》:"衡夜思昼诵,身体而力践之,
往来河洛间。")

显然,上述引文中所有的"河洛"一词,其涵义已经发生了明显变化,地域范
围在扩大,并最终导致该词宏观地理意义的产生。该词的宏观地理意义主要是
指今天的河南省,在某种角度来说它也可以成为"中原"一词的替代品。〔案:
《万姓统谱》:"(邵)宝,字国贤,号二泉,直隶无锡人。成化二十年进士,知许州,
养士治民,风动河洛。"同样,在古代史书中也有相关的文句。〕

(1)今者二虏未殄,神州荒芜,举江左之众,经略艰难,漕扬越之粟,北馈河
洛,兵不获戢,运成悠远,仓库内罄,百姓力竭。(《晋书》卷八三《江逌传》)

(2)世祖之时,海宇混一,然后命宗王将兵镇边徼襟喉之地,而河洛、山东据
天下腹心,则以蒙古、探马赤军列大府以屯之。(《元史》卷九九)

(3)二寇既除,北定中原,所以先山东、次河洛,止潼关之兵不遽取秦、陇者。
(《明史》卷三)

(4)达曰:"大军平齐鲁,扫河洛,王保保逡巡观望;潼关既克,思齐辈狼狈
西奔。元声援已绝,今乘势直捣元都,可不战有也。"(《明史》卷一二五)

(5)恂不好书学,体貌肥大,深忌河洛暑热,意每追乐北方。(《魏书》卷二
二)

(6)访练兵简卒,欲宣力中原,与李矩、郭默相结,慨然有平河洛之志。(《晋
书》卷五八)

(7)而人事乖违,屡丧王略,复使二贼双起,海内崩裂,河洛萧条,山陵危逼,
所以遐迩悲惶,痛心于既往者也。(《晋书》卷九八《桓温传》)

(8)诏曰:"……但河洛丘墟,所营者广,经始之勤,致劳怀也。"(同上)

(9)康祖怒曰:"吾受命本朝,清荡河洛。寇今自送,不复远劳王师,犬羊虽
多,实易摧灭。吾兵精器练,去寿阳裁数十里,援军寻至,亦何患乎?"(《宋书》卷
五〇)

（10）寿春一方之会，去此不远，宜选都督有文武经略者，远以振河洛之形势，近以为徐豫之藩镇，绥集流散，使人有攸依，专委农功，令事有所局。（《晋书》卷二六）

（11）自丧乱以来六十余年，苍生殄灭，百不遗一，河洛丘虚，函夏萧条，井堙木刊，阡陌夷灭，生理茫茫，永无依归。（《晋书》卷五六）

（12）河洛久当兵冲，闾井丘墟，延赏勤身率下，政尚简约，疏导河渠，修筑宫庙，数年间流庸归附，邦畿复完，诏书褒美焉。（《旧唐书》卷一二九）

（13）方今河洛驿骚，江湖叛换，《诗》曰："中原有菽，庶民采之。"（《新唐书》卷二〇二《文艺传中·苏源明传》）

（14）庄宗平河洛，去非以尝从刘守奇归梁，深惧获罪，乃弃郡投高季兴于荆南，晖累为荆州摄官。（《旧五代史》卷一三一）

（15）大抵南北所为章句，好尚互有不同。江左，《周易》则王辅嗣，《尚书》则孔安国，《左传》则杜元凯。河洛，《左传》则服子慎，《尚书》、《周易》则郑康成。《诗》则并主于毛公，《礼》则同遵于郑氏。（《北史》卷八一）

说到河洛文化，那就不能不提起《易经》中的名句："河出图，洛出书，圣人则之。""河洛"一词作为学术史、文化史意义则相对于地理意义要狭窄。

（1）且《河洛》、《六艺》，篇录已定，后人皮傅，无所容篡。（《后汉书》卷五九《张衡传》）

（2）景鸾字汉伯，广汉梓潼人也。少随师学经，涉七州之地。能理齐诗、施氏易，兼受河洛图纬，作易说及诗解，文句兼取河洛，以类相从，名为交集。（《后汉书》卷七九下）

（3）至乃河洛之文，龟龙之图，箕子之术，师旷之书，纬候之部，钤决之符，皆所以探抽冥赜，参验人区，时有可闻者焉。（《后汉书》卷八二上）

（4）李合字孟节，汉中南郑人也。父颉，以儒学称，官至博士。合袭父业，游太学，通五经。善河洛风星，外质朴，人莫之识。（《后汉书》卷同上）

（5）公沙穆字文义，北海胶东人也。家贫贱，自为儿童不好戏弄，长习韩诗、公羊春秋，尤锐思河洛推步之术。（《后汉书》卷八二下）

（6）鲍靓字太玄，东海人也。年五岁，语父母云："本是曲阳李家儿，九岁坠井死。"其父母寻访得李氏，推问皆符验。靓学兼内外，明天文河洛书，稍迁南阳

中部都尉,为南海太守。(《晋书》卷九五)

(7)至于阴阳河洛之篇,医方图谱之说,弥复为少。(《隋书》卷四九)

(8)故宋处士、延平先生李侗,传河洛之学,以授朱熹,凡集注所引师说,即其讲论之旨也。(《元史》卷七七)

上述引文中,除(1)是指汉代河洛之学的一部学术著作,(8)指相对广义河洛之学的外[案:宋代胡安国《二程夫子从祀疏》:"学者莫能辩其真伪,而河洛之学几绝矣。"朱熹《濂溪书院记》:"其所以上接洙泗千岁之统,下启河洛百世之传者。"明丘睿《道南书院记》:"(罗仲素)以所得河洛之学,授其同邑李愿中。"]其他则或为河图洛书的合称,或指古代狭义的河洛之学。[案:《古今图书集成》引七四七卷引《任光县志》:"(檀光间)尤究心性理及河洛之数。"同上书五九一引《万安县志》:"(欧阳)宗衡,字层阆,嘉溪人。弘览众书,殚力于河洛星纬之学。"同上书卷五六一引《江西通志》:"俞直,玉山人。于河洛易象之旨,无不求其义。"]

古代典籍名称中,有"河洛"一词的虽不算多,但也为我们进一步研究提供了线索。

(1)时有豫章熊襄着《齐典》,上起十代,其《序》云:"《尚书·尧典》谓之《虞书》,则附所述通谓之齐书,名为《河洛金匮》。"(《南齐书》卷五二)

(2)《河洛语音》一卷(王长孙撰《隋书》卷三二)

(3)《书、易、诗、孝经、春秋、河洛纬秘要》一卷(同上)

(4)《老子河洛谶》一卷(同上)

(5)《河洛谶》曰:"历年七十水灭绪,风云俱起龙鳞举。"

孔子《河洛谶》曰:"竭河梁,塞龙泉,消除水灾泄山川。"(《南史》卷四)

(6)包谞《河洛春秋》二卷(《新唐书》卷五八、《宋史》卷二〇三)

(7)刘仁轨《河洛行年记》十卷(《宋史》卷二〇三)

(8)《河洛理数便览》一卷(《清史稿》卷一四七)

(9)他着《中天河洛五伦说》、《朱子为学考》、《理学疑问》(《清史稿》卷四八〇)

(10)所著有……《河洛精蕴》九卷(同上四八一《江永传》)

我们仅从以上十条引文中便可发现,"河洛"一词出现在古代书名中,也有释义上的区别。其中(2)条是指以洛阳为中心的河南地区,其范围应与今天的河南省大体相当。(6)、(7)应该专指隋末的洛阳,据宋代晁公武《郡斋读书志·史部·编年类》称该书为"唐刘仁轨撰。记唐初李密、王世充事。起大业十三年二月,迄武德四年七月秦王擒窦建德。第九卷述大业都城,第十卷载宫馆园囿。且云:"炀帝迁都之诏称务从节俭,观其宫室,穷极绮丽。"(《新唐书》卷四八《艺文志》二有《刘氏行年记》二〇卷刘仁轨条)其他引各条引文中的"河洛"应该与中国古代的河洛之学有关,如最后一条提到的《河洛精蕴》是清代著名经学家江永的晚年大作,荟萃他一生中对《河图》、《洛书》、《易经》深入研究的心得体会,共九卷:内篇三卷,讲《河图》、《洛书》与阴阳、八卦、五行的关系,谓之精;外篇六卷,讲《河图》、《洛书》在诸多领域中的应用,谓之蕴。涉及天文、地理、奇门遁甲、占卜、数学、音乐、医学等诸多项域。

《汉语大词典》对"河洛"一词共有 5 种解释,它们分别是:(1)黄河与洛水的并称。(2)指两河之间的地区。(3)指洛阳。(4)指洛水。(5)河图洛书的总称。经过本文的初步考证,我们确信这些释义是不全面的。作为该词汇的学术史意义和地理学上的某些宏观意义没有出现在这样一部重要的工具书中。不能不说是件令人遗憾的事。在本文即将收尾的时候,作者偶然读到杨海中先生的《河洛文化》一文。文中指出:"司马迁在《史记》中说:'昔三代之居,皆在河洛之间。'从夏、商、周三代的历史状况及实际势力所及可知,司马迁所说的'河洛',是泛指以嵩山、洛阳为中心的'河南'、'河内'、'河东'诸地区,它包括了北及晋南冀中、西至关中、南达汉水、东到鲁西江淮这样一个范围比较广阔的地域。"

我们对此观点不能完全苟同。清代的《十三经注疏》云:"书序曰:'盘庚五迁,将治亳殷,即偃师是也。然则殷有三亳,二在梁国,一在河洛之间。谷熟为南亳,即汤都也;蒙为北亳,即景亳,是汤所受命也。偃师为西亳,即盘庚所徙者也。'《史记正义》引《世本》云:'夏禹都阳城,避商均也。又都平阳,或在安邑,或在晋阳。'《帝王世纪》云:'殷汤都亳,在梁,又都偃师,至盘庚徙河北,又徙偃师也。周文、武都酆、鄗,至平王徙都河南'。"据《逸周书·度邑》曰:"自洛汭延于伊汭,居阳无固,其有夏之居。"《索隐》曰:"言自洛汭及伊汭,其地平易,无险固,是有夏之旧居。"古本《竹书纪年》曰:"大太康居斟鄩,羿亦居之,桀亦居之。"按古代文献记载,斟郡,在今河南巩义市与偃师市之间。又《史记·孙子吴起列传》曰:"夏桀之居,左河济,右泰华,伊阙在其南,羊肠在其北。"《集解》:"瓒曰:'今河南城为直之'。"《集解》说的河南城即指洛阳。诸多记载足以表明河洛地区是夏代的中心地区。目前的考古发掘也一次次提供新的证据。在距洛阳仅有20多公里处的偃师市二里头所发现的二里头文化已被学术界公认为夏文化。这里发现了大面积的夏代文化遗址,发现了城墙,最近还发现了大路、车辙和宫城,显示出政治中心的"王气"。爰至商代,河洛地区仍不失为商王朝的中心地区。《帝王世纪》曰:"殷汤都亳,在梁。又在偃师。"《史记·封禅书·正义》引《括地志》则说:"汤即位居南亳,后徙西亳,在偃师西十四里。"到了西周时期,虽然其都城在丰、镐,但由于三代的承继关系,河洛地区仍是其政治上的一个中心区域。周代初年,武王伐纣后,在回师的路上就与周公共同认识到洛阳为"天下之中",认为新的统治中心应定于洛阳。不久武王去世,年幼的成王即位,一切权力由周公掌握。在克殷后七年,周公就开始兴建洛邑并使其成为统治"东方"的另一个政治中心。洛邑建成后,有宗庙、宫殿,俨然是周王朝的另一个都城,周王还经常到洛邑巡视并在洛邑发布政令。《尚书》的《多士》、《洛诰》等也都是在洛邑发布的政令的记录。据此我们有理由认为,三代的都城都在今天的河南、陕西境内,其统治范围也没有涉及冀中、江淮。笔者认为,"河洛"一词在古代的应用中便具有了地理学意义和学术史的意义,其中前者更具有微观、中观和宏观三层涵义。毫无疑问,"河洛"一词更多是被作为地名使用的,和普通词汇一样,其构成会受到社会状况、宗教信仰、地理环境、风俗习惯等语言文化因素的制约,它并不体现一个人或一些人的意愿,而是由于偶然的机遇而形成的。需要强调的是,地名不但拥有普通词汇所拥有的社会性、继承性的特性,还因为地名作为具体地方的指称,常常受区域内语言、地理环境、民俗、历史的约束,显现出较为明显的地域特征,我们还可以从该特性中引申出地名的另一特性,而且是最本质的特性——排他性。词由本义派生出新的意义,或者扩大、缩小意义范围,都属于词义变化现象。语言中,好些词除了有字面意义,还有渗透着文化内容的隐含意义,或称内含意义。一个词尽管有好些个意义,但是当它每一次在言语里使用的时候,实际上得到实现的只是其中的某一个意义,其余的意义则处在潜在的或被抑制的状态中。"河洛"一词在演变和使用中,无不证明了这些理论的正确性。当然对古代"河洛"一词的精确研究,并不是一次就能完成的。本文不过是抛砖引玉之作。

（作者单位:广西大学文化与传播学院）

河洛文化中的古代水文化举例

郭康松

　　河洛文化与晋文化、荆楚文化、齐鲁文化、吴越文化、巴蜀文化、燕赵文化一样是地域文化,是华夏文化的重要组成部分,具有鲜明的地域特色,但又有不同,这是因为河洛文化是中华文化的源头,如果把中国不同地区的地域文化都比作中华文化大河的支流,那么河洛文化则是中华文化大河源头与干流。河洛地区"在漫长的华夏文化史前期,始终是中国原始人类聚居的集中场所,积淀了极其丰富而深厚的原始文化,在华夏文明的起源过程中占有独特的地位"。① 我国进入阶级社会之后的夏、商、周三代,其政治文化中心地区是在河洛。司马迁在《史记·封禅书》中说:"昔三代之居,皆在河洛之间。"其文化地位是其他地域文化无法比拟的。因此有学者认为"所谓'河洛',就是指的黄河与洛水,也就是今日的河南,广泛而言,也可称之为中原"。② "河洛文化的概念,广义的讲就是中原文化的泛称。"③

　　我们注意到,河洛文化的命名与晋文化、荆楚文化、齐鲁文化、吴越文化、巴蜀文化、燕赵文化等的命名也有很大的不同,晋文化、荆楚文化、齐鲁文化、吴越文化、巴蜀文化、燕赵文化都是以其在历史上主要是春秋战国时期各地建立的诸侯国的名称来命名的,而河洛文化是以流经该地域河流来命名的。"河"是指中

---

　　① 陈昌远:《河洛地区——华夏文明的策源地》,《史学月刊》1994 年第 1 期。
　　② 卢文博:《河洛文化与台湾》,《黄河文化》2004 年第 1 期。
　　③ 张振犁:《从"河图"、"洛书"乃至祭祀河洛神化的演变,看"河洛文化"在华夏文明中的地位和作用》,《洛汭与河图洛书》,河南科学技术出版社 1996 年版。

华民族的母亲河黄河,"洛"是指黄河中游的支流洛水。

这种命名不是偶然的,其中隐含有深厚的文化内涵,河洛文化与河流(也就是水)有着不解之缘。《尚书·禹贡》中记载"豫州"时,是这样写的:"荆河惟豫州,伊、洛、瀍、涧,既入于河。"伊、洛、瀍、涧四条河都在洛阳市附近汇集并总汇于黄河。这种密集的水系势必影响到河洛文化的内在精神,使河洛文化具有鲜明的水文化的特色。

河洛文化中与水文化相关的内容极其丰富,现略述一二。

一、河图洛书。对中国文化产生重要影响的河图洛书源自黄河、洛水。《易·系辞上》:"是故天生神物,圣人则之;天地变化,圣人效之;天垂象,见吉凶,圣人象之;河出图、洛出书,圣人则之。"《尚书·顾命》中写康王即位的陈设,"大玉、夷玉、天球、《河图》在东序"。汉代孔安国传:"河图八卦,伏羲王天下,龙马出河,遂则其文以画八卦,谓之《河图》。"[①]《礼记·礼运》:"故天不爱其道,地不爱其宝,人不爱其情。故天降膏露,地出醴泉,山出器车,河出马图。"《论语·子罕》:"子曰:'凤鸟不至,河不出图,吾已矣夫。'"《墨子·非攻下》:"天命文王伐殷有国。泰颠来宾,河出绿图,地出乘黄。"《管子·小匡》:"昔人之言受命者,龙龟假河出图;洛出书,地出乘黄,今三祥未有见者。"《淮南子·俶真训》:"洛出丹书,河出绿图。"上述众多的古代典籍说明了"河图"、"洛书"确实存在,虽然历来对河图洛书的具体内容有很大的争议,但有一点是肯定的,那就是出自于黄河与洛水,与黄河、洛水有关。

而"河图"、"洛书"对中国传统文化的元典《周易》八卦与《洪范》九畴产生了极其重要的影响。汉儒认为《周易》八卦是伏羲、文王所作,《洪范》九畴则是夏禹、箕子所作,二者皆出自天授,取法于天。圣人画八卦、陈九畴,主要根据上天授予的河图、洛书。《周易·系辞上》中有"河出图、洛出书,圣人则之",孔颖达疏云:"如郑康成之义,则《春秋纬》云:河以通乾,出天苞;洛以流坤,吐地符。河龙图发,洛龟书感。……孔安国以为河图,则八卦是也。洛书,则九畴是也。"[②]东汉班固《汉书·五行志》:"《易》曰:'天垂象,见吉凶,圣人象之;河出

---

① 《尚书正义》卷一八,阮元校刻《十三经注疏》,中华书局 1980 年版。

② 《周易正义》卷七,阮元校刻《十三经注疏》,中华书局 1980 年版。

图,洛出书,圣人则之.'刘歆以为,虑羲(伏羲)氏继天而王,受《河图》,则而画之,八卦是也;禹治洪水,赐《洛书》,法而陈之,《洪范》是也。圣人行其道而宝其真。降及于殷,箕子在副父师位而典之。"《论衡·正说篇》称:"说易者皆谓伏羲作八卦,文王演为六十四。大圣王起,河出图,洛出书。伏羲王,河图从河水中出,易卦是也。禹之时得洛书,书从洛水中出,《洪范》九章是也。故伏羲以卦治天下,禹案洪范以治洪水。"《周易》八卦,《洪范》九畴,是儒家文化的重要思想元,黄河、洛水之水对儒家文化产生的作用,由此可见一斑。

二、《道德经》中的水文化。戴逸先生认为,道家文化产生在河洛地区,"老子就是在洛阳管理图书的,《道德经》可能也是在这里写成。"①这种判断是有道理的。老子"周守藏室之史也","居周久之,见周之衰,乃遂去。至关,关令尹喜曰:'子将隐矣,强为我著书。'于是老子乃著书上下篇,言道德之意五千余言而去"。②至少老子在洛阳的生活对他的思想产生了较大的影响,这种影响包括了河洛的自然山水的影响。老子的思维是"道法自然",河洛地区众多水流自然会影响到他的思想。老子曰:

　　上善若水。水利万物而不争,处众人之所恶,故几于道。居,善地;心,善渊;与,善仁;政,善治;事,善能;动,善时。夫唯不争,故无尤。③
　　知其雄,守其雌,为天下溪;为天下溪,常德不离,复归于婴儿。④
　　鱼不可脱于渊,国之利器不可以示人。⑤
　　江海所以能为百谷王者,以其善下之,故能为百谷王。⑥
　　天下莫柔于水,而攻坚强者莫之能胜,以其无以易之!⑦

老子将对自然水的体悟上升到哲学的高度,道家的水思想对后世的道家、道

---

① 戴逸:《关于河洛文化的四个问题》,《寻根》1994 年第 1 期。
② 《史记·老子韩非列传》。
③ 《老子》第八章。
④ 《老子》第二十八章。
⑤ 《老子》第三十六章。
⑥ 《老子》第六十六章。
⑦ 《老子》第七十八章。

教的影响是显而易见的。秦汉新道家的代表作《淮南子》在《原道训》中说："水者,天地所包幕,五行始焉,万物所由生,元气之津液也。"道教把"天"、"地"、"水"看做"三元"之气。

三、河伯、洛神。河洛地区之水还孕育了自然神的崇拜——河神、洛神崇拜。河神崇拜在殷周时代就已相当流行。人们确信河神控制着洪水,主宰着人们的生产和生活,因此,长期生活在黄河两岸的殷商人占卜祭河活动相当频繁,这在甲骨文中有相当多的记载,如:

> 丁巳卜,其燎于河牢,沉妾?①
>
> 辛丑卜,于河妾?②
>
> 其求年于河,雨?③
>
> 贞,翌甲戌,河不令雨? 贞,翌甲戌,河其令雨?④
>
> 河祟我。⑤
>
> 贞,勿舞河,亡其雨?⑥

卜辞的"河"均指黄河神,大略相当于后来所称的河伯。这种祭祀活动一直延续到后代。《史记·六国年表》:"(秦灵公)八年……初以君主妻河。"司马贞《索隐》:"妻河,谓嫁之河伯。"《汉书·沟洫志》:"皇谓河公兮何不仁,泛滥不止兮愁吾人。"颜师古注引张晏曰:"河公,河伯也。"对于河伯,古代的记载很多。如《山海经》卷七云:"从极之渊,深三百仞,维冰夷恒都焉。冰夷人面,乘两龙。"郭璞注云:"冰夷,冯夷也。《淮南》云:'冯夷得道,以潜大川。'即河伯也。《穆天子传》所谓'河伯无夷'者,《竹书》作冯夷,字或作冰也。"《庄子·大宗师》云:"冯夷得之,以游大川。"陆德明释文引司马彪云:"《清泠传》曰:'冯夷华阴潼乡堤首人也,服八石,得水仙,是为河伯。'"《楚辞·九歌》洪兴祖补注引《抱朴子·

---

① 罗振玉:《殷虚书契后编》卷上,第 23 页,1916 年影印本。
② 罗振玉:《殷虚书契后编》卷下,第 3 页,1916 年影印本。
③ 董作宾:《殷虚文字甲编》3640,商务印书馆 1948 年版。
④ 董作宾:《殷虚文字乙编》3121,商务印书馆 1949 年版。
⑤ 《殷墟文字乙编》5406。
⑥ 《殷虚文字乙编》6857。

释鬼篇》（今本无）云："冯夷以八月上庚日渡河溺死，天帝署为河伯。"等等。

从相关的文献记载来看黄河之水神河伯是一位作恶多端的恶神，属男性，人们为了求得风调雨顺，黄河安宁，不得不献祭，甚至要用年轻貌美的女子来讨好他，因此人们又衍生出"羿射河伯"的传说。《楚辞·天问》云："帝降夷羿、革孽夏民，胡射夫河伯而妻彼雒嫔？"王逸注云："河伯化为白龙，游于水旁，羿见射之，眇其左目。河伯上诉天帝，曰：'为我杀羿。'天帝曰：'尔何故得见射？'河伯曰：'我时化为白龙出游。'天帝曰：'使汝深守神灵，羿何从得犯汝？今为虫兽，当为人所射，固其宜也，羿何罪欤？'"高诱注《淮南子·泛论篇》云："河伯溺杀人，羿射其左目。"由此可以看出其在古代神话中河伯为反面形象人物。其影响已远远超越了河洛中原地区。

"胡射夫河伯而妻彼雒嫔"的"洛嫔"即洛水之神——洛神。洛水，是一条神奇的河流，它发源于陕西，但关于它的那些有声有色的故事，却都有关洛阳。洛出书的地方，就在洛宁县，所以自古以来洛河就被视为神河。伏羲氏的女儿宓妃，相传溺死于洛水，遂成了洛水之神。

《淮南子》中记载，伏羲氏之女洛神嫁于河伯为妻，但河伯不贤，与水族女神私通，洛神与后羿情深。相传河伯与后羿大战于天庭，天帝震怒，将洛神贬落凡间……洛神转世之后，为美女甄宓，曹操攻下邺城之后，将甄宓一家接入司空府，奉作上宾。曹植、曹丕两人同时钟情甄宓，最后，两人由好兄弟变成大仇人。丕登上帝位，甄宓为后，另外丕又娶郭儇为妃，郭儇不甘为妃，于是同司马懿设计害死甄宓。植与甄宓两情相悦，甄宓逝后数年，曹植在洛水之滨又遇见甄宓——洛神，写下千古绝唱——《洛神赋》。曹植在《洛神赋》中这样形容洛神之美："翩若惊鸿，婉若游龙。荣曜秋菊，华茂春松。仿佛兮若轻云之蔽月，飘飖兮若流风之回雪。远而望之，皎若太阳升朝霞；近而察之，灼若芙蓉出渌波。"洛神成了美女的化身。

四、《诗经·国风》中的河洛"水文学"。由于尚周时期河洛地区是当时的政治文化中心区，所以《诗经》中有很多诗作就产生于此。戴逸先生认为"如果做一下《诗经》的地望统计，河洛地区应该是首屈一指的。《国风》中著名的郑、卫之风当然是河南的作品。'二南'（《周南》、《召南》）中很多可能也是产生在河洛地区的"。① 许智银先生认为《诗经》中属于河洛地区的"大致包括《国风·周南》中的一些诗篇,《王风》、《郑风》和《魏风》等全部内容以及《小雅》的部分篇章"。② 由于《诗经》时代河洛地区河泽纵横,水与人们的生活息息相关,所以反映河洛地区生活的诗篇,充满了水的气息。我们检索《诗经·国风》的《郑风》、《卫风》,与水有关的诗篇相当地多。如:

《郑风·清人》:清人在彭,驷介旁旁。二矛重英,河上乎翱翔。清人在消,驷介麃麃。二矛重乔,河上乎逍遥。

《郑风·扬之水》:扬之水,不流束楚。终鲜兄弟,维予与女。无信人之言,人实诳女。扬之水,不流束薪。终鲜兄弟,维予二人。无信人之言,人实不信。

《郑风·褰裳》:子惠思我,褰裳涉溱。子不我思,岂无他人? 狂童之狂也且!

子惠思我,褰裳涉洧。子不我思,岂无他士? 狂童之狂也且!

《郑风·溱洧》:溱与洧,方涣涣兮。士与女,方秉蕑兮。女曰观乎? 士曰既且。且往观乎? 洧之外,洵訏且乐。维士与女,伊其相谑,赠之以勺药。溱与洧,浏其清矣。士与女,殷其盈矣。女曰观乎? 士曰既且。且往观乎? 洧之外,洵訏且乐。维士与女,伊其相谑,赠之以勺药。

《卫风·考槃》:考槃在涧,硕人之宽。

《卫风·竹竿》:籊籊竹竿,以钓于淇。……泉源在左,淇水在右。……淇水在右,泉源在左。……淇水滺滺,桧楫松舟。驾言出游,以写我忧。

《卫风·河广》:谁谓河广? 一苇杭之。

《卫风·有狐》:有狐绥绥,在彼淇梁。……有狐绥绥,在彼淇厉。……有狐绥绥,在彼淇侧。

河洛大地之水孕育了河洛之地文学,这些诗篇,或以河流水泽起兴,或以之

---

① 戴逸:《关于河洛文化的四个问题》,《寻根》1994 年第 1 期。
② 许智银:《〈诗经〉中河洛地区民情风俗研究》,《河南科技大学学报》(社会科学版)2004 年第 1 期。

为活动的场景,总之与水有关,营造出一幅幅水意浓浓的诗意画卷,水成为具有特殊意义的一种文化符号。

五、河流的化身——龙。龙是中国文化的标志符号,与水有着千丝万缕的联系。虽然学者们对龙的起源的解释见仁见智,但龙与水的关系却是大家公认的。龙在河洛文化中有充分的反映。《左传·昭公十九年》:"郑大水,龙斗于时门之外洧渊。"这说明春秋时期的郑国人把龙与大水联系在一起。被誉为"华夏第一龙"的蚌壳龙在河南濮阳西水坡遗址出土。从发掘的出土文物看,属于仰韶文化的遗存。据中国社会科学院考古研究所测定,三组动物图案的年代距今 5 800 +110 年,树轮校正年代为距今 6 400 +135 年。这证明河洛地区在距今 6 000 年左右就已经有龙崇拜,蚌壳龙可以当之无愧地称为"华夏第一龙"。

河洛文化中与水相关的古代文化远远不止这些,如大禹治水的传说等等,其丰富的内容和深厚的文化底蕴有待于更深入地挖掘和研究。从河洛文化中的古代水文化这一侧面,可以看出河洛文化所具有的渊源性和影响力。对中国传统文化产生极大影响的五行说,其处于首位的是水。《尚书·甘誓》:"有扈氏威辱五行,怠弃三正。"孔颖达疏:"五行,水、火、金、木、土。"水甚至被认为是万物的本原。《管子·水地篇》:"水者何也,万物之本原也,诸生之宗室也,美恶贤不肖愚俊之所产也。"1993 年在湖北省荆门市郭店一号楚墓出土的距今 2 300 年的战国中期的简书,其中的《太一生水》,把水的作用推到了极至:"太一生水,水反辅太一,是以成天。天反辅太一,是以成地。天地复相辅也,是以成神明,神明复相辅也,是以成阴阳。阴阳复相辅也,是以成四时。"[1]可见水在我国传统文化中的地位十分重要,而这种重要性在河洛文化中就已经体现出来,并且对整个华夏文化产生了深远的影响。

(作者单位:湖北大学古籍研究所)

---

[1]　据庞朴先生校正本,《寻根》1999 年第 2 期。

先秦两汉洛阳与河洛文化的主要特征

黄宛峰

在日益深入的地域文化研究中,河洛是引人瞩目的重要区域。河洛文化的核心和灵魂无疑是洛阳。从夏商周三代到两汉,随着社会政治经济的巨大变化,洛阳的文化内涵愈益儒雅厚重,洛阳对河洛文化乃至全国文化的影响力和辐射力逐步增强。到东汉时期,洛阳才真正在全国范围内确立起了文化中心的地位,学界所概括的河洛文化的特征诸如中心性、正统性、融合性等,应当说在东汉体现得最为充分。

一

河洛地区在先秦至汉诸地域文化中内涵最为丰富,从三代的宗法礼乐文化,到战国至西汉的商业文化,它始终为天下所瞩目。洛阳标示着河洛文化的品位与个性。

河洛地区率先跨入文明社会,应与其"天下之中"的地理位置、政治文化的早熟密切相关。作为地域文化的一种,它本与良渚等文化并驾齐驱,人口的相对密集,战争的频繁激烈,造就了该地独特的政治智慧,使得它自国家形成之时便有较强烈的政治文化色彩。《逸周书·度邑》所载的"有夏之居"自"洛汭延于伊汭,居易无固",以及《史记·夏本纪》所载太康兄弟之事,无不显示出当时统治核心争斗的程度。商末周初,洛阳便被视为"土中"、①"中国"(见何尊铭文),从

————————

① 《逸周书·作雒解》。

"四方入贡道里均"的经济角度和控制东方区域的军事角度,①西周以洛邑为陪都,使之成为东方重镇。洛水北岸建立的王城与成周两座城池有较大的规模,晋《元康地理记》曰:"王城南北九里七十步,东西六里十步。"史载周公在洛阳治礼作乐,号令天下,虽论之不详,但结合后来老子、孔子在洛阳议论礼乐的传说,此地的礼乐文化传统应有其基础。春秋战国时期,周天子已名存实亡,秦武王以"通三川,窥周室"为目标,②楚国为问鼎周室而南征北战,但洛邑毕竟长期为"周室"所在,是唯一的天子之都,是华夏族凝聚人心的一面旗帜,以洛阳为中心的河洛文化在华夏族发展壮大过程中起到了举足轻重的作用。从整体上对先秦时期洛阳以及河洛文化价值的认识,概括其特征,可以说是具有一定政治色彩的都城文化。

战国到西汉是中国古代商业发展的第一次高潮。洛阳地处"天下之中",得天独厚的地理优势使其商业一直保持着蓬勃发展的势头。此期商业文化发达的标志,一是经商风气之浓。《史记·苏秦列传》载:洛阳人苏秦出外游说不成,"大困而归。兄弟嫂妹妾皆笑之,曰'周人之俗,治产业,力工商,逐什二以为务。今子释本而事口舌,困,不亦宜乎!'"这里值得注意的是,苏秦的家人很自然地将工商与农业等同,均视为"本",与秦国商鞅变法以后的本末观便有明显的区别,"逐什二以为务"被他们视为理所当然。它说明洛阳人经商已经比较普遍。《史记·货殖列传》也有记载曰:"洛阳街居在齐秦楚赵之中,贫人学事富家,相矜以久贾,数过邑不入门。"洛阳经商风气之盛,使人们有时径直将"周人"作为商人的代表,司马迁在讲到邹鲁一带兴起经商之风时,说邹鲁之人"好贾趋利,甚于周人"。二是富商大贾之众。《史记·货殖列传》载:师史"转毂以百数,贾郡国,无所不至",富至七千万家财。西汉时期的洛阳"富冠海内,为天下之名都",③"商贾之富,或累万金。"④三是经商谋略的出现。战国时期,洛阳人白圭已成为人们赚钱生财的楷模,"天下言治生祖白圭"。白圭采取"人弃我取,人取我予"的经商办法,"趋时若猛兽鸷鸟之发"。白圭有言曰:"吾治生产,犹伊尹、

---

① 《史记·周本纪》。
② 《史记·秦本纪》。
③ 《盐铁论·通有》。
④ 《盐铁论·力耕》。

吕尚之谋,孙吴用兵,商鞅行法是也。其智不足以权变,勇不足以决断,仁不能以取予,强不能有所守,虽欲学吾术,终不告矣。"①白圭在长期商业活动中形成的一套经商理论或曰经商哲学,可视为洛阳商业文化发达的重要标志。

西汉时期除京都长安以外,成都、洛阳是著名的商业兴盛城市。而洛阳在商业兴盛的同时,文学、经学亦发展起来。举其荦荦大者,洛阳才子贾谊的《过秦论》脍炙人口,晋代左思有"著论谁《过秦》,作赋凌相如"的诗句;《治安策》被誉为"万言书之祖",曾国藩谓其"有最盛之气势";鲁迅称誉贾谊"尤有文采",认为《过秦论》、《治安策》等为"西汉鸿文,沾溉后人,其泽甚远"。洛阳人虞初以方士为侍郎,主要以《周书》为依据作《周说》943 篇,张衡《西京赋》谓"小说九百,本自虞初",故《汉晋学术编年》称《周说》为"后世小说之祖"。大儒周王孙在洛阳授经,号《周易传》,梁人丁宽学成谢师,田何谓"《易》以东矣"。丁宽作《易说》三万言,授于田王孙,田王孙又授施、孟喜、梁丘贺,《易》遂有施、孟、梁丘之学。洛阳人桑弘羊本为商人之子,而他在盐铁会议上的滔滔雄辩,却显示出他渊博的学识与灵活的思维。

河洛在经学传授、文学创作方面均有突出的成就。五经传授有清晰的脉络可寻,文学方面如颖川人贾山、晁错的政论散文,在当时产生了重要的影响。

西汉时期的河洛地区既是商贾云集之地,同时又是联结西方长安与东方齐鲁必不可少的文化纽带,此期可谓世俗的商业文化与精英文化交织。其深厚的文化积淀吸引并培育了无数杰出的人才。

二

作为中央文化、核心文化、礼乐文化中心,东汉洛阳在河洛文化发展史乃至中华文化发展史中占据着重要地位。中央文化与核心文化的性质是由京师所在地决定的,礼乐文化中心在很大程度上是由东汉统治者的"儒者气象"以及由此带动的儒学空前发展所决定的。

开国君臣往往开出一代风气。刘秀是中国历史上第一位儒生出身的开国皇帝,其功臣亦多儒生,东汉开国君臣的"儒者气象"与西汉初年的布衣皇帝、布衣

---

① 《史记·货殖列传》。

将相之局形成了鲜明的对比,东汉的风气也与西汉前期厚重少文的风气明显不同。刘秀从定都洛阳起便给这座城市带来了神秘和儒雅的色彩。

中国古代都城选址一般从政治、军事、经济等方面着眼,从文化角度考虑是玄远而不切实际的。先秦时期列国林立,都城选址尤重前者,西汉初年刘邦及其臣下关于都洛阳还是都关中的讨论,仍主要考虑"用武"之事。① 而王莽建立的新朝,刘秀建立的东汉,在都城的选择上则开始宣扬"文"的因素,实际上是在充分考虑政治、军事前提下的一种文饰。王莽始建国五年,一度欲将都城由长安迁往洛阳,他曾以"玄龙石文"中有"定帝德,国洛阳"的所谓"符命"为由,宣传迁都之事,在长安百姓中造成极大的影响。虽然最终未能迁都,但王莽以"符命"之威达迁都之目的,可见洛阳在王莽这位以恢复周礼为号召的帝王心目中的重要地位。洛阳成为东汉的国都,有种种现实的因素,如刘秀主要依靠南阳、颍川、河北人士形成势力,当时尚未攻克长安等等,但刘秀定都洛阳当然也有他文化上的考虑。《东观汉记·光武皇帝纪》载:刘秀"案图谶,推五运,汉为火德。周苍汉赤,水生火,赤代苍,故上都洛阳"。汉代的五行有相生相克之说,刘秀明确汉为火德,继承周统,洛阳便被赋予了重要的文化涵义,与周公在洛阳制礼作乐联系起来,等于衔接上了洛阳的历史文脉,这实际上也是一种文化传承。刘秀深厚的儒学修养使他本能地意识到洛阳的文化价值,挖掘其历史文化资源为己所用,他是成功者。刘秀入洛阳,装载书籍的车辆有两千余辆,他"未及下车,先访儒雅"的举动,②这一切,均为洛阳儒学奠定了基调。

远承周朝文脉,近得西汉儒学之资源,这是东汉朝廷的优势。西汉中期以后,儒学逐渐发展起来,西汉皇室"霸王道杂之"的统治原则难以从根本上改变,然而儒学的旗帜打出来后,在儒家道义的感召和官位利禄诱惑的双重作用下,儒生士大夫阶层日益壮大。刘秀定都洛阳,顿时儒生云集,刘秀适时地宣称要"以柔道理天下",③所谓"柔道"即儒道。尽管刘秀以及明帝、章帝三朝的统治手法均是文武并用,刚柔相济,但他们大力倡导并着力扶植的是儒学,儒学由此获得了前所未有的迅猛的发展,京师洛阳自然最为繁盛,它很快成为经学研究的中

① 《史记·留侯世家》。
② 《后汉书·儒林列传》。
③ 《后汉书·光武帝纪》。

心,礼乐文化的中心。

习经风气之浓、礼制建筑的建立、党议风潮等是东汉洛阳重要的文化现象,这与统治者的倡导密切相关。

东汉初年朝廷上下读经研经风气很盛,为西汉所未见。《后汉书·陈元传》载:刘秀"身闵经艺谬杂,真伪错乱,每临朝日,辄延群臣讲论圣道"。《东观汉记·世祖光武皇帝纪》亦载:刘秀"旦听朝至日晏,夜讲经听诵"。并自谓乐此不疲。[①] 刘秀以皇帝的身份去宣传与规范经义,并积极倡导群臣在朝廷辩论经义。他曾于"正旦朝贺,百僚毕会"的隆重大典上,让"群臣能说经者更相难诘,义有不通,辄夺其席以益通者"。[②] 显然是一种政治导向。刘秀"欲偃干戈,修文德,不欲功臣拥众京师"的用心,其臣下心领神会,所以贾复与邓禹等原本即精通儒术的重臣不仅本人"敦儒术",邓禹更令其十三个儿子"各使守一艺"。[③] 最高统治集团的儒学化,从刘秀开始,到明帝、章帝、邓太后,一直延续至东汉皇室的末期。明帝在辟雍"飨射礼毕,帝正坐自讲,诸儒执经问难于前,冠带缙绅之人圜桥门而观听者"不可胜数,章帝在白虎观"大会诸儒",亲自主持"正经义",[④]均为汉儒所津津乐道。皇帝集最高统治者与经学最高权威于一身,利用专制权力巩固儒学地位,实质是取消儒生自由思索的权力和资格,窒息了学术空气,但另一方面它确实有力地推动了儒学的传播,使之成为汉民族凝聚人心的精神支柱。

洛阳太学的规模较西汉为大。刘秀于公元 25 年定都洛阳,建武五年(29年)即在洛阳南郊建起太学。当时各地割据势力并未统一,国家财政困难,刘秀动员"诸生吏子弟及民以义助作。"[⑤]同年,刘秀平定齐地回洛阳,即到太学会诸博士弟子。太学生数量最多时达到三万余人,读经研经之风经久不衰。到东汉末世,太学前立起石经,正定五经文字,观看摹写的儒生仍"车乘日千余辆,填塞街陌"[⑥]。京师的经学教育种类比较完备,专为外戚子弟开办的四姓小候学,京师官员招收的门生弟子,著名经师在洛阳办的私学等,使洛阳充满了浓郁的经学

---

① 《后汉书·光武帝纪》。
② 《后汉书·儒林列传》。
③ 《后汉书·邓禹传》。
④ 《后汉书·儒林列传》。
⑤ 《东观汉记·世祖光武皇帝纪》。
⑥ 《后汉书·蔡邕传》。

氛围。

礼制建筑是洛阳重要的文化风景。明堂辟雍素为儒生所重,王莽时已建立,但明堂辟雍真正体现与发挥其功能是在东汉。《汉书·平帝纪》载:元始四年二月,王莽"奏立明堂辟雍",并令当时经学的最高权威刘歆率领儒生专门考证研究周代明堂后,在长安南郊建立起了明堂辟雍。《汉书·王莽传》:"元始四年,莽奏起明堂辟雍,为学者筑舍万区。"刘歆"等十二人皆以治明堂、宣教化封为列侯"①。王莽此举是为依托周制,巩固其统治地位服务的,然而王莽改制失败,其礼制建筑也不为儒生所重。刘秀"初起明堂、灵台、辟雍及北郊兆域"②,是在他去世前不久,即中元元年(56 年),可见他对此事的慎重。明帝永平二年(59 年)"春正月辛未,宗祀光武帝于明堂……礼毕登灵台"。以先祖配祭五帝于明堂,是明帝的发明,③章帝继之,于建初三年(78 年)"春正月己酉,宗祀明堂,礼毕,登灵台望云物"。④和帝之后的东汉诸位小皇帝应遵循此礼。⑤ 东汉班固、张衡的《两京赋》、《两都赋》对洛阳文化予以充分肯定,与刘秀所倡导的儒学是一种精神上的契合。班固认为,周公"制礼作乐,天子曰明堂辟雍,诸侯曰泮宫。郊祀后稷以配天,宗祀文王于明堂",令"四海之内各以其职来助祭",是礼制的标志⑥。东汉诸帝均在明堂辟雍行礼,从而使明堂成为国家重视教化的重要象征。曹魏都洛阳沿用明堂旧址,北魏孝文帝迁都洛阳后重修之。明堂辟雍融物质文化与精神文化于一体,见证与传承着洛阳的文明。

清议是东汉中后期洛阳士林中盛行的风气,太学成为清议的主要阵地,在朝的敢于搏击宦官的公卿成为太学生歌颂的对象,这场以洛阳为核心震撼全国的政治风波最后以党人的惨死狱中而告终,然而它给洛阳士风的影响是异常深刻的。党人遵循经明行修的为官正途走进官场,却遭到了政治的愚弄。这是中国古代知识分子遭受的第一次大劫难。在朝廷的高压政策下,有的士人沉寂了,有的士人在肃杀之气中仍冒着生命危险发泄对朝廷"多杀党人"的愤懑,直至汉末

---

① 《汉书·王莽传》。
② 《后汉书·光武帝纪》。
③ 《后汉书·明帝纪》。
④ 《后汉书·章帝纪》。
⑤ 《后汉书·和帝纪》:永元五年(公元 93 年)"春正月乙亥,宗祀五帝于明堂,遂登灵台望云物"。
⑥ 《汉书·郊祀志》。

董卓入洛阳,为党人平反。东汉特殊政治环境下所锻造的士大夫精神,其实质是儒家的道德精神。

洛阳作为京师所在,礼乐文化中心,首先带动了河洛的文化进程。东汉时期颍川、汝南、南阳成为洛阳以外文化最发达的区域,与其得洛阳风气密切相关。

总之,从外在的礼乐建筑,到朝野上下的经学教育,更重要的是渗透于士人灵魂深处的礼文化精神,东汉洛阳呈现出一种凝重儒雅的文化面貌,这是此前所没有的现象。而河洛地区不断推进的儒学化进程,其文化强有力的辐射,使儒家的思想意识、道德观念真正在民间传播开来。东汉以洛阳为中心的河洛文化与汉文化形成的关系应当深入研究。

（作者单位:杭州师范学院历史系）

河洛地区在中国古代文明起源中的地位

程有为

近年来,国家启动了"中国古代文明探源工程",中国古代文明起源问题引起了学术界的高度关注。过去,人们笃信,黄河流域,特别是中原地区是中华文明的摇篮,20 世纪中叶以来,由于中国考古学的长足进步,打破了中国文明起源于中原的一元论,人们逐渐认识到中国古代文明是"多元一体"的格局。20 世纪80 年代,邵望平先生首先提出,中国古代文明以黄河、长江流域为基地,中原地区为中心,是多元的。[①] 这一观点逐渐得到人们的认同。

但是中国地域相当广阔,各个地区在中国文明起源中的作用和地位并不相同。正如李学勤先生所说:"中国古代文明诚然是多源的、多区域的,然而也必须看到,不同时期、不同区域的文化发展是不平衡的。也就是说,在若干关键的当口,特定的区域会起特殊的历史作用。例如大家关心的'跨进文明的门槛',便不可能同时在好多地区实现。"[②]他还明确指出,中原地区是中国古代文明的发祥地。

但是中原是一个相当大的地域范围,它至少包括今河南、山西和陕西三省的大部分境土。中原又可细分为几个地区,如河汾地区、河渭地区、河洛地区以及河济地区等。我们认为,同属于中原的上述几个地区,在中国文明起源中的地位和作用也不尽相同。

---

① 邵望平:《〈禹贡〉"九州"的考古学研究》,《考古学文化论集》(二),文物出版社,1989。

② 李学勤:《河洛文化研究的重要意义》,《光明日报》2004 年 8 月 24 日。

夏鼐先生说："现今史学界一般把'文明'一词用来指一个社会已由氏族社会解体而进入有了国家组织的阶级社会的阶段。这种社会中,除了政治组织上的国家以外,已有城市作为政治(宫殿和官署)、经济(手工业以外,又有商业)、文化(包括宗教)各方面活动的中心。它们一般都已经发明文字和能够利用文字作记载(秘鲁似为例外,仅有结绳记事),并且都已知道冶炼金属。文明的这些标志中以文字最为重要。"①本文先将河洛地区加以界定,然后依据这些文明起源的条件和标志,从文献记载的古史传说和考古发现两个方面,探讨河洛地区在中国古代文明起源中的地位问题。

中原与河洛

"中原"一词,早见于先秦文献,其本义指原野。如《诗经·小雅·小宛》云:"中原有菽,庶民采之。"又如《左传·僖公二十三年》:"晋楚治兵,遇于中原,其辟君三舍。"后来逐渐成为一个地域概念。如《孙子·作战》:"力屈财殚,中原内虚。"

中原亦称中土、中国、中州、中夏、中华,它多与四方、周边对称。先秦时期有洛邑(今河南洛阳)和陶(今山东定陶)为天下之中的说法。随着华夏族活动范围扩大,古豫州被视为九州之中,故称此地为中土。《禹贡》九州又从冀州始。汉代以冀、豫二州为中土。如《淮南子·地形》曰:"正中冀州曰中土。"《论衡·对作》:"建初孟年,中州颇歉,颍川、汝南,民流四散。"又以豫州为中州。可见,冀州和豫州都曾被称作"中原"。

在中国历史上的南北分裂时期,"中原"常与"南方"、"江东"等词相对称。如三国时期,诸葛亮在其《出师表》中说:"今南方已定,兵甲已足,当奖率三军,北定中原。"《宋史·李纲传》:"自古中兴之主,起于西北则足以居中原而有东南。"此时的中原是指黄河中下游地区乃至整个黄河流域。

元代国家统一以后以迄明、清,中原又多指今河南省一带。如《明实录》永乐十四年:"伏维北京,南俯中原。"

要之,"中原"有广义和狭义之分。狭义的中原指今河南一带。广义的中

---

① 夏鼐:《中国文明的起源》,第81页,文物出版社1985年版。

原,指黄河中游,或者中下游地区,甚至整个黄河流域。由于时代不同,中原所指地域也不断发生变化。本文所言之"中原",其时段主要是史前传说时期和夏、商、周三代,其地域主要是黄河中游地区。

考古学家将古代中国分为六个文化区,中原为其中的一个重要的文化区。严文明在论述《新石器时代文化的发展》时说:"在黄河流域和长江流域,较大的文化系统至少有六个。即黄河中游的中原文化系统;下游的海岱文化系统;在古黄河的下游及其附近,即今河北、辽宁和内蒙古交界的地方有一个燕辽文化系统;长江中游有两湖文化系统,下游有江浙文化系统,上游有巴蜀文化系统。此外在甘青地区和雁北地区都有从中原文化系统分化出来的亚文化系统。"[①]他明确指出新石器时代黄河中游地区为中原文化系统。宿白先生在《考古学文化的区系研究》中也将中国考古学文化分为六个区系:即"以燕山南北长城地带为重心的北方,以山东为中心的东方,以关中、晋南、豫西为中心的中原,以环太湖流域为中心的东南部,以洞庭湖——四川盆地为中心的西南部,以环鄱阳湖——珠江三角洲为中轴的南方"。[②]他明确指出考古学文化中的中原区系,以关中、晋南、豫西为中心。李学勤先生曾"试将我国青铜器时代划为七个文化圈,即:一、中原;二、西北;三、北方,又可分为北方和东北两个亚圈;四、东方,主要指山东地区;五、东南,又可划分为长江下游和东南沿海两个亚圈;六、南方,即长江中游及其以南;七、西南。"而"就商代及西周而言,中原与东方两者似乎通连,其他都可称为中原以外或者非中原的"。[③] 他认为在属于青铜器时代的商、西周时期,黄河中游的中原文化圈和下游的东方文化圈在文化上的相互通连,也可统称为中原文化圈。

综上所述,中原在中国古代,不仅是一个重要地区,也是一个重要的文化区。在夏代以前,中原主要指黄河中游地区,后来又及于下游地区乃至整个黄河流域。本文既从论述文明起源着眼,所涉及的中原是指黄河中游地区。

在中国古代,除了"中原"这一地域概念外,与之相关的还有"河洛"这一概念。《史记·封禅书》言:"昔三代之君(居),皆在河、洛之间。"杜甫《杜工部草

①② 宿白主编:《苏秉琦与当代考古学》,科学出版社 2001 年版。
③ 李学勤:《非中原地区青铜研究的几个问题》,载《走出疑古时代》,辽宁大学出版社1997 年版。

堂诗笺》六《后出塞》之五云:"坐见幽州骑,长驱河洛昏。""河",在古代专指黄河;"洛",则指发源于陕西华山南麓兰田县境、至河南省巩义境汇入黄河的洛河。此外,渭河支流有北洛河,有时也直接汇入黄河。但是北洛河和历史上的所谓"河洛"无关。"河洛"中的"洛"指的是伊洛河(伊河为洛河最大支流),或者称南洛河。

黄河是一条长河,干流全长5 464公里。"河洛地区"这一概念中所谓的"河",不可能是整条黄河,只能是黄河的一段,即它与洛河交汇的一段。这段黄河的流向由西向东,西起潼关附近的河曲,东至郑州附近(现在的河道则向东延伸至兰考东坝头),古称为"南河"。洛河在南边与之交汇。因此,黄河以南的伊洛河流域自然属于河洛地区。那么,河洛地区是否包括黄河以北的一些地方呢?我们的回答是肯定的。因为一条河的流域自然包括河道两边的土地。一条河流经一块土地,把它一分为二,不能只讲其中的一块,而舍弃另一块。而且早在汉代,人们已将黄河南北看做一个文化区。著名史学家司马迁在其《史记·货殖列传》中说:"昔唐人都河东,殷人都河内,周人都河南。夫三河在天下之中,若鼎足,王者之所更居也,建国各数百千岁。"此处所言"三河"中的"河南"在黄河以南,属豫州;"河东"和"河内"都在黄河以北,属冀州。司马迁不仅将黄河南北的这一块土地当做一个地区,而且认为它们同为"天下之中"。从传说中的唐尧时期到商、周二代,三河地区都是都城所在地,是华夏族活动的中心。司马迁在《史记·封禅书》中又说:"昔三代之君(居)皆在河、洛之间,故嵩高为中岳。"显然是把中岳嵩山包括在河洛地区之内。张守节《正义》引《世本》云:"夏禹都阳城,避商均也。又都平阳,或在安邑,或在晋阳。"《帝王世纪》云:"殷汤都亳,在梁,又都偃师,至盘庚徙河北,又徙偃师也。周文、武都丰、镐,至平王徙都河南。"由此可见,从汉人司马迁到唐人张守节都认为,黄河以北的平阳(今山西夏县西北)、安邑(今山西临汾西南)和殷墟(今河南安阳)都属于河洛地区。

我们认为,从自然地理讲,河洛地区西起华山,东至豫西山地与黄河下游平原交界处,南自伏牛山、外方山,北至太岳山(又称霍太山),包括伊洛河流域、涑水流域、沁水流域和汾水下游地区。从现代行政区划来说,就是河南中西部和山西南部地区。

文化地理上的区域划分以自然地理为基础,但可以少有出入。古代文化意义上的河洛地区，又可称为河洛文化圈，其地域也可以少许突破黄河和洛河流域的范围。如汝、颍河为淮河支流，其流域本应属于淮河流域，但中岳嵩山南麓的汝、颍河上游地域与河洛地区接壤，其文化很难和河洛地区文化截然分开，它仍然属于河洛文化圈。

"崤函有帝皇之宅，河洛为王者之里。"河洛地区在中国史前和三代有着特殊的地位。徐旭生先生为寻找夏文化，遍检文献记载，从上百条夏史资料中，归纳出夏人活动的中心"有两个区域应特别注意：第一是河南中部的洛阳平原及其附近，尤其是颍水谷的上游登封、禹县地带；第二是山西南部汾水下游（大约自霍山以南）一带"①。就属于河洛地区。

总之，河洛地区的范围要小于中原地区，它是中原的中心区。生活在这一地区的华夏部族最先摆脱了野蛮和蒙昧，迈进了文明社会的门槛，建立了夏王朝。位于黄河中游的河洛地区是我国历史最为悠久的地区之一，在中华民族文明起源中具有举足轻重的特殊地位，起到了无可替代的重要作用。

河洛地区的古史传说

中国古代遗留下来许多神话传说。这些古史传说虽然扑朔迷离、疑说纷纭，但它"自有真正的史实素地，切不可一概抹煞"②。古史传说为我们探讨古史提供了不可缺少的线索，对于研究文明起源问题更有不可低估的价值。

探讨中国文明起源应该关注传说中的五帝至夏代，而唐虞至夏初又是关注的重点。按照中国古史传说，五帝时代可分为两大阶段，黄帝、颛顼、帝喾为第一阶段，尧、舜是第二阶段。

河洛地区有许多关于黄帝、帝喾、尧、舜和大禹的传说，如黄帝为有熊（今河南新郑）国君，号有熊，黄帝铸鼎于荆山下（今河南灵宝阳平），帝喾都西亳（今河南偃师），尧都平阳（今山西临汾），舜都蒲坂（今山西永济）耕历山（今中条山），禹都阳城（今河南登封告成）等，均见于历史文献记载。

黄帝是中华民族公认的人文始祖，传说黄帝曾在河南西部地区活动。司马

---

① 徐旭生：《1959 年夏豫西调查"夏墟"的初步报告》，《考古》1959 年第 11 期。
② 尹达：《尹达史学论著选集》，第 450 页，人民出版社 1989 年版。

迁的《史记·五帝本纪》,以黄帝为五帝之首。黄帝,《集解》引徐广曰:"号有熊"。注:"号有熊"者,以其本是有熊国君之子故也;《正义》引《舆地志》云:"涿鹿本名彭城,黄帝初都,迁有熊也。"《集解》引谯周曰:"有熊国君,少典之子也。"皇甫谧曰:"有熊,今河南新郑是也。"因此人们称新郑为黄帝故里。据《山海经》记载,河南省新安县的青要山是黄帝密都。

《史记·封禅书》称:"黄帝采首山铜,铸鼎于荆山下,鼎既成,有龙垂胡髯下迎黄帝,黄帝上骑,群臣后宫从上者七十余人。"如今,灵宝市西阳平有黄帝铸鼎原与黄帝陵,现尚存唐贞元十七年(801年)所刻立的《轩辕黄帝铸鼎铭》石碑。这一记载虽有神话传说性质,但也反映了黄帝时代已能铸造铜器,黄帝有"群臣后宫"说明当时已有政权存在。

黄帝传位于颛顼,颛顼再传于帝喾高辛。《史记·五帝本纪》称:"至高辛即帝位。"《集解》引皇甫谧曰:"都亳,今河南偃师是。"如此说不误,帝喾时的都城与活动中心也在豫西伊洛平原。

继帝喾者为帝尧。《史记·五帝本纪》称"帝尧者,放勋"。《正义》引《帝王纪》云:"尧都平阳,于《诗》为唐国。"《括地志》云:"今晋州所理平阳故城是也。平阳河水一名晋水也。"可见,尧时的都城和活动中心在晋南地区。

关于帝舜活动的地域,《史记·五帝本纪》记载如下:

"虞舜者":《索隐》中有"虞,国名,在河东太阳县"。《正义》引《括地志》云:"故虞城在陕州河北县东北五十里之虞山上。郦道元注《水经》云:干桥东北有虞城,尧以女嫔于虞之地也"。

"舜,冀州之人也":《正义》:蒲州河东县本属冀州。《宋永初山川记》云:"蒲坂城中有舜庙,城外有舜宅及二妃坛"。

"舜耕历山":《集解》引郑玄曰:"在河东。"《正义》引《括地志》云:"蒲州河东县雷首山,一名中条山,亦名历山,亦名首阳山,亦名蒲山,亦名襄山,亦名甘枣山,亦名猪山,亦名狗头山,亦名薄山,亦名吴山。此山西起雷首山,东至吴坂,凡十一名,随州县分之。历山南有舜井。"

"渔雷泽":《集解》引郑玄曰:"雷夏,兖州泽,今属济阴。"《正义》引《括地志》云:"雷夏泽在濮州雷泽县郭外西北。"

"陶河滨":《集解》引皇甫谧曰:"济阴定陶西南陶丘亭是也。"《正义》案:于曹州滨河作瓦器也。《括地志》云："陶城在蒲州河东县北三十里，即舜所都也。南去历山不远。或耕或陶，所在则可，何必定陶方得为陶也？舜之陶也，斯或一焉。"

"作什器于寿丘"：《集解》引皇甫谧曰："在鲁东门之外。"

"就时于负夏"：《集解》引郑玄曰："负夏，卫地。"《索引》就时犹逐时，若言乘时射利也。《尚书大传》曰"贩于顿丘，就时负夏"，《孟子》曰"迁于负夏"是也。

"舜饰下二女于妫汭"：《索隐》：皇甫谧曰："妫水在河东虞乡县历山西。汭，水涯也，犹洛汭、渭汭然也。"《正义》引《括地志》云："妫汭水源出蒲州河东南山。许慎云：'水涯曰汭。'案：《地记》云'河东郡青山东山中有二泉，下南流者妫水，北流者汭水。二水异源，合流出谷，西注河。妫水北曰也汭'。又云'河东县二里故蒲坂城，舜所都也，城中有舜庙，城外有舜宅及二妃坛'。"

上述对于舜的活动地域，主要是两地：一是晋南，一是豫东北、鲁西南，而言在晋南者略占优势。《括地志》对"陶河滨"是在今山东定陶说提出疑问，但渔雷泽、作什期于寿丘、就时于负夏，似乎在今鲁西南、豫东北地区。尽管如此，晋南作为虞舜的都城所在地，或者虞舜活动的两地区之一，当不存在问题。

尧时治水的鲧，为禹之父。《连山易》说"鲧封于崇"，为崇地之诸侯，《国语》称其"崇伯鲧"。"崇"即"嵩"，即中岳嵩山，崇地在今河南登封。鲧除治水之外，《世本》又谓"鲧作城"，说明当时已修筑城墙作为防卫设施。

《史记·夏本纪》称：夏禹，《正义》："夏者，帝禹封国号也。"《帝王纪》云："禹受封为夏伯，在豫州外方之南，今河南阳翟是也。"阳翟即今河南禹州，为禹之都。

据《史记·五帝本纪》记载，尧舜时已经有了天文历法，开始授民时令，使人们依据时令从事生产。当时的生产活动已有农耕、渔捞、畜牧、制陶、作器、纺织，农、牧、渔和手工业已相当发达，有了储存粮食的仓廪和商业贩卖。不仅有了聚、邑，而且有了都城。在政治方面有了百官分职、刑法、祭祀礼仪、制度。

总之，文献记载的关于五帝时代的传说，不仅说明河洛地区是五帝活动的中心区，而且说明这一时期不仅有较为发达的原始农业和手工业，能够铸造铜器，而且有了商业，出现了都城、百官、刑法、礼仪，已经进入早期国家阶段，从而为建立统一的夏王朝奠定了基础。

河洛地区的考古发现

解决中国古代文明起源问题离不开考古学研究成果。20 世纪以来,中国考古学取得了显著的进展。河洛地区的考古发现不仅十分丰富,而且从石器时代到铜石并用时代、青铜器时代,形成了系列,为解决这一问题提供了基本条件。

很多学者撰文提出,中国古代文明形成于公元前三千年,即考古学上的龙山时代。在公元前三千年期间,特别是其中晚期,黄河、长江流域的史前文化发生了大的社会变革。这个时代形成的龙山文化群体,是中国文明形成的基地。古史传说中的唐虞时代,在考古学上相当于龙山时代,或至少是龙山时代的晚期。

在新石器时代早期,关中、豫西、豫中和冀南分布着老官台、裴李岗和磁山文化。到新石器时代中后期,这一地区普遍分布着仰韶文化。中原龙山文化就是继承仰韶文化而发展起来的。继中原龙山文化之后而发展起来的,在河南中西部和山西南部是二里头文化,在河南北部和河北南部是先商文化,在陕西关中地带是先周文化。

河洛地区发现了许多新石器时代晚期和铜石并用时代的文化遗存。新石器时代晚期文化,如河南龙山文化早期的庙底沟二期文化遗存,分布在伊、洛、汝、颍河谷盆地和黄河南北两岸。后岗二期文化更为丰富,有分布于嵩山周围的洛阳王湾类型,分布于豫西、晋南、陕东的陕县三里桥类型,以及分布于豫北的安阳后岗类型等,晚期则有煤山类型。到了铜石并用时代,这里有分布于晋南临汾盆地的"东下冯类型文化"和襄汾"陶寺类型文化",而在豫西地区则有二里头文化。

在龙山时代社会即已出现等级,可以从陶寺墓地的情况中得到反映。陶寺墓地面积超过了 10 000 平方米。墓葬分布甚密。仅 1978～1982 年发掘的 2 000 平方米范围内即已发现墓葬七百余座。[①] 墓葬可分为大、中、小三种,分别占 1.3%、11.4% 和 87.3%。大墓长 3 米上下,宽 2～2.75 米。有木棺,内撒朱砂,随

① 中国社会科学院考古研究所山西工作队:《1978～1980 年山西襄汾陶寺墓地发掘简报》,《考古》1983 年第 1 期。

葬品多至一二百件,其中往往有龙纹盘、石磬、木鼓、大量漆木器、陶器和玉石器等。中型墓一般长 2.2～2.5 米,宽 1 米左右。一般有木棺,随葬成组陶器及少量彩绘木器、玉石器及猪下颌骨等。有的保存较好的有麻布殓衾。与上述大中型墓形成鲜明对比的是 87% 以上的小型墓绝大多数无任何葬具和随葬品,仅个别的有木棺,或两三件骨笄、陶罐之类的随葬品。大中型墓与小型墓主人的区别,不仅是贫富的差别,还应有身份和社会地位的差别。因为大中型墓中往往出玉钺和石钺,应是军事权力的象征;有些大型墓中有石磬、木鼓等更应是特殊地位的标志。由此可见陶寺墓地所代表的社会集团已有初步的阶级分化,这同城市的出现和城乡分化所反映的社会状况是一致的。[①]

中原龙山文化也有多处发现铜器和炼铜遗迹,一是河南郑州董砦的方形小铜片,二是登封王城岗的一件残铜器片,三是临汝煤山的炼铜坩埚残片,四是山西襄汾陶寺的铜铃等。

考古学者发现了龙山时代的城堡。例如,登封王城岗城址包括相连的东西两小城合计面积约 2 万平方米,城内有建筑基址。在一些聚落遗址出现了水井。

关于夏文化,二里头类型和东下冯类型是二里头文化内部两个既有密切联系而又相对独立的文化类型,二者有许多共同点,但也有明显的区别。

河南偃师二里头遗址为夏王朝后期的都邑,这在当前的学术界基本上已经达成共识。"二里头遗址一期已发现有大型建筑基址的线索,就是说在这个时期夏朝王都在这里已经开始兴建起来。到了二里头文化四期,三期的二号宫殿这时仍在继续沿用,而且还发现一些该期新的宫殿基址的线索;四区和六区的铸铜和制骨手工业作坊这时也仍在继续生产;四期墓葬所反映的葬俗,与前期的基本相同"。"总之,二里头遗址四期既有王宫,又有手工业作坊,又有与以往相同的王室贵族的墓葬,还有相当多的人们生活在这里,显而易见,二里头遗址一至四期文化时期,都应是夏王朝的都邑所在地。""王都的出现是国家政权形成的主要标志,二里头遗址是我国迄今所发现的最早的王都的遗址。二里头遗址的发现,表明我国古代社会,至迟在二里头时期的中原地区,已经进入文明历史的

---

①　白寿彝主编:《中国通史》第 2 卷,第 330 页,上海人民出版社 1994 年版。

新时期。"①

二里头文化玉器,有璧、琮、璋等。偃师的二里头遗址,有的大型房子墓址周围发现好多人骨架,没有固定葬式,有的经过捆缚,有的身首分离,不少同牲畜同埋。据研究,他们都是用于祭祀的人牲,而且出现了卜骨。说明当时已有宗教礼仪。

在山西夏县东下冯村,也发掘了一处"东下冯类型"文化遗址,该类型的文化主要分布于黄河以北山西省的西南部,与主要分布于黄河以南的二里头文化相邻近,时代基本相同,文化面貌也有颇多相似之处。这里在文献上曾被称为"夏墟"。因此"东下冯类型"文化的发现,进一步扩大了人们探索夏文化的视野。

20 世纪 80 年代中期,在河南舞阳贾湖的裴李岗文化墓葬出土的龟甲等上面,发现了若干刻画符号,有很像殷墟甲骨文"目"字、"户"字的,其年代范围为公元前 6600 年至公元前 6200 年。在中原龙山文化、二里头文化的陶器上,也发现了不少符号。河南登封王城岗两处龙山文化晚期灰坑中出土的陶片,刻有异常复杂的符号,很像是文字。② 山西襄汾陶寺类型晚期居址中出土的一件陶扁壶,有毛笔朱书的一个"字"和其他的两个符号,③可能是文字的雏形。

总之,河洛地区的考古发现,从铜器的使用,都城的出现,贫富的分化,文字符号的产生,礼制的形成等诸多方面,为研究中国古代文明的起源提供了丰富的资料和坚实的证据。说明生活在这一地区的华夏先民率先迈进了文明的门槛。

前些年,河洛地区的新密新寨与古城寨,登封王城岗与陶寺遗址成为中国文明探源预研究工程的重要遗址。在当前实施的中国文明探源工程中,河洛地区也正在发挥着不可或缺的作用。

刘庆柱先生说:"从探索中国古代文明形成源头来说,夏文化直接渊源于河南地区的河南龙山文化。""河洛地区是河南龙山文化的重要分布区,就这点而言,河洛地区可以说是夏文化、华夏文化的发源地及其形成发展的核心地区,也

---

① 郑杰祥:《新石器时代与夏代文明》,第 445～446 页,江苏教育出版社 2005 年版。
② 李先登:《王城岗遗址出土的铜器残片及其它》,《文物》1984 年第 11 期。
③ 《中国文明起源座谈会纪要》,《考古》1989 年第 12 期。

可以说是以后汉文化、中华民族文化的发源地。"①

　　历史事实表明，原始社会末期，生活在河洛地区的华夏部族率先摆脱了野蛮和蒙昧，建立了早期国家，迈进了文明社会的门槛，后来又在这里建立了统一的夏王朝。从古史传说和考古发现来看，河洛地区在中国古代文明起源中具有特殊的重要地位，起到了无可替代的作用。

（作者单位：河南省社会科学院）

---

① 刘庆柱：《河洛文化是中华民族的核心文化》，《光明日报》2004 年 8 月 31 日。

中岳苍苍　黄河泱泱　河洛文化源远流长

（台湾）杨祥麟

易经乃河洛文化之精华

《易经》为我国古文化中最早的珍贵文献,是河洛文化之精髓,它的哲学理念对众多文化科学领域和世界文化科技之发展产生了深远的影响和推动作用。《易经》的太极八卦哲理不仅渗透于天文学、数学、医学、化学、生物学、物理学等诸多学科中,而且对人生修养的目标,提出了很高价值的理念。鬼谷子学源于《易经》并把《易经》之哲理运用于事物的发展变化之中,他以数学、兵学、游说、出世四门课目传授门徒,其学说对当时的政治、军事、外交、经济等方面有重大影响,至今在中外学术、科技界仍有一定的影响。本文以《易经》和鬼谷子学说为楔子,简要阐述河洛文化不仅是我国古老的历史文化,并且仍对现代的科学技术、军事、经济等方面继续产生着很大的影响和推动力。

面临国际强权阴谋,无所不用其极,分化挑拨民族情感,使数典忘祖者疯狂,为台独叫嚣,群魔乱舞,脱轨脱俗,正邪莫辨,乌烟瘴气,无以复加,为之痛心疾首。因此,我们应以弘扬中原文化,扬奇正道术,为国福民利,痛击邪恶,而伸张民族正气。

弘扬优秀道统

中华文化之核心在道统,统取一切,孙中山先生继承历圣相传之道统思想并发扬光大。就内容看,中华道统是一种道德哲学。唐韩愈作《原道》以"仁义道德"诠释道统,曰:"夫先王之教何也? 博爱之谓仁,行而宜之之谓义,由是而之焉之谓道,足乎已无待于外之谓德。尧以是传之舜,舜以是传之禹,禹以是传之汤,汤以是传至文武周公,文武周公以是传至孔子……"因而产生王道政治的教化。

是一种政治哲学。《礼运·大同篇》中"大道之行也,天下为公",描绘的是中国政治哲学的"理想国"。《大学》一书指出,道统之"道",其目的"在明明德,在亲民,在止於至善",并指出"道"的实践步骤"物格而后致知,致知而后意诚,意诚而后心正,心正而后身修,身修而后家齐,家齐而后国治,国治而后天下平。自天子以至於庶人,壹是皆以修身为本"。

是一种思辨哲学。在中国思想史上,提倡"中庸"为道统之实者为朱熹,其在《中庸·章句序》中曰:"自上古圣神,继天立极,而道统之传,有自来矣……允执厥中者,尧之所以传舜也,人心惟危,道心惟微,惟精惟一,允执厥中者。舜之所以授禹也……自是以后,圣贤相传。""信执其中,无过与不及",则对于"天人"、"心物"将不会有所偏颇。

是一种养民哲学。中华文化道统注重民生乐利,《书经·大禹谟》曰:"德惟善政,政在养民。""正德、利用","厚生惟和",此乃尧舜相传之道,孔子亦以"为政之急者,莫大於使民富且寿,而富且寿之道,则均无贫,和无寡,安无倾车"。子贡问道:"如何博施于民而能济众,如何可谓仁乎?子曰:先舜其犹病诸。"此乃强调先圣王皆以民生乐利为高目标,并竭尽心力去求实现。

鬼谷子学说源于《易经》

中国数千年历史中,常有以寡击众,以弱击强,以智慧胜暴力,以少数人才平定天下大乱的事例和经验。可惜这些经验和学问,却未能有系统地流传与发扬光大,这是由于自汉朝以后,崇儒而黜百家,一般人们多偏重研究常学应付考试,谋取官职,而忽略研究"非常之学"的缘故。

中国春秋时代的纵横家鬼谷子,是中国奇谋妙算学的鼻祖,他的学术,具有极高的实用价值。他的学术,集军事战、心理战、谋略战、总体战、外交战、经济战、科学战、政治战、奇异战等之大成,精深博厚,攻守兼备,近代中外一切奇谋奇计,还很少有超过鬼谷子学术的范围,实为我国文化重要宝藏之一。只要我们能够用时代精神去研究它、体会它、发扬它,当可广泛用于今天的政治、外交、经济、心理、智慧、商业等各方面。

《鬼谷子》一书，乃是根据易学，用数理构出天人变化的图案，成为一个极完整的斗智的系统。在这个系统中，一方面从原理上说明宇宙演化的基本形式，乃是由太极、阴阳、八卦，再重重衍生而为万物；一方面从功用上说明自然和人事间的交互影响，这影响便决定了历史的治乱、王朝的兴替。它的"内圣外王之道"，也是一个天人的关系，也是奠基于它的象数之学。

鬼谷子学术的根源在《易经》。《易经》是综合研究天道、地道、人道的古籍，说明宇宙万物变化诸现象，研究推知一切成败得失、兴亡治乱的情况，指示我们趋吉避凶的途径。鬼谷子的学术亦是渊源于《易经》，根据《洛书》而演变，并配合黄鹤老人（民国人，隐于河南云梦山，纵横学派第八十一代宗师）的学问，从阴阳相对、相生、相削、相化的关系中，研究一切事物发生、发展、发能、发效的法则，和计算一切演变过程中的实数、实量、实象、实势，力求把《易经》的原理加以有效地致用。

中国举凡百家诸流，如兵家的奇正，名家的异同，纵横家的捭阖，道家的穷变化，儒家的致中和，乃至阴阳家的三飘五行，无一不是根据《易经》来的，就是中国的医学，也是渊源于《易经》。我们可以这样说：《易经》是中国学术的根本，它是从天道、地道推论到人道，研究其中根本原理、主要现象及其数量变化的，由此可知其重要性了。其实《易经》是一部"精微广博"的哲理，是说明宇宙万物的变化诸现象、研究推知一切成败、兴亡、治乱得失的哲理，从而指示我们处世为人的正道。鬼谷子思想渊源于《易经》，它分析国家治乱、兴亡、成败、利弊等等道理，可作为我们今后兴国建国大业的规范。进而再求"以自利，利天下"，达成"万邦咸宁"、"天下为公"、"世界大同"之目的。

中国古代学术影响于近世科学

由于最近学术的发展，17世纪德国大数学家莱布尼兹的"二元式算术"，不只是历史上的奇迹，且如万罗尔（Wiener）在其重要著作（Cybemetics《自动调节的研究》）上所指出，是现代大计算机（Great Computing Machines）最适用的体系，应用于快速的电子计算电路上，是1932年威廉（Wynn-Williams）最先做成的，因此，莱布尼兹不但发展"二元式算术"且是近代数学的理则学的创始人，又是建造计算机的先锋。他的数学理想，自应归功于中国的影响力。

近如近代科学家在他们面对知识的深邃奥秘之余,返回古老的哲学去寻求他的启示,其例也不胜枚举。海森堡(Heisendrg)年逾古稀,竟回来说他从中古圣多玛斯的哲学发现了启迪他灵感的火花,就是其例。

英国著名学者李约瑟(Joseph Needham)在他所著《中国科学技术史》中便曾一再用近代科学的成果去把握中国的旧有科技,甚至于科学思想。他认为道家的"道"相当于机械论宇宙观中的自然秩序的基本原理。这样的见解可以说是两千年来第一人(河南人冯友兰说是生之总原理,与此有别),若不是因为李约瑟是一个接受过现代严格科学,对中西科学史有深刻了解的人,便说不出这种惊心动魄的话来。他因此认为道家思想在科学思想上有很高的成就。我们中国人听起来真会高兴得跳起来。

正似《易经》中的"次序体系",早已预示了"二元式算术"一样,而且没有人可以否认别人用科学的理论去探求它的意境的努力。用新的知识、方法或眼光去探索古老的事物,希望从这些荒远的典籍中,谋求新的灵感,好激荡我们的胸襟,开启我们智慧的深度,这原是每一位追求知识的人所应有的体验。

近年来,时常听到"光明来自东方"的呼声。在这一呼声背后,反映着西方的哲学思想、精神、文化都已发展到"穷则变"的阶段,而希望从另一个世界中产出新生的力量。中国哲人固不可仅因生于东方,便有骄傲的幻觉,但是却应该当仁不让,坚定地有此信念,勇毅地尽此天责。我们要在这五千年智慧的灯塔上,点燃起举世期待的光明。

中国人民文学是第一流的,中国思想不但能与人一争长短,且正可用来矫正西方思想的缺点,造成未来的大同世界呢!孙中山先生曾指出:"自从满清入关以后,不但我们的道德睡了觉,连知识也睡了觉。"所以,主张"恢复国粹"与"迎头赶上欧美科学"应齐头并进,"只要从古人而不为古人所役,则载籍皆似为我所用"。

两仪与能

两仪与能,"宇宙"是"能"的物体——有看不见的物质在前,嗣后始有万物——看得见的物质产生于后。没有宇宙即无万物,没有能,连分子、原子、电子、光子等东西都不会有。万物均以"能"为基础;同时所谓"事理",如物理、生理、心理、医理等亦都不是凭空而生,都有"肇始"的渊源可以作为解释的根据——能。所以如我们要谈物理(物理——为一切事理之本),就该先谈宇宙,要谈宇宙必须以看不见的物质——能为宇宙的中心——物质的"肇始因素"。

能分子即可以说就是阴阳两仪之学。不过古人是凭天地、日月、星象、季节、气候之间的变化,而做出一种推算上的凭借,成为一种构想神奇的基本学说。唯对研究、了解均感不易,因此借阴阳、八卦以推断事理的学说。由于太极阴阳两仪八卦之学,近似猜想捉摸之说,且是一种不具形体的学问,因而科学家弃之不顾,不谈阴阳、不论太极、不信无根据之谈,而要从分子、原子、电子等各方面做学问。可是到了基本粒子之后,前途即为之断绝,去无进路。但研究学术的工作未完,然而去无进路,怎么办呢? 难道就此为止吗? 那么对追踪一切学理的来源——基础问题,难道也就此作罢不成? 不能作罢,应从看不见的物质能分子学理,即阴阳太极之学做起。它为科学家另辟途径。去有进路,且耳目为之一清。明白一切现象物,都是本"看不见的物质"——能——能分子发展而来的。"太极"就是一种"物质"——无现象而为"能"——能分子,同时亦可以说是物极之"极"的学说。"太极"既为一种物质,万物自当以"能"和"本"。能分子实为一切学理的基础;同时无能分子即无基本粒子——中子、质子、电子、原子、分子等东西。诚然,则请问,哪有现象? 哪有现象物? 又哪有"科学"? 所以仅有科学,实无法解释有关事物上的一切基本原理。科学是解决现象物应用上的技术问题,而不是解释学术上基本学理的问题。

科学之源起于哲学,"科学"是技术问题,而不是学理问题。科学既然起于哲学,而其终极之点,当然仍是哲学。哲学为学理之始,而其终点亦为哲学。科学成为中间的一段,而为学理发挥的技术。不过此一学理的问题,虽在科学上占有极为重要的地位,唯如无哲学上的根据为其基础,则一切学问即无从产生。所以讲学问固须重视科学,但如不重视哲学,科学将无所作为。科学是有现象可以形容的问题,而可名之为"看得见的学问"。哲学是无现象可以形容的问题,而可名之为"看不见的学问"。治人生、物理、化学等须重视哲学,而治病则更须重视哲学,"哲学"是科学的本源之学,同时亦是科学的极点之学。

二元数学源自易经

17 世纪德国大数学家莱布尼兹自谓其所发明之二元数学理论出自中国古

代之《易经》,于是欧美哲学家、科学家皆受其影响,纷纷对《易经》产生研究兴趣。

他发明"二元式算术"(Binary arithic),在 1702 年首先发表论文。原来,他早和一位在中国传道且对《易经》有特别兴趣的教士包非特(FrJoachin Bouvet)认识,由 1697 年至 1702 年间,彼此常常通信,搜集并讨论有关中国文化的古籍,因而发现《易经》的"六十四卦",若以数为代表,也可以照"二元式"排列,结果和"二元式算术"的原理吻合("二元式算术"和"六十四卦"照"二元式"排列法,因有点专门性,且说明繁多,故从略)。1698 年,包氏介绍《易经》给莱氏,至 1701 年 4 月,莱氏将他的"二元式"数字表送给包氏,同年 11 月,一同承认"易经六十四卦"和"二元式算术"的同一性(Identity)。韦赫蒙(H. Wilhelm)写文评论此事,说:两位思想家,隔着六世纪半的时间(译者按:似是由朱子时代起算至莱氏时代止),住在世界的两端,开始自不同的根据,竟能得到同样的"次序方案",实在是可惊异(astonishing)的事。这样的巧合当不是偶然的,两方面的体系一定是站在同样的"自然"基础上。

《易经》是河洛文化中最古老的哲学经典,《易经》中最基本的符号阴(——),阳(—),是二进位数数学的基础,《易经》中的"太极生两仪,两仪生四象,四象生八卦"含有二的累乘方的数学模式。《易经》这些基本数理,为近代数学和电脑提供了原始依据,并渗透于天文学、物理、化学、医学、生物学等诸多领域,发挥了重大作用。所以一些西方科学家把《易经》誉为"世界科学之祖"。

17 世纪著名数学家莱布尼兹从《易经》八卦中受到启发,发明了二元数学论,是历史上伟大的业绩,并成为电子电脑语言的理论基础。19 世纪中国学者刘子华,运用《易经》的哲学思想和八卦组合原理,撰写了一篇论文《八卦宇宙论与现代天文———一颗新星预测》,宣布太阳系存在着的第十颗行星的发现。1981 年美国天文科学家弗德恩博士作了和中国学者刘子华同样的预言。此外,人类第一次向太空联络,采用的符号就是《易经》中的九宫八卦图。以上具体事例说明,《易经》对推动现代科学有重大的作用。

二进数为西欧莱布尼兹所发明,但他看见教士进德寄给他的邵康节的六十四卦演图后,却深深赞叹伏羲五千年前作的八卦,与他发明的二进算术完全一致。我国似未曾用过二进数,但而今被国际公认为电脑鼻祖的中国式算盘,不惟尚可与电脑机一较快数,且其所用数系,即为与二进制相通的十六进制。这也是电脑操作时常用数制,可谓河洛文化代代发光发热,诚乃先贤之遗德。

先贤德泽万古流芳

历来文化有五千余年。中国为世界四大文明古国之一,2003 年 4 月 19 日《中国时报》载:河南省舞阳县贾湖地区考古发现八千多年前甲骨文,尚超越世界历史文化几千年,更可认定河洛文化是中国最古老的文化,《易经》道家鬼谷子学说是河洛文化的精髓。子曰:"圣人立象以尽意。"庄子说:"无形者,数之所不能分也,不可者,数之所不能穷也。"海森堡的不定原则,正显示了这个意义。明末大儒王船山说:"太上先时,其次随时,其次后时,最下逆时。"昔年康有为诗曰:"六鳌摇动海山倾,谁入沧溟斩巨鲸?括地无书思补著,倚天有剑欲长征。抗章北阙知无用,纳履南山恐不成。我欲青溪寻鬼谷,不论礼乐但谈兵。"1957年诺贝尔物理奖获得者李政道博士致词:提出新量子力学、物理立论,似太极阴阳老子学说。曾任世界华人物理学会主席杨炳麟及吴海生、翟安迪、郭真智四位博士均曾参与学术性会议,亦有卓见之贡献。河洛古代学术,《易经》、《洛书》,精微广博之哲理,影响于近世科学而使高科技之种种发展,而有空前惊人之创举,是划时代的世界文明之进步;而今现代人不会利用电脑,就是文盲,乃可想而知矣。所以国强民富,就要科技日新月异,创新突破,迎头赶上,使社会更进步,民生更乐利。

(作者为台湾河南运台古物监护委员会副会长)

河洛文化的发展与中原文化的扩张

（台湾）庞靖宇

一、前言

本人应邀参加第五届河洛文化国际研讨会,非常荣幸,也非常高兴,这是十分有意义的活动。所谓河洛文化,正如本次邀请函所说:河洛文化是古代产生于中国以洛阳为中心的中原地区的一种地域文化。"河"是指黄河,"洛"是指洛河,两水交流于河南省的巩县（现改为巩义市）。河洛地区,即指以洛阳和嵩山周围为中心、与今河南省中西部地区大体相当的地区,作为一种历史区域性文化,河洛文化的产生与形成,是一个漫长的历史过程。河洛文化是中华先民以及后人在河洛地区创造的以农耕为中心的政治、经济、生活、习俗以及由此产生的信仰、礼仪等文化,它既包括物质方面的条件,也包括精神层面的内容。河洛文化是中国传统文化的重要源头和主流,对中国社会历史发展,产生重大的影响。

中原文化是河洛文化发展的扩张,二者密不可分。古老的中国,号称九州,河南为豫州,居九州之腹地,为"天下之中",故又称中州,亦即中原。中原的概念,有狭义与广义之分,狭义的中原系指今河南一带,广义的中原系指黄河中下游地区（应包括陕西、山西、河北、山东）,或整个黄河流域。也有人认为禹定九州,九州即中原。中原地区是中华民族发祥地,中原文化是中华民族文化的主体,根深叶茂,源远流长。中原文化的精神,永传不懈,内容丰富多彩,取之不尽,用之不竭。具有强大的生命力,历久不衰。在这个地区,产生了诸多伟人,如孔、孟、老、庄等哲学家,影响中国社会极其深远。

二、河洛文化的内涵

河洛地区是"河图洛书"的发祥地,也是周易八卦的故乡。"河图洛书"曾被南宋朱熹列在"易经"的卷首,从此家喻户晓,流传甚广。"河图洛书"是人类文明的瑰宝,著名数学家华罗庚教授曾从数学角度说,"河图洛书"可能作为我们地球文明和另一个星球交流的媒介。从这个观点来说,更可以看出"河图洛书"在人类文明史中的价值。

我国第一部断代史《汉书》是后汉班固在河南撰写的,第一部编年通史《资治通鉴》是宋司马光在河南完成的,我国第一台地震仪是在河南问世的。佛教传入中国后,所营建的第一座寺院是洛阳的白马寺。距今 900 多年前,宋代程颐、程颢兄弟在洛阳讲学称为"洛学",朱熹撰写的理学渊源书名就称为《伊洛渊源录》。小篆的创始人李斯,《盐铁论》的作者恒宽,《说文解字》的作者许慎,《搜神记》的作者干宝,《神灭论》的作者范缜,《天中记》的作者陈耀文等都是中原人士。孔子的晒书台、子路问津处亦都在河南。此种思想学说自南宋后期开始,经元、明、清一直成为中国统治阶级的思想,所有这些丰富和充实的学说和思想,也都成为中华文化的宝库,对中国社会产生极大的影响。

河洛文化在这个地区,也孕育出不少的人才,除孔孟出生在广义的中原山东外,李耳、庄周、伊尹、周公、苏秦、李斯、吕不韦、班固、蔡伦、许慎、张衡、蔡邕、孔融、曹植、阮籍、嵇康、左思、玄奘、杜甫、韩愈、司马光、程颐、程颢等等,数不胜数,有思想家、科学家、文学家、史学家、经学家、教育家等,可以说,奇才辈出,群星灿烂,对推动社会进步和人类文明做出了卓越伟大的贡献。

三、中原文化的发展与扩张

黄河流域是中华民族的摇篮,也是中原文化的发源地,所以在早期产生于黄河流域的河洛文化,无疑是中国最古老的文化,或者可称之中原文化,是中国的核心文化。也是历史上长期以中国政治、经济、文化为中心的主体文化,甚至影响到世界文化在各期的发展与繁盛。

(一)夏、商、周三代是中原文化奠基时期

文字的产生,使文化传播与继承有了强有力的武器,故天文历法、礼乐制度以及其他种种意识形态,逐渐被记录下来。文化的兴起,促进农、工、商业的发展和政权的完整化,社会秩序也得以安定。禹、汤、文、武、周公都是中原文化的奠基人,或倡导者,故能得到孔子的高度赞颂与仰慕,使中原文化能永续长存。

(二)春秋战国到秦汉的统一,是中原文化第一个繁盛时期

中原文化由炎帝、黄帝历经尧、舜、禹、汤、文、武到周公制礼作乐,奠定中原文化道统,这个时期是中原文化发展的枢轴时代,"百家争鸣"、"和而不同"的文化特质,在此时期大放异彩。

(三)中原文化充实时期

史学家钱穆先生曾论述说:"儒家、道家,乃中国文化史里两大主流,儒家宗孔孟,道家宗老庄。《论语》《孟子》《老子》《庄子》四部书两千年来,为中国知识阶级人人所必读。"这四位圣哲的著作,影响中国社会至深且巨。

孔子曾经"删诗书、定礼乐、赞周易",这不算他的著作,只是爱好研究,真正的著述是《春秋》和《论语》两部书。尤其《论语》已成为中原文化经典之作。孔子一生最大的抱负,是实现他个人的政治理想,解救人类的痛苦,中国几千年的文化,都受到他的影响。孔子"有教无类"的态度,和"诲人不倦"的精神,更铸成他在中国历史上不朽的地位,被尊为"至圣先师,万世师表",也是中国历史上最伟大的哲学家、史学家和教育家。

孟子使儒学大放异彩,被尊称为"亚圣",他死后,弟子们把他生前的言行,记录整理编成一部约有三万五千字的书,取名为《孟子》。主张"人性本善"。因这部书的说理透彻,文笔犀利,能深入浅出,大家公认这是我国历史上最优秀的著作。孟子的教育方法,是注重自动自发的精神,他认为不论求学与做事,一定要有始有终,专心一致。他是中原文化所产生的大思想家、哲学家,他并认为如果人人都发挥善的本能,去爱别人,世界上就没有纷争,每一个人都可以过着和平幸福的生活。他和孔子都有大同思想,影响中华文化至深且巨。

老子主张"抛弃心机智巧","清静无为",历代帝王却将他的学说作为治国方针。他反对"建功立业",但兵家却视他的言论为圭臬。事实上我们在日常生活中,用到他的成语甚多,如"柔能克刚"、"大巧若拙"、"天网恢恢"、"无为而治"、"自知之明"、"功成身退"、"顺其自然"、"天长地久"等,还有"长短"、"有无"、"难易"、"高下"、"虚实"、"强弱"、"得失"、"进退"、"祸福"、"生死"、"昼

夜"、"是非"等等,这都是老子独到的目光观察那个纷乱的社会,探索人世事理所发展出来的智慧名言,无形中影响社会人心深远。《老子》将成为未来大同世界家喻户晓的一部书,也足以证明老子的思想文化博大精深,不但影响到中国,也影响到世界。

庄子生长在战国时代,那是一个"强凌弱、众暴寡",离乱痛苦的时代,他察觉到人的根本问题,在于人的"不自由"。因为人有依赖,如依赖物质、情感、知识、艺术、上帝等而生活,这些依赖,便使人人陷入不自由的环境,要想实现自由,便需先去掉依赖之心,这充分表现庄周的自由思想。所著的《庄子》一书,在中原文化上同样占有重要的地位。

孔子、孟子、老子、庄子等是这个时期伟大的思想家、哲学家、史学家、教育家,并能结合儒、墨、道、名、法、阴阳、农、纵横、杂家、小说等十家,使中原文化融会成了一条浩瀚壮阔的长河,源远流长。

(四)魏晋南北朝到隋唐的统一,是中原文化第二个繁盛时期

魏晋南北朝是中原文化史上重大的转变期,主要原因在于政治的长期混乱,导致社会严重失序,传统文化价值权威崩解,人民生活颠沛流离,人心欠安失所,个体生存意义及价值尊严成为迫切追寻与思考的主题。加诸权力分散,减弱政治对学术的干预,遂使学术思想自由获得充分的发展。因社会的大变动、大分裂,遂导致新思想脱颖而出。再经魏晋南北朝长达四百年动荡不安,新学说、新观念乘机而起,如玄学、道教的崛起,佛教的传入,胡汉文化的融合,隋唐文化的发展等等,呈现文化的多元化,中原文化在不断的分化中再度蜕变融合。

(五)辽、金、西夏与宋代文化的融合,是中原文化第三个繁盛时期

中原文化发展至唐末、五代十国及至北宋、南宋时再度面临草原游牧民族文化的大规模冲击,包括契丹、党项、羌、女真、西夏等,对中原文化与中华民族的发展,犹如"黄金越经火炼越光华,苍松益受雪冻益青翠",如市井文化兴起,理学与史学的建构,科技成熟等文化融合,更呈现出欣欣向荣的景象。

(六)元、明、清文化融合与对外交流是中原文化第四个繁盛时期

在这个时期,蒙古元朝与满洲清朝入主中原,15、16 世纪西方文化启蒙,文艺复兴运动,导致人文主义思想与资产阶级产生,随之而来的是 17、18 世纪的工业革命,机器取代人力,西方世界逐步迈向现代化,生产技术突飞猛进,经济资源

日益雄厚,遂向海外世界各地强烈推行殖民政策。因此在元、明、清三代,中原文化之能融合与对外交流,深具意义,中原文化仍占重要地位。

(七)中国革命与中原文化之发展,在这个阶段产生了巨大的变化,是中原文化发展的第五个阶段

由于孙中山先生高瞻远瞩,为救亡图存,振兴中华,遂发起革命,推翻满清,建立民国,继承中原文化道统,并融合西方文化精髓,创立孙文学说。明白指出其思想渊源以欧美之民主为模范,同时仍以中国数千年固有文化而融贯之,发扬固有文化且吸收世界之文化而光大之。以期与诸民族文化并存于世界,并特强调中国之道统由黄帝、尧、舜、禹、汤、文、武、周公,至孔子集大成,在历经秦、汉、隋、唐、宋、元、明、清而由孙中山先生再度集大成为中国思想文化之基础。虽然包括欧美的民主政治、社会主义及工业革命,但仍以孙文学说、三民主义、建国大纲、建国方略、实业计划等为建设中国之基本。在此同时,在国内民主思潮发展下,孕育出共产主义思想,几经演变、冲击与壮大,形成国民党与共产党,在国内同一块土地上明争暗斗,各自发展,建立政权,实行不同的主义与制度,其中因对内统一,对外抗敌,数度合作,数度拆伙。目前海峡两岸在大陆地区实施改革开放,早将社会主义改变为适合中国实况的中国特色社会主义,在经济制度上已多采行市场经济,推行各种建设,多与孙中山先生的建设构想不谋而合。在台湾,目前虽然各种思想在争论,个别人叫喊"去中国化",但却不会影响到中原文化的发展与存在,民众亦不希望中原文化因此而断层。

四、结论

自古以来,有人类就有文化,有文化就有历史,文化能融合民族情感,团结民族力量。从社会学的观点来看,文化系根源于人类生活的需要,包括生理与心理两方面,因之文化即人生,有其传统性、延续性、分歧性与扩张性。再经融合,展现新猷,因而人类必须不断地调整其生活方式,完成其生命的历程。

文化在中国人的观念中,它是文治教化,是德行,是智慧,也是通天绝地的总称。中华民族生于中国本土,而产生"河洛文化"的这个地区,由于先民不断地奋斗与发展,逐渐形成各部族,后世称为夏族或华族,合称为华夏民族,定居在中国中原地带,代代相传,以迄于今"天下一家",是中原人的独特观念,受孔、孟、

老、庄的儒家和道家哲学思想的影响,使中原民族文化一直为主轴不断扩张与延续,从而形成中华民族文化的博大精深,源远流长。

中原文化是中华民族的灵魂,更是中国历史的轴心。全世界的炎黄子孙无不奉为圭臬。历史上有四大文明古国,即埃及、印度、巴比伦与中国,前三个国家已经饱受摧残践踏,有些文化已毁灭或中断,而中华文化始终屹立不摇,眼看21世纪已成为中国人的世纪,归根究底,赫然发现,一切均导源于中原文化的固守、发扬、推展、爆发,有以致之。

尽管科技发达,时代进步,各种思潮、主义、风气,标新立异,争奇斗艳,比之厚实、高远、开阔、庄穆、谦和的中原文化,焉能望其项背。既是炎黄子孙,中原文化自然而然就成为其中之意识形态与思想理路,妄想"去中国化",不啻是空中楼阁。无法去掉心中的中原文化,焉能达到"去中国化"乎!

天下大势,合久必分,分久必合,全是靠文化力量,河洛文化即是中原文化,也是中华文化,根深叶茂,永续发展。只会融会边疆民族文化,少数民族文化及外来民族文化,但不会为外来民族文化所侵蚀,终能形成统一的、伟大的中华民族文化,传播于亚洲,影响到世界。

（作者为台湾中原读书会会长）

河洛早期都邑文化与洛都文化情结

陈遵沂

河洛文化,是一个文化地理范畴。它指的是中华文明中黄河中下游一带的文化,或中原地区的文化,它体现黄河文明的轨迹。河洛文化的聚集、融合、积淀,有着鲜明的特色。本文探求河洛文化的源头如何与商代都邑文化相关联,洛邑在奠定河洛文化的基础方面起何作用以及与之相关的洛都文化情结问题。

一、商代早期都邑文化与河洛文化萌芽

《易·系辞上》说,"河出图,洛出书,圣人则之"。它实际上记载的是《周易》和《洪范》二书来源于黄河、洛水一带。伏羲在河、洛一带画"八卦"图(《周易》的来源),而《洪范》一书也产生于河、洛一带。其象征意义表明,河洛文化有着悠久的历史。

追溯源头,可以说,河洛文化的产生直接与商代都邑文化有关。

商的起源在今河南境内,都城在河洛区域。商的始祖契,其子昭明生相土;相土南迁至相地(即安阳),才立国号为商。《诗颂》曰:"相土烈烈,海外有截。"相地乃相繇所居地,相繇死后,为夏朝域内之地。因相地有帝相之社,故契的孙子在此地建都,并自称为相土了。商的始祖契以燕子为图腾,故商王以玄鸟子为姓。契之孙相土迁相地(安阳)后,以商为国号,但总附以鸟图腾的标志。

在商代,诸商王不断南迁,传到成汤时,已南渡黄河,定都于亳,又陆续分迁于北亳、西亳、南亳。孔颖达曰:三亳,三处之地名为亳,蒙为北亳,谷熟为南亳,偃师为西亳。北亳在山东曹县,汤所兴建。西亳在今河南偃师,汤所迁。南亳谷

熟在今河南商丘东南郊。三处亳都,都是商汤时代在河洛地区所建的,它象征着河洛文化在商代初期的孕育。

考古发现的位于偃师县城西的商代的城址,北依邙山,南临洛河。城周围有夯筑土城墙,在发现的三面城墙中找到七座城门。城内的四处大型建筑基址,应是当时的宫殿区。这样规模宏大的城址表明,作为河洛文化的孕育之地,偃师作为西亳是当之无愧的。孙淼研究认为,汤在灭夏不久,就在夏的中心地区大兴土木,建筑城垣,修宫室,建立自己的统治中心,以防范和控制夏人。董仲舒《春秋繁露》卷七《三代改制质文》谓"作宫邑于下洛之阳",这正与偃师西亳相合。但汤在西亳为期很短。

郑州商城遗址,有范围很大的宫殿遗址区。从中发掘出大量商代青铜器、陶器、极薄的金箔片等,表明当时文明程度之高。还发掘有玉器、卜骨、卜甲,其中有两片刻字骨,刻着"土"、"羊"、"乙"、"贞"、"从"、"受"、"十"、"月"等字。邹衡认为,郑州商城即汤居之亳都。郑州商城的文化堆积层很厚,从成汤到仲丁,共历五世十王。何光岳认为,汤未都郑州商城,而是伊尹摄政时所居,以后太甲、沃丁、太庚、小甲、雍已、太戊诸王均居郑州商城。到仲丁时才迁出郑州商城。无疑,郑州商城对河洛文化的孕育也做出了重大贡献。

商朝到了盘庚时,又一次迁都,这就是盘庚迁殷。殷在今河南安阳市属的小屯村。盘庚迁殷的原因,据《帝王世纪》云:"自祖辛以来,民皆奢侈,故盘庚迁于殷。"除了要煞一煞奢侈之风外,盘庚迁殷的另一个原因便是避河水之患。盘庚迁殷以后,殷商王朝的农业进入精耕农业阶段。

此后,殷王朝一直以殷(殷亳)为都。盘庚之后的小辛,在位 21 年,国力日衰。而后有小乙,在位 28 年。小乙崩,子武丁立。武丁励精图治,启用出身微贱的傅说等贤人,使国政大治,国势转盛,商朝进入鼎盛时期。在国力充实的情势下,武丁大举讨伐荆楚及鬼方。武丁所伐的荆楚,在今河南灵宝县西南 17.5 公里的荆山,又名覆釜山,附近乃豫西山区。武丁伐楚,解除了黄河南岸西边对殷商的威胁。武丁征伐鬼方,从而解除了黄河北岸殷商的西边对殷商的威胁。武丁还征伐羌方、蜀方、北方、土方、苦方、人方、虎方等,从而增强了作为河洛文化源头的商文化的辐射力。

总之,河洛文化及其都邑文化是在商文化内部萌芽起来的。

二、周公兴建洛邑：河洛文化的奠基

周灭商以后兴建洛邑，其客观效果是保存商代优秀文化，促使河洛文化由萌芽走向奠基。

兴建洛邑，是周人在克商之后的事。据《逸周书·度邑》记载，武王克商之后，为便于统治东方地区，就已考虑在洛邑兴建新都了。周武王曾对周公谈了自己的想法。只是由于周室新建，政权尚不稳固，才未将设想付之实施。武王死后，周公以冢宰身份总领百官，总揽大权。《逸周书·皇门》记曰，成王元年正月庚午，周公诰诸侯于皇门，立成王。成王年幼，周公摄政。此时，周公的母弟管、蔡勾结武庚，欲作乱。周公从周朝新得天下的大局出发，"降辟三叔"。之后周公更加"勤劳王家"，注重于安定封国。这样，周朝的江山才得以巩固。同时，周公迁殷遗民，营成周。《伪孔传》曰："以众殷之民治都邑之位于洛水北。"这是洛阳建城的发端。成王七年，召公、周公先后到洛邑；继而成王至洛邑，举行殷见诸侯之礼。《周礼·大宗伯》郑注曰："六服尽朝，朝礼既毕，王迹为坛，合诸侯以命政。"据《洛诰》记载，此时，"四方民大和会，侯甸男邦，采卫百工，播民和见"。这些，都记载了周成王七年时，洛邑（成周）盛会诸侯的情况。从此，洛邑便成为周朝重要的政治中心之一。"周公居洛七年，复政退老，出入百岁矣。"（王充：《论衡·气寿》）。周王会见诸侯，常常在洛邑进行。这也与洛邑的地理位置有关。周公死后，周成王以周公次子继号周公，治理洛邑。周成王时的周朝已是中原统一的国家了，四方诸侯和各民族部落酋长都来周朝贡，周王为其共主。周成王大会天下诸侯于洛邑，在《逸周书·王会解》中得到记载："成周之会……方千里之外为比服，方千里之内为要服，三千里之内为荒服。"当时，稷慎（肃慎）、秽人（居于朝鲜北部）、良夷（东北）、扬州、解隃、发人（居于今辽宁辉发河）、青丘、周头、黑齿、白民、东越、欧人、姑于越、且欧、若人、海阳、白深、会稽、义渠、史林、北唐、渠叟、楼烦、卜卢、区阳、规矩、西申、戴仁、氐羌、巴人、方扬、蜀人、鸡方、卜人、夷、康民、州靡、都郭、奇干、高夷（高丽）、独鹿、孤竹、不令支、不屠河、山戎、般吾、屠州、禺氏（大月氏）、大夏、犬戎、数楚、匈奴、权扶、白州、禽人、路人、长沙、西复、蛮扬、仓吾等皆来洛邑朝贡。可见，西周时，洛邑文化是河洛文化的中心或象征，具有重大影响。

　　周公是洛邑文化、河洛文化的优秀开创者、奠基者。他创建洛邑,为稳固周朝统治立下了丰功伟绩,为华夏族文化的繁荣昌盛做出杰出贡献。他制订周礼,实施井田制度,完善国家机构组织,规定诸侯国与宗主国的隶属及朝贡关系。他对周代农、商、手工业的发展也做出了贡献,这从《诗经》的《天作》、《昊天有成命》、《我将》等称颂篇中可以看出。周公所制"礼"或称为礼制,是一个建构完备的制度与文化体系。这一体系涵摄着政治、法律、宗教、伦理和社会制度等多重内容。礼,有着定名分、序民人、别尊卑、明贵贱的社会功能。构成中华礼乐文明之主体的礼或礼制由周公集大成之后,为后世中国的思想文化、制度文化的发展奠定了牢固的基础,对汉民族和其他许多少数民族的心理素质的构成产生了重大影响。在洛邑形成的周礼,也深刻体现河洛文化对中华文化的发展所做的巨大贡献。

三、东汉至隋唐时期的洛都文化情结

　　刘秀建立的东汉,以洛阳为首都。洛都文化很好地继承河洛文化传统。东汉王朝建立伊始,刘秀便建太学,访硕儒。当时各地经师云集洛阳,凡立十四博士。光武帝每有大事,或决于图谶,或询之于博士。后来,明帝拜大儒桓荣为五更,尊以师礼。到了章帝建初年间,有白虎观会议,更加强化儒学文化的独尊地位,儒学更加经学化。崇儒,是东汉洛都文化的一大特色。东汉时,洛阳的太学生有3万余人。外来的佛教文化最早也是在洛都兴起的。相传为中国最早的佛寺即东汉明帝时所建的白马寺,就处于洛阳。而最早的汉译佛经即《四十二章经》也在洛阳问世。

　　但不过百年,当西凉军阀董卓强行从洛阳迁都长安并焚烧了洛阳宫庙及百姓人家之后,洛阳开始衰落下来了。

　　西晋结束三足鼎立政治局面之后,虽建都洛阳,但六十年后"八王之乱"又将洛阳推向战乱深渊。晋元帝时,首都南迁。北魏孝文帝于太和十七年(493年)巡视洛阳城时,这位皇帝置身于落寞荒芜的废都之中,感慨万千,吟咏了《黍离》一诗,并叹道:"晋德不修,早倾宗祀,荒毁至此,用伤朕怀。"孝文帝是有着洛都文化情结的帝王。他决定迁都洛阳。但由于洛阳故城实在残破不堪,北魏最终也只能放弃洛阳,另筑新城。洛阳虽然未能成为北魏的政治中心,但却是北魏

的文化中心。北魏时,洛阳全城佛寺多至 1 300 余所。从孝文帝太和十七年至孝武帝永熙三年(534 年),四十二年间,包括龙门石窟在内的佛教文化艺术珍品相继在洛阳产生。而且,北魏时期还有一批高僧来洛阳,他们著书立说,传授佛法。北魏宣武帝景明年间,随着甄琛、袁翻、常景、祖莹、郑道昭、刘芳等文人的成熟,洛阳文化开始出现复苏的迹象。由拓跋部贵族建立的北魏王朝善于从政治、经济、制度上学习汉制,进行改革,推进了社会的进步与发展。当时,河洛文化由于充分吸收拓跋民族的精神气质、文化因子,更显勃勃生机。

但是,到了魏孝武帝永熙三年,北魏分裂,以黄河为界分为东魏、西魏,洛阳城再度被毁,其文化同样遭遇劫难,河洛文化的都邑情结受到严重打击。

隋唐以降,随着中国文化新的局面的开创,也由于洛阳再没有机会成为国都,河洛文化的洛都文化情结渐渐淡化。当浩荡唐风呼啸于中华大地时,河洛文化传统,特别是它的礼义文化传统,也成为唐文化的一个有机组成部分了。

（作者单位:中共福建省委党校）

河洛文化与嵩阳书院

张立真

一般而言,河洛文化所分布的地区处于黄河流域,是中国古代文明的发祥地。诚如有关专家们所言,尽管传统的古代文明来源于多个区域,但在中国传统文化形成与发展的进程中,形成于黄河流域的中原文明无疑是十分重要的,颇有代表性,研究河洛文化自有其重大的历史和现实意义。

一、从嵩阳书院到近代学堂

在黄河流域一带积淀的河洛文化古老而厚重,嵩阳书院的出现以及历史演变集中反映了这一点。

书院的雏形始于唐末,尚未形成学校制度。五代时士人在山林间隐居读书讲学,书院教育有了进展,嵩阳书院就是五代周时在太乙观基础上设立的,取名太乙书院(叶封:《重修嵩阳书院记》),此际,洛阳还成立了龙门书院,二者是中原成立最早的书院。授徒讲学是其要务,包括唐代出现的丽正书院、应天府书院(李国钧等主编:《中国书院史》)等,为宋代书院教育的兴盛繁荣奠定了基础。

至宋代,嵩阳书院成为古代兴起的著名四大书院之一,曾因其位于太室山南麓称太室书院,宋仁宗时赐名嵩阳书院。由于宋代社会稳定,经济繁荣,士风朗朗,各地书院乘时迭起。嵩阳书院在倡文重教氛围下,得到皇帝的恩宠,不仅亲颁经书,重修书院,赐予院名,又拨田百亩作学田充其办学经费,供给生徒灯火膏食,书院有了保障运转的生命线,规模不断扩大。

中央支持,地方政府亦积极参与,官员主动推举贤德之士管理院务,逐步建立校务、学务条规,采取招揽名师等措施,提携嵩阳书院教育。特别是在程颢、程颐被聘请到书院讲学后,二程进一步完善学制院规,悉心制订了教学内容和方式、学员管理及考察等一系列详细条例,致书院制度比较完备,学风端正,生徒日增,培养了众多品德学问俱佳的优秀人才,声名远播,学者纷纷前往拜师问学,所得良多,人人为之心悦诚服,嵩阳书院为书院教育和制度化建设做出了很大贡献。

宋以后至明清两代几经沉浮。明朝嘉靖年间,登封知县侯泰有志于兴复书院,开始重建校舍,专门建立程颢、程颐祠堂,播扬二程的理学学术及思想。官府又重订书院规章制度,将其镌刻于石上竖立在院中,以资遵守。诸多举措的实施,重现了书院往日的勃勃景象。不幸的是,嵩阳书院在明末毁于战火。

清初,河南地方官府在战乱废墟上,再次重建嵩阳书院。先后有登封知县叶封和名儒耿介重修、扩建书院,整体面貌焕然一新,极大地提升了嵩阳书院的地位。使这一古老书院的发展从一度沉寂转而再度兴盛的原因,一是受到书院教育官学化的影响,官府参与性加强;二是名儒大师倾力赞助扶植,振兴书院教育,最终使嵩阳书院的发展达到历史最高峰。那时,学田最多有 1 750 余亩,藏书 10 000 余册,占地 10 000 万多平方米,其建筑规模宏伟,蔚为壮观。然当清末中国处于内忧外患之中,不断受到西学冲击的形势下,尽管有识之士力图改良书院制度,终因体制不合时代潮流,难以适应社会政治经济转型新形势的需要,嵩阳书院只得随着科举制度的废除而改为近代学堂。

二、书院制度与职能

嵩阳书院的职能由其学校体制和内容所决定。主要包含三大项,即教学、后勤管理、刻书藏书事业。

1. 教学之制与职能

教学管理及规制是教学制度的第一要务。其设置的职事有山长、院长、学长、助讲等。山长职权最大,因其追求清静的读书环境,书院多建于山林秀美之处,因有退隐林下居山养老之意而得名,嵩阳书院即如此。山长,除管理书院外,又是主讲者、学术带头人。而前者多是名义,并不负责具体事务,后者才是名副其实的,而且,本人具有渊博的学识和优良的品行,声望很高,在社会上享有较高的地位。其后，一度改称山长为院长。其他学长、助讲等主要是协助、辅助山长所做的事务。另有从学员选拔的斋长，以稽查学员考勤、劝善规过等。

书院的生徒来源有一定的限制。首先是以本省所属府州县乡籍贯分配名额，外地的生童一般不许入院学习，但不是绝对的，清初，外地来此求学者也不在少数。其次，对出身和品行也有限制，如出身于倡、优、隶、卒的子孙因其不许参加科举考试而被拒绝入院学习。凡各生徒必须经过考试合格方准进入书院读书。学员在学习过程中，必须遵守学规。嵩阳书院所定学规，既明确规定办学宗旨，又规范了学员的学业和德行。如学业上，有日讲经书三起，日看纲目数页，参读古文诗赋，读书必须过笔等；品德上，要时常省问父母，朔望恭谒圣贤，举止整齐严肃，服食宜行俭素，行坐必依齿序，外事毫不相干（参见陈嘉谷、邓洪波：《中国书院制度研究》）等，清初也有九查九录之规定。学规不仅对学员的思想行为具有指导性、约束性，也对书院进行有计划、有组织的教育起到保障作用。

关于教学内容、方式及考试制度，规定更为详细。

儒学是书院教学的中心。嵩阳书院教学初期，主要是讲授孔孟之学。自宋代二程担任主讲以后不仅传授孔孟之道、诸子百家，还创立了新的儒学学术，并传承为独立的学派，自此直至清初，理学成为本书院长期坚持的教学核心内容。

教学方式始终保持传统的会讲制度。即由山长布置必读之书，生徒自行研究思考，定期与山长及学员们互相切磋，共同研讨，教学相长。此外，书院还不定期地邀请名师硕儒到书院讲学，允许不同学派之间互相争论辨证，活跃学术气氛。

对学员的考课，亦严格按规定进行。初期只有月课，清代发展成以考课为主流，一般分官课和师课两种。前者是地方官府最高官员主持考试、命题、阅卷。考试内容以时文试帖为主，诗赋杂体为辅；后者则由山长主持，命题、阅卷、讲评由山长或委托学长等负责。其内容除了考四书五经外，也有策论、诗文（耿介：《嵩阳书院志》）。书院对学员还有奖惩办法以奖优罚劣。教与学及学术研究是教学管理职能的中心。

2. 后勤管理及其职能

后勤事务管理分后勤行政和经费筹集两大块。后勤职事之设，大致由于教学、学员管理事务日渐增多,于是设置直学、司总、账房、礼书等职以分山长之劳,专门负责财务、收租、伙食、管理财产、祭祀及一些杂务,选拔原则以勤勉可靠为基本条件。斋长也帮助管理财事、图书、发放膏火、奖资等。

经费筹集是后勤管理的重要事务。一般由实物和货币两大类构成。学田是最稳定的收入来源,主要靠官府划拨土地和官员、士绅捐赠,书院的设施,购买书籍,教师束修银两、师生伙食皆依赖于此。耿介主持书院期间,自己主动捐田300多亩,并带动道府县官员捐出1 500多田亩,义举空前。其他途径为接收捐助的房产、银钱等,用于置办校产,购买图书。

3. 藏书刻书

藏书刻书功能在古代书院一以贯之,嵩阳书院也不例外,建有藏书楼,据《嵩阳书院志》记载,至清初存储的图书约86部,10 000余册。基本为经史子集四大类,供教师和学员们阅读使用,有些图书如《二程全书》等珍贵古书现仍存于河南图书馆(据叶宪允:《浅论嵩阳书院的教育及其影响》一文)。清末时期,有的书院还添置了有关新学书籍,嵩阳书院亦未可知。

一般书院刊刻书籍有两种,一是出版大部头经典书籍,总结一代学术,传之后世;二是书院志、讲义、学规、藏书目录等。嵩阳书院刊刻之书主要是二程的理学及地方学术书籍,利于书院教育,传承学术研究成果。

三、嵩阳书院与河洛精英

嵩阳书院成立时间早,是名副其实的千年书院胜地。其建制与管理为其他书院所借鉴,声名卓著,宋代列为"四大书院"之首,为河洛地区培养了一批又一批有用人才,发展了区域文化。反过来,嵩阳书院的成功少不了忠诚为书院奋力付出的人,是他们开创了嵩阳书院的精神,创造了嵩阳书院的辉煌,他们是河洛文化的真正继承人,不可多得的河洛精英。

自宋至清初,对嵩阳书院及其河洛文化贡献最大的要数程颢、程颐和耿介三位大学者了。

程颢、程颐兄弟是宋代著名思想家、教育家。先祖居于徽州,其父迁徙来洛阳,成为官宦世家,二程遂为河南乡里子孙。两兄弟受到良好的教育,有志于读书明道救世。二程先后讲学于嵩阳书院期间,不仅创设书院制度,还把讲学与研究相结合,依据个人深厚的经学底蕴,阐发自己的所思所悟,他们所创理学思想就发源于此,后人称之为"洛学"即理学,其学术流派亦称为"伊洛学派",致书院极一时之盛,并带动了河洛地区的儒学学术发展。南宋时,二程学说传播广远,朱熹在"洛学"基础上进一步研究,采众家之长,形成新的儒学思想体系,谓之"程朱理学"传扬后世,长期成为封建社会的统治思想。这是嵩阳书院与河洛人的骄傲。

耿介,河南登封人。他是清初兴复嵩阳书院的功臣,可以说,没有耿介就没有嵩阳书院的振兴,就没有书院发展的巅峰,因此被人们亲切地称为嵩阳先生(《登封县志》)。今天,我们所看到的书院的规模、景观,主要是他主持书院时建设的。耿介是书院制度的兴复者,深谋远虑,管理有方,又是学术大师,教学有道,造诣颇深,富有著述,所著《嵩阳书院志》《中州道学编》《理学要旨》等影响深远。

四、嵩阳书院的当代价值

嵩阳书院的影响及意义甚多,如对现在的学校教育,现代图书馆事业,传统文化的继承发扬等,本文不一一予以叙述,只强调一点:嵩阳书院应作为国学教育基地,予以重视和利用。从文史各界掀起现代文化研究热以来,学者们已经取得了诸多显著成果,自不待言,目前,人们在反思传统文化的过程中,逐渐发现当代的国学教育是比较薄弱的,于是,有人疾声呼吁加强国学研究和普及,十分可喜。书院无疑是普及国学的一个载体,是弘扬传统文化的实证,其当代价值不可忽视。

文化的内涵广泛而丰富,文化是物质文化和精神文化的总和,不仅读书写字绘画娱乐属于文化范畴,即使人们寻常生活中的衣食住行无不来源于文化,展示着文化的内涵和深度。毫无讳言,文化研究还有很长的路要走。

(作者单位:辽宁大学历史文化学院)

殷周宗教思想嬗变初探

——从甲骨卜辞、《周易》谈起

崔　波

　　从殷周时的甲骨卜辞、青铜铭文和《周易》中可以发现,殷周的宗教思想已相当明确。随着社会关系的变化,宗教思想也发生了相应的变化,以上帝为至上神的宗教代替了以祖先崇拜和自然崇拜的原始宗教。他们祭奉的至上神——上帝也就是殷民族自己的祖先以及卜辞中的"高祖夔",殷代宗教或多或少都与帝祖合一观念有着内在联系。殷人的祖先崇拜、自然崇拜和上帝崇拜无不体现了对生命本源的感激和对原点的依恋,这种情思被周人继承和发展,并命之为"反本复始",使它的政治意义更为突出。商周时代的宗教信仰,与原始社会的宗教仪式及宗教观念相比,已有很大的变化和发展。诚然,龟卜显示着殷周统治集团对天帝或天命的虔信,他们将自己的行动和行为的未来结果,托付给了神意,而将自身的意志愿望,安放在被验证、被选择的地位上。从这方面说来,龟象的符号系统仍在浓重的神学阴影笼罩之下。可是我们又决不能把龟卜简单视作迷信。在龟卜的操作过程、在龟象符号的编码与解码之中,人为的努力和人的精神活动,还是保有自己的一席之地。龟象提供了语言文字之外的又一符号系统,中国文化重感性经验、重直观体悟的思维方式,便在其中发育、生衍。本文旨在从甲骨卜辞和《周易》对殷周宗教的发展变化略作探讨,以就教于大方之家。

一、殷商宗教的表现形式

　　殷商时代,正当原始社会解体、阶级社会发生发展之时。这时期的社会,虽继承了原始的宗教传统,但仍保留着丰富多彩的自然崇拜、图腾崇拜以及祖先崇拜。商王自称"予一人"、"余一人",是当时的最高统治者。当时,"国之大事,在祀与戎"①(《成公十三年》),宗教意识极为浓厚,原始的神学观念占绝对的统治地位。在殷人眼里,几乎每一种与人关系密切的自然物、自然现象都有他们的神及神灵。殷人最重要的社会活动就是祭祀典礼,祭祀鬼神已成为当时的一种制度并指导着国家所有的日常活动。殷人的宗教信仰具有多神崇拜的特点,自然神、祖先神、上帝都是他们崇拜的对象。殷代卜辞记录的史实充分证明了殷人对神灵信仰的狂迷,几乎是无事不卜。据卜辞可知,殷人的崇拜对象可分为三类:

(一)天神,包括上帝和自然神,如日、东母、西母、云、风、雨、雪等;

(二)地示,包括土地等自然神,如社、四方、四戈、四巫、山、川等;

(三)人鬼,包括先王、先公、先妣、诸子、诸母、旧臣等。②

殷人的多神崇拜带有鲜明的原始宗教特点。《尚书·洪范篇》作为追述殷商官方政治文化的原始资料,展示了殷人一切都要通过占卜预决吉凶的事实。在国君、卿士、庶人、卜、筮五方面因素中,起至关作用的是卜、筮的意见,并具有最终决定权。但是,我们应当认识到,在殷商时期确立的神人关系中,神虽然具有最终的决定性作用,同时也透露出了一丝人们力求以卜筮为媒介,通过祭享去影响至上神并建构以人为中心的神人关系的讯息。殷商灭亡以后,周人面对大邑商的顷刻瓦解,以周武王、周公旦为代表的统治阶级在总结夏、殷覆亡的教训的同时,全面承袭了殷商官方的意识形态,而且对殷商的原始神学进行了适合自身统治的改造。一是提出了"天命转移说",《尚书·多士篇》中周成王告诫殷商遗民说:我们周人取代殷人,就像殷人取代夏人一样,都是天意,是一种正义的行为。周人心目中的上帝具有了一种主持公道、是非观念明确的品格,这是一个了不起的进步。二是周人把"天命"思想从殷人单纯的宗教迷信中突出出来,灵活运用天命思想,增加了其政治色彩,从而促成了神的地位下降和人的地位上升。关于殷商宗教的表现形式从下面几点略作申述:

首先,殷人尊天事鬼的迷信思想浓厚,占卜盛行,各地的殷商遗址中都有卜

---

① 孔颖达:《春秋左传正义》,阮元《十三经注疏》,中华书局1980年版。

② 陈梦家:《殷墟卜辞综述》,中华书局1988年版。

骨发现。从安阳殷墟出土的王室卜辞来看,从天时、年成、祭祀、征伐到商王田猎、疾病以及做梦和生育等等,都要通过占卜求问上帝。可见在原始宗教里自然神和祖先神的职责集中于上帝一身。在卜辞中所显示出来的商王,正是后世中国君主的前身形象。另外,商王和王室贵族集团所继承并为之营造的那个时代大环境,又明显重神、尊祖,祖灵崇拜在他们生活中占有极为重要的地位。如今所见着录齐备的 10 万余片甲骨资料,不可能代表当时社会生活的全部。但它已经反映出商代物质文明的一面,也反映出精神生活的一面,尤其是在宗教占卜活动中所反映的商代贵族世俗生活的一些宗教信仰。正如郭沫若先生曾说,商代宗教颇为可观,因卜辞本身即是宗教之资料,凡言原始宗教或宗教之起源者,不可不读卜辞。

殷人频繁的占卜活动是商代原始宗教的重要内容和外在表现形式之一,这对当时社会的政治、经济、军事和文化生活等方面都产生了广泛而深刻的影响。在我国古代占卜体系中,甲骨占、筮占和星占对人世的影响都很大。殷人对占卜行为的重视程度、甲骨占卜程序之严密、卜法之讲究,上古、中古的其他时代都不能与之相比。因此,这也是商代能够涌现出像巫咸、箕子等占卜经验丰富且精通百科知识和治世之道的智者的一个重要社会原因。也正是经由一批批巫史神职人员长期不断的严守分工职掌和文化观念上的积淀渗透,才使形形色色的甲骨遗物尽现昔日占卜过程的繁文缛礼。[①] 殷人对于自然力量的崇拜,通过巫术的行为与自然发生虚幻的交通,反映了当时农业生产的重要和当时部族间斗争的激烈。殷人上帝的权威以及卜辞中所记录的祈告内容,都说明了这些。祖先崇拜的隆重,祖先崇拜与天神崇拜的逐渐接近、混合,为殷以后的中国宗教树立了规范,即祖先崇拜压倒了天神崇拜。

其次,政权与教权的结合。殷王不仅是政权的最高代表,也是宗教的最高祭师,凡重要宗教仪式都由殷王主持。占卜资料都由王室官吏中的史、作册负责保管,成为王室的档案。殷王把自己的祖先与上帝一体化,也就要求外族也祭祀殷人的祖先。殷商王朝的政治势力伸展到哪里,殷人祖先的威灵也就影响到哪里。作为氏族、部落、酋邦的政治领袖,不但需要具备无比的勇力、刚毅的性格,而且

---

① 　王蕴智:《抓紧甲骨文的基础整理工作——着手于新世纪的甲骨学研究》,殷都学刊,2000(2)。

更要具备超人的智能以预见未来。《尚书·大禹谟》："(伯)益赞于禹。"疏："赞,明也,佐也。"注："赞者,佐而助成,而令微者得着,故训为明也。"①这正是"巫"的"佐助"、"明辅",即"赞"的功能。张光直先生说:"……神鬼是有先知的……生人对神鬼这种智能是力求获得的。……掌握有这种智能的人便有政治的权力。因此,在商代,巫政是密切结合的。"②。此言甚确。占卜本身就是一种巫术,籍兽胛骨和龟甲为媒介,以求得"神明"对于人们所询问问题的回答。这种巫术的存在,表明当时的人相信有特殊的"神明"存在,足以影响人们的生活、决定人们行止的吉凶。对于祖先、神明的崇拜及其崇拜的仪式,构成了所谓的宗教。

　　一般地说,商代王官文化的基本性格还是"神本"主义的,神的启示及其相关原则在王事活动的一切领域中仍具有决定性的统治作用。此即《礼记·表记》中所概括的"殷人尊神,率民以事神,先鬼而后礼"。③卜辞中频繁出现"王占曰"的习用语,说明商王既是政治上的最高统治者,又是神学上的最高祭司。因为"我其祀宾,作帝降若;我勿祀宾,作帝降不若",所以商王死后照例要"宾于帝所",侍"帝"左右,成为神人之间的交通桥梁。不过在谈到"神本"主义原则时,我们不赞成过分放大这一原则对世俗文化的支配地位,或者误认为所谓"神本"文化就是一切始于神、终于神的文化。中国式的礼乐文化是注重历史、讲求实际的,即使在"天道"思想占支配地位的时代,它所蕴含的"德治"主义、贤人作风也从未中断过。史称"巫贤治王家,有成"及"巫贤任职"(《殷本纪》),④实质上是对贤人作风的肯定。

　　再次,"天"、"帝"、"上帝"的神圣职能。作为至上神的"天"可能在夏代就存在,商代多称"上帝"或帝。周灭商后,在《尚书·周书》和《诗经·周颂》等古籍中更多是称"天",有时也沿用商人的"上帝"。周代以后,"天"和"上帝"并用,延续了几千年。"上帝"和"天"的神职大抵相同。从甲骨文资料看,上帝的神职有多种。郭沫若指出上帝主宰"风雨祸福,年岁之风啬,征战之成败,城邑

① 孔颖达:《尚书正义》,阮元《十三经注疏》,中华书局 1980 年版。
② 张光直:《中国青铜时代二集》,三联书店 1990 年版。
③ 孔颖达:《礼记正义》,阮元《十三经注疏》,中华书局 1980 年版。
④ 司马迁:《史记》,中华书局 1959 年版。

之建筑"。① 陈梦家认为,"卜辞中上帝有很大的权威,是管理自然与下国的主宰。"②他"常常发施号令,与王一样","不但施令于人间,并且他自有朝廷,有使、臣之类供奔走者"。⑤"上帝之令风雨降祸福以天象示其恩威,而天象中风雨之调顺实为农业生产的条件,所以殷人的上帝虽也保佑战争,而其主要的实质是农业生产的神。"⑥据胡厚宣的研究,上帝"能令雨足年,能不令雨而将旱灾,能降祥降祸,能授佑佐它;是其虽在天上,而实为人间祸福之主宰也"。⑦ 到西周时代,帝在人们心目中仍然占据至高无上的地位。根据周原发现的甲骨卜辞,周人在灭商之前是有上帝观念的。陕西凤雏 H11 所出第 122 片甲骨上有"上帝"一辞,这是没有争议的;第 82 片刻有"王起(昭)帝",学者一般释此帝为祭祀之禘。《尚书·周书》是反映周代思想的可靠资料,它生动地展现出周人对上帝唯唯诺诺的情形,认为周人灭商并统治天下完全是秉承上天的意旨。

　　从文献资料来看,天或上帝的神知、神性更多。第一,天或上帝是万物的创造者。"万物本乎天。"⑧(《郊特牲》)"天造草昧"⑨(《屯》),"天作高山"⑩(《周颂·天作》),"天生蒸民"④(《大雅·蒸民》),总之,天地乃"万物父母"⑤(《泰誓上》),而且它还能"使万物皆盛,草木畅茂,禽兽硕大"⑥(《小雅·天保》郑玄笺)。第二,上帝或天是整个社会命运的决定者。所谓"惟天为大"⑦(《泰伯》),"天命不易"⑧(《大诰》),就是说天是最高神,天命是最高的命令,是不可变易的。下民必须按天命行事:"天之所置,其可废乎?"⑨(《僖公二十八年》)"天之所废,谁能兴之?"⑩(《襄公二十三年》)任何人都不得违天意而行。第三,天或上帝决定朝代的更替。若君王不尽天职,"不若于道者,天绝之也"⑪(《庄公元年》),如"有夏多罪"⑫(《汤誓》),天命"将在余下,以彰厥罪"⑬(《汤诰》),并

　　① 　郭沫若:《卜辞通纂》,科学出版社 1983 年版。
　　②⑤⑥ 　陈梦家:《殷墟卜辞综述》,中华书局 1988 年版。
　　⑦ 　何星亮:《中国自然神与自然崇拜》,三联书店 1992 年版。
　　⑧ 　孔颖达:《礼记正义》,阮元《十三经注疏》,中华书局 1980 年版。
　　⑨ 　孔颖达:《周易正义》,阮元《十三经注疏》,中华书局 1980 年版。
　　⑩④⑥㉒ 　孔颖达:《毛诗正义》,阮元《十三经注疏》,中华书局 1980 年版。
　　⑤ 　孔颖达:《尚书正义》,阮元《十三经注疏》,中华书局 1980 年版。
　　⑦⑧ 　邢昺等:《论语注疏》,阮元《十三经注疏》,中华书局 1980 年版。
　　⑨⑩㉑ 　孔颖达:《春秋左传正义》,阮元《十三经注疏》,中华书局 1980 年版。
　　⑪ 　杨士勋:《春秋谷梁传注疏》,阮元《十三经注疏》,中华书局 1980 年版。
　　⑫⑬⑭⑮⑯⑰⑱⑲⑳ 　孔颖达:《尚书正义》,阮元《十三经注疏》,中华书局 1980 年版。

"天命殛之"⑭(《汤誓》),而且命商出兵灭夏,"帝用不臧,式商受命,用爽厥师"⑮(《仲虺之诰》)。商汤"畏上帝,不敢不正"⑯(《汤誓》)。至商纣无道,"帝乃大命文王,殪戎殷"⑰(《大诰》)。总之,凡遇到改朝换代,莫不是天或上帝的意思。第四,天或上帝是最高的立法者和司法者。社会上的道德规范,都是由天或上帝所制定的。所谓"上帝将衷于下民"⑱(《汤诰》),"惟天佑于一德"⑲(《咸有一德》),那上帝既是降德者,又是佑德者。而且,天监督下民是否遵守道德规范,根据情况进行赏罚,所谓"惟天监下民,厥典义……民若有不德,不听罪,天既孚命,正厥德"⑳(《高宗肜曰》),"善人富谓之赏,淫人富谓之殃,天其殃之也,其将聚而歼旃"㉑(《襄公二十七年》)。若有人违反道德规范,也可告于天庭,"付与昊天,制其罪也"㉒(《小雅·巷伯》郑玄笺)。第五,天或上帝主宰人间祸福,它喜怒无常,"作善降之百祥,作不善降之百殃"㉓(《伊训》)。它护佑有德之人,"皇天无亲,惟德是辅"㉔(《蔡仲之命》),"皇天亲有德"㉕(《大雅·洞酌序》)。而且,天或上帝还主宰人的生死寿命,所谓"降年又永,有不永"③(《高宗肜曰》)。总之,"天"为夏人所创,"帝"为殷人所创,周人既用"天",也用"帝",同为至上神。它们虽然所代表的文化不同,但其神性、神职基本上是相同的。

二、周代的宗教思想

周人并非完全照搬殷人的巫祝体制,而是有所损益,即有变革,有整合。周人宗教思想中有不少创新,如西周时把上帝和祖先神分离对待就是一个显例。周人继承了殷人崇拜祖先神的观念,认为祭奉祖先是子孙的神圣义务。但天是主宰人类祸福的全能神,天下大事均取决于天的意志。有了区别于祖先神的至上神天,就有了各族必须共同尊奉的权威。周人在进一步探究人怎样才能制约天命的问题时,他们又提出了自己的伦理思想,出现了"孝"和"德"的范畴。并将"孝"的含义从"事死"扩大到"事生"。周人提出的"德",包括敬天、孝祖、保民三项内容,运用到政治上即要求明察、宽厚。周公反复说明,周人取代殷人受命,是修德所致。德和孝因宗法制度产生,又为宗法制度服务,父慈、子孝、兄友、

㉓　孔颖达:《尚书正义》,阮元《十三经注疏》,中华书局 1980 年版。
㉔③　孔颖达:《尚书正义》,阮元《十三经注疏》,中华书局 1980 年版。
㉕　孔颖达:《毛诗正义》,阮元《十三经注疏》,中华书局 1980 年版。

弟恭被奉为天神规定的人间关系,神圣不可侵犯。殷周之际形成的《易经》成了探测神意的工具,对世界的看法属于宗教世界观的范畴。例如,《益·六三》说:"王用享于帝,吉。"《大有·上九》说:"自天佑之,吉无不利。"但《既济·九五》又说:"东邻杀牛,不如西邻之禴祭,实受其福。"《萃·六二》和《升·九二》都说:"孚乃利用禴。"认为人的诚信(孚)可以影响神的意志。只要诚信,菲薄的祭祀(禴)反而比杀牛献牲的大祭更能得到神的福佑。这与西周的宗教世界观是完全一致的。《易传》各篇并非一人所作,但从其整体看,《易传》把政治伦理教训作为核心,强调"辨上下,安民志"④(《履·象传》),"非礼弗履"⑤(《大壮·象传》),着重说明家长制重要性。

宇宙是怎样开始的,西方宗教学说认为,宇宙是由一位主宰创造的,人类万物都是依这位主宰而创造的。但中国文化没有这一套,中国文化只说人命于天,如《中庸》所说:"天命之谓性,率性之谓道,修道之谓教。"人命归之于天,那个"天"并不是宗教观念的天,而是形而上的符号,《周易》似乎没有这种神秘观念。但《周易》的卜筮系统则可另论。生命有个来源,哲学上称为本体,宗教家称作主宰、神、上帝、佛、道,而《周易》上称之为"干",宇宙万物,都是从"干"的功能发生的,"干知大始",一切万有都是从干而来。坤卦符号,代表这个物质世界形成以后。在物质世界没有形成以前,就是说没有天,没有地,没有男,没有女以前,那是本体——"本体"一词还是根据西方哲学文化观念翻译而来,而在中国古代文化,把那个物质世界尚未形成的阶段称为干,等到有了宇宙万物这个世界的形成,它的符号为"坤","坤作"是说它以其功能造成了万物。人在宇宙中,面对大自然那无穷无尽的挑战,往往缺乏足够的力量和智能,深感软弱和茫然,于是退而编结一个理想的"网",这便是卦爻筮符这种神秘的"宇宙"。

中华古人总是在自然宇宙和符号"宇宙"两者之间来回奔突,人经过许多失败和打击之后,便从失败的痛苦中企望寻求神的支持,创造一个神秘的符号"宇宙",即筮符系统,以便占验吉凶,决定其如何思想和行动。就《周易》本文而言,便是通过言语的警示和占筮,获得某种力量与智能;一时又想努力推开神或某种超自然力量的庇护,进而自己行动或思想。一时糊涂,一时清醒;一时欢乐,一时

_____

④⑤ 孔颖达:《周易正义》,阮元《十三经注疏》,中华书局1980年版。

悲哀。而《周易》本文的卦爻符号"宇宙"就具有这种关于人、人的命运的复杂的文化意蕴,它是中华古人童年的"梦",又是其文化智能的一种东方式的"黎明"。

当然,在《周易》占筮过程中,存在着一定的心理感应。实际上这种占筮的心理感应带有很浓的神秘性,而且始终是与神秘的数、数的关系以及数的运演纠缠在一起,使它显得潜在与隐秘。拿《周易》与原始的筮占相比,最显著的差别就是《周易》除了那套抽象的卦爻符号以外,又增加了一套由卦辞和爻辞所组成的文字表意系统,其卦爻符号是继承了原始的筮占记录,但是经过一番整理分类、加工改造的工作,提炼成为卦辞和爻辞而系于卦爻符号之下,就具备了多方面的功能。从《周易》的文字表意系统还可以看出,它反映了殷周之际宗教思想的变革,已接受了当时发展起来的以德配天的天命神学观念,并且把这个观念与卜筮相结合,构成一个以天人之学为理论基础的巫术操作系统。由于筮占的特点是根据蓍草排列所显示的数与形的变化来预测吉凶,所以与其他的占卜形式相比,具有一种潜在的优越性,它可以通过无数次的排列,逐渐把数与形的变化推演成一个整齐有序而又稳定规范的符号体系。《周易》的那一套由六十四卦、三百八十四爻所组成的符号体系,反映了这个时期受原始思维支配的巫术文化的特色。它表现了人类试图掌握客观事物因果联系的努力,蕴含了丰富的思想智能。

在卦爻辞中,天是一个最高的概念,如《干》的"飞龙在天,利见大人";《大有》的"自天佑之,吉,无不利";《大畜》的"何天之衢,亨";《姤》的"含章,有陨自天"。这个天既有自然之天的含义,也是一个主宰人事的至上神,人们可以通过合乎道德的行为获得天的福佑,天与人相互感应。很显然,这是由原始巫术的神人交感的观念发展而来,但是,理性的成分大大提高了,系统性的程度也更为增强了。原始巫术的神人交感的观念,其世界图式是混乱无序的万物有灵论,而以德配天的天命神学则把世界看成是一个井然有序的统一整体。从原始的卜筮到《周易》的卜筮,经历了长时期的演变,中国的文化也由此而从蒙昧状态进入了文明状态。

周人不仅讲龟卜,而且讲占筮。在周人看来,二者相比,龟卜总比占筮灵验。

《周礼·春官》说:"凡国之大事,先筮而后卜。"①《左传》记载卜人的话说:"筮短龟长,不如从长。"②(《僖公四年》)这些说法,除表明龟卜的形式比占筮更加神秘外,还反映出龟卜的历史悠久,而占筮则比较晚出。或者说,占筮乃是一种新形式,被看成是对龟卜的补充,所以遭到卜人的轻视。据近人研究,《周易》中断定吉凶的辞句同甲骨文的卜辞相比,有许多是相同的。如甲骨文中的"贞"字,乃卜问之意。《周易》中的"贞"字,也是卜问之意。旧注训"贞"为"正",是一种误解。这是近人注解《周易》的一大贡献。又如卜辞中有"吉"、"大吉"、"亡尤"、"利"、"不利"等,这同《周易》中的"吉"、"元吉"、"无咎"、"利涉大川"、"不利有攸往"等,也是一致的。这说明《周易》中的占辞是脱胎于或模仿卜辞的。

按《周礼·春官》所说,卜所依据的是龟的兆纹,筮所依据的是卦的形象;卜兆有颂即卜辞,《周易》的卦象则有卦爻辞,二者也是相通的。以数的变化推测人事吉凶,最早起源于何时,是可以探讨的。但《周易》所讲的筮法以及《系辞》所说的以蓍求卦的方法,不会早于殷人的龟卜。《系辞下》说:"易之兴也,其于中古乎?作易者,其有忧患乎?"又说:"易之兴也,其当殷之末世,周之盛德也?当文王与纣之世也?"③这里说的"易",指《周易》的筮法。这种历史的回顾,总是有一定根据的。从殷人的龟卜到周人的占筮,经历了一个发展的过程,即春秋时期韩简所说的从龟象到筮数的过程。但二者又有明显的差异,这里略作阐述:第一,钻龟取象,其裂痕是自然成纹,而卦象是手数蓍草之数,按规定的变易法则推演而成。前者出于自然,后者靠人为的推算。第二,龟象形成后,便不可改易,卜者视其纹,便可断其吉凶。但卦象形成后,要经过对卦象的种种分析,甚至逻辑上的推衍,方能引出吉凶的判断,同观察龟兆相比,又具有较大的灵活性和更多的思想性。这两点都表明,占筮这一形式的形成和发展意味着人们的抽象思维能力提高了,卜问吉凶的人为因素增加了。就这一点来说,从殷人龟卜到周人的占筮是一个进步。清初学者王夫之评论龟卜和占筮说:"大衍五十而用四十有九,分二,挂一,归奇,过揲,审七八九六之变,一求肖乎理,人谋也;分而为二,

---

① 贾公彦:《周礼注疏》,阮元《十三经注疏》,中华书局 1980 年版。
② 孔颖达:《春秋左传正义》,阮元《十三经注疏》,中华书局 1980 年版。
③ 孔颖达:《周易正义》,阮元《十三经注疏》,中华书局 1980 年版。

多寡成于无心,不测之神,鬼谋也。"又说"若龟之见兆,但又鬼谋,而无人谋"①
(《卷六上》),这是对《系辞上》中"人谋鬼谋,百姓与能"的解释。他认为筮法是
按数学的法则求得卦象,这是"人谋";任意分而为二,出于无心,属于"鬼谋"。
而龟卜则凭其裂痕断其吉凶,只有"鬼谋",而无"人谋"。王夫之此论,可以说是
道出了二者的区别。由于《周易》筮法,重视数的推算和对卦象的分析,重视了
人的思维能力,所以后来从《周易》中导出了哲学体系,而龟卜始终停留在迷信
的阶段,逐步被人们抛弃。

从殷人的龟卜到周人的占筮,反映了我国奴隶制时代社会生产和生活的发
展过程。殷部族的祖先长期从事渔牧业生产,所以殷统治者将龟甲和兽骨作为
向天神卜问吉凶的工具。而周部族是农业生产起家的,其迷信蓍草,实际上是出
于对农作物的崇拜。周族的农业生产力的提高,多少增加了人的自信心,其统治
者在殷周之际的社会政治变革中,又重视人的因素。这些情况反映在占卜的迷
信中,于"鬼谋"之外,又参与了"人谋"。一个时代的意识形态的发展,包括宗教
迷信在内,总是那个时代的历史产物。②

《周易》中的"神道设教"观念,由宗教而教化人生的思想,十分强调教化的
作用。《系辞》说:"成象之谓干,效法之谓坤,极数知来之谓占,通变之谓事,阴
阳不测之谓神。"③以干象征天;以坤效法天;因蓍草数目占问未来之事,以通事
物的变化。而数的奇偶和爻象的刚柔变化无穷,难以推测,如揲蓍求卦时不能事
先预定某爻的阴阳老少性质及其变化。《周易》把事物变化莫测的这种性质称
为"神",即神妙不测。《系辞》还进一步以"神"为整个筮法的特质。它说:"蓍
之德圆而神,卦之德方以知","神以知来,知以藏往"。认为占筮体系的神妙变
化具有预知未来变化的性质和功能。《系辞》进而提出:"范围天地之化而不过,
曲成万物而不遗,通乎昼夜之道而知,故神无方而易无体。"认为《周易》的法则
涵盖了天地万物,包容了一切幽明生灭的变化原理,可以预知各种事情的吉与
凶;卦爻象的变化无固定的方所,《周易》本身的变易并不固定于一定的格式或
体制,其变化神妙,不拘一格,"神无方而易无体"正是强调"神"表示《周易》变

① 王夫之:《周易内传》,郑万耕《易学精华》,北京出版社1996年版。
② 朱伯昆:《易学哲学史(第1卷)》,华夏出版社1995年版。
③ 孔颖达:《周易正义》,阮元《十三经注疏》,中华书局1980年版。

化莫测的性质。《说卦》发挥了这种观点，说："神也者，妙万物而为言也。"这里所说的"神"与前述一样都是在变化莫测的意义上使用的，它不是指某种超验的实体，而是指宇宙万物变化不定的属性，以"神"为万物变化不测的本性，这一思想十分深刻地影响着以后的宗教和哲学的发展。《周易》讲"先王以省方，观民设教"，君子"以振民育德"，"教思无穷，容保民无疆"。为了教化，最简单易行的办法就是利用流传已久的天神崇拜和祖先崇拜的宗教，提倡敬天尊祖。这方面，在《易传》中有不少论述，如"荐之上帝"、"享上帝"、"顺天命"、"假有庙"、"立宗庙"、"配祖考"等等。天神崇拜可以加强君权的地位，祖先崇拜则可以加强父权的地位。但是，这种敬天尊祖的传统宗教，还不能很好地维护宗法等级制度，《周易》作者就找到了一个异常巧妙的解决办法，叫做"神道设教"。《观卦·象辞》说："观天之神道，而四时不忒。圣人以神道设教，而天下服也。"①即是说，圣人设立鬼神祭祀推行教化，这样天下万民都驯服了。这是一种宗教与非宗教的巧妙结合。这正如《荀子·天论》所说："雩而雨，何也？曰：无何也，又不雩而雨也。日月食而救之，天旱而雩，卜筮然后决大事，非以为得求也，以为文也。故君子以为文，而百姓以为神。以为文则吉，以为神则凶也。"②雩祭而得雨，卜筮决大事，并非有什么神灵主宰其间，而只是一种仪式和文饰，具有教化作用。以为是文饰或以为是神灵，正是君子与小人的区别。这种"神道设教"思想，历来受到统治者和知识分子的推崇，对巩固宗法制度起了重要作用。

《周易》关于善恶报应和生死问题的观念。《周易》说："积善之家，必有余庆；积不善之家，必有余殃。"这是中国古代文化的原则，就是最喜欢讲因果报应。中国、印度、东方文化都是建立在因果报应基础上的，因果问题是宗教的大问题，很值得研究。佛教的因果，是讲本身的三世，即前生、现在及后世。中国儒家的因果讲祖宗、本身和子孙三代，就是依据《周易》来的。《坤·初六》说："履霜坚冰至，盖言顺也。"是说，脚踏在地上发现降霜了，就知道冷天快要来了。每件事的发生都是有前因后果的，这也是中国文化的主要精神所在。关于生死问题，《系辞传》说："明乎昼夜之道则知。"《周易》认为生死不是问题，他们却承认

---

① 孔颖达：《周易正义》，阮元《十三经注疏》，中华书局1980年版。
② 《荀子》，《二十二子》，上海古籍出版社1986年版。

生命的延续,与印度佛教的轮回说相类似。因此,中国人讲生死问题,就是"生者寄也,死者归也"。但从《周易》的角度去看待生命,是乐天知命,很乐观,没有忧愁。①

宗教是一种意识形态,是一种世界观。对古代中国影响最大的是道教和佛教,它们都与《周易》结下了不解之缘。《周易》对中国古代宗教文化的影响表现在:第一,《易》是对中国传统思维方式的集中体现,任何一种世界观和方法论,都会自觉不自觉地受到影响。第二,《易》本卜筮之书,本身就具有"神道设教"的宗教因素。所以当汉代道教形成的时候,与《易》一拍即合,顺理成章。第三,《易》也是一个"空套子",这个空套子既可往里装任何东西,又可从中引出更多的东西。佛教东渐,欲要中国人接受它,莫过于援《易》以为说。《周易》和佛理的结合,为佛教扎根于中土立下了汗马功劳。第四,宗教是一种神秘文化,其敬神崇拜须有许多神秘仪式或方术。《周易参同契》能把阴阳八卦系统整个地搬进道教的炉火仙丹之中;宋代周敦颐的《太极图说》也能把道教修炼内外丹的《先天太极图》、《无极图》再搬回易学中来。《易》本身所具有的神秘因素决定了它与宗教神学千丝万缕的联系。

总之,殷周宗教观念的发展,影响全面而深刻,一方面表现在它对以往的巫术文化作了一次较系统的总结,并且熔炼成为一种以天人关系为核心的整体之学;另一方面表现在它以曲折的形式反映了许多前所未有的理性内容,为后来的人文文化发展提供了必要的前提,为华夏早期文化和历史的发展谱写了古色斑斓的一页。殷周之际,中国文化经历了一次宗教思想的变革,周人根据当时社会变革的需要,把殷人崇天信仰及置鬼神于首位而贬抑人事的宗教思想改造为强调尽人事的宗教思想。这些思想在甲骨卜辞、《尚书》、《周易》中均有较充分的反映。殷人多卜,十分盲从;周人则根据一定的理性原则来处理神人关系,而不必完全像殷人那样依赖卜问。《尚书·洪范》有一条材料,记述周人为了做出最佳决策,除了征求龟卜和筮占的赞同外,还要加上君主本人赞同、卿士赞同、庶人赞同,认为只有这样才能称为"大同"。至于对卜筮的解释,"三人占,则从二人之言",在不同的解释中取多数。可以看出,周人对卜筮的看法是和他们那种强

---

①　南怀瑾:《易经杂说》,复旦大学出版社 1997 年版。

调尽人事的宗教思想完全一致的,这就为巫术文化向人文文化转化开辟了一条通路。但是,西周时期,以德配天的天命神学仍然占据着绝对的统治地位,思想领域停滞沉闷,平静得像一潭死水。《周易》学的发展也处于停滞状态。以甲骨占卜、《周易》占筮的神秘主义体系中的思维探索内核与早期朴素经验主义,则充任了理论根基,最后发展成从《周易》开始的天人合一哲学的直接源头。

(作者单位:郑州大学图书馆)

魏晋时期中原玄学的产生与发展

黄富峰　苏明海

魏晋时期,以河南洛阳为中心的中原地区,是当时的政治、经济和文化中心,也是诸位玄学名士共竞风流的大舞台,后来东晋南迁,顺势将中原气象带到江南。因此,魏晋玄学的根在中原,更具体地说是在河南。东晋袁宏作《名士传》,列举正始以来的玄学名士 18 位,其中河南籍的就有 10 位:何晏(南阳人)、王弼(焦作人)、阮籍(尉氏人)、山涛(武陟人)、向秀(武陟人)、阮咸(尉氏人)、乐广(新野人)、庾敳(鄢陵人)、阮瞻(尉氏县人)、谢鲲(太康人)。如果再加上玄学的先行者荀粲(许昌人),还有郭象(洛阳人)、钟会(长葛人)、阮修(尉氏县)、殷浩(太康人)、韩伯(长葛人)等,就更是蔚为可观了。据不完全统计,在魏晋玄学大家中,祖籍在河南的占一半以上,即使不是河南籍的玄学家,其主要活动地点也在河南。所以,魏晋玄风,始出河南,风靡中原,鼓荡全国。

魏晋玄学产生于中原不是偶然的,既有其时代背景,也与学术思想的发展逻辑密不可分。三国魏晋时期,中原政权更迭频繁发生,门阀势力逐渐形成和发展,这是一个杀夺无常、动荡不安的乱世。士人为了安身保命,就逃避现实,从道家思想中寻求生存的智慧,或混迹于庙堂之上,或隐身于竹林之下,或酣饮于乱世之中,他们靠清谈探寻不务世事的玄理,用怪诞的行为显示与世无争境界,努力追求个人精神的独立和自由,发展出以生存为至高目标的哲学思想。从学术思想的发展逻辑来看,当时处于独尊地位的儒学,生命力逐渐被长于注解、考证的两汉经学所禁锢。东汉末年,两汉经学内部逐渐出现裂缝,人们迫切需要在权威经典所笼罩一切的思想世界中,寻求舒展精神创造的空间,处于学术边缘的道家思想正好契合了士大夫的精神独立与自由的追求。在传统儒学中,"性与天道"是孔子所不可得闻的的终极问题,到了魏晋时期,它却成为了中原玄学家建构新的学术思想体系的起点。他们将关注的眼光投向更加深邃的本体世界,在言意之辩中把握世界的本真状态,从中体验生命的价值和意义。

中原地区既是道家思想的发源地,又具有深厚经学渊源,身处其中的中原玄学名士,他们或为故旧,或为亲朋,相互切磋,共竞风流,通过儒学的裂缝植入道家思想的精髓。他们以老庄思想为骨架,以"本末有无"为中心问题,用思辨的方法讨论有关天地万物存在的根据,企图调和儒道,会通"自然"与"名教"。① 玄字,源出《老子》:"此两者同出而异名,同谓之玄,玄之又玄,众妙之门。"② 玄,本意黑色,这里是"幽深莫测,深远至极"的意思,是指不可捉摸的道乃是万物的本原,具有哲学上的本体论意味。魏晋时期中原的哲学家继承和发扬这一传统,以道家的基本思想资料《老子》、《庄子》和《易经》为基础,以清谈方式讨论"有"、"无"等纯哲学问题,并把它应用于社会生活实践,形成了独具特色的理论思潮,即中原玄学,《老子》、《庄子》和《易经》这三本著作也被称为三玄。因此,以此为基础,中原地区的玄学名士把有无问题作为讨论的中心问题,探讨万事万物的最终依据;言意之辩则是解决本体论问题的重要方法论和认识论;而哲学的思辨最终是用来指导现实生活,名教的根据及人生的修养、人格的健全都与本体论和认识论息息相关,道德问题、养生问题是才性问题与圣人人格问题在现实生活中的具体表现和解决。具体而言,他们所讨论的问题主要有以下几个方面:

一是有和无的相互关系问题。他们要追问有从何来,有和无谁是更为根本的东西。何晏认为"有之为有,恃无以生;事而为事,由无以成。夫道之而无语,名之而无名,视之而无形,听之而无声,则道之全焉"。③ 王弼认为"天下之物,皆以有为生;有之所始,以无为本。将欲全有,必返于无也"。④ 他们都把无作为有的基础,认为有由无生,无作为本体比现象更为根本,因而提出"贵无"的思想,确立了玄学本体论的基本思路。阮籍则把自然作为最高的存在,在自然之外,就

① 参见汤一介著:《郭象与魏晋玄学》,第 13 页,北京大学出版社 2000 年版。
② 《老子》第一章。
③ 《列子·天瑞篇》张湛注引何晏《道论》。
④ 《老子》四十章注。

没有什么别的存在,提出了"自然无外"的本体论:"天地生于自然,万物生于天地。自然者无外,故天地名焉;天地者有内,故万物生焉。"①向秀认为,无是天地万物之本,它不生不化,但万事万物却能自化而来,"吾之生也,非吾之所生,则生自生耳。生生者岂有物哉?(无物也)故不生也。吾之化也,非物之所化,则化自化耳"。②郭象进一步发展了向秀的这一看法,认为有就是本然的存在,不是由无而生的,事物只能自己产生自己,即自生:"然则生生者谁哉?块然而自生耳。"③自生的过程是通过独化来实现的:"故造物者无主,由物各造",⑥是"掘然自得而独化也"。⑦韩康伯的本体论思想则很接近于王弼,认为有生于无。

二是言意关系问题。荀粲认为,表现为"天性与道"的圣人之意,被遮蔽在烦琐的章句训诂之后,"粲诸兄并以儒术论议,而粲独好言道,常以为子贡称夫子之言性与天道,不可得闻,然则六籍虽存,固圣人之糠秕"。⑧为此,要去掉这些遮蔽,通过追求"象外之意"的办法来获取圣训的本来意义。王弼更进一步,通过详细论证言、象、意三者之间的相互关系,要求"得意忘言":"夫象者,出意者也;言者,名象者也。尽意莫若象,尽象莫若言。言生于象,故可寻言以观象;象生于意,故可寻象以观意。意以象尽,象以言著,故言者所以明象,得象而忘言;象者可以存意,得意而忘象。犹蹄者所以在兔,得兔而忘蹄;荃者所以在鱼,得鱼而忘荃也。是故,存言者非得象也;存象者非得意也。象生于意而存象焉,所存者非其象也;言生于象而存言焉,所存者非其言也。然则,忘象者乃得意也;忘言者乃得象者也。得意在忘象,得意在忘言。故立象以尽意,而象可忘也;重画以尽情,而画可忘也。"⑨郭象则要通过"寄言出意",通过对语言的整体把握,而综合开出新意,因此提出了"寄言出意"的方法。例如,他依靠这种办法改造了《庄子》中无中生有的论述,论证了其造物无主的思想:"窈冥昏默,借了无也。夫庄老之所以屡称无者何哉?明生物者无物,而物自生耳。自生耳非为生也,又何有为于已生乎?"老庄说无,其实是在说有,是通过说无来说有。综观《庄子》

---

① 《达庄论》。
② 张湛《列子注》引向秀《庄子注》。
③⑥ 《庄子·齐物论注》。
⑦ 《庄子·大宗师注》。
⑧ 《三国志·荀彧传》。
⑨ 《周易略列·明象》。

其背后的意义是说,无不能生物,物是自生的。郭象通过注解《庄子》,而开出自己所需要的新意。乐广、韩伯则注重辨析名理,通过概念内涵和外延的精确分析,寻求语言的微言大义。如乐广在与别人讨论先秦哲学中名家的著名论断'指不至者'时,认为语言之后的意义是超乎物的形象的:"客问乐令'指不至者'。乐亦不复剖析文句,直以麈尾柄确几曰:'至不?'客曰:'至。'乐又举麈尾曰:'若至者,那得去?'"①韩伯则要通过"定其名分"弄清概念清楚,厘定内涵"夫寻理辩疑,要先定其名分所存。所存既明,则彼我之趣可得而祥也"。②

三是名教与人性的关系问题。荀粲提出轻事功任性情的才性论,把自然性情当做道德的根据。他在和好友傅嘏、夏侯玄的辩论中,虽则辩论的是"识"和"功名"的问题,但却暗含了人的才性问题:"常谓嘏、玄曰:'子等在世涂间,功名必胜我,但识劣我耳!'嘏难曰:'能盛功名者,识也。天下孰有本不足而末有余焉?'粲曰:'功名者,志局之所奖也。然则志局自一物耳,固非识之所独济也。我以能使子等为贵,然未必齐子等所为也。'"③他认为,人的才能不能仅仅局限于现实的和有限的"志局",还应当努力超越有限,追寻玄远,体悟生命,走向无限。何晏以无为为德:"德者无为,犹北辰之不移动、而众星共之。"④"言任官得其人,故无为而治。"⑤道德的根本特性在于无为,表现在道德行为上也是无为。王弼认为名教应该以无知无欲的自然为本,才符合人的本性,所以提出了名教出于自然的思想,认为真正的道德应由自然之母化生而来:"仁义,母之所生,非可以为母。形器,匠之所成,非可以为匠也。"⑥阮籍认为,人类社会的道德也是自然的一部分,提出"立仁义以定性"的性情论,反对现实社会中虚伪的道德要求:"八卦居方以正性,著龟圆通以索情。情性交而利害出,故立仁义以定性,取著龟以制情。"⑦郭象要维护现实社会伦理道德的合理性,认为名教即自然:"君臣上下,手足内外,乃天理自然,岂真人之所为哉?"⑧这样,郭象就把儒家的伦理道

① 《世说新语·文学》。
② 《晋书·韩伯传》。
③ 《三国志·荀彧传》。
④ 《为政集解》。
⑤ 《卫灵公集解》。
⑥ 《老子注》第三十八章。
⑦ 《通易论》。
⑧ 《庄子·齐物论注》。

德与道家的道法自然紧密结合起来,既要任"人事",又要不执于"人事",要求人们做到"游外以弘内,无心以顺有"。① 乐广、韩伯进一步调和儒道,提出应该在名教的范围内寻找道德的根据。"是时王澄,胡毋辅之等,皆以任放为达,或至裸体者。广闻而笑曰:'名教内自有乐地,何必乃尔!'其居才爱物,动有理中,皆此类也。"②韩伯认为体现人世间尊卑的伦理秩序又是天赋的,道又天然地为天地人事定立了上下尊卑的秩序:"乾坤,其易之门户,先明天尊地卑,以定乾坤之体。……天尊地卑之义既列,则涉乎万物,贵贱之位明矣。"③因此,遵循这样的秩序也是最高道的要求。

四是养生问题。荀粲要求在现实生活中应该率性而为,追求生命的自由与放达。他在择偶标准上,认为才智不是主要的,应以貌美为主。"骠骑将军曹洪女有美色,粲于是聘焉,容服帏帐甚丽,专房欢宴。"④但他并不因为爱美而乱性,而是追求夫妇间的真情实意。妻子亡故以后,"不哭而神伤",表现出一种无言之痛,透心之哀,正是他天性率真的表现。王弼提出"慎终除微"的人生修养论。王弼认为天下的灾祸都在于不懂"虑终之患如始之福",不注意细微之处,不注意始终如一。"众人迷于美进,惑于荣利,欲进心竞,故熙熙如享太牢,如登春台也"。⑤ 如果懂得万事万物皆归于无的道理,就可以休养生息了:"夫安身莫若不竞,修己莫若自保。守道则福至,求利则辱来"。⑥ 向秀认为,养生的关键是要顺应自然。人因为有智慧,因此是万物之灵,所以人应该利用这种智慧,求得更好的生活,他对苦心志,压制人的自然之情的养生之道进行了批评:"今若舍圣轨而侍区种,约己苦心,欲积尘露以望山海,恐此功在身后,实不可冀也。……追虚徼幸,功不答劳,以此养生,未闻其宜。故相如曰:必若长生而不死,虽济万世犹不足喜。言悖情失性,而不本于天理也。长生且犹无欢,况以短生守之焉?"⑦这种追求虚名的无忧无喜的长生之道,是与人的自然之性情相违背的,不值得追

---

① 《庄子·大宗师注》。
② 《晋书·乐广传》。
③ 《系辞上注》。
④ 《三国志·荀彧传》。
⑤ 《老子注》第二十章。
⑥ 《周易注颐》。
⑦ 《难养生论》。

求。郭象则要"任其自生",在养生过程中,关键是顺其自然,就要无心,不有意而为:"夫任自然而忘是非者,其体中独任天真而已,又何所有哉!故止若立枯木,动若运槁枝,坐若死灰,行若游尘。动止之容,吾所不能一也;其于无心而自得,吾所不能二也。"①所以,养生的真谛在于养心,在心若止水的情况下,就能独任天真,与自然合而为一,达到人生的最高境界。韩伯把安身和与世升降当成养生的秘诀。首先,安身是养生的基础:"利用之道,由安其身而后动也。精义由于入神以致其用,利用由于安身以崇其德……若役其思虑,以求动用,忘其安身,以殉功美,则伪弥多而理愈失,名愈美而累愈彰矣。"②其次,在社会生活中,要与世升降:"夫妇之道,以恒为贵,而物之所居,不可以恒,宜与世升降,有时而遁也。"③夫妇之间,应该专恒如一,但在处理社会其他关系时,就应该随世而变,协调一致,其实质是要顺应时代潮流的发展。

中原魏晋玄学经历了否定之否定的发展历程。从太和前后的荀粲会通儒道,视六籍为圣人之糠秕,着眼于"象外之意",开启魏晋玄学的大门,到正始年间的何晏、王弼以其"贵无论"为玄学奠基,魏晋玄风始得形成。东晋袁宏作《名士传》,将正始以来的玄学名士分为三个时期:"宏以夏侯太初(玄)、何平叔(晏)、王辅嗣(弼)为正始名士。阮嗣宗(籍)、稽叔夜(康)、山巨源(涛)、向子期(秀)、刘伯伦(伶)、阮仲容(咸)、王睿(加三点水)冲(戎)为竹林名士。裴叔则(凯)、乐彦辅(广)、王夷甫(衍)、庾子嵩(敳)、王安期(乘)、阮千里(瞻)、卫叔宝(玠)、谢幼舆(鲲)为中朝名士。"④正始之后,阮籍、稽康、山涛、向秀、刘伶、阮咸、王戎等七贤齐聚河南武陟的竹林之下,谈玄说理,史称竹林名士,其中阮籍、山涛、向秀、阮咸均为河南人士,中原玄学进入竹林时期。他们崇尚自然,认为自然是和谐统一的整体,人情应出于自然,反对社会名教对人性的束缚,提出要越名教而任自然。中朝元康时期的中原玄学则以郭象、乐广为代表,郭象在本体论上,注重现有,有自独化而生,而非由无而来。他们在名教与自然的关系上,着力调和名教和自然的关系,认为名教即自然,要在现实的社会中寻找人生的意义,

①　《庄子·齐物论注》。
②　《系辞下注》。
③　《序卦注》。
④　《世说新语·文学》。

不提倡放诞的人生态度。时至东晋，佛教东传，玄风渐停，韩康伯等重复着王弼等正始名士的玄学思想，认为有必生于无，并进一步援道入儒，以道家思想论证儒家伦理的合理性。由上可以看出，中原玄学奠基正始年间，发展壮大于竹林之下，至中朝元康时代已经成熟，东晋是其没落时期。

总之，从荀粲对两汉经学的怀疑和质问开始，何晏、王弼以无为本，竹林诸贤风流浪漫，向秀、郭象共注《庄子》，还有不拾舅舅殷浩的牙后慧的韩康伯，他们相互砥砺，成批的天才如群星灿烂，自此中原玄学名士如流。他们把中国哲学从两汉臃肿烦琐的经学中解放出来，促使中国哲学转向简洁而又富于思辨，简约而又追求玄远，注重现实的功业而又希求生命之树常青，开创了一代新的学风，形成了新的哲学思潮，在中国思想史上产生了深远的影响。

（作者单位：山东省聊城大学科研处）

炎黄二帝在河洛地区的史迹

刘文学

　　河洛文化是指以嵩山为中心包括郑州和洛阳地区在内的历史文化。这里是我国古代文明发祥的核心地区。著名考古学家苏秉琦在《中国文明起源新探》中说:"中国有超百万年的文化根系,有万年的文明起步,五千年的古国,二千多年的中华一统。"大约在一万年前,在中华大地上,我们的祖先还居住在山洞里,靠采集野果、狩猎捕鱼生活的时候,在中原地区,嵩山以东的具茨山一带,先民们已经过上农耕生活。20世纪80年代,考古学家在这里发现了八至九千年前的新石器早期裴李岗文化。对于这种考古学文化,许多考古学家试图将它与远古时代的传说历史相应,他们确认为是少典氏文化。在我国的传说时代,河南新郑是有熊氏之国、少典氏之国,部族的首领世代为少典。关于有熊氏之国,2 000年前西汉焦延寿的《焦氏易林》已有明确记载:"黄帝,有熊国君少典之子。"有熊,即今河南新郑是也。司马迁《史记·周本纪》记述,新郑至商末周初还为有熊国。至于少典,《辞海》说:"少典,古代帝王,娶有蟜氏,生黄帝、炎帝。"宋《路史·国名纪》:"少典,有熊帝之开国,今郑之新郑。"当代著名历史学家李学勤《在始祖山中华圣地建设促进会成立大会上的讲话》上说:"从文献上来看,新郑作为'有熊氏之墟'和'少典氏之国'这一点是没有任何问题的。在我们国家的历史上,经《史记》和《史记三家注》等书记载下来,应该说,两千年左右的时间没有任何人提出有力的证据来怀疑这一点。"少典氏时代,在河南嵩山东麓,先民们已经迈入以原始农业、手工业为主,以家畜饲养业和渔猎业为副的氏族社会,已经出现房屋、窖藏,类似文字的契刻符号和文化艺术等,苏秉琦说:"农业的出现,就是文明的根,文明的起源。"这就是我国最早的"文明起步"。考古学家赵世纲在《关于裴李岗文化若干问题的探讨》中说:"西亚的新月形地带和中国的嵩山东麓,好像东西并列的两座灯塔,远在八千年前,同时出现在亚洲的两翼,标志着东半球进入了'农业革命'新时代的黎明时期。"

　　大约到了七千年前,在有熊国的少典族中,孕育着两个强大的部族,一个是神农氏炎帝部族,一个是称为有熊氏的黄帝部族。对此,《国语·晋语四》有明确记述:"昔少典娶有蟜氏,生黄帝、炎帝。黄帝以姬水成,炎帝以姜水成,成而异德,故黄帝为姬,炎帝为姜。二帝用师以相济也,异德之故也。"这是说,神农氏炎帝和有熊氏黄帝都是出自少典氏。对于此,无论是历史上或是当代专家学者有着不同的解读:一种比较流行的说法是,炎帝和黄帝都是部族的名号,也都是部族的首领,他们世世代代都称炎帝、黄帝;一种说法,少典是他们的父亲,有蟜氏女附宝和女登分别是他们的母亲,他们是亲兄弟。关于炎帝的出生地,史书也有明确记载。晋代的《帝王世纪》说:"炎帝神农氏,姜姓也,母曰任姒,有蟜氏女登为少典妃,游华阳,有神龙首,感生炎帝。"炎帝生于华阳,华阳就在河南新郑市北。黄帝,《世本》和《史记·五帝本纪》都说:"黄帝居轩辕之丘。"《大明一统志》和《古今图书集成》都说:"轩辕丘在新郑县境,古有熊氏之国,轩辕黄帝生于此故名。"今河南新郑轩辕故祠还树有清乾隆二十九年黄帝所居轩辕丘遗址纪念碑。

　　神农氏炎帝族和有熊氏黄帝族,在有熊国经过长期的发展,炎帝族最先强大起来,其后黄帝族也渐渐强盛。这两个强大的部族,因为"异德","用师以相济",炎帝族从有熊国西去,到达今天陕西渭水流域一带定居。炎帝因长期居住在渭水河的上游姜水一带,改为姜姓,以陈仓(今宝鸡)为都,在这里发展壮大。后来炎帝族又发生裂变,其中一支沿江汉流域东上,到达今天湖北烈山一带定居,所以他们又称为烈山氏。后来,他们又向北发展,到河南陈丘(今淮阳)建都,成为当时最为强大的诸侯国。这期间的炎帝族,据《路史·炎帝纪下》记述,经历了炎帝柱、炎帝庆甲、炎帝临、炎帝承、炎帝魁、炎帝明、炎帝直、炎帝厘、炎帝居、炎帝节茎、炎帝克、炎帝戏、炎帝器、炎帝参卢是为帝榆罔,传 14 世,540 多年。炎帝在我国的农业发展史上曾做出重大贡献,发明了先进的生产工具耒耜,由锄耕发展为犁耕。炎帝教民耕作,开垦荒地,种植五谷、蔬菜等。因此,炎帝被后世称为神农氏。那时,自然环境和生活条件很差,人们常遇疾病,年纪轻轻的就死了,有时患流行病,一死就是成百上千,甚至一个部族都会全部死亡。炎帝为了拯救人们的生命,翻山越岭寻找中草药。他不仅口尝百草,还编著有《神农本草经》一书。据说,炎帝尝到一种叫做断肠草的剧毒药草,献出了生命。炎帝还开发市场,教族人把剩余的东西拿到集市上与族人互相交换,互通有无。

炎帝族从陕西渭水流域迁到长江流域和淮河流域后,其中一个以牛为图腾的部族居住在河南鲁山县的滍水一带。据孙作云《蚩尤考》说,这个部族的首领本姓姜,自在滍水一带发展强大之后,就改姓蚩了。可能是他在炎帝部族中最为强悍,人们都惧怕他,称他为蚩尤,他所领导的部族,遂也称为蚩尤族。蚩尤族历代史书多有记载,说他是"姜姓,炎帝之裔"。蚩尤不甘居下,带领自己部族脱离炎帝族,来到山东济水一带发展,占据了少昊族的地盘,收服了当地的土著黎族,成为我国东方一个最为强大的部族。蚩尤族团中,据说有 81 个部族,其首领个个都很神勇,能征善战,人们一提起蚩尤和这 81 个首领,都心惊胆战,称蚩尤为"战神"。

自炎帝神农氏从少典族分裂出去之后,黄帝继承少典氏的基业,做了有熊国的首领。对此,《竹书纪年集证》引《路史》说:"少典娶有蟜氏,是曰女登,生二子,一为黄帝之先袭少典氏,一为神农是为炎帝。盖少典始则其名,乃继以为氏。"黄帝族在有熊国的姬水(在今河南新郑具茨山下)流域发展。黄帝族的一名首领叫姬轩辕。姬轩辕天生聪明睿智,待人宽厚仁义,深得部族爱戴,被拥立为首领,继承少典做了有熊国君,很快使有熊氏部落成为当时比较强盛、文化水准较其他部落更高的一个部族。黄帝主要在河洛地区的新郑、新密、禹州、登封、巩义等地区活动,在新郑主要活动遗址有轩辕丘、姬水河、黄帝城、大隗山、风后顶、洪堤、大鸿山、大熊山、西太山、崆峒山、黄帝口、黄帝饮马泉、黄帝御花园、黄帝避暑洞;在新密主要有云岩宫(今名轩辕黄帝宫)、力牧台、大鸿山、崆峒山、大仙山、卧龙台、摩旗穴、摩旗岭、讲武门、崒山等;在禹州有崆峒山、广成城、逍遥观;在登封有嵩山、太室山、仓帝城;在巩义有黄帝修坛沉璧、河图洛书;在偃师有轩辕山;在灵宝有铸鼎原、荆山、黄帝陵等。

黄帝居中原之中河南新郑有熊,炎帝居中原南部河南陈丘,蚩尤居中原东部山东济水一带,成鼎立之势。这三大部族为了扩展疆土,获得更多的生存资源,经常发生战争。这时,炎帝族中一位名叫参卢,号榆罔的人做首领,史家都称他为炎帝榆罔。在榆罔之前,炎帝族的首领是"天子",可以号令诸侯,其中包括黄帝族和蚩尤族的首领。但是到了炎帝榆罔之世,因为榆罔缺少必备的智慧和才干,部族之间不团结,渐渐衰弱下来,一些诸侯国互相攻打,炎帝榆罔也不能禁止,一些诸侯倒向黄帝请求保护。炎帝榆罔见自己的地位日益下降,"天子"的宝座岌岌可危,就去惩处那些倒向黄帝的诸侯。黄帝为了保护这些诸侯,就在阪泉与炎帝进行战争。这场战争打得非常激烈,史书记载进行了三次大战,最后黄帝不得不联合熊、罴、貔、貅、貙、虎以及鹛、鹖、鹰、鸢等部落(一说是用这些经过驯养的兽鸟)攻打炎帝,结果炎帝大败。此时,蚩尤族首领蚩尤见有机可乘,为了夺取炎帝榆罔的"天子"地位,发动了对炎帝榆罔的战争,炎帝被打得大败。炎帝榆罔只好求助轩辕黄帝。黄帝以为如果炎帝被蚩尤打败,蚩尤族将更加强大,自己将面临严峻挑战,于是就与炎帝榆罔联合,共同与蚩尤作战,结果还是连连失败。黄帝听取风后建议,将这场战争引向河北涿鹿山一带。黄帝在这场战争中,发明指南车,采用"车围战"和风后八阵法等,经过五十二战,终于打败了蚩尤。黄帝在与蚩尤的长期战争中,在涿鹿山修建了临时城邑,这就是司马迁《史记》中所说的"邑于涿鹿之阿"。黄帝为了永远结束战争,在涿鹿附近的釜山召集三大部落的大小诸侯,要求他们交出所有兵符,从此不许再互相攻打,部族之间有什么矛盾冲突,由黄帝出面调停解决。之后,黄帝班师南下,回到有熊国,在西太山(今新郑西北)大会诸侯,商讨统一天下,定都有熊。这次大会诸侯,蚩尤族又推选出新的首领蚩尤,被黄帝封为六相之首。蚩尤族中攻打黄帝出力最大的风伯、雨师也被封为将领。关于黄帝在有熊国,即今河南新郑定都,历代史书有系统记载,《竹书纪年》说:"黄帝轩辕氏,元年帝即位,居有熊。"《括地志》说:"黄帝征战蚩尤,初都涿鹿,即位乃都有熊。"《纲鉴易知录》和《御批历代通鉴辑览》等也都说"帝自涿鹿还",在有熊即位,被诸侯拥戴为天子代神农氏炎帝。至于轩辕黄帝即位为"天子"的具体年代,古今史家纷纭,目前,为多数专家学者所认可的是仰韶文化晚期,距今 5 000 多年。而著名史学家李学勤、张文彬所看重的赵国鼎《黄帝甲子纪年录》考证,黄帝在有熊国即位至公元 2003 年为 83 个甲子年零 20 年,整 5 000 年。轩辕黄帝定都有熊之后,划野分州,设官司职,建立起庞大的国家政权机构。据《路史·疏仡记·黄帝》介绍,黄帝以云纪百官,设四辅、三台、六卿、三少、二十又四官,共一百二十个官位,每个官员都有明确分工,各司其职,负责管理天象、历法、地舆、农业、手工业、法律、军队、监狱、教育、文化、思想道德等等。对此,有学者认为这还不算是真正的国家形式,只是酋邦王国。黄帝王朝的疆域东至于海,西达甘肃陇右,南抵长江中游,北到河北燕山一带,东西南北长宽约1 500公里。这就是中华民族的最初版图。

史书记载,黄帝时代有许多创造发明,诸如宫室、城池、衣裳、车船、指南车、兵器、历法、阵法、器具、井田、音乐、医学、文字、铜鼎、礼仪、姻嫁、算数、度量衡,还有许多著作等。史家认为这时的我国已经进入文明时代,这些创造发明大部分在考古学文化上都得到证实。考古学家许顺湛《五帝时代研究》认为黄帝时代已进入我国文明的初级阶段。史书还记载,黄帝有25子,其中得到姓者14人,为12姓,即姬、酉、祁、嬉、箴、滕、任、苟、巳、姞、儇、依等,据《世本》等对黄帝后代的统计,黄帝的直系子孙到先秦时代已发展到101个属地(方国、诸侯国),分衍出510多个姓氏,其中姬姓仅青阳一支就繁衍了432个姓氏。炎帝族姜姓的后代占据16个属地,建立了24个诸侯方国,繁衍了108个姓氏。蚩尤也是一位了不起的人物,他创造发明了大弩、戈、矛、戟等,在当时来说是最为先进的武器。蚩尤族在黄帝的统一战争中,大部分又融会到炎黄族中。蚩尤是黎、瑶、苗族的祖先,也是黎、苗、勾、邹、屠、吴、司马、祝、彭、曹等姓氏的远祖。在中华大地上形成以炎黄族为主体的华夏族与其他部族相融合,你中有我,我中有你,多元一体的中华民族。

黄帝是一位伟大的政治家、思想家、军事家和发明家。是他在中国历史上最早结束万国诸侯相互侵伐,暴虐百姓的局面,建立起酋邦制王国,开创了"大一统"的新时代;是他在中国历史上首次结束了各个氏族和部族林立的局面,实现了民族的大融合;是他在中国历史上开疆拓土,奠定了中国版图的初基;是他在中国历史上开创了中国古代文明的新纪元。他是一位古代政治文明、物质文明和精神文明的杰出代表者,是一位集智慧、勇敢、勤劳、宽厚、仁慈于一身的伟大人格和性格完美结合的典范。中华古代文明之所以能够传承五千年,中华民族五千年之所以越来越强大,中华民族之所以五千年立于世界民族之林,靠的就是炎黄文化的凝聚力、亲和力和向心力。庄子曰:"世之所高,莫若黄帝。"上自五帝夏商周,下迄宋元明清今,莫不尊祀炎黄为始祖,而称自己为炎黄子孙。

　　史书记载,黄帝在位百年,死葬陕西桥山;炎帝葬于湖南茶乡县;蚩尤葬于河南台前县。

　　黄帝死后,人们为纪念这位伟大的祖先,于汉代永平年间在新郑县城北关黄帝出生地轩辕丘建轩辕故里祠。

　　现在,河南新郑黄帝故里、陕西的黄帝陵、湖南的炎帝陵、湖北的神农故里、河北涿鹿的三祖(炎帝、黄帝、蚩尤)圣地,每年都举行炎黄文化节或祭祖典礼,由此构成了我国特有的故里寻根文化、故都朝圣文化、陵墓祭祀文化和战争军事文化等。黄帝文化是中华民族传统文化的重要基石,是维护国家统一,民族团结,增强民族自信和凝聚力,抵御西方某些腐朽思想文化侵蚀的强大思想武器,对传承中华古代文明和振兴中华产生了深远影响。

（作者单位:河南省新郑市地方史志办公室）

河洛人文　风化闽台

许竟成　罗安贵　杨爱民

　　河洛文化是中华民族传统文化,它伴随文明时代开启而产生,华山之西与华山之东的黄河和洛河流域,其地处神州中心。[①] 五千年前,炎黄氏族就在这里创造"统一"的文明文化。河洛文化发生发展在华夏中心地区,有强烈的辐射性、传播性,也具有持久的凝聚力。河洛人文不断地向周边播迁,不断地风化周边地区。两晋之间、唐代前后,河洛人文渐次南播奥区,播迁入闽、入台;汉唐及明清时代,河洛人文风化闽地与台湾,使福建和台湾同与河洛,同为中华文化。

一、河洛传统文化

　　河洛文化起源于炎黄时代,起源于炎帝、黄帝实行一统的时代。万国统一于中央统治,是河洛文化的起发点。《史记·五帝本纪》记述:"神农氏世衰,诸侯相侵伐,暴虐百姓,而神农氏弗能征。"黄帝为使百姓不受暴虐,便平诸侯乱,"诸侯咸归轩辕",黄帝更代了炎帝的统一。于是"万国和,而鬼神山川封禅与为多焉"。随着统一与分封的开启,就产生了"王道"文化,逐渐产生了王制、德政、伦理、道德。

　　尧舜至夏商周,承传统一文化,并发扬丰富。尧帝与舜帝时,尚辑让,明德

政，已备天文、地理、四时①、律度、量衡等诸方文化。舜帝风行"五典"、"五礼"②，并有八音③乐律文化。夏禹王，勘治山河，方制九州；九州通达河洛，河洛王城声教"讫于四海"④。夏桀失德，民坠涂炭。商汤更代夏桀，治巫、谣、乱，修王道，施德政，"立爱惟亲，立敬惟长，始于家邦，终于四海"。⑤ 商末，纣王无道，周武王取而代之。周公辅成王，扶德施化，修礼明制。王者之制禄爵公、侯、伯、子、男五等；"州建百里之国三十、七十里之国六十、五十里之国百有二十"。⑥ 礼仪之制是为王制治国协邦安民的文化中轴，道、德、仁、义、忠、贞、诚、信诸生，君臣风行，士民俗成。帝都文化，于三代已丰富多彩。

　　河洛是神州中心，河洛文化风化九州。上古帝都王畿多在河洛地区。轩辕黄帝都于"有熊"。有熊，今河南新郑。⑦《书·舜典》："蛮夷猾夏"，喻夏为中土。夏，禹受舜封之地，今河南禹县。夏禹王划定九州，豫州居其中。其名豫者，晋书地志曰"禀中和之气"，有居中安舒之意。地居九州之中，也名中州。夏禹王都阳城，今河南登封告成。商、周诸王都城，仍在河洛区域。西周，武王都镐京（地在今西安市区），称镐京为宗周，王畿为天下所宗；周公营造雒邑，立京师。东周平王都雒邑。《史记·封禅书》记曰："昔三代之君（都），皆在河洛之间，故嵩高为中岳。"嵩高中岳，也表明河洛豫州地在中心。"其后五伯⑧更是帅诸侯以尊周室，故周于三代最为长久。八百余年至于赧王，乃为秦所灭。"周"初，雒邑与宗周通为封畿"。河洛王畿文化风化九州，九州风化程度有重轻浓淡之别。《汉书·地理志·鲁地》记曰："周兴，以少昊之虚曲阜封周公子伯禽为鲁侯"，"其民有圣人之教化"。

　　春秋之末，诸侯兼并剧烈，王道礼制崩废。孔子游说不可复礼，乃"追迹三

---

① 　四时之数，《尚书·尧典》"朞三百有六旬六日"。朞，一年。

② 　《尚书·舜典》："协时月正日，同律度量衡。""慎徽五典"，"修五礼"。后儒释五典，父义、母慈、兄友、弟恭、子孝；五礼，吉（祭祀）、嘉（冠婚）、宾（宾客）、军（军旅）、凶（丧葬）。

③ 　八音：金、石、丝、竹、土、瓠、革、木。

④ 　《禹贡》："九州攸同"，行甸服、侯服、绥服、要服、荒服之制，"东渐于海；西被流沙，朔、南既声教，讫于四海"。

⑤ 　见《尚书·伊训》。

⑥ 　见《晋书·地理上·总叙》。

⑦ 　黄帝都，《史记·五帝本纪》〔正义〕据《舆地志》曰："涿鹿（本彭城）迁有熊。"〔集解〕皇甫谧曰："有熊今河南新郑是也。"

⑧ 　五伯：春秋中期齐桓公、宋襄公、晋文公、秦穆公、楚庄公。

代,序《书传》,上纪唐虞之际,下至秦缪,编次其事"。^①并著春秋,以正王道,以《尚书》、《礼记》尚夏、商、周圣王传统之风,总结先王之制;选辑《诗经》,宣礼义;传《易》,述辩证之理。孔子与弟子三千贤者七十二,广传儒教。其后又有鲁地孟轲,述尧舜及夏商周三代圣君之德,著作《孟子》,宣圣王仁政之德。孔孟儒教文化,是帝都王畿文化在鲁地的总结。儒术虽与战国诸霸并争不为迎时,"然齐鲁之间学者独不废也"^②。孔孟将王道礼仪文化系统化、理论化,实为三代之河洛文化。今称齐鲁文化与河洛文化,是为一体文化。两汉,孔孟儒教文化,又成为河洛帝都王畿文化,帝王用以统治州郡县,风化庶民百姓。

河洛文化包含有人本姓氏文化,比起道德礼仪文化姓氏文化更有源本意义。标志人生来源与发展的姓氏,颇多出自炎、黄二帝,颇多出自中土河洛。河洛地在中原,夏代以前之封或不多在中土,而自夏代之封则已多在中土。《禹贡》记载:"中邦赐土姓。"《汉书·地理志》记载:周初封国时,"太昊、黄帝之后,唐、虞侯伯犹存"。周初封国土地不在河洛者,而其公、侯、伯、子、男邦国之君,也出自炎黄唐虞及夏商帝王之裔。秦始皇统一天下,诸侯国尽灭,尽易之为姓氏。姓氏多数源自河洛帝王或同姓戚裔。姓氏为明确自身源本文化,其蕴含与申发有爱国爱乡忠君敬宗的思想感情,同与河洛文化的其他内涵,有传统性,有凝聚力。

二、河洛士民播迁闽台

河洛文化风化汉民。秦汉四百多年,完成统一之治的大变革,变分封诸侯国制为州郡县制;变帝裔及同姓戚亲、异姓大臣受封藩国,为异姓士官受命封疆大臣。这一变革有利于三代河洛区域王道文化的推行,有利于风行孔孟儒教这一治理封建国家的根本文化。两汉帝都仍在河洛。两京诸帝选用儒教治国,故礼、乐文化大彰。西汉武帝罢黜百家,独尊儒术,以礼教风化天下;东汉光武帝笃爱经术。《资治通鉴·汉纪》下曰:光武帝"敦尚经术,宾延儒雅,开广学校,修明礼乐,武功既成,文德亦洽"。"自三代既亡,风化之美,未有若东汉之盛者也。"帝都的王道、德政、礼教文化,通过地方官吏风行到东汉时期的江河湖海十三州。

---

① 见《史记·孔子世家》。
② 《史记·儒林列传》太史公述:"至于始皇,天下并争于战国,儒术既绌焉,然齐鲁之间,学者独不废也。"

十三州的郡县百姓,同沐皇风,同受孔孟伦理教化。汉代十三州的百姓,有了共同的心理素质、共同的风俗、共同的语言文字,形成了汉民族。

河洛士民播迁奥区。两汉以后,河洛士族百姓不断播迁,河洛文化也随之俱往。东汉后期,桓帝迷信佛、老之教,朝政不振。灵帝政衰,黄河南北"黄巾"①义起。董卓擅权,挟献帝西迁长安,洛阳都邑京畿"二百里内室屋荡尽,无复鸡犬"②。三国魏、蜀、吴分立,竞相争统一,汉代之河洛士族百姓衍裔播迁,遍及天下,其中一些从颍川、汝南路南下者,进入河洛奥区③。河洛奥区者,是京畿河洛士民百姓南徙淮南,念河洛之旧而称。

三国魏文帝曹丕复都洛阳,建置豫州,辖区南有淮南安丰郡;安丰郡领原属庐江郡的安风、雩娄、安丰、蓼、松滋数县;豫州的区域扩大至原扬州域了。这是河洛人文播迁之故,地域文化也在延展。

西晋之末,河洛"衣冠"士族播迁闽地。晋惠帝及怀帝年间(290~313年),匈奴族刘渊建汉,争据河洛区域。晋怀帝永嘉五年(311年)四月,京都洛阳"百官流亡者十八九"。六月,怀帝被汉主刘聪所执,"士民死者三万余人"。"时海内大乱"。冬十月,羯族石勒攻占豫州,"诸军至江而还"④,河洛"士民避乱者多南渡江"。其中士族大姓远徙入闽。此期入闽的河洛士族,闽籍有载。唐代闽县人林谞撰《闽中记》记载:"永嘉之乱,中原士族林、黄、陈、郑四姓先入闽,今闽人皆称固始人。"⑤从汉末至三国、西晋,河洛士族渐次南徙;汉末至三国时,河洛士族南徙未过江,淮西划为豫州,多居豫州南部奥区;西晋末年,石勒诸军攻打到晋豫州南区,又攻打至江⑥,河洛奥区成为河洛衣冠士族入闽的出发地。隋文帝

---

①　东汉灵帝中平元年(184年),河北钜鹿张角以黄老道联络弟子,串通四方郡国信徒,人众数万起义,以黄巾标识。事见《后汉书》《帝纪》及《皇甫岩传》。
②　事见《资治通鉴》献帝初平元年(190年),董卓擅权挟献帝西迁长安,"收诸宫室","死者不可胜计"。"悉驱徙其余民数百万迁于长安"。
③　河洛奥区,即河洛的南部,三国时因河洛士民徙居淮南数县,曹魏将其划归豫州;南朝刘宋于此又置光州,遂称河洛奥区。清乾隆《光州志·附余卷·序光州志略》:"光州北枕汝颍,东护淮风,南带齐安,西接申唐,盖河洛之奥区,战守之要埌。"置豫州、称河洛奥区,皆因河洛士民多迁居于此之故。
④　引句见《晋书·帝纪第五》与《资治通鉴·晋纪·怀帝永嘉五年》。
⑤　固始地在淮西豫南,是河洛士族由颍川、汝南向江南闽地播迁的过渡性地带。入闽士族多经由固始,故有"皆称固始人"之称。
⑥　《晋书·帝纪》孝怀帝永嘉五年冬十月"勒寇豫州,诸军至江而还"。

杨坚统一南北,并小为大,旧安丰郡之雩娄、安丰、蓼等县故地并入固始。淮西,汉时属庐江郡,也是汉武帝尽徙闽越民于江淮间的所在。客观上,汉武帝时就为后世河洛士族入闽勾画了路线。清乾隆《福州府志》引北宋路振《九国志》记载:"永嘉二年(308年),中州板荡,衣冠(士族)始入闽者八族,林、黄、陈、郑、詹、邱、何、胡是也。以中原多事,畏难怀居无复北向。"南宋梁克家修纂《三山志》记载:"爰自永嘉之末,南渡者率入闽,陈、林、郑、黄、詹、邱、何、胡,昔实先之闽。"闽籍所反映西晋末年入闽者八姓,皆为河洛"衣冠"士族,他们及先人多为河洛地区士官要员。只有衣冠士族大姓,才有条件数千里远行,开辟新居。

唐代河洛奥区士民入闽,其规模更大,是奉皇命与定向迁徙,有组织地趋往。唐初高宗朝,岭南泉州与潮州之间梁山"蛮獠"族民"啸乱",绥安镇守戍力不制胜,高宗卫府左郎将陈政及其子陈元光领府兵与眷属8 000多人入闽南镇抚。河洛奥区8 000多人尊皇命在梁山之地安家落户,与"蛮獠"融合,成为陈元光在荒僻之地开建漳州的基础户民。今云霄县和漳州市地方志部门据族谱统计资料表明,随陈氏将军入闽的光州府兵与眷属共84姓,其中大多数为河洛士族后裔,如陈、曾、丁、许、卢、马、李、戴、刘、张、黄、林、郑、杨、苏、蔡、林、方、王、何、魏、胡、郭、萧、詹、施、邱、曹、欧阳、司马等等。他们的族谱记载,先祖出自河洛,唐初祖由河洛奥区光州固始随陈氏将军入闽。

唐末,天下又大乱,黄巢起义浩大,其流浊漫溢中州,光州固始王潮、王审邦、王审知三兄弟领乡民义军5 000多人,择地入闽,除暴安民,统一全闽,唐昭宗表授王潮为福建观察使、威武军节度使;后梁太祖封王审知为闽王。随王氏入闽的5 000多人众,皆在泉州、福州等地安家落户,其50余姓氏仍为河洛旧族。

河洛士族后裔入台,多由闽地。闽地,汉武帝时尽徙其民于江淮之间,曾虚其地。东汉初,闽地故冶有民集聚,光武帝复置章安县,户不上万①。三国至南北朝,闽地户籍人数仍不多。宋《三山志》记载:河洛士族于西晋末年南渡入闽,闽地"隋唐户口既番(繁),衣冠始集"。此记载表明,闽地户口于隋唐既多,是因河洛士民入闽繁衍而致;闽地的户籍人口,多是河洛氏族后裔。闽地临近东南沿

---

① 《后汉书·郡国四·会稽郡》:"章安,故冶,闽越地,光武更名。"会稽郡领县14,户123 090,均算户为8 790。建安初年,章安改称侯官县,其令称长,汉制县户不及万者称长。

海岛屿,南宋时泉州晋江领澎湖,遂有晋江之民徙居澎湖。① 元代台湾归附,属福建省,泉州、漳州之民陆续徙台垦植。② 至明代末年,漳泉之民徙居台湾人数已达 10 万。③ 明末延平郡王郑成功领军 25 000 人,驱逐荷兰殖民者,收复台湾。郑成功鼓励沿海人民移居台湾,"闽浙居民附舟师来归,烟火相接,开辟荒土,尽为膏腴"。连横著《台湾通史》记载:"郑经弃金厦,沿海人民航海而至者十数万人。"至此,居台湾汉民已达 25 万人。郑经居台,迟迟不归清廷,康熙二十二年,福建水师提督施琅领军 2 万,统一台湾。此时,沿海漳、泉二州又有数十万居民迁台。⑤ 雍正年间(1723 ~ 1735 年),台湾汉民在 60 万以上。⑤ 光绪十三年(1887年),台湾建省,人口 320 余万。1928 年台湾总督府作《台湾在籍汉民族乡贯别调查》,在 375.2 万的台湾汉人中,83% 来自福建,16% 来自广东,1% 来自其余各省。自 1935 至 1956 年间,国民党政府政军各类技术人员迁台640 072人。1949年前后,台湾岛内常住人口 600 万。⑥ 现在,台湾省人口2 300万,其中高山族原住民 30 多万,98% 还多的为汉族居民。原住民"高山族先民是古代大陆长江中下游以南地区古越人后裔,他们绝大部分是春秋晚期至秦汉之际,先后迁徙台湾的'安家之民',同属炎黄子孙"⑦。98% 的汉族,是属于"陈、林、李、王、张、黄、郑……"等一百个大姓。这些河洛姓氏 80% 的人口,是明、清时代来自福建及广东省居民的后裔;他们的大多数又是晋、唐时代及宋代来自河洛和河洛奥区先民的后裔。1953 年台湾人口统计,民户 82.9 万,737 个姓氏,其中 500 户以上的大姓有 100 个;在这 100 个大姓中,有 63 姓的族谱记载先祖是从河南迁至福建,再从福建迁入台湾。这 63 姓的总户数为 67 万,其人口占台湾总人口的 81%。这63 姓的族谱,多数又明确记载先祖来自河洛奥区"光州固始"。

---

① 《宋史·卷四百·汪大猷传》记载:孝宗年间(1163 ~ 1188),泉州知州汪大猷遣将于澎湖留屯。越汝适《诸蕃志》也记载:南宋时澎湖属泉州晋江县。

② 《元史·流求》记载:元成宗元贞三年(1291 年)九月,福建省都镇抚张浩、福州新军万户张进,赴台湾,台湾收附。

③⑤ 台湾海洋大学亚太中心郭展礼《汉民族移民与台湾的开发》(见汉民族研究 2000 年国际学术会议论文集《中华文化与海峡两岸民族研究》)。

⑥ 《明清至1949 年福建汉民的迁台与历代政府相关正第的变化》(福建师范大学历史系徐心希)。见《中华文化与海峡两岸汉民族研究》(汉民族研究 2000 年国际学术会议论文集)。

⑦ 张品端:《台湾原住民源流考》,台湾省各姓渊源研究会编印《台湾源流》(二)。

三、河洛人文风化闽台

西汉高祖册封夏少康帝庶子于越之苗裔无诸为闽越王,治闽中故地,河洛王制礼教文化风行至扬州沿海,闽中故地出现中原式样的铁制工具,和农耕为主的经济。而不到百年,因闽越王郢、东越王馀善多次反乱,武帝为"免后世患,迁其民于江淮间,遂虚其地"①。此后一百多年闽中无建置,成为王道教化不至之地。东汉之初,闽中故地复有民聚,光武帝朝立章安县,治冶。汉末、三国,以至于南北朝,因河洛中土士民渐次南徙闽中、闽南,王制行政也渐次于南。至南朝(刘)宋,闽中建安太守领 7 县,闽南晋安太守领 5 县,12 县民户 6 255,民口 37 524。②这些民户人口,多为汉末及西晋末年河洛南徙士族之后裔。其中晋安郡(今泉州)民户,多数为"永嘉之乱"、"八姓衣冠士族入闽"之裔。然而此期,闽地西部梁山地区仍为蛮荒,时至隋唐之际,仍为蛮獠族民住居,没有受到王道教化。其风土人情如《隋书·地理志》扬州条下记载:蛮獠"人性轻悍,易兴逆节"。"椎结跣踞","巢居崖处"。"刻木以为符契,言誓则至死不改。父子别业,父贫,乃有质身于子"者。

扬州领海岛屿台湾,此时民俗也是如此。《隋书·列传第四十六》东夷流球(台湾):"居海岛之中,当建安郡东","国有四五帅,统诸洞,洞有小王"。"男女皆白纻绳缠发,从项后盘绕至额"。"有刀槊、弓箭、剑铍之属"。"俗无文字,望月亏盈,以纪时节,草木荣枯,以为年岁。""无君臣上下之节,拜伏之礼。""嫁娶以酒、珠贝为聘,或男女相悦,便相匹偶。""厥田良沃,先以火烧,而引水灌,宜稻、粱、禾、黍、麻、豆"等,"风土气候,与岭南相类"。时至明季,其俗犹然。万历三十年(1602 年),有连江陈第随军剿倭入台,撰《东番记》,述台湾岛土著习俗后引"野史氏"曰:"异哉东番,从烈屿诸澳,乘北风航海,一昼夜至澎湖,又一昼夜至加老湾,近矣。乃有不日不月,不官不长,裸体结绳之民,不亦异乎"。"合其诸岛,庶中国一县"。"其无怀、葛天之民乎?"近有台湾省各姓渊源研究会林瑶棋先生从"台湾原住民的传统族名"研究,鉴识原住民高山族分为泰雅、阿美、

---

① 事见《汉书·帝纪》武帝建元六年(前 135)、元封元年(前 110)纪。
② 《宋书·州郡志》。

赛夏、布农、邹、鲁凯、排湾、卑南、雅美九(氏)族,其中阿美、泰雅、卑南、雅美族带有母系社会式遗俗。① 闽南梁山蛮獠族于隋唐之际仍古俗蛮荒,台湾高山族至明古俗仍蛮荒,皆因王道礼教不及、河洛人文未至所致。

河洛士族及其后裔士民大量徙入闽台,河洛文化风化闽台,闽台文化一步跨越若干世纪。唐初,泉州(治地在今福州)与潮州(今广东省地)之间,九龙江至梁山地区"蛮獠啸乱",陈政与陈元光父子领河洛奥区光州府兵平定啸乱,建置漳州与属县,②河洛奥区士民百姓八千多人与数千蛮獠族人成为漳州与属县的户籍民口,刺史县令奉行朝廷政令,风行德政礼教;中原士民日事身行传播河洛文化。汉族与蛮獠族杂错处居,族民相互通婚,数十年后不分"越与秦"。③ 唐及其以后,漳州兴教习儒风行,逐渐成为礼仪之邦、海陬邹鲁,不论是汉族还是畲族(唐称蛮獠,宋称畲族),爱国仁义之士、名流硕儒辈出。

唐末,王审知带领河洛奥区士民五千多人,以河洛文化进一步风化闽地。两宋时期,福州普遍兴教,官学私学(书院)并起,沿海郡县文风昌盛,硕士大儒朱熹、杨时等,在漳州、泉州、福州事职讲学。苏颂《送黄从政宰晋江》诗称闽南"弦诵多于邹鲁俗"。闽南实为礼仪之乡,实因河洛人文风化所致。

台湾自明洪武年间受太祖赐"镀金银印",世受册封,遂岁贡方物;朝廷也赏赐瓷器、铁釜。台湾藩国王遣王子与寨官子弟入国学,"感慕华风"。王遣使请赐冠带,帝赐与,并赐其臣下冠服。二十九年(1396年),帝"又嘉其修职勤,赐闽中舟工三十户,以便贡使往来",即有河洛姓氏族民居于台湾王族之地。藩国诸王皆为尚氏,尚氏慕华风,请册封心志不移。万历四十年(1612年),日本"以劲兵三千入其国,掳其王,迁其宗器,大掠而去。浙江总兵杨宗业以闻,乞严饬海上兵备,从之。已而其王释归,复遣使修贡"。"福建守臣尊朝命却还之,其使者怏怏而去。四十四年,日本有取鸡笼山之谋,其地名台湾。密尔福建,尚宁遣使以闻,诏海上警备。"④

---

① 见于1996年豫闽台姓氏源流研究会论文《台湾原住民姓名的探讨》(台湾省各姓渊源研究会林瑶棋撰)。
② 事见《漳州府志》。
③ 丁儒《归闲二十韵》诗句:"辞国来诸属,于兹缔六亲"。"相访朝如夕,浑忘越与秦"。丁儒随陈政入闽,陈元光建漳州时任别驾。事与诗见《漳州府志》《白石丁氏古谱》。
④ 此段事与引文皆见《明史·列传百二十一·琉球》。

　　明清之际,民族英雄郑成功收复台湾,爱国将领施琅统一台湾,河洛士民后裔漳泉居民大量迁居台湾。台湾循典建章,增县置府,并实行保甲制、团练制,细化建制;行王道、儒教,社会安定,经济发展。至光绪十三年(1887年),台湾改建行省。河洛士民后裔与闽越氏族后裔和睦相处,共同开发建设台湾。① 台湾省彰化县丘逢甲,光绪十五年(1889年)进士,不在京城候官,回台湾从事文化教育,在台南设崇文书院,在台中设衡文书院,在嘉义设罗山书院,"诱掖后进,不遗余力"。② 1945年抗日战争胜利,至中华人民共和国成立,国民党政府以军队为多数的党政军等各类人员60多万撤驻台湾省。这60多万人员,皆是炎黄姓氏,祖根中原河洛。

　　日本占据台湾50年,河洛文化抵御"日化"50年,台湾民众依然是中华心。外来之风可以伤及皮肤,但是难以刻骨动本,因为台湾地偎大陆,先为福建一县,后置为省,百姓关系炎黄氏族,关系河洛文化。"文化总是会超越政治与经济的压迫与诱惑;文化也会超越时间和空间的限制与束缚。"③台湾风土人情,除原住民少数民族保留一些古代习俗之外,其汉民起居衣食、语言、娱乐、好恶,主格全是中原模式;其学风、循礼、祭先祭祖祭圣,近同漳泉,远如河洛;少数民族与汉族融合,其俗也在演化。

　　河洛文化产生于上古帝都王道,它的核心思想是一统;为达协和一统,产生德政、礼教、伦理、道德等诸方文化;因分封传世,也产生帝王世系与源远流长的姓氏文化。这种统一的文化,既系地,也系人,是中华五千年文明的一种标志。总之可以概括为:京畿河洛古之中华,边疆海陲今亦中华,中华文化尽布神州,神州繁荣炎黄开化。

(作者单位:河南固始永和高中、固始县政协)

---

① 《清史稿·地理·台湾》〔刘铭传会奏〕:台湾生番归化,狂榛之性初就范围,尤须分道抚循。
② 《台湾源流》(二),黄志平、徐博东撰〔丘逢甲写作《离台诗》的史地背景〕。
③ 见台湾省各姓渊流研究会编印《台湾源流》(一),廖庆六撰《从台湾姓氏族谱探索族群融合的真谛》。

河洛文化在台湾

（台湾）谢魁源　马永涛

前　言

　　台湾话是闽南话,台湾人却称之为"河洛话",意谓台湾话,就是"古汉语",就是古代"河南洛阳"地区汉人使用的语言,是汉字所记录的"最纯古汉语";与"五胡乱华"后所形成的近代汉语——普通话相较,台湾话依旧保有平、上、去、入分阴阳"四声八调"的"汉语基因",依然保存"前位移音"、"连读变音转调"的"汉语特色"。现在台湾地区所谓的国语也就是大陆地区的普通话,则丧失了阴入、阳上、阳去、阳入四声,语言沟通虽无问题,但对"河洛汉文化"的保存流传是有害的;因为缺少阴入、阳上、阳去、阳入四声的关系,对于诗经、楚辞、汉赋、唐诗、宋词及骈文的押韵"韵脚",完全无力解读,致使"诗沦为文"。我想体会最深刻的,应该是大学中文系所的学生吧!

　　台湾话因是古汉语,还具平、上、去、入分阴阳"四声八调"及"一字多音"的汉语本色,所以学过"汉语文言音"的诗友,对于汉诗词的韵脚,可完成解读;甲午战争,清廷战败,于乙未年割台之后,台湾地区的"汉裔日本国民",为保全"河洛汉文化"于不坠,全台广设"汉语诗社"达207社之多(文化大学廖一瑾博士研究报告);台湾至今诗风鼎盛,本人亦定期举办以"河洛语诗词吟唱"及"古琴演奏"为特色的"台北汉学雅集",可以说河洛汉文化依旧保存在台湾。

　　为证明本人所言不谬,特举本人考据台湾话的四篇论文以为佐证,文曰《详说台湾话》、《细说台湾话》、《论说台湾话》、《述说台湾话》(编者按:收录两篇)。

一、《详说台湾话》

如果说孔子、孟子、孙子、秦始皇、曹操、刘备等人也说台湾话，可能大多数人不敢相信，但这是千真万确毋庸置疑的事实。

台湾地区除了官定的国语——北京话之外，使用人口最多的当属台湾话，在这个时候谈台语，并非要赶搭本土化列车，而是以一个历史研究者、文学爱好者、语言学习者的立场，做一份历史语言的考据报告。

台湾话是通行于福建南部、台湾地区以及东南亚华人社会的"闽南话"，也就是所谓的"河洛话"——上古汉语。

住在河洛地区的人叫"河洛人"，所讲的话叫河洛话，但河洛话为何会出现在闽南？河洛又是什么地方？

汉初将东周旧都成周、洛邑两地改制，称为河南县与洛阳县，是以汉、晋以来统称之为"河洛"，我们一般所说的河洛，就是由此而来；在周朝时，河洛地区位居天下之中，故有中州或中原之称，因此河洛与中原本为一体，河洛人即是中原人，是最道地的中国人；河洛话是最纯正的汉语。

山南水北谓之"阳"，故河洛故地，应该是在洛水之北与黄河之南，涧水以东，瀍水以西一带，那就是古人逐鹿中原的地方，是东晋以前汉人的政治、文化中心，是汉文化的发祥地。

在河南省安阳县小屯村的殷墟故地，发现了最初的汉字"甲骨文"，在陕西、山西、河南等地，随着青铜器的出土，商周时代使用的古汉字"钟鼎文"陆续被发现；即使到刘邦建国以后，才用"汉"作为朝代名称，但之前的各朝各代，却早已使用汉字，写汉文，说汉语；是以我们敢大胆推断，在宋朝以前的官话古汉语（河洛话），就是当今的台湾话（闽南话），被当时的天下奉为正音、雅言。

孔夫子平常在家讲山东话，但是他在开补习班，教授《诗经》、《书经》时，或主持重大庆典时，一定使用台语，《论语·述而》篇有云"子所雅言，诗、书、执礼，皆雅言也"，即可证明。不信请看孔夫子所说的台湾话"近朱者赤，近墨者黑"，在曹操的名诗《短歌行》中，有如下三段："对酒当歌，人生几何？譬如朝露，去日苦多"，"明明如月，何时可掇，忧从中来，不可断绝"，"月明星稀，乌鹊南飞，绕树三匝，何枝可依"，以及《神龟寿》中的"神龟虽寿，犹有竟时，腾蛇乘雾，终为土灰"等句,如果不用台语诵读,就不见押韵,不合"有韵为诗"的标准,当然唐诗宋词里,更多这种例子。(参看拙著《台语唐诗三百首》、《台语宋词三百首》)

不管李白、杜甫或是你我他,如果要作近体古诗,非得使用中原音韵——汉语不可,否则会"平仄不分","去入不明";只有使用河洛古音吟诗,才能分清平仄,表达优美诗韵。

为什么古汉语——河洛话,会飘洋过海到台湾?说来话长,却是有迹可寻,有案可稽。中国边患,自古有之,周平王为避犬戎之乱而迁都"洛邑";秦汉时的外患为北方的匈奴,汉高祖曾被困白登七日,狼狈而逃,从此,自高祖以至文、景两帝,对匈奴皆采取和亲政策怀柔匈奴,以求厚植国力;至汉武帝时,国势强盛,开始对匈奴用兵,使匈奴分裂成北匈奴和南匈奴。

北匈奴逃至东欧,变成今日的匈牙利,南匈奴则内附,居住在陕、甘、幽、并诸地,并派汉人行政长官——司马加以统治;汉文化虽然了不起,但汉人的德性及官风,想必令人不敢恭维。

匈奴人在汉官"把人当马"管理期间,铁定吃足苦头,数百年积怨难忍,一但晋王朝因八王之乱,国家衰败之际,匈奴人刘渊最先发难,倾巢而出,首开五胡乱华之局,史称"永嘉之乱",中原板荡,衣冠士族,大量南迁福建泉州。

南宋参知政事,泉州晋江人梁克家所撰《淳熙三山志》称:"永嘉之乱,衣冠南渡,时入闽者八族。"又称:"爰自永嘉之末,南渡者,率入闽:陈、郑、林、黄、詹、丘、何、胡。"《福建通志》卷五五云:"晋永嘉后,中原衣冠,避地趋焉。"《九国志》提到:"晋永嘉二年,中州衣冠入闽者八族,以中原多事,畏难怀居,无复北响。"《八闽通志》说道:"晋永嘉中,衣冠多趋闽,自是畏难无复仕者。"《瓯宁志》亦称:"晋永嘉末,中原丧乱,士大夫多避乱入闽。"《闽中记》也提及:"永嘉之乱,中原人士,相前后入闽;后梁王审知亦中原河南固始人。"

以上所引述各家之言,为的是要证明,这是第一批移民到福建的中原汉人,他们有如陶渊明《桃花源记》所说的"先世为避秦时乱,率妻子邑人,来此绝境,不复出焉"。

这批难民,把居住的地方叫做"晋安",以遥祝祖国——晋王朝平安;把所在地的两条河川,命名为"晋江"及"洛阳江",并在洛阳江上建洛阳桥,以纪念晋故国及故乡洛阳;宋代的大书法家蔡襄写有《洛阳桥记》一文:明崇祯十三年,郡守孙朝让,重修泉州"洛阳桥",并为之记,文中曾提道:"迄今遵海而居,横江而渡者,悠然有小河洛之思焉。"

由此可见,晋人就像移民到美国的台湾人,把蒙特利市变成小台湾,把"义美"、"新东阳"都搬到彼岸一样;故国之思,千古不易。

三百六十年后,唐高宗总章三年,河南光州固始人,归德将军——陈政及其子陈元光——开漳圣王,率领五十八姓,一百二十三员官吏,三千六百名步卒,经营闽南,剿抚盗贼及余族。

武则天垂拱二年(686年),经宰相狄仁杰奏请,准另置"漳州";因"漳江"与老家河南临漳的"漳水"相似之故,是以,以"漳"为水名及州名,这是第二批有规模南下的中原人氏。

陈元光于21岁时继父业,尝娶余族钟氏女以为安抚,然于55岁时,终为余人所害,死后被封为"临漳侯";"临漳"为其故乡,以其地临近漳水故名(即今天河南安阳地区,为殷墟故地,乃甲骨文发现之处)。

"临漳"古名"邺都",是河神娶妇故事的主人翁西门豹所管辖的邺地;曹氏的魏国就建都于此,铜雀春深锁二乔的"铜雀台"也建在此地,曹丕篡汉之后,才迁都洛阳。

又过二百年,河南光州固始人王潮、王审知、王审邦兄弟入闽,潮奏表归唐,封为泉州刺史,兴学劝农;唐昭宗赐为福建观察使,乾宁年拜为威武军节度使,检教尚书大仆射,卒,季弟王审知代为正使。

王审知治闽时,延聘贤俊,建学四门,教闽百姓。审邦子王延彬建招贤馆,收留唐亡后之衣冠旧族,所谓"中原扰嚷不已,公卿多来依之"。五代以后,闽南泉州,成为唐末士大夫避难之所,台湾人好客之风,实源于此。这是第三批有规模的中原移民。

王审知治闽近三十年,四境安宁,不见兵革,唐末虽割据福建,仍然效忠大唐,唐亡后,终其一生,未曾独立,始终奉唐为正朔,把治理的福建地方称为"大唐江山",简称"唐山",这是漳州人及泉州人被称为"唐山人"的由来;同属闽南泉州人的郑成功,在明末迁台后,亦遥奉明为正朔,想必系受同乡先贤的启发吧!

四百年前,福建人开始移民海外,有人渡过黑水沟到台湾,有人到泰国、印尼、马来西亚、菲律宾等地;东南亚一带的华侨,除少部分为广东江浙人士外,多是操河洛话的大唐子民——唐山人;因此东南亚诸国称中国为"唐山",但若把唐山人泛指"大陆来的外省人",那可就牛头不对马嘴了。

清代偶有闽南的"罗汉脚",零星地来台湾讨食,直至郑成功收复了台湾,带来大批官兵,这才是闽南河洛族裔最大规模向台湾移民的开始。

郑成功本身是泉州南安石井人,他带来的人,一定以泉、漳人氏居多;所以至今台湾人仍以河洛裔占大多数,这是上古汉语——河洛话留传台湾的大概经过。

河洛人是中华民族的精英,东晋以前,居住在大中原,五胡乱华后北方沦陷,留在北方的汉人同胞,势必胡化,君不见大唐李家于北朝时被赐姓为"大野",隋文帝之前被赐姓为"普六茹"。

朝廷过江诸人,建都建康(今江苏南京),时日一久,也必定和吴越人融合,血统语言纯度不保,可以想见;唯"永嘉之乱"后,相率避难,直奔晋安地区的河洛人,端赖福建多山,交通不便之故,得以保存较纯正的中原血统及语音。

郑成功收台成功之后,他的官兵子民,就地取材,和台湾的平埔族女子通婚生子,在台湾落地生根,台湾地区出现了新的河洛人;这是继唐朝汉人与畲族通婚之后,汉人第二次大规模地与异族血缘交流。

我们判断,大多数的人,都混有母系"马来种"血统,仔细瞧,每一个人都有"番头番面"的感觉,因为早期的台湾人,大都只有"唐山公",没有"唐山妈"。

古代,汉文字就像现在的英文一样,为万国通用语言,在中国大陆上,为狭义及广义的中国人所使用,各省的人,话不相通,但书可同文,然因"语不同音",所以汉文不等于文言文,只有以河洛古音所发音的文言文才叫汉文,以中原正音所发音的近体古诗才叫汉诗。

细听闽南的河洛话,古朴典雅,都是做诗的材料;明朝时代,河洛话已有准确"八声十五音"的文字记录出现,我们可以很清楚的、公式化的辨识"平、上、去、入、分阴阳"的"阴阳八调";会讲闽南话的人,只要分得清平仄音,都是准诗人,略加教导,便能"听声辨八调",立刻可变成做诗高手。

现在的国语——北京话是"胡化的汉语",是九百五十年来,盘踞中国北方的辽、金、元、清诸异民族的语言加上汉语所形成的"胡汉混合语言"。平仄紊乱,人声消失,说话要卷舌、撇唇、咬牙、切齿,与汉语"出口成声"大异其趣。

汉唐古人如果复活,能够和他们交谈的,只有台闽地区说古河洛话的人才行,说国语的人,最多只能笔谈,而且最好的成绩,只能达到二成的实力。

二、《细说台湾话》

台湾话是"古汉语",现在的国语是"北京话",是"满洲话",是使用汉字的"新汉语",也是大陆地区的"普通话"。

但凡人类都先有语言,后有文字,再以文字记述语言,理应"语文合一",怎么说就怎么记,写出来的和所说的话完全一致;就像现在的白话文一样,它是大约一千年前,起源于北方,类似"美式英语"的汉语系方言——"北京话"的"汉字书写体"语体文;但现今汉人语文能合一者不多,仅限能为文言文者。

我们如果用台语读国语的白话文,看得懂,但有很多如"的、了、吗、呢"等字汇,却读不出声来,问题在于白话文不是"纯汉语",是融合了北方异族语言的"新汉语",我们可以说,汉人"同化"了入侵中国的异族,而异族"异化"了汉语,在北方,产生了新汉语——"北京话"。

北方各种异族入主中原之后,为管理、使役汉地人民,势必入境随俗使用汉字、汉文、汉语,但也必然会夹杂一些新统治者的"强势语言",形成了"胡汉混合"的新语言。"北京话"就是在汉语中掺杂了辽、金、元、清等多种北方异民族语言后,所产生的"新汉语",再经近千年的演进,形成了现在所谓的"国语",复经元、明、清、民国四代的整理、融合、沉淀,北京话已经和"汉文化"融为骨肉一体,是汉文化近千年来"最新的一部分"。

但可惜它不是纯汉语,入声字消失无踪,无法完全解读有韵的古文,千百年来使汉文化造成了"中风"似的"半瘫痪"状态;汉语的入声字音,现仅存在真正的古汉语——台语的第四声和第八声之中;另外台语的兄弟语言——客家话、广东话、日本话、韩国话,也存有一些入声字音,但它们的语音却已经走调。

台湾话——古汉语是世界上最优美、最典雅、最复杂的语言:它两字连读,前一字变调;三字连读,前二字变调:它是一种"前位移音"的"有机动态语言",不但有"词面"的"表意意涵",更有"词底"的"表音状态"。

它"单音缀"一字一音的独特性,可以很明确地押韵,对仗;以汉文所写出来的诗、词、曲、赋等韵文,它抑、扬、顿、挫的优美声律,在当今世上,没有任何一种语文足堪并论相提。

只可惜祖先留下很多优美的汉文学结晶——诗词,作为汉人的我们,如果用当今的"国语"阅读,根本无法百分之百感受到"音韵之美",只有使用纯正的古汉语"台语文读音"才能体会,才能发出真正的古"中原之音";然而遗憾的是,能说"标准台语文读音"的人,少得像"熊猫"一般,快要变成稀有动物了。

所有的"文言文",如果用台语文读,皆可朗朗上口,毫无窒碍,并且一读就通。因为古文中,很多字汇如"永日"、"响也"、"颠顶"、"才调"、"诙谐"、"生分"、"会须"、"会当"等,都是常用的台湾口语(另文专述)。

用国语读古文,不加注释就搞不清楚,弄不明白;用台语文言音吟诵诗词则"平仄分明","押韵相谐";如用国语,大都不能一韵到底,莫名其妙,诗变成文,优美的韵文,已经无法用异化、变调了的"新汉语",也就是现今的"国语"——北京话,来表现它原来的韵味了。

宋朝帝室南渡以后,史上虽再有"汉人政权"、"明王朝"的出现,但是第二代皇帝被燕王篡位之后,燕王立即迁都到它的"胡地老巢"——燕京,他就是史称的明成祖;汉人皇帝却建都在"胡地",汉文化的江河日下,可想而知矣!

近千年以来,中国的政治中心,都在"北京",北京是辽帝国的"南京",女真人的"西京",元帝国的"中都"而"大都",明王朝的"国都",清帝国的"京师",中华民国的"北京",中华人民共和国的"首都"。

千载以还,北京都是中国政治上"发号施令"的主要所在地,"北京话"顺理成章变成了所谓的"官话";时日一久,大家都误以为北京话就是汉语,就是国语;连占中国人口绝大多数的汉人,"亡国奴"当久了之后,也不知另有汉语,当然就跟着"胡说"八道,讲起所谓的"国语"来了。

政府来台之后,也把国语带到台湾,50多年以前,以强硬且高压的政治手段禁说母语来推行国语,让通行于台湾地区古汉语——台湾话元气大伤。

到如今还有一些"无知的台湾人",以自己或下一代不会说台语而沾沾自喜,引以为傲,这是台湾人最大的悲哀!其实,当今台湾地区"台语族群",才是历来和异族通婚次数最少,最纯种的汉人。

台湾话是从中原河洛地区辗转万里经闽南,流传到台湾的古汉语,台湾人比大陆地区的中国人还要中国,因为大陆地区的人民,由于异族入侵政权更迭的关系,合理的推论,大都早已变为"胡汉民"了。

汉语因汉人政权自宋亡之后,历经元、清二代异族的长久统治,大部分的汉人,已经"质变"为"胡汉民"而不自知;大陆地区,除史上几次大迁移到闽南及台湾的"河洛人",尚"私下"使用汉语外,全中国,乃至全世界,都使用"新汉语"——"北京话"。

汉人已忘记本身的汉语,以北京话为国语,而汉文化的主体——古汉语,竟沦为"闽南方言",致使汉语汉文"分家千年",汉语遂逐渐"口语化",加上"时空推移"及"异族通婚"、"语言互用",导致白话汉语日渐与汉字"脱钩",于是造成了现在有些台湾口语"有音无字"的现象,以致没有办法用汉字完整地记录台语,所以有人就随便取"同音字"来抵用、滥用,美其名为"训读",看起来不三不四。

加上有些常用的俚语,既不营养,又不卫生,类似顺口溜,甚至有些虽传神,却粗俗不堪:难怪有些在台湾的"国语人"会瞧不起咱们台湾人,以为我们是化外之民;许多没水准的台湾人,也自认为是没文化的"土包子",实在是冤哉!枉也!

错上加错,使优美的古汉语——台湾话,在早期被政府当局打压后,年轻人不会说,中年人不常讲也讲不好;大部分家庭,都成了"国语家庭",甚至有些不会说北京话的长辈,竟然无法和晚辈沟通,真是数典忘祖,本末倒置,奇哉!怪也!

为了恢复"纯汉语",为了恢复"半身不遂"的"汉文化",为了具备解读诗、词、古文的能力,为了还台语的"历史地位",为了恢复汉人的"主流意识",大家都要赶快来学真正的汉语——标准的"台语文读音"。

请大家告诉大家!台湾话"有音无字"的困境已被克服:本人在1999年10月28日凌晨,在宝岛台湾,发明了中国人有史以来的"汉音新字楷书",并在2002年7月10日创造了"汉音新字草书"。

它是一种"拼音汉字",它本来是要为某些"有音无字"的台湾话而创制的,不料它却可以"转写"全中国任何一省的"汉语方言",就算你不懂各省的方言,但只要你学会"汉音新字",自然就会"见字知音",马上能很正确地说得出你本来不会的"各地方音"。

秦始皇只能做到"书同文",本人或许可以做得到"语同音";它不但可以作为汉字的"辅助教材"，也可单独使用，更可用毛笔书写各体书法，有志者且从我游。

（作者分别为台湾中华艺术欣赏交流协会事理长、研究员）

开发河洛　回顾台湾

（台湾）高安泽

一

　　河洛文化即中原、中州、河南文化。《易经·系辞传》曰："河出图,洛出书。"黄河、洛水皆流经河南省境。《诗经·小雅小宛》:"中原有菽,庶民采之。"《左传·僖公二十三》:"晋楚治兵,放于中原,其避君三舍。""中原"一词早见于古籍。《列子·汤问》:"从中州以东四十万里,得僬侥国,人长一尺五寸。"《史记·司马相如传》:"世有大人兮,在于中州。""中州"一词也很早就见诸子文章和历史。《宋史·地理志一》:"东京,汴之开封也。西京,唐显庆为东都,宋为西京,山陵在焉。南京,大中祥符七年,建应天府为南京。北京,庆历二年,建大名府为北京。"应天府今为南京,大名府在今河北省南部。开封、洛阳今均在河南省。

　　《论衡·谈天》:"洛阳九州之中也。"因此有人解释中原、中州在豫西。也有人解释中原、中州在豫北。更有扩大解释在陕西、山西、河南和河北、山东、安徽一部分。如果以张衡论衡为准,河洛文化实在就是中原、中州、河南文化是绝无疑问的。

二

　　夏、商、周曾在偃师、郑州、安阳、洛阳建都。《史记·夏本纪》:"帝舜荐于天为嗣,禹于是遂即天子位。"皇甫谧曰:"夏都平阳,或在安邑,或在晋阳。"皆山西省南部。《竹书纪年》:"夏后氏居阳城,太康居斟鄩。"斟鄩即今之河南省巩义市。今人郑杰祥教授《新石器文化与夏代文明》说,1953 年在登封县王村发现特殊文化,学者李学勤认为可能是夏文化。河南龙山文化晚期及二里头文化一二三四期,均证明为夏文化。

《尚书·商书》"伊尹相汤伐桀放鸣条(安邑),汤既胜夏,欲迁其社稷。初欲迁都不为,后因天灾迁都于亳。"(南)亳即今之河南省偃师县。郑祥杰先生《商代地理概论》"商初胜夏,为巩固政权,在郑州、偃师、垣曲(山西省)、盘龙(湖北省)建四座商城。"《竹书纪年》:"仲丁迁隞(广武县),河亶甲迁相(内黄县),祖乙迁庇(鱼台),南庚迁奄(曲阜),盘庚迁殷(安阳),自盘庚徙殷至纣之灭,二七三年更不徙都。"商文化几乎全在河南省境。

《史记·周本纪》:"褒姒乱政,犬戎杀幽王,申侯立幽王太子宜臼,是为平王。平王主东迁洛阳,避戎冠。"《竹书纪年》"周武十五年,迁九鼎于洛。周成王五年,迁殷民于洛邑。七年,周公诰多士于成周,遂成东都。十一年,王命周平公治东都。二十五年,王大命诸侯于东都,四夷来宾。至平王元年,东徙洛邑。"以上资料,可知东周已在洛阳建都。

钱穆《国史大纲》指出:"中原华夏文化之发祥,夏族活动区域,由洛阳南伊水边,向西安邑,向东原武,都过黄河,曾经过洛水。若以安阳为中心、安阳至丰镐为距离半径,画一圆周,殷王室政治势力圈之大概可知。周至幽王见杀与平王东迁,政治中心就迁到洛阳了。"这说明,商朝与周朝,政治势力已到黄河以北的安阳和洛阳的结论为正确的。

三

五代梁、唐、晋、汉、周,已由李唐衰败,东出群山到达中原平地之汴梁。赵宋统一后,政治势力已扩展到江南,如前说之东京汴梁,西京洛阳,北京大名,南京应天府。《宋史·食货志》"宋承唐、五季之后,太祖兴,削平诸国,除藩镇,留州之法。而粟、帛、钱币咸聚王畿。严守令勤令农之条,而稻、粱、桑、麻务尽土力。至于太宗,国用殷实,轻赋薄敛之制,日与群臣谋求而行之。传至真宗,内则升申告成之事,外则和戎安边之事滋,由此食货之议,日盛一日。"按今世言之,食货即经济,食货之议即经济改革会议,可见宋朝建国,多么重视经济。

宋朝谈经济事项如下:《食货志·上》①农田;②方田;③赋税;④布帛;⑤和籴;⑥漕运;⑦屯田;⑧常平义仓;⑨课役;⑩账恤。或出或入,动关民生,国以民为本。《食货志·下》①会计;②铜铁钱;③会子;④盐;⑤茶;⑥酒;⑦阬治;⑧礬;⑨商税;⑩市易;⑪均输;⑫互市舶法。或损或益,有系国体,国不以利为利。这么多项目,群臣详细讨论和施行,宋朝若非辽、金、西夏多次侵犯,经济当更发达。

《东京梦华录》(南宋孟元老撰),以城市生活,风俗习惯描写开封文化、社会、经济、四方商旅、元宵、清明、探春、迎亲、游山、玩物、茶楼、酒肆、歌妓演奏、彩山灯火、担挑贸易、晓饭夜市、交易琐细等。店铺均金饰朱漆,壁为砖石陶瓷,镌镂龙凤,飞云峻角层楼,覆琉璃瓦。食牛羊乳酪,薰狐兔獐肉,冰雪冷丸,杏片梅子等。服饰有珍珠金银,丝绸裤袜,彩帛香料,其他有贩鹰鹘客,驼象骡马,狗猫食料等。宋朝开封之富裕,与今日北京、上海、台北来比,也不相上下。

《清明上河图》(南宋翰林张择端绘),有舟车、房屋、街桥、城廓、河流、两岸风景、米粮、土产、贡物、水运、车载、官宦仆役、骑马游乐,迎亲大轿,披红挂绿、锣鼓喧天、清明踏青、戏台演唱、化缘和尚、挑篓扛夫、赶猪牵驴,好不热闹,证明当时河南省内,已富庶非凡。

《如果现在是历史》(1935 年出生为日人堺屋太一著)说:"元朝与宋朝,元朝军事突出,宋朝经济突出。宋代尤其是北宋,发展优秀的技术,与非常发达的产业,内外通商规模之大,也是前所未有。国家经济力和人民的生活,提升得令人吃惊。"堺屋太一先生并强调:"宋王盛世的十一世纪,产业经济的水准,远超过中国过去各朝。可以断言,她是当时世界最高的,甚至往后几百年,仍无法超越她。"这经济优越,后来带到江南,促进了杭州的发展,以至出现"山外青山楼外楼……只把杭州作汴州"景象。

四

中国地形西高东低,北多沙漠,南丘陵泽国,中两条大河流,北为黄河,南是长江,北水急但可陆运,南水缓能行舟,恰是两条出山口。河洛为北出山口,夏末已出山,商在平原早发展高水准文化,见今出土物可证明。周、汉、唐均在陕西谷地,盛极一时,为后人称颂。五代以后,宋、元、明、清、民国,皆在平原发展,河南省地处中原,本应占优越地利,但也遭受南征北战拉锯之害,所以未能恢复为宋朝时文风、政治、经济之盛地。

　　宋代时西夏、辽、金等武力强悍,本想往西迁都。但汴京已很富裕,所以仍在开封府未动。后来虽迫不得已南迁杭州,却促成日后繁荣的上海市。明初建都南京,后来移到北京。清朝初在沈阳,进关后也迁北京。民国初以南京为首都,今仍以北京为京城。由以上看来,不采汉、唐盛世之山谷,而建都平原求发展已是今日之事实。

　　从物资的流通来说无论生活用品或工农业产品,因时间缓急和利用速度,都需要港口深水码头装卸便利,和庞大的陆地储存货枢。河南省地处中原,又接近江苏省的连云港,无论接受或运往外国资源,或分散或集中,运往本国南北西部资源均省时省钱。

　　物流之外人流也甚重要,据杂志报导,世界已正在建造可容八百人以上的巨无霸飞机,这么多人当然不会同到一个都市,仍然需要转飞机、火车或汽车运往各地。美国丹佛有个飞机场,早想接应这项任务,笔者曾在丹佛转机,无论到哪一个登机门,都需要坐火车到达,比今日之香港新建机场仍要上上下下,更便利多了。郑州市附近已出山口接近大平原,如果能扩建大机场,真太适宜不过了。

五

　　中原为中国中心地带,台湾是亚洲之纽约。中原在宋朝最富裕,台湾于20世纪后期经济是东亚四小龙之一。有的正枝茂吐蕊,有的已开花结果。笔者生于豫北,在故乡二十多年;长于台湾,已生活五十年有余。读书约有万卷,行也超越万里,心想中国若要富强,不只致力大陆各地和平经济,也要照顾地区小的台湾维持经济向前。如中国新省区划分五十余省方案,已把北京、上海、香港列为三都,笔者认为郑州、台湾也应计划为都。中原和台湾的地理与人文,科技与经济,人流与物流,都具有最优越条件。

　　中国东方海岸线虽长,但西南多高山,西北沙漠广。长江为山区水运通道,以武汉为出口都市。黄河沿岸是山地陆路通道,以郑州为出口都市。武汉与郑州来比,郑州为中国中心,西行洛阳、西安、兰州、宁夏、乌鲁木齐,东通开封、徐州、连云港,南下武汉、长沙、广州、香港,北上石家庄、北京、天津、沈阳、长春、哈尔滨和青岛、大连等港湾。郑州实在是人流和物流的好地方。

　　台湾四面环海,向外接触面广,渔民可以到很远的地方,眼界自然开阔。西方荷兰、西班牙、法国、英国、日本等早与台湾通商。民众较早接受西方先进思想,也因为有高水平条件,后来科技不只追上美日,已有超越美日的部分技术。这是不可轻视的。近年来西进上海,试看昆山地区,就可知经济开展,具有潜力,是不容忽视的。现在大陆主张和平发展经济,实在是最好的策略。

《三国演义》第一回说:"天下大势,分久必合,合久必分。"大陆与台湾分开太久了,是应该合作的。笔者到过伦敦,早晨坐海底隧道火车到巴黎,车上有的人是住伦敦到巴黎上班的。英、法不同国籍还这样亲密,何况大陆和台湾同为中华民族呢!两岸合作是今后必然趋势。但是急不得也缓不得,这就要海峡两岸的人充分发挥自己的聪明和智慧,为了中华民族的长久幸福,以尽早实现几代人尚未实现的愿望。

参考书目:

(1)《新校本宋史并附编三种》,《食货志一》(上)(下),《食货志二》(一)(二)(三)(四)。1980,台湾鼎文书局印。

(2)《东京梦华录》,南宋孟元老撰。

(3)《国史大纲》,钱穆著,1988 年修订十六版,台湾国立编辑馆印。

(4)《世界资源与工业》,Erich. w. Zimmermann 著。萧舒、张国彦合译,台湾土地银行印。

(5)《如果现在是历史》,堺屋太一著、东正德译,台湾远流出版公司。

(6)《台湾史》,简后聪著,2001 年,台湾五南出版社印。

(7)《快读台湾史》,李筱峰著,2003 年,台湾玉山社出版事业股份有限公司印。

(8)《宋代政教史》,刘伯骥著,1971 年,台湾中华书局印。

(作者为台湾《安阳文献》主编)

论闽台文化的共同本质与地域特色

吴碧英

闽台文化一般是指来自汉族核心地区的中原文化,在播迁闽台的过程中,因地理环境的不同、历史发展的差异和与土著文化融合所产生的变异等诸种因素,而形成的一种地域性的亚文化。它具有汉民族文化普遍的本质属性,又拥有闽台地区自己的特殊品格。闽台文化属于中原文化的一个分支,是中华文化的一种地域形态。

一、中原汉文化的南渐东延形成闽台文化的共同本质

在历史上,闽台在区域意义上形成了相对一致的文化,其源头来自中原文化。中原文化向闽台区域传播,首先的传播方向是福建。汉代以前中原文化在福建的传播处于初始阶段,春秋至秦汉时期,古代福建的土著民族即通称的闽越,是属于居住在大陆东南沿海的"百越"土著民族中的一个分支。公元前221年,秦统一了全中国,建立起统一的中央政权。秦统一不久就发动了对百越的战争并在福建增设了闽中郡。闽中郡的设置,标志了中原政治文化在福建开始起作用。公元前202年,汉高祖刘邦封无诸为闽越王,建立闽越国。闽越国学习吸收了很多中原先进文化[①]。使闽越文化的发展,具有了浓厚的中原文化色彩。首先,闽越国在官职等政治制度上,效仿了中原的周秦汉朝制度。闽越国的政治体制以仿效汉代政治体制为主,设相、侯、将军等官职。从《史记》、《汉书》的本

---

① 杨综:《闽越国文化》,福建人民出版社1998年版。

传记载中,可知当时王国中有"相"、"将"等官职的设置,在王国内亦有封侯,如"越衍侯"、"建成侯"等。同时还有临时或专门的封号,如同汉王朝为灭越而专封的"伏波将军"、"横海将军"等相类似的"徇北将军"、"吞汉将军"等。近年在闽越国故城武夷山城村遗址的考古中,出土了不少带有戳印文字的陶片及泥封,如"官黄"、"官长"、"官径"等,内容和形式与陕西咸阳、临潼始皇陵发现的印章戳记相类似。其次,闽越国的城邑建设和宫室制度,亦仿效中原制度。以崇安发现的城村故城遗址为例,城分内城外廓,城邑位置、地势的选择和平面布局、结构的安排所体现出来的形制观念,无不留有秦汉宫殿建筑的深刻烙印;在其他礼祀建筑如宗庙、祭坛等,其内部结构和外在形式,也都符合秦汉礼制和中原文化传统;从城邑建筑使用的材料、建造手法来看,都是深受中原城邑建造方式的影响,例如砖有花纹、丝织品类与马王堆汉墓出土的丝织品相似,从故城遗址出土的铜器、铁器如锸、锄、镢、五齿耙、犁等都能发现中原汉文化的印记。可见从闽越国开始福建受中原汉文化很深的影响。

中原文化开始大规模传入福建,大约在三国时期。孙吴政权依靠军事力量前进,在福建设置郡县,派遣官吏治理福建,并将军队驻扎于福建,这就在治理福建的同时也开发了福建。孙吴政权在开发福建过程中,移民措施客观上起了重要作用。尽管在移民中有流民刑徒,有贬官罪吏等,但这些汉族移民却为福建带来了较先进的生产工具和生活方式。文化移植的最重要内容,是生活方式的移植。在孙吴时期,这种移植已起到中原文化与闽越文化相融合的作用。公元280年吴亡于晋后,闽越最后因封建郡县制的推广而被政治同化,在文化主流上基本趋向于汉化。

从西晋到唐代末年,中原移民大量迁入福建,其间还先后出现了三次移民入闽的高潮①。第一次是在西晋永嘉年间,乾隆《福州府志》称:"永嘉二年(308年),中州板荡,衣冠始入闽者八族:林、黄、陈、郑、詹、邱、何、胡是也。"实际上这次入闽的中原士族远不止八姓,他们多聚居于闽北、闽中、闽东及闽南的沿海平原地区。第二次移民入闽高潮发生在唐中期,高宗总章二年(669年),唐王朝派陈政率府兵5 600人入闽征讨畲民起义,垂拱二年(669年),设漳州,由陈政之

---

① 唐文基、林国平:《闽台文化的形成及其特征》,福建人民出版社1997年版。

子陈元光出任刺史,后来这些府兵及其家属落籍漳州,成为开发闽南的生力军。第三次移民入闽高潮发生在唐末,淮南道光州、寿州数万移民进入福建,建立了闽国。在闽国王氏的统治下,福建一度出现了"时和年丰,家给人足"的太平景象,吸引了大批深受兵灾之苦的北方难民迁徙入闽。移民迁徙同时伴随着文化的传播,这对福建社会生活的全面汉化起了重要作用,到宋代福建基本形成了稳定的以中原文化为特征的文化格局。据有关研究,宋代福建官办的县学、州学有56所,私办书院有75所,另有众多的书堂、家塾等。教育的发展,是福建人文学术发展的基础。终有宋一代,福建科举进士多达7 038人,占全国进士的近1/5。宋代宰相有134人,福建籍宰相就占18人,也居全国第三位。最能体现宋代福建学术状况的是,福建出现了一批闻名全国的学者、作家。如理学集大成者朱熹,诗词家杨忆、柳永、刘克庄,诗论家严飞羽,天文学家苏颂,史学家郑樵、袁枢,书法家蔡襄等。在最能体现中国传统文化的儒学体系中,宋代理学是重要的内容,而理学中闽学流派的开创者就是朱熹。朱熹之后,理学在福建有较大的发展,形成多种流派。黄宗羲在《宋元学案》中为福建籍学者立了17个学案,收入理学家988人中,福建籍理学家有178人。可见宋代学术在福建的盛况。同时反映出中原文化对福建的巨大影响。元明清时,福建发展成为东南最发达的省份。中原文化在福建的成功传播,为日后继续南传东延至台湾提供了最基本的文化资源。

中原文化对台湾的传播以迁移扩散为主,以扩展扩散为辅,而且主要是以闽文化作为传播中介。在历史上,台湾主要是通过福建才接受了中原文化的影响。明末之前福建与台湾的交往,大多限于一般性的贸易往来,或者是一些规模较小,乃至单枪匹马式的生产性的交往,因而福建往台湾的人少有居留于岛上,在生活方式上并未给台湾带来具有文化价值的变化。但到了明末却不同了,明郑政权时期,大批汉人移往台湾。除随郑氏父子到台湾的士兵及家眷约5万人外大批汉人来台开垦,估计不下四五万人,再加上原有汉族居民,当时台湾汉族人口约有15万人,与原住民的人数大体相等。明郑政权设官田,安置文武官兵及其家眷屯田,并设私田,圈定土地,募民开垦,征收田赋。开垦地区遍及西部沿海平原,田园比荷据时期扩大一倍。祖国大陆先进的生产经验传播到台湾,稻米、蔗糖生产量迅速增加;冶铁方法传入台湾,促进了各种手工业的发展。按明朝的文化教育制度,在台湾各村设立社学,施行科举制度。还给原住民发农具,传授牛耕和农具使用方法,帮助他们提高生产力,并鼓励原住民儿童上学。明郑政权开发台湾,奠定了台湾社会经济基础,移植了中华文化。

清朝统一台湾以后,大陆东南沿岸人民成群结队移居台湾,台湾汉人口迅速增加,从清治台初的 15 万人到 1811 年增至 194 万人。从福建移入台湾的汉人,基本是以祖籍地籍关系进行组合,形成了具有大陆原居地文化特征的社会群体。如对宗族神灵的祭祀、人际交往的原则等只能按原来面貌进行,此外,村落建筑、耕作形式、住的房子等也是按照家乡的样式,就是现在台湾的一些地名,如同安、南西、安溪、德化等等,也反映了福建移民在祖籍地缘关系上的深厚观念。在聚居地方面也大多以祖籍关系而确定,如汐止、淡水、新庄、清水、梧栖、鹿港、北港等地居民,其祖籍 90% 以上是泉州;桃园、南投、斗六、西螺等地居民,其祖籍 90% 以上是漳州。以地缘或血缘而形成的社会群体,很自然地连带形成相应的民俗文化。这种民俗文化包括了宗族家族观念、民间宗教信仰、生活习俗等方面的内容。中原文化主要是从福建传播到台湾,这样在中华文化本质基础上,台湾文化必然带有浓厚的福建文化——主要是闽南文化、客家文化的色彩。如在语言上,台湾的主要方言是闽南话,与福建的闽南话分泉州腔、漳州腔一样,台湾的闽南话也有泉州腔、漳州腔的区别,大约台湾中部多漳州腔,南部及北部多泉州腔;在风俗习惯上,台湾与闽南最相近。清道光年间到台湾进行考察的丁绍仪在《东瀛识略》中说:"台民皆徙自闽之漳州、泉州,粤之潮州、嘉应州,其起居、服食、祀祭、婚丧,悉本土风,与内地无甚殊异。"余文仪在《续修台湾府志》中也认为:"台阳僻在海外,旷野平原,明末闽人即视以瓯脱,自郑氏挈内地数万人以来,迄今闽之漳、泉,粤之潮、惠相携而来,率参错寄居,故风俗略同内郡。"例如台湾的商业习俗就带有浓厚的闽南地方特征,店主俗称"头家",被雇佣者称为"伙计",学徒称为"小伙计",俗称"徒弟仔",薪金称为"辛苦钱"。与闽南商人一样,台湾商人也拜关公、财神、天神、妈祖以求平安发财,并利用节令进行祭祀活动,如二月初二敬拜福德正神,让佣工食酒肉,俗称"做头牙";农历十二月十六,各商家铺户备牲礼供神,俗称"做尾牙",等等。

伴随大量移民而进行的文化传播主要是以俗文化为主体,但中原汉文化经闽文化的中介传入台湾始终是以雅文化为主导。台湾在郑氏时期,就已移植了大陆的文教制度并开科取士,奠定了科举教育的基础。清廷也十分重视在台湾兴学育人。首任台厦兵备道兼学政周昌就以建学校、行考核为"海天第一要务"。首任台湾知府蒋毓英也认为:"顷闻建庠考试之行,多士洋洋动心……台湾户口,尽属闽南之人,天资多有聪慧,机智多有明敏,一经学问,化同时雨,推广其功名之路,鼓舞作兴,英才不难乎济济也。"清治台初,在各府县设教育行政机关——儒学,在各地设立官办的社学和官民义捐的义学两种初等教育设施,还建立官民合办的中等教育设施——书院37所;施行科举制度,选用官吏。台湾各类学校为内地学校的延长,在教育思想、教育内容及规章制度上都一如内地。尊孔孟、奉理学,传播儒家思想是各学宫与书院的第一要义,各学宫都要在文殿正庙祭祀孔孟。台湾由于与福建的密切关系,福建士子崇拜理学大家朱熹的规制也被移植过来。因此台湾各学宫还附设朱子祠,学院则在正庙供奉朱子。在课程内容上,主要为经学和艺文,即便是乡间社学,也是从《三字经》启蒙开始,再教以四书五经。在学规上,奉朱熹创建的白鹿洞书院学规为圭臬,强调"明义理以修其身,而后推己及人"。清代台湾学宫与书院的师资主要来自福建。据清代台湾职官表统计,从福建各地前往台湾任府县儒学教授、教谕、训导的多达300人。随着大陆士子文人的不断汇集和本土科举教育的大力发展,以系统化的儒家思想为核心的中华传统"雅文化"也在台湾逐渐形成体系,使中华传统的政治伦理观念对台湾社会的影响更加深刻。据统计,清代台湾汉人考取文进士19人,文举人251人。其中,清初50年没有进士,只有文举人15人,而清后期19世纪后半叶中文进士12人,举人106人,反映了中华文化已在台湾生根。

二、闽台文化在长期交融中形成了鲜明的地域特色

文化是一种历史的积淀和人的创造总和,中原文化传播到闽台地区后,在一个面向海洋的地理环境中,闽台地区的人们创造了有鲜明地域特色的文化——闽台文化。其文化特色主要如下:

一是从大陆文化向海洋文化的过渡。所谓大陆文化,指的是与自给自足的自然经济紧密联系在一起,以内陆自然环境下孕育出来的一种以农耕为主的文明。而海洋文化简要地说就是孕育自海岸地区,具有重商主义特征的一种文化。从总体上看,中华文化是典型的农耕文化,"以农为本"、"重农抑商"几乎是三代

以来历朝相承的基本国策,并积淀为浓厚的文化心理。故"为富不仁"、"无商不奸"竟演化为成语,而把"雕文刻镂"、"锦绣纂组"视为无补于世的"奇技淫巧"也是普遍现象。随同中原移民携带而来的大陆文化,在建构了闽台社会之后,又一直纳入在中华民族的统一国家之中,使大陆文化成为闽台社会的主导文化。

福建是一个海岸地区,而台湾是与福建隔一道窄窄海峡相望的海中大岛。临海的地理位置使福建和台湾在历史上都成为中华民族争胜融合之前的海洋部族活动的地方。闽台先民的"山行水处、善于舟楫",为古文献所广泛记载。福建大部分地区地少且瘠,难以自给自足,因此,以手工劳作或交通商贩补贴家用直到专以手工、商贩为生,成为生存压力下的必然选择,而民间对工商业,也多取宽容而不予卑视。宋元两代以福建泉州为起点的"海上丝绸之路","每岁造船异域"的国际贸易与海上往来,已颇具规模。南宋莆田诗人刘克庄说:"闽人务本亦知书,若不耕樵必业儒,唯有刺桐南廓外,朝为原宪暮陶朱。"明清之际,虽然实行海禁,但台湾海峡作为北上日本,南经东南亚诸国而通欧洲的黄金航道,从未沉寂。商贸业的巨大发展,也促进了社会心理的转变,有别于中原文化"重农桑"传统的"重工商"的文化心态,逐步形成。

二是对中原文化的向心与离心并存。随同移民携带而来的儒家文化是闽台社会文化建构的特征和目标。福建文化对中原文化具有很强的向心力,官方倡导的文化,被老百姓认同并接受,而且以中原文化作为正统,以华夏文化作为光荣。福建文化传到台湾,对中原文化有继承也有离心。历史上,相对于中原,闽台都是开发较晚的地区。福建的发展,主要在中唐以后,至两宋有一个飞跃的变化。台湾的开发则更晚,至清代才完成了与内地一致的社会建构。但在中原地区,汉唐以来已进入封建社会的鼎盛时期,强大的政治经济,不仅使其在开边拓土中,疆域扩大,版图稳固,而且在文化上,形成了以儒家学说为核心的一统封建社会两千年的主导地位。闽台的"蛮荒"状态和地处边陲的地理位置,使闽台较少或较晚受到儒家正统文化的教化规范和制约,从而表现出更多的非正统、非规范的文化特征和叛逆性格,也更易接受外来文化影响。例如,台湾文化的组成,有原住民文化、汉族文化、还有外族文化,台湾文化形成发展过程中,受中原文化影响,同时也深受荷、西文化及美欧文化的影响。台湾方面一些人认为:台湾文化是由山地文化、荷西文化、满清文化、日本文化、大陆沿海文化、国民党封建买办文化、美欧文化组成。这种观点混淆了文化成分与文化影响,同时它也典型反映了台湾文化的离心倾向。

三是祖根意识和本土认同。闽台民众之主体部分,均是西晋末、唐末、北宋末中原大乱时南迁的,主要来自河洛一带特别是河南省固始县。虽然南迁已有数百年的漫长历史,但他们并未忘却自己的族源和地望。世代不绝的建祠堂宗庙、修谱续牒,既是对文化本根的中原故土和血脉衍派的追思溯源,还是对福建开基祖及其本土文化的眷顾认同。尤其是离开土地远走他邦的海商,表现出特别强烈的故园情结和念祖情怀。闽南堪称全国之冠的各种宗族活动,以祭祖认宗和修谱续世为核心,聚合了流散世界各地的同族共姓,把对祖根与本土的双重文化认同,融二为一,便是典型的例子。

闽人移居台湾后,虽然在台湾建家立业,但他们的根毕竟是在大陆。他们对故土的深深眷恋浸透在日常生活的各个方面。许多移民回祖籍娶亲、搬眷招徕乡党共同开发。他们用故土地名来命名新的居住地,有学者统计,台湾地名用福建故乡地名的至少有 91 个①。移民们还经常回祖籍祭祖,修墓、盖祠堂、修族谱。至于春风得意的科举及第之士更忘不了衣锦还乡,如竹堑的郑用锡和澎湖的蔡廷兰二人取中进士后,都到金门故居修建宗祠,重修族谱。有的士子还出钱刊印地方先贤集,以使其广泛流传。许多移民富户回报家乡,或接济贫困人家,或资助公益事业。如闽南龙海县角美镇杨厝村,有一处著名的古建筑群叫"林氏义庄",它是由祖籍福建龙溪(今龙海)的台湾巨富林平侯于乾隆年间创建的。林平侯还把在台湾淡水海山堡的约 500 亩水田充为原籍本族义田,年收佃租,寄回家乡,供同族贫乏之用,林平侯死后,其子孙四代人坚持办林氏义庄达 110 年之久②。有的移民死后,还要在墓碑上刻写祖籍地名,如安邑、靖邑、银同、金浦、温陵等等;殷实之家甚至运柩回原籍葬于祖茔。历史上大陆移民深深的故土情思代代相传,逐渐沉淀为强烈的寻根意识。台湾文化的祖根意识很强,历史上闽籍移民在各姓氏宗族所修建的祠堂内,大多是奉祀"唐山祖"和"开台始祖"。日据时期,台湾高姓族人曾建立了合族的大宗祠,祠堂里不仅祭祀"开台始祖",也

---

① 陈其芳:《闽台共同文化心理现象若干分析》,福建人民出版社 2000 年版。
② 陈其芳:《闽台共同文化心理现象若干分析》,福建人民出版社 2000 年版。

奉祀"开闽始祖"。直到现在,在台湾各地的祠堂、家庙里所供奉的也仍然是既有开台始祖,也有唐山祖。台湾文化的祖根意识还可以从台湾同胞到福建寻根谒祖的热点上得到体现,1991 年仅到漳州市各县寻根谒祖的台胞团组就有 200 多个,台胞近 1 万人次。同年,台湾 9 家旅行社联合组团考察了客家祖地宁化;台湾十多个姓氏的客家后裔,也陆续组团赴宁化寻根。

但是,由于台湾历史的特殊性,特别是受日本殖民统治长达 50 年之久,1949 年以来又长时期与祖国大陆处于隔绝状态,再加上多年来台湾当局也向青少年一代灌输以台湾为主体的"中华民国在台湾"的"国家认同"意识,塑造"脱离中国化的台湾人意识"。台湾文化中的本土认同意识也很明显。

四是聚分族群的风气。中国传统文化有以家族为单位的特征,形成了深厚的家族宗亲观念。汉族历来崇拜祖先,重视修家谱,以增强宗族认同感,促进民族凝聚力。在古代中原地区,以血缘为纽带的聚族而居是社会组织的重要形式之一。由于外族入主中原,战乱不止,聚族而居的传统受到猛烈冲击。特别是到了唐代,士族门阀制经过魏晋南北朝的极盛逐渐走向衰亡,使人们的世阀门第观念大大淡薄。而在福建,由于其特殊的历史条件和自然环境,聚族而居的传统得以保存。西晋后陆续迁徙入闽的汉人多是举族而来,利用宗族的力量来克服迁徙途中所遇到的种种困难。入闽后,又往往遇到当地土著居民的顽强抵抗,同时,不同宗族的北方移民在争夺生存空间和政治经济利益时也经常发生激烈的矛盾冲突甚至相互残杀。因此入闽后的汉族大多聚族而居,依赖宗族的力量来求得生存和发展,家族门第制度受到高度重视。万历《福安县志》称:"故家巨族自唐宋以来各矜门户,物业转属,而客姓不得杂居其乡。"历史上长久的聚族而居,形成福建人强烈的族群意识。改革开放时期,福建各地修谱续宗之风浓烈,是历史的一种延续。

族群意识在台湾是根深蒂固的,汉族移民在台湾垦殖过程中,荒地较多,地租不算太重,地主和农民之间的矛盾不太尖锐。但开拓者之间的矛盾、利益冲突,时常酿成武力斗争,俗称台湾"三年一小乱,五年一大乱"。移民一般按地缘居住,从事开垦和耕作。他们因争地、争水、争生意而引起族群之间的分类械斗常常发生。清代 212 年间,有史可据的械斗有 28 次之多。分类械斗往往引起大的社会流动和人口迁徙,使整个台湾汉族人口宗族祖籍分布上更趋于集中。如

1826年(道光六年)漳化闽粤械斗,员林一带客家人纷纷搬入大埔心及关帝厅等客家聚居地。台北盆地康熙末年以来有许多客家人入垦,但经过1834年(道光十四年)、1840年(道光二十年)两次械斗事件,这一带的客家人尽把田业卖掉,退至客家人聚集的桃源中坜一带,使台北盆地几乎成为纯粹的闽人天下。经过这样的大震荡、大迁徙、大调整,到咸丰年间,基本上形成了客家人主要聚居在现在的北部桃源、新竹、苗粟地区和南部的高屏地区,而福佬人则主导其余地区的相对固定的分布格局。19世纪中叶后,械斗减少了,但仍存有分祖籍或族群的社会风气。

　　五是信巫尚鬼。福建信巫尚鬼风俗由来已久,闽越族人的灵魂不死观念,早在新时器时代就已产生。在闽侯县石山遗址(距今约5 000年左右,属福建新石器文化遗址),曾发掘出多座闽越先民墓葬。墓葬中多发现有石器、陶器之类的随葬品,这表明当时闽越族人已产生灵魂不死观念。对闽越人"尊天事鬼"习俗,《史记·封禅书》记载如下:公元前109年,汉武帝剪灭闽越国后,越人勇之向其进言谓:"越人俗鬼,而其祠皆见鬼,数有效。"汉武帝相信了此说,"上信之","乃令越巫立越祝祠,安台无坛,亦祠天神、上帝、百鬼,而以鸡卜……越祠鸡卜始用"。由此可见,当时闽越人不仅祭祀天神、上帝、百鬼,而且有祭祀的场所——越祠,还有专司通神接鬼之职的巫(越巫)及巫术(鸡卜)等。至今福建民间还流行着鸟步求雨和拍胸舞等,实际上也是闽越族人宗教祭祀歌舞的遗存。闽台地区一直存在着"信巫尚鬼、重淫祀"的先民遗风,不仅神明繁多、庙宇林立,且各种祭拜佛事成年不断。仅《八闽通志·祠庙》中列举的福建民间俗神就多达119个,其实际俗神的数量可能还要多于此数倍。在福建民间可以说是"无节不祭祀"。而且祭神与祭祖并重,凡有祭神的岁时节庆,大都同时祭祖。他们还乐于以戏剧祭神、娱神、媚神、酬神。如新年伊始,元旦、元宵节的奏乐演戏最为热闹狂欢,旨在颂祷吉祥。二月初二,各街社里逐户鸠金演戏,为当境土地庆寿,名曰春祈福。七月十五盂兰会后要请艺人演戏取乐,直到七月底,叫做"压醮尾"。春祈秋报,八月十五张灯演戏,以示庆贺。除年节外,凡遇四时神诞,家族祭祀等,亦敛金演戏以庆。《福州府志》记载,五月初五帝王爷生日,"前后月余,演剧各庙无虚日"。施鸿保《闽杂记》说:"吾乡于七月祀孤……泉州等处,则分社轮日,沿街演戏,昼夜相继。"海峡那边的台湾也是一样。1716年的

《诸罗县志》就记载:"每逢岁时节庆及王醮打典,必延请剧团演出,以娱神祇";《海东札记》也载:"神祠,里巷靡日不演戏,鼓乐喧阗,相继于道。"

台湾原为开发最晚的省份,但其庙宇的平均密度,却居全国之首。从庙宇的总数看,台湾有作为民间信仰海神的天上圣母宫510座,高居全国之首,但它仍低于道教王爷(主降伏瘟神)宫的753座和佛教观音寺的578座而屈居第三;以下则是佛教的释迦佛499座、道教的玄天上帝397座、道教的福德正神(土地公)392座,民间信仰的关帝君356座①。台湾有"神灵三百,庙宇过万"的说法。

文化本身是一个动态的发展过程。闽台文化根源于中原汉文化,它传承了中原文化的基本精神,同时在文化的不断交融、演化过程中,形成了很鲜明的地域特征,这些文化特征是闽台区域共有的,因此,就闽台文化本质而言,闽台文化是中华文化的一种地域形态。

(作者单位:中共福州市委党校)

---

① 李桂玲:《台湾宗教概观》,东方出版社1996年版。

广东汉乐、客家汉乐、中州古韵散谈

陈干华

广东汉乐是广东地方音乐之一种,它流行于粤东地区及福建的闽西、闽南一带,有浓郁的东方色彩,绚丽多姿,古朴典雅,是中国民族民间音乐,广东汉乐有国乐之称。广东汉乐源于湖北汉乐,在广东潮汕和粤东各区一带,长期与当地音乐接触,形成独特的一种音乐。它比较完整地保存了我国古代音乐曲目和演奏形制,提供了唐、宋、元、明、清古乐的重要历史资料。

一、"广东汉乐"的命名

"广东汉乐"是 1962 年"羊城音乐花会"期间命名的,在这之前,曾有过很多称谓:有"国乐"(清末时期)、"中州音乐"或"中州古韵"、"中州元音"、"客家音乐"、"外江乐"、"汉调音乐"、"汉剧音乐"等等。这种称谓始于 1927 年,所以在"羊城音乐花会"经汉乐工作者的商讨而定为"广东汉乐"。原因有:汉乐传播地方广泛,由于过去长期处于自流状态,名目杂乱繁多,造成外界错觉,如:"汉乐"、"丝弦乐"、"儒乐"、"清乐"、"汉调"、"外江戏"、"客家音乐"、"中军乐"、"打八音"等,如此杂乱之名称,使观众难以理解。

汉乐原有三大类,即"儒乐"和"中军班",至于第三类是非中州汉乐,是粤东民间音乐的"小调"、"佛曲"、"吹唱",在三大类只有"儒乐"和"中军班"才能代表中州古乐,至于其他名称都是从演奏中的配器形式,或是区别于别乐种而冠的名称。

(一)"儒乐"是"儒家音乐",是过去文人雅士所爱好的一种"室内乐"。儒乐派产生的名称有"丝弦乐",乐曲多以丝弦为主奏。"和弦索"是指二人以上合奏的称谓。"清乐"是以三弦、琵琶、古筝和洞箫为主的音乐。

(二)"中军班"它是以唢呐曲牌为主,配上打击乐演奏,它是用于"婚、丧、喜、庆"的日子里在选用乐曲、配器、演奏形式方面各异,从而产生各种名称。也有中军班的"打八音",为适应喜悦之场面,在配器上加入碗锣、小钹、当点等打击乐的演奏形式,这些都属于"中军班"之范畴内。

"外江乐"是潮汕人对汉乐的称谓。特别指"儒家乐"之称谓。用意是对潮州音乐的区别,在19世纪初的潮汕地区,汉乐风行,而汉乐的头弦与潮乐的二弦又很近似,潮乐又吸收了大量的汉乐曲调,加上当时的汕头"以成社"、"公益社"普宁的"曲盟球"、"钧天乐社"都是奏汉乐唱汉曲(外江曲),因此湖北武汉是汉乐的源头,因称外江戏。

二、大埔"汉乐之乡"的命名

"客家音乐"这是客家人的起名。为的是有别于潮乐和广东音乐,但对所谓"客家音乐"也就不适。因在潮汕一带汉乐社也非常多,如揭阳榕城、潮安、普宁、揭西等县都有汉乐社,在粤东地区汉乐旺盛故称"广东汉乐"名称适当。

广东汉乐。它主要流行在客家人居住地区,又以梅州市为中心。史载,秦开五岭,汉民族开始南迁。公元331年,今梅州市兴宁、五华境内建立了齐昌县(1984年在兴宁县境内出土了属于秦汉时期的六件古代编钟)。晋代因北方民族之间争战不休,晋帝迁都,汉民族发生了较大规模的南迁。公元413年在大埔境内湖寮村设义招县,以安置南迁的北方游民。从"音乐随人"的客观事实看来,广东汉乐在梅州已有1 600多年历史。即使是宋亡前后,客家人第三次大举南迁来到这里也有七百多年了。明嘉靖三十六年(1557年)《大埔县志》设祭祀礼乐栏目,详载了琴、瑟、钟、磬、笙、箫等乐器,并附"钟、吕"文字乐谱五首。当然这是官府的御定音乐。在民间,明崇祯末年大埔枫朗人罗淑予是个儒学处士,清入主后逃往邻乡岩下村山间,每日操琴读书自娱。清乾隆元年明通进士大埔百侯人杨缵烈,在海南琼山书院教书时,登明昌塔,其传记云:"时柳叶徐鸣,月色如霜,回斋援洞箫奏《水龙吟》一弄别去。"以上见于大埔县志人物传记,属于儒家清乐。至于中军班音乐、民间大锣鼓和八音等亦古已有之,而且极为盛行。

清乾隆十年(1745 年)《大埔县志》卷一〇《民风·立春》载:"立春,先一日,各里社(相当于今之乡镇)戏剧、鼓吹以逆土牛,农民视牛色辨雨旸。"鼓吹是中军班音乐和八音锣鼓泛称或简称。由于大埔汉乐具有传统性、群众性、广泛性,2003年被广东省文化厅命名为"汉乐之乡"。

三、现代商品经济使汉乐在当今客家城乡传承延续

从新中国成立初到 1978 年改革开放,广东汉乐处于低潮时期。改革开放以后,特别是 20 世纪 90 年代以来,随着城乡群众生活水平的提高,文化生活的多元化,也促进了广东汉乐的繁荣发展。商品经济的发展,文化产业逐渐进入商品消费领域。以梅州城区来说,除了有几个以离退休干部、汉乐爱好者为主的自娱自乐的"雅乐"班以外,更有十多个业余营业性的"八音班",他们为一些婚丧喜庆的家庭,企、事业单位演奏传统汉乐和现代流行音乐。形式有丝弦曲、闹锣鼓、伴奏流行歌曲演唱等。收取高于社会平均工资的报酬,变成了一种社会职业,不仅解决了一群人的就业,还使传统的汉乐得到传扬。就业、演奏者、老中青年皆有,解决了汉乐人才后继有人的大问题。在乡下,几乎每个乡镇都有"八音班",有的乡镇还有几个班子,这些"八音班",每个都有领班人,负责招揽演奏生意,每个班子也有几个比较固定的人员,也有一部分是临时叫来凑够角色的,每次出门也可根据主办者的要求,出人员有多有少,少则两个人,或双笛,或洋琴、二胡配置;多则十来人,有奏的、有唱的,节目有喜庆类的,有哀思类的,也有应景而作词演唱颂扬,叙事类的。

办红、喜事的有搬新屋、做生日、结婚、葬风水,用的汉乐有:《迎春曲》、《过江龙》、《捲珠帘》、《百家春》、《春串》、《小扬州》、《怀古》、《磨豆腐》、《嫁好郎》、《将进酒》。新曲目有:《好日子》、《步步高》、《喜洋洋》、《九九艳阳天》、《纤夫的爱》、《旱天雷》等。办白事的曲目有:《哀哀泪》、《别亦难》、《送别》、《世上只有妈妈好》、《江河水》、《秋问》等哀乐。以梅县南口圩镇附近来说,就有侨乡村的阿东班,益昌村的阿淼班、车陂村的阿刘班,他们都很活跃。

四、广东汉乐在东南亚的兴衰

国乐社的形式还随着广东的华侨传带到侨居地。据 2005 年 8 月 2 日泰国出版的《世界日报》C3 版刊登的张长戈先生《谈国乐兴衰史忆故友》一文载:

　　泰国的国乐社是最为发达蓬勃，早在三四十年前，当时苏君谦任潮州会馆主席的时候，除了会馆有国乐组拥有国乐高手之外，还宣传推动国乐的好处，既能弘扬国粹，还可以乐会友，陶冶身心，曾主办一次国乐会，邀请全国知名乐友会集泰京，自此之后，全国各地的国乐社组织十分蓬勃，犹若雨后春笋。

　　青莱府的国乐社每晚都有合奏，并研究推敲演奏技巧，故此乐社名噪一时，各地的乐友闻风而来，访问者络绎不绝。

　　有了自己的乐社，场面宽阔，各乐友大有兴趣，每晚不约而同前来合奏，当时奏的弦诗，有重六的寒鸦戏水，昭君怨，红粉莲，怀春曲，柳青娘，轻六的弦诗比较多，计有小桃红，平沙落雁，凤求凰，百家春，雁儿落，大八板，柳摇金五首，玉壶美，巴山夜雨，风吹铁马，风吹柳，深更灯，迎宾客，一点金，华春兰，狄雁等。

　　可惜，世事沧桑，曾几何时，青莱华侨国乐社，组织这么完整，由于乐友先后作古，现在仅存二人。

　　但笔者于 2005 年 8 月到泰国探亲，有幸在古都城大城的旅游名胜寺庙"三宝佛"——纪念中国航海家三宝太监郑和的大佛殿中看到有年轻一代的华人后裔在用洋琴、二胡等中国丝弦乐器演奏汉乐曲调，与另外用泰国乐器船琴演奏泰国传统乐曲相互并存，为古老的三宝佛寺增色增辉。

（作者单位：广东梅州嘉应学院教科所）

论南赣客家文化对河洛文化的反哺

——从宋明理学的角度观察

周建华

河洛地区是指黄河和洛水相交汇处的广大地区,即在河南地区,又称河洛地。司马迁《史记·货殖列传》云:"昔唐人都河东,殷人都河内,周人都河南,夫三河在天下之中。"有关河洛地区的具体范围,通常即指以洛阳为中心,西至潼关、华阴,东至荥阳、郑州,南至汝颍,北跨黄河而至晋南、济源一带地区。而洛阳则是河洛地区的核心部位。由此我们可以清楚地得知,河洛文化圈范围,应该涵盖如今的河南省全部地区;而所谓河洛文化,即指诞生、成长、发展、繁荣于河洛大地的文化。

一、南赣客家地域的文化源于河洛

在中国古代,由于战乱和灾荒,中原汉族人民不断南迁。中原汉人的大量南迁为江南地区输送了众多的劳动力,带去了先进的生产工具和技术。他们为建立新家园,"筚路蓝缕,以启山林",和江南土著居民一道,为南方的开发做出了贡献。南迁一部分汉人在特定的环境条件下,形成了客家民系。

南赣地区90%以上属客家人,也就是说,绝大多数是河洛人的后裔。南赣,指古代南安府和赣州府,即今赣州市所辖19个县市区、800多万人口。

中原汉民几次大的南迁的肇始地,都在河洛地区。而这几次大迁徙,都有汉民进入南赣。

第一次大规模南迁,发生在秦代,秦始皇将六国归降的贵族豪富迁至岭南和南赣等地,即今所谓的客家地域。

第二次南迁是在西晋末永嘉年间,北方少数民族进入中原,三次进攻西晋都城洛阳,汉族士兵、百姓死伤无数,史称:"自永嘉丧乱,百姓流亡,中原萧条,千里无烟,饥寒流陨,相继沟壑。"这一批南迁汉民,有的直趋江南腹地,进入赣南、闽西、粤东客家地域。史称"俄而洛京倾复,中州士女避乱江左者十六七"(《晋书》卷六五《王导传》)。"中原冠带随晋渡江者百家"(颜之推《观我生赋》自注),就是中国历史上有名的所谓"衣冠南渡"。

第三次南迁发生在唐天宝年间。天宝十四年(755年),中国北方安禄山、史思明叛乱,史称"安史之乱"。叛乱以中原为中心,破坏严重,"东周(今洛阳)之地,久陷贼中,宫室焚烧,十不存一。百曹荒芜,曾无尺椽。中间畿内,不满千户。井邑榛棘,豺狼所嗥。既乏军储,又鲜人力。"(《旧唐书》卷一二〇《郭子仪传》)许多流离失所的中原汉民,远徙至赣闽粤客家地域,"是时,天下已乱,中朝人士以岭外最远,可以避地,多游焉。"(《新五代史》,卷六五《南汉世家》)

第四次南迁发生在唐末黄巢起义之时,其破坏最严重、南迁人口最多的还是在河洛地区。

第五次南迁发生在北宋末年。其时金兵南下,史称"靖康之难"。战乱几乎遍及整个黄河中下游地区,而宋都开封所在的河南地区更是首当其冲,破坏十分严重。时人庄季裕说:"建炎元年,余自穰下由许昌以趋汴城,千里无复鸡犬,井皆积尸,莫可饮。……菽粟梨枣,亦无人采刈。"(《鸡肋篇》卷中,中华书局标点本,1983年)为逃避兵燹和虐杀,在金灭北宋以及金人统治中原的数十年间,中原汉人不断南逃,主要流散在赣、闽、粤边界地区,赣南、闽西和粤东的客家民系由此形成。

赣南客家既根植中原,其文化的源头自然也在以河洛为中心的中原。古代中原文人荟萃,文学艺术源远流长,博大精深。中原各种条件得天独厚,太行山、小秦岭、伏牛山、桐柏山、大别山等山脉,绵延屹立于西北部、西部、西南部、南部,而中部、东部和东南部则为地域广阔、土壤肥沃的大平原。孕育中华民族、创造中华文明的母亲河——黄河横贯东西,洛河、济水、沁河等十数条河流纵横交织。千里平原气候温和,土地肥沃,森林茂密,古代既有畜牧渔猎之利,又有农耕交通之便,非常适合人类生息繁衍,开发利用。因之,她是中华民族的发祥地和经济、文化开发最早的地区之一。古代都城遍布中原各地,洛阳为夏、商、东周、东汉、三国魏、隋,以及五代的后梁、后唐、后晋等 11 朝古都;开封为战国魏等 7 朝古都;郑州、安阳、商丘、许昌、南阳等也都是古代都城。

中原古代的重要历史地位,促进了其文化的高度繁荣。东汉时期,洛阳的儒学已相当发展,其传播与交流也已相当风行。据史书载,其时传播儒家经典、培养人才的太学最兴盛时在校学生有三万多人,几乎达到了现今我国名牌大学的规模。由当时大文学家、大书法家蔡邕等以隶体丹书的含《尚书》、《周易》、《春秋》、《公羊传》、《鲁诗》、《仪礼》、《论语》等的《熹平石经》,立于太学讲堂前,它既是太学学生学习儒家经典的范本,又是当时全国各地儒生学习儒家经典与书法的佳作,所以观瞻摩写者日益增多,出现了"车乘日千余辆,填塞阡陌"的盛况。儒学的繁荣昌盛带来了洛阳文人荟萃、文章盈城的盛况。曹魏时期洛阳出现了曹氏父子、建安"七子"、蔡氏父女、"竹林七贤"等一大批文人雅士,创造了我国文学史上风格清新、反映现实、词情慷慨、语言刚健的"建安文学"。唐代虽然长期都于长安,但洛阳仍为陪都,洛阳人文之盛、交通之便几乎与长安相差无几。杜甫、白居易、韩愈等有的是洛阳人,有的长居洛阳,为洛阳的人文增光添彩。

二、宋以后河洛文化的内核——洛学起始于南赣客家地域

洛学是河洛文化一个重要组成部分。宋代以后,所谓河洛文化,实际上就是以"洛学"为核心的文化。

洛学,是指北宋以程颢、程颐开创的理学学派。"二程"所开创的学派之所以称洛学,是就地域而论的。因为"二程"同是洛阳人,又长期在洛阳从事传习活动。如果就洛学的内涵而言,它属于宋明理学中"理本论"的一个哲学学派,也称为"理学",后来与朱熹之学结合称为"程朱理学"。因洛阳有伊、洛两河,故其学说被世人尊称为"伊洛道统",或称"洛学"。"二程"授徒甚多,但最著名者有 5 个弟子,而 5 个弟子中,有两个是河洛人:尹淳,河南洛阳人;谢良佐,河南上蔡人。尹淳和谢良佐的学术传承影响主要也是在中原河洛一带。

洛学以后与朱熹的"闽学"结合起来,成为中国封建社会后期官方哲学中正统的学派,其思想学说成为官方统治思想。二程兄弟自认为其学说是把孟子之后中断一千四百多年之久的"道统"承接起来,二程之学以"理"(天理)为最高哲学范畴,所谓"理",既是指自然的普遍法则,也是指人类社会的当然原则,适用于自然、社会和一切具体事物。这就是把儒家传统的"天人合一"的思想,用"天人一理"的形式表达了出来,中国上古哲学中"天"所具备的本体地位,现在开始用"理"来代替了,这是"二程"对中国古代哲学的一大贡献。二程洛学的思想核心,就是高扬孔孟儒学的精神,强调道德原则对个人和社会的意义,注重内心生活和精神修养。

而二程的思想启蒙,是在当时的南安府,即今江西大余县。

南安军(府)设在大余县(古称大庾)。大余县位于江西省南缘,在"五岭"之一的大庾岭北麓。南与广东省南雄县襟连,西界广东省仁化县,并与本省的南康、信丰、上犹相连。

因其属于南赣山区的腹地,在宋代以前,经济和文化比较落后。宋彭汝砺在《南安军学记》里称:"南安地阻隘,其民贫多讼,学者不满百人。"

周敦颐(1017~1073),字茂叔,原名敦实,号濂溪。北宋庆历五年(1045年),28岁的周敦颐由分宁主簿调任南安军司理参军。明年(庆历六年,即1046年),兴国县令程大中(名珦)调任南安军(军治在今大余县)通判。程大中的祖籍河南洛阳,对儒学也有一定的研究,与周敦颐交往后,觉得周敦颐对儒学的研究颇深,且有自己独特的见解,"视其气貌非常人",对周敦颐的人品和学识都非常钦佩,于是就要他的两个儿子——程颢、程颐拜周敦颐为师。

周敦颐见"二程"眉清目秀,随即诘问孔孟之道,"二程"对答如流,周敦颐十分高兴,马上选取部分孔子、颜回等圣贤的著作和自己的著述《太极图说》给"二程"研读。兄弟俩如饥似渴,刻苦钻研,有时甚至到了废寝忘食的程度。每逢周敦颐讲学,"二程"均聚精会神、洗耳恭听。周敦颐在教授"二程"时非常注重讨论和辩难。每逢此时,兄弟俩总是争先恐后,阐发见解,有时竟能洋洋洒洒,新论迭出。周敦颐对"二程"的聪明颖悟十分喜欢,更尽平生之学,认真传授。几年下来,"二程"学业大进,尤其对于周敦颐的《太极图说》,研究得更为深透。"二程"后来成为一代理学宗师,是由于周敦颐的教诲,是在大余奠定的基础;周敦颐功不可没,大余,功不可没。

周敦颐在教授"二程"的同时,也在大余开学宫,教弟子。由于"二程"在周敦颐的教育下学业进步快,整个南安军都传为佳话,一些达官贵人也纷纷效法,都把自己的子弟送到周敦颐门下,请"茂叔"教之。因学生越来越多,原来的学宫已容纳不下,周敦颐就在章水旁、梅山脚下的东山(今大余县城东山正觉寺)上建造军学学堂。到后来,一般的绅士及稍有余财的人家,都将子弟送来就学。几年下来,南安有千余人在周敦颐门下授业。有时,周敦颐公务繁忙,不得其闲,就叫他的两个得意弟子程颢和程颐代他讲课。"二程"不负先生重托,竟把教学搞得有声有色,深受邑人子弟的好评。南安人从此开始了崇尚读书、受业之风,其风气盛极一时,以至千年,直到今天。于此同时,整个南安军的子民,也深得其教化。周敦颐授业的南安军学堂(后改为"濂溪书院"、"周程书院"),也因此名噪一时。周敦颐倡导的理学学说也在此弘扬、宣达,远播华夏,以及世界。宋淳祐六年(1241年),理宗皇帝赵昀准秘书郎李心传奏议,亲书"道源书源"匾,赐予由"周程书院"改名的"道源书院",以表彰周敦颐和程颢、程颐在大余孕育、创立理学之功。

大约60多年后,当时在南安主政的"太守朝奉郎"曹侯登非常重视办学,动员属地的人力财力,投资府学;并且以身作则,捐出俸禄,以建学宫;还到学校去给学子们讲学。曹侯登的行动,感动了当地士民,纷纷捐款办学,"士以此感奋,不劝而力费于官者",士民"为钱九万三千,而助者不赀"。当时学宫已形成相当的规模,有房屋一百二十多间,礼殿、讲堂等教习场所一应俱全,其他的一些教学设施应有尽有。此学宫"始于绍圣二年之冬,而成于四年之春"。诗人苏轼从海南回中原,经过南安时,曹侯登已经调任广东潮州了。苏轼到南安后,许多人都向他提到了府学之事,他于是认真考察了南安的军(府)学,非常高兴,当即挥笔写下了一篇《南安军学记》,热情洋溢地称"况南安江西之南境,儒术之富与闽蜀等","而太守朝奉郎曹侯登以治郡,显闻所至必建学,故南安之学甲于江西"。并说,"侯仁人也,而勇于义,其建是学也,以身任其责,不择剧易,期于必成"(苏轼《南安军学记》)。

三、二程对河洛文化的影响

河洛地区的理学家是很多的,仅次于江西。如二程、曹端、王廷相、吕坤等。二程之学虽源于南赣客家地域,但其完善却在河洛地区。

程颢(1032~1085年),字伯淳,世称为明道先生,担任过县主簿、县令、太子中允、监察御史等职。程颐(1033~1107年),字正叔,世称为伊川先生,曾任汝州团练推官、京西国子监教授、崇政殿说书等职。因为二程少年时都从学于周敦颐(1017~1073年),后又长期在洛阳(伊洛)讲学,所以他们的学说或学派就被称为"洛学"或"伊洛之学"、"河洛之学"、"中州正学"。

程颐称其道与程颢同,若找到他们二人的契合点,则在于"理"之范畴。"理"即物"则",强调物物皆有其所以然之理。提出了"理一分殊"的命题,论述儒学从家庭伦理到社会伦理乃至宇宙天地万物之一体和谐。在心性论上,他不像程颢只是简单地说一个"心是理",而是吸收了张载的"心统性情"说,强调心的体用性情层面的差异。但同时体用性情、形上与形下又不是截然对立的,所谓"体用一源,显微无间"。一方面,继承了儒学的性情一贯的传统;同时,对"性"的形上层面作了比较严格的保证。在修养方法上,强调"敬"之涵养与"格物致知"之进学路径。程颐这一套比较完备的理论体系对后世儒者尤其是对朱熹有很大的影响,为理学新体系的完成打下了坚实的基础。

宋代以后,还有许多河洛地区的理学家对河洛文化产生了很大的影响,最为著名的有曹端、王廷相和吕坤等。

曹端(1376~1434),字正夫,号月川,河南渑池人。其学宗程朱理学。特别对二程的老师周敦颐尤为推崇,就周敦颐的《太极图说》、《通书》的著作疏发天道心性思想。曹端盛称周敦颐是理学宗源,认为"周子《太极图说》为宋理之宗"(《太极图说述解·序》),其图"有纲有目,有本有末"(《太极图说述解》)。

王廷相(1474~1544),字子衡,号浚川,原籍山西,其父迁居河南仪封。明孝宗弘治十五年(1502)中进士,从此开始了长达四十余年的政治和学术活动。官至南京兵部尚书。为明中叶的政府最高级官吏,是与王阳明同时代的著名的理学家。虽然王廷相另辟蹊径,有独特的学术见解,但其思想实质仍属正统的理学思想。

何塘(1474~1543),字粹夫,号柏斋。怀庆武陟(今属河南)人。历任编修、侍郎、南京右都御史等职。学主许衡、薛瑄一派的朱程之学,推崇《大学》,以修、齐、治、平为学问之至。他对理学家侈谈心性,"从事于记诵词章者"亦有不满,指斥其"名虽可观,实则无补"。

吕坤(1536～1618),字叔简,号新吾,河南宁陵人。隆庆五年(1517)进士。历任户部郎中、右佥都御史、刑部侍郎等职。吕坤早年的思想不出理学的藩篱,曾作《夜气钞》、《招良心诗》,阐述理学之义和发挥心学旨趣。中年之后,虽反对理学,但毕竟系理学中人,所持观点只是对理学的某些意旨见解不同而已。后因政治倾轧,称病辞归,以著述和讲学度过20多年。

参考书目:

《南安府志》,清同治刻本。

《大庾县志》,清同治刻本。

《赣州府志》,明嘉靖刻本。

南安《周氏族谱》,清光绪刻本。

蔡仁厚:《宋明理学》、《王阳明哲学》、《儒学的常与变》等。

陈来:《宋明理学》,辽宁教育出版社,1991。

周建华:《王阳明南赣活动研究》,中国文联出版社,2002。

周建华:《周敦颐南赣理学与文学研究》,中国文联出版社,2003。

邱昌员:《两宋江西词人研究》,百花洲文艺出版社,2004。

陈小芒:《江西旅游文学研究》,百花洲文艺出版社,2004。

周建华:《朱熹与江西文化研究》,百花洲文艺出版社,2004。

周建华:《人文赣州》,江西人民出版社,2004。

何本方编:《文史英华·学案卷》,湖南出版社,1993。

漆侠:《宋学的发展和演变》,河北出版社,2002。

贾丰臻:《中国理学史》,上海书店,1984。

李泽厚:《中国古代思想史论》,人民出版社,1985。

张岱年:《儒学的中心思想何在》,《文汇报》,1987年10月6日。

崔灿、刘合生主编:《客家与中原文化国际学术研讨会论文集》,中州古籍出版社,2003。

乐爱国:《儒家文化与中国古代科技》,中华书局,2002。

周文英主编:《周敦颐全书》,江西,江西教育出版社,1993。

(作者单位:赣南师范学院理学研究所)

传承、规约与实践中的客家伦理文化

蔡登秋

英文伦理与伦理学是同一个词：Ethics，源于拉丁文 Ethica，Ethica 又出于希腊文 Ethos，意为品性气质以及风俗与习惯。"伦理与道德，从词源上看，在西方虽为一词，都是指人际行为应该如何的规范；但在中国却是整体与部分的关系——伦理整体，其涵义有二：人际行为事实如何的规律及其应该如何的规范；道德是部分，其涵义为一：人际行为应该如何的规范。……道德仅仅是人际关系应该如何；伦理则既包括人际关系应该如何，又包括人际关系事实如何。"①

一

中原伦理文化是对中国社会生活秩序和个体生命秩序的深层设计，它建立在两个基础上："一是小农自然经济的生产方式；二是家国一体，即由家及国的宗法社会政治结构。在这个基础上产生的必然是以伦理道德为核心的文化价值系统。因为家族宗法血缘关系本质上是一种人伦关系。……在传统社会中，人们社会生活是严格按照伦理的秩序进行的，服式举止，洒扫应对，人际交往，都要限制在'礼'的范围内，否则便是对'伦理'的僭越。"②

中原伦理思想体系是一个发展的过程。中国古书《周易》已建构了一系列体系：天人合一，自强不息，厚德载物，善恶报应等范畴。对后世产生很大的影

---

① 王海明：《伦理学方法》，商务印书馆 2003 年版。
② 张岱年、方克立主编：《中国文化概论》，北京师范大学出版社 1994 年版。

响。西周时期是中国伦理体系确立的时代，这时已建构了比较完整的体系，即我们所说的周礼。经过春秋战国时百家思想的拓展，各个流派的融合，特别是经过孔子的整理和加工，成为儒家的伦理道德体系，其主要内容是：仁、礼和中庸。仁即"仁者爱人"、"为仁由己"，只有克己修身，笃实躬行，才能达到"仁人"的境界。从"仁"出发，推导出"孝悌"为核心的亲亲之情，进而达到"忠恕"的层次，并由此推己及人。他的"恭、宽、信、敏、惠"五种品德，是建立在伦理范畴基础上的自然品德。后来，孟子进一步发挥仁礼思想，并与义和智结合起来，形成了较为完整的"五伦说"。到了汉代，《礼记》中《大学》和《中庸》提出了"三纲八目"，即从"明明德"和"亲民"到"君仁臣忠"、"父慈子孝"、"朋友有信"的至高境界，提出人生修为的八个阶段：格物、致知、诚意、正心、修身、齐家、治国、平天下。汉武帝时，董仲舒根据"阴阳五行"学说和"天人感应"论，大力鼓吹"三纲五常"（"三纲"二字最早见于《韩非子》，与"五常"连用则是在董仲舒之后的东汉的《白虎通义》里）。"三纲"指君、父、夫为阳，臣、子、妻为阴，阳为尊，阴为卑。"五常"指仁、义、礼、智、信，是以伦理为体位的价值观念和行为模式。把儒家的伦理思想提升到上天的旨意。宋明的程朱理学建立了"天理"为核心的伦理体系，人伦五常就是天理，并提出了"存天理，灭人欲"，把"人道"上升为"天道"。与此同时，陆王注重了人心性，但其意图还是为了维护封建的"天理"，只是在"天理"中缀入了"良知"的佛性思想。

　　"中国的伦理思想体系主要由三方面内容构成：人伦关系原理，道德主体品格要求，人性的认同。概括说，就是人伦、人道、人性。'礼'的法则，'仁'的原理，修养的精神，构成中国伦理体系的基本结构要素。"①中原伦理通过"亲亲、忠恕、仁道"的运作途径来实现基本伦理范畴，即"五伦"的实现，从而实现个人伦理、家族伦理、社会伦理，甚至是国家伦理和宇宙伦理。这样就把血缘、宗法与政治结合起来，成为中国特殊的政治伦理化和伦理政治化的社会运作秩序。总之，中原伦理文化基本上局限于"以天为宗，以德为本"（《庄子·天下》）的框架里，某种意义上制约了中国思想进步的步伐。

　　客家社会的伦理文化基本上与中原的传统文化主体是一致的，具体以宁化

---

　　①　张岱年、方克立主编：《中国文化概论》，北京师范大学出版社1994年版。

石壁张氏宗族的族规、家规所列举的事项作为分析对象,来把握其主体内容。

二

以石壁张姓四修《张公君政总谱》的族规和家规为例,其内容表现如下:

(一)张氏族规

1. 子道宜尽:孝为百行。原其能扬名显亲幸矣,否则温清定省左右就养亦可承欢,固人人当尽,人人能尽者也。苟或忤逆必治以族法,不可纵容以坏风俗。

2. 悌道宜敦:弗念天显,弗恭厥兄,固为元恶。但为兄者亦宜友于角弓翩及诗人致戒,非仅责弟也。凡今之人,莫如兄弟,倘视骨肉如路人,甚而越礼犯分斯败类矣,纯以族法,当与不孝同科。

3. 宗族宜睦:相友相助相扶同井之人尚然,况谊同本支而忍秦越视乎?悯鳏寡恤孤独,化猜嫌解纷难,抑强暴扶良弱,皆族之大要,非煦煦为仁而已也。

4. 廉耻宜励:人有不为而后可以有为,纲常名教,千古大防,一有所齿,或至国法不容,此则贻先人耻,为族之蟊贼也,必削之。

5. 讼端宜息:不报无道君子,居之盖情恕理,遣忿斯消矣。讼则终凶,小不忍乱大谋,无论事之大小,必先宗族理论,族中长老宜从公直判断,不可袒护以酿祸胎,子弟亦不得顽抗动辄起诉。

6. 宜习正业:礼曰时教必有正业,凡属宗支,朴者耕,秀者读,耕读之外惟工贾耳所有他技岐趋,涉于不正者,悉宜避之若浼。

7. 宜重儒术:斯文为朝廷精彩,亦一族风教,攸关恢先绪。大家声,舍读书种子,其熟能之,族中俊秀,家富者不俟人给,宜鼓舞经以励其上达之志;清寒者则资助,宜津贴学费,俾其卒业成名,今世家巨族以不赀之费,广开学校作育人材,非但补助而已,有功者幸亟图之。

8. 谱牒宾珍:叙祖宗集子孙,承先启后,端赖此书。今各族哲劳"贯力"成功,各房分领斯谱,宜护之若河图洛书,苟或损坏遗失,厥咎不小,尤不可射利鬻售别宗。

9. 宗盟宜笃:外侮之,来一本之亲可藉以相援,岂可亲者不亲,而疏者反亲之理?诗曰:岂无他人不如我同父,又曰:岂无他人不如同姓,葛藟,犹能庇其本根,况人乎?召穆公思周德不类,故纠合宗族於成周作为棠棣之诗,可以鉴矣。

10. 社会宜审：党国时代，社会盛行谓协力合作才可集事，个人之思想感情结合，不必定在同宗同堂，惟真正社会主义经济教育等，莫不与伦理互相维持，并行不悖，今有一人彀中，便党同伐异。虽伯叔兄弟亦反眼若不相识，不仅为家庭枭獍，必至为邦国乱贼，世之巨寇，可为寒心，燎原之火起于星星，涓涓不寒，流为江河。族若有此，宜预为提防，使用权不得逞，仍处以相当之惩办。

11. 宜锄族亲：亲无失亲于礼宜然，乃有鱼溃在腹，内情外输，或阳与经营，而阴藏奸狡，或素有猜嫌而借端报复，或希图射利而媒孽是非，则平地风波，白日鬼蜮，无事而忽有事，小事变为大事，有倾人之家，荡人之产者，此之谓族亲，予以削谱原不为过。

12. 宜禁女淫：万恶淫为首，凡在他姓妇女犹不可以淫破，又况本族妇女，非婶嫂侄妇即姑姊妹侄女，岂堪容此兽行，五服内犯奸罪宜削谱，奸生之子不得归宗，奸妇亦照七庙绝条办，若本夫争执不出，亦并削谱，与纵妇卖奸同论，若实属强奸不在此例。

13. 宜禁匪类：杀人越货憨不畏死，法不待告而诛，迩来民风不靖，不良分子相率以此为生涯，不知反以速死耳闻目见中骈首京戮者，皆此辈也。间有偷草间，亦早晚之分耳。即能为大盗，如张献忠李自成亦无不灭亡，族有其人去其胚胎折其萌芽以感化，才使革面洗心上也，维持之，使不必为拘束之，使不感为此也，若火厝积薪幸未其燃，漫不措意，一俟燎原，万难扑灭，害于而家，凶于而国，其祸不可胜言矣，各族长应父教子兄试弟，平日引之当道，以养其廉耻，如不遵训设法纠正可也。

14. 宜敬窝贼：鼠窃狗偷其原起懒惰衣食无所出则肰筐探囊隙墙钻穴据他人之物为己有，藉以济其目前，此乃下流之流，贱行不止辱身，或至丧身，且羞及父母兄弟，而诱盗而主藏之者，则为囊家其污，贱与贼等而其罪又出贼上，盖无此辈则所盗之物无处销售，亦将改弦易辙，生面别开有之，则贼乃驾轻就熟，且多多益善也，譬之灶囊家为薪贼为火，譬之钓囊家为饵贼为鱼，故贼不可为窝尤宜警。

15. 宜慎婚姻：在礼妻不娶同姓，所以别歉，男女辨姓，东郭偃犹能言之，崔杼不从，故败晋；献以骊姬为夫人乱及三世，鲁昭娶于吴国之削也。滋甚前车之鉴，难以枚举，或谓道与时为变，通生今之世，何必反古之道；然而礼之与法，古今互相维持，比如仲春之大会，男女奔者弗禁载在周礼，当日士大夫示闻，藉口为纵欲张本,降及春秋亦为郑染污,俗有秉简赠芍之风,宣圣目击以垂戒,若夫婚姻之道,折衷一是,筮短龟长,不如从长之例①。

从张氏族规所列的总体来看,在中原伦理的基本框架内规范人与人之间的相互关系和为人的基本准则:以孝为首,"孝为百行","固人人当尽,人人能尽者也";以悌为二,同族兄弟,必须兄友弟恭,如有违者与不孝同科;宗族宜睦,同族之中,人与人之间必须相友相助相扶持,必须有仁人之心,扶弱抑强;进而达到个人修为,以廉耻为敬,戒僻邪侈,终身不忘,人与人之间应以宗族伦理,族中老者应秉公判断,不要轻易进入诉讼,族人不可男盗女娼,奸淫偷盗;崇文重教,发扬"朴者耕,秀者读"的耕读世家之风范,重视儒教,积极资助族中俊才入仕,鼓舞"上达之志";重视宗盟,以谱牒为系,维持血统,加强笃亲观念;强调"忠恕"观念,对社会国家大事宜审时度势,防微杜渐,预为提防;宜禁匪类,遵循拘束,不逾越纲常;审慎婚姻,不娶同姓,警戒乱伦。族人的生活中较细微的准则则通过家规来体现,也就是通过家规来补充族规不到之处,在家规中细化到族人生活的方方面面,与族规共同规约了张氏族人生活的正常秩序。

(二)张氏家规

1. 戒违犯父母以笃伦常。父母之恩昊天罔极,为人子者,即克意承志孺慕终身,犹恐子职有缺。倘执拗故违,甚或忤触不法,则问心何忍,必遭刑诛。查律载:"子孙违犯教令者,杖一百。有别项忤逆重情,又当分别问拟斩绞。"如族中有犯者,由户首会同房长,轻则祠堂责惩,重则公禀送究,以笃伦常。

2. 戒废弛祭扫以重根本。物本乎天,人本乎祖,分有贵贱,事先则同,苟能于祠庙荐享不懈,坟墓祭扫以时,虽非孝思不匮,亦尚画死若生,乃有丞。尝禘祠之期,并无蕴藻频繁之荐。视远祖近宗之墓,任狐猿鼠兔之巢,忘本昧良,莫此为甚。查律载:"子孙供养有缺者,杖一百。"其不事祭扫者,诚与不知供养同。如族中有犯者,由户首会同房长随时训饬,以重根本。

3. 戒盗葬盗伐以妥先灵。祖坟墓地,立有界限,所蓄树木,殊非安妥先灵之道。查律载:"于有主坟地内盗葬者,杖八十,勒限移葬。"此指平人而言,如子孙

①　石壁张姓四修《张公君政总谱》的族规和家规为宁化石壁张公君政总谱,在宁化县四修《张公君政总谱》编纂委员会主持下,由张恩庭、张桢主编,完成时间为2002年9月,并于2004年修完继集。

公禁坟山盗葬者,亦应比照问拟。又例:"子孙将祖父坟茔前列成行树林及坟旁散树高大株颗私自砍卖者,一株至五株,杖一百,枷号一个月;六株至十株,杖一百,枷号两个月;十一株至二十株,杖一百,徒三年。"如族中有犯者,由户首会同房长公禀送究,以妥先灵。

4. 戒欺尊凌卑以敦族谊。蜂蚁尚有尊卑,人生岂无长幼,聚族而居,各宜循分。倘卑者傲慢自肆,全无敬长之心,尊者刚愎为雄,徒有凌人之气,则是尊卑不协而家祸生矣。查律内卑幼有心干犯尊长,尊长非理凌弱卑下,致酿事故,皆有从重问拟之文。如族中有犯者,由户首会同房长严加训饬,务命循规蹈矩,上和下睦,以敦族谊。

5. 戒悔婚嫁卖以全节义。夫妇五伦之一,节义万化之原,女子一字终身不改,即犯七出犹难轻弃。乃有等伤风败类之徒,或将已聘之妻串通另适,或将已娶之妇商媒嫁卖,人伦伇致,廉耻全亏。查律载:"许嫁女,已报婚书,若再许他人,未成婚者,杖七十;已成婚者,杖八十。女归前夫。"又"用财买休卖休,和同娶人妻者,本夫本妇及休人各杖一百。"如族中有犯者,由户首会同房长公禀送究,以全节义。

6. 戒盗窃为非以肃家风。父兄之教不先,子弟之率不谨,家有贤子弟由家有严父兄。若任子弟游手好闲不务本业,不事生理,以致饥寒切身,廉耻随失,小则鼠窃狗偷,大则行强劫掠,实属有玷宗族。查律载:"强盗已行而不得财,杖一百,徒三千里;得财者,无分首从,皆斩。窃盗已行而不得财,笞五十;得财者,计赃论罪,初犯者刺背,再犯得徒罪刺面,三犯及满贯拟绞。不能禁约之父兄,亦均罪有应得。"如族中有犯者,由户首会同房长,小则祠堂惩治,大则公禀送究,以肃家风。

7. 戒轻生图赖以全身命。好生恶死,人情之常,沟渎自经,匹夫之谅。事有不平,尽可鸣族理处,或禀听断,自无不白之冤。乃昧昧者,动缘小忿捐躯,希倾他人之家,先丧自己之命脉,毕竟孽由自作,与人何尤。若尸亲藉命图赖,捏情妄告,更有应得之罪。查律载:"子孙将已死祖父母、父母身尸图赖人者,杖一百,徒三年。期亲尊长,杖八十,徒二年,大功、小功、缌麻递减地等。尊长将已死卑幼身尸图赖人者,杖八十,告官者随所告轻重,以诬告平人律反坐。因图赖而诈取人财物者,计赃准窃次论。"如族中有犯者,由户首会同房长公禀送究,以全身命。

8. 戒赌博抽头以安生业。世间下流莫如赌博，千百罄于一掷，身家等若浮云，迨至财产荡然，遭刑受辱，朋友之劝谏不听，妻子之苦谏成仇，一入迷途，如蛾扑火。尤可恨者，开场、窝赌、抽头、装圈、设局、诱骗，希取蝇头之利，甘同狗党之行。查律载："赌博不分兵民，俱枷号两个月，杖一百。偶然开场、窝赌、抽头，枷号三个月，杖一百。经旬累月，放头、抽头，则又有分别，初犯、再犯，问拟流徒之例。"如族中有犯者，由户首会同房长公禀送究，以安生业。

9. 戒兴谣迁谤以正人心。人非圣贤，孰能无过，隐恶扬善，仁厚之风。乃人心浇薄居多，每每挟私寻隙，或编作歌谣污人闺阃，或逞其簧鼓坏人声名，致使抱屈终身者有之，被诬自尽者有之，此等居心实同蛇蝎。查律载："凡将暗昧不明奸赃事情污人名节，报复私仇，拟军。"又："捏造奸赃款迹，写字贴编造谣歌，挟仇污蔑，致被诬之人忿激自尽，照诬告致死例，拟绞。"如族中有犯者，由户首会同房长公禀送究，以正人心。

10. 戒私宰耕牛以靖盗原。民事莫先于农务，农务必资于牛力，牛诚有功于人，岂可擅残其命，况私宰之端一起，盗牛之风必由渐而来，其害有深于农务者，殊非细致。查律载："宰杀耕牛，私开圈店，及贩卖与宰耕牛之人，初犯枷号两个月，杖一百，若计只于本罪者，照盗牛例治罪。杀自己牛者，枷号一个月，杖八十，其残老病死者勿论。"如族中有犯者，由户首会同房长公禀送究，以靖盗原。

11. 戒凶抢强割以杜暴戾。物各有主，地各有界，彼此不容侵犯。有不知畏法者，动辄逞凶抢夺财物，或将他人田禾擅自割取，倚强肆暴，罪不容恕。查律载："白书夺人财物者，杖一百，徒三千里，计赃重者，加窃盗罪二等。伤人者，斩。"又例载："强割田禾，依抢夺科之。"如族中有犯者，由户首会同房长公禀送究，以杜暴戾。

12. 戒教唆妄告以省讼端。聚族而居，难免雀角，凡遇小事争执，苟能平心息气，酌情准情，族众自有公评，族党可期雍睦。近有肆刀笔之能，弄雌黄之舌，借端唆讼，以曲为直，致使两造，废时失业，荡产倾家，言之实堪痛恨。查律载："诬告人者，笞；罪加二等，流、徒、杖；罪加三等，死罪未决者，杖、流加徒。"又例载："教唆词讼诬告人之案，以主唆之人为首，听从控告之人为从，有赃者，计赃，以枉法从其重者论。"如族中有犯者，由户首会同房长查明，小则祠堂惩责，大则公禀送究,以省讼端。

13. 戒学习拳棍以端风俗。演拳弄棍,固属凶徒;咒水书符,亦系邪术,近日地方之不靖,何莫非此辈肇衅而起。查律载:"游手好闲,不务本业之流,自号教师,演拳弄棒教人,及投师学习者,杖一百,流三千里。"又例载:"左道异端,扇惑人民,为首者绞,为从者杖一百,流三千里。"如族中有犯者,由户首会同房长公禀送究,以端风俗。

14. 戒酗酒放肆以保身家。饮蜡吹幽,古今不废,只鸡斗酒,里巷常情,原以伸敬合欢,安可贪杯纵饮。乃嗜酒之徒,饮必尽醉,即醉则狂言无状,出语凌人,甚至逞强斗殴,每至酿成事故,酒之为害可胜言哉!查律载:"骂人者笞一十,以手足殴人不成伤者,笞二十。"试思殴骂,即有拟笞之律,况酗酒滋事,情罪尤甚,其法更难枚举。如族中有犯者,由户首、房长及尊属人随时训饬,以保身家。

15. 戒停留异类免贻累。凡异言异服来历不明之人,纵非逃犯,即属不安本分之徒,法律森严,断难漏网,一旦缉获,定究窝留。迁此辈者,即宜逐出境外,否则鸣众送官,倘贪图微利,窝顿容留,不唯身遭刑宪,并且累及乡邻。查律载:"知他人犯罪事发而藏匿在家者,减罪人所罪一等。"又例载:"容留外省流棍者,照勾引来历不明之人,拟军。"如族中有犯者,由户首会同房长公禀送究,以免贻累。

16. 戒户首偏徇以彰公道。户首统摄合族,凡族中有事,理宜秉公剖处,方足以资督率而分曲直。若一味趋火赴势,并且希图口腹,贪爱贽财,以致颠倒是非,其何以服众耶?查律载:"凡事不应为而为者,笞四十,事理重者,杖八十。"如户首有偏徇袒护,实属不应,由合族禀革另举。房长有犯者,亦照此办理,以彰公道①。

从张氏的家规来看,相当注重纲常、尊卑、节义、名分,注重德行的自律,个人行为向善的道德品质。笃守伦常,尊祀先祖,为人子者应尽子之道,不可缺职;慎重婚嫁,不可悔婚嫁卖,注重名节;不可偷盗、赌博、讹诈他人,犯者责以恶惩;不可造谣、诽谤、教唆他人;不可逞强斗殴、酗酒放纵;户首要公正,不徇私偏袒,以彰公道。

① 石壁张姓四修《张公君政总谱》的族规和家规为宁化石壁张公君政总谱,在宁化县四修《张公君政总谱》编纂委员会主持下,由张恩庭、张桢主编,完成时间为2002年9月,并于2004年修完继集。

这一切道德规范都是以善为基本准则,以道义名节的封建伦理为内核,规范了人的主要行为,这些个人行为准绳是依据中原传统的伦理范畴而设定的,在"亲亲、尊尊、忠恕"的框架下,警戒人的欲望的放纵,把人导向内敛的性格品质。

(三)客家人的族谱中族规与家规的综述

"伦理学现在可以被大致地定义为有关善恶、义务的科学,道德原则、道德评价和道德行为的科学。它从主客观两方面对道德现象进行分析、归类、描述和解释。它告诉我们这些现象是什么,把它们分为不同的组成部分,并找出这些部分所依赖的前提或条件;它寻找这些现象所依据的原则和支配它们的规律,解释它们的根源,并追溯它们的发展。"①我们在分析宁化客家人的伦理结构时,也相应注重对客家人对于人的道德各组成部分的解剖,分析其内部的各方面的相互关系,其存在的前提和依据,它的来源是什么。这一切对我们把握宁化客家人的伦理是十分必要的。

当然,无论是族规,还是家规,其制定者可能不是一般的平民百姓,而是家族的精英分子,也就是家族中儒教文化的"贤达"们。他们按照传统的儒教文化的伦理观念来确定道德原则,进行道德评价,并划定道德行为的标准,从而来规范人们的道德行为。从张氏族规和家规来看,其基本内容主要由关人的德行、人格、价值、理想、行为、准则、规范和义务等八方面来预定的,所以其内容无非涉及了以下几个方面:

1. 重忠恕守孝道,如族规:"子道宜尽:孝为百行。原其能扬名显亲幸矣,否则温清定省左右就养亦可承欢,固人人当尽,人人能尽者也。苟或忤逆必治以族法,不可纵容以坏风俗。""悌道宜敦:弗念天显,弗恭厥兄,固为元恶。但为兄者亦宜友于角弓翩及诗人致戒,非仅责弟也。凡今之人,莫如兄弟,倘视骨肉如路人,甚而越礼犯分斯败类矣,纯以族法,当与不孝同科。"家规:"戒违犯父母以笃伦常。父母之恩昊天罔极,为人子者,即克意承志孺慕终身,犹恐子职有缺。倘执拗故违,甚或忤触不法,则问心何忍,必遭刑诛。"

2. 重名节慎婚配,如族规:"宜慎婚姻:在礼妻不娶同姓,所以别欤,男女辨姓,东郭偃犹能言之,崔杼不从,故败晋;献以骊姬为夫人乱及三世,鲁昭娶于吴

---

① 　[美]弗兰克·梯利:《伦理学导论》,广西师范大学出版社2002年版。

国之削也。滋甚前车之鉴,难以枚举,或谓道与时为变,通生今之世,何必反古之道;然而礼之与法,古今互相维持,比如仲春之大会,男女奔者弗禁载在周礼,当日士大夫示闻,藉口为纵欲张本,降及春秋亦为郑染污,俗有秉简赠芍之风,宣圣目击以垂戒,若夫婚姻之道,折衷一是,筮短龟长,不如从长之例。"家规:"戒悔婚嫁卖以全节义。夫妇五伦之一,节义万化之原,女子一字终身不改,即犯七出犹难轻弃。乃有等伤风败类之徒,或将已聘之妻串通另适,或将已娶之妇商媒嫁卖,人伦侅致,廉耻全亏。"

3. 重教育笃儒术,如族规:"宜重儒术:斯文为朝廷精彩,亦一族风教,攸关恢先绪。大家声,舍读书种子,其熟能之,族中俊秀,家富者不俟人给,宜鼓舞经以励其上达之志;清寒者则资助,宜津贴学费,俾其卒业成名,今世家巨族以不赀之费,广开学校作育人材,非但补助而已,有功者幸亟图之。"

4. 重祖灵立祠庙,如家规:"戒废弛祭扫以重根本。物本乎天,人本乎祖,分有贵贱,事先则同,苟能于祠庙荐享不懈,坟墓祭扫以时,虽非孝思不匮,亦尚画死若生,乃有丞。尝禘祠之期,并无蕴藻频繁之荐。视远祖近宗之墓,任狐猿鼠兔之巢,忘本昧良,莫此为甚。""戒盗葬盗伐以妥先灵。祖坟墓地,立有界限,所蓄树木,殊非安妥先灵之道。"

5. 重谱牒笃宗盟,如族规:"宗族宜睦:相友相助相扶同井之人尚然,况谊同本支而忍秦越视乎?悯鳏寡恤孤独,化猜嫌解纷难,抑强暴扶良弱,皆族之大要,非煦煦为仁而已也。""谱牒宾珍:叙祖宗集子孙,承先启后,端赖此书。今各族哲劳'贲力'成功,各房分领斯谱,宜护之若河图洛书,苟或损坏遗失,厥咎不小,尤不可射利鬻售别宗。""宗盟宜笃:外侮之,来一本之亲可藉以相援,岂可亲者不亲,而疏者反亲之理?诗曰:岂无他人不如我同父,又曰:岂无他人不如我同姓,葛藟,犹能庇其本根,况人乎?召穆公思周德不类,故纠合宗族於成周作为棠棣之诗,可以鉴矣。"

6. 重正心端行为,这类在家规和族规中均涉及较多,只各举一例,族规:"宜禁匪类:杀人越货憨不畏死,法不待告而诛,迩来民风不靖,不良分子相率以此为生涯,不知反以速死耳闻目见中骈首京戮者,皆此辈也。间有偷草间,亦早晚之分耳。即能为大盗,如张献忠李自成亦无不灭亡,族有其人去其胚胎折其萌芽以感化,才使革面洗心上也,维持之,使不必为拘束之,使不感为此也,若火厝积薪幸未其燃,漫不措意,一俟燎原,万难扑灭,害于而家,凶于而国,其祸不可胜言矣,各族长应父教子兄试弟,平日引之当道,以养其廉耻,如不遵训设法纠正可也。"家规:"戒赌博抽头以安生业。世间下流莫如赌博,千百罄于一掷,身家等若浮云,迨至财产荡然,遭刑受辱,朋友之劝谏不听,妻子之苦谏成仇,一入迷途,如蛾扑火。尤可恨者,开场、窝赌、抽头、装圈、设局、诱骗,希取蝇头之利,甘同狗党之行。"

7. 重勤俭肃家风,如家规:"戒酗酒放肆以保身家。饮蜡吹幽,古今不废,只鸡斗酒,里巷常情,原以伸敬合欢,安可贪杯纵饮。乃嗜酒之徒,饮必尽醉,即醉则狂言无状,出语凌人,甚至逞强斗殴,每至酿成事故,酒之为害可胜言哉!"

8. 重功名求立命。如族规:"宜习正业:礼曰时教必有正业,凡属宗支,朴者耕,秀者读,耕读之外惟工贾耳所有他技岐趋,涉于不正者,悉宜避之若浼。"又如据《石壁追远堂张氏族谱》(十四修)所载"家箴"道:"四、立身:生存发展,刻苦奋斗,学文尚武,自强不息。"

这八个部分的内容涵盖了客家人的德行、人格、价值、理想、行为、准则、规范和义务等八方面,可以说是客家人伦理中的主体内容,其他一切更为细微的禁戒规则都是围绕着这八个方面来具体细化。

三

客家人的伦理是在建立在中原伦理的基础之上,并进行了重新的建构,进而生成了自身的规约,从而在实践上获得体认。

(一)个人修为

客家人重视个人的修为,人的一生必须有所作为,这就要求有一定的道德标准,有所为而有所不为。客家人一向都以儒家的伦理道德为指归,重视达到人一生整体修为:格物、致知、诚意、正心、修身、齐家、治国、平天下。当然不是每一个人都能达治国平天下入仕的政治目的,但对每一个人一般人生追求都有较为严格的设定,正如张氏族谱第7条所言:"宜重儒术:斯文为朝廷精彩,亦一族风教,攸关恢先绪。大家声,舍读书种子,其熟能之,族中俊秀,家富者不俟人给,宜鼓舞经以励其上达之志;清寒者则资助,宜津贴学费,俾其卒业成名,今世家巨族以不赀之费,广开学校作育人材,非但补助而已,有功者幸亟图之。"重视教育,给每个人同样的机会,能达到什么程度都在其鼓励和支持的范围之下。除了人生和道德理想的追求之外,还有习惯、品性、意志等方面的养成,这方面在家规中已列出若干的条例,此处就不赘言。

(二)家族建构

"家族者,社会、国家之基本也。无家族,则无社会,无国家。故家族者,道德之门径也。于家族之道德,敬有缺陷,则于社会、国家之道德,亦必无纯全之望,所谓求忠臣,必于孝子之门者此也。彼夫野蛮时代之社会,殆无所谓家族,即曰有之,亦复父子无亲,长幼无序,夫妇无别。以如是家族,而欲其成立纯全之社会及国家,必不可得。蔑伦背理,盖近于禽兽矣。吾人则不然,必先有一纯全之家族,父慈子孝,兄友弟悌,夫义妇和,一家之幸福,无或不足。由是而施之于社会,则为仁义,由是而施之于国家,则为忠爱。故家族之顺戾,即社会之祸福,国家之盛衰,所则生焉。"①蔡元培先生论述了家族之于社会的重要性,并由此引发了家族与国家的关系,他们是有机地联系在一起的各个单元。那么石壁客家人家族是如何建构的呢? 他们主要是按中国传统的伦常关系来建构的,依据"父慈子孝,兄友弟悌,夫义妇和"的方式来维系其家族内部关系。第一层次是父子之间的关系。父母要爱护其子女,子女要尊敬和孝顺父母,父母要生养和教育自己的子女,子女要赡养自己的父母。如张氏族谱族规载:"子道宜尽:孝为百行。原其能扬名显亲幸矣,否则温清定省左右就养亦可承欢,固人人当尽,人人能尽者也。苟或忤逆必治以族法,不可纵容以坏风俗。"第二层次是兄弟姐妹之间。他们之间都是骨肉至亲,同案而食,同几而学,游则同方,相互扶携,其感情非一般可比。由于兄姊年长,见识经验比较丰富,有教导和示范于弟妹的义务,更不能侵凌弟妹。弟妹年小于兄姊,就应遵其训导。如张氏族谱族规载:"悌道宜敦:弗念天显,弗恭厥兄,固为元恶。但为兄者亦宜友于角弓翩及诗人致戒,非仅责弟也。凡今之人,莫如兄弟,倘视骨肉如路人,甚而越礼犯分斯败类矣,纯以族法,当与不孝同科。"第三层次是夫妇之间。夫妇乃为人伦之始,风化之源。他们之间虽无骨肉之亲,但他们朝夕相伴,同甘共苦。为夫者应刚毅信义,负责家庭主业,不应随意驱使和休弃妻子。妻子应辅佐其夫,为夫分忧,以节义为导向,尽其本分。正如宁化泉上镇延祥村的杨氏房谱族规所载:"夫妇匹

①　蔡元培:《中国伦理学史》,商务印书馆 2004 年版。

配,人之大伦也,好逑既订于一日,配偶即系诸百年,今他姓恶习,有私行转婚一说,灭伦伤化,莫此为甚,吾族如有此类,公议削谱出族。"又载:"妇人之义,从一而终,故卫风首共姜之节,春秋美伯姬之贞,他姓有因夫死子幼,藉口抚孤招人入赘者,非惟有玷阃门,甚是贻羞宗党,吾族如有此类,逐出赘人并罪与知亲老。"

(三)社会关系

凡是相同的利害关系的人集聚在一起的人群,并受到一定法律和道德规范的限制的,小到乡村,大到国家,乃至世界,都称为社会。社会最小的组成元素是人,由人组成了家庭,由家庭组成了家族,由家族组成了社会群体,由各个社会群体共同组成了国家群体,由国家群体组成了整个世界。社会由诸种关系组合而成,必须依据一定的法律和道德准绳来维系,规范社会的正常运转,保障各种权利,维护各个阶层的利益。因此,它必须涉及人的生命、财产、名誉、礼仪、风俗、法律、道德等范畴,那么社会是相当的复杂的结构(此不赘言)。

由以上所述可知客家伦理文化与中原有着传承关系,客家民系作为中原南迁的特殊民系,在南迁至现在客家聚居区后,对中原传统文化进行了重新的整合,并吸收了当地文化的因子,形成了与当地相适应的文化体系,也就形成了当地客家人社会生活的规约,在一定意义上有很强的地方实践性。

(作者单位:福建省三明学院客家文化研究所)

客家文化与中原文化之比较

吕清玉

人类在一定的空间范围、区域、场合和环境中生活,从事生产劳动与创造,不断培育新文化,日积月累,形成许多文化圈,文化区域,民族、民系文化。各种区域文化,民族、民系文化从不同方位、不同侧面展现了中华民族文化。全国各地区的各种区域文化、民系文化等像千百条河流汇总成大海——中华文化。区域文化、民系文化之间又有历史的密切联系,各具特点。在中国,历史最悠久、辐射力最强、富有代表性、内容十分丰富的中原文化和最年轻、最活跃、最开放的后起之秀客家文化关系特别密切,他们是亲缘文化,一脉相承,同源异支,相互交流,相互促进。

一、客家文化渊源与中原文化渊源之比较

(一)中原文化源远流长,博大精深

华夏文明根在河洛。中原是中华民族文化的摇篮、核心,是中华民族兴起的发祥地。其文化辐射四面八方,融会各地方文化和少数民族文化汇总成博大精深、内容极其丰富的中华民族文化。同时派生出各种区域文化、民系文化,客家文化、福建文化等就是其中一部分,它们的主体文化是中原文化的延伸,是源流关系。但客家文化经过千年磨炼,与土著民族相互影响、融合,受港台文化、外国文化的影响,形成一种新型独特的文化系统。

"欲问古今兴废事,请君只看洛阳城"(司马光语)。中原在古代是中央所在地,洛阳是十三朝国都,在1 500多年期间成为中国政治、经济、文化中心,文化

兴旺发达。在陕县发现有 60 万年前猿人打制的石器,在南召县发现有 50 万年前的猿人牙齿化石。6 000 年前,中原成为中华民族活动中心地区之一,文化遗址有渑地县仰韶村、陕县庙底沟、郑州大河村等。原始社会晚期,河南社会发展水平相当高。三皇五帝曾以河南为中心活动过,颛顼高阳氏住濮阳,太昊伏羲氏居淮阳,帝喾高辛氏居偃师,黄帝居新郑,舜居虞城。中国第一个封建王朝夏建都于河南。公元前 21 世纪中原进入文明社会,比西欧早 1 000 多年。从远古到夏商周时期,中原文化都很发达。西汉河南境内有 1 260 余万人口,数量与密度占全国第一。东汉以洛阳作首都,成为政治文化中心。虽然战争频仍,中原文化水平在全国仍然很高。大运河开发促进中原经济文化发展,隋唐至北宋是中原文化极盛时期,洛阳成为仅次于长安的大都市,开封有 100 多万人口,《清明上河图》就反映了当时发达兴旺的状况。

金元之后,由于战争破坏,自然灾害加重,人才人口外流,政治中心转移,大运河淤废,中原交通落后,影响了文化发展。儒家重名轻实,重农轻商,自给自足等传统思想,影响了经济文化发展,新中国成立前统治阶级不重视教育,河南省文盲竟占总人口的 85%,但中原人民以勤劳、勇敢、朴实、善良著称于世,大大推动了中原经济文化进步与中华文化的发展。民国时期,中原人民前仆后继,艰苦奋斗,发动"二七"大罢工、焦作大罢工、商城起义,积极参与抗日战争、淮海战役,作出无私的巨大贡献;解放后河南成为大省之一,中原文化掀开新的一页。

中原传统文化是中华文明的源头、核心,是中华文化的重要组成部分,是京都文化、统帅文化,与其他区域或民系文化有所区别。

(二)客家文化源自中原,特色鲜明

姓姓先祖通中原,客家人事联河洛,客家先民根在中原,客家文化源自河洛。"北方战乱,大量人口几度迁徙闽西北,将中原文化传播于此,三明境域文风渐开。……"①客家人保存的大量族谱和大批专家学者研究成果铁一般地证明:客家人根在中原。秦朝陈政、陈元光(固始人)来漳州平乱,先后来万人。王绪、王审知(固始人)率兵 3 万多进闽称王,才使该地经济逐步繁荣,文化空前繁荣。中原人带来了先进生产技术和优秀文化等。客家先民讲中原古言,盛行中原风

---

① 《三明市志》人口志第 2390 页,北京方志出版社 2002 年版。

俗,爱读圣贤书。宋元时期,他们和土著民族友好相处,交流融合,逐步产生了新民系、新语言、新文化。其中最有代表性的是"闽学",在中外影响很大,传播几百年。至今有五十多个国家、地区的专家学者研究朱熹。杨时、罗从彦、李侗、朱熹等人是程颢、程颐的徒弟徒孙,他们将理学发展为"闽学"。儒、道、佛等在客家区域相当流行。客家人在经济文化等方面作出贡献,产生了杨时、罗从彦、黄慎、伊秉绶、朱熹等著名人士,对中国文化影响巨大。客家文化具有传承性、包容性、多元性、开放性等等。

二、客家话源自中原,同中有异

古代的中原地区是经济文化发达的地区,是人类最早居住繁衍的地区之一,是中国语言文字最早产生之地。在 7 000 多年前的裴李岗文化的贾湖遗址中发现有原始文字。在商代晚期都城殷墟发现大量甲骨文。中原在语言文化发展史上处于领先地位。秦朝宰相李斯(河南人)作《仓颉篇》,将六国文字统一为小篆,使汉字规范化。河南学者许慎著《说文解字》,始创文字学,成就首部字典。中原古汉语居母音的地位,发源于黄河中下游河洛地区。黄帝曾于河洛一带命仓颉造字。《河南通志》称:"河洛渊源为万世文字之祖。"语言的产生往往比文字更早。元代周德清著《中原音韵》介绍了中原古汉语。

"得中原者得天下",中原是个好地方,土地肥沃,人口众多,地势险要,四通八达,历史悠久,文化发达,兵家必争之地,屡遭外族入侵。各族之间冲突、共存、交流、融合,中原语言起了很大变化,和上古、中古的古汉语差距越来越大。唐宋以后中原汉族共同语言从古代汉语演变为近代汉语。中原汉人在用近代汉语时,客家人仍在用古汉语。这很像新中国成立后中国大陆普遍采用汉语简化字,台湾同胞仍在用繁体字。这又像城市人普遍用普通话时一些边远山区农村的中老年人还在用方言沟通。后来普通话盛行北方,中原人便与时俱进了。北方人讲普通话比广东人、福建人更好更棒,闽粤人的地方腔重了一些。但有些恰恰是上古音、中古音,比如闽南话是河洛话(古代)。

"宁卖祖宗田,不卖祖宗言",客家人崇祖敬宗,崇古重志,热爱祖先文化,坚守本族语言。又因山区交通不便,外界影响不大,仍以中原古汉语为主体语言。近代中原汉人已不用古汉语,所以两地、两个民系语言有差距。近年来研究闽方言、客家话的专家学者们说，闽方言和客家话是古代中原古汉语的"活化石"。客家人传承了古汉语系统，又吸收了外界、少数民族的一些语言，创造了客家话，也造就了中华民族新的民系：客家人。客家话和元代周继清著《中原音韵》方言基本一致，方言的传承证明客家之根在中原。

客家话源自中原，但不同于现代中原语言，它与少数民族交融，又不像他们的语言，它是"杂交"语言，集百家之长自成系统。客家话中有许多古音，但有微小变化。比如：古汉语"食毕"、客家话"食撇"（普通话：吃完了）。古汉语："昼"，客家话也叫"昼"（普通话："午"）。古汉语："日"，客家话："日头"（普通话："太阳"）。古汉语："索"，客家话也叫"索"（普通话："绳子"）。古汉语是客家话的母体，这是公认的。

三明市宁化县的邻县建宁（纯客家县）方言近似中原汉语语言。乾隆年间编的《建宁县志》卷九《风俗·方言附》（朱霞拟稿）曰："建邑之语近似中原，即音多燥硬，非同蛮响间。"民国时期编的《建宁县志》卷五《风俗·附方言》云："建邑之语似中原，虽音多燥硬，要不同于舌间。""音多燥硬"是指送气音多，比如步、度、匠、重、共等都念送气音，其他闽方言则不送气。"要不同于舌间"是指建宁方言的两个特点：舌音 t 读为擦音 h（比如"吞"、"托"、"汤"、"糖"、"洞"、"地"等）。齿音 ts 读为舌音 t，比如次、草、插、蚕、出等，它和宁化话有相同的渊源关系。例如：在保留中原地区的许多古汉语词语与常用词一些词语的发音等方面都有共同点。将乐、泰宁县（纯客家县）也保留大量的中原古汉语词汇，其中中原古音、形容词运用单音词重迭前置作性状形容的特点十分突出。比如"精光"（光溜溜）、"雪雪白"（非常白）等，将乐纯音保留许多中原古汉语（雅语）语汇，有些连中原的古音都保留下来。比如：我称"涯"（俺的转音），你称"伲"（汝的转音），他称"偍"，说话称"话事"，学校称"学堂"，房子称"厝"，蛋称"卵"，吃称"食"，走称"行"，跑称"走"。此外，将乐、泰宁因靠近江西，方言有赣化倾向，受江西影响很大。江西也有许多客家县。清流县（纯客家县）方言是说汉语的客家方言，是以长汀话为代表的闽西客家话的一方土话。闽西客家话是唐末客家先民第二次南迁后由江西转居到长汀、宁化、清流等地后形成的。明溪（纯客家县）话有很多与中原话近似，连未读过书的人也很容易学说普通话。比如"砍柴"念"砍樵"等。

三、客家民俗文化与中原民俗文化之比较

风俗习惯是民族文化的重要组成部分,又是判断一个民族或民系的主要标准之一。福建汉人之根在中原河洛,当然民俗也源自河洛。随着中原河洛雅文化的产生与传播,中原民俗文化也以巨大的生命力、诱惑力辐射四面八方,极大影响了福建传统文化。至今福建人、客家人仍基本保留中原河洛古风,表现在过年过节、人生礼仪等方面。客家民俗继承了河洛古风,主要表现在如下五个方面:

（一）保留与农业有关的习俗

母亲河黄河洛水灌溉了中原地区,发达的农业领先于全国。中原河洛民俗最大特征是保留农耕文化色彩。岁时节令、祭祀、人生礼仪等都与农事活动有关。福建是农林省份,南下中原先民带来了先进的农耕技术与先进文化,促进农业发展。同时以河洛民俗取代土著民俗,易客为主。在农村更加突出地保留了古风。比如:敬拜土地公（社神、土地神）,各地设庙立碑祭祀。过年期间忌用火烤烧食物,否则会烧坏庄稼之根,来年无好收成。张贴谷神春牛等。人们崇拜五谷仙（神农）,颂扬他发明农业生产技术,各地都建庙祭祀。清流县林畲一带将五谷仙庙视为"祖庙"。泰宁县延桥东建"五谷仙庙",于农历五月二十五日迎祀,人们蒸甜糕、做米丸、炸油蛋等敬奉,置新谷穗于神缘之手,以报答神农教民耕作五谷行医采药的功勋。

（二）敬拜神灵

中原民俗一大特征是敬拜神灵,继承远古图腾崇拜传统遗风,祈祷神灵保佑。闽人逢年过节,操办喜丧事等都要敬拜。比如初一清晨即起来燃放鞭炮,俗称用天地炮迎神。于清明节扫墓祭祖,端午节开展纪念屈原的划龙舟活动,中秋节祭月神。农历十二月二十三日为祭灶神节,祷告词:"二十三日去,初一五更回,上天言好事,下界传平安。好话多说点,赖话不用提,别啥都不要,五谷杂粮多捎回些儿。"接着将灶神像点燃,祝词:"升天吧,高高兴兴升天吧!"也有穷人诉苦,祝词:"一棵白菜一棵葱,打发灶爷上天宫,你老见了天爷老,就说我老活不成!"一般民众都是求灶神讲好话,企盼上天保佑。至今三明等地仍流行此风。

（三）崇祖重礼

中原河洛之习另一大特征是崇祖重礼,客家人祭祖是古代中原标准的礼俗,极为隆重而又经常,每逢过年过节,全族人欢聚一堂,杀猪宰羊,祭祖序辈,瓜分胙肉,畅叙天伦之乐。中原礼仪之乡习俗在客家人生活中表现在人生礼仪、逢年过节、生育、通礼、祝寿等方面。礼尚往来、尊老爱幼、团结互助。近年来宁化石壁举办多次大型祭祖活动,海内外成千上万人参加,效益很好。

（四）点灯节

元宵节点灯庆祝,古代以洛阳、开封最热闹。隋炀帝曾在洛阳皇城演百戏,声闻数十里,灯火通天。唐玄宗在洛阳五凤楼下设灯,竞赛歌舞,盛况空前。泉州、三明等地点灯闹元宵,踩街舞龙舞狮,以泉州最热闹、最活跃,名闻海内外,许多华侨华人、外宾应邀参与活动。

（五）食俗

客家人与中原河洛民俗基本一致。当代客家人过年过节,仍杀猪宰鸡,吃面食,吃饺子,扁食（做成元宝形,寓意期盼一年中招财进宝）。吃蒜意味会“算账”。元宵节吃汤圆意味团圆。端午节吃粽子纪念屈原。中秋节吃月饼,欢聚一堂。……

客家民俗虽然源自中原,但两者又有所不同,多元化的客家文化,渗透了畲族等少数民族的习俗,又包容了长江文化、南朝文化和江西文化等等。文化互动,形成多姿多彩的新风俗。比如,客家人吃生鱼片、吃老鼠干等,原来是畲族的习惯。客家人和畲族相互学习、影响。客家人吸收畲族生产生活习俗,比如开垦梯田,种植“畲禾”、“百日子”、“八月白”,烧草木灰作肥料,用大瓢作水瓢,用长柄瓢作舀酒的酒瓢。畲族人学汉族建筑木结构泥墙瓦房,他们过去住竹寨。客家人与畲族人一样,产妇坐月子期间用温水洗脸,不吃稀饭和素菜等。畲族史上盛行火葬,客家人的土葬“拾骨重葬”风俗影响了他们,也实行二次葬。畲族喜唱山歌,客家人也受影响。客家人以中原儒家礼教的思想道德影响畲族,该族也以勤劳节约、艰苦创业和淳厚质朴的良好品德熏陶对方。

四、中原河洛道教、佛教与客家人

河南鹿邑县人老子（李耳）创建道教。他在洛阳任东周守藏史时,形成道家学说体系,他是古代大哲学家、思想家,被奉为道教诸神中地位最高的"道德天尊"。道教是地道的中原文化,后来被神化了,成为中国土生土长的宗教,中原文化、生活、习俗等都渗透着道教思想。南下的中原汉人将领和移民将道教带入福建,以至福建到处都是道教信仰者与道观。

在鹿邑县有座老君台,是老子修道成功的圣地。唐代在此建紫微宫,宋代名为明道宫。道教经典有老子的《道德经》,《南华经》(即《庄子》。庄子,河南商丘人)、《冲虚经》(即《列子》。列御寇,河南中牟人)。道教诸神大多是中原古代神话中的部落酋长、英雄人物及古代圣君贤臣。汉武帝时加速了把老子神化的过程。曹操把洛阳祭祀黄帝、老子的龙濯宫毁掉,颁令禁止吏民祷祝老子。但仍有许多怀异术的方士到许昌活动,天师道取代了太平道。在北魏政权大力支持下,寇谦之"新天师道"统治了中原及北部中国。北周武帝废佛教、道教。隋炀帝信道教,修建仙山,嵩山成道教名区。李渊靠道教起家,作"告吾子孙,长有天下"的预言。唐高宗偏爱道术,亲赴鹿邑祭拜老子。唐王朝利用道教学说修身治国。司马承祯提倡"主静"、"坐忘",唐玄宗很赏识其弟子李含光。令他主持阳台观。北宋掀起两次崇道高潮,编印了道藏。金元代以后在中原地区流行太一教和全真教。太一教以卫州为中心,在河南传播了七世,直到元朝仍在民间流传。全真教道士张志素(商丘人)于元代主持鹿邑太清宫,花10年装修。全真教到明清两代逐渐衰弱,但对民俗与广大群众的思想观念仍有深刻影响。

东汉时道教传入福建。三国时期福建已有灵洞院、洞观、炼丹井等。西晋太康年间兴建福州城隍庙、泉州白云庙,连江隋代道士活动更加频繁。五代闽王王延钧(固始人)宠信著名道士陈守元(福州人),陈曾建议盖宝皇(即王霸,延钧之祖)宫。其子继鹏接位后更加倍信仰道教,奉守元为天师,言无不从。守元曾建议修建三清殿。……正是在这些中原官吏和外来道士的支持与努力下,福建道教逐步发展起来。闽东霍童山鹤林宫成为著名道教圣地,修道者有左慈、葛玄、郑思远等。也有很多道士上武夷山修炼。

道教在客家地区普及,对民间文化产生广泛与深远影响,产生了一大批道家书籍,繁衍很多有关道教的民间故事和歌谣,出现大批宣传教义和神仙思想的造型艺术,对民俗影响深远。客家民俗活动都受到道教影响。一些活动已成传统保留节目,日常生活必不可缺,比如许多家庭都有香炉、拜神祭祖。一些普度、祭神、灭灾等活动,规模很大,时间经常,参与甚众。近年来闽台信仰玉皇大帝、吕洞宾、关帝、妈祖、城隍神等的人甚多,台湾信徒不顾当局阻挠开船队到闽朝拜妈祖神像,参加祭祀活动等。客家地区流行延请道士打醮祭祀活动。

客家地区流行延请道士参与的打醮祭祀活动,多数在二月间进行。乡亲们备祭品,互相供献,借敬神活动以联络感情。建醮后,引神巡境,街巷结牲迎接。祈求平安的叫"打平安醮"。还有收成好的人们打醮酬谢。此外有驱瘟疫、除天灾、许愿、丧葬打醮等。

客家地区信爷佛教者甚众,庙寺林立。仅梅州就有历史悠久又影响较大的一些寺庙如大觉寺、西岩寺、灵光寺、东岩寺等。灵光寺已成著名古迹与旅游区,汇集景观、古迹、人物、建筑于一体。客家地区寺庙以中国佛教宗派禅宗创始人慧能主持的韶关曹溪宝林寺最多盛名。客家人敬崇定光佛(福建泉州人),流布于闽粤地区。天旱时客家群众经常迎像求雨。

客家人信仰佛教,仪式深入民间,家设佛像、观音座,喜行布施,放生禽鱼,为死者修福灭罪,还有未死预作生斋者。信仰观世音菩萨者最多。客家地区还有居士林佛堂。也有人信儒家而反对道教、佛教的。

佛教从印度传入中国,最早的地方是中原河洛。自东汉后河洛地区佛教兴起,成为佛教发展基地和佛教活动主要舞台。汉永平七年(64年),汉明帝派蔡愔等汉人出使天竺取经。请二高僧译经,洛阳白马寺成为重要译经场所,严佛调写的《沙弥十慧章句》是汉僧首部关于小乘佛教的专著。先后在洛阳建立三所佛寺。曹植喜读佛经,促进佛教在中原发展。

三国正元十年(260年),颍人朱士行在洛阳受戒成为中国第一僧人。他到于阗国求得《大品般若》梵文足本,派人带回国,成为重要经典。十六国时期中原战乱加快佛教在河南传播,大受民间欢迎,胡人统治者也提倡佛教。隆和元年(362年),道安提出僧人不用俗姓,以释为姓之议,成为千古定制。其弟子数千人,以慧远最著名,慧远到庐山传教,成立净土宗,成唐宋时期主要教派。魏孝文帝迁都洛阳,佛教盛况空前,僧尼地位很高,洛阳建四座寺院,北魏始建龙门石窟,崇佛之盛超过印度。

北周武帝崇儒术,下令废佛道二教。隋朝推行佛教治国政策,中原佛教又发展起来。隋文帝在嵩山建佛寺,赐地100顷给少林寺。信行在安阳创立三阶教。

武则天宣扬大周政权出自佛意。唐朝佛教盛行。周世宗于公元 955 年下令废除佛法,废寺 336 所,裁减僧尼 6.12 万人。五代新郑员峻是著名高僧,门生 3 000余人。北宋初年鼓励佛教,天禧三年(1019 年)度僧 230 万,尼 2 643 人,全国寺院 4 万余所。开封是全国佛教中心,太平兴国寺设印经院,印大藏经共 1 078部,5 048 卷。宋代佛教完成了化民成俗任务。金兵入侵,僧尼四散。朝廷建立官寺,少林寺由高僧主持。明清代采取限制政策。但人们习惯于念佛、放生、烧香、素食等行为,且蔚然成风。清道光以后各地来院僧尼渐少,清末全省仅存900 余处,以禅宗为最,净土宗次之。1927 年冯玉祥主持河南政务,要求"改造宗教,兴办学校",破除迷信,遣散众僧。40 年代末,全省寺院 340 余所,僧 540 人,尼 75 人。

史实证明,佛教的兴亡与统治阶级关系很大。若他们提倡并拨款,佛教就兴,反之就亡。但佛教教义深入人心,老百姓仍很虔诚,有关方面要因势利导,落实宗教政策,解决存在的问题。

五、客家哲学与中原哲学之比较

中原哲学源远流长,内容丰富,理论深奥,名家辈出。远古中原人认为,人有脱离身体的灵魂独立存在。夏王朝提倡以鬼神为基础的天命观,以神化君主是天子。最早反映中原文化思想的两部哲学著作《尚书》中的《洪范》篇和《周易》,内容有五行思想中的唯物主义观点。周文王的《周易》名闻天下,含变易、发展观点等。春秋时期思想家子产提出"天道远,人道迩,非所及也",是唯物主义的观点。战国时中原诸子哲学(儒、道、法、名、墨、阴阳家)形成。杂家的代表人物吕不韦、纵横家的代表人物苏秦、张仪都是中原人。东汉独尊儒术,洛阳太学有游学者 3 万余人。贾谊、桑弘羊、张衡的哲学思想具有代表性。汉章帝建初四年(79 年)召开洛阳白虎观会议,是为了维护儒学,挽救政治危机,将谶纬之言法典化,成为统治阶级思想。张衡揭露了它的矫伪虚妄。魏晋南北朝何晏补充改造儒家思想,提倡发展道家思想,创玄学。王弼提出"以无为本"本体论"言不尽意"的认识论。三国魏时期向秀作《庄子隐解》,郭象提出"以有为宗",万物自生学说、名教与自然的合而为一。玄学因后继无人而消失。唐代出现反佛教的无神论者傅变、姚崇。韩愈提出性三品说、道统论、谏迎佛骨等观点。刘禹锡阐明天与人的物质性,认为自然万象发展有一定的规律,强调人的主观能动作用。宋代程颢、程颐创立了洛学(理学)。元代许衡继承程朱(熹)理学,提出知与行和学与用等观点。明代王廷相反对程朱理学,提出"理根于气"的唯物论,重视经验知识的认识论等。吕坤反对理学,提出"理就是气"的唯物主义思想。清代孙奇逢是清初三大儒之一。汤斌调和程朱和陆王理论争端,不主一是,不守一家之言。

中原哲学反映了尊儒反儒、崇理反理、唯心主义和唯物主义的斗争过程,内容非常丰富,理论极其深奥。谁战胜谁的问题令人思考。是是非非由后人评判。

汉代闽人不了解儒学,承袭闽越遗风。宋朝晋安郡太守阮弥之(江左人)在闽中提倡儒学。南朝一批儒士进入闽中,如江淹任建安吴兴令。北宋仁宗时期一批闽学者注重研究儒家经典,不重训话重义理,提倡儒家道德,宣扬儒家"尽天知性"之说,强调伦理纲常,重视个人道德修养,热衷授徒讲学。北宋末南宋初河洛二程洛学入闽,在闽传播很广并形成闽学。铁一般的史实证明中原河洛哲学理学是闽学之源。

宋代理学奠基人程颢、程颐是河南洛阳人,其学说为"伊洛道统"、"洛学"。程门四大弟子中有两位是闽人:杨时、游酢。宋神宗元丰四年(1081年),29岁的杨时(祖籍在河南)以师礼拜见程颢于颍昌(今许昌),以优异成绩毕业回家时,程颢感慨地说:"吾道南矣!"对杨寄予殷切期望。宋元祐八年(1093年)杨再赴洛阳拜程颐为师。一天午后他和游酢去找程,见他在厅里午休,不便惊动,便站在门廊下等候。那时大雪纷飞,待程颐醒来时,门外已积雪一尺多厚,尊师佳话被誉为"程门立雪"。杨时弟子数千,著名弟子罗从彦听杨说程颐对《易·乾九四爻》"所说甚佳",便变卖田产作路费到洛阳当面向程颐请教,程杨所说相似,他对师辈更加虔诚。程理师承杨时、罗从彦、李侗、朱熹"闽学四贤",形成以朱熹学说为代表的"闽学",在中国文化史上产生极为深远的影响,成为元明清统治阶级的官方哲学与经典,朱熹《四书集注》成为科场试士程式,必考之书,福建成为理学文人士子朝圣之地,至今有五十多个国家研究闽学、朱子学。

客家人的哲学跟中原比较,情况不一。客家民系诞生的时期在宋朝,元明清代逐步发展,于近代趋于成熟。因为他们的先民来自中原,所以受中原哲学儒道影响很大。他们保持和发扬了中原人崇儒重教、尊理重道的传统,以传统伦理道德作为行动准绳,守礼节,重道义,讲伦理,尊崇传统的礼义廉耻的观念,行为遵从"古礼"。宋朝程颢、程颐与"闽学四贤"杨时、罗从彦、李侗、朱熹和明朝王阳明的思想对客家地区产生过深远影响。近年来武夷山建一个朱熹纪念馆,尤溪也建纪念公园,很多人研究朱子学、闽学。这是客家社区最大的特点,洪秀全、孙中山、朱德、叶剑英等名人的哲学思想都哺育了一代又一代的客家人。

六、客家教育与中原教育之比较

中原教育与始祖有关。伏羲氏教子孙结网捕鱼、放牧、狩猎等。神农教民耕农。轩辕氏教人养蚕纺织,发明文字。远古时代中原教育就开始了,推动了中原文明的发展。

夏代乡学有"明人伦",教民以义。商朝用文字于学校教育。西周各诸侯国建"大学",学在官府。春秋战国洛阳是全国教育文化中心。私学兴起,百家争鸣。儒、墨两家广招徒弟。秦朝李斯用小篆编写蒙学教材《仓颉篇》。汉朝独尊儒术。东汉灵帝下令创办文学艺术专科学校——鸿都门学。私学遍布中原各地。魏晋南北朝时期,曹操下令凡县满 500 户者置校官。西晋在洛阳开设太学与国子学,学生超过 3 000 人。前秦兴立学校,倡导儒学,私学发达,门徒多者达数千人。隋朝在洛阳设国子学、太学、四门学、书学、算学、律学等校。唐朝中原连乡里也办学。宋代办国子学、太学辟雍、广文馆、四门学、武学、律学、小学等,私学遍布中原各地。明清时代兴办府州县学,文教政策以程朱理学为指导思想,尊经崇儒,重视文教,书院遍布中原,大力发展社学、义学与私人教育。清末兴办大学堂、中学堂、小学堂等。

中原古代著名学府有洛阳太学、东京太学、应天书院、嵩阳书院等。著名教育家有伊尹、墨子、贾谊、韩愈、程颢、程颐、许衡、王廷相等。中原教育的发达,为中原文化、文明建设打下十分扎实的基础,中原教育走在全国前列。

中原南下官吏将领、文人志士和移民将中原先进文化带到客家人聚居区——闽粤赣地区。以福建为例简介如下:

南下福建的中原官吏们很重视教育,将中原文化传入闽中。李琦刚任福建观察使就兴建孔庙,崇学校,励风俗,大启府学,劝导生徒。下任常衮大设乡校、倡作文章、亲加讲导。建州刺史陆长源设学校、立市廛,兴廉举孝,礼耆艾。漳州刺史陈元光劝人入学读书。其子陈珦乞休后仍聚徒讲授。闽王王审知设置四门义学,下令学龄儿童都须入学,促成办学读书的风气。除官办外,私人办学风气也兴起,出现书院教育,由中唐至金代闽有 16 所书院,居全国前茅。到宋代增为 120 所。

朱熹创办、助办的学校共 28 所,亲自讲授 40 几年,桃李满闽。明代闽学发展推动了书院教育,院数比元代有十倍的增长。清代再现全省性书院,如:鳌峰、凤池、正谊、致用,培养林则徐、林纾、陈宝琛等名人。清末出现官办的全闽大学堂,洋务派办的船政学堂,外国教会办的教会学校等。

客家教育继承了中原先辈的光荣传统,在各客家地区以教育发达,人才辈出著称于世,有"文化之乡"的美誉,这是客家文化最突出的特征。他们以耕读传家,主张"喜读书"、"学而优则仕",就是讨食也要叫子女读书。客家地区经济较为落后,但文教事业却超前发展,令人惊讶感叹!在广东、福建、江西等省的客家人尊师重道已成风尚。童谣唱道:"蟾蜍罗,咯咯咯;唔(不)读书,冇(没)老婆。山鹧鸪,咕咕咕;唔读书,大番薯。"客家人读书求上进思想深入人心。

客家地区教育十分普及,梅州、三明等地中小学、幼儿园特别多。各村办小学,实行义务教育。经费由族祭祀田租中拨给、集资、华侨华人捐资等方式解决。图书馆、文化馆等文化设施齐全。客家学子遍天下,人才辈出。孙中山、朱德、叶剑英等中外名人政绩辉煌。

客家仕进学众,古代进士特别多。以三明为例,史上进士 720 人,客家人(仅含宁化等 6 个纯客县)共 361 人,占总数的 50.14%,其中有五位状元,4 位是客家人,占 80%。三明古代五品以上职官 156 人,客家人占半数以上。全市革命烈士 5 449 人,客家 4 812 人,占 88.31%,其中副团长以上烈士 37 人,客家 28 人,占 75.68%;三明解放后在册老红军 133 人,客家 100 人,占 75.19%。三明在外地工作的副厅级以上干部(已知)共 51 人,客家 32 人,占 62.27%;三明已知博士 130 人,客家 64 人,占总数的 49.23%;三明市人物志宣传人物 185 人,客家传主 102 名,占总数的 60%;三明在外地工作的正高级职称者 94 人,客家 69 人,占 73.41%。若加上其他非纯客家县(如沙县、永安等)的客家人,人才更多。

七、客家文化名人与中原文化名人之比较

中原地灵人杰,名家辈出。从古至今,涌现出千千万万个杰出的文学家、艺

术家、书画家等等,可敬可佩。我们应学习他们宝贵的民族精神与爱国主义精神,努力建设小康社会。

中原文学界群星灿烂,有战国时期的文坛巨擘庄周,两汉时候的贾谊、贾山、晁错、张衡、蔡邕、蔡琰、阮瑀等文学家,魏晋南北朝潘岳、潘尼、干宝、钟嵘等,唐代杜甫、韩愈等20几位中原诗人将中原文学推向新高峰。宋至清代有郑廷玉、宫天挺、何景明、侯方域、李绿园等人继续为繁荣中原文学而艰辛笔耕。

中原艺术家人才济济,南朝齐时陈郡擅肖像,隋朝董伯仁多才多艺,唐朝阳翟吴道子被誉为"百代画圣",唐代郑虔书、诗、画三绝,五代荆浩自成一体,宋代苏汉臣李唐、李迪等都是名画家,清代王铎等是著名书画家。书法家有李斯、蔡邕、钟繇、褚遂良、孙过庭、赵佶、王铎等名家。

客家人深受中原文化的熏陶与影响,出现了一批又一批名人。宋代福建杰出人物有:郑文宝、张达观、张良裔、杨方、杨时、罗从彦、朱熹等人,广东有余靖、张九龄等,元代有钟柔等。明代有李世熊、黎士宏、魏际瑞、魏禧、魏礼、李腾蛟等人。清代有杨仲兴、王利亨、宋湘、黄遵宪等人,女诗人范萏淑、叶璧华。梅州作家李士淳、宁化伊秉绶、南康谢启昆、台湾丘逢甲等,不胜枚举。

上述史实证明,中华民族是世界上最优秀的民族之一,客家文化与中原文化是一脉相承的,中原的文学艺术等传播到客家地区,得到发扬光大,并传播到海内外,为中华民族争了光。两者关系是亲戚关系,同源异支,各有优点,各具特色,应该相互交流,相互促进,共同提高,联络感情,促进友谊与团结,为中华民族大联合与繁荣而努力奋斗。

(作者单位:福建省三明市地方史志办公室)

略论闽台文化中特有的伦理价值观

刘　清

　　福建和台湾隔海相望,长期合治,两岸地域关系密切,有着血浓于水之情,其文化理念及伦理价值也有着极大的相同或相似,被称为闽台文化,闽台文化就总体而言属于中华文化,但也具有自己的特点。

一

　　闽台文化属于中华文化之范畴。海峡两岸来自于一个祖先,两岸文化同源同流,两岸同胞都是中华民族的子孙后代。有位学者曾谈到,就地缘而言,台湾与大陆原属于一体,台湾东海岸才是大陆的边缘;就史缘而言,台湾的先史文化来源于大陆;就血缘而言,台湾地区的民族堂号姓氏源流都证明台湾同胞均来自中原。闽台文化根源于中原之河洛文化,中原是闽台之根。定居在台湾的台湾同胞,除少数的原住民外,绝大部分都是从大陆渡海移民去台的中国人的后代,而且主要是来自闽粤地区的汉族移民。例如台湾居于前几位的姓氏是陈、林、黄、张、李等,人称"陈林半天下,黄郑排满街"。这情形与闽粤两地姓氏分布一模一样。据考证,这些姓氏均源于中原一带,后来迁至福建、两广,再后来一部分移入台湾,大陆姓氏台湾基本都有,故有人认为台湾同胞的姓氏多是一水之隔闽粤地区的延伸,都是来自祖国大陆。他们把故乡的语言文化、风俗习惯、生产方式带至台湾,甚至连家乡的地名也带到台湾。例如台湾的春节风俗,与祖国大陆,特别是与闽南地区基本相同。传统的道德伦理中,也讲忠与孝。在台湾80%以上的人讲闽南语,因此在这个意义上人们习惯地将台湾通用的闽南方言称为台湾话。而闽南语系中国南方方言之一,并属已失传的中原古语言(也称"河洛语")。在台湾以泉州为地名的地方多达十来处。在今天八闽城乡,不时会有"颍川衍派"、"天水传芳"等字眼跃入眼帘,行家一看就知其姓氏和地望。闽台文化有一种特别强烈的乡族故土观念。这种以闽粤乡土所构成的家乡情怀是台湾同胞后来的文化道德价值和生产方式的基因。民间信仰妈祖回娘家祭和保生大帝白礁祭,是台湾最为壮观的民间文化现象,其场面之盛大浩荡,气氛之诚恳隆重,在世界民间信仰仪礼上是罕见的,表现了中华儿女不忘根本与团结互助的情义,也说明了台湾与大陆血缘文化的不可分割。

　　台湾教育起源于大陆。朱熹创建闽学之后,八闽大地开科举,讲经书蔚然成风。郑成功收复台湾,便将大陆的文化教育移入台湾,并在台湾开科取士,初步确立了中华文化教育体制。清廷统一台湾,更是使大陆教育制度在台湾落地生根。台湾地区仿照大陆模式,相继建立了府学和县学,府学和县学分别接受府县衙门管理,并按朝廷命官学政监督。府、县学都要建学宫,祀先师,兼行释奠之礼,这与大陆府县学制完全一样。此外还办了社学、义学、私塾及书院。清代台湾地区先后有60多所书院,各书院的建筑样式、学规、教法等均取法于大陆书院,尤其是朱熹主持的白鹿洞书院。当时海峡两岸的教育都从《三字经》入手,然后再学习《千字文》、《大学》、《中庸》、《唐诗》等等,学生达到一定程度后,可以参加各级考试。在很长时间里,由于隶属关系,台湾的科举考试多在福建省内举行,也有的在京城举行,朝廷在生活上对台湾士子均予以照顾。无论是学校种类、教育思想、教材教法,台湾无不受到大陆教育的影响,这就使得台湾地区教育具有大陆教育的基本属性。通过教育的熏陶,中华传统文化伦理的忠孝仁义等在台湾社会日益深入人心,影响了一代又一代人。同时大陆地区教育动向也直接影响到台湾教育的发展。晚清时期,大陆地区兴起新式学堂,大力变革教育的热潮,一水之隔的台湾,也设立新学堂,派遣留学生。两岸文化教育的交流联系,形成了民族文化认同的思想观念,对整个民族文化教育事业的发展,起到了重要的推动作用。海峡两岸教育以传统文化为纽带,形成了台湾同胞强烈的民族精神和恋土归根的祖国意识、心向统一的愿望。

　　与中原腹地相比,闽台地区也有其特有的地理人文环境。福建地处东南沿海,有海上交通之便;而八山一水一分田的格局,又使大部地区地少且瘠,粮食难以自足。台湾是一个多山的海岛，早年尚未开发，有相当数量的可耕之地，据史书记载，由唐到宋以及明末清初，大陆沿海人民特别是漳、泉一带居民为了躲避战乱兵祸纷纷流入澎湖或台湾，从事垦拓，也有从事工商与航海的。可见在台岛的民众是以来自中原而定居闽粤的移民为主，台湾社会有过多次的移民活动，至19世纪初叶才基本稳定下来，发展成为以移民为主的定居社会。闽台由于特有的地理位置，长期以来殖民列强对其野心勃勃，虎视眈眈。台湾历史上曾经两度为外国侵略者占据，而福建厦门一带在第一次鸦片战争时就与西方殖民主义侵略者交过手。故闽台文化尤其是台湾文化具有鲜明的移民文化特征和海洋文化性格，体现了中华民族和中华文化多元一体的格局。

二

特殊的地理位置特殊的社会生活环境，使得闽台文化中的伦理价值观颇有其特色。

注重民族气节敢于反抗外来压迫。台湾同胞有着强烈的祖根意识和族群观念，并把家族地缘观扩大成为原乡观念。当年日本殖民者强制进行以灭绝中华民族文化为目的的殖民同化政策，激起台湾民众的强烈反抗，更是将原乡意识发展成为包容更加广泛的民族意识、祖国意识，祖根不仅是家族的、原乡的祖根，而且是民族的、中国的祖根。在整个抗战期间，尽管日本殖民当局在台湾处心积虑，采用各种措施不断强化"皇民化运动"，但收效甚微，"皇民化运动"从一开始就受到台湾同胞各种形式的抵制和反对，许多台湾同胞坚持不读日文，不说日语，极力保持民族文化及生活方式。在殖民当局严厉高压政策下，仍有许多台湾同胞将子弟送往私塾学习汉文。在当时的台湾，一切抗日组织都遭到取缔，一切不满日本殖民统治的言论都遭到禁止，在没有领袖、没有组织号召的情况下，绝大多数台湾同胞不约而同地对殖民当局推行的"皇民化运动"进行抵制，这不能不说是中华民族强大凝聚力所发挥的作用。上个世纪30年代的雾社事件中，高山族同胞拿起简陋的武器，反抗日本殖民主义者，为了让自己的父兄夫君无后顾之忧，高山族女子集体自杀于山林。第一次鸦片战争时厦门军民就给来犯之敌以迎头痛击。近代以来正是由于中华民族这种敢于同帝国主义血战到底的抗争精神，才使帝国主义最终没有灭亡中国。

不失本位、不忘根本且乐于接受新事物。中华文化历时 5 000 多年,覆盖 1 000 多万平方公里海陆疆域,哺育着全球最大的族群。生活在中华大地的汉民族都同尊炎黄二帝为始祖,少数民族也在其民间传说和神话故事中有不少联系炎黄二帝。闽台文化中根的意味十分强烈,即闽地民众的河洛情结、台岛民众的大陆情结以及海外华人华侨的唐山情结十分突出。闽地大部分人是在古代中原大乱时主要由河洛一带南迁的,有的虽然已有千年的历史了,但他们并没有忘记自己的族源和祖籍,通过世代不绝的修谱续牒,人们对自己的族源都有所了解,而台岛民众大部分来自闽粤,其崇祖恋根之情结更甚,不仅带着族谱渡海,有的干脆把故乡的地名一并搬走,至于海外的华人华侨,有的数代甚至十代以上,仍心系故国故土,用一切方法维系和表达其唐山情结。然而闽台地区因地理上的原因而具有海洋性特征,人们在从事农垦的同时,也利用海洋优势从事商贸活动,接受了不少外来的东西,辽阔的海洋赋予了闽台民众以浪漫想象力和开拓意识,故而闽台文化中也有着开拓进取精神和兼容并包精神。近代以来,西学东渐,闽台首当其冲,闽台士民在不失其本位,不忘其祖根的基础上,以开放的姿态不断吸取其他文化的长处,林则徐是第一个开眼看世界力主师夷而为制夷者,严复推崇欧美自由民主为救亡。后来在台湾学术界中的新儒家钱穆、唐君毅、牟宗三、徐复观等都是学贯中西的著名学者。

讲究信义孝慈且敢于蔑视权贵。根基于华夏文明的闽台人民最重大信大义,忠勇爱国精神十分突出。明末抗清斗争坚持最久抵抗最烈的就是闽台人民,在近代史上的反侵略斗争中,不论在福建还是台湾,帝国主义都遭遇到了像林则徐、陈化成、邓世昌、丘逢甲、徐骧等中华民族英雄。为了民族战争的胜利为了民族的进步发展,陈嘉庚毁家纾难,堪称华人之楷模。在民间社会生活中,闽台民众讲诚信和仁义。夫君走南洋,妻室在家侍奉公婆抚养儿女劳动生产,丈夫在外打拼劳作,设法捎银回乡,妻子在家数年甚至数十年的苦苦相盼,在闽台家庭中屡见不鲜,这里绝不单是夫为妻纲、夫唱妇随的伦理道德,还有更深刻的"一诺千金"的信义意识。在民间信仰中的妈祖、关帝、保生大帝、三忠公等神灵,大多蕴涵着儒家性善仁爱的伦理道德内容,如刻苦耐劳、建功立业、保民济世、忠勇孝慈。然而从另一个角度而言,长期受海洋文化熏陶的闽台人民也敢于突破小农社会对权贵礼法敬畏的限制,冲破礼法冒犯权贵,尤其敢于冲破那些不符合经济社会发展要求的禁令,反对那些背离社会进步和个性解放的不合理的清规戒律。明清两代的统治者,均实行过严厉的海禁政策,使中国的社会经济尤其是东南沿海的经济受到相当大的损失,闽台同胞为了生存和发展,往往冲破官府禁令,冒险出海捕鱼或交易,甚至渡海移民迁徙。这种敢于蔑视权贵礼法的精神在文化思想上也有一定的反映。明代大思想家李贽就是突出的代表,他所提出的"不以孔子的是非为是非"的命题惊世骇俗。现代的柏杨、李敖同样不畏强权铁骨铮铮。

不废耕读且重工商。中华传统伦理道德是农耕为本而且鄙视工商,故士农工商的身份排列在历朝历代的官府与民间中都是普遍能够接受的秩序。同样在闽台地区,人们不论是士大夫还是普通人家,都十分讲究"耕读为本"、"诗礼传家"、"书香门第"。讲究"地瘠栽柏树,家贫子读书"。闽台的开发比中原地区要晚,但读书、科举、功名之风不亚于内地,朱熹之闽学在整个东南亚被称为显学。然而闽台地区特殊的地理环境及经济状况,在重农耕的同时也重工商。在南宋时泉州人就有着早间读书、暮晚经商的习惯,当时地方志就记载民间时尚"子弟二十尚无足观,便当弃儒就贾,次则习艺再则农耕"。前面所述的李贽,反对轻贱商人的传统习气,除李贽外还有人提出废海禁、重工商。这种风气造就了一批批跨洋过海奔走四方的闽商、台商。

讲拼搏又重神灵。在闽台尤其台湾民众往往具备着拼搏开拓和冒险犯难的精神与心态。当年台湾的移民主要来自闽粤,这是充满艰辛和风险的长距离的迁徙,其所需的克难精神与坚韧意志,当倍于陆途移民,而且台湾移民的性质,主要从事开启山林的农业垦殖工作,他们所面对的基本上是生存环境十分恶劣的蛮荒生地。闽南语歌曲《爱拼才会赢》、《云过天就清》就体现了台湾人民开拓精神坚强意志的典型性格特征。这种精神及性格既体现在最初的土地拓垦上,也表现在后来的经济发展中。在这里也要注意到以海洋为活动舞台的生产方式,使闽台的宗教信仰与民间信仰崇拜相当发达。当时的人们要迁往台湾,首先就要在惊涛骇浪中漂泊,清代长期海禁,不少人冒死私渡,加上海上风浪险恶海盗出没,尤其登陆后还时常遭到原住民的攻击,所以充满了危险,除了在体力上、精神上的支撑外,求神拜佛也便成为移民的精神寄托。他们希望消除厄运,保佑平安,祈祷财富,无论做什么都要拜拜神。有人说台湾三百六十行,行行有神仙。

在闽台佛教道教寺观极多,也有基督教、回教,更多的是民间神灵信仰。如妈祖,她是生活在宋代湄州湾的一普通渔女,并无远古神话传说,也没有创建丰功伟绩,但妈祖信仰从宋末至明清由湄州扩大到全省(包括台湾),扩大到整个东南沿海至全国万里海疆甚至及东南亚,成为中国人心目中最大的海神。妈祖信徒在台湾达720万以上,妈祖庙有500多座。在台湾要参加竞选,不论什么党派团体都要设法到妈祖庙烧香膜拜,争取妈祖信徒的支持,否则选票会成问题。在台湾宗教及民间信仰对社会具有一定的影响力。台湾原为开发较晚的省份,但各类庙宇的平均密度,却居全国各省之首,更有特色的是闽台两岸宗教种类多,民间神灵也多,寺院宫观庙堂并排建筑,百神共处,四海一家,看不到那种强烈的排他性,这情形确乎举世罕见。

三

　　闽台文化是由中原的河洛文化、本土的闽越文化和东南亚的外来文化,长期互相交融渗透而形成的一种独特的文化现象。它既有中华民族传统文化的特征,也有其特点。闽台文化中的道德伦理价值观,从深层结构来看,依旧是华夏文明、儒家传统的体现,人们尊孔崇儒的传统意识依旧浓厚,并在此基础上形成海洋文化的性格,化生出更顽强的开拓精神和创新意识。这些道德伦理价值观,不但没有偏离华夏文化的核心,反而以自己的文化特色来补充和强化它。如闽学的崛起和传播,郑成功驱逐荷兰殖民者收复台湾,为民族团结献身的吴凤,近代以来的厦门之战、马尾海战、反割台斗争,闽台两地重修谱重寻根、讲信义孝道互助等都是有力的证明。海峡两岸的闽南人、客家人勤劳勇敢朴实,喜读书尚文墨勤武术,适应环境重视群体,勇往直前大胆开拓,维护正义追求进步,反映了华夏文明多元一体化特征,也反映了中华民族的优良传统。中国地域的辽阔和自然环境的多样,尤其是悠久灿烂的历史,培育了华夏文明应对环境变化的能力,锻造了华夏文明顽强的生存、拓展能力,从而使其在向外发展延伸的进程中表现出异乎寻常的渗透力和再生力。在中国传统文化中,儒道两家形成互补的天人合一,既有能积极进取的入世精神,又有能自然无为的出世精神,使得中华文化在其发展、延伸的过程中具有相当强的适应力和渗透力。中华民族讲和合,不同宗教不同信仰的神灵和睦相处,共享一炷香火;不同地域习俗又形成华夏文明母体上的形形色色亚文化圈,这些亚文化圈包括豪爽坦直的关东文化,古朴典雅的齐鲁文化,粗犷慷慨的燕赵文化,清新秀丽的荆楚文化等等,它们都有一个共同的特征就是胸怀博大,以和为贵,反映了中华民族求大同存小异的磅礴气势。闽台文化诞生于中华文化之母体,其道德伦理价值观也就充分体现了这一点。这是中华文化之所以能保持连绵不断的文明延续的重要因素。

如上所述,闽台两地处中国东南海域,在历史上长期合治,唇齿相依,两岸之文化伦理价值观实属一体,都是中华传统文化伦理价值观的具体表现。两岸同命共生,是一种互生、互依、互信、互惠和互利的关系。同时也说明中华文化始终是两岸人民生活中的传统基础,而闽台之根在中原。木有本,水有源,所以说,台湾意识、福闽意识与中国意识是辩证统一的。

参考书目:

1. 倪健中主编:《台湾祸福》(上、下),中国社会出版社,1996 年。

2. 曾纯主编:《闲话台湾》,百花洲文艺出版社,1995 年。

3. 中国社会科学院台湾研究所:《台湾研究》。

4. 中国和平统一促进会:《统一论坛》。

5. 连横:《台湾通史》,广西人民出版社,2005 年。

6. 张山、肖伟中:《遏制台独》,中国社会出版社,1996 年。

7. 陈峰强、范迁周:《陈水扁与台湾民进党》,群众出版社,2000 年。

8. 黄俊杰:《儒学与现代台湾》,中国社会科学出版社,2001 年。

(作者单位:湖北黄冈师范学院政法系)

河洛文化与闽南文化

胡沧泽

闽南文化是由晋朝及其以后中原人南下传入的河洛文化与闽南原住民文化经过长期的交流、融合而形成的。当今,闽南文化已不只局限于闽南地区,还传播至浙南、粤东、海南、台湾等国内地区、省份和新加坡、马来西亚、菲律宾等众多国家。台湾省 80% 的人讲闽南话。据不完全统计,如今,全世界讲闽南话的人有将近 4 000 万人。那么,如今的闽南文化与河洛文化是什么关系? 闽南文化与河洛文化有何异同? 这是本文要探讨的。

一

闽南文化的主要来源是河洛文化,这应该是没有疑问的。因为闽南文化的载体是闽南人,我们只要看看闽南人的来源即可得知。

闽南,古为闽越之地,原住民主要为闽越族。秦汉时期,闽越王无诸在福建称王,建立政权。秦始皇统一中国,在闽地设立闽中郡,无诸被废为君长①。汉高祖五年(前 202 年),由于反秦助汉有功,无诸被刘邦复立为闽越王,辖闽中故地②。汉武帝时,闽越王反叛被讨平,大量闽越人迁徙到江淮,闽越国旧境包括闽南一带人口锐减。魏晋南朝时期,中原汉人大量入闽,主要成员有避乱入闽者、逃户、仕宦入闽者、道士、和尚、农民起义军余部、流放者及罪犯等等,以避乱

---

① 《史记》卷一一四《东越列传》,中华书局点校本,1959 年。
② 《汉书》卷一下《高祖纪》下,中华书局点校本,1962 年。

入闽者和随军入闽者为主要成分。根据福建南安丰州出土的晋代墓葬,有以后成为闽中大姓之一的陈姓先人"陈文绛",陈姓不仅占有大量的土地,而且拥有不少部曲,以至要设"部曲将"来管理他们[①]。北方衣冠望族南迁入闽,往往举族迁徙,部曲随行。魏晋南朝时期南迁至闽南晋江流域的中原汉人不少,他们多"沿江而居"。在今南安丰州设有晋安县城,县城附近有建于太康年间的佛教寺院延福寺,这是闽南最早的佛教寺院。南朝梁天监年间,升晋安县为南安郡,管辖闽南的今泉、漳一带。

隋唐时期,闽南的九龙江流域得到进一步的开发。唐高宗总章二年(669年),朝廷令岭南行军总管陈政进军闽南,陈政、陈元光父子先后打败了当地"獠蛮"的主力,留守闽南,并上表请置漳州,以加强对闽南的统治,唐政府采纳了他们的建议[②]。随从他们戍守闽南的官兵也都在漳州地区落籍,他们披荆斩棘,屯垦戍边,互为婚配,成为闽南人的一支重要来源。

唐末五代时期,王绪率领北方数万军民入闽,王潮、王审知父子主要靠这支力量建立闽国,这批军民有不少落籍闽南。王审知死后,子孙自相残杀,后晋开运二年(945年),南唐中主李璟趁闽中大乱,出兵进取建州,围攻福州,吴越国出兵打败南唐,占领福州。南唐军入建州,受漳州将留从效降,任他为清源军节度使,留从效据有漳、泉,遂不听南唐调遣。他对南唐戍将说:"此一方东渐于海,与福州世为仇敌;南限广州瘴疠之地,人使不通;西连虔水,皆猿径鸟道;近岁干戈屡动,三农废业,冬征夏敛,仅足自赡,不烦大军久驻于此。"[③]南唐对留从效鞭长莫及,只好撤回戍将,授他以同平章事兼侍中,封晋江王。留从效的清源军节度使据有漳、泉,实际上是一个割据闽南的独立王国,对漳、泉二州的连成一气和闽南人的形成起了关键性的作用。

宋代,闽南迅速崛起,仅以北宋太平兴国至元丰年间(976~1085年)100余年的统计,闽南地区的泉州人口增长1倍以上,漳州人口增长高达3倍以上[④]。

---

① 《福建南安丰州狮子山东晋古墓(第一批)发掘简报》,载《文物资料丛刊》第1期,1977年,北京。
② 《重纂福建通志》卷三《沿革》。
③ 《九国志》卷一○《留从效传》。
④ 据乐史《太平寰宇记》卷一○○和王存等《元丰九域记》卷九统计。

闽南地区成了宋王朝经济发达、文化昌盛的先进地区。宋末元初,闽南的泉州港一度发展成为世界第一大港。自明以后,因人多地少、海禁、战乱等因素,闽南人开始大规模向外播迁,国内主要是移民潮汕、浙南和台湾,国外主要是移民南洋群岛。

从以上闽南人形成和发展的过程可知,闽南人是魏晋隋唐以来南下的中原人与闽南地区原住民经过长期融合而逐渐形成的,五代清源军节度使时期是其形成的关键。宋元时期,波斯人、阿拉伯人、印度人大量到达闽南做生意和游历,其中不少人也融入闽南人中。明清时期,随着闽南人向广东、浙江等周边省份和海外的迁徙和联姻,潮汕、浙南、台湾以及东南亚各国与闽南人有关系的原住民也部分进入闽南,成为闽南人重要组成部分。因此,闽南人可以说是由以中原移民为主,加上闽越族人、波斯等外国人、广东等邻省人在闽南地区居住,经过长期融合而形成的。广义的闽南人还可以包括在广东、海南、浙江、台湾等省以及东南亚和世界各地出生籍贯为闽南并讲闽南方言的人。

正因为这样,闽南文化之源是河洛文化,河洛文化和闽南文化的关系是源和流的关系。包括台湾闽南文化在内的所有闽南文化都是中原河洛文化的流。

二

既然河洛文化和闽南文化是源和流的关系,那么,闽南文化是否仅仅是河洛文化在闽南地区的翻版,抑或是河洛文化在闽南的分店? 根据大量的历史史实以及笔者对闽南人的调查观察思考体味,答案是否定的。

（一）闽南人既"崇儒",又"重商"

闽南人继承中原人重视文化、尊崇儒学的传统,经过长期的文化传承至南宋而愈益发展。朱熹"过化"闽南,闽南成为崇儒的理学之乡,朱熹盛誉泉州"满街都是圣人"。据有关史料的不完全统计,仅泉州一地,宋代的进士就有862人,如再加上特奏281人,总数达1100多人,闽南在宋代成为全国文化最发达的地区之一。

中国封建社会历来推行重农抑商政策,商人地位很低。读书做官,是封建社会人们追求的最高目标,为贾经商,则属末业。但在闽南,这种观念则不然,无论是做官、种田,或是经商,都是作为谋生手段之一。只要能谋生,只要能挣钱养家,只要能做出对社会、对乡梓有利的事就有社会地位,这正体现了闽南人的重商精神。宋人刘克庄诗云:"闽人务本亦知书,若不耕樵必业儒。惟有桐城南郭外,朝为原宪暮陶朱。"①读书人和商人无高低贵贱之分,反倒是穷酸腐儒会被人看不起。商人经营的品种很多,有陶瓷制品、纺织品、茶叶等等。除了少数大商人外,多数为中小商人,他们或坐地列市,或贩运货物,以自己勤劳的双手,脚踏实地的实干精神,为商品的流通,为利润的追求而奔波。

既继承中原文化的崇儒,又根据闽南的实际情况重商,这就是闽南文化对于河洛文化的变异。

(二)闽南人既"守成",又开拓

河洛文化属于中原农耕文化。农耕文化特别重视人与土地的关系,由于土地开发的长期性以及从播种到收获的周期性,人们不敢轻易离开土地,因而形成了中国农业社会"安土重迁"的文化观念。中原移民因为战乱等各种原因进入闽南,其最初目标就是通过耕垦重新建立人与土地的关系,因而,闽南社会建构的基础仍然是农业社会的宗族和家族制,"安土重迁"、"守成"等观念深刻地影响着历代的闽南人。

然而,由于闽南山多地少,自戴云山以东以南至于海,多为丘陵山地,除了漳州、泉州一小块平原外,其余地区土壤贫瘠。农业不足以使人们丰衣足食。因此,闽南人便利用当地濒临大海的优势,以海为田,商贩四方。宋人谢履诗云:"泉州人稠山谷瘠,虽欲就耕无地辟,州南有海浩无穷,每岁造舟通异域。"②自唐宋以来,泉、漳海商的足迹遍及东南亚以至世界各地。宋元时期,泉州港发展成为闻名世界的东方大港。明代,漳州月港一度成为海外贸易的中心。明末清初,以郑成功为代表的郑氏海商集团称雄东亚和东南亚。鸦片战争以来,厦门港迅速崛起,闽南地区的海商势力和海外贸易发展进入了一个新的历史发展阶段。由此可知,闽南人又富有开拓精神。

(三)闽南人既"包容",又强悍

闽南人继承了河洛"和合"文化的传统,崇尚"人和",主张"和为贵",强调

---

① 《得才全集》卷一二。
② 怀荫布:《泉州府志》卷二〇《风俗》。

"家和万事兴",因此,闽南人具有较大的包容性、开放性和"海纳百川"的胸怀。对于历史文化,闽南人很注意尊重、保存和弘扬。至今在闽南仍保存并有所发展的南音就是汉唐古乐,享誉中外的梨园戏就是宋元南戏的活化石,打城戏是道教戏的遗响,高甲戏等各种传统剧种也都历史悠久。即使是外国文化,如外来的伊斯兰教、印度教、摩尼教、基督教、天主教等,在闽南也都能和当地的佛教、道教和民间信仰和平相处,共同发展。泉州至今还保存着清净寺、圣墓等大量外来宗教的遗物,就是闽南人具有包容性和开放性的体现。

闽南人既有包容性,又具有强悍好斗和拼搏精神。闽南一带地处海隅,山高路险,平原很小,猿径鸟道,交通不便,受地理环境的影响,原住民闽越人尚武好斗,民风强悍,史称"闽越悍"。这种强悍的民风延续下来,逐渐形成闽南人强悍刚强的性格和拼搏好胜的精神。

闽南人的强悍拼搏主要体现在他们无论做什么事都好胜。经常挂在闽南人嘴边的一句话是"输人不输阵",意思是说,我即使身体素质等先天的条件不如对方,但只要上阵对上了,我就会拼命去争取胜利,以免被人耻笑。泉州人经常讲:"泉州人个个猛。"意思是说泉州人决不落人后,而是要事事做得比人家好,干出一流的业绩。这种好胜的性格也体现在一首《爱拼才会赢》的闽南语歌曲上,这首歌曲是闽南人口头禅"爱拼才会赢"在音乐上的体现。

闽南人的强悍拼搏还体现在他们敢于冒险。由于闽南地处东南海角,远离国家的政治中心,"山高皇帝远",这就养成了他们敢于冒险犯禁、铤而走险的民俗,闽南有一句俗语"蚀(亏)本生意无人做,杀头生意有人做",说的就是为利益所驱,敢于不顾一切地去冒险。从封建时代的明清王朝,到民国,乃至于当今的改革开放年代,闽南人的走私活动长盛不衰,甚至成为一个传统,特别是沿海一带的部分群众,对走私活动不仅不反感,不以为耻,反以为荣。

可见,闽南人既继承了河洛文化"和为贵"的传统思想,又具有自己强悍好斗的性格。

综上所述,河洛文化和闽南文化是源和流的关系。然而,闽南文化产生之后,又不断吸收当地和外域的文化,因而焕发了勃勃生机,出现了欣欣向荣的发展景象。闽南文化既脱胎于河洛文化,又比河洛文化有新的发展,如闽南人既崇儒,又重商;既守成,又开拓;既包容,又强悍。闽南文化已由闽南地区而传播到其他省区和海峡对岸的台湾省,并且远播世界各地。闽南文化与河洛文化一样,各有优点,各具特色,都是中华文化大家庭中优秀的子文化。

(作者单位:福建师范大学社会历史学院)

闽豫文化的渊源关系

刘玉珍

　　福建地处东海之滨,与河南相隔千里之遥,但河南人到福建却有在家乡的感觉,福建人则说"情系中原,根在河洛"。

　　由于历史的原因,千百年来,河南、福建两地血脉相连,共同谱写着"两地一家亲"的历史。

　　河南地处中原腹地,有"居天下之中"的独特的地理位置和丰富的自然资源,古文化博大精深,素有文明摇篮之称。特别是长期以来,它作为我国政治、经济、文化和军事中心,具有特殊的历史地位。大量的考古资料证明,几十万年以前,原始人类就在中原地区居住和生活。考古工作者在河南南召县云阳镇杏花山发现了南召猿人的牙齿化石,其年代与北京猿人(直立人)相近,距今约 50 万至 60 万年。此外,在河南淅川、卢氏等地也有古人类化石出土。在河南三门峡、河南安阳小南海等地发现了较多的旧石器时代早期、中期、晚期不同发展阶段的文化遗存。在河南新郑发现了大量的新石器时代前期文化——裴李岗文化遗址,这一遗址的年代距今 7 200 ~ 9 000 年。这些充分证明,至少早在 7 000 多年以前,中原地区就已经建立起拥有农业和手工业的氏族社会,在全国居于领先地位,在世界文化史上也居于前列。距今4 800 ~ 7 000 年的仰韶文化在河南也有大量的遗存。这一文化时代的彩绘陶器,精美绝伦,农业、家畜饲养业和手工业比裴李岗文化时期更为发达。继承仰韶文化的龙山文化,遍布河南全境。

　　这一时期,被称为三大文明因素的城市、青铜器和文字在中原地区集中出现。截至目前,在河南境内发现的龙山古城已达 6 座之多,很多发现是其他城址中绝无仅有的。农业和手工业又有新发展,冶铜和铜器使用迹象有较多的发展。特别是制陶技术有了很大的提高,已经开始使用慢轮制作,模印技术也已出现。

夏代是我国第一个奴隶制王朝,是文明进步的开端。以嵩山为中心的中原地区,是古代夏族活动的中心地区。考古发掘证实,二里头文化就是夏文化。尤其是大型宫殿基址,是国家政权的象征。二里头文化已步入青铜时代,这一时期青铜的种类已可以包括容器、兵器、工具、装饰器四大类,在铸造艺术上,有了多合范的整体浇铸,也有采用分铸和接铸法的,体现了当时中原地区在青铜冶铸技术上首屈一指的地位。商汤灭夏以后,都西亳,西亳就在河南的偃师;之后仲丁迁隞,就在郑州附近;盘庚迁殷,在河南安阳。所以说中原地区又是商王朝的活动中心。商朝在河南建都,郑州二里岗文化是继承夏文化而来的,青铜制造技术,已达到了炉火纯青的地步,尤其是商代青铜礼器,其数量之多,造型之精美,花纹之繁缛,体形之巨大,使人叹为观止。中原青铜礼器象征着中华和东方青铜文明的辉煌。武王灭商以后,为了巩固周人在东方的统治,迁都洛邑,西周时期的洛邑(洛阳)成为当时全国的政治、经济、文化中心。汉代,河南洛阳成为全国的政治、经济、文化中心。唐代的洛阳,作为东都,同样具有重要的历史地位。至于北宋时期,东都开封,西京洛阳,中原地区仍不失为我国的文化中心。所以说,中原地区不仅在早期作为三代之居而辉煌,而且在秦汉以后,基于丰厚的文化积淀,仍不断吸收我国其他地区甚至外国的文化因素,日益发展壮大,成为华夏文化的核心。

也正是基于中原地区特殊的地理位置和重要的历史地位,全国的钱财和人才汇集中原,促使当地的经济发达、科技先进、文化繁荣。中原人创造的物质文化中,不少可以夸耀于国人、享誉于世界。

由于福建和河南两省不可分割的史缘、血缘和地缘关系,闽文化与豫文化渊源已久,两地文化的发展有着密不可分的联系,闽文化虽然有着自己的特色,但始终带有中原文化的烙印。厦门大学杨国桢教授说:"闽、台与中原古代语言相通";陈友平教授说:"闽台文化与中原文化本质相同"。

福建有中原南迁的大量移民也是有籍可查的:福建人民出版社1984年出版的《闽台关系族谱资料选编》在"移民资料"中介绍,先祖来自河南固始的族谱有16部之多,分布于福建晋江、泉州、南安、安溪、永春、漳州、龙海、仙游、长乐、诏安等地。

自东汉以后，中国北方的少数民族，由于各种原因，大量向南迁徙，到晋初，内迁人口日益增多。这些少数民族与汉民相处之中，由于语言、习俗和民族特性的差异，不断发生民族冲突，久之，便生怨愤。晋室的八王之乱，使得中央政府丧失了控制地方的能力，民族矛盾激化，北方战乱不休。晋怀帝永嘉五年，匈奴攻陷洛阳，汉族人惨遭外族蹂躏，流离失所，在无奈之下便相继向南迁徙。一些仕宦人家，大都避难大江南北，被称作"衣冠避难"；而贫民则成群奔窜，被称作"流人"。这次迁徙是历史上的第一次大迁徙，主要迁至河南与湖北交界处以及皖赣沿长江南北两岸。这是中国民族大变化的关键时期，也是客家民系形成的先期。第二次南迁在唐朝末年（880年），受黄巢事变影响，中原局势动荡，居民流离转徙。第一次逃难的客家先民的居地时期，也是黄巢事变冲击的主要地方，为了求生，客家人不得不再一次向福建西南部、广东东部和东南部、江西东南部等较为稳定的地方迁居。第三次南迁始于北宋末年，受金人南下的影响，中原人民大量随宋室南迁，部分进入福建。第四次迁移则是明末清初，主要是受满族人南下入主和内地人口膨胀的影响。第五次迁移在清同治年间（1867年以后）。受广东西路事件和太平天国事件的影响。另外，中原人的南迁，除了逃避战乱，还有饥荒和自然灾害等原因。

汉民族是由夏代的华夏族，经过商、周、春秋战国至秦汉不断的民族大融合最后形成的，由于政治、经济、军事和思想文化力量的强大，一直是我国的主体民族和主要统治民族。

中原人在向南迁徙过程中，带来了中原华夏民族的先进生产技术和文化。其民系在形成和发展的长期实践中，虽也吸收了当地少数民族文化，但仍然保留了汉民族文化的鲜明特征。其族谱、语言、风俗习惯和居住特点等都较好地保留和发展了汉民族的文化传统。以下从几个方面将两地文化加以对比。

祭祖。闽地的大多数民族都崇拜祖先，他们不仅有宗庙，而且特别是在客家人居住的土楼和围屋里，大都建有祖公堂，是陈放祖公牌和祭祀的地方，并且一定是在上堂屋，这个地方，被他们视为最神圣的地方。祖公堂设有精致的木雕神龛，里面按先祖辈分自上而下陈列祖公牌位。逢年过节，家族人员要到宗庙或上堂祭祖，仪式十分隆重，不仅要摆放猪、鸡、鱼"三牲"，还要摆上各式糕点和水果。穿戴整齐的子孙们排列有序进入祖公堂,恭敬虔诚地烧香、点烛、放鞭炮、读祭文,行跪拜礼。此外,每年阴历正月十五的元宵节或生孩子,都要到祖公堂上"上灯",以告慰祖公。这一习俗与中原古代的民俗相同。

婚礼。闽人的婚礼,也都遵循中原古代礼制的传统。传统的婚俗,是"媒妁之言,父母之命",定亲仪式复杂而繁琐。迎娶新娘的时候,新娘坐花轿、盖盖头,锣鼓乐器一路吹打相伴。新娘娶进大门之后,要到上堂拜堂,新郎新娘同拜天地、拜高堂、夫妻对拜,然后才入洞房。这些婚姻仪式,完全符合中原的风俗。

丧葬。闽人的丧葬活动也与中原相同。在福建好多地方用棺材成殓,出殡时扬幡,土葬。孝子们身穿白色孝服,手抚哀杖,披麻戴孝,脚穿草鞋等,和中原古代丧葬礼制一脉相承。

教育。闽人还注重尊崇孔子仁义道德的正统思想,将"耕读为本"、"学而优则仕"作为行为准则。很多堂联,更是凝聚着他们的行为思想和民族文化的精华,是教育子孙随时可以看得见、摸得着的宣传标语,为子孙创造了一种处身立世的文化氛围。这些堂联,内容十分丰富,主要培养后生尊祖、孝悌、勤俭持家、读书为本的思想,始终贯穿着中原华夏传统文化的儒家思想,这也是闽文化与中原汉族文化认同的重要标志。

节俗。另外,闽人的很多节日活动,都热闹非凡,其形式和内容同样继承了中原文化传统。如过春节,要祭祖拜年、玩龙舞狮,元宵节放灯,清明节扫墓,端午节吃粽子、划龙船,中秋节吃月饼,重阳节登高,元宵吃汤圆等,这些节日文化习俗,都沿袭了中原文化。

民居。福建人中的大多数来自中原,除了史书、族谱、民俗、地方志、考古资料的记载,福建客家人居住的土楼也是有力的证明。客家人南迁以后,背井离乡,面临穷山恶水的自然环境,也面临着陌生的民族,为了生存和安全,客家人必须建设便于聚族而居,而且防御性极强的居所,也即是大围屋,在闽西地区,则是土楼。这些居处多为夯土、三合土或土坯建筑,无论是圆形还是方形,都有高大的围墙、围楼和碉楼。碉楼上开有枪眼,门上镶着铁皮,门前装着门杠,门后装着栅栏,等等,这一切都充分显示着客家人极强的防范意识。而这些建筑形式,均源于中原地区,在中原史前的仰韶文化、龙山文化遗址中可以见到它的雏形。商周以后中原一带夯筑和泥砖建筑、三合土地板开始出现,并在以后的时间里得以发展。在中原地区东汉的墓葬中,常发现带碉堡的围屋模型,这是东汉大封庄园经济发展的象征。客家人在迁徙过程中,为适应自然、保障安全、正常生活,不断运用中原的先进技术和文化,其中就包括居住的建筑技术和聚族而居,也就是说,将以姓氏为中心的宗族血缘关系,用建筑的躯壳严严实实地包裹起来,从而得以生存和发展。这既是客家围屋长期存在的社会基础,也是华夏传统文明的结晶。更为可贵的是,中原地区因为历史和社会原因早已失传和淡化了的文化内涵,都可以在客家围屋中找到。有专家说,客家人的居所,是一部"夯土的史书",也是一座中原传统文化的宝库。

从民俗和民族学的角度来看,豫闽文化的渊源已久,血脉相承,密不可分,两地共同谱写着华夏传统文明的光辉历史。不可分割的血缘关系与相同信仰,使两地的文化拥有很多相同的特点。历史上两省文化交流活动不断,文化的相互影响,使两省人民的关系更加密切。在相互交流中,福建文化中的精华也给河南带来了很多启示和帮助,促进了河南文化的进步与繁荣。

（作者单位：河南博物院）

唐末五代固始入闽姓氏考

李　乔

在不少闽台同胞和海外侨胞的心目中,固始(今河南省信阳市固始县)就是他们的根,因为他们的祖先在历史上大都来自"光州固始"。

一

不少福建、台湾族谱都称其祖先来自固始。庄为玑、郑玉山主编《泉州谱牒华侨史料与研究》收录的族谱中,先祖来自固始的族谱有 54 部,涉及王、彭、柯、许、郑、周、宋、吕、潘、谢、康、尤、苏、陈、曾、涂、赖、吴、蔡、卢、黄、龚、洪、刘、余、李、戴、施、董、庄、孙等 31 姓。庄为玑《闽台关系族谱资料选编》记载先祖来自河南固始的族谱有 16 部,分布于晋江、泉州、南安、安溪、永春、漳州、龙海、诏安、仙游、长乐等地,涉及郭、施、曾、柯、董、彭、陈、康、林、游、傅等 11 姓。《台湾通志·人民志·氏族篇》(以下简称《氏族篇》)记载,在 1953 年台湾的户籍统计中,当时户数在 500 户以上的 100 个大姓中,有 63 个姓氏的族谱记载其先祖来自河南光州固始。

固始位于河南省东南端,南依大别山,北临淮河,与安徽省比邻。西汉时称浸县,东汉改为固始县,唐末为淮南道光州所领三县之一。北方一个县何以对福建、台湾人的籍贯产生如此大的影响? 究其原因是由历史上固始人四次大规模入闽造成的。

明代嘉靖《固始县志》记载:"固始衣冠南渡,大较有三,按《闽中记》,永嘉之乱,中原士族林、黄、陈、郑四姓先入闽,今闽人皆称固始人一也,观福清唐尚书右丞林赞、御史中丞陈崇可见；又王潮之乱，十八姓入闽二也，观方、胡、龚、徐、顾、丘自可见；又靖康南渡，衣冠文物荡然一空三也，观王荆公志《王深琢自固始迁闽侯》、朱文公志《黄端明祖膺固始迁邵武》、张翠屏《序》，本固始人，南流徙闽，可见。"①除在西晋、唐末、南北宋之交三次大规模入闽外，固始人还在唐朝随陈元光父子入闽。据《漳州府志》、《闽书》、《光州志》记载，唐高宗总章二年（669年）陈政入闽平叛，其哥哥陈敏、陈敷率58姓军校增援，这些人都是固始人。到陈政之子陈元光任漳州刺史时，这58姓军校便在闽地落籍，建设与开发漳州，陈元光父子因此被誉为"开漳圣王"。于是固始陈氏和固始58姓便成为福建居民的重要组成部分。

在上述四次固始人大规模入闽中，以唐末五代固始人入闽影响最大。

二

唐末中原淆乱，寿州（今安徽寿县）人王绪攻陷固始，自称将军，听说王潮兄弟勇敢有才能，招至军中，以王潮为军校。王潮，字信臣，光州固始人。家世务农，父亲王恁，早殁。王潮兄弟三人，二弟审邽，字次都；三弟审知，字信通，俱入王绪军中。

当时盘踞蔡州的秦宗权扩充势力，任命王绪为光州刺史，并要他率部共击黄巢。王绪既厌其屡征租赋，又不愿受其控制，迟迟不行。秦宗权大怒，发兵攻讨。王绪即率"光、寿兵五千人，驱吏民渡江"，"转掠江（今江西九江）、洪（今南昌）、虔州（今赣州）"，又"陷汀（今福建长汀）、漳（今漳浦）二州"②。"王绪至漳州，以道险粮少，令军中'无得以老弱自随，犯者斩！'唯王潮兄弟扶其母董氏崎岖从军，绪召潮等责之曰：'军皆有法，未有无法之军。汝违吾令而不诛，是无法也。'三子曰：'人皆有母，未有无母之人；将军奈何使人弃其母！'绪怒，命斩其母。三子曰：'潮等事母如事将军，既杀其母，安用其子，请先母死。'将士皆为之请，乃舍之。"③

① 嘉靖《固始县志》，卷七，《人物志》。
② 《资治通鉴》卷二五六，光启元年正月。
③ 《资治通鉴》卷二五六，光启元年八月。

当时,王绪有众数万,但"性猜忌,部将有才能者,多因事杀之,潮颇自惧"①,于是王潮与诸将士谋划,擒杀了王绪。王潮与部将相约,改变以往的恶习,整治军纪,努力做到"所过秋毫无犯"②,因而深受百姓欢迎,在漳州站稳了根基。后又攻占了泉州,被唐福建观察使陈岩表为泉州刺史。景福二年(893年),攻破福州,王氏因而占领了闽岭五州之地。唐廷任命王潮为福建观察使,王潮即以王审知为副使。

乾宁四年(897年),王潮病重,命王审知知军府事。王潮死后,王审知让位给二兄王审邽,王审邽以王审知功高,辞而不受。于是王审知自称福建留后,表于朝廷。唐末,以福州为威武军,任王审知为节度使,累迁同中书门下平章事,封琅邪郡王。唐亡,朱温为牵制杨行密,加王审知中书令,封闽王,升福州为大都督府。其国即为后世所称之闽国。后唐时王审知仍然遣使奉贡,朝廷也"制加功臣,进爵邑"③。

王审知在位29年,由于他以民为本,知人善任,使福建在唐末五代战乱不断的年代,赢得了30年之久的社会安宁发展机遇。他推行保境息民政策,轻徭薄赋,奖励工商,鼓励垦荒,三年之内,人民衣食无虞;招集流亡,中原避乱人士,相从入闽,拓垦山林,兴修水利,一时闽中大治。他还十分重视发展海外贸易,在福州设置榷货务,由随王氏入闽的光州固始人张睦任之,张睦"招蛮夷商贾,敛不加暴,国用日以富饶"④。在福建泉州,王审知的侄儿王延彬继其父王审邽为泉州刺史17年,"每发蛮舶,无失坠者,人称招宝侍郎"⑤。《旧五代史》称:"审知起自陇亩,以至富贵,每以节俭自处,选任良吏,省刑惜费,轻徭薄敛,与民休息,三十年间,一境晏然。"⑥

---

① 《资治通鉴》卷二五六,光启元年八月。
② 《新五代史》卷六八《闽世家·王审知传》。
③ 《旧五代史》卷一三四《王审知传》。
④ 《福建通志·名宦传》卷三《张睦传》。
⑤ 《十国春秋》卷九四《王审邽传》、《王延彬传》。
⑥ 《旧五代史》卷一三四《王审知传》。

三

与闽地"草莱尽辟,鸡犬相闻,时和年半,家给人足"①,"千家灯火读书夜,万里桑麻商旅途"的升平景象相比,中原却是战乱不断。为了躲避战乱,福州及闽东一带便成了不少中原人徙居的首选目标。这一点从宋初福建激增的人口便可看出,唐元和年间(806～820年),漳州、汀州、泉州、福州、建州分别只有1 343户、2 618户、35 571户、19 455户、15 410户②;而到了北宋太平兴国年间(976～984年),上述5州则分别激增到24 007户、24 007户、76 581户、94 475户、90 492户③。

在移居闽籍的中原人口中,固始籍人口数量是相当大的。其来源有三,一是追随王潮、王审知兄弟入闽的军兵。王审知是在固始籍乡人的支持下,从王绪手中夺取兵权的,因此入闽官兵中固始籍当不在少数,《十国春秋》、《福建通志》等史籍记载的固始籍将领有张睦、詹敦仁、邹勇夫、邹馨、邓光布等。二是入闽官兵后人。王审知兄弟重乡情,据有闽地之后,固始籍军兵均得到了较好安置,纷纷在当地娶妻生子,固始籍闽人数量又有所增加;三是投亲靠友的固始籍乡人不远万里拥向闽地,使得福建固始籍汉人进一步增加。

其间到底有多少固始人移居福建已很难考证,但通过史志、族谱等资料中固始入闽姓氏的梳理,还是能对当时固始人入闽的情况有个大概了解。

《泉州谱牒华侨史料与研究》所收"其先来自光州固始"的54部族谱中,有40部明确记载是"唐末自固始入闽",或"随王潮入闽"、"随王审知入闽",共有王、彭、柯、许、郑、周、吕、谢、康、尤、苏、曾、涂、吴、蔡、卢、黄、龚、洪、刘、余、李、戴、施、董、庄、孙等27姓。《氏族篇》明确记载于唐末自固始入闽的有陈、李、王、吴、谢、郭、曾、周、庄、苏、高、詹、沈、柯等14姓。《闽台关系族谱资料选编》明确记载祖先于唐末自固始入闽的族谱有曾、董、彭、游、傅5姓。《上海图书馆馆藏家谱提要》中也有黄、曾、邓、严、傅、刘6姓10部族谱称自己的先祖是于唐末自固始入闽的。

---

① 冯登府:《闽中金石志》;于竞:《琅琊王德政碑》。
② 《元和郡县图志》卷三六。
③ 《太平寰宇记》卷一〇〇,漳州、汀州两州户数相同,暂难考订。

四

综合所见史籍，唐末五代入闽的固始姓氏共有46个，以姓氏笔画为序排列如下：

1. 王氏：安溪《峣阳开闽王氏族谱》记载，今安溪西坪镇西部的峣阳王氏，为当地大姓，其先祖上溯唐末入闽之王潮、王审知一脉，是以谱名冠称“开闽王氏”。《晋江凤头王氏族谱》谱序云：王氏追王审邽为入闽始祖。明洪武十年，王氏第二十世王宾和肇基凤里，遂居斯地。永春《桃源东熙王氏族谱》谱序载，东熙王氏入闽始祖系王审邽。唐光启年间，王氏兄弟入闽，后审邽任泉州刺史，其子王延彬继之。至北宋熙宁、元祐年间，其裔孙始迁居永春东熙。晋江《金瓯王氏五柱敦项公派家谱》称王氏出于五代泉州刺史王延彬之后，推武肃王王审邽为入闽始祖，与漳州上坂王氏、同安州王氏同出一源。台北县板桥镇《王姓族谱》谓：“三十四世晔，为光州定城令，因家于固始，晔曾孙曰恁，三子：曰审潮、审邽、审知，兄弟有才气，王绪辟为军正，以副前锋提兵入汀、漳，遂有闽泉土地。而审邽之曾孙烨，又分居泉之西南隅船方巷。”明代罗亨信《澄海南洋王氏族谱序》：“所谓闽王审知者，则出自琅邪，由威武节度使以绥靖邦民有功，进封王爵，居闽为最久，生长子孙遂成茂族。世传闽之王氏，多其遗裔为不诬矣。”

2. 邓氏：《尚友录》卷一九载，邓光布，唐光州固始人，字明远，光州固始人，才智谋略出众。唐乾符初任崇安镇将，后为黄巢军所杀。同治《福建通志》记载，崇安镇将邓光布，字明远，固始人，率众御黄巢，中流矢死。明立祠祀焉。沙县《剑沙三元邓氏家谱》称邓光布为入闽始祖：始迁祖光布，唐末自河南固始随王绪入闽，子孙遂定居于剑沙。

3. 卢氏：《福州府志》载平潭小练岛有云：“五代时，卢皓、林甲自光州从王氏入闽，居此。后世以文显，号小瀛洲。”《十国春秋》卷九七载：“卢皓、林甲者，故二隐士也。当太祖王闽时，两人避地而钓。爱福唐小练山山水，诛茅隐焉。后二姓繁盛，遂为福州巨族。”《尤溪县志》载：卢珖，闽人，王审知据闽时，因避乱由福州迁居尤溪。据南平市宝珠山《卢氏宗谱》记载，唐僖宗乾符七年（880年），卢珖随王绪率光州、寿州部队自河南入闽，居于闽侯（今福州市），后迁尤溪。其后代迁延平（今南平市）西郊，约在宋代其裔孙迁宝珠山。同安《卢氏族谱》记载，开基始祖卢邹，本亦河南光州固始县人，在唐僖宗朝任侍御史中丞，后游宦于闽,遂合族卜居同安。其裔孙一支由卢宗友带领,于明代迁往浯州岛(今金门岛)定居。石狮《沙美卢氏族谱》称,卢天禄随王审知兄弟从河南光州固始县入闽,先定居于西北山区,后逐渐向东南迁徙,其后代散居于永定、平和、清流等地。

4. 丘氏:漳浦杜浔丘姓保存的丘姓古谱残本记载,其先祖原居河南光州固始县浮光山下,其祖于后唐天成二年丁亥(927 年)迁居福建①。

5. 吕氏:《杰山吕氏族谱》记载,今永春蓬壶镇杰山吕氏,系唐末随王潮入闽,先居泉州,后徙居南安朴乡,至宋迁居永春上场,续迁蓬壶杰山。

6. 庄氏:台北县新庄镇《庄氏族谱》谓:"唐末有庄森者,居河南光州固始,于僖宗光启元年,随王潮入闽,历漳入泉,再徙永春,乃卜居于永春之桃园里。"台湾《青阳庄氏族谱》:"唐光启间,始祖森公,王潮之甥也,偕入闽,择居于永春桃源里美政乡,地名蓬莱。"漳浦县赤湖镇庄姓入闽始祖庄文盛,原光州固始县玉融村人,唐末光启年间随王潮、王审知兄弟入闽。②《桃源庄氏族谱·庄氏追远序》亦载,今惠安县山腰庄氏,其始祖庄森自光州固始入闽,居永春县桃源里蓬莱山,其后裔遍布晋江、惠安、同安、莆田、安溪等地。

7. 刘氏:《福建通志·唐侨寓传》载:"刘存,字一心,号淮叟,光州固始人。中和初,黄巢寇乱,率子侄避地入闽,卜居侯官之凤岗。"光绪《侯官乡土志》也记载,唐末刘存自固始随王氏入闽,仍号淮叟,八贤皆其后也。《塘滨刘氏九耀公斯派·塘滨刘氏分自塔江考》记载,今晋江英林镇的塘滨刘氏先世刘存偕侄昌祖,于唐末自河南光州率部入闽,开基福州凤岗一带,后又分至长乐、福清,其裔孙于宋末元初由福清徙居晋江塔头,历经十世,塔头刘氏再分基塘滨。《刘林刘氏族谱》记载,今南安码头镇刘林刘氏之祖为唐代尚书刘文静。文静遭谗而子孙逃入光州固始,后易姓为侯,于唐末入闽,后再徙居武荣(南安),宋代刘恒开基刘林,为刘林侯姓之祖,至民国年间复姓为刘。《泉南芦川刘氏族谱》亦称今南安罗溪刘氏先祖唐代尚书刘文静于唐末入闽,居武荣,其后裔刘恒于宋代开基侯(刘)林乡开基祖,后裔再迁梅山明新,另立芦川一派。闽清《玉阪刘氏续修家谱》记载:该族始祖刘存,为光州固始人,唐末随王潮兄弟入闽,卜居今福州市西

---

① 漳浦县政协编:《漳浦文史资料》第 8 辑《漳浦与台湾渊源关系专辑》,1989 年 10 月,第 124 页。

② 漳浦县政协编:《漳浦村社要览》,2002 年 8 月。

北凤岗。民国《莆田县志》记载,刘韶"固始人,随王审知入闽,官泉州别驾,卜居涵江"。

8. 许氏:《湖头虞都许氏家谱》谱序云:今安溪湖头镇郭埔村许氏,始祖许受为光州固始人,官唐代侍御史,唐末奉旨入闽,镇守漳州诏安。而后不久,即又侨居晋江县十七、十八都之石龟(今晋江石龙湖镇石龟村)。历传数世至许景玉,从石龟分支,徙入南安县十二都钱塘(今南安县诗山镇钱塘村)。景玉次子许振奴后来移居安溪县来苏里虞都,遂传虞都许氏。《氏族篇》也载:"侍御受公当僖宗朝镇漳,入泉丹霞……子孙散处于漳、泉、福、兴、永、德、延、邵、汀者,不可胜记。"

9. 孙氏:《玉塘孙氏族谱》记载:其先祖于唐末自河南光州固始入闽,肇基福清,再迁泉州东桥,而后衍派晋江、同安等地。《氏族篇》载:"本省孙姓,未修谱牒。相传,其先世居光州固始,唐末五季之乱,南迁入闽,居泉州东门,后迁银邑(今同安)之嘉禾。"

10. 严氏:侯官《阳岐严氏宗系略纪》记载:始迁祖严怀英,唐天祐间自河南固始县迁福建侯官阳岐乡[①]。

11. 苏氏:福建苏姓族人均尊苏益为入闽始祖。同治《福建通志》:"有苏绅者,同安人,曾祖苏益,亦从王潮入闽。"德化《双翰苏氏族谱》谱序谓:其先祖苏益侍于隰州,值黄巢起事,以都统职随王潮入闽,是为苏氏之入闽始祖。苏益后裔苏奉礼,于宋初肇居于德化石城(今雷峰一带)。德化《龙井苏氏族谱》记载,龙井苏氏其远祖苏奕(注:当为益),唐僖宗广明间从王潮入闽,是为苏氏入闽始祖。苏奕之裔孙秉礼、奉礼于北宋淳化五年始迁居德化石城。传至明洪武年间,其后裔始徙居龙井(今浔中镇)。晋江《仑山衍派苏氏族谱·湖美苏氏由浯仑分基家谱序》载:苏氏始祖益以隰州刺史于河南光州固始随王审知入闽,居同安永丰葫芦山下。传至一元,生二子,长栖梧,次金梧。栖梧生五子,其中之一珏峰为湖美苏氏开基始祖。《氏族篇》引《苏氏族谱·苏益自序》:"晚生益,唐衰民乱……随王潮入闽。"

12. 李氏:《氏族篇》引《台北县李氏族谱》云:李氏"先世光州固始人,唐末

---

① 福州市郊区政协编:《福州市郊区文史资料专辑·严复与家乡》,1989 年 5 月,第 68 页。

随王潮入闽"。南安《芙蓉李氏族谱·白水公初次修谱原序》云："先君所言曰，祖系光州固始县人也。五季初从王潮入闽，厥后子孙因家于武荣芙蓉乡，迨宗族大以蕃昌而有前房、后房、楼下、下仓之号。"《岭兜李氏族谱》记载，今南安金淘镇李氏，远祖系光州固始县人，随王潮入闽，厥后裔孙肇居梅山芙蓉。传至李仰宗时，始由芙蓉徙居今之岭兜。

13. 杨氏：台湾《栖霞杨氏族谱》记载，其先世居河南光州固始县，唐末，"杨荣禄带子逸、肃及孙明珠，随王审知入闽，杨逸居安溪，杨肃同明珠择居南安高美"。其后子孙蕃衍于闽、台各地，蔚为大族。

14. 连氏："余连姓上党郡也，世居光州之固始，至唐僖宗乾符间，恺公以明经擢第，任叶州通议大夫。弃官避乱，奉双亲入闽，家于福建闽县。"[1]

15. 吴氏：晋江《安海灵水吴氏族谱》：先世本居河南光州固始，唐末随王审知入闽，始居长乐，元时徙居泉州东门，明代再迁至灵水定居。南安《诗山古宅吴氏族谱》谱序云：唐僖宗时，吴氏随王审知由光州固始县入闽，堂从六人分居福泉间。宋代吴定居于武荣黄龙江之滨（今泉州鲤城浮桥镇一带）。明洪武年间，裔孙吴大治卜居南安诗山古宅岭兜。台湾《吴氏族谱·祭公家传》谓：其祖有吴祭者，固始县青云乡铁井兜人，唐僖宗中和四年，兄弟一行二十余人，住福州侯官县，王审知据八闽之地，乃避地福、泉之间，遂为闽人。《崇正同人系谱》卷二载：吴氏"世居渤海，散处中州，其后随王潮入闽，由闽而入于粤之潮、嘉等处"。

16. 余氏：《诗山前山余氏族谱》记载，今南安诗山镇前山村余氏，始祖余黄敦本居光州固始，唐末五代间，迁居南剑新安，后择武荣（今南安）之北而家焉，其地号曰余山。黄敦之后裔子孙余汪裕，元代来居诗山，是为前山余氏之开基祖。

17. 邹氏：《十国春秋》卷九五记载："邹勇夫，光州固始人。以单骑从太祖兄弟入闽，始终无二心。子相遂家于其地。"同卷又载："邹馨，光州固始人，以宣府校卫从太祖入闽，平汀寇，有功。未几，镇雁石，卒。"

18. 沈氏：《崇正同人系谱》卷二载："五代时，其族有从王潮入居福建长

---

① 连心豪：《闽台连氏源流考略》，1994 年漳州"连横学术思想暨学术成就研讨会"论文，未刊稿。

汀。"《蓬莱尤氏族谱·八修蓬莱族谱序》记载,今永春达埔镇蓬莱村尤氏,入闽始祖,原姓沈,名思礼,唐河南光州固始县人,随王审知入闽,升为驸马都尉,因避王审知讳,乃将沈去水留芷,改为"尤氏",定居于武荣金田(今南安南厅乡)。

19. 张氏:《十国春秋》卷九五载:"张睦,固始人。唐末从太祖入闽。太祖封琅邪王,授睦三品官,领榷货务。睦抢攘之际,雍容下士,招来蛮夷商贾,敛不加暴,而国用日以富饶。累封梁国公。卒,葬福州赤塘山。"张睦后人在福建兴旺繁衍,光绪《侯官乡土志》记载,"唐季张睦自固始随王氏官闽,子孙亦盛……后人多迁省垣"。《清溪张氏族谱》记载:"惟清河之派,流于光州,及唐末五季遭世板荡,有由光州固始入闽者,卜居晋之张林。"《氏族篇》引台北县《张氏族谱》云:张氏"世居光州固始,唐末有张延齐等兄弟三人,随王潮入闽,居泉州之惠安、安溪等地,支派甚盛"。

20. 陈氏:光绪《侯官乡土志》记载、"唐初陈政以将军开漳,居之。孙詠光州司马,留居固始,后人又随王潮迁福州。……陈黯,避黄巢乱,奔同安,隐嘉禾。"台湾《陈氏大宗谱·福清陈氏宗谱序》曰:"其先光州之固始人,从王潮入闽而家福清之南阳村,三传而讳泰者徙长乐之江田,十四传而文海公复徙古田县。"《氏族篇》谓:"寻经安禄山之变,中原板荡,留居河南之陈姓,随王潮入闽者,为数似亦不少。"

21. 林氏:福州《尚干林氏族谱》称,始祖林穆,世居河南光州固始县。随王潮兄弟入闽,官居左朝奉大夫。卜居闽县归义里枕峰,其后裔世居尚干镇。《台北县虎丘林氏族谱》记载:"先世固始人,祖有林一郎者,于光启乙巳,迁福建永春机源大杉林保。其后一派入泉之清溪,依仁里西头井兜,至明分居安溪之虎丘。"

22. 周氏:永春《桃源前溪周氏族谱》谱序记载:前溪周氏先祖于唐末随王潮兄弟由河南光州入闽,始居莆田。传至九世孙周逊,从莆田徙居永春盖福,是为入永一世祖。《铭山周氏族谱》记载,今德化赤水镇铭爱村周氏远祖周梅林,于唐中和三年自固始从王潮入闽,居于仙谿(仙游)之东乡,唐天成二年,周氏有迁居延平郡之周田(今大田)者。宋绍兴三年,周少复由大田移居赤水埔之铭山,为铭山周氏之开基始祖。台湾《武功周氏族谱》略谓:"系苏姓之后,先世居光州固始,唐末有苏益者,避黄巢之乱,于懿宗(应作僖宗)广明中,随王潮入闽。元至正二十二年,苏卓周居安溪卓源乡,改姓周氏。"

23. 郑氏:《永春鹏翔郑氏族谱》记载,今永春城关东门桃东村郑氏,入闽始祖郑可远因中州战乱,避地光州固始,于唐末随王潮入闽,统戍桃林场(即今永春县),后肇居姜莲龟山坪上,传至四世有郑懋,为宋真宗潮阳军都巡检使,告老后卜居今县城东门一带,因地在大鹏山之阳,又取原祖居"坪上"之谐音,故称鹏翔郑氏。

24. 柯氏:《鳌岱柯氏族谱·重修鳌岱二房柯氏族谱序》记载:今晋江英林镇埭边村柯氏"其支祖讳延公,唐僖宗丁巳年由河南光州固始县从王审知入闽,择居塘市,号曰南塘"。台湾《柯蔡氏族谱·南塘派序》谓:"唐僖宗光启二年,祖自河南光州固始,从王审知入蛮(即闽),而居泉之元如观西水沟巷,今呼柯厝巷即是。"安溪《圻城柯氏族谱》谱序云:今安溪蓬莱镇蓬溪村柯氏先祖,于唐光启二年由河南光州固始入闽,世居泉州之元妙观西水沟巷。元朝中叶守顺二子柯万山、柯万水兄弟移居安溪崇善里圻城。

25. 侯氏:《侯埯侯氏族谱》记载,唐僖宗光启元年,王潮、王审知兄弟攻克泉州,"祚昌皆与有力。后审知封闽王,辟祚昌节度判官,卜家于泉"。

26. 施氏:《永南施氏宗谱》记载,今南安施氏,其先世自唐僖宗光启间由光州固始入闽,先居浔海(今晋江龙湖衙口),后迁居永南。《钱江长房派石厦厝后分施氏家谱》载,今晋江龙湖镇石厦村施氏,俗称"前港施",始祖施典于唐末避乱入闽,屡经周折,最后择右钱江而居,故以"钱江"为堂号,数世传至施宽惠开基石厦。

27. 洪氏:晋江《英林洪氏族谱》记载,英林洪氏始祖十四朝奉公,河南光州固始人,于唐末随王审知入闽,初居晋邑十四都洪厝,旋而移居厝迹、前,三迁而肇基英林,子孙繁衍至今,为晋江望族之一,素称"英林五十三乡洪"。

28. 高氏:台北县木栅乡《安平高氏族谱》尊固始人高钢为入闽始祖,"唐僖宗中和元年,其入闽始祖钢,避黄巢之乱,挈眷由河南光州固始入闽,占籍于福建闽侯县凤岗……其后遂迁安平(晋江安海),子孙蕃衍,瓜分散处,或居晋江永宁,或迁南安埕边,或赘同安高浦。元末,又有高氏一派,避乱入安溪,卜居大平"。

29. 郭氏:台北县汐止镇《蓬岛郭氏家谱》尊郭嵩为入闽始祖。郭嵩"初为光州固始人,嗣奉汾阳王香火,从王审知从弟想入闽。祖嵩,想假以新宁令,乃家焉。数传而入仙游,转莆田。汴宋南迁,累遭兵火,世系难详。然由福而兴而泉,大概可按"。

30. 涂氏:《相卿涂氏族谱》记载,今德化县盖德乡上坑村涂氏,先祖涂建昌于唐季随王审知入闽,一支裔孙侨居于浔西上流,因姓号其地,名曰涂坂。

31. 黄氏:同治《福建通志·五代列传》记载,"黄讽,唐光启中由光之固始入闽。仕王昶为谏议大夫"。嘉靖《邵武府志》记载,"黄伸,字彦发,其先固始人,从王潮入闽,家邵武伸登"。《崇正同人系谱》记载,黄伸"五代时,自光州固始从王潮入闽,家于邵武,散居于莆田、浦城、福州、龙溪、漳州间"。晋江《东石檗谷黄氏族谱》称:"有讳岸者,其先人从光州固始避乱居闽。"永泰《麟峰黄氏家谱》:始祖敦,唐末自光州固始迁福建梅溪(即闽清),衍派于永福麟峰。《虎丘义山黄氏世谱·入闽始祖传》记载:"唐末乾宁四年丁巳始祖敦公行五,与父霸公偕弟膺公自固始从忠懿王审知入闽,初居清流梓潭村……后居(闽清)梅溪场盖平里凤栖山。"子孙繁衍至永泰、闽侯、福清、厦门、德化、古田、尤溪、宁德等地。

32. 曹氏:同治《福建通志·宦绩传》记载,"曹朋,字仲益,光州固始人。中和间以汀州司录摄县。乾符初与崇安镇将邓光布协谋徙县治于沙坡。其子孙附籍于沙"。

33. 龚氏:《沙堤蓬莱龚氏家谱》记载,今石狮永宁镇沙堤村龚氏,因王潮来自固始,潮既有闽,遂卜筑于龚山,后分于此。

34. 康氏:《桃源凤山康氏族谱》记载,今永春玉斗镇桃源凤山康氏,其先祖于唐末由河南光州固始入闽,先居兴化,后迁安溪感化里。明中期康粪,迁居永春,为入永始祖。

35. 商氏:漳浦县大南坂农场上埔作业区商姓称,祖上河南固始人,唐末随王潮、王审知兄弟入闽,居福州东郊鼓山下横屿。宋庆历年间,商玄胤定居福清石竹山东南。南宋庆元二年商景春隐居福清赤礁。宋末元初,景春次子商稷,避难逃居漳浦西南鹿溪之滨,传衍后裔于杜浔和诏安①。

36. 彭氏:《虹山彭氏族谱·温陵中山彭氏族谱自序》云:今泉州市鲤城区虹

---

① 漳浦县政协编:《漳浦村社要览》,2002年8月。

山乡彭氏,先祖于"唐僖宗广明元年由河南光州固始县迁闽之泉州,复迁城西之南安"。约至北宋初年,彭枏再由南安移居今之鲤城虹山,是为虹山彭氏开基一世祖。

37. 董氏:《开闽董氏沙堤分派宗谱》称:今石狮市永宁镇沙堤村董氏,始祖董思安于唐末随王潮兄弟入闽,籍晋江。至十四世孙董倚鹿徙居沙堤,衍为五派:长盛、东城、祥芝、中璜、西轩。后各派子孙繁衍,遂成今日之沙堤董氏。泉州《董氏大成宗谱》也说该族一世祖董思安,于唐末随王潮兄弟入闽后,籍晋江。

38. 傅氏:仙游《罗峰傅氏族谱》、泉州《武荣傅氏家谱》均尊傅实为入闽始祖。仙游《罗峰傅氏族谱·唐入闽始祖恭记》略云:"唐广明时,实公则自光州固始同王潮渡江入闽。生八子,遂宅于泉州东湖,后则分析于各郡,福、兴、漳、泉、延、建、邵、汀,各有其子姓之安居乐业,而溯源则皆以实公为始祖,为第一世入闽之始也。"泉州《武荣傅氏家谱》也记载,始祖傅实,唐僖宗光启间避地入闽。子傅居献,宋初始迁武荣周井。民国《莆田县志》记载,莆田傅姓,"其先由光州固始随王潮入闽,官泉州"。

39. 曾氏:晋江《武城曾氏宗谱·清源曾氏族谱序》云:"唐僖宗光启间,王潮由光州固始趋闽,中原士民避难者皆徙以从,曾氏亦随迁于福漳之间,子孙因居焉。"晋江《武城曾氏重修族谱(畲店派)》记载:三十六世曾隐,于唐末"避乱出家,自河南光州固始入闽,历由汀、漳、泉、福诸郡,方于泉之晋江而居焉"。泉州《温陵曾氏族谱》称:该族始迁祖曾延世(一作延祚),光州固始人,唐僖宗时入闽,居泉州。《武城曾氏重修族谱》记载,德化浔中镇曾氏,先祖于唐光启年间随王潮入闽。

40. 游氏:诏安《秀篆游氏族谱》谱序记载,"闽中游氏多以文肃公为始祖,然世远年湮,难凭臆说。再据省志:我族同姓共有三十六族于五代时随王审知入闽,俱系我河南固始县人"。

41. 谢氏:《魁斗谢氏族谱》记载,今永春坑仔口镇魁斗谢氏远祖于唐末随王潮入闽,始居莆仙,其裔孙谢十五迁居安溪,南宋始徙居永春,先到留埯,后定居魁斗。台湾清溪《永安谢氏族谱》谓:"祖为光州固始人,从审知入闽,始迁泉州之安溪县永安东皋居焉。"

42. 赖氏:《侯卿赖氏族谱》称,今德化县上涌乡赖氏之始祖赖孝尧,光州固始人,唐僖宗中和二年,随王审知入闽,居福州侯官孝悌乡感化里。宋末赖洁入居德化县下涌钱塘,其地名为"赖厝园",其长子赖汝明得侯卿之地,遂为侯卿之祖。

43.詹氏:《十国春秋》卷九七记载:"詹敦仁,字君泽,固始人。避乱来隐仙游植德山下。"台北县泉州《佛耳山詹氏族谱》谓:"先世居光州固始,始祖詹缵,仕唐,官至金紫光禄大夫前锋检点使,从王潮入闽,既而谢事,隐于仙游之植德。有孙曰敦仁,五代高士。时闽王政乱,岳革攘扰,乃依清源节度使留从效以居;旋退隐于清溪之崇信里佛耳山,遂家焉。"

44.蔡氏:石狮《晋邑仑山祥凤蔡氏家谱》该族始祖蔡厚翁,于唐末自河南光州固始随王潮来泉,其后代即移居大仑。《塘东蔡氏族谱》称,晋江金井镇蔡氏,先祖于唐末由河南光州入闽,初居兴化,宋时始迁徙青阳,宋元之际定居塘东。

45.廖氏:台湾《廖氏大族谱》说:"廖圭公时,适唐朝陈元光将军开辟漳州,乃从戎随军,驻扎上杭。"台湾《廖氏家谱·续修廖姓家谱序》称其先祖自河南固始随王审知入闽,家于福建之将乐。第二世廖俨自将乐迁于安溪。

46.戴氏:《诗山戴氏族谱》记载:今南安码头镇大庭村诗山戴氏,始祖于唐僖宗光启元年随王审知入闽,择诗山之锦坂(即今大庭村锦坂)而居,此即戴氏居诗之始。

(作者单位:河南省社会科学院)

河洛姓氏文化渡海过台湾

陆炳文

一、源远流长的河洛文化

对于一个出生于福建、成长于台湾的人而言,在还没有接触到"河洛文化"之前,早已对"河洛人"或"河洛郎"一词耳熟能详,而且深刻了解福建人的祖先正是河洛人。

《台湾省通志》其中有一段话:"(台湾)本省人系行政上之一种名词,其实均为明清以来大陆闽粤移民,亦即河洛与客家之苗裔。可见绝大多数的台湾居民,其祖先是从河洛南迁闽粤,然后渡海来台,因此早年的台湾人习惯自称'河洛人(郎)',其中来自福建的又叫做'福佬人',相对于来自广东的多为'客家人'。"(1972年台湾省文献委员会出版,卷二,《人民志·礼俗篇》第2页)

那么,河洛是指什么地方呢?过去大家多半只晓得黄河、洛水一带,比较精确的说法,应该是以"第五次河洛文化国际研讨会"邀请函里之"河洛文化背景简要说明"为准。函中指出:"河洛文化是古代产生于中国以洛阳为中心的中原地区的一种地域文化。从地域上讲,'河'指黄河,'洛'指洛河,两水交汇于河南省巩义市。'河洛地区'即指以洛阳和嵩山周围为中心,与今河南省中西部地区大体相当的地区。作为一种历史文化,河洛文化的产生与形成,是一个漫长的历史过程,上限可追溯到传说中的五帝时期,但主要产生于夏、商、周三代,历经汉、唐,其下限到宋末元初。河洛文化是中华先民以及后人在河洛地区创造的以农耕为中心的政治、经济、生活、习俗以及由此产生的信仰、礼仪等文化,它既包括物质方面的内容,也包括精神的内容。河洛文化是中国传统文化的重要源头和主流,对中国社会历史的发展产生了重大影响。"

在这里必须作一点补充,由河洛地区所产生的河洛文化的内涵,除了以上诸端之外,河洛姓氏之形成,实不容忽略其存在,也不能忽视其影响,而这些内容承载的,及其发展出来的次文化元素,固然印证了中国社会历史的发祥地正是河洛、亦即中原地区,更直接把中华文化的源头活水,上溯到河洛文化,亦即中原文化,更明确把中华文化的人文特质,多元性、包容性、融合性与博远性,都充分表现在各个时期、各个地区、各个姓氏的各个文化层面之上。

二、中华姓氏流传派生、衍生成的台湾姓氏

1. 中华姓氏何其多

关于中国人的姓氏数量,前说是历来有 9 177 个字姓,最近有了新的统计和分析。2006 年 1 月 10 日北京新华社电(记者李斌/张建松)根据中国国家自然科学基金委员会支持的一项最新研究表明,大陆当今的姓量及全新的"百家姓"顺序均已经排列出来。

这项调查和研究是由中国科学院遗传与发育生物学研究所研究员袁义达主持完成的,历时两年。调查涉及中国 1 100 个县和市,得到了 2.96 亿人口的数据,共获得现存常用姓氏 4 100 个。通过县、地区、省三级人口比例的统计,从而得到了今日中国领先的新百家姓,这项新顺序的 100 大姓是:

李、王、张、刘、陈、杨、黄、赵、周、吴、徐、孙、朱、马、胡、郭、林、何、高、梁、郑、罗、宋、谢、唐、韩、曹、许、邓、萧、冯、曾、程、蔡、彭、潘、袁、于、董、余、苏、叶、吕、魏、蒋、田、杜、丁、沈、姜、范、江、傅、钟、卢、汪、戴、崔、任、陆、廖、姚、方、金、邱、夏、谭、韦、贾、邹、石、熊、孟、秦、阎、薛、侯、雷、白、龙、段、郝、孔、邵、史、毛、常、万、顾、赖、武、康、贺、严、尹、钱、施、牛、洪、龚。

同一批科学家还将陆续发表中国前 300 个姓氏的数据和分布地区,重新出版《中国姓氏大辞典》,包括多已逐渐式微、或完全消失、或属稀有罕见者,至今已收集到的姓字,共 23 000 多个,将来很可能推进姓氏文化创意产业的发展,我们正拭目以待。

消息来源说,与 20 年前的调查相比,这次调查的样本更大,涉及中国近 40% 的县,而且几乎都是使用汉字姓的地区,调查结果也更接近中国人姓氏的分布现状。中国是世界上最早使用姓的国家,大约在5 000年前,姓就被定为世袭,由父系传递。20年前的1987年5月,中科院的研究人员杜若甫及袁义达合作,首次以自然科学的方法研究中国人的姓氏分布,公布了百家大姓的排序,就已引起海内外广泛的关注。

当时他们曾就中国姓氏人数比例,提出专题研究报告。原始数据来自两方面:其一,是中国国家统计局提供的1982年大陆人口0.05%,约为57万余人,采取随机抽样方式的统计结果;其二,是1970年在台湾出版的《台湾人口之姓氏分布》一书,资料来源是1956年台湾省户口普查的口卡,根据每四张抽样一张调查所得。杜氏和袁氏携手,把一大堆资料输入电子计算机处理,获得中国最常见的100个姓氏,即所谓的100大姓。按照人数多寡,依次排比如下:

李、王、张、刘、陈、杨、赵、黄、周、吴、徐、孙、胡、朱、高、林、何、郭、马、罗、梁、宋、郑、谢、韩、唐、冯、于、董、萧、程、曹、袁、邓、许、傅、沈、曾、彭、吕、苏、卢、蒋、蔡、贾、丁、魏、薛、叶、阎、余、潘、杜、戴、夏、钟、汪、田、任、姜、范、方、石、姚、谭、廖、邹、熊、金、陆、郝、孔、白、崔、康、毛、邱、秦、江、史、顾、侯、邵、龙、万、段、雷、钱、汤、尹、黎、易、常、武、乔、贺、简、赖、龚、文。(编者按:当时公布的资料"邵"、"龙"之间有"孟","贺"后面无"简"。)

仔细对照前述两项中国前100顺位大姓中,仅仅有8个姓氏有出入,即今之于、韦、孟、薛、严、施、牛、洪等8个,为新挤入前100大姓的后段班,取代了旧之于、钱、汤、黎、易、乔、简、文等8姓(编者按:原文如此。据对照,新增5姓为68韦、94严、97施、98牛、99洪,替代了原来的90汤、93易、96乔、100文),不难看出经过这将近20年的演化,百家诸姓变化不大,排序先后变动亦小。值得重视的是,姓这前100大姓的人,总计约占中国人口数的87%,20年来都是如此,强烈表示中国人的姓氏,一直有集中大姓的惰怠性,更加提高了前100大姓之代表性。

2. 台湾姓氏知多少

台湾因为地窄人少,所以晚近随着明郑与1949年两次民族大迁徙而来的人,不论是前者以闽粤为主的河洛人,还是后者从大陆来的各省人士,所能带入的中华姓氏,毕竟无法全数涵盖,可是其重叠性相当高,其一致性相当强。

台湾方面姓氏专家杨绪贤为了编辑《台湾区姓氏堂号考》,以1978年各地户政事务所口卡资料为准,分类逐张计算,再加统计绘制成《台湾区各县市分姓人口数统计表》,将台湾最常见的 100 个姓氏,也依人数多寡先后为序排列如下:

陈、林、黄、张、李、王、吴、刘、蔡、杨、许、邓、谢、郭、洪、邱、曾、廖、赖、徐、周、叶、苏、庄、江、吕、何、罗、高、萧、潘、朱、简、钟、彭、游、詹、胡、施、沈、余、赵、卢、梁、颜、柯、孙、魏、翁、戴、范、宋、方、邓、杜、傅、侯、曹、温、薛、丁、马、蒋、唐、卓、蓝、冯、姚、石、董、纪、欧、程、连、古、汪、汤、姜、田、康、邹、白、涂、尤、巫、韩、龚、严、袁、钟、黎、金、阮、陆、倪、夏、童、邵、柳、钱等。

在台湾姓这前 100 大姓的人,又高占总人口数的 96%。(杨绪贤:《台湾区姓氏堂号考》,1979 年 6 月台湾史迹源流研究会出版,第 2 页。)

虽说台湾的这项姓氏大规模统计分析工作,到如今已事隔 28 年,台湾人口数也从 1200 万余人,增加到 2300 余万人,然而台湾地区人口结构据台湾史迹源流研究会研究这些年来并没有太大变化,台湾姓氏基本上传自中华姓氏又源于河洛姓氏,因此集中大姓的态势亘古不易。我把上述台湾 100 大姓拿来和中国 100 大姓作一番比较,益发觉得情况明显。

今天,中国科学院遗传与发育生物研究单位,抽样统计得出中国各县市总姓量为 4 100;1983 年中科院家谱研究机构统计当时中国人的总姓量为 5 825。1978 年,台湾中华文化复兴运动推行委员会省市分会会同有关单位,算出当年台湾区总姓量为 1 694。全中国及台湾前 100 大姓之人口累计数,各占全中国及台湾人口数比例,均高于 80%,显而易见,不论任何地方,人口集中于大姓的态势均至为突出,这也说明,各该前 100 大姓之代表性很强,台湾如此,大陆亦如此。

"全中国的前 100 大姓和台湾区前 100 大姓两相比对,会发现一个有趣的现象,就是其中有 77 个姓字完全雷同,仅是位序互有升降而已。尤其是前 10 姓,全中国为李、王、张、刘、陈、杨、赵、黄、周和吴,台湾区为陈、林、黄、张、李、王、吴、刘、蔡和杨。两者参照来看,十有八个相同,可说是大同而小异。"(陆炳文《从中国姓氏源流谈台湾与大陆之一体关系》,1982 年台北国史馆出版,第 25 页)

以同样的姓氏比较法,把 2006 年 1 月公布的全中国 100 大姓,也来跟 1978 年台湾区 100 大姓对照一下,又发现两者之中姓字相同的,还是保持在 74 个之多,特别是越是前面的大姓,其重叠性越高,到了前 10 大姓,全中国是李、王、张、刘、陈、杨、黄、赵、周、吴,除了赵、周二姓之外,其余和台湾区的 8 姓都一模一样(只差林、蔡两姓而已)。

更巧的是,日据时代全台 10 大姓,竟然跟半个世纪后的统计结果,亦仅在第 10 位之姓郭易为姓杨,而稍有差别;可见中国人趋向大姓一直至为显著,这是 1930 年日本人富田芳郎(原台北帝大教授)依当年台湾人口调查资料,就抽样的 21 003 户中,举出 193 种不同的姓,分析为首 10 姓所得(陈香:《台湾的根及枝叶》,1983 年 3 月台湾国家书店出版,第 96 页)。

"中华姓氏分布本来有明显的地区差异,李、王、张、刘等名门,在中国北方出现机会最多;而陈、赵、黄、林、吴等诸姓,则在南方人口所占比例较高。这一特点,证明台湾同胞无不来自大陆,特别是原籍多在华南的闽、粤两地,祖籍则多远达中原一带。"(陆炳文:《从中国姓氏源流谈台湾与大陆之一体关系》,1982 年台北国史馆出版,第 25 页)

上面这段文字,说来已是 18 年前的旧话,所得结语即使衡诸当前情势,依旧是经得起考验与检验的。台湾在 1988 年 12 月出版的《国史馆馆刊》(复刊第 5 期)以及其抽印本,皆有"编者按"说明这一切:"本文为陆炳文先生于 9 月 24 日,在宗亲谱系学会、台湾省立博物馆、中国地方文献学会联合举办'族谱方志学术演讲会'中所作专题演讲。立论精辟,见解宏博。嗣经征得同意,刊载于此,以飨读者。"(陆炳文:《从中国姓氏源流谈台湾与大陆之一体关系》,1982 年台北国史馆出版,第 23 页)

2006 年 1 月 12 日在台北见到上海友人陈元麟,他跟我会创始人丁福保是世交,虽久居沪上却生于浙江绍兴,据说浙江省姓陈者不在少数;稍早在重庆得识殷实侨商林文镜,他的先祖世居福建福清,侨居地印尼也多有华人姓林。从而进一步得到实证,"陈林满天下"这句话,或许在某些地区已是不争的事实。

三、从姓氏文化见证台湾与大陆之一体关系

万千气象,万古常新的中华文化,既然起源于河洛文化,发祥于中原的华夏文化,那么要发扬中华文化必先从复兴河洛文化着手;而河洛文化的核心价值,又在于河洛姓氏,只有姓氏文化可以比较不受当代政治、经济、军事和社会的操

弄,也可以不受人为因素的摆布,而保持一定的生存和发展空间,保有一定的姓氏数量和排序。由此可见,姓氏是国族团结的张本,姓氏也是国强民富的靠山。

凡中国人初次见面,不论他是大陆人还是台湾人,也不管是闽南人还是客家人,只要是河洛人,开口第一句话说"请问贵姓"的几率最高,两人同姓的机会也很大,特别是陈、林、黄、张、李诸大姓。若是同姓又喊出"本家"、"宗长"或称"同宗"、"阿同"、"同的",就格外亲热而受欢迎了。一当国人面对老祖宗传来的姓氏,道出自己的源流,讲出自己的望出堂号,若再指出自己的宗祠、祖厝规制,认出自己的姓祖、始迁祖、开基祖,那种亲切的认同感,自然而然真情流露,就比甚么都来得重要和珍贵。

前后做过台湾省主席的谢东闵和林洋港,最清楚中华姓氏寻根的重要,也最了解陆炳文在这方面的著力。谢东闵讲过:"中华文化经过五千年的绵延,递嬗至今的多为最优良的文化遗产,台湾祠堂便是其中之一端。台湾百姓在物质生活日见丰裕之余,便有着寻根的热切与渴望。很难得的,陆炳文教授主持《百家姓中国姓氏源流》电台联播、与《鲲岛探源　今古姓氏趣谈》电视节目,收听及收视率颇高,并能利用公暇,以及不辞辛劳,亲到台湾各姓祠堂实地访查,发表于报章杂志,并辑成专书,这份对热爱宗族血缘关系的执着,必为大家肯定,应可断言!"

林洋港曾说:"陆炳文教授对于我国各姓氏源流之考证工作,钻研有年,独具匠心;对祠堂的溯本追源,进行田野调查更是不遗余力,卓然为文化重建之社会教育,树立了一个典范!希望这一趟精致的祠堂巡礼,能为社会大众掀起带头的作用,让大家都领悟到己之所由出,认识个人与宗族、国家之间血浓于水、密不可分的渊源,实亦邦家之幸、民族之幸!"(《五百年是一家》,第2~5页)

重新翻读这些溢美之辞,更加鼓舞我及时完成了这篇论文(编者按:原文较长,本文仅其中三节),再参阅《台湾省通志》氏族篇所载姓氏沿革、现有姓氏、姓源、播迁、入台诸章节,尤多感触。"由于考古学上之探索,台湾原与大陆相连,故中国之有台湾,与大陆同其悠远。其地理上之关系,固非常密切,而在历史上、政治上、经济上、文化上、姓氏上,亦有其紧密之关系。"上述所言,所见略同,故不能不重申我所期盼的,是想借着海峡两岸相关论证,抛砖引玉,透过这次研讨会适时的召开,集思广益,以迎接明年(2007)黄帝纪元5000年,开展民族大团结新纪元后,能够替台湾与大陆的一体关系增添并注入些许强而有力的黏着剂,先力求明示国人认同文化中国,再徐图促进和平建设一统江山大业。

（作者为台北市中华粥会理事长）

洛学与道家刍议

——兼论河洛文化与楚文化及其传统的关系

蔡靖泉

洛学是宋儒程颢、程颐建立的宋代理学派别。其学说是古代河洛文化的重要内容和精神内核,而且成为中国封建社会后期的官方哲学。

道家,是楚人老子创建并且兴盛于战国楚地的学术流派。其学说是先秦楚文化的重要内容和精神内核,而且成为对后世影响深巨的思想文化传统。

"二程"建构的洛学,虽属儒家思想体系,是儒家思想在宋代的发展,却与道家思想关系甚为密切。其建构方式,乃同汉代以来儒者改造和发展儒学的方式那样,主要就是援道入儒、融道新儒。其学说特性,则是直接发展和改造了理学开山祖周敦颐的思想,在其基础上进一步援取道家及道家化的佛学以充实和革新了儒学,使之适应了更有效地维护封建社会秩序的现实需要。

洛学与道家的关系,不仅典型地反映了儒家与道家的关系,而且也反映了河洛文化与楚文化及其传统的关系。

一

宋代理学的开山祖师,古今学者公认是故楚之地道州营道(今湖南道县)人周敦颐。"二程"兄弟曾从他受学,"二程"兄弟建构的洛学也直接发展并改造了周敦颐的思想。

周敦颐好学博通,依于儒而出于道、佛,仁宗、神宗时历任州县地方官吏,同时兴学授业。晚年,他在庐山莲花峰下小溪旁建书堂讲学,以故乡濂溪名之,世人乃称他为"濂溪先生"。他"虽仕宦三十年,而平生之志,终在丘壑"①,人生情趣终是寄托于道家。时人"见其有山林之志,则以为襟怀洒落,有仙风道气"②。因此,他治学也"合老庄于儒"③。他的学说及以他为代表的学派,世称"濂学"。

濂溪先生"尤善谈名理,深于易学,作《太极图》、《易说》、《易通》数十篇,诗十卷"④,今存其哲学著作只有《太极图说》及《易通》。在3 000余字的《太极图说》中,他描画出一个反映宇宙生成过程的"太极图"并对此加以解说,从而阐明了他的宇宙生成论,图示即为:无极→太极→阴阳→五行→万物。正如古今学者指明的,他描画的"太极图",并非他的创制,而是传自宋初著名道士陈抟。唐代《道藏》中原有"太极先天之图",相传陈抟据以改创"太极图"并播扬于世。他对"太极图"的解说,乃说明"无极"的宇宙本体,"自无极(无)而为太极(有)",由太极的动、静而生出阴、阳二气,又演变为五行、为万物;反之,万物则沿着同样的路线复归于无极。这一宇宙生成论,显然是以《老子》的"天下万物生于有,有生于无"、"万物负阴而抱阳"、"复归于无极"之说为基础,又吸取和概括了秦汉道家、魏晋至宋初的道教及《易传》中关于万物生出的论说,亦可谓道家宇宙观的演变。其基本思想内容和思辨方法都援据道家,却肯定和强调非物质的"无极"的宇宙本体,于是既排除了"道之为物"的道家本体论的朴素唯物主义因素,又否定了传统儒家的神学化本体论,为其后理学家确立精神性的"理"为宇宙本体开拓了道路。

正像汉儒仿效道家的论证方式以建构新儒学一样,周敦颐也是因人道而求证天道、由天道而推论人道。他阐发宇宙生成论的目的,就在于将之作为儒家的纲常伦理思想和修身成圣说的根据。因此,他在《太极图说》中,由对宇宙生成论的阐发,归结到强调"圣人定之以中正仁义而主静,立人极焉"的儒家思想。在《易通》中,他在对宇宙生成论详加阐发的同时,也详加阐扬儒家思想,并且援引道家的"守静"、"寡欲"、"无为"说而发挥《孟子》的"养心莫善于寡欲"的思想、《中庸》的"诚"观念,提出了以"诚"为本的道德论和主静无欲、立诚无为的

---

①　黄庭坚:《濂溪词并序》。
②　《宋元学案》卷一二《濂溪学案》下。
③　《宋元学案》卷一二《濂溪学案》下。
④　潘兴嗣:《濂溪先生墓志铭》。

修身论。

学者指出，"就周敦颐的思想体系来说，得于道教者为独多"①。诚如此说，周敦颐的思想主要是道、儒结合的产物。不过，他的思想虽然援道独多，但所援的道家、道教学说乃在于给儒家基本思想作理论论证。他正是为了给儒家基本思想作理论论证以弘扬儒学，在援取道家道教学说的同时也对之作了改造以使之融入儒学。因此，他建构的是以儒学基本思想为核心的思想体系。他建构思想体系的方式，与汉儒董仲舒建构其新儒学的方式大体相同，即也主要是援道入儒、融道新儒。但是，他彻底抛弃了传统儒学的天命论，重新援取道家哲学而建立了新的宇宙观，又力图将儒家基本思想与之密切结合起来，使得儒学大大哲学化、理论化了。尽管他的思想表达具有典型的楚人风格，犹似老子而只提出语约意丰的论点和论纲，但他阐扬儒学的方式却给当时及后世学者以极大启发，他阐发的思想也让当时学者耳目一新。历世儒生称颂的所谓"北宋五子"（周敦颐、程颢、程颐、邵雍、张载）中，"惟周子著书最少，而诸儒辩论，则惟周子之书最多"②。宋儒受他的启发，沿循他阐扬儒学和建构思想体系的方式，并以他提出的哲学问题和哲学范畴作为阐论的基本问题和范畴，丰富和发展他的思想，从而建构出成熟形态的理学。

二

"二程"兄弟阐扬的洛学，就是进一步援取道家及道家化的佛学以充实、革新儒学，发展并改造周敦颐的思想而建构出的基本成熟的理学形态。

"二程"治学，"泛滥于诸家，出入于老、释者几十年，返求诸'六经'而后得之"③。"二程"学说，也融道、佛以合儒学而后成之。

程颢自称："吾学虽有所受，'天理'二字却是自家体贴出来。"④洛学的鲜明特点，即在于用"理"或"天理"取代了老子的"道"和周敦颐的"无极"、"太极"这些本体概念，建构了以"理"为本的名副其实的"理学"体系。"二程"提出，"天

① 侯外庐等主编：《宋明理学史》，人民出版社1984年版，第82页。
② 《宋四子抄释·提要》。
③ 程颐：《明道先生行状》。
④ 《二程外书》卷一二。

下只有一个理"①,"所以谓万物一体者,皆有此理,只为从那里来"②,"理者,实也,本也"③,"理便是天道也"④,"天者,理也"⑤,由此确立"理"或"天理"为最高哲学范畴,并将"气"置于"理"之下,虚构以"理"为本的宇宙生成图式:理→气→阴阳二气→天下万物。同时,"二程"又反复阐明,"理"既是万物本原,又是封建等级制度和道德规范,所谓"上下之分,尊卑之义,理之当也,礼之本也"⑥,"仁者,浑然与物同体,义礼智信皆仁也"⑦。这样,"二程"将其"体贴"出来的精神性实体"理",凌驾于道家宇宙生成论之上作为最高哲学范畴;又经过"天人一本"、"理仁一本"的阐论,将儒家的纲常名教、伦理道德之说哲理化、绝对化和永恒化;还援取道家"虚静推于天地"⑧、禅宗渐修以"明心见性"的思想,发挥《礼记》的《大学》、《中庸》的思想,阐述了"格物致知"以穷理、明理的认识论和主敬涵养以合天理的修身论;从而构成了原之于理、统之于理、归之于理的比较完整而圆通的理学体系——洛学。

"二程"的洛学体系,在周敦颐思想的基础上,进一步改造了道家天道观以将之融为儒家政治伦理思想的哲学根据,既扬弃了传统儒学的神学"天命论",又发展了其"天不变,道亦不变"的思想,即更充分、更巧妙地论证了他们认定为绝对的、唯一的宇宙本体"理"之体现的封建等级制度和道德规范的权威性、永恒性,具有比简单、粗糙的汉代儒学要精致得多的思辨形式,也基本完成了对儒学的哲学化革新和体系化重构,使得儒学能够通过宣扬"存天理,灭人欲"而更有效地维护封建王朝的统治和封建社会的秩序。因此,"二程"的理学思想,满足了封建王朝的政治需要而注定会被封建统治者欣赏和尊奉,经南宋朱熹继承和发展后成为封建社会后期的统治思想。

程颐说:"我之道盖与明道(程颢)同。"⑨不过,"二程"思想虽然基本一致,

① 《河南程氏遗书》卷一八。
② 《河南程氏遗书》卷二。
③ 《河南程氏遗书》卷一一。
④ 《河南程氏遗书》卷二二。
⑤ 《伊川易传·履卦》。
⑥ 《河南程氏遗书》卷一一。
⑦ 《河南程氏遗书》卷二。
⑧ 《庄子·天地》。
⑨ 《河南程氏遗书·附录》。

但程颢受道、佛影响更深。程颢向往道家追求的人生境界,在诗作中表达出类似庄子"乘物以游心"所体悟到的投合自然的"心乐",他只是不称扬道家而强调自己追求的是孔子、颜回的圣人之乐。程颢也重视"心"的体悟作用,强调心、物一体,认为内求己心即可穷理尽性,从而导扬出强调主观、标举主体的理学流派——"陆学"。程颐则尤重对"天理"的阐说,也不遗余力地宣扬和发挥其认定为"天理"的封建纲常伦理,其学说主要被朱熹进一步丰富和完善为集理学之大成的"闽学"。

理学虽由周敦颐开其端,却是"二程"奠其基;理学虽由朱熹总其成,却是"二程"构其架;"二程"的洛学,可谓在中国思想史上地位重要且影响巨大。

"二程"的洛学,鲜明地反映了宋代的时代思潮,也典型地反映了道家思想的影响和儒学援道补儒、应时开新的发展特征。

三

河洛文化,如学者所言,是以今洛阳为中心的地域文化,地域"西至潼关、华阴,东至荥阳、郑州,南越伏牛山,北跨黄河两岸"①。而"作为河洛文化圈,实际要超出河洛区域范围。河洛文化圈应该涵盖目前河南全部地区,东与齐鲁文化圈相衔接,南与楚文化圈相衔接,西与秦晋文化圈相衔接,北与燕赵文化圈相衔接"②。依此认识,秦汉以来的河洛文化,本就是中原文化与楚文化的混融发展,因为河洛地域南已部分涵盖先秦楚地,河洛文化在先秦时也已不是"南与楚文化圈相衔接",而是南与楚文化圈相重合。史载详明,春秋时楚国北疆已经达到今河南中部,伏牛山南更是在春秋中期至战国中期约 400 年里一直是楚国的疆土。今河南南部,也可以说是今学者认定的河洛文化圈的南部,在春秋战国时期实际上是楚文化的腹心地带,其地大量的考古发现及其研究对之有着清楚的证明。因此,河洛地区在春秋战国时期就是中原文化与楚文化碰撞、交流和汇融的地区,在秦汉以后乃在中原文化与楚文化的双重影响下形成为南北交融互补、应时推陈出新的河洛文化。洛学的建构,则具有代表性地体现了河洛文化这一特

---

① 孟令俊:《论河洛文化》,收入《北京学研究文集》,北京燕山出版社 2005 年版。
② 朱绍侯:《河洛文化与河洛人、客家人》,《文史知识》1994 年第 4 期。

性。

　　西周初年，周公旦制礼作乐以标榜礼仪、倡导和同，旨在借以调整社会等级秩序、维护王朝长治久安，从而奠定了西周思想文化的发展基础。其礼治思想，实为周代儒家思想的主要渊源，故儒家尤尊周公。儒家鼻祖孔子更是对周公朝思暮想，竟因久日没有梦见周公而悲伤。《论语·述而》记："甚矣，吾衰也！久矣，吾不复梦见周公！"周公营建成周（东都洛邑），在大治天下后还政于成王，即迁居东都洛邑主持政务。周公居东都，礼乐兴洛邑，西周文化于斯为盛。平王东迁，洛邑又成了东周的政治文化中心。两周的历史，造成了先秦以周文化为代表的中原文化集中积淀在今洛阳。周文化乃儒家思想的母体，洛阳自然也成了儒家思想形成和发展的基地。孔子在创建儒家学说前夕，就专门到洛邑问礼。秦汉以至宋代，洛阳仍是多朝都城，以儒家思想为精神内核的中原文化也一直以洛阳为中心而一脉传承着、经久繁荣着和层层积淀着。

　　洛阳在古代地处天下之中，又长期为政治文化中心，既是文化的历史积淀地，又是文化的八方荟萃场。春秋末年，道家鼻祖老子在洛邑任"周守藏室之史"，是为名扬东周的大学者，孔子正是闻知老子大名而专赴洛邑向老子问礼的。老子能任东周王朝的"守藏室之史"（相当于今国家图书馆馆长之职）而孔子专访其问礼，表明老子是博通周文化的。《史记·老子列传》记载的老子答孔子问礼之语，又说明老子在洛邑时已形成了道家思想并自觉或不自觉地宣扬其思想。如此说来，洛阳又是楚文化精神内核的道家思想创生之地和首播之域，其影响也是可想而知的。汉王朝是楚人建立的王朝，汉文化是以楚文化为重要基础和内容而汇融天下文化所形成的。① 喜楚服、乐楚声的汉高祖刘邦得天下后初都洛阳，后迁长安，不啻亦使楚文化播扬于洛阳、长安。东汉光武帝刘秀，生长于故楚之地蔡阳（今湖北枣阳西南），在西汉末年起兵于故楚之地舂陵（今湖北枣阳南），后摘取汉末农民大起义的果实而得到天下，定都洛阳。本为楚人后裔又实为江汉楚人的刘秀在洛阳兴建东汉政权，不啻更使楚文化播扬于以洛阳为中心的河洛地区。东周迄两汉，楚文化播扬于洛阳既久且大，河洛文化的发展受楚文化影响也自当既长且深。基于中原文化而吸纳楚文化的南北交融互补、应

---

① 说详拙著：《楚文化流变史》，湖北人民出版社 2001 年版。

时推陈出新的发展,乃形成为河洛文化的传统。

"二程"虽为洛阳人,却生于故楚之地黄陂(今属湖北),少时亦沐楚风而感其气,成年后方多居洛阳亦官亦学。他们阐扬的洛学,就是继承和发扬河洛文化传统,适应北宋统治阶级意欲振兴儒学而使之更有效地维护封建社会秩序的现实需要,在前人基础上进一步援道入儒、融道新儒所建构的。

洛学与道学的关系及其反映的河洛文化与楚文化及其传统的关系,对于阐明河洛文化的内涵与特性意义重大,还应当作深入的研究。

(作者单位:华中师范大学楚学研究所)

湖湘文化与河洛文化关系考略

阳信生　　饶怀民

　　河洛文化、湖湘文化是与齐鲁文化、燕赵文化、岭南文化、闽台文化、三秦文化、三晋文化、关中文化等并称的区域文化,都是中华文化的重要组成部分。在异彩纷呈的中华文化大家庭中,由于区域地理环境的差异和政治经济发展的不平衡,各种区域文化既具有一定的共性,又带有各自显著的特色。但是,由于受政治、经济变动的影响,加之人口迁徙等因素的作用,各种区域文化之间的冲突、渗透、融合也是一种历史常态,这种变化推动了中华文化的发展进步。河洛文化、湖湘文化作为中华文化中很有代表性的、特色鲜明的区域文化,在中华民族的发展史上扮演了极为重要的角色。

一、河洛文化和湖湘文化概述

　　有关河洛文化、湖湘文化的涵义争论一度非常热烈。笔者认为,每一种区域文化都有其内在的历史传承,有一个发展演变的过程。因此,区域文化必须从空间和时间上加以界定。在空间上,区域文化无疑是某特定区域的文化;同时,区域文化的形成、发展和存在有一个时间上的范围。

　　就河洛文化而言,有人认为,河洛文化属区域性历史文化概念,是上古三代河洛地区的文化现象,是中国最古老的历史文化[①]。有人认为河洛文化的地域范围是以洛阳为中心的黄河与洛河交界的区域。笔者认为,河洛文化在空间上

---

　　①　周文顺:《河洛文化辨义》,《历史教学》1999 年第 3 期,第 53 页。

应该是以洛阳为中心的整个黄河、洛水流域地区,史称中原地区,大体相当于今天的河南,因此,河洛文化又可以称为中原文化、中州文化、河南文化;就时间上来说,虽然古代河洛文化在中华文化中占有独特的地位,但绝对不能把河洛文化仅仅看做一种历史文化、古代文化或传统文化,更不能将其等同于夏、商、周三代河洛地区的文化,它的形成发展演变经历了史前、古代、近现代等各个时期。如果以社会形态的更替(由原始社会、奴隶社会、封建社会发展演变到资本主义社会和社会主义社会)为线,那么,史前是河洛文化的起源期,夏、商、周三代是河洛文化的形成期,先秦至南宋是河洛文化的发展期和繁荣期,元明清到近代是河洛文化的衰落期,现代是河洛文化的复兴期。

湖湘文化,有人特指南宋以来与湖湘学派相始终的湖南地区的历史文化,这种说法是不全面和不准确的。湖湘文化是指以衡麓(衡山)、岳麓(长沙)为中心的整个湖南地区的文化,这是其空间范围。从时间上来说,湖湘文化的起源、形成和发展经历了四个阶段:史前时期和夏商周时期为其起源期,春秋战国到南宋时期为其形成期,元明清为其发展期,近现代为其复兴期。

二、河洛文化对湖湘文化的影响

第一阶段,史前时期河洛文化与湖湘文化的融合。

河洛文化的起源与古代传说中"河出图,洛出书"有关,具有丰富的文化底蕴。同时,也与黄帝、炎帝等创造的先进的农耕文化是分不开的。黄河和洛水地区地理位置优越、气候适宜,成为中国古代文明的起源之地。传说黄炎氏族据有黄河、洛河流域地区,江汉以南,都被称为蛮夷之地,被排斥于中原之外,双方经常进行攻杀。而河洛文化与湖湘文化之间的交融也是通过部落战争所引起的迁徙而推动的。据称上古时中原地区蚩尤为首的黎族与炎帝、黄帝部族爆发了战争,炎帝、黄帝打败了蚩尤,九黎族从中原退居到了湖南、江西一带,这是史前时期中原文化与湖湘文化的首度融合;后来,炎帝与黄帝之间也爆发了战争,炎帝失败,向南方转移,到了距离中原地区不是很远的湖南地区。《史记》上记述"炎帝征伐不顺,南至于江,登熊湘",即今天的湖南一带。炎帝族进入湖南地区,无疑是中原文化的又一次重要的迁移,向湖南地区传播了先进的农耕文明,对湖湘地区经济社会发展影响很大,有力地促进湖湘文化与先进中原文化的融合。湖南地区至今仍存有许多历史遗迹。炎帝迁徙到湖南境内,安葬在酃县,今天湖南炎陵县境内还有炎帝陵。而且,据说舜帝南巡时崩于苍梧,葬在九嶷山(今湖南宁远县),史称舜帝陵。从传说和今天现存的历史遗迹我们不难看出中原文化对湖湘文化的影响源远流长。也就是说,河洛文化这种源发性文化对湖湘文化的渗透和辐射从史前时期就已经开始了。

第二阶段,夏商周三代河洛文化对湖湘文化的辐射。

"昔三代之居,皆在河洛之间。"古代河洛地区具有地理位置的优势,加之自然条件优越,政治、经济、文化发展处于全国的前列。夏商周三代王朝的中心都在河洛地区。自黄帝经夏禹,而后又为殷商文化之所在地,形成于夏商周三代的河洛文化奠定了我国古代文化的基础,也成为中华文化中最具代表性的区域文化。河洛文化在中国古代各地区、各民族的文化中具有先进性、吸引力、融合力和凝聚力,通过连年征战、交往和杂居,对四方文化产生了很强的影响力和辐射力。

据考证,新石器时代有黄河中下游文化带、长江中下游文化带、北方文化带和华南文化带。以河洛文化为主要代表的黄河中下游文化带发展迅速,独步一时,很早就进入到了新石器时代。属于长江中下游文化带的湖湘文化圈由于开发较晚,在河洛地区已经进入到奴隶社会之后,大部分地区仍然停留在原始社会,文化的发展也非常落后。正是在发达的河洛文化影响下,在9 000至7000年前湖湘地区开始进入新石器时代。考古发现,在湖南澧县所发现距今8 000—9 000年的"彭头山文化"和距今6 900—7 200年的石门"皂市下层文化"中,发掘出大量的新石器时代陶器,这些陶器的材料、制造方法、纹饰和器类,都与中原地区的相似,明显受到了中原文化的影响。可见,中原文化(或曰河洛文化)的辐射和潜移默化的影响,使得湖湘地区开始摆脱了原始的采集和渔猎经济,进入到了古代农业文明。虽然,此一时期由于人口流动较少,河洛文化对湖湘文化的影响比较缓慢,且主要是在澧水领域和沅水下游地区,但这无疑是中原文化与湖南本地文化融合的一个重要时期,也奠定了湖湘文化的深厚根基。可以说,此一时期的河洛文化对统一包括湖湘文化在内的中国文化做出了最早的重大贡献。

第三阶段,春秋战国到隋唐时期,河洛文化不断改变着湖湘文化的面貌。

长期以来,由于湖南偏居一隅,交通闭塞,甚至被认为是"蛮荒"之地,在经济上开发较晚,而且一直远离中国政治经济中心,湖湘文化仍然是一种后进文化。而洛阳乃"九朝古都",文化相当发达。进入封建社会后,古代中国经济和社会发展大大加快,河洛文化作为一种特色鲜明的正统文化、主流文化、帝都文化、王朝文化也发展到了一个新的阶段。同时,河洛地区成为一个名副其实的文化"旋涡",迅速影响到了包括湖湘地区在内的全国各地。

自春秋战国始,湖南地区被纳入"楚文化"圈,与先进的楚文化的交往和融合大大加快。湖湘文化呈现出一种全新的面貌;同时,湖南地区通过荆楚一带与中原地区的交往不断增多,河洛文化与湖湘文化的融合不断加强,河洛文化对湖湘文化的影响力更大。特别是东汉和唐朝,中原地区人民大规模迁徙湖南也促进了湖南经济、社会和文化的发展。西汉末年,王莽改制失败,"中原大乱,烽火四起,田园尽芜,千里为墟",南阳、襄阳人民走避湖南洞庭、沅湘之间。湖南成为东汉时期全国人口增加最多的地区。① 湖南地区的开发大大加快。先进的河洛文化与湖湘文化的交流和融合,有力地推动了湖湘文化的发展。

而许多自政治统治中心河洛地区流寓湖南的著名人物为湖湘文化的发展提供了历史机缘,对湖湘文化的影响非常深远。此一时期,流放湘楚之地的屈原、被贬为长沙王太傅的贾谊(洛阳人)所创作的楚辞、汉赋以及其中所体现的忧国忧民、刷新政治的远大政治抱负对湖湘文化产生了巨大影响,创造了一个湖湘文化发展的高峰。还有被流放到常德的刘禹锡、受贬到永州的柳宗元、流寓于湖南长达三年的杜甫等,为湖湘文化的发展注入了生机与活力。

特别需要指出的是,此一时期,起源于河洛地区的传统儒学、道学、佛学,由于河洛地区的政治经济发展的有力推动,其变革和发展迅速,对湖湘文化的影响也大大加剧。此一时期湖南的儒学、道学、佛学发展非常迅猛。著名的古麓山寺始建于西晋,长沙宁乡的密印寺始建于隋唐时期,开福寺建于五代。特别是渊源于河洛三代的礼乐文化的儒学,作为中国传统文化的主流,其迅速发展影响深远。东汉时期以洛阳为国都,贾逵、马融、许慎、郑康成等经学大师云集于此,汉学发展盛极一时,此时的经学研究成为经典,所创郑学成为官定儒经标本,对湖湘地区都产生了重要影响。湘学中一直有汉宋并重的学术宗旨,这与汉学在湖

---

① 刘泱泱:《近代湖南社会变迁》,湖南人民出版社1998年版,第19~20页。

湘地区的影响也是分不开的。而且,汉学在湖湘地区的传播和发展为周敦颐"濂学"的产生提供了宝贵的思想养料,也为儒学的全面发展提供了深厚的思想基础。尽管周敦颐"濂学"的区域文化色彩并不明显,但可从某种程度上反映湖湘地区学术文化的发展已经到了一个崭新的阶段,这为后来充分吸收洛学等外来先进文化奠定了基础。

第四阶段,北宋、南宋时期,河洛文化成为此一时期以湖湘学派为核心的湖湘文化的直接来源。

河洛文化到北宋时期进入了文化的繁荣期。特别是北宋神宗时期,一些反对变法的官员相继在洛阳聚集,形成一个与都城开封并称的学术文化中心。程颢、程颐、邵雍等人聚集在洛阳,潜心向学,开启了宋明理学的新领域,史称"洛学"。其中,程颢、程颐(两兄弟为洛阳人)是"洛学"的主要代表人物和开创者。洛学的诞生无疑是河洛文化发展的新阶段,以洛学为主要内核的河洛文化也迎来新的发展。

在"洛学"南传的过程中,湖湘文化获得新的发展。由于北宋末年,中原战乱频仍,士人纷纷南下湖南,湖南受到了中原文化的直接浸染,特别是一批程门弟子在湖南长期寓居,结庐舍传道布学,教授生徒,在湖南形成了一个传播和宣传理学的网络,为湖湘文化的发展提供了新的学术资源和文化氛围。而宋明理学的代表人物程颢、程颐所创"洛学"南传,湖湘学派的产生,开启了湖湘文化发展的新时代。胡安国和其子胡宏,是二程之再传弟子。胡安国上宗二程,尤其是"程颐之学",是洛学南传的重要人物,也是湖湘学派的创始人。[①] 他自南宋初年便隐居衡山一带,创办碧泉书院,授徒讲学著述,撰写了《春秋传》三卷,编辑了《二程文集》十三卷。全祖望充分肯定了胡安国在南宋洛学中的地位,称胡安国为"私淑洛学而成大者","南渡昌明洛学之功,文定几并于龟山"[②]。甚至将胡安国与程门大弟子谢良佐、杨时、游酢等量齐观。湖湘学派的又一重要创始人胡安国之子胡宏曾在京师(临安)见学于被奉为"程氏正宗"的理学家杨时。他称:"三先生(指谢、杨、游)义皆师友,然吾之得于《遗书》为多",甚至自言:"予小子

---

①　侯外庐、邱汉生、张岂之主编:《宋明理学史》(上卷),人民出版社 1984 年版,第 228 页。

②　《宋元学案》卷三四《武夷学案》。

恨生之晚,不得供洒扫于先生(即二程)之门。"①后来,胡宏的弟子张栻发扬光大湖湘学派的学术和文化传统,是与朱熹、吕祖谦齐名,并称为"东南三贤"的著名理学家。他在岳麓书院讲学,广招生徒,奠定了湖湘学派的规模,使湖湘学派成为南宋时期东南一带颇富盛名的学派。黄宗羲称之为"湖南一派",梁启超称之为"湖南学派"。关于湖湘学派与洛学的关系,正如南宋后期学者真德秀曾指出的:"二程之学,龟山(杨时)得之而南,传之豫章(罗从彦),罗氏传之延平李氏(李桐),李氏传之考亭朱氏(朱熹),此一派也。上蔡(谢良佐)传之武夷胡氏(胡安国),胡氏传其子五峰(胡宏),五峰传之南轩张氏(张栻),此又一派也"。②黄宗羲也认为"上蔡之传,始自胡文定公入湘。"③可见洛学是湖湘学派的直接来源,湖湘学是直接以二程之学为思想文化资源的。湖湘学派的形成,开启了经世致用、民族大义的湖湘学统和精神,开创了湖湘文化发展的新阶段,也因此奠定了近现代湖湘文化的基础。

　　而且,文化的融合和发展与人口的迁徙是紧密相关的。由于北宋末年中原战乱频繁,金兵骚扰中原,中原地区百姓不得不多次大规模地南迁,而湖南是中原人民迁徙的主要地区。据记载,南宋崇宁元年湖南的人口仅为260余万人,到南宋嘉定十六年,湖南人口猛增至720余万人,带动了湖南地区的开发,湖南经济社会的发展也进入到一个崭新的阶段,这也为湖湘文化的发展奠定了坚实的基础。④

　　以上便是从史前到南宋时期河洛文化与湖湘文化的互动、互通、互融的大致过程,不难看出河洛文化对湖湘文化的巨大影响,甚至从某种程度上可以说河洛文化是湖湘文化的母体。

　　尔后,伴随着政治、经济中心的不断南移,洛学南传,学术和文化中心也开始南移湖湘、江浙一带,大大加速了与中华民族文化的融合过程,在中华文明史上谱写了新的篇章。但是,中原地区地理位置的优越性逐渐丧失,相反中原腹地由于其相对封闭性失去了其文化的中心地位,河洛文化亦开始进入到由盛转衰的

---

① 《程子雅言前序》,《五峰集》卷三。
② 真德秀:《真文忠公读书记》卷三一。
③ 《宋元学案》卷三四《武夷学案》。
④ 刘泱泱:《近代湖南社会变迁》,湖南人民出版社1998年版,第19~20页。

时期。整个元明清时期乃至于到了近代都是如此。传统文化的根基没有与时代一起成长,渐渐失去了往日的光彩。进入现代以后,发掘古代河洛文化的资源,复兴河洛文化成为广大河洛地区人民的共同愿望,河洛文化迎来新的发展时期。由于文化的内在传承性以及河洛文化影响的持久性,河洛文化在现代获得了新的发展,成为中华文化中光彩夺目的区域文化。

与河洛文化走向衰落相反,湖湘文化却在元明清时期获得了一定的发展,并在近代焕发出强大的生命力,对近现代中国产生了重要的影响。全国政治、经济、文化中心南移之后,湖南成为华中腹地,地理位置的重要性日益突出,并成为东西南北风云际会之所;元明时期朱张并称的湖湘理学学统确立,湖湘文化由于湖湘学派和湖湘学风的强大助力,发扬其经世致用的精神内核,兼容并包,不断扬弃,大胆开拓,呈现出一番新的历史景观。后经明末清初王船山的阐扬,又由曾国藩、左宗棠、郭嵩焘等人将其发扬光大,湖湘文化获得了空前的声誉,成为一门全国性的显学,并形成了一种导致湖湘文化繁盛、人才辈出的社会机制和文化土壤,湖湘文化焕发了新的生命力,历久弥新,直至今日。今天,湖湘文化养育的三湘儿女创造了"电视湘军"、"文学湘军"、"体育湘军"等新传奇,谱写了辉煌的时代篇章。

三、河洛文化精神对湖湘文化精神的塑造

河洛文化与湖湘文化的渊源很深,河洛文化精神对湖湘文化精神的塑造也是显而易见的。关于河洛文化精神,笔者认为主要体现在如下几个方面:

第一,开拓进取的精神。长期以来,中原地区的文化全国独步,表现出了顽强的生命力。这种生命力主要是其不断开新的文化品质和精神内涵。中原地区人民的开拓进取,创造了悠久灿烂的历史文化。汤一介先生在《"河洛文化"小议》中还追根溯源,认为:由于河洛文化"它和黄帝、夏禹有关,因此体现着一种开拓的精神"。并提出开拓创新是河洛文化的精义。笔者认为这种说法是很有见地的。

第二,勤劳勇敢,自强不息的精神。河洛文化作为一种源发性的文化,是河洛地区的人民艰苦奋斗创造出来的。长期以来,河洛地区的人民有愚公移山的精神,勤劳勇敢、坚忍不拔、自尊自省、自信自强,创造出了悠久、灿烂、厚重的历

史文明。河洛文化精神以及所体现出的文化传统都具有坚忍不拔的文化特质和历史传统。而且,今天的河洛文化精神仍然在勤劳朴实、坦荡无私的河南人民身上体现得淋漓尽致。

　　第三,诚实守信,忠于职守的精神。河洛地区以其厚重大气养育了当地人民,河洛文化不管是农耕文化,还是商业文明,都有古王朝遗风,民风纯朴,民众忠厚实在,讲信用。洛学代表人物之一程颐"安贫守节,言必忠信,动遵礼法"①,鲜明地体现了河洛文化精神之特色,对河洛地区的人民也产生了深刻影响。

　　第四,兼容并包的文化胸襟。河洛文化是中华文明最早的源头之一,具有极其强大的吸引、包容、凝聚的力量,能把周围的文化吸纳过来,又具有很高的渗透力、辐射力,把自己的文化推出去。许多地域文化都或多或少地受到河洛文化的影响,而河洛文化也经常吸收其他类型的文化。河洛文化兼容并蓄了儒家、道家、佛家等的精华,成为一个丰富的文化宝库。北宋时期河洛文化的代表——洛学便是起源于周敦颐所创的濂学。程颢、程颐曾受学于周敦颐,周"教以寻求孔子、颜渊做圣人之乐处";周在易学方面的成就对二程影响甚深。同时,二程之说与邵雍的学术思想、张载的关学等密切相关。洛学兼容并包,博采众长,成为理学发展的一个重要里程碑。

　　受河洛文化精神的影响,湖湘文化精神既有自身的特色,又与河洛文化具有一定的同质性。这主要体现在如下四个方面:

　　其一,湖湘文化精神中关心民众、关心国事的民本主义、民族主义和爱国主义思想,与河洛文化所推崇的事功意识是一致的。众所周知,二程家世历代为宦,两人都热衷于"仕途经济",希图有济于国事。程颐对朝政"议论褒贬,无所顾避",积极为国政建言,提出了一套政治主张。而且,洛学的形成与当时南宋的政治形势是分不开的,对政治也产生了重要影响。正是受洛学的影响,湖湘学派的创始人和湖湘子弟都具有强烈的爱国主义和民族精神。胡安国在其《春秋传》中高举"尊王"、"攘夷"两面大旗,体现了鲜明的反对外族侵略的民族精神。胡宏亦是以康济时艰、抗金复国为其政治旨趣。胡安国、胡宏等人在金兵南下时,反对割地求和,主张抗金御侮,收复中原。张栻更是以匡扶社稷为志,力主抗

————————

① 《宋史》卷四二七。

金,反对投降议和,在南宋享有盛名。他们都具有强烈的爱国热忱和恢弘的民族大义,表现出可贵的民族气节。在湖湘文化精神的熏染下,湖湘后学亦都具有"治国平天下"的政治抱负和社会情怀。南宋末年,元兵进攻长沙,岳麓书院学生毅然参加了守城战斗,绝大多数学生壮烈牺牲,即是一大明证。

其二,湖湘文化精神中重实用、实际的经世致用、求真务实的精神,继承和发展了河洛文化的求真求实精神。湖湘学派重实践,不尚空谈,留心"经济之学",强调"行得便见得",重视"教人践履"。胡宏平生最厌恶学者"多守空言,不究实用",明确提出"经世致用"的主张,认为"学圣人之道,得其体必得其用,有体而无用,与异端何辨"的内外兼顾思想。张栻提出"知之非艰,行之惟艰",重实学、求真知,以"成就人材,以传道济斯民也"为学术宗旨。王夫之更是提出"知行始终不相离"的主张,将湖湘学派的知行观发扬光大。这些都构成了后世湖湘经世文化的核心文化。从某种意义上说,经世致用是湖湘文化的精神火炬,也是湖湘文化的闪光点。

其三,湖湘文化精神中锐意进取、耻落人后、敢为人先的创新精神,与河洛文化的开拓创新精神是完全一致的。湖湘地区是开发比较晚的地区,又是移民比较频繁的地区,经历了筚路蓝缕的发展阶段,与河洛地区这种经济、文化的源发性地区一样,文化骨子中都有一种强烈的进取精神。古代湖湘地区从蛮荒之地走向文化繁盛之区,这都是与激流勇进、锐意进取、百折不回的湖湘文化精神分不开的。

其四,湖湘文化继承和发展了河洛文化兼容并包、推陈出新的文化传统等。北宋时期,濂学、关学、洛学、闽学等四大学派竞相绽放、互相交融,创造了中华文化的一个繁盛期。周敦颐的濂学被称为湘学的起源和重要组成部分,洛学是湖湘学派的直接和基本理论来源,张载的关学对湖湘学派也不无影响,闽学与湖湘学的交流和融合更是影响深远。应该说,湖湘文化的发展是在发挥自身特点的基础上,广泛吸收各种先进文化的结果。

毫无疑问,河洛文化精神对湖湘文化精神的影响是全面的、深刻的。我们将近代湖湘文化的基本特征总结为四个方面:第一,士人以天下为己任的使命感、责任感,大都具有爱国主义精神。第二,民心刚正质直,士人讲求经世致用和注重气节。第三,民性朴实勤勉,刻苦耐劳,勇于任事,具有一种实干精神。第四,民风强悍,士大夫都具有一种大胆开拓的创造气魄和投身于政治洪流的献身精神,不仅蹈厉敢死,而且,死得英勇壮烈①。很显然,近代湖湘文化这种独特而鲜明的特征,也是与河洛文化的影响分不开的。这最终奠定了近现代湖南在全国的重要地位,近代湖南人杨度就发出了"若道中华国果亡,除了是湖南人尽死"的豪言壮语,抒发了他的悲壮历史情怀。

　　河洛文化在史前和夏商周时期(早期)、先秦到南宋(中期)和南宋以后(后期)经历了很大的变迁,早期作为中华文化的源泉,盛极一时;中期由于河洛地区政治与经济的繁荣,河洛文化在全国亦是独步一时;到后期,随着政治、经济的南移,河洛文化也逐渐告别其繁盛时期,影响力随之下降。虽然如此,但河洛文化不是一般的地域文化,其在整个中华文化中有着非常重要的地位,对中华民族文化的形成和发展发挥了非常重要的作用。正如戴逸先生所说,河洛文化这个旋涡不仅促进了自身文化的发展,而且带动了周围文化的发展,在中华文明发展中确实起着巨大的带动作用。河洛文化对湖湘文化的发展起到了非常重要的作用,促进了中华民族文化精神的发扬光大,推动了中华文化的繁荣和进步,在历史上写下了光彩夺目的一页。今天,不同区域之间的文化更应该加强交流、互相学习、互相借鉴,取长补短,推陈出新,为创造辉煌灿烂的华夏文明共同奋斗。

(作者单位:湖南商学院公共管理系、湖南师范大学历史系)

---

① 参阅饶怀民:《近代湖湘文化的源流、结构及其特征》,《麓山论史萃编》,湖南人民出版社 1988 年版,第 51~55 页。

湖湘学与洛学的思想渊源关系

陈先枢

宋代理学,学派林立。在诸多理学学派中,人们习惯把北宋以河南洛阳二程(程颢、程颐)为代表的学派称之为洛学;把南宋在湖南地区形成的以胡安国、胡宏、张栻等人为代表的学派称之为湖湘学。湖南周敦颐是宋代理学的开山祖,他对儒家伦理有着"推本太极"的历史功绩。二程则是理学思想体系的奠基者,他们使儒家学说向着更具哲理性、思辨性的理学过渡。而真正完成这个过渡的,当首推湖湘学代表胡启等人的功劳。这个过程不是一种巧合,湖湘学与洛学无论在师承关系上,还是在思想体系上都有着千丝万缕的联系。

一、程颢、程颐与周敦颐的思想渊源关系

湖湘学源于二程洛学。洛阳程颢、程颐兄弟可以说是湖湘学承前启后的人物。二程都受业于周敦颐,因而二程哲学观点的形成,最早是吸收了湖湘大地的营养。二程自称"受学于周茂叔(敦颐)",但对周子之学进行了较大的改造,首创"性即理"说。二程把"心"分为"道心"和"人心",认为"人心,私欲,故危殆;道心,天理,故精微"。黄百家也说:"孔孟而后,汉儒止有传经之学。性道微言之绝久矣。元公崛起,二程嗣之,又复横渠大儒辈出,圣学大昌。"[①]文中"元公"即周敦颐。周敦颐(1017～1073),湖南道州人,字茂叔,因谥号元,称元公,后人称之为濂溪先生,其学说亦称濂学。二程思想明显受禅宗人性化了的濂学的影

_____

① 《宋元学案·濂溪学案》。

响,程颐就明确表示同意"人性本明"的说法,认为"人性本明,因何有蔽","此须索理会也"。

　　周敦颐在哲学上提出了以"诚为核心"的心性伦理体系,长沙湖湘学派尊他为理学宗主,岳麓书院内建有濂溪祠,予以供奉。周敦颐的主要学术著作为《太极图说》和《通书》。这两部总共不满 3 000 字的著作,倾注了他毕生的心血,融合了儒、道、佛三家的思想,为宋代的理学开辟了宽广的道路。《太极图说》仅249 字,另附一个上下 5 个层次,大小 10 个圆圈的"太极图"。它融合儒、道两家思想,以道家思想补儒家不足。与儒家不彻底的宇宙生成学说相比,道家特别注重对宇宙最终本源的探索,颇有寻根究底的精神。道家认为"太极"是宇宙的本源,但不是宇宙的最终本源,"太极"之前还有别的物质。周敦颐打破门户之见,大胆吸收了道家的这种有益思想。《太极图说》与宋代道士陈抟的《先天图》有着密切联系,但对《先天图》的丹法思想进行了改造,将其衍变为宇宙生成程序,认为无极和太极是宇宙万物的本源,太极动而生阳,动极则静,静而生阴。阴阳生出金木水火土五行,五行生成万物,在阴阳二气和五行的相互作用下,万物变化无穷。

　　如果说周敦颐的《太极图说》是以道家之长补儒家宇宙学之不足,那么,《通书》则是扬儒家之长,补道家伦理学之不足了。同时,《通书》也吸收了佛学的有益成分。《通书》说:"诚五常之本,百行之源也",又说"五性感动而善恶分,万事出矣",这无疑吸收了佛家"心是诸法之本"、"善恶报应"等学说的有益成分。周敦颐以"循理为静,以不妄动"、"动而正"为静,以中正为至善,以中节为达道的人性学说和修养理论,就思维方式来说,与禅宗"离相"、"无念"为明心见性是遥相契合的。至于他所倡导的心性之学,周敦颐本人曾叹道:"吾此妙心,实启迪于黄龙,发明于佛印。"这说明周子之学,得益于佛学者甚多。

　　正由于周敦颐的学说受道家、佛家的影响如此之深,故在当时理学界的学术地位并不高,被视为非正统。但洛阳二程慧眼识真珠,拜其为师,将濂学发扬光大,从而奠定了宋代理学的基础。包容并蓄、吸收其他学派优点为我所用,正好成为后来湖湘学派的一个特点。

　　湖湘学的代表人物胡宏十分强调周敦颐对程氏兄弟的影响,并由此确定他的"道统"地位。胡宏说:"程明道(颢)先生尝谓门弟子曰:'昔受学于周子,令寻仲尼、颜子所乐者何事?'而道明先生自再见周子,吟风弄月以归。道学之士皆谓程颢氏续孟子不传之学,则周子岂特为种、穆之学而止者哉?……今周子启程氏兄弟,以不传妙,一回万古之光明,如日丽天,将为百世之利泽;如水行地,其功盖在孔孟之间矣。"①胡宏如此推崇周敦颐之学,开启了南宋推崇周敦颐为道学宗主的先河。

然而,周敦颐只是宋代理学的开山祖,真正奠定理学思想理论基础的则是程颢、程颐兄弟。正如侯外庐先生在《宋明理学史》中所说,二程"洛学才是理学的典型形态"。而二程之学正是湖湘学派的主要思想渊源。因而长沙岳麓书院建有四箴亭,祀程颢、程颐,将程颐所纂"视、听、言、动"箴言四则嵌于亭壁,以作书院学规。

程颢(1032～1085),字伯淳,人称明道先生。其弟程颐(1033～1107),字正叔,人称伊川先生。程氏兄弟年少时皆从学周敦颐。二程之学的主要范畴是"天理",宋明儒学之所以称为"理学",是由于二程提出了"天理"的最高哲学范畴,使理学成为一种与先秦诸子、两汉经学、魏晋玄学、隋唐佛学相区别的学术思潮,开创了一种新兴的学术风尚。

二程理学思想的最大特点,首先是将儒家伦理规范抽象为"理",并以它作为超越时空的宇宙本体,建立了理本体论。他们认为:"理则天下只是一个理,故推至四海而准,须是质诸天地,考诸三王不易之理。"②他们还将宇宙万物划分为理与气两个范畴,并进一步提出:"有理则有气,有气则有数。"③通过理气关系的论证,确立理的宇宙本体地位。其次,二程又将此作为宇宙本体的理置之于人的本性之中,提出"性即理"的著名命题。程颐说:"性即理也,所谓理,性是也。"④建立起了以天理论为本的心性论。第三是提出了主敬、致知的道德工夫论,要求一切人经过道德修养,以回复到天理之中,《洛阳程氏遗书》载:"或问'进修之术何先?'曰:'莫先于正心诚意。诚意在致知,致知在格物。'""涵养须用敬,进学则在致知。"

---

① 《周元公集》卷一,《通书序略》
② 《河南程氏遗书》卷二。
③ 《经说》卷一。
④ 《河南程氏遗书》卷二。

二、湖湘学与洛学的师承关系

二程在长期的授徒活动中,培养出了一大批弟子,著名者有谢良佐、杨时、游酢、吕大临、尹焞等人。经过这些弟子的传播,二程洛学影响日盛,绵延不绝。南宋理学得以发展并走向集大成,主要是二程洛学南传的结果。

二程洛学是湖湘学的主要思想渊源。这可从湖湘学者本人的论述中得到证实。胡安国说:"孔孟之道不传久矣,自颐兄弟始发明之,然后知其可学而至。今使学者师孔、孟而禁不得从颐学,是入室而不由户。"①他还建议朝廷对二程"加之封爵,载在祀典"。胡安国肯定自己的学术思想源自二程之学,声称"吾所闻在《春秋》,自伊川先生所发"②。胡宏在学术上主要是传胡安国之学,故也十分推崇二程之学,并以私淑二程之学而自居,他感叹说:"予小子恨生之晚,不得供洒扫于先生(指二程)之门,如集其遗言,行思而坐诵,息养而瞬存,因其所言而得其所以言,因其所以言而得其言之所不可及者,则与侍先生之坐而受先生之教也,又何异焉。"③张栻也同样尊崇二程洛学,称其"天理之揭,圣学渊源"④。他反复研习二程之学,认为"惟觉二程先生完全精粹,愈看愈无穷,不可不详味也"⑤。可见,湖湘学派的大师们皆肯定自己的学术思想和二程洛学的直接渊源关系。

胡安国、胡宏对程颢、程颐推崇备至,但胡氏与程氏毕竟相隔一代,胡氏接受二程之学除私淑外,主要是通过二程弟子谢良佐、杨时等的再传而完成的。洛学与湖湘学的师承关系见下图。

----

① 《宋史》本传。
② 《宋元学案·龟山学案》。
③ 《程子雅言·前序》。
④ 《南轩文集》卷三六。
⑤ 《南轩文集·答吕伯恭》。

三、胡安国与洛学的思想渊源关系

胡安国(1074～1138),福建崇安县人,人称胡文定公,晚年率领全家及弟子们结庐湖南衡山紫盖峰下,潜心学术事业。南宋初召入京,建炎(1127～1130)年间辞官,携其子再次来到潭州碧泉,建碧泉书堂。后隐居衡山,创文定书院,集中精力完成了自己毕生撰写的《春秋传》。

全祖望说:"私淑洛学而大成者,胡文定公其人也……南渡昌明洛学之功,文定几侔于龟山(杨时),盖晦翁(朱熹)、南轩(张栻)、东莱(吕祖谦)皆其再传也。"①据朱熹、真德秀等所说,二程之学是经大弟子谢良佐传给胡安国的。

谢良佐(1050～1103),字显道,上蔡(今河南省汝南县)人,程门四大弟子之一,是洛学的重要传人。谢良佐和湖湘学派奠基人胡安国的具体学术关系,朱熹认为是师徒的授受关系。朱熹在《上蔡祠记》一文中认为胡安国"以弟子礼禀学",肯定胡安国是谢良佐的弟子。现存谢良佐的重要著作《上蔡语录》,即由胡安国、曾恬所记录。胡安国、曾恬曾将谢良佐和他的讲学内容记录下来,编成"语录"两篇,流行于世。后来朱熹获得曾恬、胡安国两个"语录"本子,通过参校删定,编成现存的《上蔡语录》。当时这种记录讲学内容之事,一般都是及门弟子所为。南宋真德秀认可朱熹之说。明代学者黄宗羲编《宋元学案》时,亦持这一看法。他说:"上蔡之传,始自胡文定公入衡湘。"②因此,把谢良佐看做二程之学和湖湘学派的中介人物有充分的历史依据。正由于谢良佐处于这种中介关系中,他的学术思想及风格也影响了湖湘学派,成为湖湘学派的重要思想渊源。

学术界普遍认为,谢良佐之学主要继承并接近程颢之学。谢氏的三条独到见解,都和湖湘学派有着思想渊源关系。

第一是论道,谢良佐曾强调道就存在于洒扫应对的日常生活之中。湖湘学者在论述本体性的"道"、"性"、"理"时,十分强调这种超越本体与日用伦常的不可分离的关系。胡安国说:"冬裘夏葛,饥食渴饮,昼作入息……只此是道。"③

---

① 《宋元学案·武夷学案序录》。
② 《宋元学案·武夷学案》。
③ 《宋元学案·武夷学案》。

他把超越本体的"道"置之于"冬裘夏葛,饥食渴饮"的日用生活之中。

第二是论仁。谢良佐的仁说有一个十分著名的提法,就是以知觉言仁。湖湘学派的学者高度赞扬这种观点。胡宏之弟胡广仲说:"'心有所觉谓之仁',此谢先生救拔千余年陷溺固滞之病,岂可轻议哉! 夫知者,知此者也;觉者,觉此者也。果能明理居敬,无时不觉,则视听言动莫非此理之流行,而大公之理在我矣。"①胡广仲之说反映了谢良佐的仁说对湖湘学的影响。

第三是关于穷理居敬的功夫。谢良佐继承程颢《识仁篇》所说"识得此理,以诚敬存之"的为学功夫论,主张"既有知识,穷得物理,却从敬上涵养出来"②湖湘学派大师胡宏、张栻在为学功夫论方面也一向主张"先察识,后持养"。湖湘学主张的"先察识,后持养"的为学功夫论,与谢良佐的"先有知识,以敬涵养"一脉相承,反映了他们之间的思想渊源关系。

其实,胡安国早年就受二程思想的影响。元祐五年(1090),即胡安国17岁时,他获得入太学的机会。在太学修业期间,胡安国的政治态度、学术思想开始形成并为他后来的政治活动、学术活动打下了思想基础。在这段时期,胡安国所受影响最大者,是朱长文、靳裁之二人。朱、靳恰恰是二程的同道和私淑。胡安国长子胡寅在《先公行状》说:"遂入太学修懋德业,不舍昼夜。是时元祐盛际,师儒多贤彦,公所从游者,伊川程先生之友朱长文及颍川靳裁之。裁之才识高迈,最倚重公,与论经史大义。"

朱长文,字伯原,吴县人,人称乐圃先生。《宋元学案·泰山学案》介绍说:"从泰山(孙复)学《春秋》,得《发微》深旨。"孙复是北宋理学思潮的先驱,为"宋初三先生"之一,以研治《春秋》学而著称,著有《春秋尊王发微》十二卷。而朱长文即是从孙复"学《春秋》,得《发微》深旨"。胡安国在太学期间从学朱长文,并通过朱长文而受到孙复"《春秋》之学"影响。这一点,对胡安国在以后重视《春秋》学的研究,以毕生精力撰述《春秋传》,起了决定性作用。

靳裁之,颍昌人。《宋元学案·明道学案》将其列为"明道私淑",并载:"少闻伊洛程氏之学。胡文定入太学时,以师事之。"靳裁之十分器重胡安国,经常

---

① 《宋元学案·王峰学案》。
② 《上蔡语录》上。

给他讲述二程洛学。由于受朱、靳二人的影响,胡安国开始接受并尊崇理学,并以此作为自己从学的目标。此外,胡安国与程门四大弟子中的杨时、游酢也有密切的学术交往。

四、胡宏与洛学的思想渊源关系

在家庭教育的熏陶和影响下,胡安国之子胡宏(1105~1161)从小就仰慕二程洛学。胡宏从出生至青少年,正值其父胡安国在政治上、学术上都处于上升时期。在政治上,胡安国被提举为湖南学事;在学术上,胡安国开始研治《春秋》之学。胡安国十分重视家庭教育,其《胡氏传家录》即辑有从事家教的言论。胡宏所受家庭教育,对他以后的治学和为人产生了很大的影响。正是胡安国的"过庭之训",使胡宏从小立下了治学的愿望。而且,由于胡安国推崇理学,更使得胡宏对二程洛学服膺不已。他在 15 岁时,就自撰《论语说》,编《程子雅言》并为之作序。在《程子雅言·序》中,胡宏批判了王安石、苏轼、欧阳修诸家的学说,认为"王氏支离"、"欧阳氏浅于经"、"苏氏纵横",而肯定程氏兄弟的学说继承了孔孟之学的真传,所谓"唱久绝之学于今日,变三川为洙、泗之盛,使天下之英才有所依归"。所以,胡宏明确表示了他依归二程洛学的思想倾向。

宣和七年(1125),胡宏至京师,入太学就学,得有机会从学程门高弟杨时。杨时(1053~1135),字中立,南剑州将乐(今属福建)人。从学程颢、程颐,为程门四大弟子之一。"程门立雪"的典故说的就是杨时拜师的故事。其学成后南归,程颢声称:"吾道南矣。"晚年隐居龟山,人称龟山先生。全祖望评价说:"龟山独邀耆寿,遂为南渡洛学大宗。"①杨时晚年重被召用之时,恰值胡宏入太学。杨时又是胡安国的世交,因此,胡宏在此期间从学杨时,正式成为程门二传弟子。胡宏之兄胡寅也曾从学杨时。

胡宏虽然不完全认同老师的哲学思想,但在伦理思想上却与杨时有着明显的沿袭关系。关于格物,程颢主张"涵养须用敬",高度强化作为实践主体的人的自身精神的涵养。杨时秉承师说,直接将格物界定为返于自身。杨时与胡安

---

① 《宋元学案·龟山学案》。

国论学道说:"夫通天下一气也,人受天地之中以生,其虚盈尝与天地流通。"①胡宏更认可"仁心"与主体的自我密切关系,他说:"事至而知起,则我之仁可见矣;事不至而知不起,则我之仁不可见也。自我而言,心与天地同流。"②胡宏的"与天地同流"和杨时的"与天地流通"仅一字之差。

杨时对湖湘学形成产生的影响,除了亲授胡宏、胡寅外,还曾亲自到湖南长沙办学,传授理学。绍圣元年(1094),杨时出任长沙浏阳县令,创办了浏阳第一所书院——文靖书院,大力传授二程之学。当时,县民历年赋税积欠甚多,他不忍心催征而被罢官。杨时在浏阳当了4年县令,免职后仍寓居浏阳,一年后,才离浏归里。杨时在浏阳所建的归鸿阁,至今仍是"浏阳八景"之一,名曰"鸿阁斜阳"。杨时的再传弟子张栻在其《归鸿阁记》中这样赞誉杨时:"先生晚识陋,何足以窥之蕴?惟公师事河南二程先生,得中庸、鸢飞鱼跃之传,于言意之表,践履纯固,卓然为一世儒宗","公之德及邑民也,深矣"。

此外,胡宏还与同辈的理学家张久成等人密切交往。张久成(1092~1159),字子韶,南宋理学家,是二程理学向陆九渊心学过渡的重要中介人物。此时他亦游学京师受业于杨时。胡宏与张久成皆崇奉二程洛学,又同学于杨时,学术上十分相契,故过往甚密。

靖康元年(1126),金兵南侵,徽、钦二帝被俘,酿成靖康之祸。21岁的胡宏只得离京,与父兄一同寓居荆门。是时恰值另一程门高弟侯仲良避乱荆门,拜贤若渴的胡宏遂与其兄胡宁一道又从之问学。侯仲良,河东人,程颐的妻弟。胡宏从侯仲良学习理学,颇得《中庸》意旨。以后胡宏提出的心性之学即与《中庸》旨趣十分接近。胡宏曾回忆说:"靖康元年,河南门人河东侯仲良师圣自三避乱来荆州,某兄弟得从为游。议论圣学,必以《中庸》为至。"③建炎四年(1130),战火逼近荆门,胡氏一家再次迁往湖南。

胡安国逝世后,胡宏独立治学。胡宏在吸取老师杨时、侯仲良思想的同时,注重对宇宙本源的探讨,认为宇宙是由"气"推动的无限演进过程。对于天理和人欲的关系,胡宏认为是"同体而异用",不同意老师把天理和人欲对立起来。

---

① 《龟山文集·答胡康侯》。
② 《知言·好恶》。
③ 《题吕与叔中庸解》。

当时,一批批志学求道的青年纷纷来到衡山追随胡宏研经读史。至此,在思想体系上和人才群体上完全奠定了湖湘学派作为南宋一个重要理学派别的基础。所以,后人评价胡宏"卒开湖湘之学统"。

胡安国终生治《春秋》,并没有能够为湖湘学派建立起理学思想体系和理论框架。完成这个任务的是他的儿子胡宏。胡宏的代表作《知言》是一部哲学著作,它汲取了先秦儒家典籍《中庸》、《易传》、《孟子》、《论语》的哲学思想,兼容了北宋理学家周敦颐、张载、程颢的理学成就,从而创立了一个包括本体论、人性论、理欲论、致知论等内容在内的理学理论框架,建构了一个包括心性、性气、有无、体用、知行、理欲、义利在内的范畴体系。而且,胡宏在探讨理学理论时形成了本学派的思想特色,他率先提出了"性,天下之大本"的哲学本体论,使得湖湘学派在哲学本体论上区别了以理为本的洛学和闽学,也区别了以心为本的陆王学派。为了说明其性本论思想,胡宏又主张性心用的观点,认为"有是道则有是名也,圣人指明其体曰性,指明其用曰心",使性本论趋于完善。从这种由人道而及天道的性本论出发,胡宏继续提出"善不足以言之,况恶乎"的性超善恶论,提出先察识、后持养的修身功夫论。胡宏所建立的理学思想体系为湖湘学派的学术思想奠定了基础,形成了本学派自已的学术思想特色。胡宏的《知言》遂成为湖湘学派的不刊之典①。

五、张栻与洛学的思想渊源关系

湖湘学派的一代宗师张栻又是胡宏的学生。张栻(1133~1180),四川绵竹人,南宋抗金名相张浚之子。张栻早年随父迁居湖湘,绍兴三十一年(1161)至碧泉书院从学胡宏,受到老师的器重。《宋元学案·南轩学案》载:张栻"从五峰胡先生问程氏学。五峰一见,知其大器,即以所闻孔门论仁亲切之指告之。先生退而思,若有得也。五峰曰:'圣门有人,吾道幸矣'"。可见,正由于胡宏在湖南衡山湘潭创办书院讲学,形成了湖湘学派的学术、教育基地,培养了张栻等一批著名的理学家,终于肇启了湖湘学派的发展源流。张栻继承了胡宏的学术思想传统,他学成后回长沙,主持了号称宋代四大书院之首的岳麓书院。他因此而成

---

① 朱汉民:《湖湘学派史论》。

为湖湘学派的一代宗师，岳麓书院亦成了湖湘学的大本营，一批批湖湘弟子在此得以成长。

在胡宏的悉心教导下，张栻后来成为与朱熹、吕祖谦齐名的大理学家。张对宇宙的构成、宇宙间万事万物的发生变化，特别是人与自然的关系，以及如何组织一个和谐而理想的社会，都提出了自己独到的见解。张栻还注重"力行"，反对空言，"不汲汲于利禄"，强调道德践履，"知行并发"，主张办学要以"成就人材，传道济民"为方针。这正是湖湘学派的特色所在。

从这里可以看出，由湖南本土思想家周敦颐开创的理学思想，经程颢、程颐、谢良佐、杨时、侯仲良、胡安国、胡宏、张栻等数传后，又回到了湖南，并得到发扬光大。张栻曾不止一次地说："某尝二极之所根，渊源精粹，实自得于心。而其妙乃在太极一图，穷二极之所根，极万化之所行，而明主静之本，以见圣人之所以立人极，而君子之所当修者。"张栻又发展了周敦颐的太极思想，他认为"太极"虽是一种精神性实体，但不是人的一种自我意识。他说："太极动而二气形，二气形而万物化生。人与物俱本乎此者矣。"①张栻在太极理论的基础上进而提出了"理"、"性"、"心"等重要哲学范畴，堪称湖湘学继承光大二程洛学的典范。

六、洛学南传的不同走向

值得指出的是，二程洛学虽然是湖湘学的思想渊源，但二程的理学思想还是有所区别的，湖湘学主要是吸收了程颢（大程）的学术思想。而程颐（小程）的学术思想主要传向了朱熹，成为闽学的思想渊源。在哲学本体论上，二程兄弟虽皆以"理"、"道"为形而上的宇宙本体，但又有各自的特点。程颢追求"道、物一体"的境界，不注重二者的形而上、下的逻辑划分，他说："此道与物无对，大不足以名之，天地之用皆我之用。"②程颐则建立起以天理论为本的心性论。程颢往往从内在人格探寻"道物一体"的统一基础，从人道的心性论来说明天道的本体论。他说："心是理，理是心。"③湖湘学派的哲学本体论明显接近于程颢，他们主

①　转引陈先枢：《湘城文史丛谈》。
②　《河南程氏遗书》卷二。
③　《河南程氏遗书》卷一二。

张由人道而及天道,重视心性论的本体意义。胡宏所建立的哲学本体论是以
"性"为核心的,他提出"性也者,天地之所以立也","有是道则有是名也。圣人
指明其体曰性,指明其用曰心。"①以人道的心性论建立宇宙本体论。张栻的哲
学思想也具有这一特点,他强调心的本体意义,提出"人之心,天地之心也,其周
流而该遍者,本体也"②。这也体现了湖湘学派由人道而及天道,注重心性的本
体意义的思想特色。

在人性论方面,湖湘学者的一些独具思想特色的主张,也是对程颢思想的进
一步发挥。大程认为性、气是一体不分的,说:"生之谓性,性即气,气即性,生之
谓性。"③小程则坚持儒家传统的性善论原则。程颢的观点对湖湘学者亦产生极
其深刻的影响。胡宏明确肯定性、气是一体而不可分割的,他说:"性外无物,物
外无性。"④这种性气一体的哲学观念,使他坚持从人的感性生命活动本身来理
解形而上的性体,得出了"天理人欲,同体异用,同行异性"⑤的结论。这与程颐
及朱熹的"灭私欲则天理明"有着明显的区别。

在为学功夫方面,程颐注重格物穷理的方式,而程颢注重"识得此理,以诚
警存之"⑥的方式,主张从人的内心体验人伦之理。湖湘学派的为学功夫也受大
程的影响,十分注重尽心的工夫。胡宏常常把尽心、识心作为主要的为学功夫,
主张通过察识、操存、扩充"本心"的方式,达到"与天同"的本体境界。故胡宏把
尽心与"立天下之大本"结合起来,认为"心也者,知天下、宰万物以成性者也。
六君子尽心者也,故能立天下之大本"⑦。张栻的为学功夫论继承了老师胡宏的
学说,常提到"尽心"问题。湖湘学说如此重视、推崇"尽心"的功夫,显然受到了
程颢之学的影响。

（作者单位：中共长沙市委宣传部）

---

① 《知言疑义》。
② 《南轩文集·桂阳军学记》。
③ 《宋元学案·明道学案》。
④ 《作言·修身》。
⑤ 《知言疑义》。
⑥ 《宋元学案·明道学案》。
⑦ 《知言疑义》。

赣鄱文化与中原文化的交流和融合

龚国光

　　人们对于地域文化的研究,多把春秋战国时期诸侯割据的地望作为界定某一地域文化的依据,或以该地域建立国家与否来决定"文化圈"的形成与否。根据这一概念,江西文化长期以来被划属于"楚文化圈"的范畴。这种观点是不符合历史发展进程的。作为一种文化的概念,不是一成不变、凝固僵死的东西,而是一种"自然的人化",是人对自然及人本身的认识和把握的一种难以穷尽的动态过程。周月亮先生说:"传播,不是静态的、无后继效应的简单移植,它像'潘多拉的盒子'一旦打开就不再受任何人的控制,在相互刺激中变异、分蘖、嫁接,充满了'再生性',而且是有'加速度'的,它不仅仅是文明演化的催生剂,而且在相邻文化间发挥'互补'的沟通作用、在相接的文化之间发挥'递进'的传导作用。"[①]基于这一认识,我们有必要对河洛文化与赣鄱文化的交流,以及江西文化的本质特征与属性作一较全面的探析。

一、鄱阳湖平原与吴楚文化

　　唐代王勃《秋日登洪府滕王阁饯别序》开篇便对鄱阳湖平原地势作了精辟概括:"豫章故郡,洪都新府,星分翼轸,地接衡庐。襟三江而带五湖,控蛮荆而引瓯越。"今之滕王阁,其楼檐的东西两侧,按旧式规制悬有两块巨大匾额,西为"西控蛮荆",东乃"东引瓯越"。它以立体的方位,再现了鄱阳湖平原"控蛮荆而

---

　　① 周月亮:《中国古代文化传播史》第 11 页,北京广播学院出版社 2000 年版。

引瓯越"这一占尽天时地利的千古形胜。由于这里是吴、楚两国境界之地,吴地上游,楚地下游,故称"吴头楚尾"或"楚尾吴头"。民国版《江西通志稿》说:"历虞夏商周,江西未有封国,春秋则为吴越楚三国之边境,实与'瓯脱'无异。战国全属楚疆,而亦荒而不治。"①所谓"瓯脱",实指边境屯戍或守望之处,《史记》卷一一○《匈奴列传第五十》载:"东胡王愈益骄,西侵。与匈奴间,中有弃地,莫居,千余里,各居其边为瓯脱。"《集解》韦昭注曰:"界上屯守处。"②

　　江西历史上的"瓯脱"现象告诉我们:春秋战国时期,鄱阳湖平原的归属是极不稳定的,吴、楚两国从来没有在严格意义上把这一地区作为自己的国土加以捍卫与整治,双方看重它的,仅是军事上的需要,换句话说,是吴、楚争霸的用兵之地。《左传纪事本末》卷五○载:"定公二年,楚囊瓦伐吴师于豫章。"鲁定公二年为公元前508年,就是说,这之前鄱阳湖地区为吴国所有,才导致楚"伐吴师于豫章"。但仅隔4年,即鲁定公六年(前504年),吴复伐楚,楚惊恐之中逃离郢都,北迁至若,即今湖北宜城东南,遂定楚新都于此。公元前474年,越灭吴,鄱阳湖平原悉数归越。直至楚宣王十四年(前356年)楚灭越,越在这一地区的统治达118年。公元前223年,秦灭楚,楚即结束了它在长江中、下游广大地区133年的统治。上述事实说明,即使楚在统治江南全境的100余年中,鄱阳湖平原也是"荒而不治"的。

　　根据上述史实,我们可以得出这样一个结论,即:吴、越、楚诸侯各国在鄱阳湖地区的统治,处于一种拉锯态势,军事上的你攻我退和政治上的此涨彼消,使之没有一个国家在这一地区形成"独霸天下"的格局。虽然鄱阳湖平原乃至整个江西地区曾受到吴楚文化的深刻影响,但是,自秦灭楚之后的千余年来,随着中原文化的屡屡南下,这种格局发生了质的变化。就是说,赣鄱文化在与中原文化的不断交流中,形成了有别于吴楚文化的具有独立品格的文化内质,这一特征是非常明显的。

二、江西是族群式北民南移的主要聚集地

　　北民南移,是指北方的政治因素的不稳定性。动荡、叛乱及兵祸时有发生,

---

① 载吴宗慈编:《江西通志稿》第23册《江西教育史》。
② 载《传世藏书·史库·二十六史》第一册《史记》第760页。

而南方则相对稳定,加之地旷人稀的客观环境成为北人的理想归宿,因此,大规模的多次迁徙,便成为历史的必然。大的主要战乱有:西晋"永嘉之乱";唐代"安史之乱";唐末"藩镇割据五代十国之乱";北宋"靖康之乱"以及元末"至正之乱"等。到了唐代规模更大,尤其是天宝十四年(755 年)肇始的"安史之乱"最为明显,江南人口增长率以倍计。仅略举几例:

1. 江西浔阳陈氏家族,即今江西德安县车桥镇义门陈村。据《义门陈氏宗谱》载,祖籍今河南淮阳,为避天下大乱,由中原南迁,唐开元十九年(731 年)辗转来到这里,至北宋嘉祐八年(1063 年),历时 332 年,人口达 3 900 余口。

2. 江西宁都孙氏家族。据《宁都城南发富春孙氏族谱》载,孙氏始祖孙俐,居河南陈留,唐中和三年(883 年),因黄巢之乱,以材选为百将,引兵游于闽越江右间,遂居虔化(宁都)县,以功封东平侯。孙俐墓坐落在宁都城南马家坑,孙中山即这支族系后裔。

3. 江西乐安牛田乡流坑村董氏家族。据《董氏族谱·流坑村图述》载,唐末,为避"五季乱",由河南辗转来到乐安流坑,"是地隋唐以前,悉为荒壤,山家野叟,结草为庐"。可知唐之流坑,乃为棘茅遍野的荒蛮之地,董氏族人在此繁衍生息已有千余年的历史。

4. 江西清江大桥乡程家村程氏家族。据《程氏宗谱》载:其先主于北宋末年从河南嵩山县南迁来到此地定居。程氏早在中原就有"舞虎"的习俗,南迁江西,其习俗不改,每年正月初八必行"游虎"盛会。因是祖上传下来的"家虎",故称"程老虎舞"。

据周銮书先生考证,江西两宋时期著名文人,其祖亦多由北方迁移而来。欧阳修的祖先是渤海人,唐朝时其后人欧阳琮任吉州刺史,遂定居吉安;胡铨先祖河南,在西晋"永嘉之乱"时逃至江南,后曾孙胡霸任吉州刺史,全家迁居吉州城东,即今青原山区值夏镇;周必大祖籍河南,他的《墓志铭》说:"世居郑州管城县,祖秦公通判吉州,遇乱不能北归,因家焉";杨万里先祖杨承休,唐代以刑部员外郎出使吴越,至六世杨辂仕南唐,迁吉水县泮塘村。

从各《府志》、《县志》看,诸如刘、李、张、罗、杨、周、陈、胡、曾、彭、黄、郭、吴、欧阳等姓氏,均为北民南移的大宗。他们在赣鄱大地子孙繁衍,人口竟成十倍、数十倍地增长。我们从《旧唐书》卷四〇,志二十《地理三》和《宋史》卷八八,志

第四十一《地理四》,抽出饶州、洪州、吉州及虔州四地的人口户数作一比较:

唐玄宗天宝年 　　　　　　　　北宋徽宋崇宁年

（742～756 年） 　　　　　　　（1102～1106 年）

饶州:户 40899;口 244350 　　　户 181300;口 336845

洪州:户 55530;口 353231 　　　户 261150;口 532446

吉州:户 37752;口 237032 　　　户 335710;口 957256

虔州:户 37647;口 275410 　　　户 272432;口 702127

其人口的增加是惊人的,尤其是赣中和赣南的发展迅速,说明宋代的江西已得到全面的开发。

三、中原农耕文明使赣鄱稻作走向成熟

宋代,江西的农业文明在多元文化的融合中已完全成熟,开始发挥出其巨大潜能和作用。

1. 稻作发达。注重深耕是赣地这一时期的显著特征。陆九渊云:"吾家治田,每用长大鑮头,两次锄至二尺许。深一尺半许外,方容秧一头。久旱时,田肉深,独得不旱。以他处禾穗数之,每穗谷多不过八九十粒,少者三五十粒而已。以此中禾穗数之,每穗少者尚百二十粒,多者至二百余粒。每一亩所收,比他处一亩不啻数倍。盖深耕易耨之法如此,凡事独不然乎?"①这段话真切而深刻地反映了宋代江西农业文明的进步与发达。

2. 稻作产品丰富。在水稻农业发达的基础上,出现了带总结性的理论书籍,这就是曾安止的《禾谱》。曾安止,字移忠,号屠龙翁,北宋泰和人。北宋熙宁九年(1076 年)进士。历官洪州丰城主簿、知江州彭泽县,在鄱阳湖地区的官宦生涯,为其观察和研究江西水稻品种及栽培方法提供了便利。双目失明后,弃官归乡,潜心农事,著《禾谱》五卷,记录了赣地及吉安一带的水稻品种达 50 余个,这还仅是全书的一部分。其《禾谱序》云:"近时士大夫之好事者,尝集牡丹、荔枝与茶之品,为经及谱,以夸于世肆。予以为农者,政之所先,而稻之品亦不一,惜其未有能集之者。"农为政先的重农思想,促使曾安止为水稻作家谱,写出

---

① 陆九渊:《象山语录》第 49 页,上海古籍出版社 2000 年版。

这部我国历史上第一本水稻品种专志。这是曾安止一个很了不起的思想境界，为北宋时期江西稻作农业的兴盛，留下了一份极为难得的实践资料。

3. 耕地扩大。江西是我国江南丘陵的重要组成部分，地貌以山地丘陵为主。遍布于省境周围的边缘山地，构成省际的天然界线和分水岭，而位于边缘山地内侧的广大地区，低山、丘陵、岗阜交错其中。当位于省境北部的鄱阳湖平原早在晋代以前便已有相当规模开发的时候，这里还似乎处在沉寂和荒漠之中。随着北民举族不断向赣地中南部的迁徙，宋代江西耕地的开发，不仅已遍及全省，而且还渗透到了偏远山区。黄庭坚北宋神宗元丰五年（1082 年）任泰和知县，写有《次韵知命入青原山口》诗："坑路羊肠绕，稻田棋局方。"又有《双涧寺》诗："开泉浸稻双涧水，煨笋充盘春竹林。"到了南宋，杨万里《过白沙竹枝词》云："耕遍沿堤锄遍岭，都来能得几生涯？"这些诗篇印痕了江西两宋时期山地开发的足迹和农业文明的进步。其产在江南始终名列前茅。江西崇仁人吴曾云："本朝取米于东南者为多。然以今日计，诸路共六百万石，而江西居三分之一，则江西所出尤多。"[①]因此，赣鄱古称"天下粮仓"，可谓名符其实。

四、理学的发达与书院的兴盛

宋明时期理学昌明，江西是理学思想传播的发端地，又是集大成之地，遂成为理学之渊薮。它不仅涌现出朱、陆理学大师，还引来外地的周敦颐、程颢、程颐、吕祖谦、王阳明等一代宗师。盖因江西地处吴头楚尾，而其正面接触，恰为中原文化正统儒学的边缘之地，它源于中原文化并融合了赣鄱地域特色，具有兼收并蓄的文化特性。徐公喜先生认为欧阳修是江西理学的发源人物，他说："北宋是江西成为理学发源时期。……欧阳修是宋代理学先驱者之一，他提出了理学中的利、命、情、仁、义、气，五行和五常等范畴，而在江西之学当推欧阳修为首。李觏、刘敞、王安石、曾巩，都出自他的门下，又大力举荐崇尚道学之才，张载、程颐、二苏等均为他录用。"[②]这一分析不无道理，其中谈到张载、程颐二人。张载，陕西关中人，故后人称他的学派为"关学"。他以"气"为本体，解说宇宙万物的

---

①　吴曾：《能改斋漫录》第 395 页，上海古籍出版社 1979 年版。
②　徐公喜：《江西理学之风》，载《江西移动通信》第 71 页。

形成变化,探讨"天人合一"的关系。程颢、程颐两兄弟,居住于河南洛阳,所以后人以"洛学"称呼这一学派。二程充分吸取释、道,融合三家,提出"天理"观念,进而构造出包括自然观、认识论、人性论在内的完整体系。

正因如此,人们才认为宋代理学四大学派:濂、洛、关、闽,都与江西有着直接的关系。"濂学"学派创始人周敦颐(1017～1073年)是理学的先驱。他是湖南道县人,但其一生的主要活动和重要思想的形成均在江西。他以儒家思想为基础,融合了佛、道思想,阐发了性理之学,遂成为宋明新儒学思想发展之先河。

周敦颐是理学的开创人物,而张载、二程则为理学奠基者。宋庆历七年(1047年),周敦颐在江西南安任上,二程的父亲程珦以江西兴国知县身份通判南安军,在交谈中,深知周是位"为学知道"者,乃指使二子程颢、程颐受业于周敦颐。后周敦颐通判虔州(即今赣州),二程兄弟亦前往虔州,后人遂在他们讲学之地建"濂溪书院"。清宋荦《重建濂溪书院记》说:

> 宋儒用理学相倡导,各有师承,而书院乃立。顾书院之盛,惟西江最;而亲莅其地,以率先斯道者,要以濂溪周子为首。自周子出,始有程朱之徒,递相授受,而教行天下后世。……周子尝官分宁簿,继理南安,既又任虔州,改令南昌,迁南康守,是西江实周子过化存神地,而虔州又兴国令程公始命二子从游,以开伊洛之先者也①。

因此,我们可以说,二程"洛学"学派的形成,实奠基于江西。即使后来"二程"回到洛阳讲学,其弟子亦以南人居多。故程颢送他的大弟子杨时南归,就有"吾道南矣"之慨。至南宋朱熹,理学以集大成的姿态趋于成熟。朱熹(1130～1200年),江西婺源人,因曾侨居并讲学于福建建阳,故其学派称"闽学"。经朱熹的构造,孔、孟的一系列思想被加以新的形而上的解释,释、道两教关于个体修炼与宇宙论的思想精粹亦被纳入其中。一个庞大的以人的伦常秩序为本体轴心的儒学体系得以建立。

作为传播理学殿堂的书院,无论是数量和质量,江西都与关、洛地区并驾齐

---

① 清同治《赣州府志》卷二六《书院》。

驱,南北辉映,二者有着深层的渊源。江西地方创建书院,始于中唐,唐贞元(785~804年)间,高安人幸南容,于该县调露乡"创书院以授业"。以后江西陆续出现,至宋代,已遍及城乡。据清雍正《江西通志》载,江西共有书院368所,其中创建于唐代5所,南唐2所,宋代131所,元代36所,明代166所,清代28所。

开创于五代南唐的白鹿洞书院,初名"庐山国学",北宋称"白鹿书堂"。南宋淳熙六年(1179年),朱熹知南康军,访白鹿遗址,奏请重建,更名"白鹿洞书院"。朱熹为书院筹措田产,制定学规,自兼洞主,给诸生讲学。淳熙八年,陆九渊应邀到白鹿洞讲学,阐述"君子喻于义,小人喻于利",朱熹深受感动,将陆九渊的讲义刻石。因他们在理学界的崇高地位,遂使白鹿洞书院成为理学宗源,盛于天下,为全国四大书院之首。象山书院,由陆九渊于淳熙十四年(1187年)创建于贵溪县南40公里应天山,因山形如象,更名"象山"。在众多书院中,它独树一帜,与众不同。其房舍建筑简陋而有特色,陆九渊所居为一草堂,小仅方丈,匾曰"象山精舍",求学者则环绕精舍各自结庐。它如濂溪书院、怀玉书院、白露洲书院、鹅湖书院、豫章书院等,在全国都有相当影响。

五、客家民系的文化特征与赣南采茶戏

鄱阳湖地区是中原汉民族南迁的重要通道,客家民系的形成,与这条通道有直接关系。从晋末起始的数次汉民南迁,其规模之大,范围之广,组织之严密,以及文化影响之深刻,都是前所未有的。当客家先民进入江西以后,除一部分从这里再转迁进入闽、粤地区外,相当一部分便在这里定居,明清时期,还出现闽、粤客家人回迁江西落户安家的情况。江西最终成为客家生生不息、世代居住的重要地区。据《江西客家概述》载:以北宋初年为例,客户所占比例为39.4%,其中吉州府高达53.6%,客户数大大超出主户;在饶州和江州,主客数持平,而上述地区都是客家先民入赣必经之地,有的还是客家人的聚居之地。

客家文化,是客家民系对中原传统文化的一次传承与扬弃。它代表着中华民族在精神领域一种新的冒险和试验以及在认识上的一次飞跃,代表着中华传统文化一次有益的尝试和探索,具备一种意蕴深厚的现代特征:

1. 适应性。对于生存来说,适应性是其先决条件,这是任何一个物种都不

能逃避的一条生命规律。适应性更为强调的是环境的变化。它来自于以下两个因素：一是"压力"，压力是应付生活的基本条件，适应是由人们在某种极端强迫性的条件下继续活动的能力所决定的，因此，压力有利于适应能力的提高；二是"群体凝聚力"，它是一种使其成员对某些人比对另一些人感到更亲近的情感，是使其成员保持在群体中的一种合力。客家民系是汉族一支重要而特殊的具有很强适应能力的民系。数度迁徙，客居他乡，艰苦备尝。就因为他们经历了一个独特的生存、发展与演变的历史过程，从而奠定了客家文化的人群基础。

2. 进取性。进取性的原动力来源于意志行动。客家民系的意志力是超常的。客家先民被迫南迁，面临的是一个未知的世界，唯一明白的是一步一个脚印走下去。闽、粤、赣边界山区，是客家赖以生存的大本营，但不是终极之地，更为艰苦的迁徙正是从这里起步。这是一支名符其实的动态民系，具有浓厚的"拓荒"型的个性色彩，积淀了一种奋发、开拓、创新的精神内质，造就了他们独一无二的性格特征。

3. 可塑性。客家民系的特殊经历，导致客家文化这一最为变动不居的文化形态具有很强的可塑性。从某种意义看，客家文化的构成，是一次对中原传统文化的重塑。它对以儒家思想为核心的中国传统文化，大胆进行了某种扬弃与"修正"，使其更趋和谐，更富弹性，更显活力，具有新儒家文化的意味。尤其教育的"改革"，其鲜明的多元功用目的，瓦解了"唯科举是读"这种"独木桥式"的教育模式，使其在中国读书史上得到一次知识"能量"的释放。客家文化决不墨守成规，"思变重塑"是其灵魂，它始终处于一种不拘一格，灵活随意的动态进程之中。

4. 创造性。所谓"创造性"，是指当我们在目前处境和某一企求目的之间遭遇障碍或鸿沟，并感到单靠重复以前学会的方法无济于事时，就产生了解决问题的过程。心理学家认为："在地球上的人类生存的自然界中，通过文字记载的历史所已经观察到的极大多数变化，更多的是突出环境改变的结果，而不是遗传因子的结果。"[1]客家民系正是由于这种环境的彻底改变而大大激发了创造性思维的活跃。如果说，中原汉文化的主体传承性是客家文化大传统的话，那么，"南

---

① （美）克雷奇等：《心理学纲要》第22页，文化教育出版社1986年版。

方山区文化"则形成了客家文化的小传统。二者的结合,构成了客家文化的全部内涵。这是一个天才的全新的创造。"南方山区文化",是客家文化中不见文本、最为生动、最为活跃,而又最具魅力的一种民间民俗文化,其丰富性超出人们一般的想象。"茶文化"是"南方山区文化"的一个重要组成部分,而由茶文化派生的具有浓郁地方色彩的茶俗、茶艺、茶歌、茶舞、茶灯、茶戏及茶诗等诸多样式,又构成了"南方山区文化"一道独特的民俗风景线。尤其是赣南采茶戏,在客家文化中分量最重,涵盖最广,影响最深远。

赣南地区是客家民系的发祥地之一,也是客家祖先南迁过程中最早的一个立足点和聚居区,赣南的山区面积分布极广,占江西全省山地总面积的40%,海拔平均1 000米左右,自然的环境造就客家人独具特色的民情风俗与语言文化。赣南山区气候温和,雨量丰沛,光照充足,适合于作物生长,尤以植茶为最。安远县之九龙山,盛产九龙名茶,明代即在此开办茶业,每年阳春三月,闽、粤、赣三省茶商云集,采购春茶。明代万历间石城县崖岭《熊氏六修谱》记载一位熊休甫喜好茶歌的事例:"擅诗词,喜歌舞组唱。……每月夕花晨,座上常满,酒半酣,则率小奚插秧采茶歌,自击竹附和。"后由粤东传入一种"茶灯"的表现形式,与当地灯彩相结合,形成"采茶灯",亦称"茶篮灯"。多表现姊妹二人,上山采茶,手提茶篮,边唱边舞,另有茶童,手摇纸扇,插科打诨等内容,此即茶灯戏早期节目《姊妹摘茶》的原始内容。

当茶灯戏在内容上一旦摆脱仅以"茶山采茶"为唯一表述方式时,便出现了大批的反映民间生活的剧目。其中,就有著名的《四姐反情》、《卖杂货》、《上广东》、《大劝夫》等,号称"四大金刚"。主奏乐器为勾筒,用正反弦伴奏。班社称"三脚班"。

赣南采茶戏深受群众喜爱,行迹遍于赣南。其传统剧目多为反映民间生活的小戏,如《补皮鞋》、《拣田螺》、《走四川》、《挖笋子》、《磨铜镜》、《补磁碗》、《当棉布》、《卖小菜》等70多出。音乐曲调有灯腔、茶腔、路调、彩调等四类;以茶腔为主,包括[九龙山摘茶]、[马灯]、[大圹花鼓]等曲牌在内,基本保留了赣南采茶戏的原始风貌。

赣南采茶戏盛行于赣南信丰、安远、寻乌、龙南、定南、全南、南康、赣县、于都、大余、上犹、瑞金、广昌等18县市。因地处闽、粤、赣三省交界地区,其舞台用语系赣南、闽西、粤东北及桂南一带通行的客家话和赣州话,故流行很广。粤东北的韶关、曲江、南雄、始兴、翁源、英德、仁化、和平、五华、新丰等县,桂南的玉林、钦州、梧州、南宁,闽西的武平、长汀、上杭以及湘东的桂阳、桂东等县都留下了它的足迹。

中央苏区,是第二次国内革命战争时期毛泽东等老一辈无产阶级革命家开辟的最大的一块革命根据地,其地域主要包括赣南、闽西和闽赣粤边。这一区域正是客家民系传统聚居之地,客家人在其发展过程中,有幸经历了这一惊天动地的历史阶段。客家文化正是在这一千载难逢的历史背景下,与苏区文化进行了一次有效的对话与融合。这为江西采茶戏在广阔的苏区革命舞台展示新的风貌,提供了用武之地。例如《送郎当红军》,就是采用群众最为熟悉的赣南采茶戏[十月怀胎]调,配以新词而成的:"送郎当红军,勇敢向前进,打土豪斗劣绅,一个不留情,哎呀我的哥我的哥。"全曲共 10 段,首演于 1929 年。这歌声曾激励了多少苏区人民的壮志豪情,成为江西革命根据地最具代表性的革命历史歌曲,在全省各地广泛流传。赣南采茶戏在苏区文化的熏陶下,在血与火的锤炼中,产生了质的飞跃,进行了新的整合。

总之,这支数度迁徙,规模庞大的客家民系,极大改变了江西本土的文化结构,他们在与江西土著的长期磨合中,产生了一种新质,无论是伦理道德、宗教文化及思维意识,还是人文精神、人生境界和生活理念,都生动显示了这种交融互补的衍化过程。

六、结论

在当前的地域文化研究中,往往有把某种地域文化扩大的现象,甚至扩大到不适当的地步。《荆楚文化志》"地域"一节是这样描述的:"东界:北起湖口,绕鄱阳湖平原东侧,沿黄山余脉,过怀玉山,经武夷山,南至南岭山地东段。其西为豫章郡,治今江西南昌市。……南界:从东到西,曲曲弯弯,悉以南岭山地为界。东段有大庾岭的小梅关,西段有湘桂夹道,都是岭南、岭北的交通咽喉。"[①]这样,就把江西全境囊括进荆楚地域文化之中。其唯一的根据是《史记·货殖列传》:

---

① 张正明、刘玉堂:《荆楚文化志》第 4 页,上海人民出版社 1998 年版。

"衡山、九江、豫章、长沙,是南楚也,其俗大类西楚。郢之后徙寿春,亦一都会也。"①自公元前 355 年楚灭越,到公元前 223 年秦灭楚,楚独霸江南总共 132 年,因此,司马迁称"豫章"为"南楚"是符合实际的,不独赣人,就是苏州的吴人,亦曾被楚统治 132 年之久,亦曾称之为"荆蛮"的。所以,仅凭一条在特定历史时期出现的史料,便把江西文化断为荆楚文化的组成部分是不妥的,也是不够科学的。

事实上,江西作为吴、楚的"瓯脱"之地,受楚文化辐射的强度是有限的,楚亡后,楚文化的影响逐渐在江西淡出,而中原文化的影响则逐渐强化。我们从民俗信仰考察,亦能印证这一点。洪迈《夷坚志》补卷第二"陈俞治巫"记述了这么一件事:临川人陈俞,豪侠好义,自京师下第归,看望伯姊。值全家病疫,正闭门等死,陈俞推门而进,见门内所奉神像,香火甚肃,知道这是恶巫作祟:

> 俞为姊言:"凡疫疠所起,本以蒸郁熏蒸而得之,安可复加闭塞,不通内外!"即取所携苏合香丸十余枚,煎汤一大锅。先自饮一杯,然后请姊及家人长少各饮之。以余汤遍洒房壁。撤去巫具,端坐以俟。巫入,讶门开而具撤,作色甚怒。俞奋身出,掀髯瞪视,叱之曰:"汝何物人,敢至此?此家子弟皆幼,病者满屋。汝以邪术玄惑,使之弥旬弗愈,用意安在?是直欲为盗耳!"顾仆缚之,巫犹哓哓辩析。将致之官,始引咎请罪。俞释其缚,使自状其过,乞从私责。于是鞭之三十,尽焚其器具而逐之。邻里骇愕,争前非诮,俞笑不答。翌日,姊一家脱然,诮者乃服。②

再看江西乐安流坑《董氏大宗祠祠规》,这是唐代由河南迁徙而来的董氏仕宦精英治村治族的基本方略,影响至为深远。《祠规》共 14 条,现仅录第 13 条如下:

> 禁邪巫:楚俗尚鬼,自古为然。妇女识见庸下,犹喜媚神徼福,不知人家之败,未有不由于此。盖鬼道胜,人道衰,理则然也。又况禁止师巫邪术,律

---

① 载《传世藏书·史库·二十六史》第 1 册《史记》第 889 页。
② 载《传世藏书·子库·小说》第 1 册《夷坚志》第 623 页。

有明条,敢故违耶？今后族中除禳火祈年、祷疾拔丧,费不甚重者,姑顺人情行之。此外如修炼超荐,颂经忏罪,咒咀等事,一切禁戒。①

　　这对当时社会诸事听信于巫、鬼的恶俗陋习,是一种有力的批判。同时也说明江西对于楚俗文化有明显淡化的倾向,而更具有中原文化的风骨。这种例子不在少数。

　　如果说,春秋战国时期的500余年,赣鄱文化进程是一种以东西横向交流为主流流向,受吴楚文化影响很深的话,那么,自秦灭楚以后,这种流向便出现了新的变化,由原来的横向交流转而为以北南纵向交流为主流流向,开始了与中原文化的长期对话与交流。直至清末,2 000余年来,基本保持着这种态势。

（作者单位:江西省社会科学院赣文化研究所）

---

① 周鸾书主编:《千古一村》第361页,江西人民出版社1997年版。

徽州文化之根在中原①

赵华富   谢申生

徽州文化崛起于宋代,明清时期繁荣昌盛。据历史文献记载,徽州文化之根在中原。

徽州文化之根是什么呢?我们认为,徽州文化之根是中原的宗族文化。众所周知,继夏、商之后,周代集三代文化之大成,形成一种典型的宗族文化。周代建国在中原地区,中原文化是周代文化的继续和发展。秦汉以后,"封建之制废,大小宗之法不行",然而中原的宗族制度不仅没有退出历史舞台,而且存在、延续了两千多年,成为中原社会的基础。在这个社会基础之上产生的文化,虽然内容极其丰富,但是,宗族文化始终是基础文化。

中原的宗族文化是怎样传播到徽州地区的呢?又是怎样在徽州地区发扬光大的呢?

一、中原衣冠往徽州的迁徙

徽州世家大族谱牒和程尚宽《新安名族志》记载,徽州共有八九十个著名的族姓。这些族姓的始祖绝大多数都是从中原地区迁入的中原衣冠。有的由中原直接迁入徽州;有的一迁江南,再迁徽州。他们迁徙徽州的重要原因有二,即避地与宦游。

---

① 中原有广义的中原和狭义的中原之分。广义的中原,或指黄河中下游,或指黄河流域;狭义的中原,指河南。本文所说的中原,是指黄河流域。

众所周知,中原大地不仅是中华文化的摇篮,在古代和中世纪还是中国政治、经济、文化的中心。由于中原大地是古代和中世纪中国的政治舞台,历史上的农民战争、民族战争、统治阶级内部战争,大都发生在中原地区。每当中原大乱,一些中原衣冠就迁往江南避难。

中原衣冠为什么将徽州作为避难地呢?这与徽州的自然地理环境有关。史载,"万山回环,郡称四塞"的自然地理环境,使徽州地区成为一个"无兵燹之虞"和"战争罕及之地"①。每当中原大乱,一些中原衣冠即将徽州视为"世外桃源",纷纷往那里迁徙。

历史文献记载,徽州方氏始迁祖方纮,世望河南,为汉司马长史。西汉末年,"避莽篡乱,之丹阳,为东乡鼻祖。纮公孙曰储公,封黟县侯,支分派衍,蔓延天下,江南半其苗裔矣"②。汪氏始迁祖汪文和,世望颍川、平阳。汉中平间,"破黄巾贼,为龙骧将军。建安二年丁丑,中原大乱,文和南渡江,孙策表授会稽令……黟、歙尝羁属会稽西部……文和遂家于歙"③。

唐末,为了逃避黄巢农民战争,许多中原衣冠渡江,以保身家性命。其中,有很多人避地徽州。如,河内人查师诣,"自九江匡山药炉源徙宣城。乾符间,避巢乱,复徙歙之黄墩,官至游击将军、折冲都尉"④。"三世曰文徽,历官工部尚书,迁休宁;弟文征,官至歙观察使,居婺源"⑤。偃师人毕师远,乾符四年(877年)调歙州,官至中散大夫,"后因黄巢兵乱,遂居长陔"②。祁门康氏,先世居京兆,后迁会稽。唐末,康先"避乱居歙之黄墩,未几,复迁浮梁化鹏乡"。其子康新"始迁祁门武山乡尤昌里之康村"③。婺源武口王氏,先祖"世居太原"。唐代,王仲舒官江南西道观察使、洪州刺史。子王弘家于宣州莲舡塘。孙王翔"因避寇于歙之黄墩,再迁婺源武口,号'云谷居士'"④。歙县岩镇吕氏,系太公望之后。广明元年(880年),吕从善"避巢乱,由金陵始迁歙之竭田"⑤。休宁小贺姚氏,"其先陕西人"。乾符间(874～879年),严州刺史姚郇"避黄巢乱,解官居

---

① 歙县《桂溪项氏族谱》,项启钠纂修,清嘉庆十六年木活字本;《休宁戴氏族谱》,戴尧天纂修,明崇祯五年刻本;休宁《古林黄氏族谱》,黄凝道纂修,乾隆十八年写刊本。
② 《汉歙丹阳河南方氏统宗图谱》,(宋)方桂森纂修,明刻本。
③ 徽州《汪氏渊源录》,(元)汪松寿纂修,明正德十三年刻本。
④ 程尚宽:《新安名族志》,日本东洋文库藏明嘉靖刊本。
⑤②③④⑤⑥⑦⑧⑨⑩⑪⑫　程尚宽:《新安名族志》,日本东洋文库藏明嘉靖刊本。

此”[6]。婺源施村施氏，先世“世居兖之淄畲林。厥后，曰仇迁吴兴县”。唐末，通明殿朝请大夫施矗“避巢乱，迁歙黄墩，继迁浮梁榔木田”。宋绍兴十二年（1142年），十世孙施敏由浮梁榔木田徙居婺源施村。[7]彭城人刘依仁，唐翰林学士承旨，“出守江南，因乱遂家休宁，后子孙散居县前、凤湖等处”[8]。陇西人李祥，唐宗室昭王季子，“避黄巢乱，始家于歙”[9]。休宁龙源赵氏，“其先陇西人”。中和间（881～884年），赵思“避乱”，始迁龙源。[10]休宁杭溪张氏，“先世派出汉留文成侯，居陈留”。后裔徙居杭州。唐末，张舟“避巢乱，迁歙黄墩”。张君宁复迁休宁杭溪。[11]

中原衣冠因在徽州为官而徙居徽州者，为数不少。他们为什么要离乡背井迁到徽州呢？康熙《徽州府志》卷二《舆地志·形胜》记载：“有爱其山水幽奇，遂解印终身不返；亦有乐其高山万仞，爰弃官以家其间者矣。”

历史文献记载，歙县棠樾鲍氏，“其先青州人”。晋太康间（280～289年），鲍伸“由尚书户部拜护军中尉，镇守新安”。永嘉间（307～312年），“青州大乱，子孙避兵江南”。咸和间（326～334年），鲍弘“任新安郡守，因占籍郡城西门，继于郡西十五牌营建别墅”。北宋中期，鲍荣“始筑书园于棠樾”[12]。曾孙鲍居美“遂自西门挈家居焉”[13]。歙县黄墩程氏，先世初“望安定”，再“望广平”。汉末，程普“从孙氏定江东，破曹操，赐第于建业，为都亭侯。普之后，曰元谭，当永嘉之乱，佐瑯琊王都建业，为新安太守，有善政，民请留之，赐第于郡西之黄墩，遂世居焉”[14]。绩溪龙川胡氏，先世居“山东濮阳县板桥村”[15]。晋代，胡焱为散骑常侍，随晋元帝渡江。大兴元年（318年），提兵镇守新安，“民赖以安，朝赐之田宅，因家于新安。初居华阳镇，后以龙川山水秀丽，遂卜筑川口周家马，名坑曰”[3]。歙县谢村谢氏，先祖“望于陈留”。谢裒仕晋，永嘉之乱从元帝“渡江而南”。子谢安居会稽，“官至太保，赠太傅，谥文靖，更封庐陵郡公”。安十三世孙谢杰“仕隋，为歙州教授（？），由会稽始家歙之中鹄乡”，姓“其地为谢村”。[4]歙县岩镇闵氏，先祖“居齐鲁间。汉末避乱，南迁浔鄱”。梁大通初，闵纮“举贤良，为黟县令，由浔阳家于歙”。唐元和间（806～820年），闵玉“迁居岩镇”。[5]祁门锦

---

⑬ 歙县《棠樾鲍氏宣忠堂支谱》，鲍琮纂修，清嘉庆十年家刻本。

⑭③④⑤⑥⑦⑧⑨⑩⑪⑫ 程尚宽：《新安名族志》，日本东洋文库藏明嘉靖刊本。

⑮ 绩溪《龙川胡氏宗谱》，胡缉熙等纂修，民国十三年敬爱堂活字本。

溪仰氏,先祖"世家洛阳",后"迁居庐陵之无为"。唐代,仰敬"为歙州教授(?),居歙之古溪"。宋咸平间(998～1003年),仰恢为清江尉,由歙县古溪迁于祁门锦溪。⑥休宁博村范氏,先祖"居河内"。唐贞观十年(794年),范传正中进士,"历官歙州刺史,转苏、湖二州,进宣歙观察使。元和末,拜光禄卿,不赴,隐居"休宁博村。⑦歙县向杲吕氏,"其先河东人"。唐代,吕谓"以殿中侍御史言事贬歙州司马"。子吕温"娶歙向杲程梦文女,后举进士,累官尚书侍郎,谪刺衡州,卒于官"。元和年间,温子吕迁"奉母归宁,依母党程氏,遂居向杲"。⑧婺源东关陈家巷陈氏,"先世居颍(颍),出汉太丘公后"。晋建兴中,陈伯眕"渡江居曲阿"。康广明中,陈琚"避乱南迁,分居饶之德兴"。南宋嘉熙间(1237～1240年),陈一清任婺源幕,因家于东关集贤坊陈家巷。⑨绩溪八都市里孔氏,为孔子后裔。宋建炎间(1127～1130年),孔端朝"为黟县令,遂家歙之城南。传八世曰克焕,为学正,偕弟克炜、克新、克文,依产因迁"八都市里。⑩婺源城东孙氏,"先(世)青州人"。宋代,孙文质"荐为池州副使,以征讨功授宣武节度使,来镇新安,摄州事,始家婺源东门,卒谥宣义公,敕葬塘村。生四子,并显于时"。⑪祁门胥山饶氏,"其先平阳人"。饶斌"为渔阳太守,迁居大梁"。宋宣和中,饶弘毅"仕歙州文学,因侨居祁西,后复徙胥山,望为武陵郡"。⑫绩溪冯村冯氏,"其先青州人"。唐贞元中,冯繁"尹歙,卒于官"。子冯定"因家歙之吴辉"。厥后,冯延普"迁绩北白沙街";冯显孙"以居濒官道,避元季兵寇经掠之扰,去西北二里许,负山居焉,因名冯村"。①

中原衣冠徙居徽州,引起徽州社会和徽州文化发生重大变化。宋人罗愿在《新安志》卷一《风俗》中说:"黄巢之乱,中原衣冠避地保于此,后或去或留,俗益向文雅,宋兴则名臣辈出。"

中原衣冠徙居徽州,子孙繁衍,聚族而居,逐渐形成众多世家大族。胡晓在《新安名族志序》一文中说:"新安……山峭水厉,燹火弗惊,巨室名族,或晋唐封勋,或宦游宣化,览形胜而居者恒多也。其故家遗俗,流风善政,宛然具在。以言乎派,则如江淮河汉,汪汪千顷,会于海而不乱;以言乎宗,则如泰华之松,枝叶繁茂,归一本而无二;言乎世次,则尊卑有定,族居则闾阎辐辏,商贾则云合通津;言

---

①② 程尚宽:《新安名族志》,日本东洋文库藏明嘉靖刊本。

乎才德,则或信义征于乡间,或友爱达于中外,或恬退著述,或忠孝赫烈。至于州里之镇定,六州之保障,诸儒之大成,宗庙血食,千载不磨,又名族之杰出者。"②

二、中原宗族文化在徽州的传播

徽州是一个典型的宗族社会。徽州世家大族不仅继承了中原的宗族文化,而且还将其发扬光大,使其成为徽州的基础文化。中原的宗族文化在徽州的传播有哪些重要方面和重要内容呢?

（一）宗法

宗子制是周代的重要制度。秦汉以后,中原宗族吸收了这种制度,将其发展、演变为嫡长制。据历史文献记载,徽州世家大族不仅继承了这一制度,而且对其极为重视。歙县《方氏族谱》卷七《家训》注曰:"世家巨族,生息者蕃而情向既殊,迁徙多而支派亦远,虽共本源而统体或不能归一,虽有名分而事势或不能以相符。睦族君子究始祖自来之嫡长,而立为大宗子,以统通族之众,而通族之纪纲法度皆其所总理焉。则各族各支得统于小宗,而通族合族得统于大宗,群情合而庶事理,若众指之合于一臂,四体之合于一身。"休宁茗洲吴氏世家大族认为,宗子乃"谱系之骨干也","上奉祖考,下一宗族"。③

宗子制有一些弊病。如宗子或年老多病,或年幼无知,或智能低下,或道德败坏,等等。其中,无论有哪一项,即不能担当宗族领袖。于是,徽州世家大族普遍设族长（或曰宗长、宗正、家长）为宗子之副。休宁《茗洲吴氏家典》记载,"宗长为宗子之相",他"虽无一命之尊,而有帅人之责"。

昭穆制是周代的重要制度。秦汉以后,中原宗族是这种制度的继承者。据历史文献记载,徽州世家大族不仅继承了这个制度,而且很重视昭穆之辨。《重修古歙东门许氏宗谱》卷八《规约》记载:"祠中神主向次龛座,不序昭穆,殊为失次。考宗庙之礼,原所以序昭穆。是子孙入祠坐次,且悉照祖宗昭穆为序,而祖宗坐位昭穆先乱,何以示子孙乎? 今议:龛座中列为始祖,并所奉不祧之主坐次。余悉以世次,分左昭右穆,相循而坐,此正名根本,千古不移之论也。"

（二）家庙

---

③　休宁:《茗洲吴氏家典》,吴翟编辑,清光绪十八年翻刻雍正十三年刻本。

家庙制度是周代的重要制度。秦汉以后,中原宗族将这一制度发展、演变为祠堂之制。徽州世家大族不仅继承了这种制度,而且非常重视祠堂建设。程一枝在《程典·本宗列传》中说:"观于郡国诸大家,曷尝不以宗祠为重哉!"他认为,"举宗大事,莫最于祠,无祠则无宗,无宗则无祖,是得为大家乎哉?"

周代家庙分为庙与寝。郑玄曰:"凡庙,前曰庙,后曰寝。"[①]孔颖达说:"庙是接神之处,其处尊,故在前;寝,衣冠所藏之处,对庙而卑,故在后。"[②]徽州世家大族祠堂继承中原宗族祠堂之制,都是前为享堂,后为寝室。享堂是祭祖殿堂,寝室是供奉祖先神主的地方。

《礼记·王制》曰:"诸侯五庙,二昭二穆,与大祖之庙而五。"中原宗族祠堂龛室之规是周代诸侯家庙龛室之规的发展与演变。据历史文献记载,徽州世家大族继承了这种祠堂龛室之规。婺源《清华胡氏族谱》记载,元泰定元年(1324年),清华胡氏宗族支丁胡升"即先人别塾(墅)改为家庙,一堂五室,中奉始祖散骑常侍,左右二昭二穆;为门三间,藏祭品于东,藏家谱于西,饰以苍黝,皆制也。"明嘉靖十五年(1536年),因《大礼议》改革民间家庙规制,徽州世家大族大建宗祠。这些祠堂龛室之规除了始祖以外,"百世不迁"的神主虽然又增加了始祖以下五世考妣神主、荣膺封赠神主、输金急公神主,但是,一般祖先仍然是"高、曾、祖、考,四世设主","五世则迁"。[②]

(三)祭祀

祭祖是周代宗族的头等大事。《礼记》论祭祀有《祭法》、《祭义》、《祭统》三章。《祭统》曰:"凡祭有四时,春祭曰礿,夏祭曰禘,秋祭曰尝,冬祭曰烝。"

中原宗族祭祖的礼仪是周代祭祖礼仪的发展和演变。徽州世家大族继承了中原宗族祭祖的礼仪。朱熹《家礼·祭礼》四时祭规定:时祭用仲月,前旬卜日。前期三日斋戒,前一日设位、陈器、省牲、涤器、具馔。祭日,厥明夙兴,设蔬、果、酒、馔;质明,奉主就位。祭祀礼仪如下:

1. 参神;2. 降神;3. 进馔;4. 初献;5. 亚献;6. 终献;7. 侑食;8. 阖门;9. 启门;10. 受胙;11. 辞神;12. 纳主;13. 彻;14. 馂。

---

①② 《礼记》,中国书店《四书五经》影印本。
② 歙县《桂溪项氏族谱》,项启纂钶修,清嘉庆十六年木活字本。

明清时期,徽州世家大族一般只举行春、冬二祭。清咸丰、同治以后,"踵事增华'三献'也,而六行之"①。

徽州世家大族很重视祭祖活动。休宁《茗洲吴氏家典》卷二《祭田议》曰:"治人之道,莫急于礼;礼有五经,莫重于祭。"歙县《潭渡孝里黄氏族谱·潭渡黄氏享姒专祠记》记载:"报本之礼,祠祀为大,为之寝庙以安之立之,祐主以依之陈之,笾豆以奉之佐之,钟鼓以饷之飨之。登降拜跪,罔敢不虔;春雨秋霜,无有或怠。一世营之,百世守之,可云报也。"

徽州世家大族祭祖,普遍实行"少牢馈食之礼"。以猪、羊为主。此外,还有菜肴、蔬果。例如,黟县南屏叶氏宗族清明祠祭有祭盆16个,冬祭有36个。清明祭品有:鱼翅、金针、海参、香菇、大爪、粉丝、肚皮、鲜笋、干鸡、红枣、腌鱼、干糕、蹄包、荸荠、肉元、甘蔗等。② 歙县东门许氏宗族春冬二祭,每次祭祀"计用豚胙五十余口,约二千余斤,鸡百只,鱼百尾,枣栗时果百斤,蜡烛百斤,焚帛百端,香楮、蔬肴、美醯之类不及悉计"。③

（四）谱牒

周代小史一个重要职责,是"奠世系,辨昭穆",掌管贵族世系。魏晋南北朝隋唐时期,中原世家大族非常重视谱牒。据历史文献记载,徽州世家大族不仅继承了中原宗族修谱的传统,而且将纂修谱牒列为宗族最重要的大事和工作。《歙西溪南吴氏世谱》记载:"家有谱,犹国之有史也。国而非史,则君臣之贤否,礼乐之污隆,刑政之臧否,兵机之得失,运祚之兴衰,统绪之绝续,无由以纪;家而非谱,则得姓之源流,枝派之分别,昭穆之次序,生卒之岁月,嫁娶之姓氏,出处之显晦,无由以见,国何以治,而家何以齐哉?"程一枝《程典》卷一二《本宗列传》下曰:"谱者,家之大典,姓氏之统于是乎出,宗祖之绩于是乎章,子姓之绪于是乎传,宗法于是乎立,礼义于是乎兴,胡可缓也。"

晋代以来,徽州世家大族的祖先即有"三世不修谱,便为小人"之戒。④ 这个观点被朱熹倡导之后,便成为徽州世家大族的金科玉律。许多名宗望族每隔一

---

① 民国《歙县志》卷一《风土》,民国二十六年刊本。
② 黟县《南屏叶叙秩堂值年规则(附奎光)》,民国十五年木活字本。
③ 《古歙城东许氏世谱》,许光勋纂修,明崇祯七年家刻本。
④ 歙县《槐塘程氏宗谱》,程嗣功纂修,明万历十四年家刻本。

段时间即修一次谱牒。有的宗族甚至"谆谆修族谱、修茔志,近则三五年,远则三五十年,以其本固而末不摇"也①。

徽州世家大族非常重视谱牒的保管。他们不仅将领谱者的名字、编号刊于谱牒,而且大都规定,冬至祭祖前一日,领谱者必须将谱牒交祠堂检查。如果发现毁坏或遗失,即以不孝论处。谱牒除名,革黜族籍。

宋元以来,徽州成为谱牒最发达的地区之一。据我们调查,唐以前(包括唐代)的谱牒几乎散佚殆尽。宋元谱牒现存只有25部。在这25部宋元谱牒之中,有徽州世家大族谱牒15部,占总数的60%。《北京图书馆古籍善本目录》记载,该馆馆藏善本谱牒427部,其中徽州世家大族谱牒多达一半以上。

(五)族规

周代即有许多族规规条,散见于各种文献之中。中原宗族的族规是周代族规的延续和发展。徽州世家大族继承了这种家风,他们非常重视族规的制定。徽州《汪氏统宗正脉·汪氏族规》记载:"越国(汪华——引者)之裔,椒实蕃衍允矣,新安之巨室也。然梧槚之林,不能无楲棘矣。君子惧其族之将圮也,思有以维持安全之,于是作为家规,以垂范于厥宗。"歙县《方氏族谱》卷七《家训》注,对制定族规的必要、作用和重大意义作了精辟论述。其文曰:

> 百族之家,情以人殊,虽不能悉为淳良,然其自弃者可劝,自暴者可惩也。睦族君子于其善之所当勉,与不善之所当戒者,编为宗约,歆之以作德之休,使跃然而知趋;示之以作伪之拙,使竦然而知避。条分目析,衡平鉴明,而俾有聪听者,罔不信从。如此而尤有自外于条约者,则齐之以刑,制之以法,虽欲不为善,不可得矣。

徽州世家大族很重视族规的宣传。绩溪《华阳邵氏宗谱·新增祠规》记载:"祠规者,所以整齐一族之法也。然徒法不能以自行,宜效王孟箕《宗约仪节》,每季定期由斯文、族长督率子弟赴祠,择读书少年善讲解者一人,将祠规宣讲一遍,并讲解训俗遗规一二条。"黟县《环山余氏宗谱·余氏家规》规定:"每岁正

---

① 《歙西溪南吴氏世谱》,吴元满纂修,明末清初抄本。

旦,拜谒祖考。团拜已毕,男左女右分班。站立已定,击鼓九声,令善言子弟,面上正言,朗诵训戒……腊祭至饮福时,亦行此礼。其有无故不出者,家长(即族长,下同——引者)议罚。"

徽州世家大族很重视族规的执行。休宁《商山吴氏宗法规条》记载:"祠规虽立,无人管摄,乃虚文也。须会族众,公同推举制行端方立心平直者四人——四房内每房推选一人——为宗正、副,经理一族之事。遇有正事议论,首家邀请宗正,副裁酌。如有大故难处之事,会同概族品官、举监生员、各房房长,虚心明审,以警人心,以肃宗法。"黟县《环山余氏宗谱·余氏家规》规定:"家规议立家长一人,以昭穆名分有德者为之;家佐(家长的副手,下同——引者)三人,以齿德众所推者为之;鉴视三人,以刚明公正者为之;每年掌事十人,二十以上五十以下子弟轮流为之。凡行家规事宜,家长主之,家佐辅之,监视裁决之,掌事奉行之。其余家众,毋得各执己见,拗众纷更者倍罚。"

结束语

徽州的宗族文化虽然来自中原,但是,它与中原的宗族文化有很大不同。据历史文献记载,徽州世家大族子弟不"业儒"则"从贾",或"先儒后贾",或"先贾后儒",或"亦儒亦贾"。歙人汪道昆说:"新都三贾一儒,要之文献国也。夫贾为利厚,儒为名高。夫人毕事儒而不效,则弘儒而张贾。既侧身飨其利矣,及为子孙计,宁弘贾而张儒。一弘一张,迭相为用,不万钟则千驷,犹之转毂相巡,岂其单厚计然乎哉! 择术审矣。"[①]徽州的宗族文化最引人注目的是:重教崇文的传统和从商业贾的风尚。[②]。

(作者单位:赵华富,安徽大学徽学研究中心;谢申生,安徽新华印刷股份有限公司)

---

①　汪道昆:《太函集》卷五二《海阳处士金仲翁配戴氏合葬墓志铭》,明万历刻本。
②　参见赵华富:《徽州宗族研究》,安徽大学出版社 2004 年版,第 425~529 页。

中原历史文化的本质是根文化

张新斌

中原历史文化积淀丰厚,博大精深,是中国传统文化的重要组成部分。中原历史文化的本质与精髓是根文化,深入研究和开发中原根文化资源,对于实现中原崛起,无不具有特殊的意义。

一、中原历史文化是中国传统文化的核心

1. 中原历史文化界说

中原历史文化,是指中国古代发生在中原地区的文化,她包括精神理念、哲学宗教、文学艺术、民间风尚、科学技术等,总的来讲可以划分为物质文化与精神文化两个层面。

中原地区有广义与狭义之分,广义的中原包括河南省周边的地区,即河南、陕西、山西、河北、山东及其邻近的地区,也可以说系指黄河中下游地区。狭义的中原,为今河南省,这也是我们通常所指的以河南为代表的中原文化。作为特定区域的文化,一般来讲存在文化的传承性与变异性,为了更好地分析中原文化,我们将近代以前即古代中原的文化,界定为中原历史文化,即属传统文化的范畴,以别于由历史传承而来的当代中原文化,以及涵盖古今的中原文化。

中原文化,从历史的角度而言与河洛文化、黄河文化,乃至中国传统文化有着重要的关系。黄河流域是中国古代,尤其是北宋及其以前的政治与文化中心,因此黄河文化就文化的总体成就与影响力而言,构成了中国传统文化的主干。表现文化影响力的中国大古都除西安外,洛阳、开封、安阳、郑州都在中原地区,

可以说中原文化是黄河文化的核心。河洛则是一个更为具体的地域概念,其中广义的河洛为函谷关即灵宝以东,虎牢关即郑州以西,抑或可东延至开封,南界在伏牛山以北,北界可越黄河在太行山以东;狭义的河洛指巩义、洛阳黄河与洛河交汇地带。也可以说,以洛阳为主轴的河洛文化,更是中原文化的亮点。

2. 中原历史文化分期

中原文化不但有着明确的地域概念,也有着明确的时间概念。就其内部与外部的发展与影响而言,中原历史文化的发展经历以下若干阶段:一为起源期,史前时期尤其是新石器时代本土兴起了裴李岗文化、仰韶文化,并形成有着自身特点的河南龙山文化,文化的聚合力逐渐形成,文明的诸因素悄然孕育。二是形成期,夏商周时期中原地区为当时的政治与文化中心,中原文化的主干作用已经形成,核心作用已十分明显。三是发展期,秦汉魏晋南北朝时期无论是统一与分裂,中原地区的核心凝聚力已经得到强化,"逐鹿中原"的局面已经形成。四是鼎盛期,因洛阳与开封相继为都,并成为世界级有影响的大都会,而发展为高峰。五是衰微期,元明清时期,经济与政治中心的南移,文化亦呈衰落态势,中原历史文化逐渐走进谷底。以中原历史文化的发展进程而言,在形成期与衰微时期,中原文化对其他地区的影响力有限,可以说这些时期,中原历史文化是一种地域文化,而在形成期、发展期、鼎盛期,即从夏代开始至北宋长达近 3 500 年间,中原历史文化不仅仅是地域文化,也是对整个中国传统文化有影响的骨干文化与核心文化,中原文化的这个特色是以往历史时期任何地域文化所不可比拟的。

3. 中原历史文化特征

中原文化的历史地位,决定了其所具有的以下特征:一是正统性。中原地区长期以来凭借其优越的地理位置而成为中国的政治、经济中心,其文化的发展带有深深的正统文化的烙印,所谓正统性,是说明在当时具有导向性和影响力,甚至影响到历史的发展进程。二是传承性。无论是史前文化的谱系排列,还是在阶级社会的长期的文化积淀,都反映了这种文化的延续性与传承性,这在其他地区也是不多见的。三是开放性。中原历史文化是在吸纳其他地域文化的精华之后形成强势文化的,这就好比一个加工厂,除自身的文化原料外而掺合其他的文化精髓,从而加工成为先进的文化,并向四周扩展,可以说开放性是中原文化长期以来经久不衰的根源所在。四是原创性。中原历史文化具有文化源头与原创性的特征,表现为各类文化现象的最早、最大、最先进等文化的闪光点。

中原历史文化的上述情况,决定了其以地域文化为基础的超越地域的主干文化的特点,从某种意义上讲,中原历史文化是正宗的中国传统文化的代表和化身,是中国传统文化的核心。

二、中原历史文化体现了"民族之根"与"文化之源",根文化是中原历史文化的本质特点

中原历史悠久、文化灿烂。史前考古文化谱系不断,传说中的"三皇五帝"都与河南密切相关,共有 200 多位帝王建都或迁都于此;中国八大古都中河南有郑州、安阳、洛阳、开封四个;在二十四史中有列传的 5 700 位名人中河南仅唐宋明就达 912 人,占总数的 15.8%,名列第一。河南有地上地下文物 3 万处,其中含世界文化遗产 1 处,全国重点文物保护单位 97 处,省级文物保护单位 741 处,地下文物与馆藏文物占全国第一,地上文物占全国第二。中原文化资源虽然十分丰厚,但其本质特点是"根文化",中原文化体现了"中华民族之根"与"中华文化之源"。

1. 中华民族之根

中国历史上的人文始祖,如伏羲、女娲、黄帝、颛顼、帝喾、舜等都在河南留有大量遗迹;除夏商周时期国都外,还有郑、卫、陈、许、蔡、虢、韩、赵、魏等国都的城址至今仍保留在河南;大禹、姜太公、周武王、周公、比干等历史名人在河南留下了许多遗迹,他们也是许多姓氏所尊奉的先祖;河内、河南、弘农、陈留、颍川、荥阳、汝南、南阳及陈郡等郡城保留在河南,它们是许多姓氏的郡望地。河南固始是中原士民南迁的集散地,至少有 64 个闽台姓氏的家谱上有直接的记载。据我们对有开发价值的 341 个姓氏、1 098 个名人遗迹与 2 947 个豫籍名人进行的研究,在 100 大姓中有 97 个姓氏与河南有关,其中 77 个姓氏的源头或部分源头在河南,300 大姓中起源于河南者达 171 个,98 个姓氏的郡望在河南,以上涉及的姓氏人口在 90% 以上,也就是说中华民族血缘之根在河南。

2. 中华文化之源

在哲学方面,伏羲画八卦与文王演八卦均在河南,元典哲学家如老子、墨子、庄子、惠施、列子、鬼谷子、韩非子均为河南人,孔子祖籍在河南,他的思想与他对

中原诸国的体验有很大关系。汉代贾谊的哲学思想,竹林七贤的唯物主义思想,宋代的二程理学、邵雍的象数学等均源于中原。在宗教方面,佛源即佛教总根是洛阳的白马寺,禅宗祖庭为少林寺,天台宗起源于光山净居寺,北宋著名的皇家寺院是大相国寺,到印度取经的"唐僧"玄奘是河南偃师人。道教全真教的祖庭是开封的延庆观。在文艺方面,《诗经》的文化主体在河南。诸子的散文,贾谊、张衡的汉赋,潘岳与竹林七贤的西晋文学,谢灵运、杨之、江淹、范晔、庾信为代表的南北朝文学均起源于河南。岑参、杜甫、白居易、韩愈、李商隐、刘禹锡、李贺、元稹等唐代著名诗人均为河南人。北宋的欧阳修、三苏父子、苏舜钦、王安石、黄庭坚等大文豪,他们在河南写作了大量的传颂千古的文章,有的死后还长眠在中原。在科技方面,如农学的精耕细作理论的形成,代田法的发明,堤防技术的发明与成熟,井渠、水排等水利技术的发展都与中原有关。金属冶铸技术中青铜器冶铸技术的成熟及镶嵌、焊接技术的发明,天然陨铁技术的发明,铸铁钢、百炼钢、球墨铸造铁技术的发明,均与河南有关。建筑技术中的木石混合建筑体系的形成,城市城郭技术的完善,城市排水设施的出现,以嵩岳寺塔为代表的最早的砖塔实例,以修定寺为活化石的中国唯一的琉璃砖花塔,以及净藏禅师塔为代表的最早的八角形塔,均反映了中原建筑技术的成熟。北宋新郑人李诫的《营造法式》作为中国古代建筑学的巨著,至今仍为学术界所推崇。汉代许慎的《说文解字》,是中国最早、最完整的文字学巨著。中国最早的书目提要巨著《册府元龟》、中国第一部小说总集《太平广记》均完成于北宋都城开封。可以说,在中国文化的长河之中,中原文化不仅仅是源头,更是永远取之不尽的文化源泉。

三、围绕"中华文化圣地"这一总目标,叫响寻根文化,实施寻根战略,发展寻根经济

中原历史文化是异彩纷呈、丰富多彩的,但在认真把握中原历史文化的根文化的本质特点的同时,必须在认真研究的基础上,围绕中原历史文化的正统性、原创性、传承性的特点,将河南打造成"中华文化圣地"。所谓圣地,体现的是正统性与根源性,当中华文明与伊斯兰文明、西方文明成为最具特色的文明体系之时,我们要在认真深入挖掘中原文化内涵的基础之上,将中原打造成东方文明、中华文明的圣地,并以此去勾画中原历史文化的总体开发蓝图。洛阳是中原文化的闪光点即河洛文化的轴心,洛阳在中国历史上的地位,是其他古都所无法替代的,例如,当西周、西汉、唐代建都在长安时,洛阳仍不失为东都,承载了中国政治中心轴线的作用,而东周、东汉以洛阳为都时,洛阳是唯一的中心,作为十三朝古都,以及中华历史的见证者,中国文化的发祥地,我们应旗帜鲜明地将洛阳打造成中华文化的圣城,要围绕圣地与圣城的建设,加快"一像(伏羲、炎黄巨像)一园(中原文化寻根园)一圣塔(太极阴阳塔)"的论证与建设,从而整合中原历史文化资源,提升中原历史文化的形象和档次,并从以下三个方面做足"根文化"这篇大文章:

1.必须叫响寻根文化。寻根文化是围绕"根文化"而引发的重要的特色文化形象。我们要在对中原历史文化深入研究的基础上,突出其根文化的本质特点,整理与挖掘民族之根、文化之根,并以正宗的中华文化去吸引任何对其有兴趣的人到河南寻根、体验。要高扬"根文化"大旗,并以此为纽带联结中原与海外,加快河南走向世界的步伐。

2.必须实施寻根战略。根文化是河南最大的文化优势,必须从祖国统一的大业与增强中华民族凝聚力的角度认识与叫响寻根文化,以战略的高度实施与开发中原历史文化资源,并以此整合我们的外宣与外联力量,加大文物的保护与开发力度,使古老的文化焕发出新的活力。

3.必须发展寻根经济。以根文化为纽带,加大中原的对外开放程度,扩大中原文化的亲和力,吸引海内外的投资,并以此发展具有寻根特色的旅游业和文化产业,加大招商引资的力度,最有效地实施开放带动战略,为中原崛起以及河南省全面建设小康社会而奋斗。

(作者单位:河南省社会科学院)

论中原文化的传承问题

安国楼

　　中原地区是中华早期文明的发祥地之一,产生、发展于中原地区的传统文化,虽然不能等同于中国传统文化,但却是华夏民族传统文化的主体部分和集中体现,在中国历史发展进程中具有十分重要的地位和作用。从广义来说,中原文化,是指中原地区的居民,在长期社会实践过程中所创造的物质财富和精神财富的总和。这里所说的中原文化或中原传统文化,主要指的是精神财富方面。所谓"传统",其本身即涉及到传承问题,就是说由历史沿传而来的思想、风俗、道德、艺术等,构成中原文化的内涵。没有传承,就无所谓"传统"。中原文化之所以具有极大的生命力和影响力,一个重要的原因,就是因为这种文化能够在中原区域,以及在中原以外的区域,或某些自中原外迁的族群中,得到人们的普遍认同,并长期继承和沿传下来,这是中原文化在较广泛的区域得以长期存在、发展的一个至为关键的问题。因此,本文拟从地缘关系和血缘关系两个方面,论述中原文化的传承问题。

　　文化是一种历史现象,每一社会都有与其相适应的文化,并随着社会物质生产的发展而发展。中原地区,虽有着久远的文明史,至少从远古到北宋时代,中原地区的文化曾长期处于领先地位,然而,在承认中原文化具有历史传承性的同时,也应该承认,在不同的历史时期,中原文化发展也在不断发生着变异,或者说不同程度地吸收、兼容了诸如少数民族文化、草原文化等文化因素。因此说,若以大时段划分进行纵向对比的话,远古时期、夏商时期、战国时代、两汉期间、魏晋之后、唐宋时代等,所谓中原文化所表现出的特征,显而易见是存在着差异的,甚至是较大的差异。这也是历史发展的必然,因为任何一种文化,都不可能在某种固定的框架或模式下,永远作为"传统"而沿传下去。事实上,中原文化经历数千年,也是在沿传和改变的交织过程中不断发展的。关于中原文化的变异问题,不是本文探讨的重点,此不多论。这里主要分析中原文化的传承问题。

那么,从久远的历史,直到今天,关于中原文化或说中原传统文化所具有的特色、优势和地位等问题,是得到人们普遍认同的。人们对于中原文化的历史作用和影响,以及中原文化的现代意义和价值,都给予很高评价。这说明中原文化并不是短时期内出现、孤立存在的一种区域文化现象,而是有着很强的传承因素。

首先,从地缘关系来说。

所谓中原,包括以今河南为中心,兼及陕西、河北、山东等较大的范围。历史上的中原地区,历经战乱和社会变迁,所以,其基本居民的构成形势,也经历了十分复杂的变化。特别是在大的社会动乱时期,如永嘉之变、安史之乱、五代纷争、靖康之难等,导致中原居民大批量外迁,而主要是向南方迁徙。如永嘉乱后,"洛京倾覆,中州士女避乱江左者十六七"。① 安史兵乱后,战火很快殃及黄河中下游的主要地区,自洛阳以东,经郑州、汴州(治今河南开封)至徐州,北至相州(治今河南安阳)的广大区域,"人烟断绝,千里萧条"。唐军与叛军争夺的洛阳一带,更是数百里之内"井邑榛荆,豺狼站噪",人口不满千户。② 为了躲避战乱,中原人户纷纷南迁。正如李白诗中所说:"三川北虏乱如麻,四海南奔似永嘉。"③同时,动乱之后,又有大批量的外来居民迁入,主要是北方居民。很显然,每次大的动乱之后,都会给中原地区固有传统文化体系带来极大冲击,使之发生改变,甚至是较大的改变。而另一方面,在各个不同的历史时期,尽管发生过动乱,但在中原地区仍有很多居民并没有外迁。因此,从某种意义上说,某些时期中原地区固有的传统文化体系发生改变,也可理解为在这些特殊背景下,中原文化对外来或其他民族文化的吸收及融合。从中华民族历史发展的过程中去认

① 《晋书》卷六五《王导传》。
② 《旧唐书》卷一二〇《郭子仪传》。
③ 李白:《永王东巡歌十一首》,《全唐诗》卷一六七。

识,在继承固有传统文化的基础上,又不断对外来文化加以吸收、摄取,正是中原传统文化的显著特点。

由此看来,中原本土固有文化的传承问题,与中原地区的社会大背景、地缘关系及居民群体的血缘关系直接相关。稳定的社会秩序和高水平发展的政治、经济及人文环境,是文化继承延续的关键所在。这是人所共知的道理,无需多论。关于地缘关系问题,在广阔的中原范围内,由于地理环境的差异,以及传统人文环境、历史文化积淀程度的不同,在某些地区,较长时期地沿承了旧有的文化传统,表现出长期继承性的特征。如位于中原腹心之地的嵩山区域,可谓十分典型的例子。

嵩山区域,作为五岳之中,是中原传统文化继承、发展最具代表性的地区,可谓是不同时段历史文化遗产的集合体。自先秦时期,嵩山区域就被认为是中原的腹心地带,是人口众多、文化昌盛的区域。《诗经》中说:"嵩高维岳,峻极于天。""维岳降神,生甫及申。"《孟子》中也说:"禹避舜之子于阳城。"所以,在这里留下了许多远古时代的文化传说和遗迹,如尧时代著名隐士许由的事迹及许由墓冢,大禹治水时启母涂山氏的传说及启母石,周公测影台等等。秦汉以后,这里更表现出多种文化沿承、发展的特征,明嘉靖《登封县志》中说:"古圣帝名儒,多履其地,遗迹题咏,今皆可考。"[1]自汉代以后,嵩山地区则成为以儒、佛、道文化为代表、多元文化荟萃交融的地区。因此,在这里汇聚的文物古迹列五岳之首,堪称是中原文化的一座丰碑,更是中原地区传统文化长期沿传的历史见证,对整个中华文明的发展产生了重要影响。犹如少林寺方丈室的一副对联中写的那样:"古迹林立,阅尽华夏三千年历史。"

具体来说,最具代表性的,如嵩阳书院,是文献上记载汉武帝所封将军柏之地,至今古柏犹存,见证了数千年沧桑。在北魏、隋唐时期,这里曾是传播佛教、道教的场所。自北宋以后,则成为儒学传播的圣地。程颢、程颐等在这里聚徒讲学,其传播的新儒学思想,后来逐步发扬光大,而成为一种新的理学思想体系,影响中国后期封建社会达六七百年之久。因此,嵩阳书院被称为全国四大书院之一,这是早在南宋后期已形成的定位。元代吴炳在《重修庙学记》中谈到这里文

————————

① 明嘉靖《登封县志·李居仁跋》。

物之盛时说道:此乃"昔洛师畿内地,故家文献,濂(指二程之师周敦颐之学)、洛(指二程之学)之渊源在焉"①。以后一直到清,名贤大儒都以此为讲坛,书院规制也不断扩大;在佛的方面,随着佛教文化的传入和发展,中原地区成为重要的佛教文化区。除了白马寺、龙门石窟等标志性遗迹之外,嵩山区域的佛教建筑更是密集,并创造了辉煌的中国佛教文化。昔日的嵩山,峰多寺繁,素有"三里一寺五里一庵"之称。其中的少林寺,繁盛古今,驰名中外,被誉为中国佛教禅宗的祖庭和少林武术的发源地,对佛教文化传播和中国武术的发展起了无与伦比的作用;道教是中国土生土长的宗教,关于道教的修炼方式,据文献中记载,在嵩山地区很早就已经开始。如今日的嵩山有浮丘、子晋二峰,据方志记载,这里就是东周灵王时,浮丘公与灵王太子晋二仙"修炼白日飞升"之地。② 最初为汉武帝所建太室祠的中岳庙,后来成为道教传播、发展的圣地,拥有五岳中现存规模最大的古建筑群,为中州祠宇之冠,素有"小故宫"之称,其中保留下来的历代石刻、碑碣及金属铸器等,不少具有很高的历史和艺术价值,反映出道教文化在这一地区的世代传沿和发展。那么,关于儒、佛、道等多元文化在嵩山乃至中原地区长期共存、相互交融的问题,明代王孙朱载堉在少林寺留下的一篇颂赞碑文,或许最能说明问题:"佛教见性,道教保命。儒教明伦,纲常是正。农流务本,墨流备世。名流责实,法流辅制。纵横应对,小说咨询。阴阳顺天,医流原人。杂流兼通,述而不作。博者难精,精者未博。日月三光,金玉五谷。心身皮肤,鼻口耳目。为善殊涂,咸归于治。曲士偏执,党同排异。毋患多岐,各有所施。要在圆融,一以贯之。三教一体,九流一源。百家一理,万法一门。"③这则碑文,纵横会通,寓意深邃,不失精妙之赞,既是对嵩山区域多元文化发展的历史写照,也是对中原文化、华夏民族文化世代沿传和兼容发展历程的浓缩之论。

其次,从居民群体的血缘关系来说。

在中国历史上,每个家族的世代传承,既是血缘关系的传承,同时也伴随着这个家族固有文化、习俗、观念等传统的传承。然而,要考察一种地域文化传统的传承问题,无疑要从相对稳定的居民群体或家族族群中去捕捉,这是我们探讨

---

① 嘉靖《登封县志》卷六元吴炳《重修庙学记》。
② 嘉靖《登封县志》卷二《仙释》。
③ 少林寺《混元三教九流图赞》碑刻。

人类文化发展历史最为生动、最为直接的线索。因此可以说,相对稳定的居民群体,是固有文化传承、发展最为有效的载体。中原文化圈是如此,其他地区的文化圈也是如此。

那么,在现代的中原地区,具有久远历史、又相对稳定的血缘居民群体,或许已不容易找到,但我们可以在其他地区,找到早先自中原南迁的这类居民族群。当然,不可否认的是,在目前中原部分区域的某些家族中,仍较多地保持着早期中原文化的某些传统。如洛阳周围地区,以及豫南固始县等历史上南下移民聚居的地区等。不过,这些分散区域的家族所具有的传统文化因素,可以说是代表了后时代的中原传统文化,却很难说就能代表基本体现早先中原文化的族群文化特征。这就需要到外延族群中去寻找。

人口和族群的外延,促进了文化的传播。历史上由于频繁的人口迁徙,以及成批的族群迁徙,使得所有区域文化,都具有向外传播和延续的特征,只不过由于这些区域文化的影响力和社会变迁的诸多因素不同,其传播的广度和延续的时期不同而已。从纵的方面讲,每一时段的中原文化,并不是孤立的,或者说只在某一时段内存在和消亡,它具有明显的传承性。从横的方面讲,相比较而言,由于中原文化长期具有“官”文化的特色,其向外传播和影响的地域也相当广泛。历史上从中原地区外迁的人口或家族众多,但由于外迁的背景、形式不同,如有的是为了躲避战乱诸多家族成批迁徙,有的是为了从军、从政等需要单门独户或少部分的迁徙。迁居地的地理和社会环境也有不同,如有的是成批移民家族群居山区,并长期保持这种相对稳定的共同体生活,而有的则是迁居于经济发展、人口密集的地区。这些异样的因素,就使得这些中原移民家族在其固有文化传统的沿传方面产生差别,如有的逐渐淡化,而融合到土著地区的文化圈之中,而有的则较原始地保持着其先民固有文化传统的味道。那么,就目前世人的普遍认识而言,能把中原文化传统较好或者说相对原始地继承和保持下来的,就是所谓客家族群。针对客家族群文化特征的考察,对探讨中原文化的传承问题,具有十分典型的意义。

客家族群是历史上形成的一个汉族民系。这一民系,是在特定时期内、特殊环境下,成批迁居和生活所逐渐形成的族群共同体。因此说,不同时期少量人口从中原地区外迁到南方某地定居者,并不具备形成客家人的条件。客家先民的主体,来自西晋末年以后具有深厚文化根基的中原地区。他们原本多是所谓贵胄之家,衣冠之族,由于战乱而不得已南迁。之后,这些移民受唐末、北宋末等社会动荡的影响,历经磨难,多次迁徙,才最终在赣、闽、粤等山区稳定下来,形成所谓客家民系。客家地区流行的一首民谣中称:"要问客家哪里来,客家来自黄河边。"由于这些移民主要聚居在僻荒山岭地带,所谓"逢山必有客,无客不住山",长期生活在相对闭塞的环境之中,受外来政治、社会因素影响较少,其先民的文化传统以及理念、风俗、语言等,得以世代继承和保持下来。因此说,后世形成的客家民系不同于其他民系,一直到今天,虽经历千余年沧桑,却仍能保持其先辈们的中原文化传统,从而使这一族群一直以来具有鲜明的个性和特色。正如晚清诗人黄遵宪所说:"中原有旧族,迁徙名客家,过江入八闽,辗转来海滨。……筚路挑孤辗转迁,南来远过一千年。方言足证中原韵,礼俗犹留三代前。"①清嘉庆年间,徐旭曾所作《丰湖杂记》中说:"屡至汴、济、淮、徐各地,见其乡村市集间,冠婚丧祭,年节往来之习俗,多有与客人相同者,益信客人之先本自中原之说,为不诬也。"②可见,客家文化与中原文化有着很深的渊源关系,这一点,已被越来越多的人所认识。虽经历千余年沧桑变迁,这些族群却仍能保持较多的早期中原文化传统,而这些所谓的中原文化传统,在目前的中原地区大部分已找不到。这正说明中原文化在中原本土区域的发展和变异,而早期中原文化的传统,却在这些外迁家族中得到了充分体现。

世代继承中原文化传统的客家人,后来由于各种原因又分散迁徙到世界各地,遍布海内外。因此,承载着中原文化传统的客家族群,也是一个具有世界影响的民系。中国客家人的历史、传统和精神,也引起世界人类学家的重视和关注。如20世纪美国、英国、德国、西班牙等国出版的百科全书中,都有对客家问题的解释。还有如20世纪50年代,美国人詹姆斯曾在对中国客家人进行深入调查研究的基础上,对这批中原南下移民族群的特性作过十分精彩的描述:战乱之后,"遭受荼毒最深重的是中原。那里物产丰富,城市繁荣"。"当时河南有一群世代聚居、同甘共苦的乡民,他们没有什么特别的族名,可是确又与四邻乡镇

---

① 黄遵宪:《人境庐诗草笺注》,上海古籍出版社1981年版。
② (广东)《和平徐氏族谱·旭曾丰湖杂记》。

百姓有些不同:个子比别人高,性格比别人保守,语言古朴,不讲市井流行的俚语,干农活又勤劳又在行。"兵火之灾,使他们不得不成群结队地向南方迁移。这批逃难队伍百折不挠,摸索南进,"他们保持着祖先留下的古老习惯"。"这批移民到(南方)山上建立家园,后来,这些山里人人称'客家',意思是外来的人。"其"风俗习惯也迥然不同,……保持了中国许多古老的语言习惯和古韵"。① 这里的表述虽有些缺陷,但对客家人所保持的中原文化传统的肯定,与我们今天对客家人的认识也基本是一致的,同时也说明中原文化的世界性影响。

由此可见,客家人世代所持有的文化个性,足以见证早期的中原文化,在南方各地乃至海外的延续、发展和影响。

当然,还有一个值得注意的事实是,历史上从中原地区南迁的人口难以数计,远不止这些后来形成客家民系的客家先民。应该说自先秦时期,在中原各地产生了众多姓或氏的家族之后,就不断有人口外迁。东汉魏晋时期,中原又成为豪门望族的聚居地。唐宋时期的中原,人口众多,经济文化繁荣发展。那么在这期间,特别是由于大的战乱,导致更多的中原人户成批外迁。他们的祖辈世居中原,本有着浓重的乡土观念和文化传统。因此,这些外迁人户都自然成为中原文化的绝好载体,他们以各种方式把其先辈的文化传统、精神理念等,直接传播到迁居地区,并在各个家族中世代传承下来。甚至一直到现代,大量历史上自中原地区迁居到全国各地以至海外的家族,都仍然保留着浓厚的中原遗风。如他们的家谱中,都不忘追念其先祖的发迹地和祖居地,这些地区大部分与中原有关。他们都有自家的堂号和郡望,如陈氏淮阳堂、郑氏荥阳堂等等,非常之多,而这些堂号或郡望所指,绝大多数是中原地区。可见,历史上中原人户的外迁,对中原文化的广泛传播起了十分重要的作用。可以说,这种情况,在每一个时代都是很普遍的。只不过相比较而言,客家族群对中原文化传统的保持更持久、更全面、更具有原始味道而已。

(作者单位:郑州大学历史学院)

---

① (美)詹姆斯·米切纳著,卢佩文译:《夏威夷》,漓江出版社1987年版。

论洛学对日本思想文化的影响

周菲菲

洛学与闽学

伊洛地区大抵是指崤山以东、郑州以西、太行山以南、伏牛山以北的豫西地区。这里地处中原腹地,自古即有"天下之中"的美誉。从旧石器时代开始,即有远古人类生息繁衍于伊洛大地上,新石器时代遗址更是星罗棋布,到了二里头文化时期,伊洛地区率先进入我国的文明时代。

洛学,一般说来是专指以北宋儒家学者程颢、程颐开创的理学学派,旧时也有学者把邵雍之学归在洛学之中。二程的"洛学"也称作"伊洛之学"。程颢和程颐之学称为"洛学",这是就地域而论的,因为二程兄弟是河南洛阳人,又长期在洛阳从事讲学活动。如果从"洛学"的内涵而言,它属于宋明理学中"理本论"的一个哲学学派,也称作"理学"(狭义的),后来与朱熹之学结合则称作"程朱理学"。二程兄弟自认为其学说,是把孟子以后中断 1 400 年之久的儒学"道统"承接了起来。二程之学以"理"("天理")为最高哲学范畴,所谓的"理",既是指自然的普遍法则,也是指人类社会的当然原则,适用于自然、社会和一切具体事物。这就把儒家传统的"天人合一"思想,用"天人一理"的形式表达了出来,中国上古哲学中"天"所具体的本体地位,现在开始用"理"来代替了,这是二程"洛学"对中国古代哲学的一大贡献。二程"洛学"的思想核心,就是高扬孔孟儒学的精神,强调道德原则对个人和社会的意义,同时注重内心生活和精神修养。

程颢和程颐的思想,人们一般统称为二程"洛学",但实际上两人的思想还是有一定的区别的。相对而言,程颢比程颐更注重个人内心的体验。因此有一些学者认为,程颢的思想是后来陆九渊"心学"的源头,程颐的思想则是后来朱熹"理学"的源头。洛学以后与朱熹的"闽学"结合起来,成为中国封建社会后期官方哲学中的正统学派,其思想学说成为官方统治思想。

洛学原本是一个地方性学派,但因其义理之学的普遍性、哲学系统的开放性而具有了向多方向发展的可能性。因而,洛学自北宋以降,经门人后学的不断发扬光大,就稳居中国社会主流学派之地位。在洛学的发展过程中,一是经历了杨时、罗从彦、李侗、朱熹四代师承,形成了以朱熹为代表的闽学;二是经历了王信伯、陆九成、林艾轩、陆九渊、王守仁等而形成了以陆王为代表的心学;三是经历了胡安国、胡宏父子及张南轩而形成了湖湘学派;四是经历了周行己、许景衡、薛季宣、陈傅良、叶适等人的师承而形成了永嘉事功学派等。

从哲学理论上看,二程所建立的以理为本的思想体系,对朱熹闽学的形成和发展产生了重大影响。概而言之,一是朱熹闽学以二程洛学的"理"、"天理"作为自己哲学的最高范畴,通过对理气先后、理气动静、理一分殊的详尽分析,建构了较为完备的理气论;二是朱熹闽学承续二程洛学对格物致知的解释,并通过对格物与致知、格物与穷理、知行问题的阐释,形成了比较系统的格物致知论(即认识论);三是朱熹闽学承接二程洛学对心性的论述,就心、性、情与理及其关系作了全面的阐发,建立了精致、完整的心性学说;四是朱熹闽学继续昌明二程洛学的"天理人欲"之辨,肯认二程的居敬、集义、克己复礼的修养方法,成就了较为完善的人生修养论。

除上述哲学方面的影响外,二程对朱熹的影响还有以下三端:其一,朱熹像二程一样以继承道统而自居。朱熹对于重建道统也颇为重视,而且极为推崇二程,认为"二先生昌明道学于孔孟既没,千载不传之后","实得孔孟以来不传之学",表示"平生愿学程夫子"。

其二,朱熹创立闽学也有如二程创立洛学一样,是在一种相对自由的学术氛围中实现的。二程以嵩阳书院、伊皋书院(即伊川书院)为基地,接纳慕名前来求学的生徒,著书讲学,答疑解惑,求道寻理,为二程洛学的创立和传扬提供了一个平台。朱熹讲学的书院达数十所之多,通过书院,朱熹与其志同道合的友人及门人弟子研精谭思,探赜索隐,祖述伊洛之学,融贯诸家之学,创立闽学,为中华文化的薪火相传作出了重大贡献。

其三,朱熹跟二程一样,有一种严肃的历史使命感和责任感,体现了张载"为天地立心,为生民立命,为往圣继绝学,为万世开太平"的崇高的"四为"精神,而且还有一种"究天人之际,通古今之变,而成一家之言"的自信。朱熹心仪二程,既思想开放,兼容并包,又自信、自是、自得、自立。正因为如此,才有了二程奠基于前、朱熹集大成于后的理学成为主导两宋以来中国学术思想达七百年之久的哲学形态。

河洛文化对日本思想文化的影响

一、早期河洛文化对日本文化的影响

日本文化与日本儒学是从中国儒学中吸取滋养,以中国儒学的发展为原动力而逐步成长的,而中国儒学发生和发展,主要是在河洛地区,从这个意义上说,日本早期文化受河洛文化的影响是相当大的。

在公元 5 世纪以前,日本处于物质生产力极其低下的时代。公元 5 世纪初的日本应神天皇十六年,百济大王仁将《论语》携入日本,揭开了日本儒学的发展史。奈良、平安时代的日本早期儒学,主要受到中国原始儒学和汉、唐经学的影响;而汉唐经学的主要产生地,无疑是河洛地区。在传入初期,儒教对社会生活的影响仅仅局限在人们对儒家经典的信仰上,教义伦理还没有渗入社会道德生活之中。到了 7 世纪初,圣德太子为了给政治变革(即"大化革新")准备思想条件,派留学生到中国学习,直接引入了儒学思想。他继承了日本民族固有的道德精神,以儒家教义为思想基础,颁布了《17 条法宪》,为贵族制定了以儒学的"和"、"信"、"义"、"礼"等为主要内容的政治道德,这标志着日本道德观念已经从把生命秩序与善恶混为一体的古朴道德上升到了凭理性进行善恶反思的政治道德的高度。因此,从圣德太子开始,日本伦理思想的发展进入了一个新的时代,即从神道教出发吸收儒家思想。

二、程朱理学的东渐

程朱理学是近千年中华民族思想、文化的核心,也是东亚文明之根,故有"根在河洛"之说。程朱理学不仅传承了中华民族的儒学思想,而且不断吸收外来文化发展自己,同时还保留了自己的主体地位,并影响朝鲜、韩国、日本等东亚

国家。从这个意义上讲,中国儒学对海外的真正影响可以说是从洛阳开始的。

日本大化革新以后,通过其自身的社会经济条件和社会内部的各种阶级斗争而接受了中国哲学的影响,宋学尤其对日本哲学发生了特殊的作用。第一时期是12世纪镰仓时代至16世纪室町时代,当时武士以好禅宗而接受禅学与宋儒之学。第二时期是17世纪的德川时代,日本封建社会再编组,统一的"幕藩制度"建立了起来。幕府为了维持封建社会组织——一个军事专制的帝国,就需要有一种统治的力量,这就是适应封建社会要求的武力和文化。当时享有特权的最高等级的封建贵族和武士贵族代表着武力,而极盛的朱子学则是维护这种封建身份制度的文化力量,在这个关键的时代,中国传来的儒教,尤其是朱子学说,成为官学,在意识形态领域占主导地位,开始了儒学一统天下的局面。儒家伦理思想取代了佛教伦理居于统治地位,这种情况一直延续到明治维新。随着中国阳明学和清代考证学的传入日本,又相继形成日本的阳明学派、古学派、考证学派等儒学流派,造成了日本儒学的全盛期。

在江户时代的265年中,日本封建社会达到顶峰。从实践的角度看,朱子学从上层社会深入到民间,广泛而深刻地渗入社会的各个阶层,封建主义道德思想更加成熟、巩固,等级身份秩序更加严格。特别是武士、町人阶层的出现和发展,在价值观念上深受朱子思想影响,在实践的层次上发扬了日本儒学的实践主义特点。受朱子学的影响,武士道德更加理论化、系统化,如江户时代的关于武士道德的理论著作,从根本上认为,爱人就是仁义,就是人性之德。天地之大德在人性中产生,并和天道一致,所谓文武二道的武士就是体现仁义之德的人。这样就把朱子学仁义之德融于武士道德之中,文德是仁,武德是义。仁义为一德,文武为一德,犹如一元之气分为阴阳。以朱子学为代表的儒家思想成为武士的指导思想,武士道精神就是在实践上完全接受和实行以朱子之学为内核的儒家思想。

有的日本学者说,日本儒学史"可以看做是带有相应变形而压缩地重复了"的中国儒学史。当然,日本儒学并非了无特色。这是因为日本民族在吸收作为外来文化的中国儒学思想时,作为接受主体的日本文化的固有特色,以及当时日本社会发展的需要所发挥的制约作用,决定了选择与消化的取向。日本儒学不是中国儒学照相式的翻版,而是经日本文化改造的变形物。儒家朱子学在江户时代的发展,虽然面对的是同一个社会主题,却是由两种社会力量推进的。一种是幕府政权对朱子学的意识形态扶持,德川政权对儒家及其朱子学的接受不是系统性的,而是根据政治的现实需要进行择取并进行功用的解释。对于儒学的政治功用性的解读和利用,使得朱子学很快被意识形态化了。另一种是知识阶层建构道德精神体系的思想运动。林罗山是朱子学的举大纛者,也是幕藩体制的坚决维护者,他甚至提出"泰伯皇祖"说;但是,对于朱子学的理,他不是像中国的理学家那样,将其视为宇宙和人的终极本体,"而是作为应当接受的外在规范而强调其实在性"。在他的理论系统中,神道思想是根本性的,是日本民族的精神本体。他在《神道传授》反复强调"此神道即王道也。心之外无别神,无别理。心清明者神之光。……政行者神之德也。国治者神之力也。是由天照大神相传。神武以来,代代帝王御一人所治也"。显然,林罗山以"神道"为王道,在心之理中求取神之本体,而朱子学则是体现神道的外在理论工具。可以说,儒学在日本的历史,实质上是"神体儒用"的发展史。

三、程朱理学是日本近现代思想文化和经济迅速发展的思想基础

以儒学思想为主体的中原古代文明随着移民东迁或文化东传,在日本落户,接受当地民族改造,对其历史发展起到了良好的促进作用。源于中国的一些儒学文明成果在日本得到了连贯性的巩固发展。

中国儒学实际上具有很强的包容能力,但是,在外在形式上又具有强烈的排他性,经常进行论辩。诸如原始儒学时期的儒墨、儒法之争,汉初的儒学与黄老刑名之学的斗争,汉武帝以后的"独尊儒术,罢黜百家",东晋、南北朝、隋唐时代的儒、佛、道之争,宋明理学的排佛等。即使在儒学内部,不同学派也不断展开论辩,争为正统。中国儒学的这种排他性是中国文化趋同性格的体现。与中国儒学不同,日本儒学对其他思想流派表现了明显的共存性。从日本早期儒学看,当时传入日本的儒家典籍及其注释,主要属于中国南北朝的经学系统。对于风格不同的南朝经学和北朝经学,日本人一视同仁,无所偏重。《学令》规定的儒学教科书,既有南朝系统的,也有北朝系统的。日本早期儒学对佛教和日本固有的神祇崇拜(原始神道)也表现了共存性。在奈良、平安时代,没有发生儒、佛、神道间的思想对立,几乎看不到儒学对佛教和神道的严厉批判。就连历任大学和

文章博士、以儒学为业的菅原清公、是善父子,也"最崇佛道,仁爱人物"。在镰仓、室町时代即朱子学的勃兴时代,进而出现了主张神(道)、儒、佛三教一致的思想潮流。日本儒学与其他思想的多元共存,以及与固有思想的融合,从思想这一侧面表明了日本文化多元共存的性格,反映了日本人在接受外来文化时十分注意保存固有文化并将它们互相融合的传统。

日本儒学的特色,既是日本文化特异性格的产物,又是日本文化特异性格的表现。对儒学的功用性的定位和对神道信仰的主体性的保有,构成了日本民族特有的"神体儒用"的精神结构(在"用"的层面上,准确地说,还应包括基督教在内的西方文化,因此也可以符号性地表述为"神体儒(外)用")。不过,这种精神结构中的"体"和"用",与中国儒家思想中的"体用"范畴不同,它们之间没有理性主义的贯通。也就是说,"神体"只表现被称为"大和魂"的日本民族的主体精神,并不需要与"儒用"构成规约或范导社会行为的有机价值系统。在"神体儒用"的精神结构中,儒学最多只是用来证明"神体"的真实存在或永恒价值,到了复古神学阶段,连这种包装和资证也被抛弃了。

日本儒学作为社会意识形态体系曾在历史上发挥过重要作用,但其始终定位于政治社会领域内,为维持社会秩序和政治制度的合法性提供理论支持。进一步说,儒学在日本的主要历史文化功能在于"维持"社会秩序的外在"执行"性(如士、农、工、商的等级),它"只是被作为某种适用的工具",或如中材正直所说,"中国的道德主义,所谓孔孟之道,儒者之道,即使在我国,从应仁之朝至今,虽盛衰兴废,因时不一,上从朝廷"。

这种实用性、功能性和经验性的思维方式虽然没有积淀在日本深层次的文化心理之中,更没有提升为类似中国儒学"天理"、"人道"那样的终极价值理念,但是它为现代社会工业革命所需要的工具理性提供了重要的精神信道。日本儒学的功用性定位不仅没有成为现代转型的障碍,反而保持了传统与现代的高度连贯性。维新之后,涩泽荣一提出"论语加算盘",把儒家伦理变为领导封建武士转事资本主义工商业的思想,就是很好的说明。另一方面,原来作为维持等级秩序的儒家"忠"、"孝"观,在变革过程中,继续为新的政治结构和社会关系提供支持。日本学者十时严周经过举例之后指出,忠与孝、恩与情等传统的道德和伦理规范在社会转型中进一步深化和扩大,"在这一过程中,政治结构中以领导层和被领导层之间的相互亲近性为交界点的特殊关系也发挥了作用。领导层对传统价值取向的依赖性和被领导层对传统价值取向的执着性相结合,使明治时代前期与上一代历史阶段保持了高度的连贯性"。

　　就日本明治维新的变革实践来看,传统文化中的儒学与神道所形成的精神结构刚好为日本现代化的启动提供了主要精神动力。从这个层面说,儒学尤其是程朱理学的确是近代日本于经济文化上迅速现代化的思想基础。

参考书目:

　　李卓、高宁主编:《日本文化研究——以中日文化比较为中心》,北京,中国社会科学出版社,1998。

　　蔡仁厚:《宋明理学》、《王阳明哲学》、《儒学的常与变》等。

　　陈来:《宋明理学》,辽宁教育出版社,1991。

　　李泽厚:《中国古代思想史论》,人民出版社,1985。

　　张立文:《宋明理学研究》,人民出版社,2002;

　　侯外庐、邱汉生、张岂之主编:《宋明理学史》,人民出版社,1997;

　　马积高:《宋明理学与中国文学》,百花洲文艺出版社,1999。

　　　　　　　　　　　　　　　　　　　　　　　(作者单位:南京大学日语系)

日中"和"文化之异同

（日本）李景芳

孔子《论语》中提出的"礼之用,和为贵",孟子提出的"天时不如地利,地利不如人和",荀子提出"万物各得其和以生",《中庸》提出"和也者,天下之达道也"……中国传统文化中蕴涵着"和"的思想,可以说是中国传统文化中不可缺少的重要部分。而不论在有形的文化方面还是无形的文化方面,长期以来深受中国传统文化影响的日本诸方面的文化,普遍透着中国传统文化的影子。与"和"是中国传统文化中重要的组成部分一样,"和"更是日本文化中重要的内容。不论在传统文化还是现实生活中,在日本,人们都能随时随处地感受到这种"和"。可以说,"和"是中国传统文化中相通的部分,也是共同追求的目标。然而各自求和的方式却也直接反映出中日文化上的差异,本文重点谈谈这个差异的部分。

中国传统文化中的"和"的基础是:"和而不同",它相互包容,存异求同,换言之,它不排斥不同,而是在承认和包容不同的基础上求和。比如在普通的人际交往中,常能见到中国人各持己见,自我伸张的场面,然而这并不意味着不和。中国人主张通过这种各自伸张,彼此了解不同,承认不同,并在此基础上努力协调平衡,以达到"和"。相对中国人的这种思维和行为方式而言,日本人就偏重以附和、随流、避免冲突来维和、求和。

日本社会以及日本人之间的人际关系的要点就是大事小事避免冲突,哪怕是语言上的微小摩擦。基于这种思维,与日本人交往时,外国人都不难发现日本人在语言表达上通常不会清楚明白地从正面使用"不"的否定表达。即便要表达否定的意思,也是说话兜着圈子走。在中国,"说话暧昧""拐弯抹角",大多为贬义之用。而"暧昧"在日本却是一种国民性的特有文化。不了解或不习惯这种日本文化和日本人性格的中国人在工作或人际关系中与日本人打交道时,常会因为得不到一个明确的回应或琢磨不清对方的意向时,发出"日本人狡猾狡猾的"或"狡猾的日本人在耍人"的抱怨。于是,对对方的信赖度就会或多或少地动摇,人际关系也会或多或少地降温。一句话,彼此之间很难融合到一起。其实,不明确地表达"不",极力避免使用拒绝言辞的日本式交往除了在工作方面以外,在日本社会的许多日常生活场面中也都是随处可感受到的。

比如打商业交道或工作交往中,日方明明知道不能满足中方的期待或要求,但由于持有"拒绝则易伤和"的暧昧文化,使他在语言的表达上极力地回避"不"的表达方式,也就是说他不会直接明白地告诉你"我们无法或不能满足你们的要求",而是反复对你鞠躬行礼,嘴里还不断地重复"我们考虑考虑"。基于日本人如此诚实认真的外表,满怀希望等待考虑结果的中方最后得到的竟往往是石沉大海似的无回应的落空,"日本人真是琢磨不透""不知日本人葫芦里卖的是什么药"。不了解日本特有的暧昧文化的中国人时常茫然,苦于不知如何跟他们打交道。

比如到京都人家做客,途中主人突然有事希望客人离去时,那她不会像中国人那样将实情明明白白地抱歉地告诉客人,并欢迎客人改日再来,而是很客气地对客人说上那么一句:"来碗茶泡饭如何?"以示逐客之意。不明白这话真意的外国人如果是因不负主人的热情招待而回答:"好吧"表示接受的话,那主人定会顿时面露为难之色。主人有事痛快直说,客人通情达理不会计较,没有这种以"邀请"来转达"逐客"之意习惯的中国人就不容易接受这种话不直说的表达方式。

日常的人际关系当中,也无一例外地处处渗透着日本人的这种尽力避免拒绝、避免"不"、避免与对方对立的"和"的文化。比如邻居的音乐噪音把你弄得头疼脑涨不能睡眠时,如果你是个中国人的话,也许会直接如实地对邻居诉说自己的意见和苦楚。可如果你是个日本人的话,则会绕着弯子对邻居说:"你的音乐爱好真棒!不过如果你能将音量调小一些的话,那一定会帮了我的大忙,我将对你的大力协助感谢不尽。"在这种既赞扬又捧场的言辞中,噪音的受害者顺顺当当地将自己的苦恼和意见转达给了对方。在没有针尖对麦芒的气氛中,制造噪音的一方也会感到自己给对方添了麻烦,会内疚地努力地为不制造噪音而给与"大力协助",于是,一件不愉快的事情就一团和气地解决了。

谈到公共设施问题时,人们首先会自然地想到公厕,日本的公厕里,看到的不是"禁止……"或"违者罚款"的警告,而是"对您清洁地使用厕所表示由衷地感谢""下次也仍请您清洁地使用厕所""为了大家能舒心地使用厕所,请您给予多多关照"……这种语言措辞,把入厕者提醒得舒舒心心。当然,日本也并非没有无公德的人,尽管这样,避免与对方对立,避免生硬的措辞,首先从肯定和赞扬角度出发的思考,始终是日本社会人际关系中的主流和润滑剂。

日中两国对于"和"的认识以及求"和"方式上的差异,当然有着各自的地理环境及国情背景。岛国日本四面环海,在与各种自然灾害的相伴下生存,一家有难大家相帮的互助就成了人们彼此生存的共识。在这种只有相互帮助相互依赖才能共同生存的客观条件下,人们极力地以避免冲突和对立而保持"和"就成了一件很自然的事情。加上国土窄小,相互之间"抬头不见低头见"的环境,人们也就自然而然地宁愿退一步也不愿意去伤害人际关系中的和气。此外,相对多民族的中国来说,民族较为单一也是日本的一个特点。国土狭小以及民族比较单一的特点使日本人在许多方面倾向一致也是不足为奇的事情。比如衣食住等生活习俗方面。可以透过一个家庭大概知晓其他的家庭,可以通过一个地方大概知晓全国,这在中国就没法做到。我的学生体验中国回来后,对我惊讶地谈到中国的"吃"。他们对我说:"在广州吃饭,是坐着椅子围着桌子小碗小碟地细吃,而到西藏新疆去体验当地家庭的食文化时感觉就不一样了,席地而坐大盆大盘大肉地豪吃。"中国有着地域辽阔、民族众多的背景,这就决定了中国的地域与地域之间,民族与民族之间存在着诸多方面不同的必然性,基于这样的实情背景,于是,在相互尊重,承认不同的基础上协调平衡求大同、求和的中国式"和",就与不强调自己、以附和、以一致、以退一步、以处处避免与对方发生摩擦来求和的日本式"和"就产生了方式或途径上的差异。

日本人在评价中国人时常用"自我主张强烈""语言表达棱角太冲"的言辞,简单地说就是中国人彼此不让步,表达不圆滑。对于爽快地言表己见和想法、有着"和而不同"文化背景的中国人,日本人也满脑子问号:几千年来提倡"和为贵"的中国人,瞧他们各自尽在一味地强调自己,多么不重视"和"呀。

某次,中国的访日团在履行完公事后,日方为中方准备了几个旅游线路的方案让中方选定其中之一,然而中方却很难确定下来,原因是主张太多,意见不齐。可后来选定线路上了车后,团员们又谈笑风生地说开了。日方的陪同对我说:"眼前的一团和气的气氛让人很难想像他们刚才相互争执时面红耳赤的不和。同样一件事,换上日本人是不会出现这种吵架场面的。"我笑着对日方陪同说:"他们不是在吵架,只是在各自伸张自己的主张而已,若真是吵架的话,还能那么有说有笑地一起旅游吗?"

如果按照日本人的求和思维以及求和方式来看中国人,那么,缺乏"和"的场面就太多了。一次饭后闲谈,我无意中谈到我们家的饭桌情景。我父亲生在长春,长在长春,到南方工作后直到去世,都始终吃不惯南方那既硬又没黏性的米饭。于是,父亲吃面食我们吃米饭就一直是我们家饭桌上的光景。日本人听了就很不解,家庭的同一餐桌上还有吃不一样的?这不就乱了"和"的步调?中国家庭这种很平常的光景,在时时处处以附和大流、保持一致来维"和"的日本人看来,这种缺乏"和"的餐桌光景在日本家庭几乎是不可想像的,然而中国人谁都不会把这种餐桌上"各吃各的"联想到会影响餐桌气氛上的"和",相反,萝卜白菜各人喜爱,只要彼此吃得舒心,谁又能说这不是"和"呢?

汉语和口语中的"和",字与词义虽然相同,但相对中国的"和"的意义来说,日本的"和"则更倾向于"齐"。不太伸张自己的主张、也不提异议,总是在附和着周围、附和着大流的日本人,也正是因为这种性格,让人看上去很有"齐"的感觉。然而这种"齐",也让人感到困惑,这就是无法知晓日本人心里的真正想法。一个中国留学生在一次闲聊中就她的感受对我如是说:

一次,我穿着新买的裙子到学校,中国同学见了就实话实说,"领子很新颖,但开得太低",或"颜色如果素一些的话会更雅气"。中国同学的评价不论是正是负,它都会让你感觉到她们各自的评价来自于她们各自的真心。而日本同学则不同,她们无论是谁,见了都夸:"这裙子真可爱!"夸得一致,也无异议。后来我笑着对她们说了我的大实话:"你们对谁都说真可爱,对什么都说真可爱,你们心里是否都真的是这么想的呀?"听我这么一问,她们瞬间愣了。真的,真想商量个什么事,想听听对方的意见做参考的话,还是得找咱中国人。

人的思维、性格、行为都脱离不了其文化背景,以附和、以随流、以不冲突来维"和"、求"和"的日本人,他是万万不会去挑你的毛病的,哪怕他持有异议,他也不会对你明说。常听中国人之间开玩笑说日本人"阳奉阴违""口是心非""表里不一""当面不说背后说"……用中国人的尺度去衡量日本人的话,那真是错位太多,可如果了解一下日本人内在的特有的"暧昧"文化的话,也许就会理解他们的维"和"、求和的方式方法,那很多事情也就会见怪不怪了。不夸张地说,要了解日本社会、了解日本人,那么了解日本特有的"暧昧"文化则是一把不可缺少的入门钥匙。

（作者单位:日本追手门学院大学）

自然灾害与近代河洛文化的衰落

王　娟

引　言

谈起"文化",其定义"据说不下二百种"。不过概而言之,总不外乎广义与狭义两种,前者指物质与精神文化的总和,后者则单指精神生活方面。取其广义而言,中华文化源远流长,包罗万象,诸如楚汉文化、巴蜀文化、吴越文化、潮汕文化、闽台文化、三晋文化、羌藏文化、湖湘文化、岭南文化、河洛文化、齐鲁文化、燕赵文化等,皆为典型分支与瑰丽奇葩。其中,河洛文化又称中原文化、黄河文化。历史和现实都已证明,"河洛文化研究是一个有重要意义的大题目"①。近年来"河洛文化"研究获得了长足的进步,学者对"河洛文化"的概念与内涵、地域范围、主要特征、历史价值与现实意义诸个方面,进行了深入、全面的探讨与热烈的争鸣。

针对"河洛文化"研究的蓬勃开展,朱绍侯先生语重心长地告诫我们:"河洛文化"研究刚刚起步,没有必要赶时髦、趁浪头。不管是宏观或微观,理论探讨或史实考证,我们完全可以潜心研究自己所选定的课题,坚持下去就一定能出成果。例如,河洛文化是不是中华民族文化的源头,河洛文化与邻区文化的关系,河洛文化的兴起与衰落及其原因,河洛文化的发展阶段等,也可以研究河洛文化的各种专门课题等②。这种对"河洛文化"研究充满自信并大胆展望的情怀,是

---

① 李学勤:《河洛文化研究的重要意义》,《光明日报》,2004 年 8 月 24 日。
② 朱绍侯等:《河洛文化笔谈》,《洛阳工学院学报》(社会科学版),2001 年第 3 期。

建立在"河洛文化"自身蕴涵极其丰富的自然与人文资源的强大基础之上,是依据客观事实做出的理性指导。晚学不揣浅陋,尝试从自然灾害与社会发展、环境与文明的关系这一角度出发,考量"河洛文化"在近代的衰落及其原因,以凸显自然灾害在社会文化变迁历程中的客观作用,从而"揭示出有关社会历史发展的许多本质内容"[1]。

近代河洛地区自然灾害概况

文化具有鲜明的社会性与时代性,"研究文化史,不能就文化谈文化,要同社会政治、经济联系起来"[2](自序)。而社会政治、经济的发展变化,必然会受到来自社会存在的载体——客观自然环境方面的重大影响:"文明的发展与衰落,在一定程度上与环境有关。"[3]这些社会科学与自然科学两方面的研究,提醒我们关注河洛文化的演进时,要将自然环境因素尤其是自然灾害纳入思考视野。

依据各种丰富而珍贵的史料,我们可以看到近代(晚清)时期自然灾害对河洛地区的无情蹂躏。为了更简洁而直观地展示不同历史时期、不同地域的灾情荒状,特制表如下。

表1:

年代	灾种	灾区	灾情
道光二十年	水灾	安阳、内黄等17州县	被水。
道光二十一年	洪涝	祥符、开封等56州县	六月,黄河于祥符汛地三十一堡决口,黄水围开封城八月之久,为二百年来所未有,城中万民皆哭声。泛滥千里,流民众多。

---

① 李文海:《世纪之交的晚清社会》,中国人民大学出版社1995年版。
② 龚书铎:《社会变革与文化趋向:中国近代文化研究》,北京师范大学出版社2005年版。
③ 宋正海、高建国等:《中国古代自然灾异群发期》,安徽教育出版社2002年版第269页。

续表

年代	灾种	灾区	灾情
道光二十二年	雨旱灾	孟津、偃师等 33 州县	自夏天旱无雨,入秋连遭大雨,田亩被水被旱。
道光二十三年	水雹蝗灾	中牟、新安等 16 州县	数百里膏腴之地尽成不毛。被灾穷民,在沙窝搭棚栖止,形容枯槁。
道光二十四年	水雹灾	中牟、安阳等 29 州县	被水被雹。
道光二十五年	水旱灾	永城、息县等 26 州县	受水旱偏灾。
道光二十六年	旱灾兼雨雪雹风沙	安阳、新乡等 23 州县	夏麦无收,秋收欠薄。无业贫民,糊口无资。次年播种之地,阖境不过十之一。
道光二十七年	旱灾	永城、开封等 64 州县	亢旱异常,灾区广及通省。南乐出现人相食现象;永城因岁饥揭竿而起。
道光二十八年	水灾	永城、济源等 50 州县	被水。
道光二十九年	雨旱雹灾	洛阳、内黄等 26 州县	大雨连绵,雨水过多,田禾受涝。
道光三十年	水旱雹灾	洛阳、郑州等 49 州县	大部地区歉薄。
咸丰元年	雹灾、水灾	内黄、永城等十多州县	低洼村庄皆被水淹,内有房屋冲塌。
咸丰二年	水灾、雹灾	永城等 27 州县	被水被雹。
咸丰三年	水灾、地震	安阳、确山等 18 县	确山大饥,民起为盗。
咸丰四年	水灾	汲县、新乡等 14 县	低洼地亩被淹,民房间有坍塌。
咸丰五年	水旱蝗雹	河南、直隶、山东 40 余州县	黄河在铜瓦厢决口,改道经山东入海。水势汪洋,灾黎遍野。下游河域数百里徒步可行。
咸丰六年	蝗水旱雹	南阳、新安等 76 州县	灾民渡河经山东入直隶。南阳饥民竟食树皮。
咸丰七年	水旱蝗灾	洛阳、孟津等 60 余州县	蝗灾较重,一食无余。飞蝗蔽天,日色昏黄。民间之苦异常,有数十里无炊烟者。
咸丰八年	水旱灾	陈留、洛阳等 68 州县	大雨滂沱,秋禾被淹。
咸丰九年	水旱灾	祥符、洛阳等 53 州县	被水被旱。
咸丰十年	水旱雪灾	祥符、夏邑等 47 州县	夏邑大雪五十日。
咸丰十一年	水旱虫灾	安阳、洛阳等近 50 州县	禾稼被淹。

年代	灾种	灾区	灾情
同治元年	瘟疫、水旱、蝗灾	正阳、祥符等 40 余州县	正阳瘟疫大行,达四月之久,被传染者大半,死伤颇多。大雨淹倒庐棚,溺死多人。
同治二年	水旱冰雹	固始等州县	被水被雹。
同治三年	旱涝冰雹	祥符、陈留等 66 厅州县	先旱后涝。中牟上汛十三堡溃堤一百数十丈。
同治四年	水旱雷雹	祥符、洛阳等 66 州县	黄河裂缝,经抢护未致大害。
同治五年	旱涝	信阳、祥符等 65 厅州县	信阳各村寨多倾塌。豫北积水如湖。
同治六年	水旱	祥符、洛阳等 79 厅州县	穷人黍稻不收,挑挖野蒿,和土连根煮苜蓿。
同治七年	洪涝	武陟、荥泽等 40 余州县	黄河、沁河漫决,田庐淹没,人民流离。
同治八年	水旱	祥符、洛阳等 62 州县	被水被旱。
同治九年	水旱	祥符、洛阳等 71 厅州县	被水被旱。
同治十年	水灾	汜水、洛阳等 75 厅州县	沁水、汜河漫溢,田庐多被冲刷,人口亦有损伤,汜河水涨灌城。
同治十一年	水旱灾	祥符、洛阳等 73 厅州县	被水被旱。
同治十二年	水旱灾	孟津、洛阳等 77 厅州县	黄河异常涨发,孟津等地村庄被冲塌,直逼汉光武帝陵。室庐倾塌,田禾漂没无存,灾民虽经散放馍饼席片,然势难遍及。
同治十三年	风雹水旱	夏邑、虞城等 79 厅州县	被水被旱被雹。
光绪元年	旱灾	河南各属	赤地千里。灾区之广,饥民之多,实二百年来所仅见。南洋诸岛与东西两洋皆闻风筹款。
光绪二年	旱灾洪涝	开封、汤阴等府州县	连年旱荒,洛阳尤甚,民皆菜色,道馑相望。秋后阴雨连绵,田畴被淹。仅开封一地,靠粥厂就食之灾民达七万有奇。

年代	灾种	灾区	灾情
光绪三年	旱灾	开封、洛阳等 86 厅州县	开封被旱尤重,连日灾风烈日,干燥异常,咸云向无此酷热。沟渠俱涸。粮价腾贵。设粥厂日食一次,集饥民七八万人,每日拥挤及冻馁僵仆而死者数十人,随处掘一大坑,不论男女老幼俱填其中;归德府流民络绎,或哀泣于道途,或僵卧于风雪,极目荒凉,不堪言状;孟津等地树皮草根挖掘殆尽,甚至新死之人,饥民亦争相残食;灵宝一带,饿殍遍地,以致车不能行。出现人相食,通省赈济灾民 6 221 200 丁口。饥民因求生无路,铤而走险,汝阳、邓州等地屡酿民变,惨遭镇压。
光绪四年	先旱后涝、瘟疫	修武、武陟等 56 州县	饥民相食,卖妻儿女,人口掠贩盛行。沁河决口。春夏之交疫疠流行。共赈 1 142 400 余丁口。灾民流入邻省,相率南趋。
光绪五年	旱灾、雨灾、蝗灾	安阳、桐乡等 84 州县	呼吸无力者倒地。有攫遗骸吮其髓者,有抱骷髅吃其脑者,甚至割煮亲长之尸,并有生啖者。
光绪六年	雹灾、水旱	洛阳、孟津等 86 厅州县	人畜田禾受伤。
光绪七年	水旱	祥符、洛阳等 87 厅州县	被水被旱。
光绪八年	水灾	开封、陕县等 85 州县	被水。
光绪九年	水灾	开封武安等 85 厅州县	积水较深。
光绪十年	水灾旱灾	叶县、鲁山等 86 州县	旱涝不均。叶县冲塌房屋五千间,伤人数百,境内堤工被水冲决 1 500 余丈。
光绪十一年	水旱	洛阳、开封等 64 州县	被灾歉收。
光绪十二年	水旱雹	南召、光山等 79 厅州县	被灾歉收。
光绪十三年	水旱灾	郑州、中牟等 79 厅州县	郑州决口,淹及豫皖苏三省。所至人民庐舍多被沉沦,十余州县被淹。待赈灾民达 189 万人。

年代	灾种	灾区	灾情
光绪十四年	水旱灾	81 厅州县	一年时间内,黄河水一直漫淹豫东州县,就赈户口比上年倍形增益。
光绪十五年	水灾	河内、长垣等 20 州县	沁河决口,长垣境内黄河决口,滑县被淹。
光绪十六年	涝旱雹风	洛阳、开封等 49 州县	先旱后涝,洛阳遭雹,淮宁、商水遭风。
光绪十七年	旱涝虫灾	永城、洛阳等 53 厅州县	收成欠薄。
光绪十八年	洪涝	祥符、汲县等 46 厅州县	卫河漫溢,汲县等十县被淹。灾民近十一万。
光绪十九年	旱涝	祥符等 54 州县	夏旱秋涝,收成欠薄。
光绪二十年	洪涝	内黄、汲县等 52 州县	漳河、卫河漫溢,沿河村庄被淹成灾。
光绪二十一年	洪涝	武陟、河内等 54 州县	沁河异涨,数处漫溢,塌房无数。
光绪二十二年	水旱虫灾	太康、信阳等 54 州县	河流漫决,山水奔注,冲塌房屋,漂没船只,伤毙人畜。
光绪二十三年	雨灾雹灾	祥符、裕州等 54 州县	旱涝不均,秋收欠薄。
光绪二十四年	水灾	滑县、永城等州县	河水涨溢,秋收欠薄。
光绪二十五年	旱灾雹灾	安阳、新乡等 58 州县	秋旱,灾区广大,尤以黄河以北为重。弥望千里,飞鸟尽绝。饥民成群,聚众攫食。
光绪二十六年	旱灾	安阳、开封等 64 州县	夏秋并旱,麦禾欠收,各村抢劫蜂起。林县因旱无麦。
光绪二十七年	旱涝风雹	兰考、洛阳等 60 余州县	春季亢旱,粮价腾贵,省城内贫民麇集,轻乞坐卧,填溢街衢。每日就食饥民五六千人,续来者络绎不绝。麦苗枯萎,飞沙卷压,麦根掀拔,宜阳等地被雹,麦收无望。
光绪二十八年	水旱	河内等州县	欠收。
光绪二十九年	旱灾	42 州县	旱情严重。
光绪三十一年	水旱	祥符等 40 州县	秋收欠薄。

年代	灾种	灾区	灾情
光绪三十二年	旱灾水灾	永城、开封等 47 州县	自春至夏,亢旱异常,后大雨,沁河溃决,居民流离。
光绪三十四年	水旱灾	祥符等 45 州县	自春至夏,久晴不雨,秋后淫雨成灾。
宣统元年	旱灾水灾	祥符、杞县等 41 州县	春夏以来,雨泽稀少,设坛祈雨无验,粮价大涨。秋后阴雨连绵,
宣统二年	水旱雹	祥符、新安等 44 州县	春季雨雪过多,夏又大雨,山洪爆发,河流漫溢。新安、渑池处等,降雹极大,打伤麦地,麦无一茎存者。

说明:1. 资料来源:李文海、林敦奎、周源、宫明:《近代中国灾荒纪年》。湖南教育出版社,1990 年。

　　2. 制表原则:按照时间顺序排列;灾种以位前者尤重;灾区亦以重灾者位前,恕不一一列举。

对近代河洛地区自然灾害的若干分析

一、就时间而言

河洛地区自 1840 年鸦片战争到 1911 年清代灭亡的 70 余年间,可谓无年不

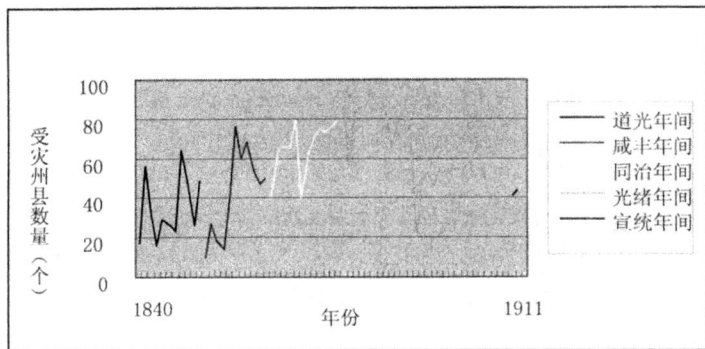

图 1　1840～1911 年河南逐年受灾州县变化示意图

灾、无岁不荒。若将历年灾害制成曲线图(见图 1),可以清晰地看出,灾害的发生多集中在道光末期、咸丰中后期、同治末期及光绪中前期几个历史阶段。而它们恰是晚清遭遇鸦片战争、太平天国起义、中法及中日战争的关键时期。这些无可辩驳的事实证明了灾荒与社会发展存在着内在的深层联系。目前,已有多位

学者关注并研究这种关联性。

二、就地域而言

　　根据地理位置与气候特征,我们可以大致把河洛地区划分为豫西、豫东、豫北、豫南、豫中五个板块,并分别以洛阳、开封、安阳、信阳、郑州作为区域中心。晚清河洛地区自然灾害的发生区域极其广泛,从下面图2可见,灾情最为严重地区是以开封为中心的东部及东南地区,接着依次为西部、北部、南部及中部地带。其中主要的地理原因在于,开封是黄河流经的主要区域,历来"华夏水患,黄河为大",至晚清尤重。

　　图2:

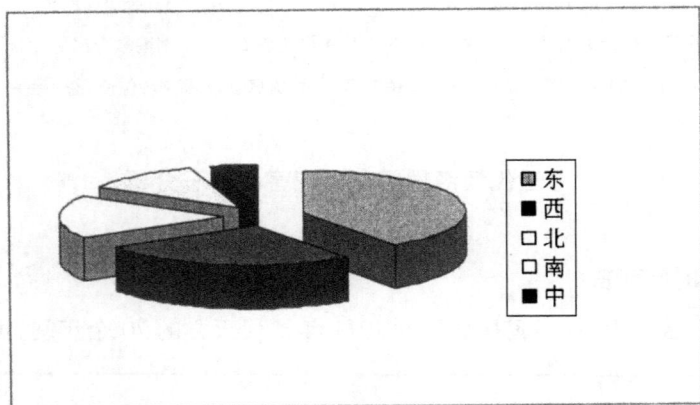

图2　1840～1911年河南各地区受灾比重图
(沿顺时针方向,按大小依次为东、西、北、南、中)

三、就灾种而言

　　河洛地区的灾害有水灾(即雨灾、洪涝)、旱灾、虫灾、雹灾、地震、风(沙)灾、雪灾、雷击及瘟疫等。雨水过多容易导致山洪暴发、河流漫溢和河堤溃决。水灾还通常和旱灾交织,或先涝后旱,或先旱后涝。旱灾时候不仅缺少雨水,而且伴随强悍烈风,形成风灾,并伴随沙土尘暴天气。虫灾主要指蝗灾。另外还有冰雹、雷击和雪灾。再就是瘟疫流行等。由表四可以看出,河洛地区的各种自然灾害当中,水灾与旱灾的发生最为频仍,其次是雹灾和蝗灾等。其中,东部地区易出现水灾和风灾;西部与北部分别以旱灾和水灾为主;南部偏多遭遇洪涝灾害。

图 3：

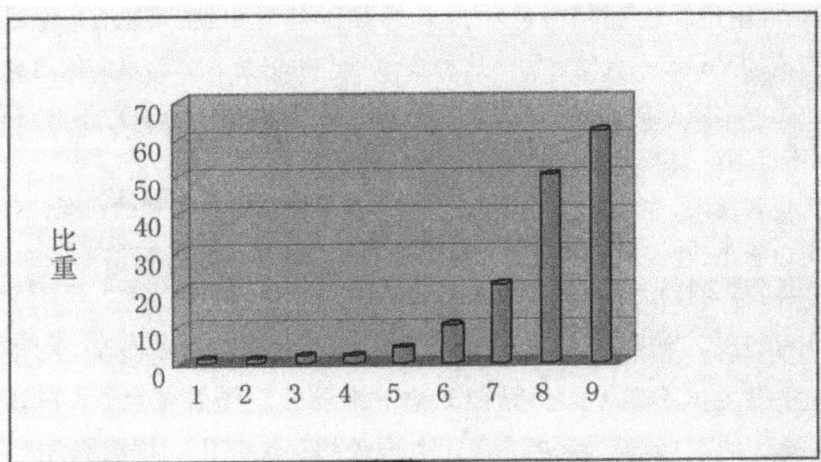

1840～1911 年河南各灾种示意图

（自左到右依次为地震、雷电、雪灾、瘟疫、风沙、蝗虫灾、雹灾、旱灾、水灾）

由以上分析可以总体而言,近代晚清河洛地区的灾区广泛,几遍全省,尤其以开封、洛阳为受灾中心,河洛地区呈现出辐射状的灾害网络。各种灾害当中,水旱灾、雹灾与虫灾为常见灾害种类,极其频繁的水灾与旱灾危害尤重。整个晚清时期,河洛地区的自然灾害大致以愈演愈烈的态势与趋势发展,并集中在咸丰、同治与光绪前期等几个阶段;且每年通常以多灾并发、群灾迭加的形式出现,在 70 余年晚清历史中,以单一灾种形式出现的年份仅有 16 个。

自然灾害与近代河洛文化的衰落

惨烈的自然灾害,使得我们不能不对"河洛地区地理位置优越"的传统论断进行反思。近代河洛文化的衰落毕竟是不争的尴尬事实。直面河洛文化的衰落,理性探讨衰落原因,是对河洛文化的过去、现在与未来的责任感的表现。

文化的发展演变,固然属于社会范畴的课题。但是自然灾害的影响无时无地不在发挥作用。这是因为,自然环境尤其是环境的恶性发展即自然灾害的发生,并非纯粹是自然界自发的物理运动——尤其是在人类活动愈加频繁、对自然破坏愈加激烈的近代时期——而是自然与社会共同作用的结果。孙中山先生曾经深中肯綮地指出,近代中国自然灾害的发生"归根到底是社会原因","根本原因就在于政治的腐败","中国人民遭到四种巨大的长久的苦难:饥荒、水患、疫病、生命和财产的毫无保障。……其实,中国所有一切的灾难只有一个原因,那就是普遍的又是有系统的贪污。这种贪污是产生饥荒、水灾、疫病的重要原因,同时也是武装盗匪常年猖獗的主要原因"①。这样,理解了灾害产生的实质性原因,就不难理解灾害对社会文化的深刻影响。

因资料所限,本文仅对近代河洛地区的灾情进行了扫描式的回顾,不过我们仍然可以看出,晚清河洛人民在灾害肆虐下的悲惨生活以及河洛地区的社会生活、经济发展与文化思想等方面所遭受到的巨大打击。

自然灾害给河洛地区带来惨重的人口伤亡,无数宝贵生命在灾害中丧生。例如在光绪三年全豫大旱之时,"欠收者五十余州县,全荒者二十八州县","饥民有百余万人","省城外粥厂共有五处,每处约有七八千人,因饥寒而死者指不胜屈"②。不仅社会萧条、了无生机,而且失去大量可以进行经济生产的劳动者与文化繁荣的创造者,对于主要依靠农业耕作的河洛文化来说是巨大的损失。

灾害还对人们的财产造成莫大损失。每当洪涝发生,大量的田地、房屋、庐棚、牲畜等瞬间淹没在无情的滔滔洪水中。由于失去进行再生产与重建家园的基本资源与必要资本,社会元气大伤,人民生活痛苦不堪。这不仅直接导致个体家庭经济状况陡然下降,尤其是贫苦百姓更是雪上加霜;而且对于区域内整体社会经济发展而言,造成经济发展缓慢与地区间经济发展不平衡,并且在西方殖民主义的影响下陷入长期的畸形发展态势之中。

除此之外,社会心理意识与价值观念受到灾害的严重摧残。由于饥荒所致,出现大量的卖儿鬻女、抢劫财物、拐骗人口等恶劣行为。这些在常态时期本已不绝如缕的丑恶现象,在灾荒特殊时期更是层出不穷、花样翻新。人们逐渐陷入麻木与绝望的心态,迷信思想蔓延。甚至因此对政府产生严重的不满与愤恨情绪,出现民变与造反,形成社会稳定的潜在隐患。如道光二十七年,永城城东的赵之深因岁饥而"带头造反"③(P65);咸丰三年,"确山大饥,民起为盗"④(P143);光

---

①　广东社会科学院历史研究室、中国社会科学院近代史研究所中华民国史研究室、中山大学历史系孙中山研究室等编:《孙中山全集》(第 1 卷),中华书局 1981 年版,第 89 页。
②　李文海、林敦奎、周源、宫明:《近代中国灾荒纪年》,湖南教育出版社 1990 版,第 370~371 页。
③　李文海、林敦奎、周源、宫明:近代中国灾荒纪年。湖南教育出版社 1990 版,第 65 页。
④　李文海、林敦奎、周源、宫明:近代中国灾荒纪年。湖南教育出版社 1990 版,第 143 页。

绪三年大旱,邓州与新野交界处等地,"均有饥民聚众起事"①(P372)。同时大量的受灾人口迁移,也给本地与邻境造成社会动乱的消极因素,成为邻近文化区域社会发展的滞碍因素。

以上这些最终导致区域社会萧条,经济发展滞缓,社会矛盾尖锐,社会价值观念恶化,而这即是近代河洛文化步入急速衰落的重要表现。人们在社会经济衰退、社会秩序混乱的大环境中,生命财产转瞬即失,没有丝毫安全保障,在灾害的重击之下更是陷入恶性循环当中,更遑论文化的繁荣与创新。

客观地讲,自然灾害在社会变迁包括文化的兴盛衰亡中,并不能发挥决定性作用;然而不容否认,它是重要的制约因素,并产生双刃剑一样的双重作用。一方面,自然灾害就像强大的阻力器。如果对于灾害的发生与危害缺乏足够清醒的认识,不能采取有效、及时的防止与补救措施,那么,自然灾害就会阻碍与延缓社会进步与文化发展的步伐,而且加速社会的衰落与文化的萎缩。另一方面,自然灾害又如长鸣之警钟。如果人们能够汲取并借鉴历代的防灾、救灾经验,牢记灾害带来的惨重损失,充分发挥主观能动性,就可以重建家园,继续进行征服与改造自然、创造繁荣文化的伟大征程。

几点思考与建议

以上对自然灾害与河洛文化的关系进行了简单的探讨,然而应该指出,本文更深层用意在于抛砖引玉,希望更多的研究者来关注社会文化与自然环境的关系,开展社会史、文化史与自然环境史、灾害灾荒史相结合的研究。以下谈几点不成熟的感想与建议。

首先,在官方文书、文牍的基础上,依据河洛地区典型而丰富的地方志、名人文集与日记、档案、报纸与杂志、碑刻、口述资料等,采取溯古至今的方式,将河洛地区古代、近代、民国以至当代不同历史时期的灾害与灾荒进行爬梳整理,形成灾害灾荒的资料长编(或汇编或选编),或者灾害灾荒年表,让世人了解河洛区域自然灾害的基本情况,从而有助于增加对河洛文化面貌的整体把握。

其次,在以上基础上,分析、概括河洛地区各个历史时期的自然灾害的特征

---

① 李文海、林敦奎、周源、宫明:近代中国灾荒纪年。湖南教育出版社1990版,第372页。

与规律,以及灾害对社会所产生的影响与造成的损失,包括政治形势、经济发展、社会心理、人口迁移诸多方面,从表面的、深层的、物质的、精神的不同角度进行考察与思考。这里,一方面可以运用比较性研究,李学勤提醒我们,"在研究区域文化时,不可忘记把它放到全国这一整体的文化背景中去考察"①。既可以比较同一时期全国其他文化区域的自然灾害,总结本地与全国其他区域的异同点,观察灾害对文化与社会的反作用;还可以进行中外比较,如比较尼罗河流域的埃及文化、两河流域的巴比伦文化、恒河流域的印度文化,以及希腊文化与罗马文化等,找出不同文化的异同,尤其是在灾荒非常态时期的文化发展模式,以及不同的文化如何应对灾害的侵袭等。另一方面,可以借鉴其他自然科学与社会科学的研究手段,比如吸收社会学、经济学、地理学、统计学、心理学、文化学等学科的理论与方法。

最后,重点考察河洛地区在不同历史时期的防灾、救灾的措施与思想,既关注政府与社会的救济活动,也关注中国与西方不同的救济理念,探索它们的对立、冲突以及回应、融合关系。找寻积极的、值得发扬继承的优秀经验,并反思与汲取救灾当中的各种弊端。因为积极的必然对文化的繁荣发挥促进作用,而弊端则起到不容忽视的阻碍作用。所以,对自然灾害的考察,最终目的是看它对社会文化的发展包括文化的再生发挥的作用如何,并尽可能地趋利避害、扬长避短。

自然灾害对社会的破坏是立体的、多层次的,"由物质到精神,由实体到机制,由社会存在到社会意识"②。河洛文化"在北宋以前一直走在全国各省最前列"③,然而到了元明清开始进入"日趋衰落时期"④,其中自然灾害频仍是重要因素。因此,开展灾害史的研究必将推进河洛文化研究的深度与广度。然而,根据笔者了解,在目前学界就区域性灾害史、灾害与区域社会发展、灾害与社会文化(文明)的延续、灾害与现代化等问题的研究中,河南地区相对而言稍显落后。本文愿以微薄学力给河洛文化研究提供一种思路,不当之处,敬请方家指正。

(作者单位:中国人民大学清史研究所)

---

①　李学勤:《河洛文化研究的重要意义》,《光明日报》,2004 年 8 月 24 日。
②　王子平:《灾害社会学》,湖南人民出版社 1998 年版,第 148 页。
③　杨玉厚主编:《中原文化史》,文心出版社 2000 年版,第 354 页。
④　程有为:《"河洛文化"概论》,《河南社会科学》,1994 年第 2 期。

河洛文化——中华民族文化认同的根基

张俊国　梁　勇

所谓文化活动是指人的活动和各种行为模式的表现方式。一般而论,"文化具有超时空的稳定性和极强的凝聚力,一个民族的文化模式一旦形成,必然会持久地支配每个社会成员的思想和行为。在人类历史进程中,同一民族通常都具有共同的精神结构、价值系统、心理特征和行为模式,人们正是在这种共同的文化背景中获得了归属感和认同感。因此,文化认同始终是维系社会秩序的'黏合剂',是培育社会成员国家统一意识的深层基础"①。而在谈到文化认同时,探寻文化的发展源头,梳理其发展脉络,对于我们解析文化认同在维系民族凝聚力和民族认同感方面的作用,无疑具有较强的理论和现实意义。纵观五千年中华民族文化的发展历程,我们不难发现处于中原腹地的河洛文化无论从其性质与地位,还是从其传播的路径与影响上,均对于中华民族的文化认同构建起过不可或缺的重要作用,因此,对其进行某些探讨和研究,对充分发挥好文化因素在构建和谐社会中的作用颇有益处。

一

河洛文化作为一种区域文化,对于如何准确定位其含义可以说是众说纷纭。但不管是广义的河洛文化,还是狭义的河洛文化,其具体分歧无非是两个方面,即区域的确定和时间的划分。就河洛文化的区域来讲大致有四种观点:第一种

---

① 杨玉玲:《文化认同:最坚固的国防》,www. gmw. cn2005 – 4 – 20.

观点认为,"河洛地区就是指黄河中游洛水流域(包括伊、洛、瀍、涧诸河)这样一个地区"①;第二种观点认为"从广义上来讲,就是黄河中游、洛水流域这一广阔的地域范围,具体说,就是黄河从河曲(风陵渡)向东经三门砥柱、过孟津直达荥阳、郑州,这一段大河以南,洛水伊水及嵩山周围包括颖水上游登封等地。古时称为河南地,亦称之为河洛地"②;第三种观点认为,河洛地区应该是"以洛阳为中心,西至潼关、华阴,东至荥阳、郑州,南至汝颖,北跨黄河而至晋南、济源一带地区"③;第四种观点认为,河洛文化从广义上讲就是中原文化,因为河南就是古代中原地区,所以河洛文化可以理解为中原文化的核心。尽管学者们对河洛文化的区域认识不一,但总的看来,以洛阳为中心,跨黄河中游周围地区作为河洛文化的区域界定还是能够为众多学人认可的。对于河洛文化的时间界定,有学者认为应是上迄人类文明的史前传说下至秦汉之际;更有学者认为河洛文化的下限应该到鸦片战争时。笔者更倾向于将河洛文化的时间定位于从中华民族摆脱野蛮蒙昧时代直到封建社会的结束。同样,我们平时所说的文化也有广义与狭义之分。狭义的文化指的是人类社会的意识形态以及与之相适应的社会制度和组织机构的总称;而广义的文化则应是人类社会在其发展的历史过程中所创造的物质财富和精神财富的总和。在此讨论河洛文化笔者所使用的文化概念是广义的文化,即河洛地区的先民从史前时代到横跨整个封建社会的历史发展过程中,在以河洛地区为中心的中原地区所创造的物质财富与精神财富的总和。从物质文化层面上讲,河洛地区有大量的古代文化遗存,既包括旧石器时代的文化遗址,也有新石器时代的裴李岗、仰韶和河南龙山文化遗址,更兼夏、商、周、秦、汉以至魏晋南北朝及以后历代封建王朝在该地区所创造的灿烂文明成果。从精神层面上来看,河洛地区不仅出现了中华文化的最早萌芽"河图洛书",滋养了中华文化的主流形态——儒学,而且更出现了儒、释、道三家相互融合、彼此吸收、交相辉映,共同支撑中华民族精神天空的盛况。

那么,河洛文化为什么能够出现支撑中华民族精神天空的盛况呢? 究其原

---

① 戴逸:《关于河洛文化的四个问题》,《寻根》1994 年第 1 期。

② 韩忠厚:《试论河洛文化在中国文化史上的地位》,《河洛文化论丛》第一辑,河南大学出版社,1990 年版。

③ 朱绍侯:《河洛文化与河洛文化圈》,《寻根》1994 年第 3 期。

因,恐怕最重要的就是与这里出现了最早的国家形态,最早摆脱蒙昧时代,并且长期作为中国政治文化的活动中心有着很大的关系。在河洛地区建立国家政权,一方面是需要高度发展的文化作为其存在的基础,而另一方面国家政权也为河洛文化自身繁衍提供了稳定的环境、便利的交通、充实的资源和与其他地区文化交流的机会。当然,"河洛文化之所以在中华文明史上具有十分重要的地位,并不仅仅是因为在这里诞生了最早的国家,率先进入了文明社会,而且还在于它融会四方,辐射四方的文化特性。在河洛文化起源与形成的过程中,依靠'天下之中'的地理优势,吸收周围地区优秀的文化成果,不断地充实自己;在走向成熟以后,对周围地区产生了更为强烈的影响与巨大的吸引力,加速了文化融合的步伐,并像滚雪球一样,越滚越大,最终发展成为中华民族多元一体的格局。从这个意义上说,河洛文化正是形成中华民族文化的基石"①。而河洛地区作为中华民族最早活动的地区,自然条件的优越,高度发达的农耕文化,频繁的经济交流活动为河洛文化的繁荣发展提供了不可或缺的物质基础。但河洛文化从史前产生,历经三代的积淀(《史记·封禅书》云"昔三代之居,皆在河洛之间"),到秦、汉、魏、晋、南北朝达其顶峰,自宋明而衰。究其原因,不外乎由北方少数民族入侵中原和河洛地区经济的衰落。自南北朝以后,北方少数民族多次劫掠中原,河洛地区作为政治、经济、文化中心最先受到冲击,严重破坏了河洛文化的生存环境,阻碍了其正常的发展历程。同时,随着河洛人的南迁,为长江流域及闽越地区带来了先进的耕作技术,经济、文化中心出现南移的迹象,而河洛地区的旱作农业相对于南方水作农业的劣势日益明显,不能为河洛文化的发展提供雄厚的经济基础,并最终导致其走向衰落。

二

　　河洛文化作为中华民族文化的源头,对其进行了解和探讨就不得不涉及对其特征的探究,概括起来说,河洛文化的特征大致有以下几点:

　　第一,源发性。"《易经·系辞上》说:'河出图,洛出书,圣人则之。''河图'、'洛书'被誉为'中国先民心灵思维的最高成就',可视为中华古文明的第一

---

① 张文军:《河洛文化的融合性——兼谈河洛文化与闽台的关系》,《中原文物》,2003 年第 1 期。

座高峰和里程碑。"西周初期,周公在雒邑"制礼作乐",开儒学之基。后有"孔子入周问礼乐"之事,故洛阳成为儒学渊源之地。东周的"柱下史"老子集唯物主义精华为五千言的《道德经》,遂成为道家学说的最重要经典,而老子也被尊为道家学派的创始人。东汉时,佛学自印度传入中国,朝廷在洛阳建白马寺,被后世誉为"祖庭"、"释源",成为中国佛教早期的活动与传播中心。魏晋时玄学的兴盛也始于洛阳;宋朝的"二程"将儒学发展为理学,而他们长期活动的地域仍是洛阳。可以说对中华民族和中国人的思想、意识和品格产生重要影响的儒学、道学、佛学、玄学和理学均产生于河洛地区,从中不难看出河洛文化对中华民族文化走向的奠基性作用。

第二,正统性。河洛文化因一直是帝都文化,所以被视为中华文化的真正源头。如果从夏朝算起,作为河洛地区中心的洛阳曾经是商、西周、东周、东汉、三国时的魏国、西晋、北魏、隋、唐、五代时的后梁、后唐、后晋的国都,所以洛阳又称"九朝故都"或"十三朝故都"。诞生于河洛地区的河洛文化可以说是民族文化与国家文化的统一体,它不同于其他的区域文化,正是由于河洛文化长期居于主导地位,故而能够成为中华民族文化的源头与核心。

第三,包容性。河洛地区居天下之中,特殊的地理位置使其在漫长的历史发展过程中在相当长的一段时间内一直是中国的政治、经济、文化中心,政治的导向和经济文化的交流,使河洛文化成为一个大熔炉,广泛吸收了构成华夏文化的各区域文化的有益成分,最终形成了内涵深厚的中华民族文化的核心部分。由于河洛地区位于中原腹地,临接河北的燕赵文化、山东的齐鲁文化、长江流域的湘楚文化、山西的秦文化和山西的晋文化等区域文化,便利的交通以及发达的经济基础为其吸收与融合其他区域文化提供了先天的优越条件。同时,河洛文化借助于政治中心得天独厚的基础,还可以兼采境外文化的精髓,故而在中华民族文化的历史演进中一直处于领先地位。

三

河洛文化对中华民族文化的推动与促进,一方面表现在其创造的辉煌的物质与精神文化成果,另一方面表现在其传播的过程推动了构成中华文化的其他区域文化的发展。

　　探寻河洛文化对中华文化的贡献,我们首先应追溯史前文明时期。在石器时代,河洛地区作为人类最早活动的区域之一,河洛先民创造了辉煌的石器文化,并以"河图"、"洛书"的形式对自然与时空进行了深邃的哲学思考。当中国步入文明时代后,河洛地区又诞生了灿烂的青铜文化,先进的农耕文明为其以后的发展奠定了坚实的物质基础,而产生于该时代的《易经》文化成为中国文化的精髓。作为中华文化主流的儒学以及充满思辨色彩的道家学派也同样萌芽于该时代。在铁器文化时代,河洛地区的文化发展更是高潮迭起,活动于河洛地区的先哲学人灿若繁星,而庞杂的文化成果使河洛文化愈发厚重。现仍坐落于黄河岸边的一座座古代都城遗址,无不展示了河洛文化的深厚底蕴;汉代蔡伦发明的造纸术不仅加速了中华文化的传播,也使整个世界至今受益;当年张衡在洛阳城发明的候风地动仪,体现了河洛文化的科技成就;而洛阳龙门石窟艺术更是将河洛文化的多重侧面展现得淋漓尽致。当回首仰望铁器文化时代,河洛文化中的精神文化成果,更使我们叹为观止。古文经学与今文经学作为儒家学派的重要经典,在洛阳轮流坐庄;玄学的出现展示了河洛文化博大精深;作为中国史学代表的《汉书》、《资治通鉴》的出现,也是吸收了河洛地区丰厚文化营养的结果;而作为中国文学最高成就的唐诗、宋词无不是以河洛文化为发展背景的。由此可见,中华文化的先进成果大都产生于河洛地区或者与该地区有着密不可分的关系,所以,河洛文化作为中华文化的源头和根基的地位是不容置疑的。

　　河洛文化对中华文化的推动还表现在其传播与辐射方面。在生产力落后的条件下,由于传播手段的限制,文化的传播与交流主要凭借人的迁徙与流动来完成。正是依靠河洛地区先民的一次又一次的大规模南迁,河洛地区的先进文化跨越长江,深入闽越,并最后登陆祖国宝岛台湾,当然河洛文化也不乏对海外的影响。在先秦时代,已经有河洛先民向南迁移,而大规模的迁移活动是在西汉开始的。在中国历史上,河洛人的大规模南迁共有三次:第一次,西晋永嘉之乱时,"据《三国志》记载,西晋永嘉之乱时中原地区'衣冠入闽者八族,陈、林、黄、郑、詹、丘、何、胡也',这八族是河南固始江淮间的士族集团,他们大批迁徙到数千里之外的闽越,带去了先进的技术,对当地经济发展起着显著的促进作用"①。

---

　　①　萧河:《河洛人口南迁与闽台的渊源关系》,《中州统战》,1998 年第 11 期。

第二次,从唐高宗时期开始直到唐末黄巢起义,前有陈元光入闽,后又有王潮、王审知兄弟拥兵福建。唐朝南迁的主体均来自河南固始,固始遂成为河洛地区历史上南迁人口最为集中的输出地,这些南迁的河洛人为福建带来了河洛官话,直到今天闽南话仍保留了河洛的特色。同时,伴随移民来到福建的还有宗教信仰和日常生活方式。第三次,北宋末年大批的河洛人随王室南渡,并最终结束了河洛人大规模南迁的历史。玄学、理学也随移民跨越长江来到福建,滋养了江南民众,遂使这里成为文章锦绣之乡。河洛人到达福建后并没有中止迁徙的脚步,而是继续向外传播河洛文化,当然这仍是在不自觉中完成的。"中原向闽地移民,促进了闽地经济文化的发展,使这里出现了急剧的人口增殖,人多地少的矛盾逐渐突出出来,中原移民的后代又面临向他处迁移、拓展新的生存区域的任务,于是就展开了闽地向台湾移民的过程,中原文化以闽地为中介辗转迁徙到台湾。"①

四

在全球化不断发展的今天,器物层次的文化可以随着现代化的进程而逐步地融合划一,而精神层次的文化却因其处于文化的最深层而难以改变,更不会因政治认同的转移发生变更。民族文化的认同主要表现在行为规范、语言符号和价值理念三个层次上,并且这三个层次还是可以独立存在的。从西晋永嘉之乱到宋末的漫长历史中,河洛人大规模南迁过程中经历了沧桑巨变、民族融合,但在迁徙的路途上河洛文化的因子还是至今仍见,在台、闽、粤等地的民风民俗中仍可以看到河洛文化的遗风,如"重道义、好学问、尚教育、讲伦理、尊妇道、敦亲族、敬祖先"等。在语言符号上,河洛话的印记更加明显。"闽台方言,又称'福佬话'、'河洛话'。虽然闽东和闽南的方言有差别,但均属河洛话的系统。虽然河南其他地区也保留了部分河洛话,但均没有豫东南的固始保留得完整,而且与山川阻隔的闽台方言有着惊人的相似之处。因此,从某种程度上说,'河洛话'就像'活化石'一样保留在固始和闽台的方言中。"②而在价值理念层次方面,河

---

① 俞祖华、杨玉好:《从"河洛人"入闽、迁台看中原文化的迁移模式》,《烟台师范学院学报(哲社版)》,1999 年第 3 期。
② 萧河:《"河洛话"、"闽南话"与河洛》,《中州统战》1998 年第 12 期。

洛文化作为民族文化的核心与源头,他对区域文化的影响更为深远,因为即使显象的文化因子在民族文化融合的进程中消失,但文化的核心价值观——这种根植于个体内心深层的精神,却可以长期保存下来,如祭祖、家庭成员间的权利与义务关系等,尤其在价值取向上,闽台地区依然保留很多河洛文化的传统色彩,如:服膺自然、崇古、内向发展等。

由上可以认为民族文化认同,一方面是文化本身具有的强大凝聚力、黏合力;另一方面是文化全体成员对文化的归属感和认同感的结合。河洛文化以其在中华民族文化中的源头与根基地位,在历史的长河中长时间以区域文化的名义扮演着民族文化领头羊的角色。"秦汉以后,随着版图的扩大,出现了大一统的王朝,尤其是在汉唐盛世,经济、文化的繁荣,加剧了民族融合的步伐,同时也更加巩固了河洛文化的根基,使河洛文化深深扎入中华民族文化之根。尽管说在中国历史上,有过许多次的少数民族入主中原,以及不断的战争和民族迁徙,但河洛地区始终是一个大舞台,文化的根基不但没有动摇,反而产生了磁石般的力量,成为凝聚华夏民族的力量之源。"①众多南迁的河洛人后代在闽、粤、台等地繁衍生息,但他们大多保留自己的宗族堂号,追忆"根在河洛"。南宋诗人陆游诗云"永怀河洛间,煌煌祖宗业"说明了南迁移民后裔对河洛文化的崇敬之情。而当代络绎不绝的台湾人及海外华人以"河洛郎"的身份到洛阳等地寻宗祭祖,更反映了他们对河洛文化的归属感和认同感。

(作者单位:张俊国,河南科技大学文法学院;梁勇,河北师范大学法政学院)

---

① 张文军:《河洛文化的融合性——兼谈河洛文化与闽台的关系》,《中原文物》2003 年第 1 期。

河洛文化与华夏民族的
形成及汉文化的传播

陈玉屏

关于华夏族(汉以后称之为汉族)的形成时期,学术界的认识久未统一。近年来,关于"民族"的概念和民族主义问题已成为世界范围的热门话题,随着民族理论发展与时俱进,笔者力求在新的理论认识的基础上,对华夏民族及华夏文化的形成、河洛文化在华夏文化中的地位以及华夏文化的传播与中华大地上民族融合特点等问题谈一点个人的认识。

一、民族形成问题的再探讨

探讨民族形成问题,首先就涉及到关于"民族"的概念问题。斯大林于1913年在《马克思主义和民族问题》一文中,对"民族"下了这样一个定义:

> 民族是人们在历史上形成的一个有共同语言、共同地域、共同经济生活以及有表现于共同文化上的共同心理素质的稳定的共同体……把上述任何一个特征单独拿来作为民族的定义都是不够的。不仅如此,这些特征只要缺少一个,民族就不成其为民族。

在同一篇文章里,斯大林又说:

> 民族不是普通的历史范畴,而是一定时代即资本主义上升时代的历史

范畴。封建制度消灭和资本主义发展的过程同时就是人们形成民族的过程。

50年代,我国学术界围绕汉民族的形成展开了一场大讨论,当时的人们十分自然地是以斯大林的"民族"定义为指导的。但是,由于时代的限制和认识上的局限性,学界人士对斯大林的论述的理解产生了歧义。比如,如何理解民族是"资本主义上升时代的历史范畴"?范文澜先生就认为:"自秦汉时起,可以说,四个特征是初步具备了,以后则是长期地继续发展着。"①而曾文经先生认为:"汉民族只是在封建主义的解体、资本主义的出现、全国市场的形成之后才开始形成起来。"②总之,论者仁者见仁,智者见智,各抒己见。后来三联书店将各种争鸣意见汇为一集,以《汉民族形成问题讨论集》为名于1957年出版。

上世纪后期以来,民族与民族主义问题在世界范围内成为日益复杂的热门话题和热点问题。言其复杂,甚至对于"什么是民族"这个最基本的问题都感到难以准确表述。西方一些知名的民族学家,如厄内斯特·盖尔纳说:"给民族下定义,要比给国家下定义困难得多。"③马克斯·韦伯认为:民族(nation)是一个充满感情色彩、在进行社会学定义时最令人苦恼的概念。④埃里克·霍布斯鲍姆认为:回答这个问题"至今尚无一致通论或标准规则"⑤。其复杂性由此可见一斑。关于斯大林的民族定义的科学性问题,中国社科院郝时远先生在《世界民族》上连续发表文章,进行了精辟的论述。郝先生指出:"斯大林民族定义中的'民族'是具有特定时空对象的……是西欧资本主义上升时代构建民族国家而产生的结果,而非前资本主义时代的人们共同体。"⑥虽然,斯大林关于民族四特征的定义具有较强的普遍适应性,但不分时空条件套用斯大林的论断仍然是不妥当的。随着民族与民族主义问题的新表现和民族理论的新发展,党中央根据新形势与新任务,对我们党关于民族问题的基本理论和政策作了与时俱进的

---

① 《历史研究》1954年第3期。
② 《历史研究》1955年第1期。
③ 盖尔纳:《民族与民族主义》第7页,中央编译出版社2002年版。
④ 韦伯:《经济、诸社会领域及权力》第120页,三联书店、牛津大学出版社1998年版。
⑤ 霍布斯鲍姆:《民族与民族主义》第5页,上海人民出版社2000年版。
⑥ 郝时远:《重读斯大林民族定义》,《世界民族》2003年第4期。

新调整。其中,对于"民族"作了如下描述:

> 民族是在一定的历史发展阶段形成的稳定的人们共同体。一般来说,民族在历史渊源、生产方式、语言、文化、风俗习惯以及心理认同等方面具有共同的特征。有的民族在形成和发展的过程中,宗教起着重要作用。

我们党关于民族问题的基本理论和政策对"民族"概念的新描述,继承了斯大林民族定义中具有普遍适应性的内容,同时又根据新的历史条件下的新情况和国内外学术界对"民族"的长期研究形成的新认识,作出了与时俱进的调整和补充,因而较之斯大林的论述,更具有时代性、科学性和更广泛的适应性。我们探讨河洛文化和华夏族的形成,应当在上述关于"民族"的新论述的理论指导下进行。

民族学界相当多的学者仍然普遍赞同摩尔根、恩格斯的意见,即人们群体是循氏族、部落、部落联盟(有的称其为部族)而演进到民族,这里所指的当然是"前资本主义时代的民族"。为了避免概念的混淆,下文所讨论的"民族",均限于前资本主义时代的民族。

人们都承认,民族与之前的人们群体是有差别的;作为科学的研究,总是需要选定一个标准作为体现差别的界限。未达到这个标准之前,这个人们群体还不能算作"民族";达到这个标准后,方可称为一个"民族"。分析上述关于"民族"的最新描述中的各个要素可知,人们群体的生产方式和语言的改变并不十分困难。魏晋南北朝时期北魏孝文帝迁都洛阳,几十万拓跋鲜卑由平城(今山西大同)南迁洛阳以后,短短三十来后,生产方式由游牧转为农耕,语言也汉化了。但是,一个民族的文化、风俗习惯及心理认同等方面的特征改变起来困难得多、缓慢得多。一个民族的历史渊源构成这个民族的民族记忆和民族传统,这是维系该民族心理认同的强有力的文化因素,具有非常顽强的持久影响力。(在民族形成和发展中发挥了重要作用的宗教也是一种强有力的文化因素,也具有非常顽强的持久影响力。)东汉初南匈奴入塞内附,直至西晋末,历时近 300 年,匈奴族尚未完全融入汉族而与汉族认同,仍然保持着强烈的民族记忆和若干传统文化特点。上述拓跋鲜卑迁洛后,虽然语言和生产方式改变较快,但其心理上的民族界限的消泯(即完成心理认同)经历了近百年的时间,至隋朝建立才算基本完成。综上所述,在决定"民族"作为一个稳定的人们共同体的诸因素中,文化因素是起主要决定作用的因素。因此,判定一个前资本主义时代的人们群体是否可以算作一个"民族",主要标准应当是文化。

然而,成为"民族"之前的人们群体,并不是没有共同的文化,只不过他们的共同文化发展的程度不够高,对共同体稳定性的维系作用不够强。因而,作为判定标准的文化应当是达到某种发展程度的共同文化。人们普遍接受 E. B. 泰勒的观点,将文化划分为物质文化(表层)、制度文化(中层)、精神文化(深层)三个层次。在前资本主义时代,物质文化的状态更多地依赖于客观环境(在生产力不发达的古代更是如此),环境一变,衣食住行等日常的生产、生活行为变起来很快。但一个人们群体的文化一旦发展到制度文化和精神文化层次,其群体的共同特征对客观环境的依赖性就会大大减弱。制度文化和精神文化的理性程度越高,理性内容越丰富,这个人们群体的共同特征就越鲜明,对群体稳定性的维系力量就越强大。因此,判定一个人们群体是否已经演进为一个"民族",应当看其是否具有升华到一定理性高度的、相传相继了较长时期的传统文化。

二、华夏族的形成与河洛文化

华夏族之得名,论者众说纷纭。考诸典籍,最早将华、夷相区分而言的,当数《尚书》。《尚书·舜典》云:"蛮夷猾夏",传曰:"猾,乱也;夏,华夏。"虞舜虽然只是传说中的人物,但《舜典》已言及夷、夏之分,确也非无稽之论。居于黄河中、下游地区的华夏人,与华夏人四周的蛮夷戎狄人,早在夏王朝建立之前,已形成有明显差异的人们群体,只不过后人以华夏这个人们群体所建的夏王朝之"夏"来称呼他们,故名其为"夏"人。至于又名为"华"的原因则众说纷纭,有言华即开花者①,有言文彩者②,有言华为"荣"者③,不一而足。后人称这个人们群体为"夏"或为"华",或"华夏"连用,以区别于四周的蛮夷戎狄人。这里,笔者之所以称华夏和蛮夷戎狄为"人"(人们群体)而不称"民族",是因为其尚未形成严格意义的民族。华夏人较早转为定居农耕生活,其经济文化发展较快,逐渐

---

① 《礼记·月令》。
② 《礼记·檀弓上》。
③ 《说文·华部》。

与蛮夷戎狄拉开了差距。随着生产力发展和阶级分化,国家产生的条件日趋成熟,最终"启代益作后",夏王朝诞生。夏王朝的建立是否意味着华夏民族已经完全形成了呢? 夏人虽然已经建立了比较原始的制度文化,精神文化的内容也在不断的充实之中,但尚未升华到应有的理性高度,华夏人还不能算作已发育完全的民族。这在史籍中有佐证可寻。《史记·夏本纪》载:"汤乃践天子位,代夏朝天下。汤封夏之后,至周封于杞。"故春秋时期之杞国,应为夏人的嫡传后裔。但《春秋·僖公二十七年》载:"春,杞子来朝。"《左氏传》解经曰:"杞桓公来朝,用夷礼,故曰'子'。公卑杞,杞不共也。"文中之"杞不共",即"杞不恭",杞桓公朝鲁用夷礼,鲁认为其不恭敬。如果夏人已经演进成具有较高制度文化和精神文化的成熟的"民族",为何作为其嫡传后裔之杞差点"变于夷"? 足见夏人这个人们共同体的稳定性很成问题,没有达到"民族"所应有的程度。商人的情况是否有根本的改观?《史记·殷本纪》的记载值得注意:"成汤,自契至汤八迁。汤始居亳,从先王居,作帝诰。"《集解》引孔安国称,契至成汤,"十四世凡八徙国都"。商王朝建立后,仍然频繁地迁徙,《史记·殷本纪》称仅盘庚时就"乃五迁,无定处"。商人如此频繁地迁徙其国,对经济、文化发展造成的影响之大,是可想而知的。商在夏的基础上,进一步发展和丰富了华夏文化,但不能认为其已经达到作为"民族"应有的高度。经过夏、商二代,华夏人不仅物质文化有长足发展,制度文化逐步完善,精神文化不断丰富,具有较高理性程度的文化已在逐步形成相传相继的传统文化。周人兴起并取代商王朝统治的过程中,对物质文化、制度文化、精神文化的发展作出了重大贡献。史籍记载周人状况虽然简略,但认真分析,其活动轨迹清晰可见。周人的生产方式,具有以农为业的传统。姑不论后稷,自庆节至古公,周人居豳以农立国,农耕文化未曾中断。古公避戎狄于岐下,归附者日多,"于是古公乃贬戎狄之俗,而营城郭室居"①。周人定居农耕生活得到进一步发展。周人定居农耕的生产和生活方式,较游牧经济有更大的优越性,更有利于文化的发展和文化内容的理性升华。《史记·周本纪》称古公在岐下"作五官有司。"《集解》引《礼记》载郑玄称"此殷时制"。此可以表明,周人在保持和发展自己的文化特色时,也在吸纳商人的文化。史籍对周的历代君王

---

① 《史记·周本纪》。

德行的记述中,反映出不少内容属于制度文化和精神文化建设范畴,这已是后来被称作"周礼"的重要组成部分。《周本纪》称:"西伯阴行善,诸侯皆来决平……入界,耕者皆让畔,民俗皆让长。"言虽寥寥,但明显反映出周人立身行事,均遵行一定的准则,且此种准则具有较高程度的理性内涵。

周文化大有渊源。周人除了对后稷以来的文化发展相传相继、一脉相承以外,对夏人、商人的思想文化也兼收并蓄,发扬光大了华夏文化。《周书·泰誓》讲了一套"敬天保民"的大道理,这套理论对《夏书·五子之歌》、《商书·咸有一德》的内容和精神有明显的承袭性,但其理性高度则非《夏书》、《商书》可比。周初所作的大量诰、誓、辞、命,其理性高度均远远超过《夏书》和《商书》各篇。《周书·武成》记述周初实施的重大举措:"列爵为五,分土惟三;建官惟贤,位事为能;重民五教,惟食丧祭;明信义,崇德报功,垂拱而天下治。"言虽简略,但包含了制度建设和思想建设的极为丰富的内容。《周本纪》载周成王袭淮夷归丰,"作《周官》。兴正礼乐,制度于是改,而民和睦,颂声兴"。这是周人完善礼乐制度的又一次重大举措,周制基本定型。以此为标识,可以认为,周人已经将华夏文化升华到较高的理性程度,充实了较为丰富的理性内容。至此,华夏人终于完成了漫长的发展演进过程,最终形成了堪称为"民族"的人们共同体。

黄河中、下游地区是华夏文明的重要发源地之一。河洛地区位居黄河中游,仰韶文化、龙山文化均覆盖河洛地区。学术界不少人赞同"帝禹起于西羌、兴于河洛"之说,史籍称河洛地区为夏人的主要活动区域。《世本·居篇》与《古本竹书纪年辑本》称帝禹建都阳城,《逸周书·度邑》称伊水、洛水两岸为"有夏之居"。田继周先生在研究了古籍的多种说法后指出:"史书记载,禹都阳城和阳翟,太康、仲康居斟鄩,相居商邱,少康、伯杼居原和老邱,胤甲居西河,桀居何处没有记载,只知他与商汤战于鸣条,败而东走至南巢而死。"①其实,《史记·周本纪》《正义》引《汲冢古文》云:"太康居斟鄩,羿亦居之,桀又居之。"由此可见,河洛地区是夏人主要的活动区域,也是夏文化的中心区域。

在成汤灭夏和建立商朝之前的先商时期,商文化"是逐步地和大量地吸收了夏文化的先进因素"②,成汤灭夏后,至于太戊五世十王所都之亳,史籍传写众

①②　田继周:《先秦民族史》第 157 页,第 205 页,四川民族出版社 1996 年版。

说纷纭,但结合 20 世纪 80 年代后的考古发掘情况来看,郑州商城和河、洛之间平原上的偃师西尸乡沟一带属商早期的古城遗址,均有国都的规模和气概,且汤所居亳在偃师也是史传之一说。③ 可以认为,商王朝建立的前期,政治、经济、文化重心仍然在河洛一带,盘庚迁殷后虽重心略有东移,但河洛地区仍是商人的重要活动区域,也是以商文化代表的华夏文化覆盖的主要区域。

周人兴于周原,但对夏、商文化兼收并蓄,《周本纪》称古公在岐下广招民众,"而邑别居之",承商制"作五官有司。"足见一斑。周灭商后,高度重视河洛地区的战略地位。《周本纪》称:"成王在丰,使召公复营洛邑,如武王之意。周公复卜申视,卒营筑,居九鼎焉。"将象征江山社稷的九鼎置于成周洛邑,足见周王朝对洛邑之重视!周将参加武庚之乱的殷顽民强制迁徙于成周洛邑附近,置"成周八师"于洛邑,成为周王朝控制东方广大地区的政治、军事重镇。洛邑所在的河洛地区本来就具有丰厚的华夏文化的底蕴,成周建成后,实际上已成为商、周文化荟萃交融之地。集华夏文化之大成的"周礼",绝非仅在丰、镐一带形成和发挥影响。河洛文化对"周礼"的形成,是产生了极为重要的作用的;如果我们以"周礼"作为华夏文化升华到应有理性高度的标识,即华夏"民族"最终形成的标识,河洛文化实有奠基之功。公元前 770 年周平王迁都洛邑,宗周故地已成戎狄文化影响范围,成周所在的河洛地区成了无可争议的华夏民族和华夏文化的中心地区。

秦一统后两千余年,河洛地区因洛阳之故,多数时期是中原王朝的政治中心地区。虽然在历史发展进程中,汉文化通过不断扩展,在中华大地上形成多个中心区域,但河洛地区作为汉文化的中心区域的地位从来未曾动摇。

三、民族迁徙、汉文化的传播和南北方的民族融合

春秋以降,华夏—汉文化从河洛地区向四周辐射。由于以河洛文化为核心的华夏文化较之四夷文化而言具有相对的先进性,因而对四夷产生了巨大的潜移默化的作用。《春秋左传正义》卷四八称孔子云:"吾闻之,天子失官,学在四夷,犹信。"文化传播的方式毋庸赘述,但文化的传播是以人为载体的,故文化传

③ 《史记》正义引《括地志》云:"河南偃师为西亳,帝喾及汤所都,盘庚亦迁都之。"

播与汉族和兄弟民族民众的迁徙有密切的关系。

平王东迁后,周王室虽然在政治上日渐衰微,但在天下纷争之中,同尊周礼的各诸侯国及其与蛮夷戎狄各邦国之间的碰撞与交流却日益加强,民众的往来迁徙并不显得十分困难。史籍反映出汉族民众远走四夷的事例相当频繁。《史记·魏世家》载田子方答公子击"富贵者骄人乎?且贫贱者骄人乎"之问:"贫贱者,行不合、言不用、则去之楚、越,若脱然……"民众到楚、越等蛮夷之地,容易得像脱鞋一样,亦可推之四夷之人也易入于诸夏之邦。由此可知,文化因人的迁徙互动而远播四夷,故当时才有"学在四夷"的说法。孔子在诸夏之国推行其道不顺利,于是萌生了到蛮夷地区去推行其道的想法。如果没有出入蛮夷地区较为方便的条件,孔子是不会突发奇想的。随人口迁徙,河洛文化辐射蛮夷地区的典型事例是公元前520年,周景王死,"国人立长子猛为王,子朝攻杀猛。猛为悼王。晋人攻子朝而立丐,是为敬王。……四年,晋率诸侯入敬王于周"[①]。子朝兵败,率召氏、毛氏、南宫氏等旧宗族和大量扈从,席卷王室所有典籍奔楚。这是周人和河洛文化的一次大迁徙,极大地推动了楚文化的发展,使楚国很快地发展为华夏文化的又一个中心区。观战国时,楚李耳创道家学派;《楚辞》与《诗经》同为我国诗歌的两大源头,且其文学艺术水平,完全不逊乎《诗经》。

中国古代的北方地区,自战国以来,"华夏"与"戎狄"之间界限已相当分明:长城为界。塞内为"华夏",塞外为"戎狄"。汉文帝时,曾遣使遗书匈奴称:"先帝制:长城以北,引弓之国,受命单于;长城以内,冠带之室,朕亦制之。"[②]。这种以长城分夷夏的状况一直持续到明末,清王朝建立后才得到根本改变。在清以前的漫长的历史岁月中,以长城划分夷夏这种局面形成的根本原因在于汉民族与塞外戎狄民族生产方式的根本差异。《史记·匈奴列传》记述了汉初著名的"白登之围",匈奴阏氏劝冒顿单于解围刘邦的重要理由是:"今得汉地,而单于终非能居也。"在整个社会历史条件成熟之前,处于游牧生产方式下的匈奴族是难以在塞内立住脚的。同传载汉文帝四年与公卿议对匈奴当和还是当战,公卿皆以为当和,其重要理由是"且得匈奴地,泽卤,非可居也"。最能说明问题的事

---

① 《史记·周本纪》。
② 《史记·匈奴列传》。

例莫过于东汉中叶北匈奴西迁后,塞外草原上已不存在可以抗衡东汉王朝的力量,此时东汉朝议是辩论是否应当放早已入居塞内的南匈奴出塞去填补力量真空,而绝未考虑是否组织汉族民众徙居塞外的问题。原因很简单,按当时的生产力发展水平,让大量汉民出塞转营游牧经济是根本不现实的。因此,清以前的漫长历史时期中,在通常情况下北方夷汉人口的迁徙对流虽然一直存在,汉文化对塞外各族的辐射作用也一直存在,但均未能产生根本改变塞外各族民族文化,致使其认同汉文化、与汉民族融合的作用。而在历史上某些特定条件下,出现了塞外民族大量入居塞内甚至入主中原的情况,虽然这种入居很多时候是伴随刀光剑影进行的,但一旦入居之后,在以河洛文化为主要代表的中原汉文化浓烈氛围的包围中,各兄弟民族无例外地迅速向农业经济转轨,语言、制度文化、精神文化也逐步与汉族社会趋同,最终融入汉族。此种融合虽然"碰撞"剧烈,但完成时间相对较快,其交融程度较高。

中国古代南方地区则不然。南方各兄弟民族均以农耕为主要生产方式,在生产方式上与汉族没有根本的区别,而只有生产力水平高下之分。南方各兄弟民族居处与汉族犬牙交错,没有北方像长城那样难以逾越的分界线。因而,南方夷汉民众的迁徙和交流,远远不像北方出入塞门那样艰难。正因如此,中国古代历史上从未出现过南方少数民族"入主中原"的现象,也很少出现"僚人入蜀"那样的少数民族较大群体自主迁徙入汉族腹心区域的情况(官方组织的移民除外,如汉武时迁瓯越、孙吴时迁山越)。因而南方汉族和少数民族的迁徙互动主要呈油迹浸润的方式进行,汉文化在南方民族地区也是呈渐进的传播方式。由于南方地区特别是西南地区拥有大量山高谷深、地势险峻的区域,可以提供相对封闭的聚族而居的地理环境。汉族民众向民族地区的迁徙自然是循先易后难的原则,汉文化的影响的强弱自然也是循此规律而行的。当平原地区和交通相对方便一点的地区兄弟民族通过与汉族民众的密切接触,受到作为强势文化的汉文化的熏染而渐次与汉族融合后,那些具有封闭型地域特征的区域,当地的民族文化特征则因较少受到汉文化的影响而保存下来,这就是我国南方地区特别是西南地区少数民族保存较多的根本原因。

(作者单位:西南民族大学民族学院)

汉族移民与云南统一

林超民

云南成为祖国统一多民族国家的一部分,与历代王朝向云南移民有重大关系。汉族移民是开发云南的生力军,是云南统一于祖国大家庭的社会基础。正是汉族移民与汉文化在云南的广泛传播使云南成为祖国不可分割的西南边疆。本文拟从汉族移民在统一云南历史进程中的作用,就汉族移民与民族国家的认同问题做一粗浅的探讨。① 期望得到大家的批评指正。

开拓:汉族移民与云南边疆的统一

云南在汉武帝以前是"西南夷"聚居的"化外之地"。秦王朝试图经营西南夷,派遣官吏,开通道路,设置郡县。可是,这些举措还未来得及实施,秦王朝就被农民大起义推翻。

汉武帝时期,以蜀为基地,经略西南夷地区(今四川西南部、贵州西部和云南)。约在元光三年(公元前132年)从僰道(今宜宾)修筑一条通往云南的道路,在今昭通地区"凿石开阁",翻山越岭,直达建宁(今云南曲靖),有二千余里。这就是所谓"南夷道"。为修筑这条道路,调动了数万人"千里负担馈粮","悉巴蜀租赋不足以更之,乃募豪民田南夷,入粟县官,而内受钱于都内"②。为解决筑

---

① 在诸多云南历史论著中,把"庄蹻入滇"当做汉族移民进入云南的开端。这一论点大有商榷的余地,因为庄蹻是楚国人,不是汉族。当时汉族作为一个民族尚未完全形成。一般说来,汉族是在秦王朝统一中国后逐渐形成的。

② 《史记·平准书》,亦见《汉书·食货志》。

路民夫的粮食供应,招募内地商人出钱雇用农民到西南边区屯垦。为修筑"南夷道",招募多少农民来西南屯垦,有多少人户定居下来,未见史书记录。但可以推定,有一定数量的内地汉族农民在"南夷道"沿线定居下来。

在开"南夷道"后三年,汉王朝又命司马相如修筑"西夷道",即由今天从成都到西昌的道路。为修筑这条道路,同样招募内地汉族农民前来修路、屯垦。也有一部分汉族人户在"西夷道"沿线定居。

汉王朝开始经营"西南夷"地区时,就有许多汉族移民迁移到云南来,只是不详于录。

自汉武帝元封二年(公元前109年)在今云南设置益州郡以后,云南就成为大一统的中华帝国的一部分。汉王朝在云南建立郡县的同时,不断向云南移民。移民的目的是保卫郡县,即"屯田守之"①。为了管理屯田事务,汉王朝在云南设置专门的机构,如"屯兵参军"之类。这一职官,虽见诸于南朝记录,却应当是自西汉以来历代相沿袭的郡县职官。②

在王莽时期,南中地区发生动乱,王莽派大军十万,经过十多年的征讨,平定动乱。王莽任命文齐为益州太守。太守文齐率领民众,"造起陂池,开通灌溉,垦田二千余顷,率厉兵马,修障塞,降集群夷,甚得其和"③。文齐在滇池地区把流散的汉人组织起来,开垦农田多至二千余顷。可见汉族移民的数量不少。当公孙述占据蜀地,企图兼并南中时,文齐"固守拒险,述拘其妻子,许以封侯,齐遂不降。闻光武即位,乃间道遣使自闻"⑤。文齐之所以能在益州坚持抗击公孙述,主要原因就是得到当地汉族移民的支持,可见当时云南的汉族移民的数量已相当大,是维护汉王朝在南中地区统治的有生力量。

东汉时期,中央王朝继续向云南移民。到东汉末年,汉族移民已在云南形成巨大势力。当时南中地区为保卫郡县,有所谓"郡兵"。郡兵长期在边地戍守,屯田自给,安家置业,大多数人"乐其处而有长居之心","安乐而不思故乡"④,他们不再返回遥远的故土,而落籍云南。

---

① 《华阳国志·南中志》。
② 林超民编:《方国瑜文集》第一辑,第308页,云南教育出版社,2001年8月。
③⑤ 《后汉书·西南夷传》。
④ 《汉书·晁错传》。

　　两汉时期,云南地区的夷人不堪忍受剥削与压迫不断掀起反抗斗争。仅只靠屯垦戍守的"郡兵"不可能镇压夷人反抗。只有征调内地的农民、招募士卒,或释放囚徒充当士兵到云南协助郡兵征讨。两汉王朝二百多年中,多次从内地调兵遣将到云南征讨反抗的夷人。每次作战都有不少汉族兵士流落在云南。王莽时期,有数万人散落在云南。①

　　由于蜀地(今四川)发生动乱,导致当地民众无法安生,只有逃离故土,流落到云南。李雄在蜀中据地自雄,蜀地动乱不已,"蜀民或南入宁州,或东下荆州,城邑皆空,野无烟火"②。因为战乱,蜀地居民被迫迁移到宁州,即今云南。太安二年(公元303年)五苓夷破坏郡县,"晋民或入交州,或入永昌"③。晋民就是汉人,由于动乱不得不迁移到云南西部或南部地区。

　　中央王朝通过屯垦、征讨等方式,逐步向云南移民。同时,一部分汉人则以逃难、游宦、流窜等方式流落到云南安家落户。汉人在云南的数量不断增加。汉人到云南后编入户籍,与非编户齐民的"夷人"相区别。

　　汉人编入户籍后,要向政府缴纳租税。汉人成为中央王朝在边郡④的主要经济基础与社会基础。朝廷的命官主要依靠边郡的汉族移民巩固在边郡的统治。屯垦戍边是在边疆建立统治和巩固统治的重要举措,也是汉族移民到边疆的主要形式之一。

蜕变:汉族移民的"夷化"

　　汉王朝在云南设置郡县的同时,不断以屯垦戍边等方式向云南移民。汉族移民与当地土著的"夷人",分别建立"汉户"和"夷户"。"夷户"由"夷帅"统领,"汉户"则由王朝派往云南的命官管辖。

　　为了控制汉族移民,边郡的官员在移民中选拔和培植一批"豪族大姓"。郡县的太守、县官通过这些"大姓"控制汉族移民,并牵制"夷帅"。

　　"豪族大姓"主要是屯垦戍边的"领军"。"领军"是太守所属的长吏,他们

---

① 参见《方国瑜文集》第1辑《汉晋时期在云南的汉族移民》。
② 《资治通鉴》卷八五。
③ 《华阳国志·南中志》。
④ 汉王朝在边疆地区设置的郡县,因是汉代设置的,与旧有的郡县相区别,称为"新郡"或"初郡",因设于边疆地区,又称为"边郡"。

长期任职,而不是定期轮换的"更卒遣戍",逐渐成为落籍云南的移民。他们世领其职,成为移民中的仕族,久而久之,原来屯垦戍边的士卒,从国家的人户,逐渐变成领军所有,兵士成了将领的私人武装。这些私人武装,就是将领们的"家部曲"。领军把国家的兵士变为个人的部曲。部曲对"领军"的依附性极强,不仅要作战,还要耕田。领军们在经济上、军事上拥有强大的实力,也就逐步在政治上形成势力。

大姓是王朝培植起来的地方势力,是移民中"拥有地方武装的当权派"①,是边郡太守在边疆地区赖以支撑的社会基础与主要力量。地方"豪族大姓"也依靠太守在当地发展自己的势力。边郡的太守与当地的豪族大姓之间的关系是相互依存,相互利用。

汉晋时期,云南的主要居民是"夷人"。夷人与屯垦的所谓"驻屯户"也有相互依存的深厚关系。没有夷人的支持和帮助,驻屯户要在云南屯垦戍边几乎是不可能的。驻屯户受豪族大姓统领,依附于大姓的部曲;夷人则由"夷帅"统率。豪族大姓依靠王朝命官太守、县令来管辖。夷帅也必须听命于太守。

汉晋时期,在云南有代表王朝的太守,有移民中的"豪族大姓",有土著夷人的首领"夷帅"。太守、大姓、夷帅三种势力既相互依存,又相互争斗。

大姓在三种势力之间,纵横捭阖,他们依靠太守发展自己的势力,又依靠夷帅在地方扎根生存。大姓一般还与夷帅结成"遑耶"(婚姻)关系,用联姻的方式与夷帅结成联盟。② 他们有时站在太守一方压制夷帅;有时又站在夷帅的立场上与太守抗衡。大姓时常在太守与夷帅之间利用矛盾,从中渔利。大姓不仅自己拥有部曲,而且与土著夷人和夷帅建立了血肉关系。

当王朝势力强大时,云南的方土大姓,拥护王朝,听命于太守,是王朝在云南统治的基石。可是,当王朝势力衰落时情况就发生变化。东汉末年,由于中原王朝势力减退,云南的大姓也就不再把代表王朝的太守放在眼中。他们甚至拘执太守,称雄一方。中平元年(公元184年)黄巾起义的风暴席卷中原,地方豪强乘势而起。云南的大姓也聚众称雄,割据一方。大姓势力从王朝的依靠力量

① 参见《方国瑜文集》第1辑《试论汉晋时期的"南中大姓"》,云南教育出版社2001年8月第1版。
② 《华阳国志·南中志》。

"蜕变"为与王朝对立的割据势力。

汉族移民在中原王朝衰微的时期,也逐渐蜕变异化。在王朝势力强盛时,汉文化在云南广泛传播,社会文化的发展趋势是"以夏变夷"。当王朝势力衰退时,出现了汉族移民"夷化"的趋向。

三国时期,南中大姓势力日益增长,严重威胁蜀汉政权的稳固。迫不得已,建兴三年(公元225年)诸葛亮率部南征,平定了南中大姓和夷帅的反叛。诸葛亮南征的目的在于,安定南中,利用南中的经济与军事力量,北伐中原。一方面将反抗蜀汉的大姓调虎离山,迁移到蜀地。另一方面对拥护蜀汉的大姓则给以扶助和支持。这说明,汉族移民依然是蜀汉政权在南中的社会基础,是蜀汉政权的依靠力量。

晋朝建立后,依然保障大姓的利益,依靠大姓扩大与巩固在南中的统治。晋王朝统一全国后,朝廷势力强大,而南中大姓的势力却因征讨交趾而大大削弱。晋王朝在依靠大姓势力的同时,也加强了对大姓与夷帅的控制。晋王朝为加强在南中的统治,将行政机构改为军事统治机构。设置军事长官"南夷校尉"持节统兵镇守南中地区,加强对大姓与夷帅的控制。大姓、夷帅与南夷校尉之间的矛盾与冲突也随之加剧。为维护自身利益,大姓与夷帅进一步联合起来对付南夷校尉。大姓与夷帅的联合,固然促使"夷人"汉化,同时也导致汉族移民的"夷化"。

南中大姓之间也相互争斗,众多的大姓经过长时期激烈兼并,最后由爨氏独霸南中。从东晋永和三年(公元347年)到北周灭亡(公元581年)的234年之间,巴蜀成为南北之间角逐的疆场。成都易主不下十次。得到蜀地者,外有强敌,自顾不暇,当然无余力经略南中。南中地区成为大姓的天下,他们恃远擅命,自相承袭,而无须由王朝任命。今存《爨宝子碑》纪"大亨四年乙巳",实际上是义熙元年(公元405年),连中央王朝的年号也弄不清爽,可见南中爨氏与晋朝的关系几乎到了隔绝的地步。

爨氏原本是汉族移民。当爨氏独霸南中时,爨氏统领的居民成为"爨人"。"爨人"的出现,表明汉族移民与当地土著夷人的融合。汉族移民不忘他们来自中原,同时他们在与土著夷人交融后,已经或多或少地"夷化"。他们依然奉中原的正朔,但他们不再受中原王朝的直接统治。他们自称"南人",甚至打出"蛮夷"的旗号。

两汉王朝在云南设置郡县,移民屯垦。到南北朝时期,汉族移民几乎完全"异化"为"夷化的汉人"。而当地土著的夷人则在汉族移民的影响下,有一部分成为"汉化的夷人"。中原王朝在云南建立的社会基础发生"蜕变",导致云南出现爨氏独霸的局面。尽管如此,汉文化因汉族移民的到来,在云南深深地扎下了根。奉中原正朔,就是对中原王朝的归属与认同。

落籍:云南行省的建立与汉族移民之发展

隋王朝统一中国后,爨氏首领爨震曾遣使朝贡,但没有真正归附。隋文帝在巩固对中原的统治后,意识到控制和稳定西南边疆对全国统一的重要性。开皇四年(公元 584 年)左右,隋朝任命韦世冲为南宁州总管,深入爨地,持节抚慰。韦世冲到达西爨地区后,对南中诸部善加绥抚,爨震和西爨诸首领,表示乐意归附隋王朝。韦世冲及时在爨地设置南宁州总管府,为隋朝统治云南开了一个好头。隋朝统治的三十余年间,积极经营南宁地区,结束了爨氏称霸的局面。但是,除了出兵征讨之外,隋朝对南宁州的政事与民生置之不问。当然,隋朝在云南的统治也就未能巩固。

唐朝初期,积极经营云南,先后在云南设置南宁州都督府,姚州都督府等统治机构。在云南建立了一大批羁縻府州①。由于诸多原因,唐朝未能在云南实行屯垦戍边的政策。建立姚州都督府,每年只派 500 兵士戍守,力量十分单薄。唐朝主要采用羁縻政策,依靠当地的酋长夷帅建立统治。

唐朝在洱海地区,没有强大的政治与军事势力,只好扶持南诏统一洱海地区,实行羁縻统治。当唐朝为加强在云南的统治,决定开通"步头路",建筑安宁城时,爨氏起兵反抗,攻占安宁城,杀死筑城使。面对爨氏的反抗,唐朝在云南几乎无兵可用。朝廷一方面从内地调集大军前往征讨,另一方面借助南诏军事势力配合讨伐。大军压境,爨氏被迫请降。南诏势力却趁机进入爨地,干预爨氏事务,最后利用爨氏内部矛盾,分化瓦解,使爨氏在滇东的统治彻底崩溃。南诏占据了爨地。

---

① 参见林超民:《唐前期云南羁縻州县述略》,《云南社会科学》1986 年第 4 期。

　　唐朝对南诏占据爨地十分不满,双方发生争执与冲突。唐朝调动大军先后在泸南和西洱河地区对南诏发动了两次大的征讨,结果惨遭失败。唐朝势力退出云南。

　　南诏在打败唐朝远征大军后,在今云南建立了相对独立的地方政权。贞元十年(公元794年)唐朝与南诏在点苍山结盟,南诏背弃吐蕃回归唐朝。唐朝以南诏为"云南安抚使司",由剑南西川节度使兼任"云南安抚使"。南诏成为唐王朝版图内的一个自治区域。

　　继南诏建立的大理国,与宋王朝在政治、经济、文化上保持密切联系,但其独立性已超过南诏。大理国时期,作为云南统治者的白族,在云南设置八府四郡四镇,每一个府郡镇都派白族的首领统辖。在大理全境推行白族文化,致使云南出现了"白族化"的趋向。尽管如此,大理300余年间,云南各族人民与内地的经济文化联系继续进行。元初郭松年《大理行纪》说:"宋兴,北有大敌,不暇远略,相与使传往来,通于中国。故其宫、室、楼、观、语言、书数,以至冠婚丧祭之礼,干戈战阵之法,虽不能尽善尽美,其规模、服色、动作、云为,略本于汉。自今观之,犹有故国之遗风焉"①。这一概说,简要而确切地说明了西南边疆的大理与祖国内地的密切关系。

　　蒙古军队于公元1253年南下灭大理国,结束了自唐代天宝战争以来云南500多年相对独立的局面。大理国时期推行的"白族化"至此终结。公元1274年元王朝建立云南行省。汲取唐宋的教训,元帝国采取一系列措施加强对云南的统治,巩固对云南的统一。元王朝在云南行省之下设置路、府、州、县等各级行政机构。除"蛮夷"聚居的地区实行土官制度(宣慰司、宣抚司、土知州等)而外,基本上实行和内地一样的行政区划和政治制度。云南行省建立后,即下令在中庆等路拘刷漏籍人户,实行屯田。至元十二年(公元1275年)和至元十五年(公元1278年)先后在昆明、楚雄、澄江、曲靖、寻甸、临安(今建水)、永昌(今保山)、鹤庆等地设置民屯八处。民间屯田主要是拘刷各种漏籍人户,编为屯户,耕种屯垦,免除徭役,向国家交纳屯租。政府由此增加了田赋,增强了财政实力。至元二十年(公元1283年)元帝国开始在云南建立军事屯田。至元二十六年(公元

　　① 《云南史料丛刊》第3卷,第136页,云南大学出版社1998年5月第1版。

1289 年)在云南的军屯进入高潮,军屯的规模和范围很快扩大。元王朝先后在大理、鹤庆、武定、威楚(楚雄)、中庆(昆明)、曲靖、临安(建水)、梁千户翼(先在乌蒙屯田,后迁到新兴州屯田)、乌蒙(今昭通)、乌撒(今贵州威宁)、罗罗斯置宣慰司(今四川西昌)等十一处。军事屯田的任务主要由蒙古、色目、契丹等民族组成的军队承担。派遣到云南镇戍的军队也有汉军(北人)和新附军亦即归附蒙古的南宋军队(南人)。屯垦镇戍的汉人军队中,当有不少人落籍云南。① 除从军的汉人移民云南外,还有游宦、商旅、从事工艺的汉人进入云南的主要城镇。在元代以前虽然不断有汉人以各种方式移民云南,但是未能出现"长期保持汉族特征之人们共同体"②。元代进入云南的汉人,不仅在当地安家落户,而且保持世籍,延绵不断。

　　元代统一云南最重要的措施是在云南广泛建立学校,传播儒学,开科取士。这个时期进入云南的移民汉族为数不少,但更多的是蒙古、契丹、色目人。虽然移民的族类不同,但在云南传播汉文化则是共同的。赛典赤到云南建立云南行省时,"创建孔子庙、明伦堂,购经史,授学田,由是文风稍兴"③。至元十一年(1274 年),赛典赤到云南,"下车莅政,中庆、大理两路设提举,建文庙,收置儒籍,使南方之人,举知风化"④。还派官员到四川"择蜀士之贤者,迎以为弟子师"⑤。自此以后,设云南诸路儒学提举司,在各路府州县建立孔子庙。先后在中庆、大理、临安、澂江、仁德、曲靖、鹤庆、威楚、武定、永昌、丽江、姚安诸路府设置学舍,各州县也随之设立。每年春秋祭礼孔子,"率诸生行释菜礼"⑥,以宗教礼仪,宣扬孔孟儒学,以至云南少数民族,都把孔子当做"汉佛"⑦,儒学也逐渐流行于滇中。所以天启《滇志》卷八《学校志叙》说:"滇学仿于汉,自后递有兴废,至元而诸路建学校几遍。"儒学得以广泛传播,推动了云南文化与中原文化的一体化。这是比移民更为重要、更为有效的统一措施。在儒家学说里,文化是区别

---

①　参看林超民编《方国瑜文集》第 3 辑《明代在云南的军屯制度与汉族移民》,云南教育出版社　　2003 年 3 月第 1 版。

②　方国瑜:《中国西南历史地理考释》第 1132 页,中华书局 1987 年 10 月 第 1 版。

③　《元史·赛典赤传》。

④　《赛平章德政碑》。

⑤⑥　《元史·张立道传》。

⑦　李京:《云南志略》。

族类的根本尺度。汉人到夷狄地区接受夷狄文化,就变为夷狄。相反夷狄接受汉文化也就变成了汉人。汉文化在云南的广泛传播,迅猛发展,结束了云南的居民无保持汉族特征的人民共同体的历史。汉文化四处落地生根,开花结果,汉族落籍云南,成为云南居民的重要组成部分,为云南统一于中国奠定了广泛深厚的社会基础,创造了良好的文化条件。(编者按:本文共五部分,此为前三部分)

(作者单位:云南大学)

试析道家思想与汉民族伦理思维

崔景明

一、道家思想与汉民族伦理思想

两千多年来,道家思想的伦理观、人生道德观和修养理论不同程度地被其他学派所接纳,被不同阶层的人所实践,从而深深地印入中华民族的血液之中,成为中华民族的一个组成部分。所以鲁迅先生说:"中国如果没有道家,就像大树没有根一样。"章太炎对老子评价亦高,他称:"中国头一个发明哲理的算是老子。"①民族传统是一个民族世代积累、相对稳定的群体的历史经验,虽然就其整体而言,不免被打上当时历史烙印,但其中所包含的精华部分随着历史的发展,成为一种文明的积累,它凝结着一个民族的智慧和力量,是一个民族迎接新的时代挑战的历史前提和内在动力。它能够唤起国民的历史责任感和民族使命感。②

1. 宋明理学继承了道学精神

大家皆知,儒家的创始人孔子曾经向老子问过礼,而且也碰到过不少隐者,并与他们有一定的思想交往。在《庄子》一书中,我们可以看到更多的孔子及孔子弟子与隐者相遇并发生思想交往的事例。从现在存留的儒家文献中,我们也可以看出道学对于儒家思想影响的痕迹。这种影响主要表现在这样几个方面。

第一,明哲保身的思想。儒家虽然讲杀身成仁,舍生取义,但也同样讲"邦

---

① 《中国文化的根源和近代学术的发达》,见《章太炎学术文化随笔》,中国青年出版社 1999 年 1 月版,第 11~12 页。

② 王泽应著:《自然与道德——道家伦理道德精粹》,湖南大学出版社 1999 年 3 月版,第 3 页。

有道则见,无道则隐",讲道之不行则浮于海。这种思想,也就是给儒家入世行道而不得意时所设置的一条退路。

第二,则天无为的政治伦理思想。儒家是讲德政的,讲利民、富民,讲道民以德,讲以正己而正人,但儒家最理想的政治并非治理得最好的政治,而是《论语》中所说的像尧舜那样的"唯天为大"、无为而治即不以治为治的政治。

第三,人性为善的思想。道家讲返璞归真、柔弱胜刚、复归于婴儿,从其思想倾向上说是持性善说的。思孟学派讲人性本善,讲人有先天的善良本心,这实质上也是一种复归本性的说法,可以说是与道家完全一致的。

第四,少私、寡欲、养气的道德修养思想。儒家讲理想品格的修养,都竭力讲寡欲,这似乎与道家没什么两样。此外孟子还讲守存夜气、养浩然之气,并加上了"配义与道",这明显是与道家守气、养气的思想有密切关联的,郭沫若曾明确地指出这一点。

第五,内圣外王的理想人格。儒家的理想人格虽然是以其仁义理论为依托的,与道家的以道、自然无为为依托的理想人格不同,但是,两家都认为至上的理想人格是可以而且应该成为人群的首领的。也就是说通过道德的修养,先达到了内圣,而达到了内圣,才有资格做君主。

诚然,以上所说的这几个方面,不一定都是儒家受道家的影响,也可能是道家受了儒家的影响所致。在思考两家思想的关系问题方面,承认道学与儒学在内涵上有很多的共同之处,并对于这方面问题有所注意,我们的目地也就达到了。

魏晋时期,在学术思想界发生的"名教与自然之争辩",使儒学与道学发生了首次全面的接触。经玄学之士的讨论和论证,名教等儒家所设立的一套纲常伦理被看成是以自然为内在精神和根本原则的社会规范体系。尤其到了郭象那里,儒家提出了的伦理纲常完全被"自然"化了。在他看来,儒家之名教与道家之道本来就是一个东西。以道学伦理观来改造儒学伦理,是这一时期伦理思想的特点。

隋唐时代,是中国思想界儒、释、道并尊的时期。到北宋,理学兴起,理学家们恢复了孔孟儒学的权威,同时又吸收了道、释两家的若干思想,因而使宋明理学成为先秦以后中国哲学发展史上的又一个高峰。就理学吸收老子的思想而言,最重要的理学家如张载、程颢、程颐、朱熹等都以"道"为最高范畴,只是对"道"的解释不同而已。张载以道为气化,在所著《正蒙》中说:"由气化,有道之名"(《太和》)。二程则以道为理,程颐说:"一阴一阳之为道也"(《河南程氏遗书》),认为道是一阴一阳之所以然之理。张载、二程的说法虽然有所不同,单以"道"为最高实体则是相同的。朱熹也明确表示过:"道则理之谓",只是朱熹把"理"伦理化了。①

宋明理学的伦理学是中国古代伦理学发展的高峰,而理学伦理学并不是凭空出现的,而是继承了中国历史上一切伦理学说的精粹而构建起来的。它的最高范畴——理,在理论形式上也就是道学之"道"的化身;它的以"存天理,灭人欲"、主静、静坐等修养方式,具有浓厚的道学的气息。理学的另一个名称就叫做"道学"。这种称呼,本身就表明了理学与道学的密切联系。②

总之,道学的伦理思想在几千年来一直被不同阶层的人所信奉。当人们在生命历程中受到极大的挫折和打击的时候,在道学伦理学这里会找到慰藉和解脱。道学伦理学在实践方面指导人生,在理论上也能给人以其他理论难以比拟的启迪。可以说,没有道学伦理学,也就没有中国古代伦理学的发展和成熟。

2. "知行合一"思想源于道教

宋明理学的形成,乃是宋明大儒融会三教的产物。理学与道教之间,存在着相互影响、相互借鉴吸收的复杂关系。历史上,全真道的内丹修炼学说继承了道教钟吕内丹学传统,而王阳明的"知行合一"说则吸收了全真道的"真功真行"说。关于"知"与"行"的关系问题,历为道家和道教思想家所重视。老子论述说:"使我介然有知,行于大道,唯施是畏";"吾言甚易知,甚易行。天下莫能知,莫能行。……知我者希,则我者贵。"(《老子》七十章)。《太平经》则指出:"得书读之,常苦其不熟,熟者自悉知之。不善思其至意,不精读之,虽得吾书,亦无益也;得而不力行,与不得何异也;见食不食,与无五谷何异;见浆不饮,渴犹不可救,此者非能愁他人也,还自害,可不详哉? 故圣人力学,昼夜不息也,犹乐欲象天,转运而不止,百川居流,乃成江海。……故人不博学,其睹不明。"可见自古

---

① 张智颜:《老子与中国文化》,贵州人民出版社1996年1月版,第188页。
② 张立文主编:《玄境——道学与中国文化》,人民出版社1996年10月版,第89页。

以来道教即一贯主张修道者的道功与德行,乃是互相依赖缺一不可的两个组成部分。在中国哲学和伦理发展史上,具有里程碑意义的阳明心学中"知行合一"思想的形成,同全真道的"真功真行"说,存在着密切的内在联系;从其认识论的结构分析,王阳明的"知行合一"说在很大程度上借鉴、改造和吸收了全真道"真功真行"思想的认识论结构。"知行合一"说的出现,是中国哲学的最后一次整合的标志,它完成了从隋唐以来儒道释三教思想融合、超越和升华的历史使命,使理学体系达到可能达到的顶峰。王阳明的"致良知"与全真道的修"真功"之间,在认识论的结构和方法上,都存在着许多重要的内在一致性。寻根溯源,"致良知"所追求的真知,与全真道修炼思想所讲求的"真功",都不过是中国哲学的传统方法论——修身致知认识论的个体体现罢了。中国哲学史上,早期儒家强调自我修养,但它注重的并不是从修养中自家体验而得的"知",而是要求人们以古先圣人之教为蓝本进行仿效。因此孔子哲学中,没有形成经验论的方法论,也就不足为怪了。孔子十分重视"学知"的致知活动,要人们学会"从"圣人而袭得知识,使学习知识的过程在实质上被转变为自我修养的过程。道家强调主体自我修养的认识论意义,但它用以引导人们修身的"道"的客观性和神秘性,却引导着人们走上进行自身体验和科学实践之途。道家所主张的修道活动不仅具有直接的认识价值,而且具有改造主客观世界的意义;这也正是后来道家学说能够成为道教的"不出于户,以知天下;不窥于牖,以知天道"(《老子》四十七章)。此中之要在于以"道"修身。因此老子论述说:"修之于身,其德乃真;修之于家,其德乃余;修之于乡,其德乃长;修之于国,其德乃丰;修之于天下,其德乃普。"(《老子》五十四章),道教进一步宣称,修身不仅可以致知,而且可以借之获得最大的"知"进入人生最高的理想状态,即神仙境界。至此,传统的修身致知论发生了重大的演变,滑向了修身成仙论。"知"的内涵出现了超验化的倾向:神仙世界就是至善至美至知至得的永生世界,在那里,人类将成为具有至知的"真人"、"至人"、"神人"、"仙人",拥有最高最大最全最真的"知",把握了人生、社会和自然命运,实现了人类理想。在 1 000 多年的发展过程中,道教就在这种虚妄之中为追求不死而进行的科学技术活动在实际上是执着地向着科学的方向演进。中国封建社会后期,思想文化形态逐渐向道德绝对主义演化。尤其是当理学占据伦理主导地位之后,这种轻视外在经验知识、缺乏实践和探索精神的理论体系,造成了十分深远的不良影响。直到朱熹的儒家思想体系,仍未能超越其低操作性、高理想性("君子"理想是也),使它往往流于肤浅和虚伪;同时,传统儒家这种不务现实、奢谈心性的伦理精神,对科学技术的发展构成十分不利的影响。在这种影响之下,道教为追求长生不死而进行的自身努力的行为结构,也逐渐向伦理化乃至心性化演变,技术实践逐渐被道德实践所替代。道教不再满足于信徒的自我修道证仙,而是要求他们到现实的社会生活中去践道、行道,而后方可成仙,全真道的救世思想,即其重要表现形态。不仅要修"真功",而且要有"真行",这是全真道向信徒提出的内外伦理操作要求。传统伦理思想,道家道教以行善积德为仙基之说,大乘佛教的普度众生思想,在这里都得到体现。在全真道的伦理体系中,"真功"乃是修道者自我内修的结果,相当于哲学中的主观认识过程阶段;"真行"则是修道者走出自我内修的闭合圈子,到外部社会中去实践其内修之所得。全真道讲求从"真功"到"真行"的功行统一,以内修与外行二者的统一,实现主体与道的统一——得道成仙;王学则讲求从"知"到"行"的知行合一,把"良知"落实到现实的"行"之中去,以"致良知"与"行"工夫的统一,其实质就是要求真知与"真行"的统一。这与道家和道教所追求的"抱一"、"守一"以守道之"朴"的理想是一致的。封建时代后期,中国思想领域形成了"三教合一"的大趋势,而且,传统认识论体系终于倒向了彻底的道德绝对主义。"吾心便是宇宙,宇宙便是吾心"的思维结构,把主体心性修养的认识论拔高到了无以复加的地位;理学思想中"女子无才便是德"之类审美价值观的形成,即是这种认识论形态的必然产物,它在阳明心学中得到了集中体现。王阳明的学说不仅继承了儒家思想传统,更重要的是,它同化、改造、吸收了道教、佛教的思想;他的思想,不仅在结构上,而且在内容上,都深深地蕴含着思想文化整合精神;这种整合的核心,就是道德绝对主义,中国哲学的认识论结构最终完成了它的道德决定论进程,从而也就真正宣告了对人们向外面物质世界进行探索之精神的封锁程序的完成。

二、道家伦理思想与中国传统文化

道家之学自古号称"杂而多端",上自哲学思想、自然规律、宗教信仰、治国用兵之道;中有经世权谋、人生经验、养生之道、医药、健身、修炼诸方技;下至民俗、祭祀、音乐、绘画、宫观、民胜、星命、占验等术数,是一个亟待开发和研究的包罗万象的文化体系。道家思想博大精深,涉及哲学、政治、经济、科技、养生、军事、文化诸方面,常以奇思妙想、洞观其根本而备受世人称道,其丰富的辩证思想、治国安邦方略和贵生养生理论更为后世所推崇。

1. 道学、道教与民俗及少数民族

传统文化的突出特点和功能就在于:它具有很大的相对性,这就使它成为了一个影响并调节社会生活的稳定系统,表现为一种内控自制的历史惯性运动;它充分反映和表现出一个民族的社会意识和行为的总的倾向。中国民俗的范围是极为广泛的,所谓"百里不同风,千里不同俗"就是这种情况的写照。一般地说,道教主要是与民间信仰习俗联系紧密,这既是道教不断扩大影响的一种方式,也是它吸引群众的重要手段。如春节这个中国民间最盛大的节日,道教的影子就随处可见。有的风俗延续至今,像敬灶神、贴门神、换桃符、燃炮仗等都是涉及道教的。

道教对我国少数民族的影响亦不可忽视。据有的学者统计,在我国现有的55个少数民族中,以信仰道教为主,兼信其他宗教的约1 000万人口。道教之所以能够广泛地传播于如此多的少数民族之中,并产生巨大的影响,其原因在于,道教是一个多神崇拜的宗教,崇奉的神和仙很多。道教能够平等对待各少数民族,也是道教能对各少数民族产生广泛影响的一个重要原因。《太上玄灵北斗本命延生真经》说,"或生在中华,或生夷狄之中,或蛮戎之内"的众生,都应该平等相待,使他们能够"心修正道,渐入仙中"。

道教是我国土生土长的宗教,其义理与中华传统文化有不可分割的血液关系。它的信徒绝大多数属于劳动人民,具有纯朴的民族道德素质,具有爱国主义的优良传统。在历史上的民族斗争中,道教站在维护民族传统文化、伦理道德的一边;在近代反对帝国主义的侵略中,道教界也是站在爱国主义的旗帜之下的。爱国道教信徒成为中共在社会主义时期所领导的爱国统一战线的组成部分。①

2. 道家"天人合一"的思想具有向心力、凝聚力

儒家和道家之间的深层次互补则是哲学理论思维方面的互补,主要表现为

---

① 李养正主编:《当代道教》,东方出版社2000年8月版,第41页。

儒家对道家哲学的吸收。儒道互补从整体上影响了中国文化,使中国文化具有了与西方不同的长达两千多年的人文主义精神传统;也使中国文化带有重人群之和和重自然之谐的特色。给中国文化的发展带来了活力,推动了中国文化向着内涵深厚的方向发展,使中国文化传统延绵不断地保持着自己的特色。儒道互补的思想成为当今我们坚持走和平统一之路的理论基础。

道学作为一种文化体系,它的显著特征就是具有无限的开放性和包容性。道学在发展中能"采儒、墨之善,撮名、法之要",融会百家之学,至汉代又曾接引印度佛学入中国,近代对西方基督教文化也不排斥,这都反映了道学如老子所说的水纳百川一样,具备开放能容的性格。老子云:"大道泛兮,其可左右","万物归焉而不为主,可名为大。以其终不自为大,故能成其大"(《老子》三十四章)。明乎此,道学之成为世界文明中的大学问,受到国际上有识之士的重视和喜爱,良有因矣。

总之,道家是中华民族思想文化的重要组成部分。在博大精深的中国传统文化中,儒佛道是其三大支柱。儒道相比,儒家思想对中国古代政治经济和人伦关系的影响大于道家,而道家对中国古代的理论思维、哲学科学、文化艺术的影响则超过了儒家。可见,深入全面地研究古代伦理文化,探索中华民族的伦理精神或民族性格,有利于人们对中国传统思想的了解和把握。当今,儒家、佛家、道家思想共同陶铸了中华民族的传统美德和处世精神,汇成东方智慧的不竭源泉。

(作者单位:合肥工业大学人文经济学院政法系)

论河洛文化与民族复兴

史善刚　董延寿

一、河洛文化与研究河洛文化的意义

河洛文化是中国传统文化中的核心文化,中华民族文化中的母体文化,同时也是中华民族和炎黄子孙的根。"身在异国,根在河洛",表达了全球华人对河洛文化的思慕、向往和倾心。

河洛文化,就它所产生的地域而言,它是以黄河与洛河为连线,向四周辐射的广大中原地带,以及秦晋、燕赵、齐鲁、荆楚等周边地区。它北控幽燕,南引江淮,西吞秦陇,东吐河下平原,有所谓"天下之中"(司马迁《史记·周本纪》),"中国"之源(见西周《何尊》铭文),成为古代中国的交通枢纽,地理位置尤为优越。河洛地带属于暖温带大陆性季风气候,四季分明,土地肥沃,雨量适中,为古代农业的开垦和发展,提供了良好的自然环境。

从近代的考古发现来看,早在以石器为主要内容的旧石器时代,河洛地带的原始文化,就呈现出一种勃发的势头。根据考古发现,新石器时代的河洛文化形成了它的发展序列:裴李岗·莪沟文化(河南舞阳贾湖遗址)——仰韶文化(临潼姜寨、西安半坡、陕县庙底沟类型和洛阳王湾类型等)——河南龙山文化(山西襄汾陶寺、河南登封王城岗、新密古城寨和新寨等遗址)。作为考古学上所说的新石器时代,也就是传说中所说的三皇(羲皇、神皇、燧皇)五帝(黄帝、颛顼、帝喾、唐尧、虞舜)时代。其三皇五帝的传说亦都集中在中原河洛地带。从伏羲到炎黄,先民们皆在此迎来了华夏文明的曙光。

此一时代,在河洛地带有两处惊世发现:一个是在河南舞阳贾湖遗址发现的原始文字,被学术界确认为是原始文字符号和数字符号的一个源头,其年代为 8 000 年;一个是在河南濮阳西水坡遗址中,发现了蚌壳摆塑的龙形图案,被誉为是"天下第一龙",其年代为 6 000 年。龙的形象被认为是华夏民族的族徽和象征。龙文化在此找到了它具有说服力的历史明证。河南龙山文化,其年代大约在公元前 2600～前 2000 年左右。这一时期的河洛文化产生了质的飞跃,业已踏上了文明的门槛,全方位地在全国率先进入到了文明的时代,并为尔后数千年成为中国古代文明的发祥地,作了一个最隆重的奠基礼。

如果说,把新石器时代(三皇五帝)作为河洛文化的滥觞期的话;那么,到了夏、商、周三代即可成为河洛文化的形成期和丕兴期了。司马迁在《史记·货殖列传》中云:"昔唐人都河东,殷人都河内,周人都河南。夫三河在天下之中,若鼎足,王者之所更居也,建国各数百千岁。"唐人指的是唐尧、虞舜,殷人和周人则指的是殷商王朝和西周王朝,这里所说的三河,就是指河洛地带。从近代考古发现来看,河南偃师二里头遗址的发现和发掘,确证了二里头文化乃河洛地带夏部族所创造的夏文化,是河洛物质文化遗存在夏代的集中体现;洛阳偃师商城遗址和郑州二里岗商城遗址的发现和发掘,安阳殷墟的发现、发掘及其累累如山的甲骨文的出现,确证了殷商王朝从早期到晚期,皆把都城建在河洛地带的中心区域内。夏和商两个朝代为河洛文化的形成期,从公元前 4 000～前 3 000 年,历时一千年。此一时期,在河洛大地上已建起了以华夏族为中心的多民族的国家。

继夏商之后的是周。西周初年在此兴建了两个都城:一个是在长安建立的宗周城,一个是在洛阳营建的成周城。周公营建洛邑和制礼作乐,对整个周文化,乃至对中国后世几千年的文化和制度,无不产生了极为深远的影响。其后的先秦诸子,如老子、庄子、墨子、商鞅、韩非、苏秦等河洛志士仁人们,著书立说,形成了"百家争鸣"的局面,由此而开创了中华学术史上的辉煌时代。从西周到春秋战国时代,历时八百年,为河洛文化的丕兴期。此一时代的特点,正如西方哲学家们所称道的,已经表现出中国人民的高度智慧和高度文明。

进入汉唐鼎盛时代之后,河洛地带又成为汉代经学、魏晋玄学、隋唐佛学、宋代新儒学以及宋明理学的发祥地。河洛文化真可谓源远流长,博大精深。北宋以降,到了元明清时代,即从 907～1840 年,历时七百余年,成为河洛文化由鼎盛走向衰弱的一个时代。

综观河洛文化由盛到衰的历史,实际上也就是中国社会和中华文化由盛到衰的历史。深入研究河洛文化,探讨河洛文化的源与流,追溯中华文明的起源,寻找中华民族的根,这对于继承和发扬中华民族的优良传统和自强不息的民族精神,彰显中华民族的辉煌历史,凝聚世界华人华侨之心,完成祖国统一大业,无不具有其重要的现实意义和深远的历史意义。

二、河洛文化与民族精神

作为中华民族的源文化和母文化的河洛文化,它虽然产生和形成于中原河洛地带,但是它的文化内涵和精神外延,绝非囿于一个地域之内。它所涵盖的是整个中华民族五千年的文明史,它所体现的是伟大的中华五十六个民族的辉煌历史。概括河洛文化所具有的民族文化精神,其主要之点有:

(1)刚健自强的民族"龙战"精神

龙是中华民族的象征。在中国的典籍中,记载最多的远古传说中的英雄人物莫过于"龙"了。《左传·昭公十七年》中云:"太昊氏以龙纪,故以龙师而龙名。"这是把伏羲氏作为龙图腾的最早文字记载。《三皇本纪》中亦曰:"炎帝神农氏,姜姓,母曰女登,有娇氏女,少典氏之妃,感神龙而生炎帝。"说的是炎帝乃龙之子。《史记·天官书》中说的"轩辕,黄龙体",则是把黄帝称作黄龙。从伏羲氏、神农氏(炎帝)到黄帝,甚至于从远古、上古、中古和近古,无不把龙和龙的传人作为中华民族的族徽和象征。

诞生于河洛地带的《易经》,被黑格尔称作是一部"包含着中国人的智慧"的千古奇书。《易经》中的第一《乾》卦,以龙取象,至善至美,寓义深远。《象传》和《文言传》,对《乾》卦中的"乾乾"作了深刻的阐发。《象传》云:"天行健,君子以自强不息。"《文言传》亦云:"大哉乾乎,刚健中正,纯粹精也。""天行健",是说天的运动周流不懈,永不衰竭;天的性格刚健中正,不卑不亢。"君子以自强不息",此是告诫人们应该效法天的刚健精神,不畏艰险,不怕牺牲,奋发图强,永远进取。也就是说,把人的自强不息的意志与天的刚健不辍的精神和谐地统一起来。此即构成"天人合一"。

天的健行周而复始,至阴极返阳,必然出现"龙战"。其"交感"的结果又喻示着万事万物别开一新生面。因此,我们说龙战精神是中华民族勤劳勇敢精神的集中体现,是中华民族智慧的力量源泉。一个人,一个民族,一个国家,只要有了这种刚健自强的龙战精神,就一定能获得事业的成功,民族的复兴,国家的繁荣昌盛。由此观之,龙战精神的基本含义可以概括为:新陈代谢,鼎故革新,万物苏生。追溯其历史渊源,伏羲画卦制网罟,炎黄农耕奠业基,大禹治水安社稷等等,此是远古时代英雄人物的典型代表,华夏民族龙战精神的开山祖师。商汤伐夏,武王伐纣,周公东征和制礼作乐等等,又是中国社会进入文明时代的领袖人物的优秀代表,同样是华夏民族刚健自强的龙战精神的鲜明体现。早在20世纪30年代,毛泽东曾说:"中华民族不但以刻苦耐劳著称于世,同时又酷爱自由,富于革命传统……在中华民族几千年的历史中,产生了很多的民族英雄和革命领袖。所以,中华民族又是一个有光荣的革命传统和优秀的历史遗产的民族。"①毛泽东同志的这段话,既是对中华民族五千年文明史和优秀传统文化的高度概括和科学总结,同时也是对由《易》文化所产生并为后世所继承和发扬的刚健自强的民族龙战精神的历史的生动的描绘和赞颂。

（2）厚德载物的人道主义精神

《乾》卦主健,具有阳刚之美德,表现出"自强不息"的精神;《坤》卦主顺,具有阴柔之美德,表现出"厚德载物"之胸襟。《大象传》云:"地势坤,君子以厚德载物。"此是说,《坤》卦具有厚德载物之美德,强调"以龙配天",提倡"修身养性"。而把直方、宽厚、敬德保民、谦恭逊让、仁义礼智等作为圣贤君子之应有品德。《周易正义》中亦云:"直则不邪,正则谦恭,义则与物无竞,方则凝重不躁。"因此,这"直方"中的正直、端方、宏大、仁义思想,作为中华民族中的文化精神被继承下来,从而构成了民族中的另一精神财富——人道主义。

所谓人道,就是爱护人的生命、关心人的疾苦、关怀人的幸福、尊重人的人格和权利的一种道德。人道主义在欧洲是作为一种资产阶级的思想体系。它把资产阶级的"自由、平等、博爱"说成是普遍的人性。这在资产阶级革命时期起过反封建的进步作用。中国的人道主义则渊源于《易》文化中的宽厚仁义思想,其内涵是极为丰富的。《系辞传》所说的"人道"是针对"天道、地道"而言的。天道、地道即自然之道,亦即自然规律。所谓人道,就是人应该效法自然、顺应自

---

① 《中国革命和中国共产党》,见《毛泽东选集》第2卷,人民出版社1964年版。

然、爱护自然;与此同时则应保护人类、关爱别人、视人若己,提倡仁义之心。因此,中国的人道主义虽然它也同样具有阶级性,但是它在两千多年的封建社会里则一直保持着强劲的生命活力,时至今日,它依然具有强大的哲学生命力和独有价值取向。

美国著名的哲学家和史学家威尔·杜兰(Will Durant)先生有言:"如同印度是形上学和宗教的圣地,中国乃为人道哲学之家。在中国所有的著作中,《易经》——形上学唯一的重要作品——是一部奇特的书籍,但由此展开了中国思想史的记载。"(《世界文明史》①从威尔·杜兰的笔下,我们找到了人道主义的源头。他把2 800年前出现的《易经》一书,定性为人道哲学专著,中国思想史的发端。据此可知,中国的人道主义可谓源远流长,久盛不衰。

从历史上来看,西周初年周公辅佐,他提倡以德治国、敬德保民。可以说周公足可成为这种人道主义的开创者。周公在《尚书·康诰》中一开始就提出了一条"明德慎罚"的政治路线。围绕这条政治路线,周公反复告诫康叔为什么要遵从这条路线和怎样遵从与履行这条路线。康叔不辱使命,他遵照周公的训诰,正确地解决和处理了周族与殷族这一对民族矛盾,以及其他极为复杂的矛盾问题,建卫立国之后,社会稳定,百姓安居乐业。

中国共产党人是继承和发扬中华民族这种光荣传统的又一光辉范例,以理论和实践证明了中国革命的胜利实际上也是《易》文化中的民族龙战精神和人道主义的胜利,成功地继承和发展了中华民族几千年的优良传统。

(3)为天地立心、为生民立命的民族爱国精神

出生、成长于河洛地带的张载,是北宋著名的唯物主义思想家、哲学家和易学家。他有几句为千古所传诵的名言:"为天地立心,为生民立命,为往圣继绝学,为万世开太平。""为天地立心",是说天地本来是没有心的,怎样做到"立心"呢?那就是立天、立地、立人。这句话是从《周易》中引申出来的一个道理,即所谓的"天人合一"。"为生民立命",此是说要关心民众之疾苦,为民请命,为国奉献,为社会谋利益。

爱国主义所集中表现的,是对国家对人民对民族的无限忠诚和热爱的一种

---

① *The story of Civilization*1 第1卷《东方的遗产》第455页,东方出版社1998年版。

感情;与此同时,也是对任何妨碍、损害、侵扰自己国家、人民和民族的行为作坚决的斗争和反抗。从历史上来看,特别是当国家处于分裂状态,民族矛盾激烈尖锐的时候,爱国主义愈加发扬,民族英雄也愈加凸现。从地域上来讲,中原河洛地区,地处九州腹地、十省通衢,素有"得中原者得天下"之说。因此,每当国家处于危难之际,爱国将领不乏其例,民族英雄慨然而出。岳飞(河南汤阴人)是在人民中间成长起来的南宋爱国军事将领。他是在抗金斗争中维护汉族人民利益的一位民族英雄,也是中国古代爱国主义的一位杰出代表。他精忠报国,受到中国人民的景仰和爱戴;他的《满江红》一词,气壮山河,鼓舞人心,为千古所讴歌。另一位抗清民族英雄史可法,河南祥符(今河南开封)人。他转战南北,镇守扬州,背城一战。在清军劝降面前,他提出:"城亡与亡,我意已决,即劈死万段,甘之如饴。"史可法这种宁死不屈、视死如归的斗争精神,充分表现出中华民族的英雄气节,使其成为中国古代又一位被尊崇的民族英雄。在现代的民族革命斗争史上,中原河洛地带的共产党人,如吉鸿昌、杨靖宇、彭雪枫等等,他们以中华之崛起和复兴为己任,英勇献身,为国捐躯,成为当今民族爱国精神的一个个光辉范例。

(4)和谐统一、和睦相处的民族和合精神

民族和合精神是中华五千年文明的最基本的精神;和谐统一、和睦相处是中华文化中的最基本的特征。《周易·乾·象》中云:"乾道变化,各正性命,保合太和,乃利贞。首出庶物,万国咸宁。"这是说,大自然的运行变化往返无穷,万事万物按照各自的性能和特点在发展着。此即"乾道变化,各正性命"。"保合太和,乃利贞",是说只有使阴阳二气会合、冲和,才能保全其"太和元气",达到阴阳和谐,万物"和合"。阳气周流不息,循环不已,又开始萌生万物,由此天下万方都可和谐统一、安定繁荣、顺美昌盛。此即"首出庶物,万国咸宁"。

"保合太和"的和合精神,是中华民族几千年形成的民族精神的又一表现形式。中国自秦汉以来就开始形成了一个统一的多民族的国家。而作为这个国家的主体民族的汉族,也正是在这两千多年的历史行程中,不断地融合、同化了许多民族才得以形成一个如此强大的国家的。在处理和解决各民族之间的关系问题上,起主导作用的是汉族。中原地区的汉民族,不断与西北地区的游牧民族发生矛盾冲突,乃至战争,而且往往是以骠骑强悍的游牧民族,争强好胜,逐鹿中原。然而当他们来到中原之后，又往往被中原汉族的和合精神所感染、吸引，乃至融合后而加以同化了。魏孝文帝所建立的北魏王朝，成为历史上的一面镜子。魏孝文帝于公元495年，采用非常高妙的方式，把国都由平城迁到洛阳。接着，他又大刀阔斧地进行一系列的改革，如改服装、语言、姓氏、籍贯、婚制等等，即实行所谓的汉化政策。至今，在洛阳邙山出土的数以千计的元魏墓志，就是实施这一政策的一个历史明证。魏孝文帝的这一重大举措，使一个国家在极其错综复杂的民族矛盾的背景下，达到了民族的大融合，并紧紧地团结在以汉族为中心的周围，和谐统一，和睦相处。魏孝文帝不愧为一位具有远见卓识的伟大的思想家和政治家。

中华民族的和合精神，还表现在对于外来宗教和文化的不断吸收、汲取、改造和融合。佛教传入中国，及其而后嬗变成为独具特色的中国化佛教，是这一民族和合精神的又一成功范例。洛阳的白马寺，建造于东汉永平十一年（公元68年），被称为是中国佛教的"释源"和"祖庭"。白马寺的出现，不仅成为中国佛教早期传播和各项佛事活动的中心，而且为而后两千年中国佛教的发展奠定了基础。被列为世界文化遗产的洛阳龙门石窟，是魏孝文帝迁都洛阳后所兴建的佛教石窟寺。北魏时期，江北有佛寺三万余所，僧尼二百余万人，单就京都洛阳就有寺院1 367所。从佛教寺院、佛教石窟寺等的佛教建筑模式，以及各项佛事活动来看，都已经成为中国化的了。中国化佛教的特点，就是佛教文化与中国的传统文化相互影响、吸收、融合及发展。如中国化佛教发展到隋唐时代出现的具有民族特色的三大佛教宗派：天台宗、华严宗和禅宗，此三宗所讲的许多问题都与中国的传统文化有关。天台宗和华严宗均受到中国传统文化中的儒、道的影响，并企图以"圆教"的形式与儒、道相调和；禅宗中的佛性论不仅与儒家的性善论相似，又企图与儒家的孝悌为本的封建伦理学说相调和，还有庄周的虚无主义思想、玄学家的得意忘言理论等，对禅宗思想的形成无不起到了极为重要的作用。总之，佛教及佛教文化之所以能在中国站住脚、扎下根，并获得一个大的发展，乃至达到佛教的中国化，一个主要原因就是中华民族这种和合精神所具有的宽容性、融合性和适应性。

三、河洛文化与民族复兴

河洛文化在中国五千年的文明史上所起到的重要作用，为其他地域性文化所不可企及;河洛文化所独有的民族性、中心性、开放性和先进性特点,也为其他地域性文化所不可替代。今天,历史向河洛文化提出的一个新课题:这就是如何深入研究、探讨、弘扬和发展河洛文化,如何把河洛文化与闽台文化、寻根文化以及客家文化等更有机地结合起来,进一步把河洛文化融入到全球华人的寻根意识之中,完成祖国统一伟业。特提出如下几点:

(1)河洛文化与闽台文化

河洛文化与闽台文化究竟是什么关系呢? 简而言之,河洛文化是源,闽台文化是流,二者之间是一种血缘关系、宗亲关系和源流关系。形成这种文化关系的因素是多方面的,其中最主要之点是移民,由移民所派生出来并为而后所传承和影响的,如方言、民俗、宗教以及文教等诸多因素。

从历史上的移民来看,自秦汉以后汉人逐渐南迁,其中比较集中的就是中原河洛人。《三明市志》上说:"客家先民祖居中原河洛,从晋朝开始辗转南迁。"《福建府志》亦云:"中州板荡,衣冠始入闽者八族:林、黄、陈、郑、詹、丘、何、胡是也。"有文字记载的,中原移民历经三国时的魏、西晋、唐末、宋末、明末以及清初等几个历史阶段。特别是唐僖宗光启元年(885 年),河南固始人王绪、王审知等率领三十六姓三万余人入闽,创立了一个独立的闽国。据有关方面统计,1990年福建汉族有两千九百余万人,占全省人口的 98.45%,其中祖籍在固始的就有一千余万,还有客家人五百余万,以及河南其他地方的入闽人口,就福建省而言,河南籍后裔的占了大多数。而这些中原移民,其中由闽南到台湾的有一千二百多万,还有通过其他渠道入台的客家人六百余万,其比例占了台湾总人口的80% 以上。迁台的闽南人和客家人自称为"河洛人"、"河洛郎"等。由此可以说明,闽南和台湾中的大多数人,其祖根亦都集中在中原河洛一带。

综观中原移民到了闽台,带着汉民族的先进的生产技术和先进的文化,开发和建设了闽南地区和台湾地区,并与当地的民族交往、融合,逐渐形成了一种新的文化形态,这就是传统的闽南文化和台湾文化;又经过了若干年的变化和发展,逐渐又形成了另一种新的或多元的文化形态。但说到底,闽台文化与中原河洛文化是同根同源的。时至今日,几乎所有的台湾同胞和海外侨胞无不称自己为"河洛儿女"、"炎黄子孙",他们一个个不远万里来到这九州腹地,寻根问祖,顶礼朝拜。以旨表达他们的拳拳之心和眷眷之情。寻根文化亦由此而兴。

（2）河洛文化与客家文化

河洛文化与客家文化又是一种什么关系呢？同样是一种宗亲关系、血缘关系和源流关系。所谓"客家"之名是相对于"祖亲"而言的。就地域来说，闽台文化仅限于福建和台湾，客家文化则广大到世界各地。如今的客家人，已遍布于亚洲、美洲、澳洲，以及欧、非等五大洲之内。客家人不仅仅局限在美国、日本、印度、英国等大国之内，还到达如中美洲的牙买加、千里达等小岛，印度洋的毛里求斯，太平洋的斐济和大溪地等小岛之内。从人数上来讲，据有关人士统计，客家人在海外的总人数可达上千万之多。

海外的客家人，由于他们辗转天涯、历经磨难，什么恶劣的环境和艰苦的条件，都能耐得住、受得了。这样，就给他们造就了具有豪迈的气质和阔大的胸怀，生生不息，自强不已。难怪有人如此描绘客家人的气质和精神：客家人的鸟不是养在鸟笼里，而是养在天空中；客家人的花不是种在花园里，而是种在原野上。

从客家文化的性质来讲，它是既带着中原河洛文化的血缘祖根，又利用和吸纳了当地的优秀文化资源，并使之融合，从而形成了具有自身特色的客家文化。海外的客家文化，由客家人移居世界各地之后，又汲取了当地的民族文化精华和西方文明，创造了另一种具有国际性特点的海外客家文化。这种客家文化，从某种意义上来讲，就可以构成世界文化了，或者说把它称之为河洛文化的国际化。

（3）河洛文化与祖国统一

河洛文化作为台湾文化之源、客家文化之根，对于港澳台同胞和海外侨胞具有极大的影响力、吸引力、感召力和凝聚力。随着寻根文化的日益发展，海内外的中华儿女对这种民族归属感和文化认同感将会愈加深化光大。为此，深入研究河洛文化，探讨河洛文化内涵中所具有的民族精神，寻找一条通过和平方式达到祖国统一之目的，就显得十分必要了。

"'一国两制'是两岸统一的最佳方式……两千三百万台湾同胞是我们的手足兄弟，没有人比我们更希望通过和平的方式解决台湾问题。"①"一国两制"的命题具有深刻的哲学意蕴和易学内涵。从哲学上来说，"两制"是一对矛盾，一个是社会主义制度，一个是资本主义制度，这是两种不同的社会制度和社会性

---

① 《中国共产党第十六次全国代表大会文件汇编》第44～45页，人民出版社2002年版。

质;"一国"是一个统一的整体,不管是姓"社"的还是姓"资"的,都是属于"一",都是属于一个统一的中国。由"两制"到"一国",达到了矛盾的统一。

《周易·系辞上传》中说:"《易》有太极,是生两仪,两仪生四象,四象生八卦。"这里所说的"太极",是指宇宙的一个统一整体;而"两仪"则是从"太极"中分出的阴阳二气。就"一国两制"来讲,一个中国是"太极",两种制度是"两仪"。"太极生两仪",就是在一个统一的中国之内,分出两种不同的社会制度。两种制度同时并存,优势互补,阴阳互济,共谋发展,以旨达到祖国之统一、民族之复兴。由此说明,"一国两制"的方针确是解决两岸问题的最佳方式,也是河洛文化中所具有的民族和合精神的发扬光大。

从目前两岸局势的发展来看,正朝着《易》文化所揭示的规律在运转着。两岸要统一,民族要复兴,这个历史前进的洪流是不可逆转的,搞"台独"的分裂势力,其命运也必然是悲惨的。"《易》不可以占险"(《左传·昭公十二年》)也。

(作者单位:洛阳大学)

明清之际新安吕氏世族与河洛文化

姚　蓉

　　河洛地区是中华文明的发源地之一,河洛文化更是源远流长,从仰韶文化、龙山文化等重大的考古发现,到黄帝、炎帝的远古传说;从夏、商、周的崛起,到汉、唐盛世的风采;从汉学的兴盛,到宋学的开启;从《诗经》的吟唱,到魏晋的篇章……在这片古老的土地上,中华文明写下了光辉灿烂的开篇。南宋以后,随着经济文化中心的南移,河洛文化也渐渐收敛夺目的光彩,但悠久的文化传统仍然传承不息。明清之际兴盛于河南新安的吕氏世族,就以其家族的整体文化优势,展示了河洛文化亘古弥新的迷人光彩。

一、崇孝义　重风节:吕氏家风与河洛文化

　　河南新安吕氏家族,是一个有着悠久历史传承的古老世族。这个家族显赫的先祖,可以追溯到北宋贤相吕蒙正。吕蒙正(946～1101),字圣功,洛阳人,31岁时以状元及第,曾三次为相,为人清正直率,有"天下第一清官"之称,为河洛文化增添了光辉的一笔。明清之际居于新安的吕氏家族,据传是吕蒙正第六子居简的后裔,从晚明到清乾隆年间,这个家族以八辈官籍、七代科门、五世进士成为当之无愧的"中原望族"。

　　新安吕氏世家在明末的崛起,要从吕维祺开始算起。吕维祺(1586～1641),字介孺,号豫石,于明神宗万历四十一年(1613)进士及第,官至兵部尚书,谥忠节。吕维祺的仕途得意,带动了吕氏家族的兴旺。但吕氏家族荣光的延续,并非因为吕维祺跻身朝班,而是吕氏家族良好的家风所致。据《明史》记载,

吕维祺的父祖辈就相当重视节孝忠义,"祖母牛氏以守节被旌。父孔学,事母孝,捐粟千二百石赈饥,两旌孝义"①。吕维祺兄弟,终生研治《孝经》,卓有成果。吕维祺更是以孝为政,举进士后任山东司理,"以孝弟感民,民为之化"②。吕维祺的曾孙吕宪曾为人仁义,孝敬继母,吕法曾建造农圃,以时新蔬菜、瓜果奉养母亲,都是有名的孝子。可见推崇孝道是吕氏家族的优良传统,而这一传统,从其先祖吕蒙正那里就已确立。吕蒙正的父亲吕龟图任后周起居郎,妻妾众多,因与妻子刘氏不睦,将她与儿子蒙正一起赶出家门,母子二人在外过着贫寒清苦的生活。但吕蒙正登仕后,"迎二亲,同堂异室,奉养备至"③。积淀为河洛文化精神的先人的事迹,无疑激励着吕氏后人,使他们在传承家族孝道的同时,也传承着河洛文化精魂。

如果说"孝道"是吕氏世族治家的法宝,那么"忠节"则是吕氏族人报国的根本,这一点,在吕维祺兄弟那里表现得尤为突出。与先祖吕蒙正清正为官一样,吕维祺步入仕途之初,就秉承先世遗风,直言敢谏,忧国忧民,可谓朝廷的良官能吏。如《明史》记载吕维祺为吏部主事时,"光宗崩,皇长子未践阼,内侍导幸小南城。维祺谒见慈庆宫,言梓宫在殡,乘舆不得轻动,乃止"④。对即将即位的天启皇帝不当行为的谏阻,表明了吕维祺维护国体的自觉,也显示了他敢批龙鳞的胆识。崇祯三年(1630),吕维祺"擢南京户部右侍郎,总督粮储",当时国库空虚、积欠甚多,他"立法严督屯课,仓庾渐充"⑤,暂时解决了边防缺饷的难题。从这两件事可以看出,吕维祺严正为官的态度和堪为治才的办事能力。吕维祺的次子吕兆琳,也颇有乃父之风。清初"三藩之乱"时,吕兆琳正担任西乡知县,在危难关头稳定民心,并赴前线为平叛献计献策,可当重任。吕兆琳之子吕履恒任宁乡知县时,亦多善政。清正为官、为国为民,吕氏族人步入仕途后以此为准绳,应是家风熏染的结果。

除平日立身官场操守谨严,吕氏族人在危难中更是力保忠节。崇祯十二年,

① [清]张廷玉等撰:《明史》卷二六四,中华书局1974年版。按:本文所引书籍,只在首次出现时注明版本。

② [清]孙奇逢撰:《中州人物考》卷一,四库全书本。

③ [元]脱脱等撰:《宋史》卷二六五,中华书局1977年版。

④ [清]张廷玉等撰:《明史》卷二六四。

⑤ [清]张廷玉等撰:《明史》卷二六四。

洛阳大饥,此时退职随父闲居洛阳的吕维祺劝福王朱常洵"散财饷士",贪婪的
福王不听,吕维祺"乃尽出私廪,设局赈济"。故当李自成农民军攻陷洛阳时,义
军中有人认出他是赈济饥民的吕尚书,主动放他逃走,"维祺弗应",坦然就缚,
"延颈就刃而死",死前还劝谏同样被执的福王"纲常至重,等死耳,毋屈膝于
贼"①。作为明王朝的忠臣,吕维祺以生命为代价,践履了自己所奉行的忠义道
德。与吕维祺同样抗节而死的,还有他的弟弟吕维祮(字泰孺,官乐平知县)。
吕氏兄弟的死节,无疑更加彰显了吕氏家族的忠义家风。

新安吕氏世族"崇孝义 重风节"的良好家风,与之深深扎根于河洛文化的土
壤,时时传继着先祖吕蒙正的忠孝之气息息相关。而以孝义为重的新安吕氏世
族在明清之际的显赫声望,又给河洛文化增添了新的时代光彩。

二、兴教化 传经典:吕氏理学与河洛文化

河洛文化有着深厚的学术底蕴,战国时期的老庄之学、汉代的汉学、宋代的
洛学都产生兴盛于河洛地区。宋代理学对后世历朝都有很大影响,至今仍沉积
在中国文化的河床上。北宋时期,生活在洛阳的程颢、程颐兄弟吸收佛、道思想,
改造传统的孔孟儒学,创立了新的思想学说体系——洛学,为宋明理学的形成奠
定了基础。河洛地区深厚的理学传统,使处身其中的新安吕氏世族深受熏陶。
更何况,吕氏先人中也曾有精研理学者。南宋时迁居婺州、人称东莱先生的吕祖
谦,曾与朱熹合编《近思录》,并在深厚的家学渊源与朱熹、张栻、陆九渊等众多
师友的影响下,博采众长,形成经史并重、务实致用的儒学主张,是在当时及后世
皆有声名的学者。地域文化的渐染及家族文化的渊源,使吕维祺及族人除了在
行动上遵循忠孝节义的准则外,在思想上更是进一步阐发节孝等理学纲常,在学
术上承继和发展了河洛文化,在教育上宣扬和传播着理学经典。

吕维祺自幼研习理学,于《孝经》用力尤深,常言自己"一生精神,结聚在《孝
经》。二十年潜玩躬行,未尝少息"②,留有《孝经本义》、《孝经大全》等解经之
作。"孝"之一字,可谓是吕维祺思想的核心。他心目中的"孝",已经不仅仅是

①　[清]张廷玉等撰:《明史》卷二六四。
②　[清]黄宗羲撰:《明儒学案》卷五四,中华书局1985年版。

儿女对待父母的一种行为准则,更是治理天下的重要工具,他在《孝经本义》一
书的序中说:"益欲明孔子作经之义,为明王以孝治天下,而发其义理。"①对于
"孝"之义理,吕维祺不仅深研之、力行之,并且以诲人不倦之精神,大力宏讲之。
天启间因阉党当政,吕维祺曾辞官家居八年,魏忠贤毁天下书院,"维祺立芝泉
讲会,祀伊洛七贤"②。崇祀伊洛七贤,讲濂洛之学于书院,吕维祺在恶劣的政治
气候中坚守理学信念,弘扬理学的勇气于此可见。崇祯年间,吕维祺因"剿寇"
不力从南京兵部尚书任上除名,"时维祺父孔学避贼洛阳,维祺乃归留洛,立伊
洛会,及门二百余人"③。在此期间,他写成《孝经本义》,向弟子们弘扬理学及孝
道。吕维祺的讲学活动,表明了他传播理学的热忱,可见他对河洛文化的继承与
发扬。

阐发儒家经典、重视理学在吕维祺之后仍然是吕氏家族的传统。吕维祺的
弟弟吕维祜曾著《孝经翼》一卷,以补充其兄的《孝经本义》。吕维祺的孙子吕履
恒,任宁乡知县时,修葺学宫,与士子们讲道论学,甚至仿北宋大儒邵雍的孝悌诗
体编撰歌谣,传唱以化风俗。吕履恒的儿子吕宣曾亦承接家族传习儒家经典的
传统,他精通三礼,考正汉唐注疏及宋元明清诸儒学说,著有《仪礼笺》、《读礼
说》等书,自成一家之言。任湖南靖州知州时,修书院、置学田,也非常重视教
化。吕宣曾的次子吕公滋亦承家学,精于考据,有《春秋本义》传世。吕公滋的
从兄弟吕公溥,曾主持荆山书院多年……诸多传经兴教之举动,无不透露出吕氏
族人深远的文化传统,展现出吕氏作为理学世家的风范。

从吕氏世族几代人兴教化、传经典的举措中,不难看出河洛地域之儒士们对
理学文化的自觉担当与弘扬。古老的河洛文化,正是因为具有诸多如吕氏族人
这样的传承者,而得以生生不息。

三、能文章　尚风雅:吕氏文学与河洛文化

河洛地区辉煌的文化成就,体现在学术、艺术、文学、史学等各个方面。就文
学方面而言,《诗经》、汉赋的许多篇章都诞生在这片土地上,韩愈、元稹、李贺等

---

① ［清］吕维祺撰:《孝经本义·序》,丛书集成初编本。
② ［清］张廷玉等撰:《明史》卷二六四。
③ ［清］张廷玉等撰:《明史》卷二六四。

许多著名作家都活动在这片土地上。这里诞生过令"洛阳纸贵"的《三都赋》,出现过令后人景仰其风流的"竹林七贤"。明清时期,虽然北方文学的发展不如南方瞩目,但新安吕氏世族诗人辈出、文集充盈的现象,亦反映了河洛文学并未衰萎。

吕氏家族以文学知名者众,但成就最大的是吕维祺之孙、吕兆琳之子吕履恒。履恒字元素,号坦庵,别号青要山樵,康熙三十三年(1694)进士,官至户部侍郎,乃康熙年间著名诗人、剧作家。其剧作《洛神庙传奇》,是现存最早的豫西调剧本。诗文成果更多,有《冶古堂文集》、《梦月岩诗集》等著作。他的诗以盛唐为法,受到当时文坛领袖王士禛等人的称赞。沈德潜评论说:"言诗者多欲尊宋挑唐,而作者志趣,不但不落唐以下,并蕲追六代以上而从之,可云特立独行者矣。"①吕履恒之诗,正因为取法盛唐并及六代以上,故眼界开阔,而无颓弱之气。以其《山海关》一诗为例:

> 天际重关虎豹扃,前瞻云树尚冥冥。山余落日千峰紫,海泻遥空一气青。汉塞烽烟亭壁坏,秦城膏血土花腥。漫吟碣石东临句,绝代雄才敢乞灵。

此诗气势雄浑,场面壮阔,笔调深沉,颇有唐诗风味,确实是清诗中的高明之作,吕履恒之诗才亦由此可见。

在吕氏家族,与吕履恒在文才上比肩的还有其弟吕谦恒。谦恒字天益,号涧樵,康熙四十八年(1709),官至光禄寺少卿,著有《青要集》12卷。谦恒出仕前,在其故里青要山苦读近40年,得山水之灵性,其诗多清婉之气。如其《登岱》诗:

> 烟岚雪瀑见鸿蒙,阊阖平分一气中。身倚青苍岩壑迥,目穷云水海天空。鸡鸣半夜腾潮日,钟落层霄响涧风。七十二君劳想象,盘回辇路望龙从。

---

① ［清］沈德潜等编:《清诗别裁集》卷一七,上海古籍出版社1984年版。

与其兄履恒《山海关》诗相比,吕谦恒此诗在阔大的眼界之中,多了几分清新婉约之气,别有一种风韵。此二人不仅年辈上为兄弟,文才亦在伯仲间。

吕氏家族工诗能文之士,除吕履恒、吕谦恒之外,还大有人在。吕履恒的长兄吕贲恒、四弟吕复恒,皆有诗集传世。吕履恒的三个儿子,皆继承父亲之诗才,以诗闻名。长子吕宪曾,著有《濑亭诗草》;次子吕宣曾,为诗恪守家法,著有《柏岩文集》、《柏岩诗集》;三子吕守曾有《松萍诗草》传世,诗主性灵,传其父秀润一脉。此外,吕谦恒之子吕耀曾,吕复恒之子吕法曾、吕循曾、吕仰曾,吕宣曾二子公路、公滋,吕宪曾二子公迁、公泽,吕耀曾之子吕肃高,吕肃高之子吕燕昭,皆有诗集传世。其中特出者有吕守曾之子吕公溥,他薄于宦情,工书善诗,袁枚称其为"诗中雄伯",著有《寸田诗草》。他的诗如"鸟鸟巢深枝,游子走长路。一鸣桃花开,再鸣春山暮"(《宿铁门》)等,婉转言情,清新隽永,不愧为吕氏后裔。吕氏世族正是以众多的才学之士、丰富的诗文作品,展示出家族深厚的人文底蕴,也丰富了河洛文化璀璨的文学宝库。

综上所述,明清之际河南新安吕氏世族以其守忠尽孝的优良家风、重学崇道的理学传统、风流雅正的诗文成就,成为甲于全豫的文化世族,人文之盛至今令人称道。而吕氏世族的鼎盛人文,既是河洛文化深厚人文积累的重要部分,又为河洛文化增添了新的光彩。

(作者单位:上海大学中文系)

从春秋战国河洛文化名人的
价值取向看中华民族精神

李瑞兰

河洛地区是中华文明早期发祥地之一,河洛文化因其底蕴深厚王气聚汇而地位显赫影响深远。老子、韩非子和苏秦都是春秋战国时代出于河洛地区的著名文化名人,他们的主要价值取向强烈地辐射着浓郁的中华民族精神,是中国也是世界文化宝库中的奇葩,值得后人研究、学习、传承。

先说老子。

据《史记·老子韩非列传》记载,老子原是楚人,但长居洛邑作"周守藏室之史"。职务之便使其得以纵览历史沧桑之变,学问渊博、思维之聪明使其参悟到"无"乃"有"之源,作为体现宇宙生息万物法则的"道",是人类应该首先遵从的纲纪,所谓"道者,万物之奥"。"先天地生,独立不改,周行不殆"的"道","可以为天下母";而周王室的迅速衰落和天下大乱之时局又使其对现实感到异常失望,"居周久之,见周之衰",于是遵从自己"君子得其时则驾,不得其时则蓬累而行"的处世原则,"弃官乃西去",决心做清静自正的"隐君子"。途中,在边关令尹喜的强烈要求下,将缘于对社会人生深刻思考而得出的哲理,一挥而就成"言道德之意五千余言"的《道德经》,从而为后人留下了一份体现独特的中国智慧和中华民族精神的宝贵精神财富。

从五千余言的《道德经》中我们看到,老子的人生期望,用现代语言概括就是崇尚自然、和谐,追求绝对的自由、平等、博爱。为此,他反对一切束缚人之自然天性的社会规范,更厌恶直接摧毁人之生命财产的战争。愤怒地指责:"大道废,有仁义。""六亲不和,有孝慈。"(《老子·第十八章》)"夫礼者,忠信之簿,而乱之首。"(《老子·第三十八章》)"法令滋章,盗贼多有。"(《老子·第五十七章》)"师之所处,荆棘生焉。大军之后,必有凶年。"(《老子·第三十章》)呼吁:"天下有道,却走马以粪。"(《老子·第四十六章》)"圣人常善救人,故无弃人。常善救物,故无弃物。"(《老子·第二十七章》)"以道佐人主者,不以兵强天下。"(《老子·第三十章》)指出:"天之道,利而不害。"(《老子·第八十一章》)派生万物的"道"是不以任何人的主观意志为转移的自然法则,所谓"大道泛兮,岂可左右。万物持之而生。"(《老子·第三十四章》)"人法地,地法天,天法道,道法自然。"(《老子·第二十五章》)"万物莫不尊道而贵德。道之尊,德之贵,莫之命,而常自然。"(《老子·第五十一章》)所以,人类应该遵从"道纪",平等和谐地与万物共处,自然而然、自由自在、无忧无虑地生存于世。不要相互争斗,也不要损害其他自然物,要效法天道,"损有余而补不足"(《老子·第七十七章》)像水那样"善利万物而不争"(《老子·第八章》)。如此,则可像天地一般"以其不自生,故能长生"(《老子·第七章》),地久天长,得享天年之福。

这里需要强调指出的是,老子虽然因看到各种科技和人文成果在推动社会发展的同时,带来很多让人失去自然之美的负面影响而大加排斥之,极力倡导"无欲"、"无争"、"无为"。然而,在国家如何才能得治、天下如何才能太平上,他还是费了不少心思,深谋远虑地为世人出谋划策,体现了中华民族关心群体、心怀天下的整体至上价值观。他一再用充满穿透力和辩证思维的哲理,警示世人,尤其是那些身居要位的社会统治者和手握重权者,应懂得去私为公,族廉爱民,去暴从善,以天下国家为己任,才能真正功成事遂,"没身不殆"。《道德经》中这方面的言论俯拾可见,譬如:

"贵以身为天下,若可寄天下,爱以身为天下,若可托天下。"(《老子·第十三章》,以下只列章名)

"知常,容。容乃公,公乃王,王乃天,天乃道,道乃久。"(第十六章)

"圣人去甚、去奢、去泰。"(第二十九章)

"圣人无常心,以百姓之心为心。……圣人在天下,歙歙为天下。"(第四十九章)

"以正治国,以奇用兵,以无事取天下。"(第五十七章)

"治人事天莫如啬……重积德,则无不克。"(第五十九章)

"执大象,天下往。"(第三十五章)

"乐杀人者,则不可得志于天下矣。"(第三十一章)

"民不畏死,奈何以死惧之?"(第七十四章)

"治大国若烹小鲜,以道莅天下……其神不伤人,圣人亦不伤人,夫两不相伤,故德交归焉。"(第六十章)

"我有三宝,持而宝之,一曰慈,二曰俭,三曰不敢为天下先。"(第六十七章)

"大成若缺……清静为天下正。"(第四十五章)

从以上数例中可见,并非如某些研究者所认为的那样,老子"由于过分强调自我认同"而"弱化了群体认同",专以"成其私"作为主体的追求,而是重视个体与群体乃至天下的和谐发展的。他在看待个体与群体、大国与小国之间的相互关系时,眼光很是辩证。

老子认为:"天长地久,天地之所以能长且久者,以其不自生,故能长生。是以圣人后其身而身先,外其身而身存,非以其无私邪,故能成其私。"(《老子·第七章》)正因为如同天地不自动求生而一切顺其自然才会长久一样,作为杰出个体的圣人,亦因为能身先士卒地为天下奔走而不去首先考虑个人得失,反倒能够因急公忘私为社会和群体做出贡献而先于他人受到公众的认可和敬重,自我价值正是缘于为公众事业拼搏而才得以实现。于是,"无私"便成了"成其私"的前提。综观古今中外被公众肯定拥戴的人物,都是因急公而才成名"成私"的。故老子所言,确系古今一理。

在国与国的关系上,老子强调大国对小国应该宽容大度,要高姿态,不开启事端;小国则应自力更生而不过分依赖大国。这样,国际间就会避免不少争端,天下就会因之太平。所谓"大国者下流,天下之多交,天下之牝,牝常以静胜,牡以静为天下。……大国不过欲兼蓄人,小国不过欲入事人。夫两者各得其欲,大者宜为下。"(《老子·第六十一章》)这种强调大国谦让、小国自强故而两相和睦的国际关系原则,拿到今天仍不失为维护世界和平与发展的上策。而老子上述种种闪光思想的渊薮,正是孕育他的中华古代农业文明的文化结晶。

再说韩非与苏秦。

韩非,据《史记·老子韩非列传》称,乃"韩之诸公子",是战国晚期出生于洛河流域的韩国贵族后代(约公元前 280 ~ 前 233 年)。当时,韩国在周边强国的夹击下,国势日下,韩非十分为之焦虑。爱国之心驱使这位虽口讷然而极富观察力和思考力的青年思想家在"观往者得失之变"的同时,结合现实需要,提出了集"法、术、势"为一体的治国强邦方略。在屡次上书韩王而不为所用的悲愤中,著书十余万言,系统阐述了他的社会政治思想和人生理念,被历代学人公认为战国后期法家的集大成者。他的国家学说,虽说总体上主要是为统治集团长治久安服务的——譬如强调专制主义中央集权,不过,在国家利益和个人私利上,他却旗帜鲜明地强调大公无私,个体服从群体,个人服从国家。任何个体——包括君主在内,都不应把一己的私利凌驾于国家利益之上,真诚而急迫地呼吁"贵公"、"尚公"、"无私"、"去私"。

韩非认为,"公"与"私"是不可调和的两个矛盾对立面,这种对立在字形字义上就有体现。所谓"古者仓颉之作书也,自环者谓之私,背私者谓之公。公私之相背也,乃仓颉固已知之矣。"(《韩非子·饰邪》)。在很多情况下,个体利益和整体利益犯冲突,所谓"私利行而公利灭矣。"(《韩非子·五蠹》)一个国家如果不倡公而贵私,肯定治理不好。所谓"私利行则乱,公利行则治,故公私有分"(《韩非子·饰邪》)。那么,怎样才能保障国家利益不受个体私利的干扰和损坏呢? 那就要靠代表国家利益的君主不仅要坚决地用刑罚即法制来维护之,而且自己还应带头遵法守法,不得徇私枉法,以保证法令畅行。所谓"明主之道,必明于公私之分,明法制,去私恩。夫令必行,禁必止,人主之公义也。必行其私,信于朋友,不可为罚沮,人臣之私义也"。(《韩非子·诡使》)必须坚决用"法"来约束规范个体的言行。"以吏为师,依法为教","以法废私"(《韩非子·难三》)。在法的旗帜下,形成维护国家利益的统一意志和行为。韩非的"尚公""去私"将独立个体的独特需求和价值完全消融在了以君主为象征的抽象整体之中,虽然太过偏激,却也是从统治阶级的角度,对中国这一早熟农业文明所崇尚的整体至上的价值观的理性维护,同样折射着中华民族爱群尚公的民族特性。

苏秦,《史记》本传中说他是东周"洛阳人",系出身于社会下层的农家子弟。

青年时与张仪共同师事于当时著名的纵横家鬼谷子,乃鬼谷子嫡传弟子,曾受到极严格的训练。《论衡·答佞篇》载:"苏秦、张仪纵横,习之鬼谷先生,掘地为坑,曰:'下说令我泣出,则耐分人君之地。'苏秦下说鬼谷先生泣下沾襟,张仪不若苏秦。"苏秦能蹲在坑中演说到使老师都感动得落泪,可见其经过苦练,口辩之才已十分了得。可是,当其初出茅庐之际(约公元前312年),"出游数岁",却"大困而归",且因无功而返受到全家人的奚落。兄嫂弟妹妻妾皆笑之,曰:"周人之俗,治产业,力工商,逐什二以为务,今子释本而事口实,困,不亦宜乎!"(《史记·苏秦列传》)当时的洛阳人非常务实,多凭借做生意赚钱谋生,可苏秦却不愿从俗,不肖平谈人生,而非常关心时事。自信属有抱负的"进取之臣",只要矢志不移,定能在有生之年干出一番轰轰烈烈的大事业。故而受困不灰心,"闭室不出",吃大苦,耐大劳,头悬梁,锥刺股,发奋读书,在研读了大量历史资料和成功人士的经验教训后,"期年",得揣摩之术——即凭借自己所掌握的渊博的历史文化知识、针对各政治实体的特点和需求、依据对时局的理智判断并结合当事人的心态、说服其听己之计谋的能耐。果然,再出道的苏秦,出手不凡,游历各国时,用自己练就的揣摩之术,马到成功,说服燕、齐、赵、韩、魏、楚六国,合纵抗秦。于是"六国从合而并力焉,苏秦为纵约长,并相六国"。这样,苏秦就既实现了自己不甘永屈人下、富甲王者、位极人臣之夙愿,同时也确实稳定了当时因西方强秦虎视东方六国而造成的十分紧张的东西关系,为治国平天下尽了自己的才智。史载:自苏秦"投纵约之书于秦后",迫使"秦兵不敢窥函谷关十五年"。一时功成名就,威震天下。

《盐铁论·褒贤》对苏秦这样评价:"苏秦、张仪,智足以强国,勇足以威敌,一怒而天下惧,安居而天下息。万乘之主,莫不屈理卑辞重币相交,此所谓天下名士也。"

就实而论,同属出于河洛地区的名士,苏秦、韩非与老子,由于时代、出身、经历、秉性和抱负各不相同,其主要价值取向是不好相提并论的。老子崇尚自然,尊道贵德,力倡无为,向往小国寡民、相安无事、具有复古色彩的太平世界;韩非则从自己"上古竞于道德、中世逐于智谋、当今争于气力"的历史观出发,行与时俱进之道,迷信法制,贵公贬私,是极端的君国合一的国家本位主义者;而苏秦,作为崛起于民间的风云人物,却更看重在充满矛盾与斗争的现实中在平治天下的实践中求得个人价值的最大化实现。不过,因同受中国古代农业文明的熏陶,三位河洛文化名人尽管经历、个性、主张迥异,但在关心天下、国家、时事,研究天下、国家、时事,并力图以自己的智慧、认识及实践,为平治天下奋斗这一大隅上,则是共同的。而这种心怀天下国家的社会使命感和责任感,作为一种优秀文化传统,正是中华民族得以生生不息的强大主体动力。加之,他们的学说和实践,又从不同方面折射出中国人特有的精神和气质。譬如,老子穷本探源、揭示宇宙本体和最高统一性之博大精深的"道"论,向往自由、平等、博爱的高尚情怀;韩非子对父母之邦的热爱和视法制为治国平治天下不二法门的执着;苏秦为改变个体命运耐得挫折万苦不辞的顽强和善于学习勇于进取的锐气,皆从不同角度体现出中华民族特有的大度、睿智、理性和坚韧。所以,我们才说,从远在春秋战国时代出于河洛地区的以老子、韩非、苏秦为代表的文化名人身上,可以看到浓郁的中国智慧和中华民族精神,他们在认识世界、治国平天下、提升个体等方面提供的深刻理论和成功经验,是人性、理性、实践性的有机结合,既有民族特色,又具世界价值,故而值得后人景仰、研习,并结合时代需求有选择地传承。

（作者单位：天津师范大学）

中华民族认同三题

易　华

　　不管是从文化还是从血缘来看,游牧与农耕民族都有许多共同之处,可以作为认同的基础。就文化而言,游牧与农耕民族有一些共同的因素是同源的,例如天崇拜和龙崇拜,有一些文化因素是相互作用的产物,如炎黄传说与夷夏观念;而不同文化因素的交流亦促进了二者之间的文化同一。就血缘而言,游牧与农耕民族有共同的祖先——夷人和夏人,历史上游牧与农耕民族之间的混血经常进行,以至于北方汉人血缘上更接近于蒙古族而不是南方汉人。[①] 唯有短视仍然妨碍但无法阻止游牧与农耕民族认同的进程:他们不仅有共同的过去,更有共同的未来。

一、天与龙

　　游牧与农耕同源于原始农业文化,并受到了西亚游牧文化程度不同的影响,因此游牧与农耕民族有很多固有或同源的文化现象也就不足为怪。天崇拜和龙崇拜就是中国游牧与农耕民族罕有的贯彻始终的共同文化现象,可以作为游牧与农耕民族认同的文化符号。

　　天是游牧与农耕民族共同崇拜的对象,其起源已难以确考,可能有共同的起

---

① 杜若甫等:《从遗传学探讨中华民族的源与流》,《中国社会科学》1997 年第 4 期。

源①。天崇拜的内容大同而形式有异。

　　匈奴时代,对天的崇拜已进入了高级阶段。天是游牧民、特别是统治者心目中的至上神灵。国之大事,在于祀与戎。祭天是匈奴政治文化生活中的大事。匈奴每年集会龙庭祭天已形成制度或风俗,甚至祭天还用金人②。秦汉王朝亦有祭天封禅之举,但无定制。

　　匈奴单于号称"撑犁孤涂",意为天子,这与汉朝皇帝号称天子如出一辙。匈奴与汉朝的外交文书中屡见"天所立匈奴大单于"或"天地所生、日月所置匈奴大单于",亦寓含君权天授之意。《礼记·曲礼》云:"君天下为天子。"郑玄注曰:"天下,谓外及四海也。今汉于蛮夷称天子,于王侯称皇帝。"

　　匈奴和汉人均有对天发誓的习俗。当呼韩邪单于与汉朝代表缔结盟约时,登高山对天发誓:"背约者,受天不祥。令其世世子孙尽如盟。"

　　匈奴将西域某高耸入云之山作为天或天神的象征,称之为天山。天汉二年秋,贰师将军李广利将三万骑击匈奴右贤王于祁连天山。据考证,"祁连"与"撑犁"为同音异译,意为天,祁连天山即天山,是匈奴人心目中的神山。

　　匈奴亦相信天谴之说。丁灵王卫律串通胡巫杀害贰师将军血祭胡社,结果如贰师所诅雨雪数月、牲畜死亡、人民疫病。单于恐惧,以为天怒,特为贰师设立祠室。

　　匈奴称天为"祁连"或"撑犁",与突厥、蒙古语之"腾格里(tangri)"和汉语之天(tien)有语言学上的联系。③ 天子与帝子有共同渊源。④

　　匈奴的祭天习俗被突厥、契丹、蒙古所继承;中原王朝祭天时断时续,与游牧王国祭天遥相呼应。满洲入主中原之后,集游牧与农耕民祭天习俗之大成,重建了天坛,将祭天习俗推向了高潮。

　　祭天、天山、天子、对天发誓、天谴以及语言学上的联系表明游牧与农耕民族

---

① 傅礼初在其遗作中提出"一神信仰"(a single universal god)起源于雅利安人,东亚的"天崇拜"与印欧游牧民特别是吐火罗人的活动有关。见 Joseph Fletcher, *The Mongols: Ecological and Social Perspectives*, HJAS V46 N1,1986.

② 《史记·匈奴列传》云:霍去病过燕支山北击匈奴,获得"休屠王祭天金人"。《魏书·释老志》云此金人有一丈高,汉武帝将它成列于甘泉宫,不祭祀,只烧香礼拜而已。

③ Sanping Chen, *Sino-Tokharico-Altaica-Two Linguistic Notes*, CAJ, Vol. 42 No.1,1998.

④ Sanping Chen, *Son of Heaven and Son of God: Interactions among Ancient Asiatic Cultures Regarding Sacral Kingship and Theophoric Names*, JRAS. PP. 289 – 325. 2002.

对天有着类似的崇拜现象,可作为二者认同的文化基础。

龙崇拜始于新石器时代,已知最早的龙崇拜遗迹发现于辽宁阜新查海遗址。遗址中心部位清理出一条用石块堆塑的巨龙:龙头朝西南,尾东北,全长 19.7 米,身宽约 2 米;龙头、躯干石块堆塑厚密,尾部较松散;龙昂首张口、弯身弓背,有巨龙腾飞之感①。查海遗址是兴隆洼文化典型遗址,年代距今约 8 000 年。

类似的龙形堆塑亦见于湖北黄梅焦墩遗址。遗址西北部有一椭圆形红烧土堆积,上面用色彩不同的鹅卵石摆塑成全长 4.46 米的龙。龙首形似牛头,张口朝西,尾向正东,龙腹下两足呈爪状,身躯蜿蜒而尾上卷。焦墩遗址属大溪文化,距今约 6 000 年。

有人推测,这类龙形堆塑是新石器时代居民求雨习俗的遗物,是原始农业文化的反映②。

到了红山文化时代龙崇拜已蔚然成风,大量玉龙和龙形图案的发现表明蒙古东部是龙崇拜的中心区③,红山文化的主人是龙文化的主要创造者。④

中原历来是多种文化汇聚之地。河南濮阳西水坡遗址蚌壳堆塑成的龙和虎分别位于一壮年男子的东西两侧,这正是四灵崇拜的初始阶段。左(东方)青龙右(西方)白虎,前(南方)朱雀后(北方)玄武逐渐成为中原民族的思维定式;龙遂与白虎(一度是麒麟)、朱雀(亦可是凤凰)、玄武(亦可是龟)并称为四灵。

春秋战国时代随着人文精神的高涨,圣人地位有超越四灵的迹象,汉代出现了五灵之说。《大戴礼记·易本命》云:

"有羽之虫三百六十而凤凰为之长,有毛之虫三百六十而麒麟为之长,有甲之虫三百六十而神龟为之长,有鳞之虫三百六十而蛟龙为之长,有倮之虫三百六十而圣人为之长。此禽兽之美类,禽兽万物之数也。"

由此可见到了汉代圣人的地位已与麟凤龟龙相当。而作为游牧民族代表的匈奴对龙的崇拜更加专一,一年三会龙庭。蒙古人继承了龙崇拜的传统,"蒙古人认为闪电出自某种类似于龙的动物,而且在他们的地区上,居民亲眼见到它怎

---

① 辛岩:《查海遗址发掘再获重大成果》,《中国文物报》1995 年 3 月 19 日。
② 李锦山:《史前龙形堆塑反映的远古雩祭及原始天文》,《农业考古》1999 年第 1 期。
③ 孙守道等:《论辽河流域的原始文明与龙的起源》,《文物》1984 年 6 期。
④ 苏秉琦:《中国人·龙的传人——考古寻根记》,辽宁大学出版社 1998 年版。

样从天上降落到地上,以尾击地,蜿蜒而动,并从口中喷出火焰"①。

蒙古入侵之前龙在中原农耕民族心目中的地位并非至高无上。且不说屠龙氏以杀龙为业,周处斩蛟龙为民除害,元以前龙只不过是中原农耕民族崇拜的众多对象之一。《宋书·符瑞志》等书在记载祥瑞时是严格按照麟凤龟龙的次序进行的。龟龙经常相提并论,其地位应难分上下②。

龙在游牧民族心目中的地位要崇高一些,正是蒙古族将龙崇拜推向了新的高潮。宋元之际文化变迁的一个重要标志是龙登九天、龟落千丈③。从此龙重新成为游牧与农耕民族共同崇拜的无上神灵。满清王朝的龙旗正是游牧与农耕民族均可接受的旗帜。

匈奴、蒙古和中原农耕民一样用十二兽相纪年,且蒙古语与汉语龙的读音几乎一样,表明龙崇拜有着共同的渊源。

如果汉族可以自称为龙的传人,蒙古族似乎更有资格。龙可以作为游牧与农耕民族认同的标志或象征。

二、夷与夏

先有蛮夷,后有戎狄,夏居其中。夏朝的建立标志着中国历史的开始。在此之前东亚为蛮夷之地,大禹父子于蛮夷之中建立夏朝,始有东夷西夷、南蛮北蛮之别。

东夷商人推翻夏朝建立商朝,西夷北蛮逐渐游牧化,转变成了西戎北狄。周人兴起于戎狄之间,征服了商朝,建立了周朝,追认夏人为祖先。西周始有中国之称。"惟武王既克大邑商,则廷告于天曰:余其宅兹中国,自之辟民……"国中之人泛称为夏。《说文》:"夏,中国之人也。"周朝的夏人实际是夏朝遗民与夷蛮戎狄相结合的产物。

西周虽有夏夷蛮戎狄之称,但并无明显的高低贵贱或文明与野蛮之分。即

---

① 拉施特:《史集》第一卷第一分册,第 256 页。

② 《吕氏春秋·应用》:"乾泽涸鱼,则龟龙不往。"

　　《汉书·公孙弘传》:"麟凤在郊薮,龟龙游于沼。"

　　《盐铁论·错币》:"更行白金龟龙。"

　　《书断》:"麟凤一毛,龟龙片甲,亦无所不收。"

③ 易华:《龟龙崇拜在宋元之际的嬗变》,《百科知识》,1993 年。

使到了春秋时代,楚与南蛮、齐与东夷、晋与北狄、秦与西戎仍难解难分。南蛮楚人、东夷齐人、北狄晋人、西戎秦人争相入主中原,融入华夏,如此便有了诸夏之说。

战国时代诸夏打成一片,排斥和贬损更边远的蛮夷戎狄蔚然成风。秦始皇统一中原有力地促进了诸夏的认同;诸夏面临的主要挑战来自西戎和北狄。

戎狄主要是由西夷和北蛮转化而来,夏、商、周三代均有"夏人"加入,且不排除少量印欧游牧民加入的可能。匈奴称雄蒙古草原完成了游牧民的初步统一,建立了"百蛮大国"。

秦汉王朝统治下的诸夏是典型的农耕民族,主要是夏与夷蛮结合而成,亦融入了部分戎狄。匈奴统治下的诸戎和众狄是典型的游牧民族,主要由蛮夷转化而来,并部分融入了夏、商、周三代之人和印欧游牧民。因此,夷和夏均是中国游牧民与农耕民族的共同祖先。

主张夷夏之辨的人实际上是短视的表现。他们不知道夏出于夷,且夷夏可以相互转化,亦可以合二为一①。

作为游牧与农耕民族结合的产物,李世民率先高唱夷夏一家:"夷狄亦人耳,其情与中夏不殊……德泽恰,则四夷可使如一家;猜忌多,则骨肉不免为仇敌。……自古贵中华,贱夷狄,朕犹爱之如一。"②唐朝曾出现过"胡、越一家,自古未之有"的景象。

契丹统治者亦倡导华夷一家。懿德皇后《君臣同志华夷同风应制》③诗云:

虞廷开盛轨,正会合奇琛。

到处承天意,皆同捧日心。

文章通蠡谷,声教薄鸡林。

大寓看交泰,应知无古今。

---

① 《史记·匈奴传》开篇云:"匈奴,夏后氏之苗裔"并非完全杜撰。如果汉族只认夏为祖先,不认夷蛮戎狄,是典型的数典忘祖;而游牧民只认戎狄为祖,以夏为敌,亦犯了同样的错误。

② 《资治通鉴·唐纪》。

③ 《焚椒录》,陈述辑《全辽文》第 62 页,中华书局 1982 年。

《大义觉迷录》记述了曾静和雍正等对夷华关系的反思。以华夏正宗自居的曾静大骂满洲为夷狄,禽兽不如。雍正坦然承认是夷狄,迫使曾静承认自己不如夷狄。"本朝之得天下,较之成汤之放桀,周武之伐纣,更为名正言顺。……盖从来华夷之说,乃在晋、宋六朝偏安之时,彼此地丑德齐莫能相当,是以北人诋南为岛夷,南人指北为索虏。在当日之人不务修德行仁,而徒事口舌相讥,已为至卑至陋之见。今逆贼等于天下一统、华夷一家之时,而妄判中外,谬生忿戾,岂非逆天悖理,无父无君,蜂蚁不若之异类乎!"曾静被迫有所悔悟,作《归仁说》,终于承认了古老而简单的事实:"夷狄而进中国,则中国之;中国而夷狄,则夷狄之。"①

夷夏同为中国游牧与农耕民族的祖先。

三、炎帝与黄帝

炎黄传说始见于战国时代文献,并非出于一人一时之口,没有固定的标准文本,大体可以看成中国历史上游牧与农耕民族史前关系的象征性表述。

炎帝神农氏是农耕民族传说中的祖先。在历史文献中神农氏出现略早,炎帝较晚,但经常混为一谈。《管子·轻重》云:"神农氏作,树五谷淇山之阳;九洲之民,乃知谷食,而天下化之。"《周易·系辞》云:"包牺氏殁,神农氏作,斫木为耜,揉木为耒。耒耜之利,以教天下。"《汉书·律历志》云:"神农氏作,以火承木,故为炎帝。"《潜夫论》云:"身号炎帝,世号神农。"神农是中国历史上最受崇拜的农业之神;炎帝陵位于湖南茶陵县。炎帝神农氏大约活跃于新石器时代,无疑是农耕民族传说中的祖先。

黄帝轩辕氏在史料中出现较晚,却有后来居上之势。《国语·晋语》云:"昔少典娶于有娇氏,生黄帝、炎帝。黄帝以姬水成,炎帝以姜水成。"炎帝以农为业,活动于东南;黄帝以游牧为生,活跃于西北。后来炎帝、黄帝逐鹿中原,发生了阪泉大战,结果黄帝"教熊罴貔貅䝙虎",征服了炎帝。炎黄两大部落集团合二为一,均从事定居农业,"时播百谷草木,淳化鸟兽虫蛾"。黄帝遂成五帝之首,与炎帝并立为华夏农耕民族的始祖。

---

① 《大义觉迷录》附《归仁说》,收入《清史资料》第4辑,中华书局1983年。

炎帝部落集团人口较大且较古老,新兴的黄帝部落人口较少,故黄帝征服炎帝之后仍有炎黄子孙之说。炎黄传说实际是中国历史上以少胜多、朝代更替的曲折反映。黄帝征炎帝,是因为"炎帝欲侵陵诸侯,诸侯咸归轩辕"。商人灭夏,全因夏桀无道;武王灭商,祸根在商纣。胜利者总能成功地将罪过推卸干净。

炎帝活跃于新石器时代末期,以种植为业,兼营狩猎采集,尚未有游牧的迹象。黄帝,轩辕氏,轩辕与车有关,而车又与游牧有关。"迁徙往来无常处,以师兵为营卫,置左右大监监于万国",颇有游牧习气。黄帝可能来自会驾车的游牧部落。征服炎帝、蚩尤之后,轩辕氏"劳勤心力耳目,节用水火材物,有土德之瑞,故号黄帝";葬于黄土高原,陕西延安有黄帝陵。

据说"黄帝二十五子,得其姓者十四人"。如此繁衍,数代之后举国皆可为黄帝后裔。到了"尧舜"①时代,"三苗在江淮荆州数为乱。于是舜归而言于帝,请流共工于幽陵,以变北狄;放驩兜于崇山,以变南蛮;迁三苗于三危,以变西戎;殛鲧于羽山,以变东夷"。

共工据传是炎帝的后裔,姜姓,尧时为水官。《管子·揆度》云:"共工氏之王,水处十之七,陆处十之三,乘天势以隘制天下。"作为"四凶"之一共工及其部众被流放到北蛮之地。"以变北狄"可以理解为变成北狄,亦可理解为改变北狄。总之共工及其部众后裔成了北狄,也就是说炎帝的后裔变成了北狄。

在炎黄子孙中有四个著名的"不才子"。"昔帝鸿氏有不才子,掩义隐贼,好行凶慝,天下谓之浑沌。少皞氏有不才子,毁信恶忠,崇饰恶言,天下谓之穷奇。颛顼氏有不才子,不可教训,不知话言,天下谓之梼杌。此三族,世忧之,至于尧,尧未能去。缙云氏有不才子,贪于饮食,冒于货贿,天下谓之饕餮。天下恶之,比之三凶。舜宾于四门,乃流四凶族,迁于四裔,以御魑魅"②。据考证,饕餮与游牧民族或北狄关系密切③。《吕氏春秋·恃君览》描述了北狄游牧军事化之后的状况:"……雁门之北,鹰隼所鸷,饕餮、穷奇之地,叔逆之所,儋耳之居,多无君。此四方之无君者也。其民麇鹿禽兽,少者使长,长者畏少,有力者贤,暴傲者尊,日夜相残,无时休息,以尽其类。"有关共工、饕餮传说表明北狄亦是炎黄的子

---

① 尧舜故事与炎黄传说有不同来由,另有专论。
② 《史记·五帝本纪》、《左传·文公十八年》言之更详。
③ 杨希枚:《古饕餮民族考》,《中央研究院民族学研究所集刊》NO. 24,1967。

孙,至少北狄中部分是炎黄子孙。经过无数代的混血之后,蒙古草原上的游牧民均有可能成为炎黄子孙。

因此,炎黄不仅是农耕民族的祖先,亦是游牧民族的祖先;是农耕与游牧部落集团结合的产物。

《周书·文帝纪》:"太祖文皇帝宇文氏,讳泰,字黑獭,代武川人也。其先出自炎帝神农氏,为黄帝所灭,子孙遁居朔野。"游牧出身的宇文氏追认炎帝为先祖,既是政治斗争的需要,亦是炎黄传说的自然展开。

《魏书·序纪》将拓跋的先世追溯到了黄帝:"昔黄帝有子二十五人,或内列诸华,或外分荒服。昌意少子,受封北土,国有大鲜卑山,因以为号。其后世为君长,统幽都之北,广漠之野,畜牧迁徙,射猎为业,淳朴为俗,简易为化,不为文字,刻木纪契而已。世事远近,人相传授,如史官之记录焉。黄帝以土德王,北俗谓土为'拓',谓后为'跋',故以为氏。"

炎黄是游牧和农耕民族传说中的共同祖先。

四、讨论与结语

从汉代到明代,游牧与农耕民族之间发生过大规模的人口迁徙和物质文化交流,这也有利于游牧与农耕民族的融合和认同。

汉代,特别是武帝时代,农耕民族向北扩张,大批汉人迁徙到长城地带,还有一些汉人因种种原因进入了蒙古草原。据估计汉代先后进入蒙古草原的汉人不下 30 万,这些汉人与游牧民相结合繁衍成新的群体,密切了游牧与农耕民族的血缘和文化关系。其中最为著名的可能是号称李陵后裔组成的索头虏。《宋书·索虏》云:"索头虏,姓拓跋氏,其先汉将李陵后也。陵降,匈奴有数百千种,各立名号,索头亦其一也。晋初,索头种有部落数万家,在云中。"因此索头虏问鼎中原不仅是"五胡乱华",还有回归故里之意。与此同时匈奴被俘或主动投奔中原的也不下数十万,"所居郡县,使宰牧之,与编户大同,而不输贡赋"[1]。"关中之人百余万口,率其多少,戎狄居半。"故有江统徙戎之论[2]。江统本着"非我族

---

[1] 《晋书·北狄·匈奴传》。
[2] 《晋书·江统传》。

类,其心必异","内诸夏而外夷狄"之《春秋》大义,建议将戎狄迁出中国,"令足
自致,各附本种,反其旧土",以便"戎晋不杂,并得其所","纵有猾夏之心,风尘
之警,则绝远中国,隔阂山河,虽为寇暴,所害不广"。事实没有江统想象的那么
简单,终于酿成"五胡乱华",而带头兴风作浪的多为深受汉文化熏染的戎狄后
裔。刘渊从小好学,无所不读,尤好《左氏春秋》。后赵创建者石勒亦"雅好文
学,虽在军旅,常令儒生读史书而听之,每以其意论古帝王善恶,朝贤儒士听者莫
不归美焉"①。石勒领导的起义队伍"虽有胡人,但以汉人为多"②。

南北朝时代"华夷之民,相聚为乱";所谓"五胡乱华",实则华亦自乱,难分
彼此。其过程十分痛苦,其结果却是混一戎华。到了隋唐时代游牧与农耕民族
的关系异常密切。胡三省云:"自隋以后,名称扬于时者,代北子孙十居之七"③。
李世民母窦氏、皇后长孙氏都属鲜卑大族。正是游牧与农耕民族共同孕育和塑
造了天可汗唐太宗。

契丹、女金、蒙古族先后入主中原,大部分融入了汉族之中,只有少部分退回
了蒙古草原,继续游牧生涯。

游牧与农耕民族之间虽经常出现贸易摩擦或受阻和文化误读,但他们之间
的文化和物质交流从未真正终止。"纵使我国历史上发生过许多战争,也出现
过几次大的分裂,但我国各民族的经济交流从未间断,始终相互依赖"④。

明清以降游牧与农耕民族之间不只是交流,而是趋于融合。

蒙古草原重新农业化和贸易的深入使游牧与农耕民族经济趋于一体化,草
原上出现了定居的生活方式。佛教的普及缓和了游牧民族与农耕民族的信仰冲
突,化解了冤仇,消除了斗志。盟旗制度的实施巩固了政治统一。游牧与农耕民
族的杂居和通婚使他们水乳交融,密不可分。

面对席卷全球的现代化浪潮,游牧和农耕作为民族特征正在消失,游牧与农
耕民族的融合势不可挡。

综上所述,中国游牧与农耕民族有共同的历史和难解难分的血缘和文化联

① 《晋书·石勒载记下》。
② 唐长孺:《晋代北境各族"变乱"的性质及五胡政权在中国的统治》,《魏晋南北朝史论丛》。
③ 《资治通鉴》卷一〇六。
④ 卢勋等:《中华民族凝聚力的形成和发展》第113页,民族出版社1999年版。

系,天龙、夷夏、炎黄可以作为两者认同的基础。共同利益和共同未来将促使中国游牧民族与农耕民族走上融合与认同之路。

（作者单位：中国社会科学院民族学与人类学研究所）

论汉民族汉唐时期开发经营西域的
伟大历史贡献

张凤武　雷　霆

西域既是一个地理学概念,更是一个历史文化概念。"新疆"史称西域,但历史上的西域并不完全等同于新疆。它有广狭二义。取其狭义而言之,西域专指我国新疆;就广义而言,"西域"除以"新疆"为主体外还涵盖东起叶尼塞河、额尔齐斯河两河流域上游地区,伊塞克湖以东以南广大地区,斋桑湖周围地区,阿穆尔河和锡尔河两河流域广袤的中亚草原游牧地区。本文所指"西域"主要取其狭义。但在有些地方,为了论证上的方便和照顾引用史料的完整性,以兼顾其广义展开讨论,以期更具有科学性和说服力。

根据考古发现和史料记载,古代中国在开发经营西域的历史进程中,汉民族发挥了主导性作用,作出了卓越的历史贡献,建立了伟大的历史功绩。

一

历史上,我国历朝历代开发、经营西域的进程,都与中华民族的成败兴衰休戚相关、荣辱与共。作为中华民族主体成分的汉民族在历朝历代开发、经营西域的历史进程中一直扮演着主力军的角色,也做出了巨大牺牲,发挥了巨大作用,建立了伟大功绩。

汉神爵二年(公元前 60 年)西域都护府的设立标志着西域广大地区正式归于我国版图。汉朝为了巩固西域地区,维护国家统一,加强边防建设和发展边境地区的社会生产力,开始在西域实施屯田戍边政策,进行大规模的屯田。由是中原王朝政权在西域实施屯田戍边政策,一直延续下来。中原汉族人民陆续被迁移入居西域,其数量各朝各代多寡不一,但其总数相当巨大。已出土的佉卢文书简证实,西域各地均有汉族移民定居。从公元前 105 年开始,到公元 8 年西汉王朝覆亡,仅西汉在西域的屯田历时就近 120 年。其间,在楼兰、伊循、焉耆、渠梨、若羌、高昌、伊吾等多处均有汉族军士戍卒及其家眷聚居屯田,其人数多者数千,少者也有百余人。西晋时期,西域的屯田驻军有数千之多。这些人几乎都是汉人。当时,为避战乱、逃赋税也有大量的秦陇汉民百姓自发西移进入西域谋生。十六国时期,众多地方割据政权的割据武装屯军西域各地。前秦吕光曾统率七万余大军进入西域,同时也有大批中原战乱造成的难民避祸由内地拥入西域。当时楼兰、高昌、海头等地成为汉人的聚居地。公元 4 世纪下叶,前秦符坚曾经把江汉万余户、中州七千多户、河西东部千余户汉族居民移居敦煌,致使该地人满为患,又将其中一部分人迁移至高昌,进行屯田。公元 5 世纪中,北凉沮渠政权又将从敦煌拥入的万余户汉人安置在高昌各地屯田,从而使高昌的屯田事业获得了很大发展。由于高昌汉族人数众多,柔然政权攻占高昌后不得不扶持汉族人阚伯周做高昌王。此后,高昌汉族人中的张氏、马氏、赵氏等也相继做了高昌王,建立了汉人统治政权。

这种汉人西迁之势,一直延续到隋唐时期。玄奘的《大唐西域记》记载,他在西域的高昌、轮台、龟兹、科域、姑墨、新和等多处看到有不少汉族人居住,甚至在更西部坦逻斯城(今哈萨克斯坦江布尔城南)就聚居有 300 余户汉族人。

唐朝时期,除西域东部城镇,伊、西、庭三州原有不少汉族人外,李唐王朝还有目的地采取驻军屯田、移民、遣犯屯田等多项行政措施,大量增加西域地区的汉族居民。公元 630 年(贞观四年)唐军陆续进入西域,"安史之乱"后,公元 791 年(贞元七年)尽管李唐王朝势力逐渐退出了西域,但大批汉族军民仍留在西域,甚至在吐蕃政权统治西域时期,不少汉人被编入其部落。从西域已出土的文物、文书说明,唐代西域各地都居住着大量的汉族居民。在西辽统治西域时期,汉人广泛分布于天山以北广大西域地区,李志常的《长春真人西游记》、刘郁的《西使记》、耶律楚材的《西游录》等历史文献,都详略不同地记叙了汉族人在今新疆阿勒泰、伊犁、博尔塔拉以及中亚一带生活的事迹。甚至西辽的宫廷中都有汉族人。汉人李世昌还做了西辽郡王。

元朝时,成吉思汗的西征军中就有不少汉人充军流落西域。明代被瓦剌军俘虏的汉人有一部分被转卖到西域,另一部分作为瓦剌军卒和民夫西迁西域。清朝时汉族人继唐之后大量流入西域,清军平定噶尔丹的征战中就有相当数量的汉人从军征战。平定噶尔丹之后,清王朝开始在西域东部地区进行屯田,不少汉族军卒留在西域。18 世纪中叶以后,尤其在西域改建行省后,清朝在新疆省区内展开大规模的屯田活动,除留下不少汉族军卒外,还将内地大批平民和囚犯遣送来新疆。仅 1761～1780 年间,就有五万多户甘肃汉民被清王朝分批迁移到新疆东部和北部定居。1875～1877 年间清朝为平定阿古柏,收复新疆,派遣左宗棠率部进军新疆,军队有四五万人,事后大部分汉军留新疆屯垦或担任公职,此后,大批内地汉族生意人、内地灾区饥民等也拖家带口流入新疆。此外据统计,清朝每年发往新疆的遣犯也不下六七百人。其中大多数为汉族人。到清朝末年,新疆的汉族人口就有十几万人。

二

在中国社会发展史上,汉、唐两个王朝拨乱反正,治国安邦,成就辉煌业绩,推动了中国社会和中华民族主体民族汉族同步发展与壮大。同样,汉、唐在开发经营西域的历史斗争中远见卓识、积极进取,作出了巨大的努力,也付出了巨大牺牲,最终也取得了巨大成功。

自汉朝中央集权政府统一西域以来,西域与中原中央王朝积极发展了政治、经济、文化以及军事等全方位的主属关系。在其后的长期历史发展进程中,这种关系日益增进、加深、巩固、发展,并逐渐形成了"普天之下莫非王土;率土之滨,莫非王臣"的多元一体的中华民族意识和大一统国家观念的统一思潮。因此,尽管历史上中央王朝屡有改朝换代,历代中央王朝开发、经略西域的广度和深度也不一样,但是,追求一统天下,建立统一的多民族中央集权制国家却始终是中国历史发展的不变主流。

公元前 206 年,汉高祖刘邦灭西楚后建立了大汉王朝,至 25 年,史称"西汉"。汉朝初期,西北边境的匈奴势力空前强大,成为汉王朝最大的敌手和边境威胁,也是汉朝开发、经营西域的最大障碍。为此,汉王朝基本上采取了以"武功"军事打击为主,同时实行了三项"文治"的重大决策:"和亲"安边政策;"远交近攻"的灵活外交政策;屯垦戍疆政策。具体分析主要有以下四个方面:

1. 汉初期匈奴势力空前强大,汉王朝则因刚刚完成中原的统一,内部统治还不巩固,社会经济尚未得到恢复,因而无力对匈奴进行有效的大规模的军事反击,从巩固政权,安定社会,恢复生产的大局着眼,汉高祖对匈奴采取了妥协政策,采纳谋臣娄敬提出的"和亲"之策,以宗室女远嫁匈奴单于,并和匈奴约定,双方以长城为界。"长城以北,引弓之国,受命单于;长城以内,冠带之室。"①汉朝实行的"和亲"政策,始于汉高祖,经过惠帝、吕后,文景之治直到汉武帝刘彻当政初年,一直延续未断。汉武帝元封三年(前 108 年)西汉以江都王公主细君妻乌孙昆莫猎骄靡。一年多后,细君又奉命再嫁昆莫孙军须靡,后军须靡立为昆莫。细君嫁军须靡后生一女,一年多后去世。时当元封六年或太初元年,细君殁,为维护与乌孙"和亲"关系,武帝立即以楚王之女解忧为公主妻军须靡。军须靡死亡,解忧又"从胡俗"嫁给继位的翁归靡。宣帝刚继位,本始三年(公元前71 年)匈奴和车师联兵攻乌孙。汉派兵并由乌孙兵配合协同作战,大败匈奴,从此,使乌孙摆脱了匈奴控制,完全依附于汉朝,西汉自武帝以来实行的对匈奴政策终于取得了积极效果。元康二年(前 64 年),乌孙昆莫又上书"求婚",宣帝乃以解忧弟子相夫为公主、"遣长罗侯(常)惠使送公主配元贵靡"②,这时,西汉联姻乌孙的目的已经达到,西汉与乌孙的联盟正式确立。神爵二年(前 60 年),西汉在西域设置西域都护,乌孙与西域各国正式列入汉朝版图。解忧公主实际上是汉朝派驻乌孙的全权代表。她先后嫁给乌孙的三个昆莫,她还派侍者冯嫽"持汉节为公主使赏赐于城郭之国",西域诸国敬称她为冯夫人。文帝初年,将宗室女作为公主嫁给匈奴上老单于。汉元帝竟宁元年(公元前 33 年),又将宫女王嫱(字昭君)嫁给了匈奴(此即历史上著名的"昭君出塞")。公元前 31 年,呼韩邪单于死,汉成帝又命昭君"从胡俗",改嫁给呼韩邪大于氏的长子,继续维持汉与匈奴的"和亲"关系。昭君出塞和呼韩邪单于附汉朝,促成了汉、匈之间50 年左右没有发生战争,这显然有利于中原与西域的统一,有利于双边各族人

---

① 《史记·匈奴列传》卷一一〇,第 2905 页。
② 《汉书·萧望之传》。

民的安居乐业、稳定发展。

"和亲"政策在当时的历史条件下是缓和民族矛盾、增进民族和睦、发展民族团结友好关系的一项积极政策,客观上加强了中原与边疆、汉族与少数民族的政治联系和经济文化交流,增进了汉族与边疆各少数民族的友好团结关系,有利于巩固边防,维护国家统一和民族和睦团结。

2. 开展积极的西向外交活动,打通西域,联合西域各国,重点打击强敌匈奴分裂割据政权。

汉王朝建政以后,采取各种措施,实行休养生息的政策,稳定了大局,恢复和发展社会生产,经过 60 多年的惨淡经营,到武帝(公元前 140～前 87 年)当政时,初步实现了社会稳定、经济繁荣、国富民强、国力充实、军力壮大的预期目标,为了彻底击败匈奴,统一西域,汉武帝除从人力、物力、军事打击力量等多方面做了积极准备外,又制定了建立联合战线、争取共同打击匈奴强敌的灵活外交政策,决定派使者到西域联合西域各国共同作战,消灭匈奴势力,完全统一西域于中央集权政府。为此,汉武帝刘彻两次派遣张骞出使西域,传达了汉朝关注西域、经营西域的战略意图,沟通了中原王朝与西域诸城郭国之间的政治、经济、文化联系,在西域地区树立了大汉王朝的形象,传播了大汉王朝的影响力,在客观上为其后汉朝统一西域,开发和经营西域创造了条件。

3. 设置西域都护、戌已校尉等中央政府驻西域的权力机构,大规模地移民屯田,修筑亭障设施和兴办农田水利建设,以发展西域地区的经济生产,推进社会进步,加强对西域的有效管辖和治理,维护西域与中原、汉族和西域各少数民族的统一和团结。

为抗击匈奴侵犯,安定北边,保障边境地区人民的生命财产安全,秦始皇三十二年(公元前 215 年),派蒙恬率 30 万大军北击匈奴,一举收复了"河南地"(河套地区),接着又迁徙关内汉民几万家于河套,安家落户、屯田实边。由此启动了中原王朝开发经营西域的历史进程。

秦汉以来,为加强边防、巩固边境地区的地方政权、维护国家统一和中央集权政令的实施、中央政府在边境地方都建立了许多军事据点,形成了较为完整的亭障管理体系。秦始皇"城河上为塞"、"筑亭障以逐戎人"①。汉武帝,取河南(河套)地,"筑朔方、复缮故秦时蒙恬所为塞,因河为固"②,"至孝武世……起亭燧,筑外城,设屯卒,以守之,然后边境得用少安"③。"于是障塞亭燧出长城外数千里。"④为解决亭障守卒和边防战争的口粮问题,秦汉在边地实行屯田垦殖,秦时遣谪戍,汉初设南北屯,即兴屯田。"自敦煌西至盐泽,往往起亭,而轮台、渠犁皆有田卒数百人,置使者校尉领护。"⑤到汉文帝时,晁错提出"守边备塞"、"徙民实边"的方略。汉武帝更是大规模地开设屯田。元朔二年(前127年),招募内地汉人平民户十万口徙朔方一带安家落户、屯田戍边。元狩二年(前121年),又"置张掖、酒泉郡,而上郡、朔方、西河、河西开田官,斥塞卒六十万人戍田之"⑥。元狩四年(前119年),因卫青、霍去病击匈奴,"自朔方以西至令居,往往通渠,置田官,吏卒五六万人"⑦,"关东徙贫民陇西,北地、西河、上郡、会稽凡七十二万五千口"⑧。又太初三年(前102年),"益发戍甲卒十八万酒泉、张掖北、置居延、休屠以卫酒泉"⑨。在20年里,汉匈争夺西域战事频繁,迁往西北边疆(朔方、河西等地)屯田的戍卒数量很大,其中基本上都是内地的汉族军民。

西汉在西域实行大规模的屯田,始于汉武帝元封年间(公元前110~前105年)直到东汉桓帝永兴元年(153年)还在车师后部设置有戍部侯。公元前105年(武帝元封六年),细君公主远嫁乌孙后,西汉即开始在乌孙以北的眩雷屯田。公元前101年(武帝太初四年),汉在轮台、渠梨一带屯田,每处有田卒约数百人并设立专管屯田事业的使者校尉。这也是汉朝政府在西域地区最早设置的官府,是后来西域都护的前身。《汉书·西域传》载:"轮台、渠梨皆有田卒数百人,置使者校尉领护,以给使外国者。"汉宣帝为了与匈奴争夺姑师国,决定增加渠梨屯田军,宣帝地节二年(前68年),派郑吉率免刑罪人1500余人增援渠梨屯

① 《史记·秦始皇本纪》卷六。第253页。
② 《史记·匈奴传》卷一一〇,第2906页
③ 《汉书·匈奴传》卷九四,第3803页
④ 《后汉书·西羌传》卷八七。第2878页。
⑤ 《汉书·西域传》卷九六,第3912页
⑥ 《史记·平准书》卷三〇,第1439页
⑦ 《史记·匈奴传》卷一一〇,第2906页
⑧ 《汉书·武帝纪》卷六,第178页。
⑨ 《史记·大宛传》卷二三,第3176页。

田。这些屯田军不仅为汉统一西域的战争提供了充裕的军粮,而且还直接参加了汉朝统一西域的战争和重大军事活动,为汉王朝在西域的文治武功、统一西域大业作出了重要贡献。

汉昭帝元凤四年(前77年),改楼兰国为鄯善国,并先后在米兰(今若羌县境内)伊循开始屯田,使汉朝屯田扩大到了鄯善,超过了武帝时的规模,并设伊循屯田都尉,田卒增加到了1 000多人,先后开垦约17 000多亩地。

宣帝地节三年(前67年),汉朝开始在姑师王都交河屯田。公元前62年,汉朝派2 000余汉军再次攻占姑师后继续屯田。

宣帝神爵三年(前59年),西域都护府建立后,汉朝决定从莎车国划拨出一部分土地,派汉军到塔里木盆地西南缘的北胥鞬地区(今莎车县境内)屯田。

汉宣帝甘露元年(前53年)汉朝派长罗侯常惠率3 000汉军到乌孙王都以北的赤谷地区屯田。两年后,汉朝又派遣辛庆忌从赤谷率汉军千人到焉耆屯田。这使汉朝的屯田由渠犁向东进一步扩展。与此同时,汉朝又向西发展屯田事业,在"丝绸之路"北道的中点、古西域重要的政治、经济、文化中心之一的龟兹开始屯田。这是汉朝西域屯田向更西方向扩大展开的重要步骤。1930年黄文弼在塔里木盆地考古调查中发现,龟兹国的沙雅县有汉朝屯田的遗迹,"长达二百华里之古渠……在渠及遗址中,曾觅出汉代五铢钱及陶片"。"古渠位于(英业)古城东北","维吾尔语称为黑太也依拉克,即汉人渠"①,渠长200多米,宽8米,深3米。调查时从古渠还采集到了唐代钱币,这说明从西汉到唐代,龟兹地区曾经是中央政府大规模屯田的基地。汉元帝初元元年(前48年),汉朝派军2 000多人进驻高昌屯田,筑坞壁防卫,建粮仓积谷,建高昌城,并"复置戊已校尉"。东汉永元三年(公元91年)班超为西域都护时,"复置戊已校尉,领兵五百人,居车师前部高昌壁屯田植谷"。公元前123年班勇为西域长史时,又置戊已校尉,于此,直到魏晋时,这里仍是重要屯田基地。

4. 汉朝为了统一西域,采取的基本策略是文治武功双管齐下。而不同时期,其侧重点则有所不同。西汉时期是"战和"两手并用政策,前期以"和"(和亲)为主,中期以"战"为主,后期则"战和"并重,"和"为目的,"战"为手段。由

---

①　黄文弼:《罗布淖尔考古记》。

于实行了高度灵活的战略策略,西汉统一、开发经营西域的整个过程都是比较成功的、积极的,并取得了显著绩效,成为两汉尤其是西汉时期文治武功所取得的辉煌成就之集大成者。

自汉武帝元光二年至汉宣帝本始二年,在60余年的时间里,汉王朝耗费了巨大的人力、物力、财力,以人口减半的巨大牺牲和物质损耗为代价,才取得了统一西域、经营西域的战争胜利,使北方边境,"数世不见烟火之警,人民炽盛,牛马布局"。同时,汉统一西域的正义战争也给匈奴民族本身的社会进步和经济发展造成了积极的巨大影响。随着汉朝对匈奴几次较大统一战争的胜利,汉武帝把中原大批汉民迁徙到西北边境屯垦戍边。仅元狩四年(前119年)一次就移民70余万到西北漫长边境屯田垦殖。

到汉武帝即位后(公元前140~前87年),从政治上加强中央集权制,经济上积极发展社会经济生产,军事上屯粮扩军建立起强大的军队系统,"天下殷富,财力有余,士马强盛",国力空前强大,为反击匈奴、完全统一西域奠定了可靠基础。公元前133年,汉朝断绝了同匈奴的和亲关系。公元前129年,匈奴犯边,汉武帝派出卫青、李广、公孙贺、公孙傲等四路大军,各率万骑迎击并打败匈奴,从此,开始了西汉王朝反击匈奴、统一西域的大规模的军事行动,匈奴被迫向更西北远徙,汉朝在朔方以西至令居(甘肃永登县)置田官、率卒五六万人屯田。经过三次决定性战役,匈奴的有生力量被消灭,元气大伤,势力衰败,再无力侵扰汉边。汉朝对匈奴的战争之决定性胜利,为其完成统一西域,开发和经营西域,奠定了可靠基础。从公元前108年开始,到公元前60年在西域置西域都护府,其间西汉经过近半个世纪的惨淡经营,终于完成了统一西域的历史任务。

西汉在西域的屯田军民为了维护西域的统一,多次参加了平定内乱、抗御外寇、维护国家统一的保家卫国战斗。由此不难判断,汉王朝的西域屯田基地也是其为维护国家统一,捍卫主权与领土完整的服务的准军事化性质的国防建设的重要组成部分。"屯田、内有亡费之利,外有守御之营"①。经过数十年的开发、经略,至公元前60年西汉置西域都护府直接管辖西域,到西汉末年,终于形成了"西域最凡国五十,自驿长、城长、君、监、吏、大禄,百长、千长、都尉、且渠、当户、

---

① 《汉书·赵充国传》。

将、相至侯王皆佩汉印绶,凡三百七十六人"①,作为中央政府派出机构的行政管理体制格局(体系)。由于实行军事屯田制,大规模地推广屯垦戍边体制,内地先进的生产工具和生产技术传入西域,西域由铜器时代进入了铁器时代,农牧业生产和手工业生产开始大量使用铁器和手推磨,有力地推动了西域地区新生产力和生产关系的形成和发展,促进了当时西域占统治地位的游牧奴隶制社会向农业封建制社会的历史进步和社会过渡。

总之,两汉时期大量中原汉民以从军、流刑、招募、移民等形式,被陆续迁徙于西域各地屯垦戍边、落户西域,既维护并巩固了西域之归属于我国的国家统一和民族团结,又推动了西域地区的社会进步和经济生产发展,为形成和发展多民族的中央集权制大国的统一与进步,为古代中国的强盛和繁荣,都做出了永垂史册的不朽贡献。

三

有唐一代对西域的开发和经营无论在广度和深度上都超过了以前历代王朝,扩大并稳定了对西域全境的主权统一,逐步建设了有效辖治西域的权力体系和行政管理格局,巩固并加强了对西域全境的有效控制和施政力度。从而使唐代中国成为当时世界上最为强大的泱泱大国。

唐初,由于中原初定,暂时尚无力西顾、完成统一西域的任务。经过几年的稳定大局和休养生息,630年唐朝削平了东突厥汗国,西域诸国反响极大,随即西域东部的伊吾七城,游牧于西域西部热海一带(今伊塞克湖)的契苾部和原来逃往西突厥的东突厥贵族阿史那杜尔等也相继内附,臣属于唐。唐在平定吐谷浑贵族反叛政权后,又派人常驻鄯善一带,专事联络西域诸城各国。于是,高昌王麴文泰、焉耆王突骑支、龟兹王白苏伐叠、疏勒王斐阿靡支、于阗王尉迟居密以及康国、安国、石康诸王等,均先后派使臣或亲到唐朝长安,表示臣属,内归唐朝。638年西突厥汗国发生内乱,切断了西域与中原的交通,唐朝于640年大规模用兵平定高昌,开始了用军事手段统一西域全境的战略行动。

640年,唐太宗派交河大总管、兵部尚书侯君集等率兵攻取高昌,兵锋所至,

---

① 《汉书·西域传》。

高昌迅即兵变降唐。唐军很快即完全控制了高昌。高昌之不堪一击,迅速土崩瓦解,主要是高昌王麴文泰的统治不得人心,遭到高昌国人民和西域各国的普遍反对。当时高昌国境内流传着一首童谣:"高昌兵马如霜雪,汉家兵马如日月;日月照霜雪,回首自消灭。"①。高昌降唐后,西突厥的反唐可汗乙毗咄陆"惧而西走千里",驻守可汗浮图城的大将阿史那步真叶护率部向唐朝降诚。这样唐朝在极短的时间内即顺利控制了扼守西域东部的天山南北的两座军事重镇和战略要地。

647 年(贞观二十一年),唐太宗再次用兵西域,所向披靡,克处月、处密,下焉耆,平龟兹,俘虏了龟兹王,并将安西都护府由西州西迁到龟兹,并设立了龟兹、于阗、碎叶、疏勒四镇,加强了对西域全境的辖制和行政管理。从贞观四年(630 年)开始,到平定高昌大规模用兵西域,唐朝完全统一并经营西域历时一百五六十年,并最终完成了塑造中国封建社会发展史上最为强大的泱泱大国的历史责任。在唐朝统一西域全境、全面开发和经营西域的历史斗争中,成千上万的大批中原汉族平民从军西进,为统一和缔造国家西部神圣疆域、开发和建设西域地区的经济生产和社会进步,发挥了重大的主力军作用。

为了巩固边防,保卫国家统一和西域的安定,唐朝在西域除实行了较为完善的行政管理外,还实行了一系列军事管理措施。这些措施包括在西域各地区建立军府,普遍实行府兵制,府兵多数分驻边疆各地,其主要任务是维护地方治安,参加边疆屯田。另一部分为常备军镇兵,主要任务是防御外寇,捍卫国土,平安内乱,和平时期参加屯垦戍边。

为了维护国家统一,反对分裂割据势力,唐朝中央政府在西域派驻有大量驻军,据载:"长寿元年(公元 692 年)武威道总管王孝杰破吐蕃,复四镇地,置安西都护府于龟兹,以兵三万镇守。"②"安史之乱"前,公元 749 年唐朝驻西域总兵力在 44 000 人以上,军马 7 700 匹。在南疆安西四镇驻兵 24 000 余,马 2 700 匹,在北疆北庭节度使下拥兵 2 万人,马 5 000 匹,其中驻庭州城一地的军士就多达 12 000 人,马 4 200 匹,唐朝在西域的军镇最有名的是安西四镇,即龟兹、于阗、疏

---

① 《新唐书·五行志》。
② 《新唐书·西域传·龟兹》卷二二一。

勒、焉耆(后碎叶取代焉耆成为四镇之一),安西四镇是唐朝与吐蕃激烈争夺西域的焦点地区,曾经历了八置八弃的反复武力争夺,直到公元790年,由于"安史之乱",唐朝开始盛极而衰,国力空虚,吐蕃又攻占了西域,唐朝最后失去了对西域的控制。

在吐蕃与唐朝反复争夺西域控制权的分裂与反分裂军事斗争中,汉族将士与人民为维护国家统一和西域社会进步付出了巨大代价,作出了突出贡献。不少汉族官民在这场反复争夺战中丢官丧命,至于汉族兵士则死伤无数,如吐蕃于公元670年第一次攻占了南疆安西四镇后,唐朝派大将薛仁贵率十多万汉军攻入青海,与吐蕃号称40万大军决战,结果惨败,死伤殆尽,仅薛仁贵等少数将领逃命而回。

唐朝完全统一西域后,对西域的管辖治理,从不同的实际情况出发,采取了不同的行政措施和管理体制。首先,建立了安西和北庭西大都护府,作为统治西域的最高军政首府机构,以总揽唐中央政府在西域的军政要务,保卫唐朝西部边疆防务安全。出任两个大都护府的都护,基本上都是唐朝的汉族重臣和武将,唐肃宗李亨做太子时还曾做过安西大都护。在两大都护府下,又根据不同地区的社会情况和民族成分,实行不同的辖治制度。在靠近中原地区的西域东部地区,实行了基本类同与中原地区普遍实行的州县制。在东疆以外和南北疆和中亚北部地区,设置了许多都督府州,实行府州制。在葱岭以西中亚南部地区,又建立了臣属唐朝中央政府的都督府,实行了朝贡制。

唐朝着眼于西域地区的长治久安,为经营西域主要采取的是羁縻政策,其具体的行政措施就是在西域广大地区普遍设立羁縻府州。事实证明,羁縻府州政策的推行,对于唐朝行使中央集权,有效经营西域,稳定西域的整体格局,发挥了重要作用,并对后世产生了积极影响。

唐朝在东疆建立的普通州府主要有伊(哈密)、西(今吐鲁番东)、庭(今吉木萨子县北)、沙(今敦煌城西)四州府。在天山南北地区实行的是羁縻州府制。其特点是,按不同民族的部落活动范围,划分羁縻府州的行政区划,本府州民族内部事务由本民族管理,但军队必须服从中央政府的调遣。据统计,唐朝在天山以南塔里木盆地周边地区共设置了四个都督府和34个州,属安西都护府辖制。在天山以北和中亚北部原西突厥十姓部落地区,共设置了三个都护府和23个都督府。各地的都督府由唐中央政府委任本地民族部落首领担任都督之职。

唐朝经营西域的一大贡献就是扩大开发西域的屯垦事业。其屯垦地域主要有三大块：一是北疆地区，主要包括伊吾、庭州、轮台和清海（今新疆石河子市）四地；二是南疆地区，包括西州、焉耆、龟兹、疏勒、于阗等地；三是中亚地区的碎叶城。由于唐朝统一西域的主要进程是依靠军事打击突厥汗国分裂割据势力，有效平定西域各地的反唐叛乱，最终战胜吐蕃对西域的进攻而完成的。因此，唐朝开发西域、经营西域的整个过程，都离不开军事打击，其在西域的屯垦也主要是以军屯垦殖为主。

唐朝屯田西域的前期活动，大致从630年开始，延续到660年左右。这一时期，唐招抚伊吾，降服高昌、耆、龟兹、疏勒、于阗王国，消灭了西突厥汗国，统一了包括中亚在内的西域广大地区。为了解决军粮军马问题，唐朝开始在西域实行军屯，先后在伊吾、西州、焉耆、龟兹、疏勒、于阗等地实行屯田。随着唐朝在西域的统治趋于稳定，军政管理机构不断健全，其开发经营重点，逐步转移到经济和政治方面。

唐朝为稳定西域大局，在完全统一西域全境后着手实施长治久安的战略措施，在西域开始大规模屯田实边，开发和经营农牧业，积极发展社会生产，以稳定大局。"于是岁调山东（华山以东）丁男为戍卒，缯帛为军资，有屯田以资糇粮，牧使以娩羊马。大军万人，小军千人，烽戍逻卒，万里相继。"①据《唐六典·河西道》大略统计，唐朝在西域的屯田，安西都护府有二十屯，疏勒有七屯，焉耆有七屯，北庭都护府有二十屯，伊吾军有一屯，天山军有一屯，共五十六屯，《通典·屯田》卷二说，公元737年"隶州镇诸军者，每50顷为一屯"，以每屯耕地面积50顷计算，共有屯田耕地2 800顷。按一顷折100亩，则56顷应为28万亩屯田。今巴里坤、焉耆、库车、轮台等地，保存了许多唐代屯田遗址。焉耆的古城和屯田遗址中，均保存有许多仓库和地窖，其中贮藏有麦面、小米、高粱、胡麻等。在唐王城遗址中，发现有很大的石碾数方及铁斧、铁犁等铁制工具。碎叶城是唐设置在西域极西地区的安西四镇之一（苏联中亚托克马克城一带）。作为唐朝在西域的军事重镇，设"保大军、屯碎叶城"。1219年耶律楚材随从成吉思汗西征，途

---

① 《旧唐书·吐蕃传》，意思是调教牧畜。

经塔拉斯河时亲眼目睹了唐朝在中亚的屯田遗址。他这样描写道,"数百里皆平川,冈领回护","川北头有巨丽大城,城外皆平原可田。唐时凿道南山,夹为石闸以行水,闸脊跨坚岸。有唐节度使参谋检校刑部员外郎假绯鱼袋太原王济之碑"。即此一端,也可知当时唐代在碎叶屯田的规模和对该地的开发性建设。

唐朝在西域的屯田垦殖事业的显著特点是规模大、范围广、时间跨度长、成效卓著。远远超过前代历朝。从地域分布,东起蒲类海(今巴里坤湖),西至中亚楚河流域(碎叶河),南抵昆仑山,北达准噶尔盆地,屯田基地遍布西域东西南北。具体分析,天山北麓,以庭州为中心,分别有伊吾、轮台(今乌鲁木齐近郊一带)、清海(今石河子一带)、碎叶,共五大屯田垦区。天山以南塔里木盆地以龟兹为中心,有西州、焉耆、焉垒(今轮台)、疏勒(今喀什)以及昆仑之北山于阗等共六大屯田垦区。唐朝明文规定:"凡军州边防镇守,转运不给,则设屯田,以益军储。"①唐朝的西域驻军,为解决军粮供应,除战时外,都要参加屯垦,都有划定的自给性屯田。因此,除大垦区集中有大规模的军镇屯田外,在各守捉城、烽戍、各州县等,均分布有很多零星的小规模的屯田。

唐朝的西域驻军屯田戍卒也超过历代王朝。在平时,唐驻西域的屯田戍卒军队就多达五万余。若有战事,则兵勇还多。驻西域军屯将士,平时屯田军垦,遇有边祸内乱,则要参加平乱战事,卫国保家。"安史之乱"爆发后,西域大批屯军被内调参加平乱战事。西域兵力空虚,公元763年吐蕃乘虚而入。攻占河西走廊,阻断了唐朝中央政府与西域各地的军政联系。吐蕃军围攻伊州。伊州刺史袁光庭率领全城各族军民(主要是内地西迁而来的汉族居民)奋起抵抗,保卫伊州,坚守伊州。公元764年,伊州军民兵尽粮绝,全部壮烈牺牲。公元781年,唐德宗得知此事后,追"赠故伊州刺史袁光庭工部尚书"②。

唐朝在西域各地军事屯田的重要基地有以下几大区域:

伊吾屯田:即蒲类海东北甘露川,即今巴里坤大河古城遗址附近地区。早在唐太宗和唐玄宗在位时期,甘露川就是唐朝著名的屯田和屯牧基地。据吐鲁番出土的唐代《伊吾军纳粮牒》文书表明,伊吾军每年要向北庭军仓纳粮4000石,

---

① 《唐六典·卷七屯田郎中员外郎》。
② 《资治通鉴·唐纪》卷四三。

要向伊州地方政府交粮 197 石。这说明伊吾军屯田规模较大,收获颇丰。

西州屯田:西州即高昌,公元前 48 年西汉政府即派军在此屯田。为适应在西州大规模的屯田需要,唐朝还在西州大规模地兴修水利工程,西州地方政府还设有专管水利的"水官"。开元二十二年(734 年)八月,修建高昌县城南北两处水利工程,就动员了当地汉族军民 1 400 余人次参加修建工程

庭州屯田:庭州位于高昌之北,主管北疆地区,唐代亦称北庭,是唐东北西域一带政治、经济和军事中心。据《唐六典·河西道》记载,749 年,唐朝屯田"北庭二十屯",按当时一屯 50 顷计算,北庭垦区屯田已超过 10 万亩之多,成为西域北部最大的屯田军垦中心。

轮台屯田:唐代轮台在今乌鲁木齐市南郊乌拉泊古城遗址处。唐玄宗时,轮台屯田军民达数千人,屯田数万亩。即使在"安史之乱"后吐蕃攻占了河西走廊,轮台等西域军民仍坚持屯垦戍边 28 年,公元 771 年留守轮台的唐军改为静塞军最少还有屯兵 1 000 多人,屯田 1 万多亩。唐在轮台屯田有 128 年之久。

清海屯田:清海即今新疆石河子城一带。唐玄宗时清海驻军大量增加,屯田事业大发展,驻军约在千人以上,按"人给十亩供粮"计算,清海军屯耕地在万亩以上。

焉耆屯田:唐玄宗时,焉耆屯田发展到顶点。屯军人数增至 4 000 余人,屯田 35 000 亩。还发展了渔业和制盐等手工业。

乌垒屯田:地望在今新疆南部轮台县策大雅乡一带。西汉时为西域都护府所在地。唐玄宗时屯军增至千人以上,屯田约在 1 万亩。

龟兹屯田:在今南疆库车县东郊。西汉时这里已是屯田重镇,唐代曾长期在此设置安西都护府。到唐玄宗时,"安西都护府治所在龟兹国城内。管戎兵二万四千人"[1],其中仅龟兹一地驻军即多达 1 万余人。屯田约在 20 屯以上,按当时每 50 顷为一屯计算,1 000 顷应折合 10 万亩屯田以上。

疏勒屯田:唐疏勒在今喀什附近。唐玄宗时疏勒驻军约 4 000 人,屯田达 35 000 多亩。

于阗屯田:唐玄宗时,于阗驻军约四千余。玄奘在《大唐西域记》中描述了

---

[1] 《旧唐书·地理志》卷三八。

他在于阗的亲眼目睹:"城东南百余里,有大河北流,唐人利之,以用灌田。其后断流,王深怪异。"

　　碎叶屯田:位于碎叶河(今楚河)两岸。658年唐军攻灭西突厥汗国后,包括碎叶在内的整个中亚地区归入唐朝版图。667年,李遮匐叛唐,在碎叶建立了反唐政权。679年,裴行俭率唐军一万多人,奇袭叛军,平定了叛乱,收复了碎叶城,回师时"留王方翼于安西,使筑碎叶城"①,此后唐朝正式开始在碎叶屯田。后来唐朝又把碎叶屯田扩大到其城西300里的塔拉斯河流域。

　　唐朝在西域的屯田发挥了重大历史作用,产生了深远的积极影响。这主要表现为:1. 进一步巩固了统一西域的积极成果,使唐代中国版图包括了西域远及中亚的广大地区。2. 有力地促进了整个西域地区的生产力发展和经济繁荣,推动了西域的社会进步。屯田事业提高了西域的生产力水平,促进了农业、牧业、手工业、交通运输业以及集市贸易经济等各项事业的发展和进步。3. 推动了中西经济文化交流,也加强了中央王朝与地方政权之间的紧密联系和全面交流。4. 尤其应当肯定的是唐朝统一西域,开发和经营西域的全过程,为中华民族,尤其是其主体民族汉民族造就了一大批杰出的文臣武将,一批杰出的政治、军事、经济、文化等方面的谋臣战将脱颖而出。这在前面已有例举,不再赘述了。

参考书目:

1. 新疆社会科学院民族研究所编:《新疆简史》第一册。

2. 余大山主编:《西域通史》。

3. 方英楷:《新疆屯垦史》。

　　(作者单位:张凤武,《新疆社科论坛》;雷霆,清华大学机械工程系)

---

① 《资治通鉴·唐纪》卷一八。

从腰站村清皇室后裔与汉族和睦相处看儒家传统文化对构建民族和谐关系的历史作用

何晓芳

腰站村位于辽宁省新宾满族自治县上夹河镇,有三个自然屯,分别是东岗、西岗和周家沟。共划分为4个村民小组。根据2000年人口普查,有总户数321户,总人口1 062人。汉族76人,朝鲜族1人。在985人满族当中清皇室后裔爱新觉罗氏所占比例约为41.5%,他们是腰站村的最初居民,主要居住在东岗。

腰站村是东北地区较大的清皇室后裔聚居村,也是清王朝发祥地——新宾满族自治县里目前唯一的清皇室后裔聚居村。他们于清朝康熙初年(1662)从京城来到这里,至今已经经历了将近400年时间,与同村、同乡的汉族居民融洽相处。本文即是从他们生产生活中与汉族和睦相处的经历看儒家传统文化对构建民族和谐关系的历史作用。

一、爱新觉罗家族仍然具有强烈的民族自我意识,并没有完全与汉族融合,但却与汉族和睦相处

腰站村的爱新觉罗家族虽然在风俗习惯上已经与当地汉族区别很小,但他们具有强烈的满族民族自我意识,并没有与汉族最后融合在一起,主要表现在如下几个方面:

1. 清代皇室后裔的贵族血统。爱新觉罗家族人是爱新觉罗家族的皇室旁支后裔,并且有玉牒记载昭示。无论年代有多久远,爱新觉罗的姓氏会使他们的后代永远记住,他们是满族人,就是那个在中国历史上建立清王朝的皇室后代。由于基因遗传,腰站村原村委会主任的相貌酷似努尔哈赤,凡是来到这里的人们,都会不约而同地发现这一点。

2. 尊崇祖先,以祖先业绩为荣的心理,以及对以往爱新觉罗家族特殊政治经济地位的追忆,都把他们与汉族区别开来。直至今日,村里的老人仍以当年的"特殊"待遇引以为荣。当时,清王朝规定,现在的肇氏是"觉罗",以"红带"系之,以示区别。他们同嫡系宗室一样享受男儿生下以后一直到老都享受政府颁发的银两的待遇,据现今腰站村里老人回忆,这个银两一直领取到清朝末年,大约在 20 世纪初年。那时爱新觉罗家族人家在这里有很深的影响,这一影响至今在人们的记忆中并没有完全消失。在腰站村爱新觉罗家族人追忆以往的同时,祖先创业的神话在他们中广泛流传。流传的内容有:

"满族起源的传说",这一传说说的是天上的三仙女姐妹相约到长白山天池洗澡,三仙女佛古伦吃了天鹅叼来的红果,生下了满族的始祖布库里雍顺。这一传说早在皇太极时期就已见诸记载,腰站村所流传的与历史记载和现有收集成文的传说在故事情节和内容上都大致相同,不同的是三仙女佛古伦吞下红果受孕后生下的是一个大圆球,佛古伦把这个大圆球放在一只木伐上,让其顺水漂流,漂到牡丹江与松花江的交汇处,江边的人看到江面上漂来一只木伐,上面有一个大圆球,还隐隐听到有人说话的声音,于是他们把木伐拉到岸边,用刀劈开了大圆球,里面出来了一个小男孩,自称是天女佛古伦的儿子,姓爱新觉罗,名叫布库里雍顺,是专为平定天下大乱而来的。后来,布库里雍顺平息了互相残杀的三姓部落之间的征战,让社会安定、人民安宁。

"罕王脱险的故事",说的是幼年的努尔哈赤得到明朝辽东总兵李成梁的小妾喜兰的救助,逃出李府的故事。在逃难过程中,跟随努尔哈赤的大黄狗和乌鸦又救了他的命。日后努尔哈赤登基坐殿,为报答救命之恩,年年祭祀喜兰姑娘,民间又称为万历妈妈,并下令所有满族人不许吃狗肉、不穿狗皮,并在院里竖"索罗杆子"饲喂乌鸦。这一故事是有关腰站肇氏满族以西屋为供奉神位、举行背灯祭、不杀狗、不吃狗肉、不穿狗皮服饰、祭祀乌鸦等习俗的来历。在腰站调查期间,当调查组向村民了解他们的这些习俗时,在村民家的炕头上,许多村民为我们讲述了这个故事。不仅故事令人感动,村民对祖先的传说和民族习俗的来历的熟悉和尊崇也让调查组深为感动。

"瑞榆树的故事",这故事说的是努尔哈赤的祖父觉昌安把其父亲福满的骨殖安葬于永陵西堡,最后使永陵成为清王朝关外第一陵宫的来历。当调查组在永陵参观时,一同前来的村长肇恒羽站在树下,面对肇氏祖先的陵墓给我们讲述了这个故事。身临其境的肇村长不仅讲得声情并茂,而且讲完之后,十分恭敬地在永陵六祖的墓前叩头祭奠。也是在永陵,调查组还听到了"启运山的传说"、"神龙二目"、"观音点化八姓助汗"、"一夜皇妃"等有关满族开国皇帝努尔哈赤及其后继者的诸多传说与故事。

3. 与满族爱新觉罗氏有关的历史文化遗迹铭刻了他们的满族民族自我意识。新宾满族自治县是清王朝的发祥地,在新宾满族自治县里遗留下来大量清前历史文化遗迹,其中最著名的是赫图阿拉老城和清永陵。按照民间祭祖习俗,爱新觉罗家族人每年清明节都要到永陵祖坟上给祖先烧纸"上佛托",在腰站村里同样给嫡系祖先阿塔烧纸"上佛托"。

4. 良好的学校教育使腰站村里的爱新觉罗家族人比普通满族人具有更强的民族自我意识。腰站村里的爱新觉罗家族人,无论新中国成立前出生的人还是新中国成立后出生的人,都没有文盲。良好的学校教育,使他们关心本民族历史文化和自己家族的源流,更容易传承本民族文化,因而不容易与汉族相混淆,从而增强了民族意识。

腰站村里的爱新觉罗家族尽管存在着强烈的满族自我意识,没有与汉族完全融合,但与此同时,却与汉族和睦相处了几百年。在这几百年当中,与汉族共同生产生活,向汉族学习,主要学习两个方面:

学习的第一个方面是农耕生产。满族最初生产方式为渔猎经济,努尔哈赤起兵以后,满族人皆被编为八旗,从事军事,对农业生产很生疏。腰站村的这一支清皇室后裔来到腰站村以前,曾经是清朝初年的满族贵族阶层,他们的祖先"从龙"入关,尔后便定居在北京,依靠俸禄生活,根本不事农稼。可是,来到腰站村以后,除了阿塔本人有永陵守尉官职以外,其他皆为"闲散"无官职之人。尽管爱新觉罗家族的男丁出生以后享受国家颁发的银两,但仍然需要进行生产,用以弥补不足。阿塔的孙子及曾孙辈以下更是如此。所以,阿塔率领家人来到腰站村之初即开始让家人进行农业生产。当然,最初是由家丁进行耕种,再后来随着人口增多,家族分支繁衍,受经济条件所限,大部分爱新觉罗家族人员都实行自己耕种田地。到了清朝末年,基本上已经完全由他们自己进行耕种了。时至今日,在腰站村里,无论满族还是汉族,其所进行的农业生产内容都相同,农田里播种的农作物主要是稻子、地瓜、马铃薯、大豆以及各种蔬菜。爱新觉罗家族的人已经完全成为地地道道的庄稼人。

学习的第二个方面是语言。因为满族有自己的语言文字,当时称之为"国语"。在阿塔率领其子孙来到腰站村时,满族语言文字仍然保存完好。由于这样的语言背景,爱新觉罗满族在其祖先辈时,不论日常生活还是家庭教育,满语满文都是不可缺少的重要内容。而且在村民自设的私学馆和清末设立的初级小学中满语满文都是主要必学内容,据村中幼年时曾进过私学馆后又入村初级小学读过书的老人们说,小时学习过的满文满语,由于当时村中和家中的老人都会说满语,能读写满文,所以他们所学的满文满语还使用过一段时间。但后来,由于生产生活交流的需要,爱新觉罗家族的人开始学习使用汉语言文字。时至今日,已经完全通用汉语文。

后来随着老人们相继过世,满语满文的使用环境也随之消失了,他们幼年时所习得的语言文字终因很少使用也逐渐从记忆中消退了。现在村民中 70 岁以上的老人能说的词稍多一点,有的还能记得起一些短语,如"您贵姓",满语为"Si halaai",其中"hala"是满族先民女真人所形成的血缘组织"哈拉"的音译。老人们说,现在说是说不上来了,但如果有人说,一般还能听个大概。40 岁以上的人对满语的了解和使用仅只限于一般最常用的一些字词,如对父亲称阿玛、对母亲称讷讷。除亲属称谓外,在日常用语中也有一些满语词汇,如称板凳为马杌子、墙角为旮旯、仓房为哈什等,成句的交流则基本上不可能,听也不能。40 岁以下的人则基本上不会说也不会听满语。至于满文,现在村中再没人懂得满文了。满语满文在腰站村留下的印记已经十分淡漠了,只有满族在几百年与当地汉族和其他民族交往中互相借鉴和吸收的语言词汇被保存下来,并且成为了当地满汉民族共同使用的词汇,如"埋汰(maitai)",满语"脏"之意;"糊里巴涂(hulibatu)",满语谓人粗鄙,汉语则引申形容人头脑迟钝、办事不精明;"急眼(jiyan)",满汉语意相同,都为"暴怒"之意;"兀突(wutu)",满汉意相同,形容水不凉不热,后引申为人的性格不瘟不急;"哈拉(hala)",满汉意相同,形容东西变质,如说"这油哈拉了",即是说油有了哈拉味,变质了。如此等等,不一而足。

腰站村里的爱新觉罗家族一方面保留着强烈的民族自我意识,另一方面又与汉族相互学习,目前已经在生产生活方式上和语言文字使用上都基本与汉族一致。这固然是他们为了生存下来的必然选择,但同时也毋庸置疑地反映出他们与汉族和谐相处。

二、腰站村满族人口比例增加是爱新觉罗家族与汉族和谐相处的重要体现

腰站村的满族基本上由清皇室后裔爱新觉罗家族人员构成的(1984年恢复更改民族成份以前)。腰站村满族人口比例增加概括起来主要有两个方面的情况:一方面,腰站村里汉族人口改变自身的民族成份,成为满族,形成满族人口比例增加;另一方面,腰站村里与爱新觉罗家族通婚的汉族,无论男方还是女方,以及其子女,都随爱新觉罗家族成员填报"满族"。

腰站村 1949～1984 年人口、民族情况变化表

年度	合计		汉族		满族		其他	
	户数	人口	户数	人口	户数	人口	户数	人口
1949	157	817	35	175	122	642		
1959	170	785	60	300	110	485		
1964	209	981	80	410	129	571		
1969	286	1281	156	630	130	651		
1979	279	1240	91	421	188	819		
1982	302	1242	54	188	248	1054		
1984	313	1273	13	50	300	1223		

从上表中可以看出,从1949年至1984年,腰站村满族人口比例发展变化经过两个阶段,即从1949～1969年阶段,1979～1984年阶段。这两个阶段中前一个阶段里满族人口比例逐渐减少,汉族增加;后一个阶段中满族人口大幅度增加,汉族人口减少。

1949～1969年阶段。满族人口减少,汉族人口增加,主要来自于两个方面的原因:一个方面是由于政治运动干扰,满族人尤其是爱新觉罗家族人家受到歧视,有的满族年青人成家自立门户以后,开始将原来的满族成份申报为汉族,尤其是在 20 世纪六七十年代,这个特殊的历史时期里,更加促成了腰站村满族的数量迅速减少,汉族数量大幅度增加。这里有两个情况,一种是男方为汉族,女方为满族的,根据中国传统习惯,子随父姓,所以民族成份也就随了男方;另一种是男方为满族,女方或同为满族或为汉族,因为她们自己本身民族意识已经不强,因此而自愿申报汉族。汉族人口增加的原因,同上述原因之外的另一方面原因是,通过村乡合并,大量增加了汉族人口,使原来只有爱新觉罗家族人居住的腰站村成为满汉共居的村落。

这一阶段里满族人口减少,政治上的歧视是主要原因,因而,不能以此作为本论文的论据,在此不加以详谈。

1979~1984 年阶段。单从数字上看,这是一个满族人口成份大量快速增加的阶段。据 1979 年统计,全村人口总户数为 279 户,总人口 1 240 人,其中汉族 91 户,421 人;满族 188 户,819 人,分别占总数和人口总数的 67.38% 和 66.05%,满族人口已经成为绝对多数。至新宾成立满族自治县的前一年,1984 年,全村总户数 313 户,总人口 1 273 人,其中汉族只有 13 户,人口 50 人;满族则为 300 户,人口 1 223 人。腰站村里之所以在短期内满汉民族成份比例发生如此快速的变化,主要原因是成立满族自治县,少数民族不但不再受到歧视,而且还享受特殊照顾政策,可以获得经济政治利益,所以,原有改为汉族的满族人口恢复了成份,同时,大量汉族人也改报了满族成份。其中,汉族人改报满族成份的来源有两个:

第一个来源是,家庭成员中无论男方或是女方,有一个是满族的,全家都随其申报为满族,这种情况所占满族总人口比例大约为 30%,424 人。这属于通婚形成的民族融合。因为在历史上满族就一直与汉族通婚(按清王朝对满人管理政策规定,旗人之间,满洲八旗与汉军八旗可以通婚),现行我国实行的民族成份申报政策也规定,子女的民族成份可以随父母任何一方的民族成份而定。

第二个来源是,汉族改报为满族。这种改报满族的行为不单纯是现实即得利益所引导,也是一种民族之间交往融合形成的。在腰站村里由汉族改报满族的人口为 421 人,占满族总人口的 30%。这些村民其祖先基本上都是山东人,从清朝同治、道光年间以后陆续来到腰站村,据这些人的回忆,他们当中有的是在清朝做官,有的是因为年景不好逃荒来到腰站村。这些家庭来到腰站村这个满族聚居地以后,与满族共同生产劳动,互相影响,并且加入旗籍,或是随旗(投靠于满洲旗下)。在民国以后由于解除了旗民不通婚规定,他们大多数与满族通婚。现实在民族优惠政策影响下,他们自愿申报为满族。

从上述可以看出,无论是第一个来源还是第二个来源,腰站村里的汉族都是自愿改报满族,使满族人口比例大量增加。这是腰站村里爱新觉罗家族与汉族长期和谐相处的重要体现,尤其是以通婚的形式改变汉族成份更充分体现了这一观点。

三、接受儒家传统思想形成腰站村当代满汉族共有的良好道德风尚使满族与汉族和谐相处

满族人入关之前就已经开始接触儒家思想,皇太极曾经下令让八旗贵族人家子弟学习儒家经典,并且接受明朝降附人员的建议提倡在文武官员中学习。入关以后,从康熙朝开始,满族作为清王朝的统治基础,学习儒家思想已经被政治制度化、教育规范化,因而,儒家伦理思想逐渐浸透于满族社会之中,形成了满族特有的道德伦理风俗,即在家庭及社会人际关系中极其注重礼仪。

腰站村爱新觉罗家族作为清皇室宗亲,十分注重家庭伦理教育,直至今天仍流传着"旗人礼大,老肇家礼更大"的说法。他们从祖上开始,就把体现儒家思想的家庭伦理礼仪传授当做家庭教育的主要内容。使家庭成员从小就在日常生活中学习人生所处不同阶段角色的诸般礼节,懂得了为人子(女)、人妻(夫)或婿、媳的尽礼之道。诸如:儿媳妇怎样孝敬公婆、晚辈怎样向长辈施礼等约定俗成的礼节,比如男性晚辈在路上遇见长辈人,必须低头垂手待立在路旁,等待长辈人走过以后才能离开。这些繁文缛节细致到生活的每一个细节。其核心体现了儒家"三纲五常"思想。

如今随着时代变迁和老一代人相继过世,历史上形成的这些繁文缛节逐渐被废弃,但这些儒家伦理道德的基本精神在当代却形成腰站村里的优良民风,好的道德风尚已经被腰站村满族和汉族所共有,不再单纯为爱新觉罗家族所共有。这些好的道德风尚促成了腰站村民相处和谐,主要体现在如下几个方面:

1. 讲卫生,好整洁。无论生活条件好者或差者,都是屋内清洁透亮,东西摆放有序,院内清扫得干干净净,本人也都衣冠整洁。村里年过八旬的几位老人,尽管生活不富裕,穿着旧衣服,但却干净利落,加之言谈有分寸,让人感觉像机关里的退休干部。

2. 男妇老少讲礼貌。村人接待客人既热情又客气,老一辈人仍然有儒雅风度。

3. 孝敬老人。在腰站村里一般由最小的儿子继承财产、扶养老人。其他子女虽然得不到财产,但也都十分孝顺,尤其是女儿,都主动承担部分赡养义务,诸如医药费、日常所需生活用品,等等。

4. 家庭和睦。腰站村爱新觉罗家族人家大多数集中居住在东岗两个居民组,所以,这两个居民组的组长很少调节家庭纠纷。夫妻之间有矛盾,一般情况下自己便化解了他们不愿大吵大嚷,怕惹人笑话。离婚率很低,从 1949 年到现在,据村民回忆,总计不超过六七对。

5. 邻里之间和睦相处,互相关照。在腰站村里,家家户户门不上锁,当主人离家出门或是天黑关院门,只是为了防备牲畜,所以只是将锁虚挂在门上。如果院子里晒着衣服等也不用惦记,遇到下雨时,邻居自然帮助拿回房中叠放整齐。据在本村工作过多年的镇干部讲,爱新觉罗家族及其相住一个居民小组的人,街房邻居之间很少有互相打架之类的事情,如果有矛盾出现,村干部或有威信的老年人出面调节就可以解决。

6. 遵纪守法。这是爱新觉罗家族人最突出的特点,也是村里与他们有亲戚关系的人的共同特点。他们大都憨厚老实,文质彬彬,新中国成立几十年里没有出现一起恶性治安事件。在目前,村里人没有一例沾染赌博、酗酒、不正当男女关系等恶习。他们对调查组说,如果有人这样做了,不仅本人,而且全家都让人耻笑,在村子里抬不起头,姑娘儿子找不到对象。

7. 愿意让自己的子女有文化。爱新觉罗家族的人十分注意子女受文化教育,无论是男孩还是女孩,只要本人有读书愿望和要求,家里都全力以赴供其上学。爱新觉罗家族人至今无一例因为家庭经济困难而使子女辍学的。村里其他人家也鲜有让子女辍学者。

总之,满族从长白山发源,来到中原,又分布向全国各地,处于广大汉族人口包围之中,经过几百年来与汉族共同生产生活,有一部分满族人已经完全与汉族融合,还有一部分满族人仍然保存着民族自我意识,但风俗习惯已经与汉族差异很小了。满族与汉族产生融合的主要原因是,满族人口较少,在广大汉族人口包围之中,因而满族历史文化也被包围在广大汉族文化之中,随后产生满汉文化双向融合。在融合过程中,儒家的传统文化思想发挥了重要作用。满族由于接受儒家传统文化,渗透于生活各个层面之中,因而与汉族形成了精神文化融合。从民族学研究的角度来讲,精神文化融合则是民族之间和谐相处的重要基础和原因之一。腰站村里的爱新觉罗家族,从阿塔率领子孙来此定居以后,历经四百余年时间,正是儒家传统思想影响,使腰站村里形成良好道德风尚,使满族与汉族和谐相处。

（作者单位:辽宁省民族研究所）

明代汉文化在西南边疆的传播和影响

陆　韧

在多民族统一国家的发展历程中,明朝完全实现了对西南边疆地区的整体统一,并为西南边疆的巩固做出了巨大贡献。在西南边疆少数民族地区传播汉文化,是明朝加强国家统一的主要措施。明代汉文化在西南边疆的传播,对西南边疆各民族的思想、文化和社会产生深远的影响,具有重要的意义。

一、明朝在西南边疆民族地区建立学校与倡导儒学

在明朝促进边疆民族地区与内地整体发展和推动多民族统一国家一体化进程中,以建立学校,倡导儒学,广教化,易风俗,安定民心,统一思想为其基本国策。洪武二年,明太祖朱元璋就诏谕曰:"朕惟治国以教化为先,教化以学校为本,京师虽有太学,而天下学校未兴,宜令郡县皆立学校,延师儒,授生徒,讲论圣道,使人日渐月化,以复先王之旧。"①有明一代,在西南边疆少数民族地区推行"建学校以化夷","广教化,变土俗,使之同于中国(按:指中原地区)"等方针措施,更蕴寓着通过儒学的教化作用,使各民族逐渐接受封建礼教,归顺朝廷,认同中央王朝的统治,强化多民族统一国家的整体发展的目的,是明朝在边疆民族地区与政治、军事统治并举的重要治策,且被统治者提到了前所未有的高度。

第一,明朝西南边疆民族地区学校建设空前发展。洪武十五年(1382)西南边疆民族地区初定,统治者在建立西南边疆民族地区统治体制时,就将儒学教育

---

① 《明史》卷六九《选举一》。

作为巩固政权的重要措施,大力恢宏和发展。首先着手恢复元代所设的学校,但由于当地民族反抗不断,征战不息,学校建设进展缓慢。然而旷日持久的征讨,所付出的代价是让中央和地方官形成共识:兴学校、渐风化才是治理边疆民族地区的当务之急。洪武二十八年(1395)明太祖谕礼部曰:"边夷土官,皆世袭其职,鲜知礼义,治之则激,纵之则玩,不预教之,何由能化? 其云南、四川边夷土官,皆设儒学,选其子孙弟侄之俊秀者以教之,使之知君臣父子之义,而无悖礼争斗之事,亦安边之道也。"①明代西南边疆民族地区之教育就是在这样的背景下,本着这样的目的而兴办起来的,云南、贵州等民族地区的学校获得了前所未有的发展。设学范围,云南由元代滇池、洱海区域向明代各府州县及其所属村寨发展,遍布云南大部分地区;贵州遍及各府州县及部分土司地区。设学级别与内地完全一致,既有正规官学,即府、州、县学和卫学,也有民办书院和社学。由于明朝在西南边疆进行了大规模的军事移民和卫所屯田,卫学比重较内地更大,贵州的卫学数几乎与府、州、县学相当②。学校数量较之前代急剧增加,云南的儒学元代不过十余所,剧增到全省府、州、县、卫学60所有余,书院56所,社学可考者165所,共计儒学教育机构280所之多,有很多设在土府、土州和土县等民族聚居区③。贵州的府、州、县、及卫学达38所,书院20余所,社学也十分兴盛,王阳明曾在诗中赞叹"村村兴社学,处处有书声",特别是在土司地区的宣慰司、宣抚司和长官司等也兴建学校9所④。这些学校,一开始就承担起了传知识、变风化、易风俗、安社会、固边疆之目的。

第二,明代边疆民族地区设学的教育对象重点是土司子弟,试图通过"教化"当地民族上层的接班人,达到"能得远人之心"的目的,以教育为手段为一体化政治发展开辟道路。早在洪武十五年(1382)西南初定之时,明太祖就下令西南各土司:"凡有子弟,皆令入国学受业。"⑤洪武十七年(1384)贵州普定府即遣当地民族上层子弟阿黑子等16人入太学⑥。洪武二十三年(1390)谕国子监:

①《明太祖洪武实录》卷二三九,洪武二十八年六月。
②史继忠主撰:《贵州通史》第二卷《明代的贵州》,第348页。
③陆韧:《变迁与交融——明代云南汉族移民研究》第293页。
④史继忠主撰:《贵州通史》第二卷《明代的贵州》,第348~362。
⑤《明太祖洪武实录》卷一五〇。
⑥《明太祖洪武实录》卷一六二,洪武十七年六月。

"今西南土官,各遣子弟来朝,求入太学,因其慕羡,特允其请,尔等善为训导,俾有成就,庶不负远人慕羡之心。"①同年云南罗猡土官遣子弟入监读书,这是云南生员赴京入国子监之始。由此边疆民族地区土司子弟最先成为明朝最高学府国学的生员,在天子脚下接受儒学化导。终明一代,土司子弟在国子监接受教育从未中断过,入国子监的土官子弟属于官生,一般由土官知府自己派遣,朝廷除了"广为号舍以居之,厚其衣食而养之"外,国家还对土司子弟生员不断给予赏赐和特别优待。从洪武二十三年开始土司子弟入国子监以来,洪武一朝就对国子监云南生员赏赐达十余次。以后为历朝所遵循,如永乐三年(1405)又赐"国子监琉球、四川、云南生李杰并其从人六十三人衣食"②。在这些民族地区的学校中,还有专为土官子弟与边民族设置的学校。洪武二十五年(1392)元江府有官吏上书言:"土官子弟编氓多愿读书,宜设学以教之。"③永乐十二年(1414)临安府习峨县丞固成言:"境内夷民僰人、罗罗、百夷、普葛(加虫旁)、和泥,其类不一,而僰人子弟多有俊秀,宜建学教之,史习诗书,知礼义。"④明代在云南的鹤庆、北胜、蒙化、寻甸、元江、广西、武定等府州县的少数民族地区建起了儒学,而明代云南所建的第一所书院就在浪穹这样的白、彝民族聚居地。景泰年间任云南按察司提调学校副使的姜潜言:"臣自受命以来,遍历云南各府司州县儒学,其生员多系僰人、罗罗、摩些、百夷。"⑤贵州设在土司地区的学校就有9所,弘治六年(1499)曾规定"宣慰、安抚等官应袭子孙,年十六以上者,俱送宣慰司学充增广生,使之读书习礼"⑥。土司子弟和部分民族上层的教育在明代日益制度化,从而成为明代通过学校教育培养符合封建政治要求的土官承袭者,以此作为为中央王朝民族地区政治服务的重要手段。

　　第三,儒学及封建礼仪教育是明代民族地区教育的主要内容。儒学教育伴随着学校的兴起在西南民族地区迅速普及。明王朝在民族地区倡导儒学教育的目标,不在于科举考试,而在于对少数民族"教而化之",灌输封建伦理道德和礼

---

①　《明太祖洪武实录》卷二〇二,洪武二十三年六月

②　《明成祖永乐实录》卷三六,永乐三年七月。

③　《明太祖洪武实录》卷二二三,洪武二十五年十二月。

④　《明成祖永乐实录》卷九一,永乐十二年三月。

⑤　《明正统实录》卷一九二,景泰元年五月。

⑥②　《明孝宗弘治实录》卷七四,弘治六年四月。

仪,逐渐消除汉民族同少数民族间的文化差异,通过教育来实现"用夏变夷",强化少数民族对中央王朝的认同感和向心力。为此明朝统治者强调"边郡立学,欲其从化耳,岂可遽责成材"。要求入学接受教育的民族子弟"读书习礼"[②],"使之知君臣父子之义,而无悖礼争斗之事,亦安边之道也"[③]。甚至严格规定土司应袭子弟未经儒学教化者,一律不准承袭土职。"令土官衙门各遣应袭子弟于附近府分儒学读书,使知忠孝礼义,庶夷俗可变而争袭之弊可息"[④]。因此明代在西南民族地区所设的各类官学,从办学形式到教学内容都是按照内地儒学来建设的,其学官、学舍、经籍、祭器、乐舞、学田等一应具备,改变着民族地区与内地的教育差异,实现了以学校为中心,逐步传播中原文化,促使土司子弟学儒习礼后,在观念上增强了对中央王朝的向心力,伦理道德上更加开化和文明,文化上增强了对中原文化的认同,政治上向流官靠拢,对巩固明朝在民族地区的统治起到了重要作用,在某种程度上为改土归流和多民族国家一体化奠定了思想基础。

二、贬谪流寓知识分子传播汉文化的作用

在古代,人是文化传播的唯一载体。汉文化在西南边疆的渗透,很大程度上依靠内地知识分子定居边疆,在少数民族中授业传播,特别是由于各种原因被贬谪或流寓云南的内地知识分子,对西南边疆汉文化的传播发挥了极其重要的作用。贬谪流寓知识分子来到西南边疆,直接壮大了边疆民族地区知识分子队伍的力量,扩大了知识分子的分布地域。元代虽然设学,但是学校教育和知识分子局限于云南中心地域,一方面知识分子人数较少,力量单薄,登进士者仅五人而已;另一方面云南广大地区,几乎不存在知识分子士人群体。明代贬谪流寓云南的人士,有很多是内地登科取士的官宦,本身就属于仕宦阶层,他们虽遭贬谪,但他们身上深深打下的知识分子烙印,带有鲜明的士绅阶级特征。他们贬谪定居至何地,自然就将汉文化带到那里。如云南府就有费良弼,精于天象之类,曾任苏州太守;楼琏,以明经历官主簿、知县和广东道御史等;平显,洪武初应孝弟力

---

③ 《明太祖洪武实录》卷二三九,洪武二十八年六月。
④ 《明宪宗成化实录》卷二一二,成化十七年二月。

田,博学能文;逯昶,通经术,能赋诗;刘有年,以明经荐拜监察御史;郑旭,以学行荐国子学堂仪,曾傅太子;增日章、陈士瑞均为翰林学士;毛铉,翰林侍读。他们均在云南耕读而终。大理府有朝廷画史金润甫,进士谢廷蒩等。临安府有山西右参政王奎、山西布政使韩宜可、中书舍人桂慎等。永昌府有监察御史范从文、姬思忠,进士刘寅,儒士祝瑝以至翰林院学士杨慎等。此外曲靖府、楚雄府、澄江府,乃至比较边远的蒙化府、鹤庆府、广西府、北胜州等都有谪戍流寓士人定居①。贬谪流寓者大多数是享有一定声望的硕儒仕宦,以云南府为例,万历《云南通志》卷十载:云南府流寓知名人士20人,其中科第为官遭贬抑者15人,有诗文留下者9人,他们多在洪武、永乐年间寓居。他们分散寓居云南各府州县,不仅壮大了云南知识分子的力量,而且流布广泛,促使云南一些较边远的地区,也开始有知识分子士绅阶层的分布。

寓居云南的知识分子士绅,将弘扬儒学、发展云南地方文化作为己任,纷纷设塾授学,投身于云南地方文化事业,成为促进云南士人阶层兴起的一股不可忽视的重要力量。如在云南府,平显,洪武间谪戍,博学能文,西平侯沐英特请"除伍籍,为塾宾",授学于当地子弟;王昙,寓居昆明"教训民间子弟,皆知向学"。苏琎、元熙,均以善教人,能诗而留名青史;穆孔昭贬居大理后,逢人辄教以孝弟,寓化导乡俗;祝瑝,以罪居腾冲,当地人民则视为上宾,后蒙宥当归,授学弟子挽留之,卒定居授学数十年。寓居澄江府的王昭、李珣或"教授乡学",或"隐居教子弟",为世人所重,楚雄府黄辅,原为南安州学正,秩满不归,寓居广通"聚徒讲业,户屦恒蛮,一时士赖以淬励"。甚至原明经荐拜监察御史刘有年被贬谪安置于昆明后,黔国公"知其贤,遣子就学",成为教化沐氏子弟的家师。更有洪武年间山西右参政王奎和山西布政使韩宜可同时贬居临安,均博洽多才,诗文高古,扬名天下,寓居之后,"提倡文教",一时之间"士绅多尊礼之,使子弟受学",自此,临安"从游者多以诗书自励,其士习最淳……弦诵之声,达旦不辍,士届成童,而后诗文人相与立文会,严学规,就正于校官之贤者",临安"人文蔚然起"②,士风大盛,他们的寓居成为临安地区士人阶层兴起的直接动因。寓居于比较边

---

① 天启《滇志》卷一三《官师志·流寓》,万历《云南通志》卷一〇《官师志》,乾隆《广西府志》卷一九等。

② 嘉庆《临安府志》卷七《风俗》。

远地区的内地知识分子,更是起着开一地儒学之风、兴一域士人之盛的作用。易恒,本长沙人,正统中徙居腾冲,"积学笃行,时腾无学校,举以为师,郡人赖其熏陶者甚多"。在蒙化府,山西人王汝敬"寓蒙教授生徒,崇尚司礼,孟之俗一变焉,其弟子后先举于乡者甚众"。李文林占籍剑川,"登永乐己卯乡试,乡俗多所化导",成为明代剑川的第一位举人。更不用说嘉靖年间谪戍云南的四川新都人、翰林学士杨慎,"戍滇二十三年,与滇之士大夫相倡和,放浪湖山,究精著述",他游历云南各地,曾在保山、蒙化、安宁、昆明、建水等地寓居,足迹遍三迤,所到之处,无不讲学,在安宁,他寓居并讲学于城东遥岑楼①,在临安,"教授生徒,多所造就"②,在大理"郡人皆师之"③。云南各地士子从游向学者皆有所进益,其中尤以杨士云、李元阳、张含、唐琦、王廷表、胡庭禄、吴懋这"杨门七子"与之相契最深,足为云南明代学术界的代表和士人的楷模④。天启《滇志》卷十三《官师志·流寓》共记载明代流寓云南的卓异代表人物 45 人,其中以授学为业,或以学术立身者 33 人,这类流寓人士,几乎都成了对各地传道、解惑、授业的儒学传播者和边疆各民族景仰向慕的人物,他们授徒讲学,为汉文化在西南边疆边远地区和基层村寨的渗透,发挥着学校教育无法取代的作用,为西南边疆的汉文化传播作出了突出贡献。

三、汉文化在西南边疆传播的作用和意义

明朝在西南边疆大力兴建学校,倡导儒学,加上汉族移民大规模进入和知识分子在西南边疆的广泛分布,大力传播儒学、提倡文教、化导民俗,从而促进了西南边疆人民文化素质的极大提高,并促使西南边疆的俊杰人物开始走向了全国,走上了国家政治舞台。他们有的入廷执宰,参与朝政,有的仕宦内地各省,在黄河内外、大江南北治事理政,为民请命,又从而加强了边疆与中原内地政治、经济、文化的联系。如云南安宁人杨一清,成化进士,官至户部尚书、太子太保、太傅,曾两度"入内阁",执掌朝政,为孝宗、武宗、世宗三朝元老,在明朝政坛上多

---

① 《安宁州志》。
② 《滇南见闻录》。
③ 康熙《大理府志》卷《风俗》。
④ 以上未专门注明出处的均见天启《滇志》卷 13《官师志·流寓》,万历《云南通志》卷 10《官师志》。

所建树,时人"称其功著边徼,显名四夷,利泽在社稷"①。云南新安所(在今蒙自县)籍人萧崇业,隆庆时进士,长期在兵部、户部、工部为官,曾为明朝出使流球,是继郑和下西洋后,为朝廷率领使团远洋出使的云南第二人;云南临安(今建水)人包见捷,万历中前后在朝中为官近二十年,主持矿税整顿、边陲用兵,"在朝公卿以捷熟于典宪,凡大议辄就咨询,多所匡济"。还有大理人杨士云曾为翰林庶吉士、给事中,大理人李东治蜀、粤多年清正廉洁、"粤民益颂公",临安人罗珣为刑部侍郎,出知桂林、靖安地方,成效显著;建水人张隆知杭州府事、"治行为天下第一"②;等等,不胜枚举。他们中无论来自汉族移民,还是来自当地各民族,无论是出自卫所军籍,还是布政司的民户,当科举入仕时,均以云南人自居,都是接受了汉文化的著名知识分子。西南边疆之士在明代走上全国政治舞台,是具有划时代意义的重大变迁。自汉武开滇,设置郡县以来,直到元朝建立云南行省,历朝历代对云南的统治和经营,只有中原内地的官宦出仕,未闻云南人在封建朝廷的最高统治集体中占有一席之地,拥有发言权,甚至执掌国柄。出现在明代的这一现象说明,接受了汉文化的西南地区政治家、知识分子已经在统一政治中发挥积极作用,西南边疆与全国政治的一体化进程又迈进了一大步。

儒学兴建,为汉文化的传播、儒学思想对当地各族人民思想的潜移默化创造了条件。从明代开始,汉文化成为云南文化的主体。正如方国瑜先生所说:"以汉族为主流的文化的发展和传播,形成中国体系的文化,在中国整体之内,起着主干作用。"③特别是在汉文化中以儒家"夏夷一统"的为大一统思想核心的中华整体发展观,在西南边疆广泛传播,并得到各民族人民的认同。凡是受汉文化影响和儒家思想熏陶的云南知识分子和各民族人民,无不心悦诚服地接受了这一观点。例如明代著名的云南白族史学家李元阳在他的《云南通志·序言》中说:"云南在汉,文献之所渐被,声教之所周流,其来久矣",明确强调云南是中国整体不可分割的一部分。他把大一统思想贯穿全书,对儒家思想中"夏夷一统"的观点加以发挥,以"华夷无间"、"华夷一家"的进步民族观来考察云南历史,对明王朝在云南"施三皇五帝教化",采取"华夷不辨",汉族与各民族亲如一家的措

①　天启《滇志》卷一四《人物志》第八之一。
②　上述史料均见天启《滇志》卷十四《人物志》第八之一。
③　方国瑜:《论中国历史发展的整体性》,载《滇史论丛》,上海人民出版社1982年版。

施大加赞赏,称道明代"云南衣冠文物济济与中土相垺"①的成就。表明儒学文化、大一统思想已经在云南各民族中深入人心,成为封建统治者实施"以夏变夷"、在意识形态领域统一政治的基础。

汉文化的传播,思想的统一,还为明代和清初大规模改流创造了条件。儒学文化虽然在汉代已经渗透到云南内地,但是直至元代,儒家思想在云南的主导地位还没有完全确立,故《元史·张立道传》说,"云南未知尊孔子",李京《云南志略》也称云南子弟"不知尊孔孟","不闲礼教"。经过元代兴学校,传儒学,特别是明代将汉文化在西南边疆地区大力恢宏,使大一统的儒家思想在西南边疆意识形态领域占据主导,成为政治统一的思想基础,为西南地区顺利改土归流奠定了基础。"社会经济的改变,必然引起政治体制和思想文化的改变"②。可以说,明代西南边疆汉文化的发展,在思想文化方面彻底动摇了土司政治的基础。为明末清初大规模的改土归流创造了条件。

更重要的是大一统思想通过汉文化的传播渗透西南边疆各少数民族心中,极大地增强了边疆民族对多民族统一国家的向心力,在巩固统一、稳定边疆和边疆民族中强化国家意识作用独特,意义深远。如明末西南边疆受缅甸洞吾王朝的侵扰出现了边疆危机,在危难之际,深受汉文化影响,具有国家统一观念的边疆少数民族,挺身而出,捍卫边疆,令人敬佩。例如傣族妇女磉飘,嫁猛养宣慰使奉罕之侄思义,万历年间莽瑞体侵犯,思义不屈,起兵声援明朝将领刘綎抗击莽瑞体,不幸战败身亡,磉飘也誓死不叛国,竟"舍死从夫"自缢,磉飘"其母思氏坚守以待中国","既知归顺中国,又能复其故土"。祖国观念深入了边地各民族人心,说明汉文化传播和儒家思想对少数民族产生了巨大影响,这是明代固边疆的关键因素。

经过明代近三百年的大力传播汉文化,西南边疆云南的社会风貌发生了具有历史意义的深刻变化,社会文明程度,远非前此任何朝代可比。各种志乘不厌其烦地记载明代西南边疆文化教育蒸蒸日上,民风习俗日益改化情况:汉文字对边疆少数民族"熏陶渐染彬彬,文献于中州垺矣。丧葬冠婚,悉从家礼,不同土

---

① 万历《云南通志》卷一《地理》。
② 林超民:《元代滇池地区地主经济的确立》,载李埏主编的《中国封建经济史研究》云南人民出版社 1987 年版。

习"，"士知向学，科第相仍；男事耕艺，女务纺织"，"衣冠文物，不异中土"，"文化丕兴"①，"时滇中文教渐开，士人诗赋埒与中土"②。少数民族地区的社会进步更加显著，大理地区"理学名儒，项背相望，此岂独出与中国名家大姓之裔哉"，"士大夫坦白恂谨，无矜奇骇俗之行。贵不凌贱，富不骄贫"。太和县汉文化兴盛，儒学发展，在少数民族中"教人捐佩刀，读儒书，明忠孝五常之性"；浪穹夷民"初亦悍猛，近皆向学，知礼法，争延师以教子弟，而刀弩之习渐可衰止矣"③。这都是明代云南社会的真实写照，从中不难看出明代儒学教育发展和汉文化传播对云南社会的深刻影响。

（作者单位：云南大学历史系）

---

① 万历《云南通志》卷三《地理志》各府风俗。
② （明）诸葛元声《滇史》卷一一。
③ 康熙《大理府志》卷一二《风俗》。

汉文化氛围中的云南蒙古族婚姻礼俗

——以云南省通海县兴蒙蒙古族乡为例

黄　淳

　　位于云南省通海县西南凤山脚下杞麓湖畔的兴蒙蒙古族乡,是云南省蒙古族唯一的传统聚居地。全乡有中村、白阁、下村、交椅湾和桃家嘴5个自然村,目前共居住着蒙古族同胞近6000人。他们的先民自元明时期落籍云南通海这个以汉族为主体民族的地区以来,在长期的生存活动和生产实践中,通过与周围以汉族为主的其他民族的交往接触,既吸收了不少汉族等民族的文化习俗,也保留了不少本民族的特质,从而创造了一种沉淀于特定的历史环境之上的具有丰富内涵的云南蒙古族传统文化。这种传统文化是通过云南蒙古族一代又一代人的继承、扬弃从而在历史的长河中不断地变迁、凝聚并演进至今的。更确切地说,作为一个历史的范畴,兴蒙蒙古族传统文化是在自元明以来的几百年中,蒙古族文化与以汉文化为主的多元文化长期地、不断地交流、渗透、竞争和融合的结果。尽管云南兴蒙蒙古族长期生活于以汉文化为主的多元文化氛围之中,其文化受汉文化的影响又最为深广,许多本民族的特点在长期的历史变迁中已逐渐淡化或完全消融在汉文化的海洋之中。但有的方面却仍然保留着一些与汉民族迥然有别而与北方蒙古族更为相似的本民族特征,最为明显的是通过婚姻礼俗这种习俗文化所映射出来的一些特点。这是因为习俗文化具有相对的独立性和滞后性,一经约定俗成,往往会长期传承延续,而并不随社会的变迁立即改变。云南兴蒙蒙古族的婚姻礼俗作为云南蒙古族文化中内涵丰富、寓意深广、又具有浓郁的本民族特色的重要组成部分,在汉文化氛围中顽强地彰显着本民族的特色,表明着自己源自北方蒙古族的根本的、显著的特质。

　　与自己的先民北方蒙古族一样,兴蒙蒙古族的婚姻礼俗也有着一套诸如订婚、婚礼(包括迎亲、送亲、典礼、祭祖和认亲)等仪式程序。以下就从订亲及婚礼中的迎亲、送亲、典礼、祭祖及认亲等一系列过程来考察这种特色。

第一阶段——订亲

　　中华人民共和国建立前甚至直到 20 世纪五六十年代,兴蒙蒙古族还主要为外姓族内婚,盛行包办婚姻。在四五岁时,至迟不超过十岁,父母便要为其订婚。这其实是本民族的先民北方蒙古族早年就盛行的一种习俗。如《蒙古秘史》就曾记载:"成吉思汗 9 岁时,就由其父也速该为其与德薛禅之女 10 岁的孛儿帖订了亲。"①兴蒙蒙古族订婚还要请人为子女算命,称"合婚"或"推命","命"合才能订婚,如"命"中不合就不能订婚。订婚以男方家向女方家下聘礼为标志。聘礼的多少由各家的富裕程度而定。一般是男方家请媒人将糖、酒及一定的订婚礼金送到女方家。这与北方蒙古族也相同。如《蒙古秘史》就记载:成吉思汗之父也速该为其订婚时也以 1 匹马为聘礼。又如《元史》也载:亦乞列思部的孛秃向成吉思汗的妹妹帖木伦求婚时准备把全家仅有的 30 匹马的一半作为聘礼②。再如,"订婚之日,青年男子在亲属陪同下赴女家,带羊二三只,白酒一百斤,面粉一百斤,与岳父母和未婚妻见面,女家的近亲也参加。在订婚宴上,未婚婿首先向岳父母敬酒,然后依次轮辈向女家的亲友敬酒"③。在兴蒙,订亲后男女双方家庭都要请亲朋好友吃糖、喝酒,表明已让亲友知道,已取得认可。此外,北方蒙古族也就在订亲酒宴时就由双方家庭议定婚期和彩礼,男家给女家的彩礼一般是牛马羊牲畜及金银、布匹、绸缎等。由于蒙古族以九为大,寓长寿之意,所以牛羊的数量就要以九来计算④。而兴蒙蒙古族男方给女方的彩礼则是要在婚前专门择定吉利的日子送去。彩礼多为谷子和钱,也有一定的规矩,如谷子要送50～100 升,姑娘能干、漂亮就送得多⑤。

---

①　道润梯步:《新译简注〈蒙古秘史〉》卷一,内蒙古人民出版社 1979 年版。

②　《元史》卷一一八,孛秃传。

③　蔡志纯、洪用斌、王龙耿编著:《蒙古族文化》,中国社会科学出版社 1993 年 8 月版。

④　蔡志纯、洪用斌、王龙耿编著:《蒙古族文化》,中国社会科学出版社 1993 年 8 月版。

⑤　杨智勇等选编:《云南少数民族婚俗志》,云南民族出版社 1983 年 12 月版。

第二阶段——婚礼

兴蒙蒙古族与北方蒙古族尽管因生存环境的不同以及受周边以汉族为主的他民族文化的不同影响,其婚礼的全过程虽在部分细节上有一些差异,但基本礼节和仪式以及程序却是大致相同且寓意也基本一致,表现出很多共同的特点,从中可以看出其明显的源自北方蒙古族的历史痕迹。从结婚的仪式和程序来看,兴蒙蒙古族与北方蒙古族基本一样,一般都有迎亲、送亲、典礼、祭祖和认亲等几个程序。

1. 订亲

兴蒙蒙古族结婚那天,新郎要由两个陪郎陪同新郎到女方家迎娶新娘。迎亲时两个伴郎要挑上一点盐巴、青菜到新娘家以示清白,且新郎一出自己家的门就不能说话,直到把新娘迎回家中。到女方家时,新郎要独吃一桌由女方家备下的酒席,而且吃饭菜和喝酒新郎都不得自己动手而要由其陪郎用筷子夹给新郎吃,吃过的那桌饭菜不能留下吃过的痕迹,如吃鱼只吃一面,吃后翻个身又像没有吃过一样,有些菜中间吃空了而从外面看又似乎是完好的,这也就看陪郎的本领是否高明。这时新娘则在耳房内由亲戚中婚姻美满并多子的妇女帮其梳妆打扮,将少女发型改为少妇发型,这标志着其少女时代的结束。这时新娘只穿一件短衬衣,衣服上再佩带一面镜子,以示避邪。然后新娘要来到二楼正厅供奉祖先的香位的堂前。站到装满稻谷的谷箩上让娘舅为她从里到外、从头到脚穿上一套新装,再由娘舅为她头上盖一块红头巾。新娘的舅舅还要给新郎肩上披红带,并与新郎互换手绢,手绢中包有 2 元钱,意为女方将新娘托付给了新郎。此后新人拜天地,先拜"天地国亲师",再拜高堂,之后夫妻对拜。最后由娘舅把新娘抱到花轿上。新郎则乘黑轿。近年来,不再时兴乘花轿,而是由新郎把新娘领出家门。

北方蒙古族结婚这天的一早,新郎身着红缎长袍,脚蹬长靴,左肩挎弓,腰系金黄色宽带并挂上装有 5 支箭的箭筒,带上哈达、烟荷包,与由长辈和贵宾组成的伴郎一同骑马出发前去女方家迎亲。在农区则还要准备新轿车一辆,以备新娘乘坐。迎亲队伍在接近女方家时,要稍停搞一次点篝火、祭天地的仪式。女方家当迎亲队伍到达时要故意闭门不出,或由新娘的亲友于门前围成半圆形摆出拒娶的姿态。这时新郎家由一位善辞令的伴郎出来向女方的伴娘陈说：某年某月某日，某人与你家的姑娘订为夫妻，今天是黄道吉日，我们前来迎娶。接着伴娘要以唱歌的形式发问，伴郎则唱答，这种以歌对唱的婚礼习俗仍沿袭至今。经过幽默婉转的答唱后，新郎才被允许进门。进门后首先向佛像叩头，然后向女方父母献哈达、礼品，向女方的亲友呈鼻烟壶问安。接着由女方设茶点款待。晚间男方呈上带来的各种食品在女方家大宴来宾。新郎要向岳父母、长辈们一一敬酒，席间歌声不断。当晚新郎和迎亲队伍留宿女方家。这天晚上接近天亮时分，新娘儿时的女伴们会与新娘聚在一起痛哭流涕，依依不舍，她们会将腰带解下来从新娘和每个人的袖口穿过以使大家串联起来，表示不愿让新娘离开，而伴娘则在一旁苦苦相劝，临走时甚至要强行解开相连的腰带①。

2. 送亲

兴蒙蒙古族送亲时一般是由新娘的弟弟押轿子将姐姐送到男方家，并在男方家喝点水就回家。临出发时，要焚烧喜神纸，意为给路上诸位神仙鬼怪的买路钱。同时，一位伴娘焚香，一位伴娘用水浇地面，绕新人正三圈、反三圈，意为新人以后的生活要兴旺发达并经得起水火的考验。送亲时嫁妆一般要先行。起轿后，一路要吹奏乐器伴行。近年来，乘轿已不多，而是由新娘拿一把雨伞，伴娘随行，其前由一个十多岁的小姑娘引路，其他亲属随后。在送亲要路过的前方道路上，女方家要有专人清扫路面，用小锄头疏通路上的沟沟坎坎，还要不停地往路面上撒大米，意为使路上的鬼魂得了好处赶快离开，不要骚扰新人。新娘从一上轿直到入洞房始终在哭，并且要哭得很伤心，以表明自己的孝顺，表明自己不忘爹娘的养育之恩和兄弟姐妹的手足之情，接近新郎家时，要在路面撒上新鲜松针，新人要最先踩在上面，表示新人从此走上新的人生之途。

北方蒙古族的送亲仪式是：婚礼第二天，新娘泪流满面地向亲人们一一告别，由女方家 8～10 人甚至多达几十人陪新娘前往新郎家。牧区骑马前往，农区则乘轿车。伴娘为新娘蒙上红色的纱巾，并随同接亲和送亲的人们围着家转上一圈，然后新娘由姑父、姨父扶上马或车。这时所有送行的人们都要开始唱《送

---

① 蔡志纯、洪用斌、王龙耿编著：《蒙古族文化》，中国社会科学出版社 1993 年 8 月版。
　鲁达编著：《中国历代婚礼》，北京图书馆出版社 1998 年 9 月版。

女歌》。与汉族婚礼不同的是,蒙古族新娘的双亲要与重要客人一道前往送行。新娘一路上也要哭泣,表示留恋娘家的亲人,舍不得自己从小生长的地方。当送亲的队伍来到中途一个平坦的草原时,男方迎新的人要首先下马拿出随身携带的食物,并敬上奶茶,邀请女方送亲的人们享用,表示男方的第一次迎接。然后大家再上路。在送亲的一路上,男女双方都要互相追逐戏闹,一路欢声笑语不断。①

3. 典礼

兴蒙蒙古族新人来到男方家门口时,又要在新郎家门前燃一堆火。新娘的嫁妆要从火上经过以示驱走邪气。新人在进门之前还要举行一系列的仪式。家门口左边摆有一放有三牲酒的香案,上摆有一只嘴含一猪尾巴的公猪头,表示有头有尾,另摆有一只盛有五谷的升,表示五谷丰登,五谷中插一把直尺,表示新人为人处事有分寸;一把剪刀,表示新娘心灵手巧,尚裁剪,能持家;一杆秤,表示今后生活称心如意;一面镜子,以示避邪。仪式开始时由主持人诵读一段祈求神灵护佑新人的经文,然后从一只盛满谷子和硬币的碗中抓出一把撒向人群。接下来要由媒人烧喜神纸,喜神纸为红底,绘有两个喜字及神位,燃烧后的纸灰放入酒杯中让新人喝交杯酒。之后还要过一次"水火关",即由新郎家指定的 2 人,一人持火把,一人提水壶,各绕花轿转 3 圈,表示以后夫妻生活兴旺发达,并经得起水与火的考验。最后才由新郎的嫂嫂或婶婶将新娘领进新房,劝慰新娘停止哭泣,并为她揭去红头巾供在家堂之上,这一点与汉族由新郎本人揭去红盖头截然不同。新娘进新房前,新郎要抢先入内,躲于门头,趁新娘不备跨过新娘的头,表示今后新娘会温顺贤良、体贴丈夫、孝敬公婆。新娘入新房后,要将胸前的镜子摘下挂于新房正门的上方,并将男方家送的衣服换下,再穿上娘家母亲做的衣服,再穿上由伴娘带来的小褂。随即躲入新房中,不再见任何人,也不与任何人讲话,当有人来讨要糖果时也只能从门缝里递给,直到晚上给客人敬酒时方可见人。敬酒之后仍然躲入新房。新房中备有一桌由女方双亲作为回礼准备好的酒席,仅专供新人食用,由新郎喂给新娘,但新娘一口也不会吃。第二天这桌酒席

---

① 蔡志纯、洪用斌、王龙耿编著:《蒙古族文化》,中国社会科学出版社 1993 年 8 月版。
　　鲁达编著:《中国历代婚礼》,北京图书馆出版社 1998 年 9 月版。

要连同门外香案上的公猪头等一道供于家堂之上,摆放 7 天。

北方蒙古族新郎的父母当送亲队伍到达时要前来迎接。送亲队伍要先在新郎家蒙古包外环绕三圈,然后新郎和新娘要双双跨过门前燃起的两堆旺火,以示纯洁、兴旺以及坚贞不渝经得起火的考验。进门之后新郎要举行掛弓仪式,然后婆婆要为新娘揭去红头巾。新娘要向佛像跪拜,再向公婆跪拜,与婆家亲友一一相见,互献哈达和礼品。接着要举行丰盛的酒宴,宴席上的食品有全羊、奶食等。菜肴要成双,讲究九碟八碗,席间由新郎手执铜壶、新娘手捧银杯或银碗逐一给大家敬酒。敬酒时,有人奏乐,大家一面畅饮,一面高歌,一直欢宴到深夜。次日凌晨,新郎还要在蒙古包外献上马奶酒送客,主婚人要唱送客歌,男方还要送出数里之外。①

4. 祭祖和认亲

在兴蒙,婚礼第二天新人双双要回门,在女方家拜祭天地,拜祭祖先。然后再到男方家拜祭。在从女方家到男方家的路上,无论见到谁都要作揖,新郎回门拜岳父母时,岳父要给新郎一个银镯子,表示希望能"套住"他,与自己的女儿好好过日子。第三天新人要上祖坟祭祖,由新人双方小伙伴挑着猪头、糯米粑粑、鱼等物陪同新人上凤山祭拜双方的祖先,但双方的父母不同行。祭祖坟时要烧喜神纸、进香和燃放爆竹。之后还要祭拜"天子庙",向各位神仙供奉香火、食物,新人都要逐一跪拜。祭祖结束后,新人就可以与伙伴们同乐了,这时伙伴们要大闹新人,闹得越欢越好,说明新人的人缘好。

与兴蒙蒙古族不同的是,北方蒙古族结婚典礼仪式结束后接着举行的是认亲仪式。也就是婚礼的第三天,新娘家的近亲包括新娘的父母、舅父母、姑父母、姨父母等要各自带上礼品前往新郎家认亲。主要通过在盛宴上男女双方近亲彼此以亲家相称,相互认识,建立联系,以便日后互相照应,互相帮助。认亲仪式结束后新娘家的近亲们当天就返回。②

通过以上描述,我们不难看出,源自于北方蒙古族的云南兴蒙蒙古族尽管与周围的汉民族相处长达数百年,其文化的诸多方面已深深地留下了汉文化的印

---

① 蔡志纯、洪用斌、王龙耿编著:《蒙古族文化》,中国社会科学出版社,1993 年 8 月版。
   鲁达编著:《中国历代婚礼》,北京图书馆出版社 1998 年 9 月版。
② 蔡志纯、洪用斌、王龙耿编著:《蒙古族文化》,中国社会科学出版社 1993 年 8 月版。

迹,但在婚姻礼俗方面表现出的特点却显然有别于汉民族而与北方蒙古族更为相似,也即在汉文化的氛围中通过婚姻礼俗彰显着本民族的特色,这种展现于婚姻礼俗中的本民族特征,并未在社会的变迁过程中随着本民族文化与汉文化的交流与融合以及汉文化强有力的影响而立即发生根本性的变化,而是经过兴蒙蒙古族一代又一代人的扬弃和继承保留了下来,历久未衰,延续至今。

（作者单位：云南省社会科学院）

关于历史上的开封犹太聚落

邸永君

当今时日,已很少有人知晓这样一个历史插曲,那就是在地处中原的河南开封,曾长期存在着一个犹太移民聚落。他们世世代代传承着他们自己的"脱拉"(即《圣经·旧约》),将信仰牢牢根植于内心深处。但随着 1905 年开封犹太人最后一位"拉比"(即主教)的辞世,这个孤悬于华夏的"克希拉"(希伯来语之聚落、教派)最终淡出历史舞台。翌年,开封犹太教堂之传世"脱拉"亦流散于世界各地。繁华事散,人去楼空。回首漫漫征程,重温桩桩往事,足令人顿起"白云千载空悠悠"之惆怅。

明朝末年,天主教在华耶稣会传教士利玛窦惊奇地发现,竟有一个信仰上帝的群体早已先于他而来到中国,并在开封定居多年。这就是被称为"蓝帽回回"的"一赐乐业"教的信众聚落。他们不仅仅是头戴蓝帽,与信奉伊斯兰教的"白帽回回"有别;且以宰杀牛羊时剔除脚筋而自称"挑筋教"(相传犹太人祖先雅各与人角力时大腿扭伤,故有此俗)。直至现代著名学者陈垣先生于 1919 年 11 月撰就《开封一赐乐业教考》,才开始引起学界对开封犹太人身世来源的关注。汉文典籍对犹太教的记载始见于《元史》,元以前似无可征。该文详细考证了该教与回教之异同、教中人物之大略、寺宇之沿革、经文之内容及源流,等等。陈垣先生认为:犹太人来华侨居,已有漫长之历史,大致可归纳为始于周、汉、唐等数说。而根据史料,唐朝时已有相当数量的犹太人居于中国。初自称"一赐乐业"("以色列"之另一音译),他们做礼拜时头戴蓝帽,故而亦被称为"蓝帽回回"。因其不食兽类腿下筋,故而又被称作"挑筋教徒"。最为著名的犹太人聚居地为河南开封,此地设有犹太会堂,称"西那高刻"(Synagogue)。至 17 世纪,有天主教学者深入开封从事研究与探访,发现教堂存有一部至少拥有五六百年历史之经典,称《摩西五经》。颇令人惋惜的是,此珍贵典籍竟于 19 世纪中叶流失于动乱与战火。犹太侨民是否曾将《摩西五经》译成中文,已无从细考。而著名社会学家潘光旦先生曾撰《中国境内犹太人的若干历史问题》,对开封犹太人之事迹记述考订颇详。然潘先生此作虽完成于 1953 年,但由于种种原因,至 1983 年方得终见天日,而使世人耳目一新。其"氏族与人物"一目中,曾对李姓犹太人之族来源予以介绍,其云:李氏即"利微"之改称。宋元间未改,宋孝宗时,掌教有利微五思达,至明时,可能更早,则满喇(即"比拉")多属李姓。李氏乃在华犹太人之着姓,且不乏名人雅士。如清代有犹太后裔名李光座者,于顺治年间考中进士,曾为康熙二年(1663)碑书丹,才气不小。官至云南按察司副使,改均州知州,堪称犹太后裔群体中之俊彦。

在元代,犹太人曾被称作"术忽回回"。乃由于其所奉之犹太教,有不食猪肉、行割礼和每日礼拜等宗教习俗与回回所奉之伊斯兰教多相类似之故。足见当时国人对上述两教教义认识之肤浅。加之其参加宗教活动时所缠头巾为青蓝色,至明清时期又得"蓝帽回回"或"青回回"之名号。由于与回族较易产生认同,并多有与回族通婚者,随着时间的推移,使其不少聚落成员逐渐融入回族群体之中。

就当前所掌握之考古资料,虽然早在公元 8 世纪犹太人用希伯来文字书写的书信和祷文已在新疆和阗和甘肃敦煌被发现,但现存于开封博物馆的《重修清真寺碑记》,才是犹太人定居开封最为直接确凿的证据。据此刻于明弘治二年(1489 年)的碑文可知,开封犹太人迁至此地并定居繁衍之时间上限应不迟于北宋年间。

然而据《重修清真寺碑记》碑阴的铭文《尊崇道经寺记》(成于明宣德七年,1432 年)所载,有开封犹太人"厥后原教自汉时入居中国"之说。另据现存于罗马的另一《重修清真寺碑记》(成于清康熙二年,1663 年)之碑文拓片,此犹太聚落还曾自称早在先秦时期就已来到中国。其有云:"教起于天竺,周时始传于中州,建祠于大梁。"此说不可轻信。考其理由,盖开封犹太人开此新说旨在证明其来华时间甚早,以防周围诸族人等之歧视。

据相关史料，开封犹太人于明末耶稣会士到来之前，一直未曾知晓"犹太"一词而自称"一赐乐业"（以色列），此外从其尚无庆祝"光明节"（亦称"圣殿节"，源于犹太人为纪念公元前2世纪犹太人战胜叙利亚人夺回圣殿耶路撒冷，于献灯时发现残存之灯油只可供一天之用，却奇迹般连续燃烧达八天之久，故而成为犹太节日）之习俗方面考察并推断，其有可能在很早时便已脱离犹太文化中心，且其后亦未曾与之建立联系。不过亦有另外一种可能，那就是在其到达中国之前，先已滞留他国时间甚久。《重修清真寺碑记》上所记述之"出自天竺"，是否可作为其先抵印度并流连千载，北宋时方起身来华，并最终定居开封，亦未可知。

开封乃北宋都城，当时曾商贾云集，极尽繁华。在张择端所绘《清明上河图》中，即可略窥其盛。据《重修清真寺碑记》记载，宋代开封犹太人曾相当活跃和兴旺，曾"进贡西洋布于宋"，而宋帝为"怀柔远人"，特发敕令，赞其"归我中夏，遵守祖风"，并恩准其"留遗汴梁"。这无疑是对开封犹太人合法移民定居最权威之护身符，亦是在其定居华夏时间问题上最具权威之力证。于历史上一直被诸多民族和国家驱赶追杀之犹太人得以在此安居乐业，其感激之情不言而喻。公元1134年，犹太人建教堂于开封，而此时开封已被金王朝占领，宋朝廷逃往江南并定都临安。按纪年习惯，应记为金大定三年，但他们却于明代所撰之碑记中以"宋孝龙兴元年"记之。或可看做是一个弱小民族聚落对曾给予其些许关爱的业已消失的政权予以的衷心回报。

元明两代，开封的犹太人逐步进入"主流"社会，或参加科举，或出仕为官，或多财善贾，或悬壶济世，史有明载，于兹不赘。因具备政治与经济实力，犹太人聚落不仅得以生存延续，并出现生机勃勃之气象。

开封犹太教堂于宋隆兴元年（1163年）始建，元至元十六年（1279年）重修，明朝又曾重修。乃聚落居民礼拜之处所，精神之归宿也。而天有不测风云，

于冥冥之中，天灾人祸已开始渐渐逼近。先是明天顺五年（1461年）黄河堤溃泥沙俱下，淹没教堂，教民亦作鸟兽散。大水过后，教堂为墟，一片狼藉。然当时开封犹太人经济实力尚可，捐输踊跃，据弘治二年碑文记载，"复备资财，起盖深邃，明金五彩妆成，焕然一新"；"外作穿廊，接连前殿，乃为永久之计"。以色列国家博物馆中现存有该教堂复原模型，若能有幸一睹，当信此言不虚。而天灾

过后,人祸又临。据清康熙二年(1663年)《重修清真寺碑记》记载,明朝末年,闯王李自成率农民军于崇祯十五年(1642年)攻打开封。因久攻不下,乃决黄河水灌之。致当时开封城中几十万居民尽为鱼鳖,"汴没而寺因以废,寺废而经亦荡于洪波巨流之中。教众获北渡者仅二百余家,流离河朔"。近3000人的犹太聚落毁于一旦。"风流总被雨打风吹去",令人扼腕叹息。

经此事变,开封犹太聚落元气大伤。尽管部分灾民重返家园,散失的"脱拉"等经卷亦陆续得以修补,但与过去相较,已不可同日而语。不少开封犹太人自此逐渐流散各地,竟有迁徙到云南甚至台湾者。对于犹太教义之理解与信奉,于此时亦日渐模糊浑沌,聚落呈一蹶不振之象。

至清朝末年,内忧外患,民不聊生。清廷衰征毕露,开封犹太聚落亦风雨飘摇。此时当务之急已不是如何持续教务,而是怎样谋求生存。更有甚者,散居于犹太教堂附近的贫苦犹太人竟将教堂的屋瓦和地皮出售,以糊口度日。至光绪三十一年(1905年),最后一位"拉比"去世;其后"脱拉"亦陆续被售与外人;到民国初年,开封犹太教堂地产悉数售予当地安利甘(即英国新教)教会。拉比去世、"脱拉"流失、教堂出售,致使作为犹太宗教有形代表之圣经文、圣职和圣所皆已不复存在。就开封而言,此时已是只有犹太人而无犹太教。

20世纪初,已稳居上海的犹太社区得知开封犹太人之状况,曾组织"中国犹太人救援会"。而此时该社区基本上是由来自中东的犹太人构成,与开封犹太人几无渊源。他们函告开封犹太人,可派遣适当人选来上海学习教义,并筹措资金以助其生活。另外还致信设于伦敦的犹太人委员会,希望得到资助。而当时正值俄国局势动荡,诸多俄国犹太人蒙池鱼之灾。不久"十月革命"爆发,大批俄国犹太人逃亡至欧洲各地,委员会应接不暇,捉襟见肘,已无暇他顾。上海犹太社区之呼吁未能得到回应,"中国犹太人救援会"只得靠自身努力来尽力为开封犹太人提供帮助。他们陆续将其中部分人接至上海就业,更加剧了开封犹太人之外移。至20世纪30年代初,开封犹太社区的宗教生活已全部停止,犹太居民人数亦在迅速减少。

20世纪50年代,由于种种原因,居住在上海的犹太人大都离开中国,多迁往以色列或美国。皮之不存,毛将焉附,迁至上海的不少开封犹太人又打道回府,重归于他们心目中的故乡。当时,开封有数百名犹太后裔仍居住于原开封犹太教堂遗址附近。因其民族特征逐渐丧失殆尽,因而被纳入回族群体之中。

　　光阴似水,沧海桑田。开封犹太人部落现今已成历史陈迹。从北宋年间算起,开封犹太人聚落虽孤悬于汉文化包围之中,却能够保持自身特色、坚持自我认同达千年之久。考虑到中华文化的惊人同化力,犹太后裔们已经是创造了奇迹。平心而论,彼此远隔万里而心心相印,时光跨越千年而痴心不改,堪称与"自强不息、厚德载物"的中国传统文化精神殊途同归,并行不悖。历经磨难,痴心不改,正是我们应向他们学习的优秀品质;而坚忍执着、孜孜以求,更是我们应从他们那里获得的精神力量。

　　　　(作者单位:中国社会科学院民族学和人类学研究所)

东汉时期的河洛文化与典雅文风

刘德杰

　　河洛文化具有典型地域特征,上古至于当今,始终贯穿着崇尚民族统一和合的经世精神与善于兼容吸纳各种优秀文化的宽厚气质,在各个历史阶段又表现出独特的时代个性。东汉王朝定都洛阳,将有确切文献记载以来的河洛文化推向了一个真正辉煌的顶峰,在汉民族人文精神的确立、中国政治制度的建构、儒家教育制度的定型以及人格审美传统的形成等方面,为河洛文化乃至中国文化的繁荣发展奠定了坚实的基础,为中国文学的发展做出了突出贡献。东汉以后,含蓄蕴藉、典雅淳厚成了一种文风主流。

一、东汉河洛文化的特征

　　河洛文化在东汉时期有很鲜明的阶段性特征,主要表现在四个方面:(一)河洛统一:承西汉 200 年稳定统一的辉煌鼎盛及西汉末年的王莽乱政之后,光武中兴,建立东汉,营都洛阳,河洛重归一统。(二)汉文化基本精神逐渐确立:董仲舒等人整合先秦多种优秀学说,构建了自成体系的汉代儒学,以河洛为中心的东汉人则将这种儒学发挥到了极致,把先秦儒学的伦理精神、西汉儒学的经世思想融会贯通,熔铸成了真正意义上的雍容大气、儒雅淳厚的汉文化精神,确定了河洛文化乃至中国文化的基本人文特色。(三)刑以辅德的经国思想得以奠定:汉武"独尊儒术",孝宣"王霸杂用",实际上,武、宣治国都是"内法外儒",以儒饰法,从某种意义上说,是东汉朝廷把德教治国、刑措相辅的理念基本落实到社会秩序的建构与封建政权的运营中,它确立了中国整个封建时期的经国思想与为政模式,成就了河洛文化的王都气派与儒雅风范。(四)人格审美形成传统:东汉士人极其注重道德节操,畏"道"不畏"权",创造了中国士人高标莫及的人格典范,成就了河洛"济济多士,风流尔雅"的文化传统。

一个时代的文化,必然有某种精神贯通,才会形成自己的个性特色。东汉河洛文化首先是东汉王朝文化、主流文化、经典文化,在人文精神上集中表现为崇尚人伦秩序与和合统一,汉代儒学正是这种人文精神的哲学形式。汉代儒学区别于先秦儒学、宋明理学及清代朴学的显著标志是具有鲜明的"实践"品格:它把自己融入各种政治体制的建设中,基本实现了思想的全面建制化,同时,还在很大程度上实现了孔、孟"行教化、变风俗"的文德治国理想,对社会价值体系的形成与社会风俗的更移淳化产生了深刻影响。

汉代儒学的独尊始于汉武时期。董仲舒称为一代儒宗,他的"天人感应"学说在今天看来虽不无神学迷谶成分,但在两汉时期却深得民心。原其用意,实为限制极度膨胀的皇权,试图构建一个"天下为公,选贤与能,讲信修睦"①的理想社会秩序。董仲舒的思想上达孔、孟的"仁孝养民"原始教义②,同时又吸纳了法家的威严循理、墨家的兼爱躬行、阴阳家的尊卑有序、五行家的相生相克等思想,自成体系,既有超现实的理想内涵,又有匡救时弊的实际功用,很大程度上确立了两汉经世致用、贵在兼通的文化方向。然而,汉代儒学的鼎盛不在长安而在洛阳,它的全面建制化与教化风俗的功效是在光武、明、章时期实现的。梁启超对两汉儒学的嬗变有很精到的论述。他说:"(一)西汉有异派之争,而东汉无有也;(二)东汉帝者皆受经讲学,而西汉无有也;(三)西汉传经之业,专在学官,而东汉则散诸民间也;(四)西汉传经,仅凭口说,而东汉则著书极盛也。故谓东京儒术之盛,上轶往轨,下绝来尘,非过言也。"③真是言中肯綮。自此,儒学的正统地位得以巩固和传承,"建武以还,士民秉礼"④,正是东汉文化传统的极好概括。

河洛文化的核心内容是源远流长的礼乐文化。周公在洛阳"制礼作乐",奠

① 《十三经注疏·礼记正义·礼运》。
② 参见余英时:《士与中国文化》,上海人民出版社2003年版,第124~134页。
③ 梁启超:《论中国学术思想变迁之大势》,上海古籍出版社2001年9月版,第58页。
④ 刘师培:《中国中古文学史讲义》,上海古籍出版社2000年版,第7页。

定河洛礼乐文化根基。然而,春秋战国的灾乱已使此地风俗流徙。西汉建都长安,洛阳虽为天下要冲,但豪猾集聚,俗尚权势,加以农耕文明对地理气候的过分倚重,河洛一代在两汉之际已是相当疲敝,雅颂遗风不过一息尚存。《史记·货殖列传》记载:"昔唐人都河东,殷人都河内,周人都河南。夫三河之在天下之中,若鼎足,王者所更居也,建国各数百千岁,土地小狭,民人众,都国诸侯所聚会,故其俗纤俭习事。"又说:"周人既纤,而师史尤甚,转毂以百数,贾郡国,无所不至。洛阳街居在齐秦、楚、赵之中,贫人学事富家,数过邑不入门……"政治、经济、战乱及自然灾害的交互摧折,河洛自夏以来的中心地位在东汉之前已是衰退严重,光武营都时曾有东、西京之争,也从一个侧面说明了河洛在当时的地位不过与秦晋相当。东汉建都洛阳,带来了河洛一代有史以来的全面繁盛,仁孝经国的汉代儒学为河洛文化灌注了蓬勃的精魂气魄,自此,河洛"天下之中"的统领地位真正建立和巩固下来。

在典章制度方面,西汉官制、法制、封禅制度等大体"承秦制"。两汉比较,东汉的典章制度更加完善规范,尤其是在教育制度、取士制度以及刑法制、礼乐制等方面颇多创举。

就刑法制度看,西汉错杂繁芜,武帝时期,法令尤为烦苛,有时连法吏也无所适从,因此,徇私枉法或媚上滥刑现象相当严重。东汉的刑法渐趋规范完备。《后汉书·酷吏传》说:"自中兴以后,科网稍密,吏人之严害者,方于前世省矣。"西汉酷吏没有因贪酷受到法律制裁的,东汉酷吏则常有因残暴而受到法令惩处的,这也可说明东汉刑法较西汉更加规范。

东汉的儒经教育制度及以经术德行为取士准则的选拔制度尤盛于西汉,太学清议与人物品鉴应运而生。上文已谈到,儒学到了东汉才真正繁荣鼎盛,与此相关的儒经教育制度也在此期确立,对中国整个封建社会包括政治、经济、军事在内的各项文化的兴衰影响深远。东汉将儒经教育推向了一个前所未有的历史高度。自皇帝、皇室以至于各级官员,延及社会各个层面,对儒术的倡导仰慕都远超西汉。官学、私学及临时性的讲经活动极为兴盛。西汉博士弟子在成帝时达到3 000人,一年后,又复归千余人;桓帝时,太学生则多至3 万人,民间儒生的数量更大。同时,东汉太学生可同西汉博士一样有参议朝政的权利,而察举征辟制度的首选对象即是通经名士或孝廉儒生,这样的人才培养与选拔制度扩大了太学清议的影响力。太学清议与名士"人物品鉴"联合,共同领导着东汉的社会舆论,甚至"隐隐操握到士人进退之标准"①,在很大程度上影响到朝中大事要事的决策。

汉武以后,特别是在孝宣时期,西汉已经由汉初的以军人和外戚为主的平民政治转为以儒士为骨干的士人政治,士族门第初步形成。光武帝依凭世家士族势力建立东汉,凭借刘汉正统思想收拢天下民心;东汉诸帝也自幼蒙受大儒教授,因此,东汉的儒学世家在政治上的力量愈加强大,逐渐衍化为新的门阀势力与门第观念,宋代以后方才衰落。东汉时期,河洛一代居于全国政治、经济、文化中心,又是光武帝、阴皇后以及云台诸将的故乡或发迹地,名门望族众多,势力庞大,倾动朝野。这些世家子弟凭借高贵的出身与得天独厚的文化环境,自小接受良好的文化教育与政治锻炼,比寒门儒士有优先的从政权利与更多的成功机遇,因此,世代袭居社会上层。豪族之间,姻亲相连;儒术世家,互相察举,盘根错节地形成了庞大的河洛士族势力,在文化上也形成了典雅为尚的传统。

东汉以儒学为指导思想的各种政治制度的建设,在相当程度上制约了皇室、宦官、外戚几大政治集团权力欲望的膨胀,比如,东汉酷吏常常能依法打击这些豪族势力,士人在朝廷和社会上都占有绝对的优势。虽然,章帝以后,东汉皇帝都是幼年登极,皇权旁落于外戚之手,但外戚总随帝王去世或嫔妃地位的变化而变更,是个极不稳定的集团。宦官集团虽然严重扰乱朝政,但毕竟没有管理国家的能力,也不曾真正左右朝局大势。因此,从总体上来说,东汉社会仍由士人集团控制,汉末崛起的几大军事集团是清一色的士人集团,也正说明了这一点。

东汉的河洛凭借地理、政治、经济、文化等方面的中心地位,以绝对的优势领导华夏,辐射四方,在中国历史进程中发挥了独特的巨大作用。

二、东汉典雅文风及其文化渊源

"典雅"作为一种文风,主要是指思想上以儒家经义为原则,文体规范,语言整饬优美,风格雍容含蓄,即刘勰所说的"熔式经诰,方轨儒门"②。

---

① 钱穆:《国史大纲》商务印书馆 2004 年版,第 176 页。
② 《文心雕龙·体性》。

　　两汉文风大致上有四次比较明显的变化。汉初,主要继承了战国文风。贾谊、晁错的政论文针对当世急务,纵论历史功过得失,切中要害,言辞激切,有纵横之风;邹衍与枚乘的辞赋,气势飞扬,手法铺张。汉武帝时期,朝廷尊崇儒术,广泛征聘文学侍从以润色鸿业,文风随之而变:司马相如的大赋以体物为主,内容富赡,气势恢弘,辞藻丰美;司马迁的《史记》融贯古今,情怀激荡;公孙弘、主父偃、朱买臣等人的应对文章,雄辩滔滔。昭帝与宣帝时期,文风承继前朝:王褒的辞赋,华美铺张;石渠阁的儒生,纵谈"五经"教义,文字激扬。两汉文风的第二次变化发生在西汉元帝以后。从元帝到东汉光武帝时期,图谶逐渐兴盛,世风崇尚玄诞虚华,文风也随之变化:扬雄的文章思理玄远,刘向的奏章常常推论灾异,杜笃的谏文不免有些浮夸。东汉典雅文风形成于明帝与章帝时期。这是汉代文风的第三次演变,也是最重要的一次。明帝、章帝父子爱好儒学,看到当时关于"五经"的解释众说纷纭,有损经典的规范权威,就召集天下鸿儒讲论"五经"异同,其中规模最大的一次是在白虎观进行的,章帝亲自主持辩论,最后统一各家意见,并令班固整理成文,颁布天下,作为"五经"的标准解释。这种规范和整理经典的做法实际上是为了矫正汉武帝以来的浮华风气,对此后的汉代文风产生了巨大影响。从此,典雅文风开始主宰文坛,一直延续到汉末,风流不衰。刘勰评论此期的文学说:"至于崔(骃)班(固)张(衡)蔡(邕),遂捃摭经史,华实布濩,因书立功,皆后人之范式也。"①献帝播迁,时局动荡,仁人志士,奋起救亡,指陈时弊,匡正朝纲,汉末文章,遂有慷慨悲凉之气,这是第四次演变。孔融、祢衡,以气运辞,已有建安风貌。但是,两汉文学的风格毕竟不同。刘勰总结西汉文风说:"爰自汉室,迄至成哀,虽世渐百龄,辞人九变,而大抵所归,祖述楚辞,灵均余影,于是乎在。"②楚辞辞藻绮丽,注重夸饰渲染,西汉文学,正有楚辞流风余韵。东汉文章,大都熔铸经诰,以典雅质实见长。

　　东汉文风典雅,主要是受当时社会大文化的影响,与河洛文化关系密切。

　　从文人特征看,东汉文士可以说都是鸿儒通才,他们主要活动在河洛一带,或游学,或游宦,或为官,或生长此地,几乎都在这一区域长期从事过政治文化活

---

① 《文心雕龙·事类》。
② 《文心雕龙·时序》。

动,大都是文化意义上的河洛人。东汉文家,首推班固、张衡、蔡邕、王充、崔骃、崔瑗、马融、王符、仲长统、崔寔等人,辞赋文章,也各有擅长。东汉文士大都出身儒门世家,接受过太学教育或名儒亲授,交际往来也多为鸿儒名士,往来无白丁,经学素养是很高的。《后汉书》相关人物传记对此有详细记载。《班固传》说:"年九岁,能属文诵诗赋,及长,遂博贯载籍,九流百家之言,无不穷究。所学无常师,不为章句,举大意而已。性宽和容众,不以才能高人,诸儒以此慕之。"《王充传》记载:"受业太学,师事扶风班彪。好博览而不守章句。……遂博通众流百家之言。"很显然,班固、王充的文章都深受儒学影响。张衡、蔡邕都熟贯经义,蔡邕还亲自撰写了立在太学门前的"石文经"。深厚的文化修养,铸就了东汉文士的儒雅气度;名士之间的切磋研磨,陶冶了他们的超逸风神;仕途风云激荡,磨砺了他们的道德人格,他们落笔熔经,行文轨儒,成就一代典雅文风。

从文学与政治的关系看,东汉文章多出于政治目的,使用场合也在政治圈中。汉代文人都有济世怀抱。两汉辞赋,意在讽喻,但西汉辞赋过于浮夸,常常"劝百讽一"。比如,司马相如进献《上林赋》,汉武帝读后,竟忽然感觉飘若神仙;扬雄为讽喻朝廷大兴土木而写《甘泉赋》,成帝读过,却参照赋中所写营造宫殿园囿。因此,扬雄晚年转悔,开始模拟经籍,意图以实矫虚。东汉辞赋强化了西汉辞赋的讽喻功能,以经义为本,务求裨益时政。班固认为,"雍容揄扬"的西汉辞赋是为了"润色鸿业",是为了"抒下情而通讽喻"、"宣上德而尽忠孝";又说自己创作《两都赋》是"极众人之所炫耀,折之以今之法度"①。既"雍容揄扬"又"折以法度",正是东汉辞赋的风格。东汉出现的大量"慰志"②赋正是文人强烈的参政预政愿望的一种流露。其他文体,如策对、奏记、碑铭、颂赞等,既然应用在公卿士大夫之间,政治色彩自然难免。儒学本身就崇尚伦理秩序与政治统一,东汉朝廷又特别强调经义理解的规范性与统一化。朝廷倡导儒学,又用功名富贵诱导文士,文章就不能不以典雅为尚,浮华为戒。政治的导向与要求正是东汉典雅文风最根本的文化渊源。其实,中国古代的学术与文风的变迁无不首先受到政治形势的影响。

---

① 费振刚等:《全汉赋》,北京大学出版社1993年版,第311页。
② 参见费振刚等《全汉赋》。如崔篆有《慰志赋》,冯衍有《显志赋》,崔骃有《达旨》,班固有《幽通赋》,张衡有《归田赋》,蔡邕有《释悔》等,东汉几乎每一个辞赋家都有这类赋作。

从文体看,东汉文风典雅,也与当时主要文体的本身要求有关。东汉主要文体有辞赋、史传以及政论、碑、铭、颂、赞、章表、奏议等应用文。先秦的诗歌已经很发达,但诗歌却不是东汉的主要文体,这本身就说明了以河洛为核心的、重视群体价值淡化个体倾向的东汉文化对当时的典雅文风产生了深刻影响。

辞赋本来就以铺叙为主,东汉大赋,熔铸经典,结构庞大,辞藻华美,于文体要求并不为过。东汉史传文以班固《汉书》最为雅丽,它的体制、手法、语言以及正统思想都为后代正史效法,前贤论述详备,在此毋庸赘言。

东汉应用文的典雅性最突出,很多作品被后人视作文章正体。关于论,刘勰说:"圣哲彝训曰经,述经叙理曰论。论者,伦也;伦理无爽,则圣意不坠。"①东汉政论中,班固《典引》最为雅懿,当之无愧于这类文体的典范。章表奏议一类,西汉篇章流传很少,东汉上乘之作却很多,刘勰就曾说过:"左雄奏议,台阁为式;胡广章奏,天下第一。"②此外,陈蕃、张衡、蔡邕等的奏启文也是冠绝群贤。颂以典雅为本,班固《安丰戴侯颂》、傅毅《显宗颂》、史岑《和熹邓后颂》,世称典章。若论史述赞,两汉文章无有过班固《汉书》诸《赞》的,刘知几极为推崇,称其"辞惟温雅,理多惬当。其尤美者,有典诰之风"③。蔡邕的碑铭文,更是两汉翘楚,典雅规范,疏朗有致。刘师培认为,汉代文章意味淳厚,只能浸润自得,不可模拟。他说:"至于蔡中郎所为碑铭,序文以气举词,变调多方;铭词气韵光彩,音节和雅,在东汉文人中尤为杰出,固不仅文字渊懿,融铸经诰已也。"④综观东汉各体文章佳作,在文体的规范性和语言的典雅性方面,都可堪称文学楷模。

东汉典雅文风对河洛文学以及中国文学的发展影响深远。魏晋六朝文学,分为南北两脉,房玄龄《隋书·文学传序》说:"江左宫商发越,贵于清绮;河朔辞义贞刚,重乎气质。"所谓"河朔气质",当然主要指东汉时期以河洛为中心形成的本经立义、质实刚健的典雅文风。其实,江左"清绮"也源自东汉中叶以后的河洛雅文学,蔡邕、张衡的文章,旨意恬静,音节流丽,语言清雅洗练,已开江左清丽法门。

---

①　《文心雕龙·论说》。

②　《文心雕龙·章表》。

③　赵吕甫:《〈史通〉新校注》,重庆出版社1990年版,第191页。

④　刘师培:《中国中古文学史讲义》,上海古籍出版社2000年版,第123页。

　　毫无疑问,河洛文学是河洛文化的一个支脉,它既受到河洛文化的滋养,又以自身独特的成就与魅力彰显着河洛文化的辉煌成就。东汉时期的河洛文化与典雅文风之间,既是整体和局部的关系,又是共性与个性的关系,他们共同构建了一种经典风流,为中华文化的发展做出了具有划时代意义的历史贡献。

（作者单位:河南教育学院）

洛神故事源流考论

卫绍生

　　洛神是一个充满神秘色彩的神话形象,也是一个具有广泛影响的文学形象,同时也是河洛文化中一个最具典型意义的文化形象。她的产生、流传与演变,不仅反映出文学家对洛神形象文化价值认识的逐步深化过程,而且鲜明地折射出洛神形象所蕴涵的河洛文化精义。

一、洛神故事的胚胎期

　　洛神形象在先秦时期已具雏形。先秦时期的一些文献,如《国语》《归藏》、《竹书纪年》以及屈原的诗歌,都涉及了洛神形象。其中最早也是最可信的,是出现于春秋末期的《国语》。传为左丘明所撰的《国语》,载有周灵王二十二年(前550)太子晋谏周灵王事,其中首次提到了洛水之神。其文略云:

　　　　灵王二十二年,谷、洛斗,将毁王宫。王欲壅之,太子晋谏曰:"不可。晋闻古之长民者,不堕山,不崇薮,不防川,不窦泽。夫山,土之聚也;薮,物之归也;川,气之导也;泽,水之钟也。夫天地成而聚于高,归物于下。疏为川谷,以导其气;陂塘污庳,以钟其美。……度于天地而顺于时动,和于民神而仪于物则,故高朗令终,显融昭明,命姓受氏,而附之以令名。若启先王之遗训,省其典图刑法,而观其废兴者,皆可知也。其兴者,必有夏、吕之功焉;其废者,必有共、鲧之败焉。今吾执政无乃实有所避,而滑夫二川之神,使至于争明,以妨王官。王而饰之,无乃不可乎!"

　　谷水即今渑池县南渑水及其下游涧水。东周时期，谷水东流至洛阳市西折而南下入洛水，东周王城在谷、洛二水合流处东北岸。周灵王二十二年，谷、洛二水暴涨，谷水入洛处二水相激，使谷水水流变缓，对王宫西南部造成很大损害。这就是三国吴人韦昭所说的"灵王时，谷水盛出于王城西，而南流合于洛。两水相格，有似于斗，而毁王城西南也"①。为免除水患，周灵王想在上游把谷水截断。太子晋于是说了上面一番话，劝周灵王"启先王之遗训，省其典图刑法"，而不要堵塞谷水，乱了二川之神的次序，让他们争个不休。太子晋所说的"二川之神"，指的就是谷水之神和洛水之神。不过，这里只是提到了洛神，而没有对洛神形象作进一步的描述。

　　著名诗人屈原在他的诗歌中两次提到洛神。一次是《离骚》中的"吾令丰隆乘云兮，求宓妃之所在"。东汉王逸注云："宓妃，神女也。"宋洪兴祖引《洛神赋》注云："宓妃，伏羲氏女，溺洛水而死，遂为河神。"②一次是《天问》中的"帝降夷羿革孽夏民，胡射夫河伯而妻彼雒嫔？"这里所说的"雒嫔"，即洛神。洪兴祖注："雒嫔，水神，谓宓妃也。"③夷羿奉天帝之命来到人间，荒淫无道，为害万民，射瞎了河神的一只眼睛，强娶洛神宓妃为妻。在屈原的诗歌中，洛神被赋予了新的文化意义。《离骚》中的"求宓妃之所在"，是把宓妃作为一种清幽高洁的精神象征来歌颂的。而在《天问》中，洛神却成了受侮辱受损害者的形象。

　　在先秦其他文献中也偶尔可见洛神的身影。传为"三易"之一的《归藏》，载有河伯筮与洛伯战之事："昔者，河伯筮与洛伯战，而枚卜。昆吾占之，不吉。"④《竹书纪年》将此事系于夏帝芬十六年，有"洛伯用与河伯冯夷斗"之语⑤。"伯"又作神解⑥。所以，洛伯、河伯指的应是洛水之神和黄河之神。北朝郦道元《水经注》引《竹书纪年》之语，以为洛伯"盖洛水之神也"⑦。据《归藏》所记，河伯与

---

① ［三国・吴］韦昭：《国语・周语下》注。
② ［宋］洪兴祖：《楚辞补注》卷一。
③ ［宋］洪兴祖：《楚辞补注》卷三。
④ ［清］徐文靖：《竹书纪年注笺》卷三引。
⑤ 《竹书纪年》卷三。
⑥ 可举二例为证：《诗经・小雅・吉日》有"既伯既祷"语，"伯"即是神名；《史记・滑稽列传》载：西门豹为邺令，访诸长老，长老曰："苦为河伯娶妇，以故贫。"这里的"河伯"指的就是漳河水神。
⑦ ［北朝］郦道元：《水经注・洛水》卷一五。

洛伯有宿怨,准备征伐之。临战之前,先占吉凶。颛顼之后昆吾为其占解,以为不吉利。虽然如此,河伯最终还是决定征伐洛伯,这才有了《竹书纪年》中"洛伯用与河伯冯夷斗"的记载。

先秦时期,洛水之神作为一个神话形象,已经在当时的文献中有所反映。但是,在不同的文献中,洛神形象所代表的文化意义是不同的。《国语》中的洛水之神是和谷水之神同时出现的,从太子晋谏周灵王的话中,似乎可以感受到他们的出现和西周的政治有某种内在联系;在《归藏》和《竹书纪年》中,洛神又被称为洛伯,而且曾被迫与河伯进行过一场战斗;在屈原的诗歌中,洛神一会儿被称为宓妃,一会儿又被称为雒嫔,一会儿是诗人追求的理想化身,一会儿又是受侮辱受损害的形象,但不管怎么说,洛神在屈原这里开始有了姓氏,有了名字。这是洛神形象从胚胎期向形成期转变的一个重要标志。

二、洛神故事的形成期

洛神形象虽然在先秦时期已经出现,但这个形象零乱无序,既无整体形象,又无完整的故事,更缺少一种文化精神一以贯之。进入汉代以后,洛神形象渐具雏形。西汉著名辞赋家司马相如的《上林赋》,第一次对洛神作了形象的描绘:

> 若夫青琴宓妃之徒,绝殊离俗,姣冶娴都,靓庄刻饬,便嬛绰约;柔桡嬛嬛,妩媚姌袅;揳独茧之褕袘,眇间易以戍削。蝙姺徶循,与世殊服;芬香沤郁,酷烈淑郁。皓齿灿烂,宜笑的砾;长眉连娟,微睇绵藐。色授魂与,心愉于侧。

唐司马贞《史记索隐》引三国魏如淳《汉书注》曰:"宓妃,伏羲女。溺死洛水,遂为洛水之神。"①司马相如赋中的宓妃,超凡脱俗,娇媚娴雅,丰姿绰约,灿烂逼人。令人望之而"色授魂与,心愉于侧"。在司马相如的这篇赋里,洛神的形象已经丰富起来,成为一个令人"色授魂与"的绝世美女形象。

西汉刘向则把洛神宓妃描绘成贤淑之女。他为"追念屈原忠信之节"而做

---

① [唐]司马贞:《史记·司马相如传》索隐。

《九叹》，"言屈原放在山泽，犹伤念君，叹息无已，所谓赞贤以辅志，骋词以曜德者也。"①在《九叹·愍命》章中，他感慨屈原遭谗被放，怀忧含戚，写下了"逐下袂于后堂兮，迎宓妃于伊雒"的诗句。王逸于此处注云："宓妃，神女，盖伊雒水之精也。言己愿令君推逐妾御，出之勿令乱政。迎宓妃贤女于伊雒之水，以配于君，则化行也。"②楚国君主后宫的妾御嫔妃，都是乱政之源，应逐出后宫，宓妃是贤淑之女，应至伊雒之滨将其迎入后宫，主后宫之政，这样才能化行天下。在这里，宓妃不仅是贤女，而且还是实现天下大治的一种精神象征。在刘向的笔下，洛神的文化意义得到了进一步的升华。

扬雄在《甘泉赋》中将宓妃与玉女相提并论，并且第一次把"红颜祸水"和玉女、宓妃联系起来："想西王母欣然而上寿兮，屏玉女而却宓妃。玉女亡所眺其清矑兮，宓妃曾不得施其蛾眉。"宓妃是一个非常美丽的女神，从司马相如《上林赋》那传神写意的描述中，人们已经领略了宓妃那超凡脱俗的美丽。但是，君王好色则易败德，所以，为了保持高洁的德行，必须远离女色。这就是李善所说的"言既臻西极，故想王母而上寿。乃悟好色之败德，故屏除玉女而及宓妃，亦以此微谏也"③。扬雄创作《甘泉赋》意存讽谏，而好色败德则是其讽谏内容之一，故而以美色著称的宓妃首次被赋予负面的文化意义。

张衡对宓妃的故事十分熟悉，他在《东京赋》中这样写道："宓妃攸馆，神用挺纪。龙图授羲，龟书畀姒。召伯相宅，卜惟洛食。"这里叙述的是周武王迁九鼎于洛邑之事。周武王灭商，建立西周，都于镐（旧址在今西安市长安区沣河东）。曾辅佐武王灭商的召公奭为周民选择居住之地，选中了洛邑。"宓妃攸馆，神用挺纪。龙图授羲，龟书畀姒"四句，说的都是召公选定洛邑的理由，其中"宓妃攸馆"句是说洛邑这个地方是洛神宓妃的居住之地。在《思玄赋》中，张衡则反扬雄之意而用之，把玉女和宓妃作为怀才不遇的象征：

> 载太华之玉女兮，召洛浦之宓妃。咸姣丽以蛊媚兮，增嫮眼而娥眉。妙婧之纤腰兮，扬杂错之袿徽。离朱唇而微笑兮，颜的砾以遗光。献环琨与珤

① ［东汉］王逸：《楚辞章句》卷一六。
② ［东汉］王逸：《楚辞章句》卷一六。
③ ［唐］李善：《文选注》卷七。

缡兮,申厥好以玄黄。虽色艳而赂美兮,志浩荡而不嘉。双材悲于不纳兮,
并咏诗而清歌。

扬雄在《甘泉赋》中把玉女和宓妃视为祸水,表示要"屏玉女而却宓妃"。张衡却
对玉女和宓妃的美色大加颂扬,并把这两个神女形象作为怀才不遇的象征。
"虽色艳而赂美兮,志浩荡而不嘉"是写玉女和宓妃,也是诗人自况之语。张衡
借助这两个神女形象,来抒发自己忠而见谤、为阉竖所谗的愤恨与不平。

东汉末年著名文学家、书法家蔡邕在他的作品中对洛神也有描写。他在
《述行赋》中写道:"乘舫舟而溯湍流兮,浮清波以横厉。想宓妃之灵光兮,神幽
隐以潜翳。实熊耳之泉液兮,总伊瀍与涧瀤。"蔡邕乘舟溯洛水而上,不由得想
起了光彩照人的洛神宓妃,可是宓妃却是"神幽隐以潜翳",无缘一睹其芳姿艳
容。

在两汉作家的笔下,洛神形象逐渐开始丰富和丰满起来。不论是在西汉司
马相如、刘向笔下,还是在东汉扬雄、张衡、蔡邕笔下,洛神都是以美女形象出现
的。尤其是司马相如和张衡对洛神形象的描绘,着重表现洛神超凡脱俗、美艳动
人的一面,把洛神塑造成了一个绝世美女的形象,为曹植那传世名作《洛神赋》
的出现做了必要的铺垫和准备。

两汉时期的诗人和辞赋家都是把洛神当做一个女性形象来塑造或歌颂,却
很少有人述及洛神故事的原型。为《楚辞》作注的东汉学者王逸,以及《史记》、
《汉书》、《后汉书》,仅仅提供了洛神最为基本的内容,譬如说她是伏羲之女、溺
水而死、馆于洛邑,至于有关洛神的故事情节,在两汉文献中依然是一片空白。

到了曹植的《洛神赋》,洛神故事才有了完整的情节,洛神才从神话传说进
入文学园地,成为一个鲜活生动的文学形象而广为流传。《洛神赋》下有一小
序,叙述写作动因:"黄初三年,余朝京师,还济洛川。古人有言,斯水之神,名曰
宓妃。感宋玉对楚王神女之事,遂作斯赋。"直接诱因,辞赋的第一段有交代:曹
植自京师回封地鄄城,于"日既西倾"之时到达洛水边,"精移神骇,忽焉思散",
隐隐约约"睹一丽人,于岩之畔",就问赶车人是否看见那位绝色女子。赶车人
说:"臣闻河洛之神,名曰宓妃。然则君王所见,无乃是乎? 其状若何? 臣愿闻
之。"接下来,曹植就用他那生花之妙笔,施展铺张扬厉之手段,描绘洛神的音容

笑貌、姿态容装,把一个美貌多情、纯洁端庄的洛神形象呈现于读者面前:

> 其形也,翩若惊鸿,婉若游龙。荣曜秋菊,华茂春松。仿佛兮若轻云之蔽月,飘摇兮若流风之回雪。远而望之,皎若太阳升朝霞;迫而察之,灼若芙蕖出渌波。襛纤得衷,修短合度。肩若削成,腰如束素。延颈秀项,皓质呈露。芳泽无加,铅华弗御。云髻峨峨,修眉联娟。丹唇外朗,皓齿内鲜,明眸善睐,靥辅承权。瓌姿艳逸,仪静体闲。柔情绰态,媚于语言。奇服旷世,骨像应图。披罗衣之璀粲兮,珥瑶碧之华琚。戴金翠之首饰,缀明珠以耀躯。践远游之文履,曳雾绡之轻裾。微幽兰之芳蔼兮,步踟蹰于山隅。于是忽焉纵体,以遨以嬉。左倚采旄,右荫桂旗。攘皓腕于神浒兮,采湍濑之玄芝。

这段对洛神仪态、容貌、举止、装束的描写,美仑美奂,堪称经典。但仔细分析一下,它只不过是在司马相如、张衡等人对洛神形象描绘基础上的扩展,使得洛神形象更为丰满更具可视性而已。

曹植对洛神形象的贡献,主要在于他借助丰富的想象勾画了洛神故事的基本轮廓。他以人神之恋为切入点,讲述了一个人神之恋的神奇故事。曹植为宓妃的美貌所吸引,不由得生出爱恋之情:"余情悦其淑美兮,心振荡而不怡。无良媒以接欢兮,托微波而通辞。愿诚素之先达兮,解玉佩以要之。"曹植爱恋宓妃,不仅因为她美貌绝伦,而且更因为宓妃"羌习礼而明诗",有很高的文化修养,有美好的品德。这就使得这场人神之恋获得了重要的社会文化基础,排除了"好色败德"的嫌疑。洛神对曹植亦有爱恋之心,举起手中的美玉来酬答,并且"指潜渊而为期",向曹植发誓,约定后会之期。可是,曹植担心洛神欺骗他,怕郑交甫遇仙女的故事在他身上重演,因而显得犹豫狐疑。洛神却是"收和颜而静志兮,申礼防以自持",态度严肃,端庄自持,严守礼教之大防,表现得十分得体。

接下来曹植形象地描绘了与洛神结伴而来的诸神在洛水之上嬉戏歌舞的场景,绘声绘色,读之如在眼前。结伴而来的诸神有南湘二妃、汉滨游女、风师屏翳、河伯冯夷、人祖女娲以及川后等神灵,还有簇拥在这些神灵前后的文鱼、六龙、鲸鲵、水禽等灵异之物。正是有了这一大段有关诸神的描写,洛神故事才丰富起来,也才更像是一个神话故事。曹植描写诸神在洛水之上歌舞嬉戏的场景,既是为了渲染神仙生活,把这场人神之恋推向高潮,同时也是为了表现"人神之道殊",为这场不可能真正有结果的人神之恋作铺垫。紧接着,作者笔锋一转,写洛神与诗人诀别:"于是越北沚,过南冈。纡素领,回清阳。动朱唇以徐言,陈交接之大纲。恨人神之道殊兮,怨盛年之莫当。抗罗袂以掩涕兮,泪流襟之浪浪。悼良会之永绝兮,哀一逝而异乡。无微情以效爱兮,献江南之明珰。虽潜处于太阴,长寄心于君王。"由于"人神之道殊"、"盛年之莫当",洛神果断地结束了这场刚刚开始的人神之恋,并赠江南之明珰作为纪念,表示"虽潜处于太阴,长寄心于君王",把这场刚刚开始就匆匆结束的人神之恋永远铭记在心。

洛神离去了,可曹植对这场开始即是结束的人神之恋却是难以忘怀,他"遗情想象,顾望怀愁。冀灵体之复形,御轻舟而上溯。浮长川而忘返,思绵绵而增慕。夜耿耿而不寐,沾繁霜而至曙",辗转反侧,夜不能寐。但他也十分清楚,这场已经结束的人神之恋只是他人生旅途上的一次奇遇,一个永远值得回味的幻想。于是"命仆夫而就驾,吾将归乎东路。揽骈辔以抗策,怅盘桓而不能去"。

此外,曹植在乐府《妾薄命》其一中,对洛神宓妃也有歌吟:"仰泛龙舟绿波,俯擢神草枝柯。想彼宓妃洛河,退咏汉女湘娥。"诗中的宓妃、汉女、湘娥,都是诸神洛水嬉戏时出现过的形象。两相印证,可知在当时的洛神故事传说中,或有诸水神相聚于洛水的情节。

曹植之前,有关洛神宓妃的各种记载多是支言片语,很少有故事性。曹植在以下三个方面对洛神故事的丰富与发展做出了突出贡献:首先是进一步丰富了洛神形象,让人们目睹了"翩若惊鸿、婉若游龙"的洛神之美;其次是讲述了一个人神之恋的故事,尤其是"恨人神之道殊兮,怨盛年之莫当"二句,给后人解读洛神故事留下了无限遐想的空间;最后是描绘了洛神与诸神歌舞嬉戏的场景,充实了洛神故事的神话内容,使洛神故事变成了一个真正的神话故事。

曹植《洛神赋》以文学笔法对传说中的洛神故事进行充实、丰富和改造,使洛神故事初步具备了人物、故事和情节。但是,曹植《洛神赋序》和正文中两处有关洛神的记载,却值得引起注意。在题下小序中,曹植写道:"古人有言,斯水之神,名曰宓妃。"这里所说的"斯水",指的是洛水。这句话的意义是"古人说过这样的话,洛水之神名叫宓妃"。但赋文中御者却说:"臣闻河洛之神,名曰宓妃。"一说宓妃是洛水之神,一说宓妃是河洛之神,显然相互矛盾。宓妃为何又称河洛之神,赋文中没有提及,但可以肯定的是,三国之前宓妃形象在民间应该还有另外一些说法,只是没有流传下来而已。

三、洛神故事的演绎期

魏晋南北朝时期,洛神作为一个神话传说中的艺术形象,经常出现在文学作品中。但这一时期的洛神故事却没有大的变化。如西晋陆机的"庆云郁嵯峨,宓妃兴洛浦。王韩起太华,北征瑶台女"(《前缓声歌》)①,南朝宋谢灵运的"招魂定情,洛神清思"(《江妃赋》)②,南齐邱巨源的"画作景山树,图为河洛神"(《咏七宝扇》)③,南朝梁江淹的"行人咸息驾,争拟洛川神"(《咏美人春游》)④,梁武帝的"宓妃生洛浦,游女出汉阳。妖闲逾下蔡,神妙绝高唐"⑤,费昶的"洛阳远如日,何由见宓妃"(《和萧记室春旦有所思》)⑥,刘缓的"不信巫山女,不信洛川神。何关别有物,还是倾城人。经共陈王戏,曾与宋家邻"(《敬酬刘长史咏名士悦倾城》)⑦,都是把洛神作为一个神话传说中的美女来吟咏的,洛神形象的基本内容没有大的变化,洛神故事也没有新的发展。

洛神故事的变化和演绎,是从初唐李善开始的。李善为《文选·洛神赋》作注,在其题下补缀一篇《记》,把洛神和魏文帝后甄妃扯在了一起。其文云:

> 魏东阿王(植)汉末求甄逸女,既不遂。太祖回,与五官中郎将(丕)。植殊不平,昼思夜想,废寝与食。黄初中入朝,帝示植甄后玉镂金带枕,植见之不觉泣。时已为郭后谗死,帝意亦寻悟,因令太子留宴饮,仍以枕赉植。

---

① 逯钦立:《先秦汉魏晋南北朝诗·晋诗》卷五。
② [唐]欧阳询:《艺文类聚·灵异部下》卷七九。
③ [南朝梁]徐陵:《玉台新咏》卷四。
④ [南朝梁]徐陵:《玉台新咏》卷五。
⑤ [南朝梁]徐陵:《玉台新咏》卷七。
⑥ [南朝梁]徐陵:《玉台新咏》卷六。
⑦ [南朝梁]徐陵:《玉台新咏》卷八。

植还,度辕辕。少许时,将息洛水上,思甄后,忽见女来,自云:"我本托心君王,其心不遂。此枕是我在家时从嫁。前与五官中郎将,今与君王。遂用荐枕席,欢情交集,岂常辞能具? 为郭后以糠塞口,今被发,羞将此形貌重睹君王耳。"言讫,遂不复见所在。遣人献珠于王,王答以玉佩。悲喜不能自胜,遂作《感甄赋》。后明帝见之,改为《洛神赋》。

此文又称《感甄记》,最早见于南宋尤袤刻本《文选》,而"六臣注"《文选》却不载此记,故而有不少人对其真伪表示怀疑。清人胡克家以为"此二百七字,袁本茶陵本无。案二本是也。此因世传小说有《感甄记》,或以载于简中,而尤延之误取之耳"。不过,"六臣注"《文选》虽无此记,却在赋文"怨盛年之莫当"句下有"此言微感甄后之情"注语。詹锳指出:"按《四部丛刊》影印宋本《六臣注文选·洛神赋》题下无此二百七字,与胡说合。然其后'怨盛年之莫当'句下注,仍有'此言微感甄后之情'八字。窃疑'记曰'以下二百七字,非尤延之所误加也。"[①]此记是否为尤袤所误加,姑且可以置之不论,但此记所表达的观点即"感甄说",在唐代甚为流行却是事实。

唐代一些诗人把曹植《洛神赋》之洛神作为吟咏对象,且多有将其和"感甄"联系在一起的。聊举数例于后:

班女恩移赵,思王赋感甄。辉光随顾步,生死属摇唇。(元稹《代曲江老人百韵》)

贾氏窥帘韩掾少,宓妃留枕魏王才。春心莫共花争发,一寸相思一寸灰。(李商隐《无题》之二)

国事分明属灌均,西陵魂断夜来人。君王不得为天子,半为当时赋洛神。(李商隐《东阿王》)

多情多感自难忘,只有风流共古长。座上不遗金枕带,陈王词赋为谁伤?(陆龟蒙《自遣诗三十首》其三)

---

① 　詹锳:《语言文学与心理学论集》,齐鲁书社 1989 年版,第 4 页。

这些诗歌不仅涉及了曹丕遗曹植金带枕之事,而且有"思王赋感甄"之说。由此可知,李善注所引《感甄记》绝非空穴来风。

唐人裴铏《传奇》有一篇题为《萧旷》的小说,述萧旷遇洛神事,反复申言曹植《洛神赋》为感甄之作。其文较长,兹节录相关内容于后:

> 太和中,处士萧旷自洛东游,至孝义馆,夜憩于双美亭。时月朗风清。旷善琴,遂取弹之。夜半,调甚苦。俄闻洛水之上有长叹者,渐相逼,乃一美人。旷因舍琴而揖之,曰:"彼何人耶?"女曰:"洛浦神女也。昔陈思王有赋,子不忆?"旷曰:"然。"旷又问曰:"或闻洛神即甄皇后,谢世,陈思王遇其魄于洛滨,遂为《感甄赋》。后觉事之不正,改为《洛神赋》,托意于宓妃,有之乎?"女曰:"有之。妾即甄后也。为慕陈思王之才调,文帝怒而幽死。后精魄遇王洛水之上,叙其怨抑,因感而赋之。觉事不典,易其题。乃不谬矣。"俄有双鬟持茵席,具酒肴而至。谓旷曰:"妾为袁家新妇时,性好鼓琴。每弹至《悲风》及《三峡流泉》,未尝不尽夕而止。适闻君琴韵清雅,愿一听之。"旷乃弹《别鹤操》及《悲风》。神女长叹曰:"真蔡中郎之俦也!"问旷曰:"陈思王《洛神赋》如何?"旷曰:"真体物浏亮,为梁昭明之精选尔。"女微笑曰:"状妾之举止,云'翩若惊鸿,婉若游龙',得无疏矣。"旷曰:"陈思王之精魄今何在?"女曰:"见为遮须国王。"旷曰:"何为遮须国?"女曰:"刘聪子死而复生,语其父曰:'有人告某云,遮须国久无主,待汝父来作主。'即此国是也。"俄有一青衣,引一女曰:"织绡娘子至矣。"神女曰:"洛浦龙王之处女,善织绡于水府,适令召之尔。"……旷曰:"遇二仙娥于此,真所谓双美亭也。"忽闻鸡鸣,神女乃留诗曰:"玉箸凝腮忆魏宫,朱丝一弄洗清风。明晨追赏应愁寂,沙渚烟销翠羽空。"织绡诗曰:"织绡泉底少欢娱,更劝萧郎尽酒壶。愁见玉琴弹《别鹤》,又将清泪滴真珠。"旷答二女诗曰:"红兰吐艳间夭桃,自喜寻芳数已遭。珠佩鹊桥从此断,遥天空恨碧云高。"神女遂出明珠、翠羽二物赠旷,曰:"此乃陈思王赋云'或采明珠,或拾翠羽',故有斯赠,以成《洛神赋》之咏也。"龙女出轻绡一匹赠旷,曰:"若有胡人购之,非万金不可。"神女曰:"君奇骨异相,当出世。但淡味薄俗,清襟养真。妾当为阴

助。"言讫,超然蹑虚而去,无所睹矣①。

　　这篇小说把传说中比较隐晦的曹植与甄氏的关系说得十分明白,将《洛神赋》为"感甄"之作一事坐实,对"感甄说"在以后各代的流行起到了推波助澜的作用。

　　唐人诗歌和传奇对洛神故事的演绎,主要集中在曹植和甄妃的关系上,不论是李善注引《感甄记》、裴铏《传奇·萧旷》,还是一些吟咏洛神的诗歌,都从洛神形象解读和品味出曹植与甄妃的一些故事,视《洛神赋》为"感甄"之作;《感甄记》和《萧旷》还在洛神与甄妃之间直接画上了等号,把洛神与曹植的故事描绘得惟妙惟肖,切合人物声貌口吻。不少人以史实为依据,找出了许多理由,对唐代普遍流行的"感甄说"进行驳斥。但是,如果我们能够换一个角度,真正把洛神故事当做一个神话来看,就没有必要拘泥于细节真实的问题了。任何拘泥于细节真实或从细节真实入手去探求洛神故事真相的做法,都是试图把神话史实化,结果即使不是痴人说梦,也是离题万里。

　　唐代以后,洛神故事在戏曲中得到了充分表现。宋元戏文《甄皇后》是最早表现洛神故事的戏曲,但其剧仅存残曲一支,无法窥其全貌。有论者以为,"后之戏剧取材,皆以曹植《洛神赋》为主题,本事出《文选·洛神赋注》"②。的确,《甄皇后》之后的洛神剧目,大多是以表现曹植与甄妃的恋情为主旨,曹植《洛神赋》所表现的人神之恋因之而演变成了曹植与甄妃的阴阳之恋或人鬼之恋。其中较有代表性的是《大雅堂杂剧》之一的《陈思王悲生洛水》。

　　《陈思王悲生洛水》又作《洛水悲》,明嘉靖年间人汪道昆作。此剧叙甄妃被郭氏谗害至死后,欲与意中人曹植一会,倾诉幽怀,便自托名为洛神宓妃,在洛浦相候。曹植自京师返封地,见一女子在洛浦相候,形容面貌与甄氏十分相似,不禁悲从心来。双方互通款曲,恋恋不舍,又互赠佩玉、明珰,珍重道别。当夜,曹植以与甄氏相会为内容,创作出了传世名作《洛神赋》,借此寄托忧思。此剧仅一折,依据《文选》李善注引《感甄记》加以演绎,对洛神故事没有太多的展开。

---

　　①　[宋]李昉等编:《太平广记》卷三一一。
　　②　庄一拂:《古典戏曲存目汇考》卷二,上海古籍出版社1982年版,第70页。

但它以戏曲的形式来演绎洛神故事,丰富了洛神故事的表现形式,对此后的戏剧有一定影响。京剧大师梅兰芳主演的《洛神》,就是根据曹植《洛神赋》,同时又参考汪南溟的《洛水悲》改编而成的①。

四、结束语

从春秋时期有洛神传说之时起,洛神故事已经流传了 2 500 多年。在整个流传过程中,洛神故事可以明显地分为三个发展时期。其一是故事的发生期,大致时间是从周灵王二十二年(前 550)到屈原《离骚》、《天问》的出现,前后有二三百年。这一时期,洛神从洛水之神演变为伏羲之女,被称为宓妃。其二是故事的形成期,大致时间是从西汉初年到曹植《洛神赋》问世,前后约 430 年。这一时期,洛神从一个神话形象演变为一个具有感人情节的故事,洛神形象的文化意义也得到了极大的提升。曹植《洛神赋》的出现,则是洛神故事形成的显著标志,因为从这个时候开始,洛神故事才具备了作为神话故事所必备的时间、地点、人物和情节。其三是洛神故事的演绎期,《洛神赋》问世之后的 1 000 多年,都可以划归这一时期。《洛神赋》出现之后,曹植所描绘的人神之恋故事深深地打动了人们,不少人试图对这一美丽动人的人神之恋故事进行新的诠释和演绎,把洛神故事推向了一个全新的演绎期,出现了以《感甄记》、《萧旷》、《洛水悲》等为代表的小说、戏曲。在这些全新的演绎中,人们把南北朝时期流行的曹丕与甄氏的故事移嫁到曹植头上②,又使遭郭后谗害而死的甄氏假借洛神之名,于是有了曹植与甄氏的恋情,有了曹植和甄氏的人鬼之恋。这些演绎想象奇特,别开生面,虽然似乎有些荒诞不经,但作为对洛神神话故事的演绎,不仅于理可通,而且使洛神故事更具神奇色彩,更符合神话故事的基本特征。

(作者单位:河南省社会科学院)

---

① 梅兰芳:《舞台生活四十年》第 3 集,中国戏剧出版社 1981 年版,第 232 页。

② 可参见南朝宋刘义庆:《世说新语·惑溺第三十五》和南朝梁刘孝标注引《魏略》和《世语》。

河洛名儒许衡与《授时历》

杜荣坤　白翠琴

许衡（1209～1281），字仲平，号鲁斋，怀州河内人①。为元朝前期著名思想家、教育家、政治家和科学家，其一生成就是多方面的。本文仅从他在《授时历》制定中之作用，来探讨其对天文历法领域的贡献。

一

元初历法沿用金代的《大明历》，该历是在宋《纪元历》基础上稍加损益而成的，金廷曾于大定二十年命人对其加以重修，但因"岁久浸疏"②，"日月交食颇差"③，历法与天象不符的弊病日益明显，给社会生产、生活，乃至军事行动带来诸多不便。早在元太祖成吉思汗西征时，就出现"五月望，月蚀不效；二月、五月朔，微月见于西南"等现象，于是"中书令耶律楚材以《大明历》后天，乃损节气之分，减周天之秒，去交终之率，治月转之余，课两曜之后先，调五行之出没，以正《大明历》之失"。并制定《西征庚午万年历》，但未颁行④。至元四年（1267年），西域人札马鲁丁撰进《万年历》，"世祖稍颁行之"⑤，在局部地区加以推行。当时参领中书省事刘秉忠屡次意欲修正历法，终因战事未定，机缘不到，没有实现

---

① 据多方考证，许衡故里在今河南焦作市中站区李封村，或说在今沁阳鲁村，生于新郑许岗村。为广义之河洛人士。
② 《元史》卷一六四，《王恂传》。
③ 《元史》卷一五七，《刘秉忠传》。
④ 《元史》卷五二，《历志一》。
⑤ 《元史》卷五二，《历志一》。有的学者认为元世祖稍许颁行的《万年历》是回回历法。

而于至元十一年(1274 年)抱憾病故。

至元十三年(1276 年)六月,元军攻下临安(治今杭州市)后,元世祖以《万年历》"年久浸差"①,而今"海宇混一,宜协时正日"②,遂下诏编新历。命因精于算术著称的太子赞善王恂,集熟悉天文历法之都水少监郭守敬及南北日官置太史局(后改为太史院),共同从事修订新历工作。王恂等奏言:"今之历家,徒知历术,罕明历理,宜得耆儒如许衡者商订。"③于是,世祖下旨诏许衡从怀州(1257年改为怀孟路,治河内,大部分在今沁阳)至大都,以集贤大学士兼国子祭酒教领太史局(院)事。许衡、王恂及郭守敬等一致主张应实测天体运行变化以为制历之本,遂新制仪表,分遣日官赴各地测候,并稽考累代历法,参别同异,酌取中数,用作历本。经过四年努力,于至元十七年(1280 年)完成④,其年六月,许衡因病获准还乡⑤。新历(《辛巳历》)进呈后,世祖因《尚书·尧典》中有"历象日月星辰,敬授人时"之语,特赐新历名曰《授时历》。于十一月甲子诏颁《授时历》⑥,许衡也于十八年新历开始使用后病卒,享年 73 岁(虚岁,1209 ~ 1281年)。

二

《授时历》的编制是一件规模较大的集体项目,既有专人分工负责,也有重大问题的集体讨论,是集众人智慧和测算之产物。那么,当时年事已高的许衡在其中究竟起到什么作用呢? 欲说明这个问题,首先对太史局(后称太史院)的组织机构及人员组成需有基本了解。

至元十三年成立太史局,初以"枢密副使张易董其事"⑦。次年,以张文谦

---

① 《元史》卷一五七,《张文谦传》。

② 《元史》卷一五八,《许衡传》。

③ 《元史》卷九,《世祖纪六》。

④ 《元史》卷一六四,《杨恭懿传》提到"十七年二月,进奏曰:'臣等……参以古制创立新法,推算成《辛巳历》'。从中可见至元十七年二月新历已基本完成。《元文类》卷 13 收有李谦于至元十七年六月已拟好之"颁授时历诏"。许衡是在新历修完后才因病告老还乡。

⑤ 耶律有尚之《考岁略》云:"六月,疾益进。八月得请还家。就授师可怀孟路总管,以便供养。"许师可为许衡之长子。

⑥ 《元史》卷一一,《世祖纪八》,至元十一年十一月甲子提到"诏颁《授时历》"。

⑦ 《元史》卷九,《世祖纪六》。卷一一,《世祖纪八》又记:至元十八年十月壬子"以平章政事、枢密副使张易兼领秘书监、太史院、司天台事。"

为昭文馆大学士,领太史局主管修历,"以总其事"①,共同"为之主领裁奏而上"②,两者负有上通下达之责。王恂负责历法推算及行政事务,即"官属悉听恂辟置"③。郭守敬从工部调入太史局,与王恂一起"率南北日官,分掌测验推步于天下"④。此外,另有集贤学士杨恭懿(至元十六年参与改历,十七年授集贤学士,兼太史院事)、工部尚书段贞、巧匠阿尔哥等人也先后应诏参预和改历有关的工作。至元十五年(1278年)二月,太史局改太史院,给印章,立官府,掌天文历数之事。设官院使(初称令)、同知、同金、院判等大小官吏70多员,星历生40余人,下设推算、测验、漏刻、印历等局,各司其职⑤。王恂为太史令,郭守敬任同知太史院,"许衡领焉"⑥。

至于许衡在其中担任何职,负有什么责任,史籍所载不甚相同。《元史·世祖纪》十三年六月甲戌,只提到"诏衡赴京师",未涉及衡负有何责任。十五年二月则明确提到:"置太史院,命太子赞善王恂掌院事,工部郎中郭守敬副之,集贤大学士兼国子祭酒许衡领焉。"《元史·历志一》提到:"十三年,平宋,遂诏前中书左丞许衡、太子赞善王恂、都水少监郭守敬改治新历。"即将许衡列在首位。《元史·王恂传》则云:"恂荐许衡能明历之理,诏驿召赴阙,命领改历事,官属悉听恂辟置。"也就是说许衡在改历总旨上进行主持,王恂除负责新历推算外,还管官属设置及其他行政事务。《元史·郭守敬传》提到:"初(刘)秉忠以《大明历》自辽、金承用二百余年,浸以后天,议欲修正而卒。十三年,江左即平,帝思其言。遂以守敬与王恂,率南北日官,分掌测验推步于下,而命(张)文谦与枢密张易为之主领裁奏于上,左丞许衡参预其事。"《元史·张文谦传》曰:"会世祖以《大明历》岁久浸差,命许衡等造新历,乃授文谦昭文馆大学士,领太史院,以总其事。"而《元史·许衡传》则明确指出:"十三年,诏王恂定新历。恂以为历家知

① 《元史》卷一五七,《张文谦传》。
② 《元史》卷一六四,《郭守敬传》。
③ 《元史》卷一六四,《王恂传》。
④ 《元史》卷一六四,《郭守敬传》。
⑤ 《元史》卷八八,《百官志四》提到:"太史院,秩正二品。掌天文历数之事。至元十五年始立院,置太史令等官七员。"
⑥ 《元史》卷一〇,《世祖纪七》将此事系在至元十五年二月,但《元史》卷一六四《王恂传》曰:"十六年授嘉议大夫、太史令";《郭守敬传》则说:"十六年,改局为太史院,以恂为太史令,守敬为同知太史院事,给印章,立官府。"

历数而不知历理,宜得衡领之,乃以集贤大学士兼国子祭酒,教领太史院事,召至京。"

对修新历分工之事谈得最清楚的,当举杨桓(曾为太史院校书郎,后迁秘书监丞,拜监察御史)的《太史院铭》,其云:

> "至元十三年,上以循用大明历,久而失当,欲创其制。以太子赞善臣王恂,业精算术,凡日月盈缩迟疾,五星进退,见伏昏晓,中星以应四时者,悉付其推演,寻迁太史令。以都水少监臣郭守敬,颖悟天运,妙于制度,凡仪象表漏,考日时、步星躔者,悉付规矩之,寻授同知太史事,历成,迁太史令。以前中书左丞臣许衡,为命世之贤,凡研究天道,斟酌损益者,悉付教领之。辅以集贤学士臣杨恭懿。其提挈纲维,始终弼成者,实前中书左丞转大司农臣张文谦,寻以昭文馆大学士领太史院事。凡工役土木金石,悉付行工部尚书兼少府监臣段贞,以经度之。凡仪象表漏、文饰匠制之美者,悉付大司徒臣阿尔哥。"①

由上可知,新历的编制工作主要分为两个方面。一是对自古以来的各种历法进行研究,总结前人制定历法、测量天体运行周期、测验季节气候的各种经验,通过相互比较,找出各自的优缺点,以便用最先进的修历理论指导新历的修订工作,这就是所谓"推明历理"。二是要对天体运行进行精确的观测和推算,通过实践来检验对天体运行规律的认识,根据当世的实际情况来制定新的历法。正如《元史·王恂传》所说:"恂与衡及杨恭懿、郭守敬等,遍考历书四十余家,昼夜测验,创立新法,参以古制,推算极为精密。"而许衡主要是负责推明历理的工作及进行总体主持。

三

论述了《授时历》制定的历史背景及许衡在太史局(院)中的地位、职责之后,下面拟具体探讨一下许衡在《授时历》制订过程中的贡献,归纳起来主要有以下三点:

---

① 杨桓:《太史院铭》,苏天爵《元文类》卷一七。

第一，"凡研究天道，斟酌损益者，悉付教领之"①。许衡为元前期倡导传播程朱理学于北方的大儒，尤精于易学，著有《读易私言》、《小学大义》、《大学直解》等，平素以程朱理学作为进修和教导学生的主要课程。而程朱理学认定"理"先天地而存在，把抽象的"理"（实指封建伦理准则）提到永恒的、至高无上的地位，为学主"即物而穷理"。许衡兼采宋代朱（熹）、陆（九渊）两派之长，如朱学的笃实"下学"工夫，陆学"简易"本心论等，避免朱学之支离破碎及陆学之泛泛空谈。认为"心与天地一般"②，此处的"天地"，是指宇宙本位，也即天理，换言之，人心就是天理。他还提出"治生最为先务"思想，重视民生日用。认为理学的理、道，含有"日用常行"之则，道不是"高远难行"，应当接近"众人"，将"民生日用"的"盐米细事"，视为道和义③。进而提出"治生"论，他说："为学者治生最为先务。苟生理不足，则于为学之道有所妨。彼旁求妄进及作官嗜利者，殆亦窘于生理之所致也。"④即以满足人之"生理"（指物质生活）前提来谈"治生"，而不同于程朱"行天道，遏人欲"的思想，并将治生论在实践中加以运用。

因此，在修历方面，许衡深谙阴阳对立交互作用之道，尽量以理学及治生论为主导，比较累代历法之优劣得失，用实测之数据加以损益，使新历力求准确、简便，利于民众使用。正如《元史·许衡传》所说：

"与太史令郭守敬等新制仪象圭表，自丙子之冬日测晷，得丁丑、戊寅、己卯三年冬至加时，减《大明历》十九刻二十分，又增损古岁余岁差法，上考春秋以来冬至，无不尽合。以月食冲及金木二星距验冬至日躔，校旧历退七十六分。以日转迟疾中平行度验月离宿度，加旧历三十刻。以线代管窥测赤道宿度。以四正定气立损益限，以定日之盈缩。分二十八限为三百三十六，以定月之迟疾。以赤道变九道定月行。以迟疾转定度分定朔，而不用平行度。以日月实合时刻定晦，而不用虚进法。以躔离月兆月肉定交食。其法视古皆密，而又悉去诸历积年月日法之傅会者，一本天道自然之数，可以

① 杨桓：《太史院铭》，苏天爵《元文类》卷一七。
② 许衡：《语录》下，《许文正公遗书》卷三。
③ 许衡：《语录》上（《许文正公遗书》卷一）中提到："大而君臣、父子，小而盐米细事，总谓之文；其合宜之义，又谓之义；以其可以日用常行，又谓之道。文也道也，只是一般。"
④ 郑士范：《许鲁斋先生年谱》。

施永久而无弊。"

也就是利用新仪表进行实际观测,考证了冬至、岁余、日躔、月离、入交、二十八宿距度、日出入昼夜时刻等七项天文数据。同时运用近世截元法,废除上元积年法等,得出太阳盈缩(每日太阳在黄赤道上运行速度)、月行迟疾(每日月球绕地球运行的速度)、黄赤道差(从太阳的黄道经度推算赤道经度)、黄赤道内外(从太阳的黄道经度推算赤道纬度)、白道交周(月道和赤道之交点)等日月运行资料。

第二,鼎力支持郭守敬等改进仪象圭表,进行实地勘测。许衡在当时儒士中声望颇高,且胸怀治国平天下的大志。至元八年(1271 年),任集贤大学士兼国子祭酒后,设立国子学,教授蒙古贵族子弟及汉人门生等。他在教学中引证设譬,重在理解,欲其践行而不贵徒说。为使蒙古生学习算术,取唐尧至宋代世次年数编为《编年歌括》,命诸生加减之。因此,他不仅是精通理学易经之名儒,而且在教学行事中注重实践,并掌握运算之法。在修历之初,就认为"冬至者历之本,而求历本者在验气。今所用宋旧仪,自汴至京师已自乖舛,加之岁久,规环不叶"①。故当郭守敬提出"历之本在于测验,而测验之器莫先仪表"时②,就大力加以支持。郭守敬在前朝天文仪表的基础上,吸收回回天文仪表的优点,创制和改进了简仪、仰仪、高表、候极仪、浑天象、玲珑仪等近 20 种新天文仪器。乃由其主持并亲自参加全国规模的天文观测工作,还挑选 14 名监候官,分道相继而出,"东到高丽,西极滇池,南逾朱崖,北尽铁勒"③,进行四海测验。共在全国建立27 个观测台、站,而北方先后设有上都天文台、大都天文台。郭守敬等运用许多改进或创制的天文仪器,进行大量精密天文观测,为历法的推算取得宝贵数据。史称:"公所为历,测验既精,设法详备,行几十年,未尝一有先后天之差,去积年日法之拘,无写分换母之陋。"④

这里还要提及一点的是,许衡为人谦和,"其言煦煦",以名儒长者之身份,参预修新历的工作,其与上司同事之关系甚为融洽。许衡与"总其事"的张文谦

①　《元史》卷一五八,《许衡传》。
②　《元史》卷一六四,《郭守敬传》。
③　《元史》卷四八,《天文志一》。
④　苏天爵编:《元朝名臣事略》卷九,《太史郭公》。

交谊甚笃,张文谦在朝廷上始终支持许衡进其言,行其道。许衡与王恂早有交往,王恂随真金(裕宗)抚军称海时,就以自己所教诸生师从许衡继续学习。许衡在太史局(院)期间,只是在推明历理方面尽己所能,从总的方面进行把握,而不干涉王恂所掌管的行政事务。他对郭守敬的才华和成就也是赞赏有加。每谈及郭守敬,辄以手加额说:"天佑我元,似此人世岂易得?"①良好的人际关系,也是他在修制新历工作中能发挥主导作用之不可或缺的因素。

第三,许衡与王恂、郭守敬共著《授时历经》,分步气朔、步发敛、步日躔、步月离、步中星、步交会、步五星七部分加以叙述②。从而,使《授时历》修订过程中所取得之天文学、数学等方面成就,得以彰显后世。

《授时历》应用弧矢割圆术来处理黄经、黄纬与赤经、赤纬之间换算,并用招差法推算太阳、月球和行星的运行度数。以 365.2425 日为一年,29.53593 日为一月。一年的 1/24 为一气,没有中气的月份为闰月。正式废除"上元积年",而截取近代任意一年为"历元"。许衡等改用至元十八年天正冬至(实于十七年内)为主要起算点,其他各种天文周期的"历元",均算出与该冬至时刻的差距,称为相关的"应",《授时历》提出气、转、闰、交、周、合、历等七应,由此形成一个天文常数系统。其所定数据全凭实测,使《授时历》的编制有了可靠的依据,对后世产生很大影响。

《授时历》的编订,开创了中国天文历法的新纪元。清人阮元在《畴人传·郭守敬》中说:"施行于世垂四百年,可谓集古法之大成,为将来之典要者矣。自三统以来。为术者七十余家,莫之伦比也。"③它不仅是中国流行时间最长之一部历法(若将明《大统历》与《授时历》视为一种,历时 363 年,即 1281~1644年),而且为朝鲜、日本等国所采用,影响范围相当广泛。这其中凝聚着许衡晚年之心血,其功不可没。往昔一谈及《授时历》成就常归于郭守敬,而忽视许衡、王恂等人在修历中之作用。今撰此小文,权当补阙。

(作者单位:中国社会科学院民族学与人类学研究所)

---

① 《元朝名臣事略》卷九,《太史郭公》。
② 详见《元史》卷五四、五五,《历志》三、四,《授时历经》上下。另参见《元史》卷五二、五三,《历志》一、二,李谦:《授时历议》。
③ 阮元:《畴人传》卷二五,《元·郭守敬》,北京商务印书馆 1955 年版。

二程洛学与许衡实学思想及其实践

杨翰卿

一

　　许衡的实学思想,源于二程洛学。在中原文化中,首先明确标举"实学"的,当属北宋二程。如果按照实学即"实体达用"之学且始于北宋的观点,那么二程洛学中的实学内容则是北宋实学思想的重要组成部分。二程的实学思想是从对经的态度开始言明的,即"治经,实学也"。"如《中庸》一卷书,自至理便推之于事。如国家有九经,及历代圣人之迹,莫非实学也。"[1]二程认为,儒家经典是历代圣人实迹的记载,圣人之道载于经,也就是说"道之在经","经以载道"。于是,治经就应当"明道"、"求道",也即明理、穷理。由此,二程进一步对道(理)、性、知、事等问题加以推究,形成了他们的实理论、实性论、真知论、经世论等庞大的理论体系。反过来说,他们所建立的实理论、实性论、真知论、经世论又为其"治经实学"提供了理论支持。二程治经明道、"由经穷理"的目的全在于"致用",即"穷经,将以致用也。如诵《诗》三百,授之以政不达,使之四方不能专对,虽多亦奚以为? 今世之号为穷经者,果能达于政事专对之间乎? 则其所谓穷经者,章句之末耳,此学者之大患也"[2]。强调穷经明理是为了将圣人之道运用于政事专对之间,而不是为穷经而穷经。这样,二程就把整个学问之道奠立在了"政事专对"的实事实用基础上,这种所为之学也便成为了"实学"。

---

① 《二程集》(第1册),中华书局1981年版。
② 《二程集》(第1册),中华书局1981年版。

　　从二程所建立的理论体系来看,无疑是理学(因为他们以"理"为最高哲学范畴,围绕"理"而展开和形成了他们的全部思想理论)。从二程为学的主要过程来看,应该说是经学。程颐在《明道先生行状》中说得很明确:"先生之学,自十五六时,闻汝南周茂叔论道,遂厌科举之业,慨然有求道之志,未知其要,泛滥于诸家,出入于老、释者几十年,返求诸六经而后得之"①。从二程致思的最终指向和所标举的旗帜来说,是为实学。理学、经学、实学,完全是统一的。经学是二程为学的主要形式,是表;理学是为学的内容,是里;实学是为学的目的,是实。因此,实学在二程洛学中具有实质性地位。

　　北宋二程洛学的实学思想及其精神,产生了广泛深远的影响。元代许衡是受影响较大且成就突出的代表之一。史称许衡是"自得伊洛之学"。《元史·许衡传》载:许衡"往来河、洛间,从柳城姚枢得伊洛程氏及新安朱氏书,益大有得"②。欧阳玄在《神道碑》中评价许衡说:"其为学也,以明体达用为主。"许衡学宗程朱,发扬理学思想,坚持理本论,长于辩证思维,重视道德践履之学,强调治心之术的重要,这是许衡理学思想的主要特点。就是说,许衡之学明体(即明理)在于达用,达用是明体的宗旨。特别是在达用方面,许衡具有很高的成就,发扬发展了二程洛学中的实学思想和精神,表现出典型的践行实学精神的风格。

二

　　许衡(1209～1281),字仲平,号鲁斋,河内(今河南沁阳)人。许衡的一生,既有从政的实践,又有讲学著述的经历,还有科技方面的活动和成就,是元代一位重要的思想家、著名的理学家、杰出的教育家和有成就的历法家。

　　首先,在许衡的政治实践中,致力于"行汉法"是其"明体达用"实学思想的突出体现。所谓行汉法,是指许衡力谏元王朝政权蒙古族贵族统治者采用中国古代的礼乐典章、文物制度,即以儒家官僚政治为主的中原政治制度。许衡从忽必烈出王秦中,到作为元世祖即帝位之后,多次被征召委任。他利用向忽必烈上

---

① 《二程集》(第2册),中华书局1981年版。
② 《元史》卷一五八《许衡传》。

疏的机会,阐明"行汉法"的必要性和具体内容及措施方法。指出"考之前代,北方之有中夏者,必行汉法乃可长久。故后魏、辽、金历年最多,他不能者,皆乱亡相继,史册具载,昭然可考"。因此,"以是论之,国家之当行汉法无疑也。"只要元统治者"苟能渐之摩之,待以岁月,心坚而确,事易而常,未有不可变者。"并且"尊信而坚守之,不杂小人,不责近效,不恤流言,则致治之功庶几可成矣"①。许衡如此事元,是由于他长期受儒家思想熏染的结果,也是儒家思想积极入世精神的必然要求,是二程洛学"穷经致用"实学思想的具体运用。在民族关系上,儒家的理论发展中有夷夏之辨、夷夏之防、用夏变夷、夷夏相互转化等思想。许衡"行汉法"的政治主张,蕴涵着用夏变夷、夷夏相互转化等以文化意识为基础的观念。而元代政权是蒙古族贵族建立的以武力征服和经济掠夺为特征的、文化落后的国家机器,也是不争的事实。许衡没有"谨夷夏之防",相应地采取了"见在夷狄,便行那夷狄所当为之事"②的态度,实际上是一种正视现实,积极地用中原先进的儒家文化规范、提升元代王权政治文化的表现。许衡的这种表现,也是儒家积极入世精神的实际践履。并且,他没有固守儒家思想理论中比较消极的成分,而是选择其相对积极的思想理论内容加以推行,这样的明儒家思想理论文化之体以达用的实学精神,是具有一定深刻价值同时在现代也富有启迪意义的。

其次,许衡具有"为学治生"和"适用"的务实精神。许衡在论述本末关系时曾说:"莫非惇本抑末以谨厚笃实为勤。则尚慕古人敦本抑末实学为己任。"③许衡所谓"本",当然是指仁德之本;"末"即货财工商。"惇本抑末"是儒家历来崇尚的重伦理轻经济的思想。不过,许衡虽然视儒家"惇本抑末"之说为实学,但却有所损益,就是认为发展生产增殖财货,满足国用,是很必要的。为此,许衡提出不误"农务",使百姓"安逸富足,乐于生业",具有重视农业生产的思想。这里也可以看出许衡受二程思想和行为的影响。程颢一生多从事政治活动,在《论十事札子》中,曾提出"正经界,制民产,以抑兼并"的建议,有过治黄堵口、兴修水利、赈济灾民等政绩。门人刘立之评价程颢"抱经济大器,有开物成务之才"。二程经世济民的意识是很突出的。受此影响,许衡不仅以"勤力务农"为根本,

---

① 《元史》卷一五八《许衡传》。
② 《鲁斋遗书》卷五。
③ 《鲁斋遗书》卷八。

为政也同样具有很强的"农桑教化"意识。他在上疏所陈《时务五事》中之一事就是"农桑学校",提出了他的生财和养人之善问题,在当时是切中要害,并具有重要意义的。不仅如此,许衡在"为学"和"治生"的关系上,还提出了"为学者治生最为先务"的思想。"治生"就是谋生计,进一步说是指"以务农为生",即搞农业。至于商贾,许衡认为,"商贾虽为逐末",但如果"处之不失义理,或以姑济一时"①,也并不是不可为的。这就表明,许衡"为学以治生为先务"的思想,把"治生"提到了前提和基础的地位,如果没有一定的生计保证,为学或教育就搞不下去。而且,为了"治生",为学者可以去搞农业,甚至也可以去经商。许衡还提出博古知今,当用于时,即"学古适用,随时中理"等思想。指出"夫人患不博古,而博古者或滞于形迹而不可用于时;人患不知今,而知今者或徇于苟简而有害乎道。……惟学古适用,随时中理、其庶几乎"。还指出:"夫人之学,贵于师古,师古者或滞于形迹而不适于用也;贵于随时,而随时者或徇于苟简而不中于理也,二者其可谓善学乎,惟师古适用随时中理然后可与论学。"②许衡这一思想,既考虑到对传统文化的继承问题,即"学古"、"师古";又考虑到继承传统文化必须从现实需要出发,即"随时"。这种立足现实,强调学古适用和"随时",既是许衡实学思想和精神的又一重要体现,也是一种可贵的务实精神。当然,其所强调的"中理",所中之"理",无非主要是儒家纲常名教、伦理道德之理,而且这一思想原则也是不正确的。进一步说,尽管许衡强调践履笃实,主张为学应以治生、适用为目的,是为安定当时的社会秩序服务的,而这种学用一致的思想和务实精神,却是有合理性和值得肯定的。

再次,许衡还具有教育和科技的"达用"作为。许衡一生多半从事教育,是元代的一位大教育家。许衡的教育理论和实践可以归结为:第一,"明人伦"、"为国用"的教育理念;第二,程朱理学为主兼及科学知识的教学内容;第三,因材施教、循序渐进和学以致用的教学方法。这三方面构成为许衡完整的教育思想体系和教学实践模式。表明许衡教育思想明确,教育内容为其教育理念服务,教学方法行之有效的特点。值得指出的是,许衡乐于教育,愿以教育为国尽力的

①　《宋元学案》(第 4 册),中华书局 1981 年版。
②　《鲁斋遗书》卷八。

精神。在元帝欲办太学，令许衡为国子监祭酒时，"衡闻命，喜曰：此吾事也。国人子大朴未散，视听专一，若置之善类中涵养数年，将必为国用"①。许衡认为，设学校办教育是要"养育人才，以济天下之用"，即为国家培养有用的人才，显然这是一种非常可贵的思想。许衡还实际贯彻孔子"有教无类"的思想，在教育对象上不论是汉族还是蒙古族学生，均"待之如成人，爱之如子"，以致"无贵贱贤不肖皆乐从之，随其才昏明大小皆有所得，可以为世用"②。许衡此举，体现了民族平等、民族融合的思想，比较儒家所坚持的"夷夏之辨"思想，具有积极、进步的意义。不过，许衡的教育内容基本上专注程朱理学，这种倾向，在以后的明代教育中进一步得到了加强，对于我国封建社会中后期教育本就轻视科学技术知识传授，造成我国明代中期以后科技落后，一定意义上，许衡也难辞其咎。

许衡在科技方面的作为，突出成就是对天文历法的巨大贡献。据资料记载，许衡既明历理又通历数，是一位难得的天文历法专家。元至元十三年（1276），许衡被朝廷任命为集贤大学士兼国子祭酒，教领太史院事，担任元王朝制订历法的总负责人。许衡被委以此任后，十分重视该项事业。他运筹帷幄，与郭守敬、王恂等人致力于历法编制，前后历时四年，兢兢业业。一是创制天文仪器，包括简仪、仰仪、圭表、景符、阙几，这些仪器"皆臻于精妙，卓见绝识，盖有古人所未及者"③。二是天文观测活动。史载，他们先后在全国各地修建了 27 所天文观测台，进行实际观测，取得实测数据，并用当时最先进的数学方法进行精密计算。三是开展天文研究活动。许衡、郭守敬等在通过观测活动获得第一手材料的基础上，参考历代天文历法，总结前人经验教训，"正讹完缺"，不附会前人，使研究活动取得巨大的新成果。经过努力，最后编出新历法，赐名《授时历》。《授时历》是一部精确度很高的历法。它所确定的一回归年的长度为 365.2425 天，比地球绕太阳一周的实际时间只差 26 秒，与西方制定的格里高利历（即现行公历）相同，但时间却早于西方 300 年。《授时历》的制订，是我国历法史上又一次重大改革。许衡、郭守敬等在研制这一历法过程中，所用数据，全凭实测，"视古皆密"，具有突出的求真务实、实事求是的科学精神。

---

① 《元史》卷一五八《许衡传》。
② 《元史》卷一五八《许衡传》。
③ 《元史·卷四十八·天文志》。

三

许衡继承了北宋以来明体达用的实学精神,发扬了二程洛学中的实学思想,特别是在教育、科技方面取得了突出成就,具有开风气而使学术转向重实用、实践、实功的历史作用,是中原文化由二程洛学到明清实学思潮转向的承前启后之重要环节。

由于我国元代的存续时间相对较短,并且元代的政治、经济又是在异于汉唐两宋的、缺乏丰富积累的传统文化的轨道上运行的,这就使得元代学术思想没有精力和资源作出光辉的创造,在这样的历史条件下,作为元代儒臣的许衡虽"为学以明体达用为主",其实,许衡的"达用"作为是明显高过于他的"明体"成就的。正因为此,倒是成就了许衡在理学笼罩下从儒学中发掘出实学的新的理论方向的造诣,并且在明清实学思潮中将这一理论方向得到了进一步的彰显。

从我国社会和学术思潮的演进来看,明清时期,随着社会历史条件的变化和学术自身的发展,宋明理学越来越暴露出或蜕变为流于空疏玄谈、昧于经世实务的弊端,因此其衰微之势也就不可避免了,代之而起的是明清实学思潮的兴盛及对宋明理学的批判。宋明理学向明清实学思潮的转变,表现在中原文化中同样是非常明显的。就二程洛学中的实学思想来说,其特点同样在于"明体"为主、"达用"为辅,因为其学毕竟以性命义理为主旨,他们亦有"经世济物"的价值取向和主观努力,但真正的落实和发扬光大这种精神,却是有赖于后来者的。元代许衡具有这种突出的过渡性质。到明清时期,中原即涌现出一批具有许衡这种特点的思想家、政治家。经过他们高扬实学精神的努力,逐渐地把实学转变成为了经世实学。中原明清这批思想家、政治家,主要代表人物有曹端、薛瑄、何瑭、王廷相、崔铣、高拱、吕坤、杨东明、孙奇逢、汤斌等,另外还有在科学上具有突出成就的朱载堉。他们为中原文化实学精神在明清的高扬和鼎盛,分别做出了不同的贡献。

从直接影响来说,明中期思想家何瑭受许衡影响是较大的。据记载,何瑭青年时代读许衡、薛瑄著书,闻许文正、薛文清一言一行或得其遗书则欣然忘寝食,并提出"二先生世未远而居甚近,不知师学其谓何!"表明何瑭心仪许衡、薛瑄之学。特别是何瑭充分肯定了许衡尽心事元所表现出来的积极的夷夏观念,更见其受许衡思想的浸润。何瑭认为:"中夏夷狄之名,不系其地与其类,惟其道而已矣。故春秋之法,中国而用夷礼则夷之,而夷进于中国,则中国之不容心焉。舜生于东夷,文王生于西夷,公刘古公之俦,皆生于戎狄,后世称圣贤焉,岂问其地与其类哉?元之君,虽未可与古圣贤并论,然敬天勤民,用贤图治,盖亦骎骎乎中国之道矣。夷狄之俗,以攻伐刹戮为贤,其为生民之害大矣。苟有可转移其俗,使生民不至于鱼肉糜烂者,仁人君子尚当尽心焉。况元主知尊礼,公而以行道,济时望之,公亦安忍,犹以夷狄外之,固执而不仕哉?"①何瑭此论,不以"其地与其类"而"惟其道"来看待元朝蒙古族统治者,消弥了儒家"谨夷夏之防"的消极观念,称道了许衡在元代主张"行汉法"的政治实践和以儒学六艺教习蒙古贵族弟子的教育实践,这是从历史实际出发并透射着务实精神的,对于促进民族团结和文化融合具有进步的意义,不失为元代许衡从二程洛学中凸显儒学实用方向和明道致用精神的一种回响。

　　　　　　　　　　(作者单位:中共河南省委党校中国文化研究所)

---

① 何瑭:《河内祠堂记,鲁斋遗书》卷一四。

西山城址与河洛文明

马世之

西山遗址位于河南省郑州市北郊 23 公里处的惠济区古荥镇孙庄西,距离黄河约 4 公里,北依西山,为自河洛交汇处延伸而来的邙岭余脉,山岭在遗址东侧戛然而止,恰似黄河中下游之交的脊轴;南面有一条季节性河流——枯河,整个遗址坐落在枯河北岸二级阶地南缘,正是延绵不绝的豫西丘陵与东南一望无垠的黄淮平原的交点。该遗址南北长 350 余米,东西宽 300 余米,总面积 10 余万平方米。1993~1996 年,国家文物考古领队培训班在此进行考古发掘,于遗址中部偏东处发现一座仰韶时代晚期城址。

西山城址平面近似圆形,直径约 180 米,推测城内面积原有25 000余平方米。因枯河冲刷及山坡流水侵蚀,城址南部已被破坏。现存面积占原城址的五分之四,即 19 000 余平方米。如果将城垣及城壕(不包括外围壕沟)的范围也计算进去,则面积可达 34 500 平方米。

关于西山城址的年代,发掘者根据地层叠压、打破关系及出土遗物的类型学研究,将其确定为仰韶文化晚期(秦王寨或曰大河村类型时期)。根据碳十四测定的数据,其年代约在距今 5 450~4 970±70 年间,是目前所知年代最早的一处版筑夯土城址[①]。

西山城址所处的历史阶段及其性质,学术界大都主张它是五帝时代诸多氏

[①]   a. 张玉石、杨肇清:《新石器时代考古获重大发现:郑州西山仰韶时代晚期遗址面世》,《中国文物报》1995 年 9 月 10 日。

　　b. 国家文物局考古领队培训班:《郑州西山仰韶时代城址的发掘》,《文物》1999 年第 7 期。

族部落的中心。许顺湛先生认为它是黄帝时代晚期有熊国的国都。他说："郑州古城属于秦工寨类型（即大河村类型）……如果把秦王寨类型的仰韶遗址分布结合文献来分析，西山古城应属于黄帝城。《史纪·五帝本纪》说：'黄帝者，少典之子，姓公孙，名轩辕。'《集解》引徐广曰：黄帝'号有熊'。引谯周曰：黄帝是'有熊国君，少典之子也'。有熊国地望何在？《集解》引皇甫谧曰：'有熊，今河南新郑县也。'《帝王世纪辑存》说：'新郑，古有熊国，黄帝之所都。受国于有熊，居轩辕之丘，故因以为名，又以为号。'《路史·后纪五》注：'[黄帝]有圣德，授国于有熊，郑也。'由此可知：第一，黄帝是有熊国君少典之子；第二，黄帝都有熊；第三，黄帝所都的有熊其地望在新郑。从秦王寨类型遗址分布来看，有熊国的地域并不局限于新郑，它至少应包括密县、郑州和荥阳等地，均可称为有熊国。在有熊国所辖的区域内（即秦王寨类型分布区）其文化遗址应属于有熊国文化，当时的氏族部落应属于有熊国的组成部分，在西山发现的古城只能是有熊国的城，如果别处没有第二座城的发现，西山古城必是有熊国国都。黄帝都有熊，是有熊国君，因此把西山古城称为'黄帝城'是无可非议的。"[①]韩建业则认为西山古城应是祝融之城，他说："秦王寨类型曾被推测为属于祝融部落，那么西山古城就应当是这个部落的一个重要据点。……正是祝融族的西渐导致了秦王寨类型的形成和西山古城的兴建，随着祝融族的衰弱和西方华夏集团势力的东进，西山古城遭到废弃。"[②]据文献记载，祝融时代较晚，西山古城的兴衰似与祝融无关。黄帝为华夏集团的首领，长期活动于中原地区。《史记·五帝本纪》载："黄帝者，少典之子，姓公孙，名轩辕。"轩辕丘在今河南新郑市境。黄帝为有熊国君，《集解》引皇甫谧曰："有熊，今河南新郑是也。"《史记·封禅书》载："黄帝采首山铜，铸鼎于荆山下。鼎既成，有龙垂胡髯下迎黄帝。黄帝上骑，群臣后宫从上者七十余人，龙乃上去。余小臣不得上，乃悉持龙髯，龙髯拔，堕，堕黄帝之弓。百姓仰望黄帝既上天，乃抱其弓与胡髯号，故后世因名其处曰鼎湖，其弓曰乌号。"荆山、鼎湖在今河南灵宝市阳平镇之铸鼎原。黄帝故里、都城与升仙处，均在郑州至灵宝沿黄河一线。黄帝作为族名，经历过较长的历史阶段，西山古城正

---

① 许顺湛：《郑州西山发现黄帝时代古城》，《中原文物报》1995 年 11 月 12 日。
② 韩建业：《西山古城兴废缘由试探》，《中原文物》1996 年第 3 期。

处于黄帝的活动地域之内,我们虽不敢肯定西山古城就是有熊国都,但筑城于公元前3500年,时间上却与黄帝之世吻合,因而很可能是黄帝族所筑之城。《史记·封禅书》谓:"黄帝时,为五城十二楼。"《事物纪原》引《黄帝内传》说:"帝既杀蚩尤,因之筑城阙。"又引《轩辕本纪》云:"黄帝筑邑造五城。"《汉书·郊祀志》载:"黄帝为五城十二楼。"《淮南子·原道训》云:"黄帝始立城邑以居。"《汉唐地理书钞》辑《河图括地象》曰:"昆仑之墟,西有五城十二楼。"李白《经乱离后天恩流夜郎忆旧游书怀赠江夏韦太守良案》诗:"天上白玉京,五城十二楼。"可见黄帝之世已经掌握了筑城技术。传说中的黄帝城在河北涿鹿与河南新郑。据1994年新编《涿鹿县志》载,该县的黄帝遗迹有轩辕城。清乾隆四十一年(1776)《新郑县志》载:"世俗或以为黄帝城,谓之上古筑城,每依山水为固,故垣墉不必尽周。"清人马平泉《登新郑凤凰台》诗:"见说凤凰曾此游,而今凤去迹还留。松盘岭际千重老,山走云端数点浮。郑相祠荒生碧草,轩黄城断牧黄牛。含情欲问台前水,溱洧不言空自流。"迄今为止,涿鹿与新郑境内均未发现与黄帝时代相当的城址,郑州西山古城的发现,填补了历史空白,印证出黄帝筑城造邑的史实。不过西山古城延续了大约600年的时间,其晚期阶段在黄帝族衰落之际,也有可能成为颛顼族的中心。史称颛顼为昌意之"子"、黄帝之"孙",表明其氏族部落之间可能存在着一定的血缘关系。再说公元前二千八九百年间,已属颛顼之世,秦王寨类型在某些方面又带有颛顼文化的烙印①。因而可以说西山古城兴于黄帝,衰于颛顼。

从考古发现来看,河洛地区发现的早期城址甚多,仅以史前古城而论,就有山西襄汾陶寺、河南郑州西山、濮阳高城、安阳后岗、辉县孟庄、淮阳平粮台、登封王城岗、新密古城寨、郾城(今漯河市郾城区)郝家台等9座,除郑州西山为仰韶文化晚期城址外,其余均为龙山文化城址。相比之下以西山城址时代最早,堪称"河洛第一城",在河洛文明的形成与发展中,占有特殊重要的地位。

"文明"一词,在中国古典文献中,最早见于《易经·乾卦·文言》:"见龙在田,天下文明。"孔颖达疏云:"天下文明者,阳气在田,始生万物,故天下有文章而光明也。"在这里,文明含有文采光明、文德辉耀的意义。从社会发展水准而

---

① 马世之:《中原楚文化研究》,第16~21页,湖北教育出版社1995年版。

言,"天下文明"已臻文化上升、社会进步的境界。现代汉语中"文明"一词,是对英文 civilization 的翻译,该词源于拉丁文 Civis(市民),并派生出 Civitas(城邦)和 Civititas(市民资格),其原意与城市有关。以后大都用它来指人类社会的进步状态,即由氏族解体而进入了国家组织的阶级社会阶段。

关于文明的形成及其文化载体,历来就有多种说法。摩尔根认为,文明时代"始于标音字母的发明及文字的使用"①。恩格斯主张由于文字的发明及其应用于文献记录而过渡到文明时代②。英国著名考古学家柴尔德认为人类文明的出现,是城市革命的结果,城市的出现是文明时代的开始③。美国人类学家克拉克洪认为,不论任何文化,只要具备下列三项中的两项,就是一个古代文明。这三项标准是:(1)有高墙围绕的城市;(2)文字;(3)复杂的礼仪中心④。美国哈佛大学教授张光直认为,初期文明的一般标志是:青铜冶金术、文字、城市、国家组织、宫殿建筑、庙宇文化以及巨型建筑⑤。夏鼐先生认为文明"具有都市、文字和青铜三个要素"⑥。安志敏先生说:"大抵以城市、文字、金属器和礼仪性建筑等要素的出现,作为文明的具体标志。"⑦从考古发现来看,城址是文明形成最重要的标志。刘庆柱先生指出:"'国家'是'古代文明形成的概括',从考古学研究讲,最早'国家'的物化形式或载体学术界有多种多样的说法,如'城市'、'文字'、'金属器'、'礼器'、'王陵'等等。上述种种物化形式或载体,如'文字'、'金属器'、'礼器'、'王陵'等很难界定,而最早国家机器的物化形式与载体以'城'最具代表性。……它是国家政治统治中心,军事指挥中心、社会与经济管理中心。它们遗留下来的物质载体是宫殿、宗庙、官署及其相关遗物等。"⑧考察河洛文明的形成与发展,应以早期城址为切入点。

在已发现的河洛早期城址中,陶寺城址被认为"是史前城址发展的顶峰,乃

---

① 摩尔根:《古代社会》,第 12 页,三联书店 1957 年版。
② 恩格斯:《家庭、私有制和国家起源》,第 23 页,人民出版社 1972 年版。
③ 柴尔德:《远古文化史》,第 131～168 页,群联出版社 1954 年版。
④ 转引自陈星灿:《文明诸因素的起源与文明时代》,《考古》1997 年第 5 期。
⑤ 张光直:《古代中国及在人类学上的意义》,《史前研究》1985 年第 2 期。
⑥ 夏鼐:《中国文明起源》,第 92 页,文物出版社 1985 年版。
⑦ 安志敏:《试论文明的起源》,《考古》1987 年第 5 期。
⑧ 刘庆柱:《考古学文化与中原地区的古代文明形成》,载《华夏文明的形成与发展——河南省文物考古研究所建所五十周年庆祝会暨华夏文明的形成与发展学术讨论会论文集》,大象出版社 2003 年版。

夏商都城模式的初始,是中国早期城市化一道重要的门槛,我们认为陶寺城址已具备早期城市的雏形"①。

除陶寺外,古城寨城址也跨过了中国早期城市化的门槛。古城寨城址内东北部发现的由一号房址和四号房址所组成的宫殿建筑群,在早期城址中是极其罕见的。"宫殿基址的发现,不仅为商代宫殿区位于城东北的布局开了先例,也为夏代二里头宫殿基址的来源提供了依据,使古城寨城址成为夏文化发展和建筑艺术传承的桥梁。"②

平粮台城址,已经具备了早期城市的基本要素。"它应是政治中心,因而有较高级的房屋,有规整的市政建设;它也可能是经济中心和宗教中心,因而才有炼铜(这是当时最先进的手工业)和烧制陶器的遗迹,以及宰杀大牲畜祭奠的遗迹。"③

河洛地区早期的筑城高潮,发端于西山仰韶文化晚期城址。西山城址除城垣外,还环绕着两道城壕,建立起多重防御体系,这在早期城邑中是少见的;城垣的建造,采用了夯打、版筑和挖槽筑基等多种方法,表现出其建筑技术的进步;西城门北侧城垣上可能有望楼一类的建筑;城内有面积百余平方米的大型夯土建筑基址(F84);凡此种种,表明西山城址已经不是带围墙的原始村落。杨肇清先生认为"郑州西山仰韶文化古城的发现,将中国始建城市的年代提前到距今5300年"④。任式楠、吴耀利先生说:"郑州西山仰韶晚期遗址为研究城市起源提供了重要的新证据。"⑤从西山城址的发现,到陶寺、古城寨与平粮台等古城的兴起,其间经历了漫长的历史阶段,从其规模和功能规划等方面相比,西山城址显得更加原始一些,不过从城市起源发展的历程考察,西山城址似可划入"雏形城市"之列。

同西山城址密切相关的,是当时河洛地区已经出现了原始文字。在陕西西

① 何驽:《陶寺:中国早期城市化的重要里程碑》,《中国文物报》2004 年 9 月 3 日。

② 蔡全法:《新密古城寨城址在文明探源中研究的地位》,载《华夏文明的形成与发展——河南省文物考古研究所建所五十周年庆祝会暨华夏文明的形成与发展学术研讨会论文集》,大象出版社2003 年版。

③ 白寿彝总主编:《中国通史》第 2 卷,第 321 页,上海人民出版社 1994 年版。

④ 杨肇清:《谈河南郑州西山发现仰韶文化古城及其重要意义》,载《史前研究——西安半坡博物馆成立四十周年纪念文集》,三秦出版社 1998 年版。

⑤ 任式楠、吴耀利:《中国新石器时代考古五十年》,《考古》1999 年第 9 期。

安半坡、临潼姜寨、长安五楼、河南灵宝北阳平及西坡等仰韶文化遗址内出土的陶器上,发现有数十种刻画符号,大都刻在陶钵外面的口沿上。其中有的符号似可释为"一"、"五"、"七"、"八"、"十"、"玉"、"巾"、"示"、"爪"、"羊"、"阜"、"矢"等字。

此外,1999年灵宝西坡仰韶文化遗址灵阳公路旁边的灰坑中,发现一块火烧过的铜矿石,大小约4厘米×6厘米。1998年5~10月,在对荆山黄帝遗迹进行调查过程中,于海拔1980米的具茨山发现古代采铜矿遗址一处,洞高6米,宽5米,进深17米,洞口及其周围发现有砍砸器、敲砸器和高品位的铜矿石及用柴炭烧结的铜矿石块。这表明当时可能已经发现了冶铜技术。

关于礼仪性建筑,在灵宝铸鼎原奎星楼基址附近,发现一环形灰沟,宽1.5米~2米,深约2米,沟内有30厘米~50厘米黑色灰土和仰韶文化庙底沟类型的陶片。这里曾出土过大型石铲。因而被认为是远古时代的"燔祭"遗迹。铸鼎原对面8公里处的轩辕台,相对垂直高度约120米,状如截顶金字塔。台上南北各有一座残破的夯土台基,均用红、黄、褐、灰、白五色土夯筑而成。因而不少学者都认为轩辕台就是古代河洛地区的祭祀遗迹。

综上所述,河洛地区在距今5000年前的仰韶文化晚期,不仅发现了西山城址,而且有了文字、铸铜和礼仪性建筑,种种迹象表明,以西城址为重要标志的河洛文明已经形成。

(作者单位:河南省社会科学院)

从《洛阳伽蓝记》看北魏洛阳城市园林

（韩国）金大珍

在中国园林发展史上，南北朝是一个转折时期。总的说来，在艺术表现、类型、功能等方面都有重大变化。就造园艺术而言，受同一时期兴起的山水诗、画影响，园林注入写意的成分，以概括、提炼的写意手法表现自然，体现自然山峦的形态和神韵，从而达到"有若自然"的效果，这种写意手法的出现代表着古代园林向古典园林的转折。这一时期佛教兴盛，寺院园林涌现；同时，私家也热衷于建设园林式的宅院，这样，古典园林的四大类型，即皇家园林、私人园林、寺观园林、山林名胜在这一时期也已具备。这一时期所建皇家园林，如洛阳、建康华林园等御苑，其功能由秦汉以前的游猎型转变为以游乐为主，而寺院园林与私人园林的游乐性功能更加突出。

北魏洛阳城与南朝建康城为南北朝时期两大园林中心。凭借《洛阳伽蓝记》我们可以比较全面深入地研究洛阳城的园林情况，这一工作对于研究北魏洛阳时代的园林发展和洛阳社会生活，以及中国古典园林史的研究都是有意义的。下面我们将就北魏洛阳城市园林分布、覆盖率与绿化效果、社会功能以及历史地位展开讨论。

1. 洛阳城绿化与园林分布

按照《洛阳伽蓝记》的城市分区展示每个园林景点：

城内：宫城之内西游园。皇家园囿，位于宫城西边南数第二门千秋门内道北。

宫城以南永宁寺。位于宫城南门阊阖门外一里御道西。根据考古勘探资料，永宁寺呈南北向长方形，南北长305米，东西宽215米，占地面积65 575平方米。永宁寺内僧房楼观1 000余间，其间"栝柏椿松，扶疏檐溜，翠竹香草，布护阶墀"。寺外是"皆树以青槐，亘以绿水。京邑行人，多庇其下，路断飞尘……清风送凉。"

宫城以南景乐寺。位于宫门南门阊阖门外御道东，与永宁寺隔路相对。景乐寺"堂屋周环，曲房连接"，可想其规模不为小。堂屋、曲房之间有"轻条拂户，花蕊被庭"。

宫城以南义井里。位于景乐寺正北，义井里北门外"有丛树数株，枝条繁茂。下有甘井一所，石槽铁罐，供给行人，饮水庇阴，多有憩者。"

宫城西南建中寺。位于皇城西边南数第二门西阳门内御道北延年里内有，本为宦官刘腾宅，占地一个里坊，"屋宇奢侈，梁栋逾制，一里之间，廊庑充溢"。内有凉风堂，为刘腾避暑处，"凄凉常冷，经夏无蝇，有万年千岁之树也"。

宫城以西瑶光寺。位于皇城西边南数第三门阊阖门内御道北，也即宫城千秋门外二里处御道北。瑶光寺为世宗宣武帝所立，五级佛图可与永宁寺比美，而有"讲殿尼房五百余间"，可以推测其规模大致比永宁寺为小。此五百余间讲殿尼房"绮疏连亘，户牖相通，珍木香草，不可胜言。牛筋狗骨之木，鸡头鸭脚之草，亦悉备焉"。

宫城东南昭仪尼寺。位于皇城东边中门东阳门内一里御道南。寺内堂前有"酒树面木"；又有水池一处，京师学徒初谓之翟泉，隐士赵逸称之为"石崇家池"。

宫城东南愿会寺。位于昭仪寺南。佛堂前有奇异桑树："直上五尺，枝条横绕，柯叶旁布，形如羽盖。复高五尺，又然。凡为五重。"

宫城东南永和里园林区。位于昭仪寺南，相隔宜寿里，里内居住太傅录尚书[事]长孙稚等六宅，"皆高门华屋，斋馆敞丽。秋槐荫途，桐杨夹植"。

宫城东南景林寺，位于皇城南边最东门内御道东，在永和里之西南方向。寺内"讲殿叠起，房庑连属。丹槛悬日，绣角迎风"，寺西部有果园，"多饶奇果。春鸟秋蝉，鸣声相续"；果园中内有一小巧而构架奇巧的祗洹精舍，这个小巧建筑深藏草木之间，如同处在岩谷，所谓"禅阁虚静，隐室凝邃，嘉树夹牖，芳杜匝阶，虽云朝市，想同岩谷"。

宫城以东华林园。位于翟泉西,翟泉位于皇城东边最北门建春门内御道北。华林园为皇家园林,园内建筑丰富,山水丰饶。园内有大海,即东汉天渊池,池中存有曹魏文帝建九华台,台上有孝文帝建清凉殿,后又造钩台殿于其上。海内有世宗建蓬莱山,山上有仙人馆。殿与山之间建虹蜺阁,可以"乘虚往来"。海西又有藏冰室。海西南有景阳山,山东有羲和岭,岭上有温风室。景阳山西有姮娥峰,峰上有露寒馆。同样有飞阁相通。景阳山北有玄武池。山南有清暑殿、临涧亭、临危台。

景阳山南有大片果园,称为百果园,白果园内"果别作林,林各有堂",其中枣和桃负有盛名:"有仙人枣,长五寸,把之两头俱出,核细如针,霜降乃熟,食之甚美。""又有仙人桃,其色赤,表里照彻,得霜乃熟",成熟时间在十月。

华林园李林西有都亭,是经常的行政、娱乐场所,有流觞池,都亭东又有扶桑海。

城东。崇义里内杜子休宅,后为灵应寺。崇义里位于建春门外一里余之东石桥桥北大道以东(大道以东为绥民里,绥民里东即崇义里),宅内园中"果菜丰蔚,林木扶疏"。

秦太上君寺。位于东阳门外二里御道北之晖文里内。此寺为胡太后为母所建,规格颇高,"五层浮图一所,修刹入云,高门向街,佛事装饰,等于永宁。颂室禅堂,周流重叠"。其中"花林芳草,偏满价墀"。

正始寺。位于东阳门外一里御道南之敬义里内,园林较胜:"檐宇清净,美于丛林,众僧房前,高林对牖,青松绿柽,连枝交映。多有枳树。"

昭德里内张伦宅。昭德里位于敬义里之南。张伦任司农一职,豪侈,其宅宇、服玩、车马"逾于邦君",而其园林山池之美更是"诸王莫及"。在园中造景阳山,有若自然,"其中重岩复岭,嵌崟相属。深溪洞壑,逦迤连接。高林巨树,足使日月蔽亏;悬葛垂萝,能令风烟出入。崎岖石路,似壅而通,峥嵘涧道,盘纡复直。是以山情野兴之士,游以忘归"。天水人姜质为张伦宅作《庭山赋》,详尽描写各种景观。地势起伏跌宕则"绝岭悬坡,蹭蹬蹉跎";泉水长流则"纡徐而浪峭";花草树木繁荣则"烟花露草,霜干风枝,半耸半垂,玉叶金茎,散满阶坪。然目之绮,烈鼻之馨,既共阳春等茂,复与白雪齐清"。鸟类荟萃则"羽徒纷泊,色杂苍黄,绿头(鸭子)紫颊(鹤),好翠连芳……"

平等寺。青阳门外二里御道北之孝敬里内,"堂宇宏美,林木萧森,平台复道,独显当世"。

城南。景明寺。宣武帝所立,位于宣阳门外一里御道东,东西南北方圆五百步,占有形胜之地,规模恢弘,所谓"前望少室,却负帝城,青林垂影,绿水为文"。寺内殿堂一千余间,"复殿重房,交疏对霤,青台紫阁,浮道相通。虽外有四时,而内无寒暑。房檐之外,皆是山池。松竹兰芷,垂列阶墀,含风团露,流香吐馥"。"寺有三池,萑蒲菱藕,水物生焉。或黄甲紫鳞,出没于繁藻,或青凫白雁,沉浮于绿水。"

秦太上公二寺。位于景明寺南一里。"并门临洛水,林木扶疏,布叶垂阴。"

报德、大觉、三宝、宁远寺。位于开阳门外三里处,寺"周回有园,珍果出焉"。

龙华寺、追圣寺。位于报德寺东,二寺园林冠于洛阳诸寺,所谓"园林茂盛,莫之与争"。

四夷馆、四夷里园林区。分别位于洛河永桥以南、圜丘以北御道之东、西,并"门巷修整,阊阖填列。青槐荫陌,绿柳垂庭"。

高阳王(宅)寺。位于津阳门外三里御道西,其(宅)"匹于帝宫。白壁丹楹,窈窕连亘,飞檐反宇,輠辖周通(輠辖:纵横交错意)。……其竹林鱼池,侔于禁苑,芳草如积,珍木连阴"。

城西。冲觉寺。原为清河王元怿宅,位于西明门外,"第宅丰大,逾于高阳。西北有楼,出凌云台,俯临朝市,目极京师,……楼下有儒林馆、延贤堂,形制并如清暑殿。土山钓池,冠于当世。斜风入牖,曲沼环堂,树响飞嘤,堦丛花药"。

白马寺。位于西阳门外三里御道南,"浮图前荼林蒲萄异于余处,枝叶繁衍,子实甚大。荼林实重七斤,葡萄实伟于枣,味并殊美,冠于中京"。

宝光寺。位于西阳门外御道北。园中"果菜葱青",园中一海号为"咸池","葭葓被岸,菱荷覆水,青松翠竹,罗生其旁。"

法云寺。位于宝光寺西,隔墙并门,而"佛殿僧房,皆为胡饰",寺内"花果蔚茂,芳草蔓合,嘉木被庭"。

临淮王彧宅。位于法云寺之北,临淮王"性爱山泉",宅第花草树木自然繁盛,每至"春风扬扇,花树似锦"。

寿丘里园林区。位于洛阳大市之西、张方沟以东,南临洛水、北达邙山,其间东西二里,南北十五里,为皇宗居住区,并"崇门丰室,洞户连房,飞馆生风,重楼起雾。高台芳榭,家家而筑;花林曲池,园园而有。莫不桃李夏绿,竹柏冬青"。

大觉寺。为广平王怀舍宅所立,位于闾阖门外一里余,其环境景致比美景明寺:"北瞻邙岭,南眺洛汭,东望宫阙,西顾旗亭,禅宇显敞,实为胜地。……林池飞阁,比之景明。至于春风动树,则兰开紫叶,秋霜降草,则菊吐黄花。"

城北。风光园。位于大夏门东北,其中种植苜蓿。

凝玄寺。位于广莫门外一里御道东永平里内,原为宦官济州刺史贾璨宅,"地形高显,下临城阙,房庑精丽,竹柏成林"。

郭文远宅。位于洛阳东北闻义里内,此宅"堂宇园林,匹于邦君"。

通过以上列举发现,寺院园林在北魏洛阳城中占有最大比例。这并非因为《洛阳伽蓝记》是以记载寺院为宗旨的,而是北魏洛阳时代佛教鼎盛的表现和结果,其中原因将在后面论述。

2. 洛阳城园林覆盖率与绿化效果

关于洛阳城园林覆盖率,根据以上资料作一个初步观察:城内,即九六城,南北4.5公里,东西3公里的方圆之内,园林景点11处;皇城之外,东西南北四个城区总面积大约是东西7公里×南北3公里至约5公里,在这样一个区域之内,园林景点有37处之多。总的观察,在东西10公里,南北最大10公里的范围内,园林景点有近50处,折合成现代的度量来看,大约是在0.2平方公里的空间内就有一处园林。再把我们没有分开统计的如永和里、寿丘里、四夷里等园林区考虑进去,无疑洛阳城的园林覆盖率是相当高的。

洛阳城的绿化效果之一是舒适感。这在《洛阳伽蓝记》中有生动描写,如永宁寺外围"皆树以青槐,亘以绿水。京邑行人,多庇其下,路断飞尘……清风送凉";义井里北门外"有丛树数株,枝条繁茂。下有甘井一所,石槽铁罐,供给行人,饮水庇阴,多有憩者",又如刘腾宅的凉风堂"凄凉常冷,经夏无蝇"等资料显示洛阳城绿化为生活增添了很大的舒适度。效果之二是花团锦簇、硕果累累的丰实之美。春夏秋三季,洛阳城百花盛开。洛阳寺院皆种杂果,而华林园内景阳山上有规划整齐的百果园,我们完全可以按照今天的经验进行大胆想象,如桃、杏、梨、李、石榴等果树从春季开始陆续开花;草本植物在春季复发后有漫长的花期;树木如我们所熟悉的桐、槐等也都有灿烂的花期,藕荷色的桐花、雪白的槐花如云霞般绚烂;如栝、柽、枳等也都有花期,栝有鲜黄色的花,柽在夏、秋两季有淡红色的花。同时,各种果实也在这三个季节生长成熟。效果之三是常绿的洛阳城。就上引资料进行进一步分析,可以发现洛阳城树木中,如松、柏、竹、栝等常绿植物类占较大比例,这使得洛阳城四季常青,《洛阳伽蓝记》卷四"王子坊"下作者子注形容寿丘里乃"桃李夏绿,竹柏冬青",也可以作为洛阳城的写照。

3. 洛阳城市园林的特点

北魏洛阳城园林中,寺院园林占比例最大,这是北魏洛阳城园林的显著特色。南北朝时期佛教达到鼎盛,北朝洛阳与南朝建康是佛教两大中心之地。社会各阶层崇信佛教,向寺院捐献财产以求积德并求得佛的保佑,这使寺院能够积聚财富用于豪华营造。另外一个原因是,佛教进入中国后,即开始了与中国文化相融合的过程,不仅在宗教理论,在建筑方面也吸取中国文化成分,如寺院的殿堂代表着中国古典建筑的引入。园林也是如此,南北朝时期园林建设成为社会生活的时尚,佛教徒也追随潮流,使寺院既具备修行功能,也兼具游乐功能。

北魏洛阳城市园林的第二个特色是园林的经济功能还是比较突出的,园林内往往是"果菜青葱"。果木是园林中普遍种植的,华林园中有百果园,这与西汉孝武帝在上林苑中种植各地珍贵果木的情况很相象。寺院与私人宅第也看重果树的经济意义,"京师寺皆种杂果",私人宅院亦然,甚至如河间王琛宅院,后园有迎风馆,"素李朱李枝条入檐,伎女楼上,坐而摘食"。除了果木,如竹、槐、松、柏、桐、杨、柳、椿、桑等成材木或养殖食用树种,如葛、荻、白芷、蒲、芡、葵等可供食用、编织、入药的草本植物也普遍种植,又如城北风光园种植苜蓿,主要用作马饲料,这种情况,与唐宋之后园林所追求的优雅情调有所不同。

4. 北魏洛阳城市园林的历史地位

尽管还带有秦汉以前园林的特点,但是北魏洛阳园林毕竟处在一个新旧交替的历史时期,因而具有承前启后的历史地位。中国园林是从殷商时期的园囿开始发展起来的。秦代宫苑建筑一度处于高潮,如著名的阿房宫。至汉武帝时,宫苑建筑艺术臻于成熟,其基本格式延用至今。魏晋南北朝时期是中国古典园林发展史上的一个重要的转折阶段。在这一时期,园林规划由粗放转变为较细致、自觉的设计经营,造园活动升华到艺术创作的境界。园林也发生两大变化:

一是游赏活动成为园林的主要功能;二是由于宗教兴起,寺观园林大量出现,大大开拓了园林领域。

北魏洛阳园林正是魏晋南北朝时期园林发展的缩影。帝王宫苑、私人园林、寺院园林三个类型的园林都存在于洛阳城内,并且后两种占有相当大的比重。至于邑郊风景区和山林名胜,洛阳北郊北邙山以及 15 公里外的龙门地区无疑都是洛阳郊区园林区。

细致、自觉营造自然的园林艺术的特色在洛阳城市建设中得到充分表现。中国古典园林的基本特点是模拟大自然建造人类活动环境。具体说来,中国古典园林是从以下几个方面仿造自然环境的:一是师法自然,指园林总体布局和园林构成要素的组合要合乎自然;二是分隔空间,融于自然,通过空间分隔的手法扩展园内空间并将人类生活空间与自然空间融合;三是顺应自然,将堂、廊、亭、榭、楼、台、阁等建筑包含在山、水、树木所营造的自然之中;四是用树木花卉表现自然。

洛阳城建设过程中,无论国家苑囿还是私人宅第以及寺院,无不以园林的自然情趣为审美目标。国家园林以华林园为例,《魏书》卷九三《恩幸·茹皓传》,世宗时茹皓负责华林园的建造工程,"性微工巧,多所兴立。为山于天渊池西,采掘北邙及南山佳石。徙竹汝颍,罗莳其间;经构楼观,列于上下。树草载木,颇有野致",华林园有精心规划,华林园景阳山的百果园也是有意布置的。私人园林可以城东张伦宅为代表,张伦在园中造景阳山景象是"重岩复岭,嵌垄相属。深溪洞壑,逦迤连接。高林巨树,足使日月蔽亏;悬葛垂萝,能令风烟出入。崎岖石路,似壅而通,峥嵘涧道,盘纡复直","绝岭悬坡,蹭蹬蹉跎";泉水长流则"纡徐而浪峭";花草树木繁荣则"烟花露草,霜干风枝,半耸半垂,玉叶金茎,散满阶坪。然目之绮,烈鼻之馨,既共阳春等茂,复与白雪齐清"。鸟类荟萃则"羽徒纷泊,色杂苍黄,绿头(鸭子)紫颊(鹤),好翠连芳"。寺院园林可以宫城东南景林寺为代表,寺内"讲殿叠起,房庑连属。丹楹悬日,绣角(左边有"木"偏旁)迎风",寺西部有果园,"多饶奇果。春鸟秋蝉,鸣声相续";果园中内有一小巧而构架奇巧的祇洹精舍,这个小巧建筑深藏草木之间,如同处在岩谷,所谓"禅阁虚静,隐室凝邃,嘉树夹牖,芳杜匝阶,虽云朝市,想同岩谷"。

洛阳园林作为游赏场所的特点也是十分突出的。华林园内经常有游园宴会;私人园林如张伦宅第使"山情野兴之士,游以忘归",宗室诸王宅第也经常高朋满座;寺院园林更是开放的、大众化的游赏场所,不仅在佛教节日,平常洛阳人都可以进院游览。

隋唐至宋,洛阳作为陪都保持了繁华,士人以洛阳为理想居住地,洛阳园林依然为天下园林中心之一。如唐朝李德裕的平泉山居、白居易的履道里园都很著名。宋代洛阳是官僚理想的退休之地,公卿巨室多在洛阳造园,使洛阳在四大园林中心中处于领先地位。如苏辙《洛阳李氏园池记》所言:"洛阳古帝都,其人习于汉唐衣冠之遗俗,居家治园池,筑台榭,植草木,以为岁时游观之好。园囿亭观之盛,实甲天下。"就园林而言,苏辙所说的"遗俗",实际可追溯到北魏洛阳时代,因为从这一时期开始洛阳园林真正兴盛起来。

（KimDae-Jin 韩国东义大学校讲师,河南师范大学历史系副教授）

《易经》的解蔽

鲁庆中

纵观整个易学研究史,自远古以来而至清末,《易经》从来也不曾被称作过"辩证法"。然而,现在说起《易经》的哲学思想来,人们首先便会不假思索地认为它即是中国古代朴素的辩证法,《易经》的思维也冠之以辩证思维,以区别于形而上学,延伸开去,中国民族的思维方式也以辩证性而区别于西方的静止的形而上学。实际上,不只是对于《易经》,包括对老子的"福祸相倚"、"反者道之动"等重要思想,人们仍然是用"朴素的辩证法"一词含而括之的。《易经》、道家等中国古代思想究竟是辩证法吗? 它们与辩证法到底存在着什么样的关系呢?哲学的重要功能就是反思传统。反观《易经》研究,我们就会发现,《易经》包括的道家思想向来就不是辩证法,它们与泊自西方的"辩证法"有着本质的区别,它们的不同深刻地反映着中西方不同的文化观念。

一、《易经》变成"辩证法"的过程

《易经》的辩证法化,这种根深蒂固的观念实际上起始于"古史辨派"之后兴起的"唯物史观派"。具体地说,大概起始于辩证唯物主义的历史学大师郭沫若先生。郭氏在"五四"之后,就接受了刚刚传入中国的马克思主义哲学思想,而且正是他开始肇端了自觉地运用马克思主义唯物史观对中国古代历史的研究,这亦使他成为了"我国站在马克思主义立场研究《周易》的第一人"①。郭沫若

---

① 杨庆中:《二十世纪中国易学史》,人民出版社 2000 年版,第 99 页。

在其文章《周易的时代背景与精神生产》(1927年)中首发了《周易》的矛盾思想及辩证观念,他说:"八卦的基础本来是建立在男女两性的象征……所以《易经》的观念就根本是阴阳两性的对立。一切万事万物都是由这样的对立而成……八卦是四对相对立的现象,六十四卦又是三十二对相对立的事物,就这样宇宙是充满了矛盾。"①而且他又从《序卦传》中发掘出了"一个唯物的社会进化观"②,认为"人类社会的进化就是由这样相反相成的两对立物先先后后地产生出来的"③。然而郭沫若认为,《易经》的辩证法不是一种彻底的辩证法,因为它将变化绝对化,而使之成为了"道",而"道即是易,易即是神","结果辩证法一变而与形上学妥协,再变而与宗教妥协"。④ 郭氏进一步认为正是《易经》辩证法的不彻底,致使它必然地走向了折衷主义。当然,郭氏认为《易经》辩证法的不彻底性、折衷性,从根本上讲,是意在认为古代的《易经》朴素、原始与落后,不及唯物主义辩证法的科学、完整、深入,但它具有的辩证性仍然标明了它思想的先进性。其后金景芳、冯友兰、张岱年、任继愈、高亨、李景春、沈瓞民等大家著文述见,对《易经》的唯物主义思想、辩证法观念都做过深入地研究。虽然他们在方法上及对《易经》思想的认识上都有着极大的不同,但是在《易经》的辩证法观念上却表现着一致的认识。所以,随着五六十年代的学术思想向辩证唯物主义的统一,于是对于《易经》思想的辩证唯物论研究即成为学术的主流。"易学"最后走向了完全的辩证唯物化。

客观地讲,我们确实可以从《易经》阴阳观念、变易观念中看到矛盾、变化、发展等辩证法观念的影子。可是,正是它们两种思想体系的"似是"最后沿习成了它们之间的"就是",于是几千年从来没有被称作辩证法的《易经》终于戴上了一顶"辩证法"的帽子,而它自身的意义本体被遮蔽了起来,它再也不是它自己了。这实在是对《易经》哲学的一个极大的曲解。实际上,这也是近代以来的"据西释中"的哲学解释范式的一个典型个案。辩证法成了中国古代易、道思想的一个"后设陈述"。

---

① 郭沫若:《郭沫若全集・历史篇》第1卷,人民出版社,第65页。
② 同上,第72页。
③ 同上,第73页。
④ 同上,第78页。

二、《易经》与辩证法的不同

笔者以为,虽然表面上看易学的阴阳观与辩证法的矛盾观、易学的天道观与辩证法的辩证发展观等之间存在着相似的架构与相近的表述,但二者的区别却更其根本、更其本质。

(一)辩证法的因果论的决定论与《易经》的"时"观

辩证法的发展观念强调的是事物发展过程中内在因果链条的客观性,从根本讲是一种带有必然性的"因果"逻辑,而《易经》的变易观念突出的是现象上的生老盛衰的"时"的逻辑。

众所周知,中国的唯物主义辩证观念来自于黑格尔哲学的辩证历史观。而黑格尔哲学的辩证历史观则是一套严密的哲学体系。这一体系视事物的发展为一必然原因的推动。因此,它是一套因果论的决定论的历史观。由此而产生的辩证唯物主义历史观,虽然倒置了黑格尔的唯心主义历史观,使历史的进步由客观精神性"理念"的自我运作,而变成了物质的生产方式的发动,但它仍然是一种因果论决定的历史观,它过多强调了事物发展变化过程的内在因果性、客观性、必然性,而且其存在表现为一种典型的思辨理性的形式。这是西方一种根深蒂固的基本信念之一。正如分析心理学的创始人荣格所说,"根据我们理性的假定,凡事都有它的自然规律与可以觉察出来的原因,对此我们深信不疑。象这样的因果律就是我们人的最神圣的信条之一。在我们的世界里,我们不允许任何无形的、专断的和所谓的超自然的力量存在","因为不久以前,我们才摆脱那充满梦和迷信的恐怖世界,才塑造出一个理性的意识宇宙。这是人类最近的最伟大的成就"。[①] 因此,因果论是西方人用理性与思辨构创出的事物客观发展的逻辑过程,它具有规律性与必然性的意义。[②]

而《易经》仅是初民对四季更替、万物盛衰[③]、天道周旋等自然律动的从

---

① 荣格:《探索心灵奥秘的现代人》,社会科学文献出版社 1987 年版,123 页。

② 当然,中国古代亦有因果论,但这种因果论是来自于佛教的因果报应论,它主张善有善报、恶有恶报的业力观,人的一切行为后果都与人前期的作为有关。这种因果报应论是基于信仰的观念,不具有客观规律的意义。荣格:《探索心灵奥秘的现代人》,社会科学文献出版社 1987 年版,123 页。

③ 《易纬·乾凿度》说:"物,有始、有壮、有究。"

"时"的维度上的直观掌握,它仅是对事物的出生、生长以经验性、以卦象的形式作外观的现象性的描述,大自然运行的"时"的节律化如一年四季、十二月、七十二候等都是对自然运行的掌握形式,它并不对其内在的因果链条作客观的揭示,作思辨的理性分析,因此《易经》的思想带有以"时"度物的直观经验性,这也是整个中国思想的根本特征之一。荣格亦曾通过《易经》对中国的思想特征进行精辟的分析,他说,"《易经》中的科学根据不是因果原理,而是一种我们不熟悉因而迄今尚未命名的原理,我曾试图命名为同步原理(synchronistic principic)",这一术语,"仿佛时间远不是一种抽象,而是一个具体的闭联集合体(continuum),它具有这样一些性质和基本条件,能够以一种非因果的平等对应方式,在不同的地点同时表现出来,就象我们在那些同时发生的同一思想、象征或心理状态中发现的那样"。① 荣格不但通过《易经》看到了中国民族不同于西方的思想方式,而且他还从中看到了中国民族时间意识的具体性。

中国民族是农业的民族,农与植物本就是连体共生的一个整体,因此,农的思想可以说就是植物的思想。植物的生长盛衰的时间性,决定了农的思想的时间性,《易经》正是农的哲学,"时"的观念正是农的核心性的观念。从"时"原始意义上即可知,"时"在先秦时亦多指农时。首先我们可以从"时"字的古文上可得到解释,"时"的古文为"旹",甲骨文作"旹",《说文》中作"時",释为"四时也"从"日"、"寺"声。"意指我们今天说的春夏秋冬四季,而从古文上看则非旹,古文时,从之,日。""屮(之),出也。象屮过屮,枝茎益大,有所之(屮);一者,地也"。② 万物生长靠太阳,笔者以为"时"字正是描述了日气光照催使植物的生长之象,引而申之亦从中可意会出以植物的生长节奏来表达一年的农时节气变化的不同之义。事实上,上古之"时"始出即确是指农时的,如《尚书·尧典》中即有:"乃命羲和,钦若昊天,历象日月星辰,敬授人时。"这里就是指帝尧命令掌握天地四时之官的羲和推演历法,给农人提供准确的耕作、收获时节,以指导农业生产生活活动。"时"上古时期多指天时,天时即四时,四时即农业之

① 荣格:《心理学与文学》,三联书店 1987 年版,251 页。
② 《说文》。

时,如孔子曰:"道千乘之国,敬事而信,节用而爱人,使民以时。"①朱熹作注说:"时,谓农隙之时也。"孟子亦说:"不违农时,谷不可胜食也。"②准确地掌握农时正是获得农业丰收的可靠保证。

也正是"农时"观念在社会生活中的核心性,亦使它导出了一切时间之意义,形成了中国古代以"时"度物的基本思想。比如,"天时"引入人事,即将天时的四时循环之常延伸到了人事的不确定性中,就产生了"几"的观念,进而出现了相机、机会、时机的意义。"时"又兼有了神秘难测的成分。恰当的时间掌握成了极难准确测度的"相几"事件,由此,得其"时中"则是"中庸"生存的极大部分之内容,"时"的观念的演变成了处理人事事件的生活的艺术。

因此,辩证法的因果论与《易经》的时间观存在着根本性的差异。

(二)辩证法的颠覆发展观与《易经》的和谐生成论

按照教科书中通俗的辩证法的观念,当然这也正是来自于黑格尔的否定之否定观,事物的构成大体上是由肯定方面与否定方面一分为二的组合,事物的运动、变化、发展也正是通过事物内部两种力量在激烈冲突中的互相颠覆实现的,因此,处于矛盾统一体之内的两种力量的关系即是"你死我活"的相克相胜。因此,这种辩证发展观,它过分地突出的是矛盾双方的斗争性与发展的颠覆性,而斗争与颠覆的结果必然是冲突与破坏,乃至毁灭。综观西方社会与思想发展的历史,大体上,这种范式是有效的,事实上,它正是诞生于西方社会历史土壤之上的思想。

与辩证发展观的冲突性与颠覆性不同,《易经》强调的却是阴阳二者之间的相感相生、生物成物的生生不息的生命精神。

---

① 《论语·学而》。
② 《孟子·梁惠王上》。

《易经》的和谐生成论是建立在它的阴阳观念的基础之上的。阴阳观念①,是中国先民对事物构成因素及其变化的内在驱力的基本理论形态。实际上,所谓的阴阳观念也正是被郭沫若认为初发于人的男女观念,阴阳观念正是对男女性别、体格不同的直观认识。阴爻阳爻的形式正是一种自然万物阴阳之性的直观摹状。正如郭沫若先生所说:"八卦的根底我们很鲜明地可以看出是古代生殖器崇拜的孑遗,画一以像男根,分而为二以像女阴,所以由此而演出男女,父母,阴阳,刚柔,天地的观念。"②他在另一篇文章中又说:"八卦的基础本来是建立在男女两性的象征……所以《易经》的观念就根本是阴阳两性的对立。"③中国先民这种万物都像人一样皆由男女所生的观念即是从自我躯体出发的观念,并且他们以人性来理解物性,以生命性来理解自然。这样,天地万物的出生皆是阴阳二质的和合生成,而不是现成的存在或上帝的创造,而从代表万物的八卦天、地、雷、风、水、火、山、泽自身的构成上看,它们亦皆是由两种同类异性的力量按照不同的方式组合而成,而万物的健康发展即是两种力量的平衡和谐所致,这亦与颠覆的发展观有着迥然的不同。

再者,发展是辩证法的重要观念,而在通俗理解上,发展即表现为一种理想性的进步,而在《易经》中却没有这样的思想,而只有"变"与"化"的观念。变化是《周易》的思想核心,所以《系辞传》说:"易之为书也,不可远,为道也屡迁,变动不居,周流六虚,上下无常,刚柔相易,不可为典要,为变所适。""易"字本身即是变、化之义,所以,以变易为中心,即生出简易、不易、交易,等意义。④ 而变、化

---

① 或许人们据现存文献与出土文献证明,阴阳观念只是在东周时期才作为一对哲学范畴被使用的。如人们习惯上把春秋时期的伯阳父以阴阳之气论地震作为哲学意义上的阴阳观念开始使用的。即据《国语·周语》中记载:"幽王二年,西周三川皆震。伯阳曰:'周将亡矣! 夫天地之气,不失其序,若过其序,民乱之也。阳伏而不能出,阳迫而不能烝,于是有地震,今三川实震,是阳失其所而镇阴也。阳失而在阴,川源必塞,源塞,国必亡。'"这条史料确为存世文献中关于阴阳二气观念的最早记载。然而,作者以为,中国虽然在早期的易学中还没有直接以阴阳二字命名这两种相异的力量,但那同类而异性的意识已经产生了。我们从现在出土的数字卦对于数的奇偶两分即看出了这种观念的根深蒂固。早期的数字的奇偶意识实际就是阴阳观念,在没有文字表达意义的时代,数字本身即是文字,即是卦象,数即象即理,象即理即数,三位一体,我们以后人所分的理、象、数三分的模式来规定古人,实际是《易经》分化、发展的结果。
② 郭沫若:《郭沫若全集·历史篇》第1卷,人民出版社1982年版,第65页。
③ 郭沫若:《周易时代的社会生活》,载郭沫若的《中国古代社会研究》,群盖出版社1950年版,第236页。
④ 见《易·乾凿度》、郑玄《易论》,亦见朱伯崑:《易学散步》,沈阳出版社1997年版,第11页。

的意义与发展则有着迥然的差异。变,《说文》解为:更也,即转变。化,《说文》作变。实际上,"化"就是生长、化育,就是指自然界生成万物更新万物存在形态的功能。如《礼记·乐记》中说:"乐者,天地之和也,……和,故百物皆化。"《周易·咸·象传》说:"咸,感也。柔上而刚下,二气感应以相与。止而说,男下女,是以'亨利贞,取女吉'也。天地感而万物化生,圣人感人心而天下和平,观其所感,而天地万物之情可见矣。"因此,化即是指事物在外因的作用下发生的潜移默化的改变,而且,"化"是"和"的结果。引申开去,又指教化、感化,所以《周易·贲·象传》曰:"贲,亨,柔来而文刚,故亨,分刚上而文柔,故小利有攸往,天文也。文明以止,人文也。观乎天文,以察时变,观乎人文,以化成天下。"《周易·恒》中亦说:"圣人久于其道而天下化成。"《礼记·学记》中亦说:"君子如欲化民成俗,其必由学乎?"总之,变、化并不是一种强性的改变,而是指事物从一种形态到另一种形态的渐变,因此它并不带有发展进步的理想性前景的意义。恰恰不同的是,中国民族并没有发展的观念,而且他们并不认为变化后的就是最好的,变化的理想前景只是人们的一种期待,相反,他们只有崇尚天道之常的循环性静止的观念。实际上,化、变的观念,正是来自于农业生产中的对植物生长的体验性观察,它带有浓重的道家自然主义色彩。

(三)辩证法的方法论性与《易经》的信仰性

辩证法一般可以从两个维度进行解读:一种是指物质运动发展自然的客观过程,即是客观的辩证法;一种是人们出于对世界的此种客观发展过程的掌握而将之作为的一种科学的方法论,即主观的辩证法。而即辩证法本身,它并没有给人们提供一种判断善恶是非的价值观和信念,它只是一种手段、工具,只是为解决问题提供的方法,而笔者以为,唯物论才是马克思主义信仰的基础,辩证法与唯物论必须有效地结合起来,才能发挥其正确而有效的作用。但是,作为一种单纯的方法论,当它面对千变万化的自然万物客观发展过程的时候,这种极具抽象性、普遍性的原理即捉襟见肘、治事乏术了,于是,面对复杂现实不能有所作为的一种方法论——辩证法就成了绝对正确的无用话语,作为一种哪说哪是理的混圆无缝的方法,于是也就变成了一种庸俗的扯皮哲学,一种耍玩概念的语言游戏。特别是在现实的实践中,当人们将唯物论与辩证法不能很好地结合起来,相反却将二者割裂开来的时候,方法脱离了对现实的准确把握而只剩下抽象的道理时,就更显空洞了。如"没有继承就没有发展"、"不能肯定一切,也不能否定一切"、"要吸取精华,剔其糟粕"等话语毫无针对性可言。其中"既不能……又不能……"格式成为了一种最具特征性的辩证法的表述格式,一种空洞无物的形式,一种以空言为实的套语。理论界经常会听到这样的声音,如"我们要吸取所有人类文明的优秀成果,创造出具有时代气息的新理论形态","我们要将马克思主义与中国的文论相结合,实现中国文论的创造性转换",等等,而结果是大家理论上争论一番之后,什么理论也没有创造出来。当然,辩证法的这种结果,亦与它的被形式化、庸俗化有着直接的关系。因此,方法一旦离开了信念,它就丧失了其存在的意义。

　　《易经》则与之不同。它虽然也与辩证法有某些相一致的形式,但它既是一种方法,又为人们提供了信仰、信念,《易》象"开物成务",天地自然万类通过易象向人敞开,中国先民亦透过易象窥探天地自然幽暗的奥秘,《周易》是人天相通的甬道,因而也体现了中国哲学价值与本体的统一。天地的德性即人之精神及人生意义的生成之源:人法天,即效法天德,天道向善,天德辅善,如周人所说"皇天无亲,唯德是辅",人亦应当刚健有为,精进不息;人法地,地德纯厚,仁民爱物,包孕万类,人亦应效其载物之厚德,具有包容一切的宽广胸襟。《系辞》云:"天地大德曰生",是说天地本有好生的善性,正是在这里,大程明道发明天地的好生之性为仁,将仁规定为天地自然的本性,即为人的善性寻找到了终极之源,亦为人生的修养树立了至高的价值目标。[①] 人本天地而生,自然秉有根深之仁。人秉天地之德而行,则达至纯至诚之境,然后则行无过错,亦无悔咎,所以《系辞》又云:"积善之家必有余庆,积不善之家必有余殃。""天地之德"是人处世做事的信念。因此作为方法的《易经》在其运用的过程有了天地之德的信念保证而不会只流于语言的游戏,因为以天德作根基,它既不会被用作为达到某种不可告人的目的挡箭盾牌,也不会成为故作高明而自我掩饰其虚脱贫乏的遮羞布。它做到了目的与手段的统一,本体是价值的本体,价值是本体的价值。相反,如果《易经》丧失了提供信仰、信念的功能,不能以德性作支撑,它也就流为

---

① 《河南程氏遗书》卷二上。

了扯皮的哲学乃至视哲学成为邪恶的方法了，所以孔子说："易之失也贼。"①在这一点上，《易经》与辩证法具有着相似之处。

三、结语

综上所述，《易经》与辩证法本来是从两种文化土壤上生长出的风格迥异的互不相干的思想观念，它们有着各自的独特的诞生语境与意义蕴涵。但是，近代以来西方的强势话语改变了中国民族传统的基本观念，"据西释中"成了近代知识分子诠释中国思想的基本范式，于是西方的一些思想成了解读中国文化的原话语。《易经》的辩证法化正是在这一背景下完成的。这种辩证法化是那样的深入，以致造成了现在《易经》与辩证法的血肉相连、无法区分，甚而在我们的观念中深生其根，成了我们的潜在观念。辩证法成了《易经》的代名词，一直主导性地规定着、影响着易学的研究。沿袭即久，便成为传统。从这个个案中，我们更能深切地理解所谓的传统是如何约定而成俗的。当然，从另一方面，这也反映了根深蒂固的中国传统精神在意识形态强势话语下的自我调适与形变，反映了它不甘被取代的顽强生命力。

我们将《易经》与朴素的辩证法剥离开来，目的是恢复它们各自的本来面目，对它们做出更客观的研究。这对我们如何正确地使用好辩证法，以及如何正确地理解易学思想而宏扬传统文化精神，都具有着积极的意义。

（作者单位：河南省社会科学院）

---

① 《礼记·经解》。

"洛学"文化与和谐社会建设的现代意义

张绍良

　　宋代程颢、程颐开创的"洛学"人学思想是河洛文化中的瑰宝；所倡导的"为人在理、待人以诚、处事以中"的人文思想博大精深，影响广远。在我们构建社会主义和谐社会的当代今天，仍然有着重要意义。

一、人之为人在天理

　　儒家论人事有一个基本出发点，就是人与禽兽的区别在哪里、人为什么可以叫做"人"。先秦儒家提出人有仁、义、礼、智作为与动物相区别的标志；汉朝董仲舒则提出人之所以是人，原因是"得天之灵，贵于物"。二程"洛学"思想中提出了崭新观点："人之所以为人者，以有天理也。天理不存，则与禽兽何异矣。"（《粹言·人物篇》）"人只有个天理，却不能存得更做甚人也。"（《遗书》卷一八）。从人的外在行为表现当做人与动物界限的划分到理念思想标志的区别，应该说是二程洛学对人学思想的创新和发展。"洛学"中的"天理"或"理"含义至大至宽；其中最基本的涵义是指事物的客观法则。比如："凡物皆有理"、"有物必有则，一物须有一理"、"既有止息之理，亦有生息之理"（《遗书》卷九、卷八、卷七）等论述统指事物的客观法则。在这一基础上，"理"还有不同角度的其他涵义。比如，作为哲学的最高范畴，"理"是宇宙的本原。从价值观的角度看，具体在宋代，统治阶级需要的"天理"、"理"作为稳定高于一切的标准，则是封建的等级制度与伦理道德，社会成员们要严格遵守。灭私欲存天理的理学命题是二程"洛学"解决人之为人的思想核心。二程讲，"人心莫不有知，唯蔽于人欲，则亡天理也"（《遗书》卷二），"人之不为善，欲诱之也。诱之而不知，则至于灭天理而不知返"（《粹言·心性篇》）。洛学客观承认人生在世界上：只要活着就不能没有饮食之欲，也不能没有男女之欲。只要被等等种种的私欲诱惑、蒙蔽，就会冲击天理，以致使天理灭亡。为了使天理不被私欲所亡，那么就必须消灭私欲，战胜诱惑。洛学的灭欲存理是"人之为人"的思想核心，二程并且提出了解决私欲保持天理的措施方法。二程所提出的对策主要有两方面：其一是教育要与刑罚相结合。程颐说："民有欲心见利则动，苟不知教……虽刑杀日施，其能胜亿兆利欲之心乎？"（《易传·大畜卦》卷二）但要使人"知善道而革其非心"，只有教育还是不够的。没有"刑禁"不能"去其昏蒙之桎梏，则善教无由而入"，因此，"人虽尚德不尚刑，未尝偏废也"（《易传·大畜卦》卷二）。这就是说，作为灭欲的手段，必须把教育与刑罚结合起来，才能收到应有的效果。二程洛学文化中所提出的灭欲存理的另一方面是"思"，"欲之害人也！人为不善，欲诱之也。诱之而不知，则至于灭天理而不知反……然则何以窒其欲，曰思而已矣。觉莫要于思，唯思为能窒欲"（《粹言·心性篇》）。"思"之所以能够上欲，是说"人心必有所上"。止即止于至善。也就是说：思能使人的"视听言动，非理不为"。这样当然就不会为声、色、香、味等身外之物所诱惑了。洛学创始人看到了思想对于行为的重要作用，希望通过思想解决"私欲"、消灭私欲的办法去达到"存天理"的目的。有合理的部分，也有片面局限性。从主流上看，应该肯定其合理部分。

二、人之相交诚为本

洛学大师程颐认为在社会生活中单靠个人的能力，即便是最刚强的人，也不可能维系自己的生存，保证自己的安宁，而只有人与人之间的相互合作帮助，才能共同面对，解决好困难。所以，在社会生活当中，相互协作是人们生活的前提。可是，当人们聚集在一起，为了各自的不同利益，又必然发生争执。用什么方法解决人与人之间的关系？先贤说人之相交诚为本。只要本之以诚，没有解决不了的困难，也不会得不到他人的帮助。"苟尽其至诚，则何患其无助也"（《易传·子卦》卷三）相反地，假如"与人不以诚，则是丧其德而增人之怨"（《遗书》卷二五）。由此可见，人与人的关系前提应当是"诚信为本"。

洛学中关于诚信为本的思想内涵丰富,包括不同层面。从自我层面讲,必须自诚。在信念上内外一致,从内心深处树立起"诚"的理念,然后诚才会自然存在。缺少自诚,诚为本即不存在。在社会层面上,处理人与人之间的关系"上下以至诚相交,协志同力,则其志可以行,不止于无咎而已"(《睽卦》卷三)。不论是上下级之间,还是对于亲朋好友,都要"诚意待之"。人与人之间是否以诚相交,不仅是关系到能不能同力合作,也关系到能不能有所作为的问题。同时,这种诚意应当是双方面的,而不能只限于某一方面。

诚信是中华民族的传统美德,同时也是我们全面建设社会主义小康社会,实现和谐社会目标,处理个人与社会、个人与个人之间相互关系的一项基本准则。诚信作为立身之道、修业之本和立政之基,在我国经济社会和政治生活中发挥着重要影响和规范作用。诚信作为市场经济的坚实基础,又是人们相互合作的重要前提。随着我国改革的深化和社会主义市场经济的发展,从主流上看,诚实守信已成为构建和谐社会的必然要求和基本准则。

三、洛学人文思想在当代的意义

我国社会正处于高速转型期,伴随着全球化进程的推进,现代化建设面临着重要的发展战略机遇期。党的十六届五中全会提出"要加快建设资源节约型和环境友好型社会"。环境友好型社会,就是全社会都采取有利于环境保护的生产方式、生活方式、消费方式,建立人与环境良性互动的关系。目前,我国社会各种矛盾凸显,经济发展面临诸多困难,资源总量和人均占有量严重不足,同时资源消耗增长速度惊人。资源利用效率整体偏低;生态环境污染严重。要建设和谐社会,实现人与自然和谐,进而解决经济社会发展过程中的各种突出矛盾,就必须以环境承载力为基础,以遵循自然规律为准则,以绿色科技为动力,倡导环境文化和生态文明,构建经济社会环境协调发展的社会体系,确保实现可持续发展。在这种新的经济社会发展起点上,河洛文化具有重要的现实意义。

首先,按规律办事,不造假作秀。严格教育环节、解决思想认识问题,切实做到对人对己都要"求真务实",在实践中弘扬洛学文化中教育与刑罚并举的思想,从思想教育入手刑罚惩处于后,树立合理的"物欲"利益观。防止和克服以权利金钱互动的腐败漫延滋长,清理社会人文环境。

其次,谦逊待人,以常人之心处事,培育诚实讲信用的民族精神。市场经济条件下导致产生的物欲至上和人文精神失落、社会贫富分化所产生的人与人关系冷漠对我们建设社会主义和谐社会提出了警示,特别是诚信危机的负面影响更是对经济社会进步与可持续发展带来巨大危害。二程倡导的"人之相交诚为本"思想是我们谦虚待人,以常人之心处事,不激化社会矛盾的有益启示。

（作者单位：中共湖北襄樊市委党校）

汲取河洛文化精华　促进和谐社会建设

常巧章

提出构建社会主义和谐社会,是中国共产党人努力认识执政规律和社会建设规律的重大成果,凝聚着深邃的政治智慧,体现了中华民族传统文化精神与中国共产党治国理政新追求的结合。而建成社会主义和谐社会,则是一项宏大的系统工程和长期的战略任务,既要有雄厚的物质基础和坚实的政治保障,又要有强大的精神支撑和良好的文化条件。挖掘、吸收包括河洛文化在内的中华传统文化的精华,大力培育和弘扬民族精神,有利于增强中华民族凝聚力,促进和谐社会建设。

河洛文化与中华大地上涌现出来的秦陇文化、齐鲁文化、荆楚文化、吴越文化、巴蜀文化、松辽文化等一样,其内核已积淀为中华民族的文化传统、文化心理和文化基因,融化在民族本体的思维结构和理性规范之中。马克思主义创始人之一的恩格斯曾经说过:“每一个时代的哲学作为分工的一个特定的领域,都是由它的先驱者传给它,而它便以由此出发的特定的思想资料作为前提。”(《马克思恩格斯选集》第4卷,第48页)从我们所要构建的社会主义和谐社会本身及其内涵看,许多方面都可以从包括河洛文化在内的中华文化精华中汲取有益的传统力量。

弘扬“和为贵”的理念。古往今来,许多思想家都把社会和谐作为一种理想追求和美好模式,推崇“和为贵”的理念,主张“和而不同”、“求同存异”,提倡在均衡中化解矛盾、求得和谐。这个理念和传统在中国悠久的历史发展中对保持社会稳定,维护多民族国家的统一起过巨大作用。

"和谐"追其源,来自中道。这种中道思想渊源流长,《周易》中就提到伏羲氏"仰以观于天文,俯以察于地理","易于天地准,故能弥纶天地之道"的中道思想。也就是中道观,即积极的阴阳和合。"和合"就是和谐。"和"的含义是性质相异的元素和谐地共处于一个统一体中,"合"的含义是共处于一个统一体中的异质元素在一定条件下相互沟通和融合。自然界也好,人类社会也好,只有把各种不同的元素和力量合理搭配使之处于相对平衡的状态,才能使万事万物各得其所,成长发育,形成生机勃勃的繁荣局面。在我国社会,人际关系讲"以和为贵",夫妻关系讲"琴瑟之和",家庭关系讲"家和万事兴"。国家呢,有一句很叫响的话,叫做"国和享太平"。这是对"和为贵"这一哲学思想和文化理念的生动诠释。构建社会主义和谐社会,就要把"和谐"理念贯穿于人们对人与自然、人与社会、人与人之间以及民族、国家、政党之间关系的认识和把握之中,拓展到经济、政治、文化、社会等各方面,综合解决社会的良性运行和协调发展问题。无论是处理政府与群众、农村与城市、家庭与社会、个人与集体的关系,还是处理效率与公平、民主与法制、政治与经济、发展与稳定、收入与分配的关系,都应体现和为贵的思想,实现经济社会的协调发展。

吸取"天人合一"的思想资源。构建社会主义和谐社会的内涵之一是"人与自然和谐相处"。对于这一点,包括河洛文化在内的中国传统文化给我们很大的启示。中国传统文化明显倾向于"求善",属于"伦理性文化"。它在关注人之为人的精神问题的同时,关注人与人之间以及人与自然之间的关系和谐,其中最著名的命题是"天人合一",认为人与自然、人道与天道是融会贯通的,即宇宙真理与人生真理是重合一致的。宋代杰出的思想家张载就把天地视为人类的父母,进而说"民,吾同胞;物,吾与也"。即天地间所有的人都是我的兄弟姊妹,所有有生命和无生命的物类都是我的朋友。这真是一种博大的胸怀!古人这一平等对待自然的思想是极宝贵的,它是对付"戡天役物"思想的有力武器。2005年10月,中国共产党十六届五中全会提出了"十一五"时期经济社会发展的主要目标,其中讲到"要加快建设资源节约型、环境友好型社会,大力发展循环经济,加大环境保护力度,切实保护好自然生态,认真解决影响社会经济发展特别是严重危害人民健康的突出的环境问题,在全社会形成资源节约的增长方式和健康文明的消费方式"。这既是现实社会发展中需要解决的重大问题,符合广大人民群众的迫切需要,同时,又是中国传统文化精华的体现和光大。

继承"民为本"的思想资源。民为邦本,本固邦宁。这是在春秋时期,包括河洛文化在内的中华民族文化的一个重要思想。"夫霸王之所以始也,以人为本,本治则国固,本乱则国危。"尽管许多人指出,那时的民本思想是为维护统治者的统治地位服务的,但客观上它反映了一些进步思想家、政治家在一定程度上对民众疾苦的体察和对民众力量的认知。这仍然值得今天的人们从中继承积极的思想成果。今日,强调贯彻科学发展观,构建和谐社会,说到底,是要坚持以人为本,把经济社会发展切实转入全面协调可持续发展的轨道。应当说,以人为本,既有"民本"思想的有益资源,更有迫切的现实意义。首先,它是社会主义的内在要求。唯物史观告诉我们,人是社会发展的主体,大众是推动经济社会发展的根本动力。社会主义发展的根本任务是解放和发展生产力,根本目标是最终实现共同富裕。这里的"根本任务"、"根本目标"都是与以人为本有关的,离开了以人为本,就是意义不大或者说没有意义的。其次,是全面建设小康社会的必然要求。全面小康,这是一个由经济、政治、文化、生态和人的全面发展共同构成的社会发展目标体系。既要关注经济指标,也要关注政治、文化指标;既要关注社会指标,也要关注自然、生态指标;既要关注近期指标,也要关注长远指标。总之,必须把实现最广大人民群众的根本利益、促进人的全面发展作为社会发展的根本目标、长远目标。

借鉴"仁、义、礼、智、信"的传统美德。仁,在包括河洛文化在内的中国传统文化中,是最普遍的德性标准。以仁为核心形成的古代人文关怀,经过现代改造,可以转化为现代人文精神;义,与仁并用为道德的代表,所谓"仁至义尽"之说即可证明。义成为一种人生观、价值观,如"见义勇为"、"义不容辞"、"大义凛然"、"义无反顾"等;义是人生的责任和奉献,如义诊、义卖、义务等。礼,与仁互为表里,仁是礼的内在精神,重礼是"礼仪之邦"的重要传统美德。"明礼"从广义说,就是讲文明;从狭义说,作为待人接物的表现,谓"礼节"、"礼仪";作为个体涵养,谓"礼貌";用于处理与他人的关系,谓"礼让"。这些已成为一个人、一个社会、一个国家文明程度的一种表征和直观展现。智,从道德智慧可以延伸到科学智慧,把科学精神与人文精神结合和统一起来,这是我们今天需要继续发扬的。信,是做人的根本,是兴业之道、治世之道。守信用、讲信义是中华民族共认的价值标准和基本美德。我们所要构建的和谐社会,其内涵包括民主法制、公平正义、诚信友爱、充满活力、安定有序等,都可以从上述传统文化中吸取有益的借鉴。当然,这种借鉴要注意其辩证性。以"义"来说,讲"义"的时候不能否定"利","天之生人也,使之生义与利。利以养其体,义以养其心;心不得义不能乐,体不得利不能安。义者,心之养也;利者,体之养也"。"义以生利,利以丰民。"讲诚信的时候,也要全面。诚信是真诚无欺、信守然诺的心理意识、原则规范和行为活动的总和,是社会最普遍也是最基本的伦理价值需要。它既是公民和法人之间的商业诚信,也包括建立在社会公正基础上的社会公共诚信,如制度诚信、国家诚信、政府诚信、企业诚信和组织诚信等。

　　总之,构建社会主义和谐社会,应当充分挖掘、利用中华民族历史上有益的精神文化资源。这样,就能在历史和现实的结合上找到建设和谐社会深层的精神定位和文化根基,在传承历史中开创未来,展示中华民族独特的精神风貌和创造活力。

（作者单位:国防大学科研部）

河洛文化对当代道德建设的意义

陈伯强

一、河洛文化中的道德观

河洛文化源远流长,也是我国传统道德文化的滥觞,对我们加强当代道德建设有重要意义。

河洛文化中影响最深远的是《周易》。孔子说:"古者包牺氏之王天下也,仰则观象于天,俯则观法于地,观鸟兽之文,与地之宜,近取诸身,远取诸物,于是始作八卦,以通神明之德,以类万物之情。"(《系辞下传》)伏羲氏曾在河洛地区活动。他"作结绳而为网罟,以佃以渔"。(同上)很可能就是这种原始型的生产方式产生出了原始型的八卦这种图形文字形式。包牺氏之后是神农氏。他采取放火烧山、开荒投种的方式开创了原始农业,因此被称为炎帝。他之后是黄帝,知其非而改其政,制止放火烧山的法,保护山林植被,使原始的饲养业发展为原始畜牧业。人和自然的关系比先前和谐与协调了。似乎可以说,生产的进步与道德的进步是相辅相成的。《系辞》还说,"黄帝尧舜垂衣裳而天下治。"这是开了以礼治天下的先河,人更具有德性了。黄帝的主要活动范围也是在河洛为中心的中原地区。他聚族落为华夏,开创了三代有国。禹、汤、周三代还是居住在河洛。夏禹治服洪水,其"洪范九畴",定"常道伦理之次叙",树立了"天尊地卑"的观念。(《书·洪范》)这种观念成了禹、汤、文、武、周公遵循的"大义"。商汤于河洛建都西亳,创建了为其后世所宗的"成汤之政";周公于洛阳制礼作乐,奠定了王道与仁政的理论基础。与此同时,对《周易》的解释也越来越哲理化。

《周易》的卦形、卦爻辞最突出的效用是占筮。而卜官的占筮是与哲理、伦

理道德观念有一定关系的。《周易》处处讲"道",同时也处处讲"德"。六十四卦的《象辞》专门讲了君子应具有的六十四种德行:

1.《乾》:"天行健;君子以自强不息"(如天的运行刚强劲健那样,不停地自我奋发图强);

2.《坤》:"地势坤;君子以厚德载物"(意思是说,应效法地的厚实和顺,增厚自己的美德,以容载万物);

3.《屯》:"云雷,屯;君子以经纶"(象征云聚雷上,将雨未成。悟知治国如治丝,初创艰难,要奋发图治);

4.《蒙》:"山下出泉,蒙;君子以果行育德"(象征山泉渐成江河,如蒙稚渐启。故应百折不挠地果行不止、育德不懈);

5.《需》:"云上于天,需;君子以饮食宴乐"(如云雨之求其所需、待其适时,又如饮食养人以渐,凡事应当顺其理待其成,不可妄为);

6.《讼》:"天与水违行,讼;君子以作事谋始"(两相乖戾,必致争讼;做事之初应谋其始,如宣明章纪、判明职分等,以杜绝争讼);

7.《师》:"地中有水,师;君子以容民畜众"(像地里有众多的水那样,治国应广容百姓、聚养众人);

8.《比》:"地上有水,比;先王以建万国,亲诸侯"(如水和地相亲无比那样,以中正、诚信建国封侯、使远者来归,使天下亲密无比);

9.《小畜》:"风行天上,'小畜';君子以懿文德"(像风飘行天上、微蓄而未下行那样,修练道德文章,等待时机进取);

10.《履》:"上天下泽,'履';君子以辩上下,定民志"(象征尊卑有别,当小心行走。故应谨慎地使上下有序成礼,人人遵循践行);

11.《泰》:"天地交,泰;后以财成天地之道,辅相天地之宜,以左右民"(天地交合象征通泰,但因此不可贪图安逸,而应善于裁节调理、辅助赞勉,以保佑百姓);

12.《否》:"天地不交,'否';君子以俭德辟难,不可荣以禄"(天地不相交合象征否闭。因此,应节俭为德,避开危难,不可为荣华去谋取禄位);

13.《同人》:"天与火,同人;君子以类族辩物"(天火亲和象征人和;因此,应善于分析物以类聚、人以群分,而求同存异);

14.《大有》:"火在天上,'大有';君子以遏恶扬善,顺天休命"(象征大获所有,因此应遏止邪恶,倡导善行,休养民生);

15.《谦》:"地中有山,谦;君子以裒多益寡,称物平施"(山藏地中象征谦虚,悟知事物不可盈满,应取自多者,增益寡者,以求公平、公正);

16.《豫》:"雷出地奋,豫;先王以作乐崇德,殷荐之上帝,以配祖考"("豫"即"愉快"的意思,事业成功时,应歌功颂德,奉献天帝,与祖先共享);

17.《随》:"泽中有雷,随;君子以向晦入宴息"(泽随雷动象征随从。"向"即"向","宴"即"安"。应早出晚归,按时休息);

18.《蛊》:"山下有风,蛊;君子以振民育德"(山风回荡,物皆散乱,象征天下有事。应赈济百姓,培育道德,努力救弊);

19.《临》:"泽上有地,临;君子以教思无穷,容保民无疆"(象征上下相临,要用心思教导百姓,扬德育民);

20.《观》:"风行地上,观;先王以省方观民设教"(要像和风吹拂大地感化万物那样,巡视四方,观察民风,普及教育);

21.《噬嗑》:"雷电,噬嗑;先王以明罚敕法"(雷电交击象征"齿合",应严明刑罚,肃正法令,使天下合一);

22.《贲》:"山下有火,贲;君子以明庶政,无敢折狱"(火焰使山形焕彩,象征"文饰"。应文明理政,但不可文饰断狱);

23.《剥》:"山附于地,剥;上以厚下安宅"(高山颓落委附地面,象征"剥落"。因此,平日就应固本防剥。犹如丰厚基础、安固宅屋那样,以民为本,则君安于上);

24.《复》:"雷在地中,复;先王以至日闭关,商旅不行,后不省方"(雷在地中微动,象征阳气回复。因此,冬至开始,应休养生息,以利进一步发展);

25.《无妄》:"天下雷行,物与无妄;先王以茂对时育万物"(雷动,万物敬畏。应用强盛威势配合天时,养育万物,使之不敢妄为);

26.《大畜》:"天在山中,大畜;君子以多识前言往行,以畜其德"(天包涵在山中是虚构的喻象,象征大为畜聚。悟知应博学笃志,记取贤言圣迹,以畜养美好品德);

27.《颐》:"山下有雷,颐;君子以慎言语,节饮食"(下动上止、如口嚼食。因

此,应言语谨慎以养德,饮食节制以养身);

28.《大过》:"泽灭木,大过;君子以独立不惧,遁世无闷"(水本应润养树木,却淹没了树木,过分了,故为大过。如何面对? 当以"大过人"之举处"大过"之时,也就是说,遇到困难时,应屹立无畏,脱俗乐观);

29.《习坎》:"水洊至,习坎;君子以常德行,习教事"(水叠连流至,重重陷险。当悟知守德行应如水之长流不息,行政教事务当如两坎相受时时熟习);

30.《离》:"明两作,离;大人以继明照于四方"(光明接连升起,象征"附丽"。应持续地用光明普照四方);

31.《咸》:"山上有泽,咸;君子以虚受人"(山泽相通,象征"交感"。当虚怀若谷,宽容待人,以感化民众,使君民相通);

32.《恒》:"雷风,恒;君子以立不易方"(风和雷常相交助,象征"恒久"。为人当守持正道,树立恒久不变的正确思想);

33.《遁》:"天下有山,遁;君子以远小人,不恶而严"(天远避山,象征"退避"。因此,应远避小人,或对其不显露憎恶而俨然矜严自守,不与苟同);

34.《大壮》:"雷在天上,大壮;君子以非礼弗履"(犹如天雷刚强威盛,应善养浩然之气,而强盛之际,还必须守正道,不施非礼之事);

35.《晋》:"明出地上,晋;君子以自昭明德"(日出象征"进长",为臣者当自我昭著光辉的美德);

36.《明夷》:"明入地中,明夷;君子以莅众,用晦而明"(象征光明陨落,因此应慎于治理,而又晦藏明智,使自己尤显德操);

37.《家人》:"风自火出,家人;君子以言有物而行有恒"(风从火的燃烧中生出,自内延外,象征"一家人"。犹如家事自内影响到外,有关社会风化;因此,日常居家小事不能小看,必须自修小节,言行扎实不妄,守恒不变);

38.《睽》:"上火下泽,睽;君子以同而异"(象征两相乖背不合,因此,应求同存异,共归于治);

39.《蹇》:"山上有水,蹇;君子以反身修德"(象征行走艰难,如是,更应严于律己,修养道德);

40.《解》:"雷雨作,解;君子以赦过宥罪"(雷雨兴起,草木萌芽,象征舒解,悟知应施仁政,对他人的失误或故犯,以仁爱之心仅可能从宽处理);

41.《损》:"山下有泽,损;君子以惩忿窒欲"(泽自损以崇山高,象征"减损"。因此,应抑止忿怒,堵塞邪欲,以修身立德);

42.《益》:"风雷,益;君子以见善则迁,有过则改"(风雷交助,象征增益。因此应向往善行,有过则改);

43.《夬》:"泽上于天,夬;君子以施禄及下,居德则忌"(水气升腾于天,决然降雨,象征决断。因此,应果断降恩于民众,否则必招来准憎恶、怨恨);

44.《姤》:"天下有风,姤;后以施命诰四方"(和风无物不遇,象征相遇。因此,知有风雨,应传告四方,晓谕百姓);

45.《萃》:"泽上于地,萃;君子以除戎器,戒不虞"(水潦归汇,象征会聚。因此,应修治兵器,以备群聚滋生变乱);

46.《升》:"地中生木,升;君子以顺德,积小以高大"(象征上升,由此悟知应按德行事,积累小善以成宏大事业)

47.《困》:"泽无水,困;君子以致命遂志"(象征困穷。如是,则宁可舍命也要实现崇高志向);

48.《井》:"木上有水,井;君子以劳民劝相"(树上有水分渗出,象征"水井"。应效法"井养"之德,如汲井水养人然,为民操劳,劝民互助);

49.《革》:"泽中有火,革;君子以治历明时"(象征变革。因此,应悟知事物变革的道理,撰制历法以明四季变化);

50.《鼎》:"木上有火,鼎;君子以正位凝命"(象征鼎器在烹煮。因此,应如鼎然端正己位,严守使命,不负职守,以免误入邪途);

51.《震》:"洊雷,震;君子以恐惧修省"(象征雷声不断震动。因此,应有所恐惧,弥自修身,省察己过);

52.《艮》:"兼山,艮;君子以思不出其位"(两座山重叠,象征抑止。因此,应克服内心邪欲,不越本位);

53.《渐》:"山上有木,渐;君子以居贤德善俗"(山树渐渐高大,象征渐进。因此,应积累贤德,改善风俗);

54.《归妹》:"泽上有雷,归妹;君子以永终知敝"(水上震雷,欣欲而动,象征"少女出嫁"。悟知应始终保持夫妇之道,不可淫佚而敝坏此道);

55.《丰》:"雷电皆至,丰;君子以折狱致刑"(天之威动和光耀,使威明备足。

象于此卦,决断狱讼要明察虚实,动用刑罚要权衡轻重);

56.《旅》:"山上有火,旅;君子以明慎用刑而不留狱"(山上的火,势非长久,犹如行旅。悟知动用刑罚必须明决审慎,才不致株连无辜、老弱,动经岁时,不致留下讼狱)

57.《巽》:"随风,巽;君子以申命行事"(和风连连,象征顺从。效其象,应申谕命令,施行政事);

58.《兑》:"丽泽,兑;君子以朋友讲习"(两泽并连,交相浸润,象征欣悦。因此,应乐于与朋友相互讲解道理、研习学业);

59.《涣》:"风行水上,涣;先王以享于帝立庙"(象征涣散。应祭天立庙,以归系人心);

60.《节》:"泽上有水,节;君子以制数度,议德行"(泽上有水应筑堤防,象征节制。因此,应制定礼数法度和详议道德标准,作为人们的行为准则,并使任用得宜);

61.《中孚》:"泽上有风,中孚;君子以议狱缓死"(水上和风拂拂,象征广施之德。因此,应以诚信审议讼狱、宽缓死刑);

62.《小过》:"山上有雷,小过;君子以行过乎恭,丧过乎哀,用过乎俭"(山上响雷,超过平常的雷声,象征小有过越。仿其象,在行止、丧事、费用等寻常小事上应谦慈柔惠,可以稍有过越,以此来纠正小人失之慢易、奢侈的俗弊);

63.《既济》:"水在火上,既济;君子以思患而豫防之"(水在火上煮食物,象征事已成了。因此,就应思虑事成之后,可能出现的祸患而预先防备);

64.《未济》:"火在水上,未济;君子以慎辩物居方"(火在水上难以煮物,象征事未成。因此,应审慎分辨诸物,使之各居其位,则万事可成)。

上承《周易》,下启《易传》的是老子《道德经》。他所称的"道"是指"万物之宗",即"道生一,一生二,二生三,三生万物。万物负阴而抱阳,冲气以为和"。与《周易》的阴阳卦爻说有着明显的一脉相承关系。他所讲的"德"最重要的是指"上善若水"。"易曰:一阴一阳之谓道。继之者,善也;成之者,性也。人曰:天以一生水,盖道运而为善,犹气运而生水也,故曰:上善若水"(焦竑《老子翼》)。他讲的"道德"基本含义就是指个人行为自我修养达到何种境界的要求。他倡导:"善者,吾善之;不善者,吾亦善之;德善。信者,吾信之;不信者,吾亦信之;德信。"比如说父母与儿女的关系,儿女尽孝道,父母慈爱他们;儿女不尽孝道,父母还是慈爱他们,这就是为父母者应有的道德修养。反之亦然。又如朋友对我讲信义,我对他讲信义;朋友对我不讲信义,我对他还是讲信义。道德讲的就是个"善"字,讲"善行"。所谓"上善若水",就是"水善利万物而不争"。可见,道德是具有单向性的,是不考虑回报的,是利他主义的。在处理人际关系上,它是不以对方的行为条件的。显然,老子讲得过于超然。对"亦善"、"亦信"我们应理解为并不是纵容"不善"和"不信";这里讲的"亦善"、"亦信"应该是有原则的,那就是既反对以怨报德,也反对以德抱怨,而是孔子讲的"以直抱怨"。另外,道德还具有层次性。这是因为道德是自我选定、自我期许的,是个人精神上要求达到的某种境界。个人选定、期许要求不相同,德行也就有不同的层次。道德是人的一种高尚行为。最高尚者选定的道德标准具有至高的根本的价值,可以为之牺牲自己的一切。"生乎由是,死乎由是,夫是之谓德操。"(《荀子·劝学》)因此,古今中外都有"杀身成仁"、"舍生取义"的道德高尚者。这表明至德是可以实现的。党的十六大也指出:要"引导人们在遵守基本行为准则的基础上,追求更高的思想道德目标"。从《周易》到《老子》,在名列关系上都重名而轻利,重精神上的所得。认为以道从事者必论其名,故事成而身长。圣人之从事也,亦论其名,故"功成而身不伤"(郭店楚墓竹简《老子》校读)。这里所说的"圣人之从事也"之圣人,是泛指老子以前的古代圣贤,他们的功成名遂,都依赖于对道运与气运的理解与运用。古人通过远取近取,基于对世界的客观考察与认识、所得出的朴素唯物主义的认识,应该说就是《周易》的理论基础。这些被曾经在周代充当柱下史的老子继承了下来。《周易》和《老子》的宗旨就是道为本、德为用。《韩非子·解老篇》讲道与德的关系时指出:"德者,道之功。"韩非子引老子的话说:"失道而后失德,失德而后失仁,失仁而后失义,失义而后失礼。"

综上所述,从《周易》讲阴阳卦爻到《老子》讲道德善行,似可得出这样一个结论:阴阳一于善,至交于性,成而不伤,是为真善美。就人类而言,阴阳道气之运莫过于男女的交往了。男女的交往是人际交往中最重要的交往。男女的交往要在一定条件下才能形成,良性的交往必须双方都出于善。男女最深入的交往是性交,但这还不一定是最美好的,还必须双方都不受到伤害,尤其是精神上的不受伤害,这样的男女交往才是真善美的。阴阳卦爻之说实为正道善德之说。似可认定,这就是河洛文化的真谛。

二、加强五个道德规范的建设

研究古人是为了今人,研究历史是为了现实。研究河洛文化十分有益于促进我们当代的道德建设。我们正面临建设中国特色的社会主义道德体系的历史任务。我们坚持以马克思主义道德观为指导思想。同时也应重视传承和弘扬中华传统美德,其中就包含传承和弘扬伦理道德型的河洛文化。

(一)爱国守法

前述六十四卦中与我们现今提倡"爱国守法"相关的有第 6、21、22、40、55、56、60 等卦。但应赋予我们当代的意义。

"爱国"是社会主义道德提倡集体主义精神的集中表现。

社会主义道德的重要原则是集体主义。在新的历史条件下"爱国"的标准是:尊重自己的民族,诚心诚意拥护祖国的统一、繁荣和稳定。我们正在进行的公民道德建设,就是要弘扬爱国主义精神,加强以为人民服务为核心、以集体主义为原则的思想道德建设。

"守法"的观念在《周易》就有。例如《讼》卦、《夬》卦等都是讲法的。都是劝人应"守正防危"。《老子》讲"咎莫大于欲得",就是说贪婪就会犯法受罚。这些道理无疑都还适用于我们的当今社会,适用于我们每一个人。

(二)明礼诚信

前述六十四卦中与我们现今提倡"明礼诚信"相关的有第 5、8、10、15、16、17、32、33、34、42、49、53、54、59、61、62 等卦。也应赋予我们当代的意义。

"明礼"是我国历来很重视的一种美德。孔子说"礼"即"理",与《周易》《老子》讲的"易"、"道"是相通的。"明礼"要求人们按一定的规矩办事,礼貌待人,遵纪守法,有"礼让"的精神和修养,有"虽能必让"的精神和修养,其中包括"举才让贤"的精神和修养,这是礼让的最高境界、最高层次的操守。

"诚信"即诚实守信,包含诚恳、真挚、信守诺言以及取信于民等意思。当今世界充满竞争,尤其是市场经济中的竞争。为维护双方的利益,应十分重视信用。养成诚实守信的品德,这是我国人民立足于世界民族之林的需要。对于领导干部来说,取信于民是诚实守信这条道德规范最高层次的操行,是行德政的根本。

（三）团结友善

前述六十四卦中与我们现今提倡"团结友善"相关的有第2、7、13、14、31、38、40、58等卦。其当代意义则如下述。

"团结"这条道德规范在市场竞争日益加剧的现代生活中十分重要。邓小平指出:"社会主义同资本主义比较,它的优越性就在于能做到全国一盘棋,集中力量,保证重点。"《易经》中就阐述了"二人同心,其力断金"的观点。《左传》进一步提出:"师克在和,不在众。"然而,只有社会主义社会才创造了真正达到团结合作道德的条件。

"友善"是一种和蔼可亲、宽宏大量的待人美德。友善包含忍让、体谅、公平、善意待人、助人为乐、宽恕别人过失以及人道主义等意思。家庭中讲"夫和妻柔",政治上讲"以和为贵",做生意讲"和气生财",个人修养上讲"律己严而待人宽"等等,都是友善的要求和体现。友善的道德修养来自眼界远大和胸襟开阔;在待人接物上抛弃一切成见,抛弃个人恩怨。

讲团结友善最重要的是要处理好几种重要的人际关系,这说的是:家庭关系和亲戚关系;师生关系和朋友关系;长幼关系和乡里关系;管理与被管理的关系以及服务与被服务关系。

（四）勤俭自强

前述六十四卦中与我们现今提倡"勤俭自强"相关的有第1、3、4、9、11、12、26、27、28等卦。当然,也应赋予当代意义。

"勤俭"指勤劳与节俭,这是世界公认的中华民族的美德。"勤与俭,治生之道也。"（朱用纯《愧讷集》第十卷）勤劳也就是我们革命道德传统美德中的艰苦奋斗。邓小平一再强调"应该保持艰苦奋斗的传统"。

"自强"指自强不息。《周易》"乾"卦所讲"天行健,君子以自强不息"。就是说做人要有一种如同天体运行周而复始永不懈怠的精神。任何人、任何事,"不自强而成功者天下未之有也"。（《淮南子·修务训》）邓小平指出:"毛泽东同志说过,人是要有一点精神的。长期革命战争中,我们在正确的政治方向指导下,从分析实际情况出发,发扬革命和拼命精神,严守纪律和自我牺牲精神,大公无私和先人后己的精神,压倒一切敌人、压倒一切困难的精神,取得了伟大的胜利。搞社会主义建设,实现四个现代化,同样要在党中央的正确领导下,大力发扬这种精神。"这里提到的诸种革命道德传统,正是对中华民族的自强不息精神的传承和弘扬。自强不息精神也就是与时俱进精神。《周易》"乾"卦讲"自强不息"的同时就讲君子"终日乾乾,与时偕行"。"乾"指积聚沛然刚健的阳气而成的天,意思是说,君子应如天之然健强振作不已,追随时光向前发展。2001 年,江泽民在"七一"讲话中提出"马克思主义具有与时俱进的理论品质",使"与时俱进"精神得到了进一步的发扬。

(五)敬业奉献

前述六十四卦中与我们现今提倡"敬业奉献"相关的有第 18、19、20、23、24、25、29、30、35、36、37、39、41、43、44、45、46、47、48、50、51、52、57、63、64 等卦。其当代意义也有很大变化。

敬业奉献的核心是克己奉公。中国人自古就讲天时不如地利、地利不如人和,讲万众一心,讲同心同德、同心协力,讲人心齐、泰山移,等等。自周代就有了反对"私"天下的思想,对从政之官吏就提出了"夙夜在公"、"大公无私"、"以公灭私"的要求。把大公无私理论化、系统化的是孔子,其"大同"理想社会的最大特征就是"天下为公",他说:"大道之行也,天下为公"(《礼记·礼运》)公与私的关系引起了伦理道德上长期存在的义利之争。其实质是如何认识和处理作为精神世界方面追求的道德情操和作为生存条件方面追求的物质利益之间的关系。它是伦理道德不可回避的一个基本原则问题。朱熹认为:"义利之说,乃儒者第一义。"(《朱文公文集》第二十四卷)中国文化史上有重义轻利、义利并重、重利轻义等各种观点。可见,在传统文化中,已意识到义利之间主客观的统一。邓小平关于义利统一的观点,是对马克思主义道德本质论的发展,也是对儒家伦理道德中义利辩证的弘扬,应该作为构建有中国特色社会主义伦理道德体系的一个重要的基本原则。这条道德规范与义利统一基本道德原则直接联系,是义利统一的重要体现。我们主张私利与公义统一,但发生矛盾时必须克制、克服私利、私欲,服从公义、公利。倡导克己奉公的操守对反对腐败、建设廉政有极其重要的现实意义。

(作者单位:福建师范大学公共管理学院)

文化传统与文化更新

徐晓望

自从20世纪初的新文化运动以来,中国传统文化一直被当做近二百年来中国落后的主要原因,由于这种意识的影响,当代的儒学复兴运动在其萌芽阶段便受到了来自知识界广泛的批评,他们认为:复兴传统文化将阻碍中国的现代化。但在事实上,世界文化的发展趋势是努力开发各类文化独自的文化特点,以寻找文化发展的新视野、新领域、新起点及新的动力,儒学作为世界上与基督文化、伊斯兰文化并列的三大文化潮流之一,其中蕴藏着无限的文化潜力,它是中华文化自立于世界的基础,也是促进人类文化更新的主要动力之一,当代世界中华文化的崛起,应是在复兴传统文化的过程中达到自我的更新。

一、尊重传统文化是世界性的文化潮流

近一百年来,反传统一直是中国文化界的潮流,尤其是五四新文化运动之后,反对传统文化的浪潮一浪高过一浪,而其顶峰则是发生于20世纪60年代的文化大革命,文化大革命提出了破除一切"封资修"的口号,在全国范围内横扫传统文化,其破坏力之大,恰如遍及全中国每一个角落的大地震,全国的庙宇除了少数被封存之外,全部被捣毁。一切被怀疑与儒、佛、道有关的文化产品,都被销毁。在那个时代,海外有许多中国传统知识分子哀叹,中国的儒学在大陆已经被连根拔起。其时,只有在台湾岛,尚存规模不大的新儒学运动,儒学衰败至微。

文化大革命虽然已经过去了三四十年,但传统文化是天下至恶的观念一直影响着中国人,"文革"过去后,虽然大量的庙宇重新修建,祭孔大典也重新出现

在许多省份,但这都被当做对人们弱点的让步,受教育的年青人下意识里,仍然将传统文化当做落后的东西,当做中国不能迅速现代化的罪魁祸首。今天的年青一代,对西方文化更有兴趣,他们着力模仿西方流行的一切而没兴致面对传统——其实并不奇怪。

以反传统为其特色的新文化运动及"文化大革命",其影响不仅在国内,而且也波及地球上华人世界的每一个角落。海外华人本身就受到西方文化的强大影响,而中国自身又否定了传统文化的价值,彻底西化似乎成了西方世界华人的唯一道路,近一百年来,寄居于海外的华人受西方文化的影响极深,最为典型的是新加坡的华人,他们虽是一个华人为主的国家,却没有选择华语为国语,而是选择英语为国内的主要语言,乃至曾以华语为教学语言的新加坡大学,也全面改用英语教学。语言是文化的主要载体,选择英语的新加坡人,虽然有黄皮肤、黑眼睛,但他们的内心更愿意做一个英国人,而不是华人。这类情况还有美国及欧洲国家的华人,他们都被称为黄皮白心的"香蕉人"。

然而,西方文化的本质是民族主义,他们历来将自身的文化看做是至高无上的,因此,对西方文化了解越深,越有可能走向文化的民族主义,从而产生本体文化意识的觉醒。辜鸿铭是一个较早受到西方文化影响的华人。他在少年时期被一个新加坡的英国人收养,从小受到英国式的教育。但这个英国人并没有让辜鸿铭歧视养育自己的民族,而是告诉他,要尊重华人自身的文化传统。后来,辜鸿铭游学欧洲,学会了几种欧洲语言,成为中国最了解西学的人。但是,他并没有在西学中忘掉自我,反而成为中国文化最坚定的捍卫者,在新文化运动的潮流中,出自于中国的学者无不主张反传统,打倒孔家店,反而是受西方文化影响最深辜鸿铭提倡儒学,成为捍卫儒学的中流砥柱。

其实,就在新文化运动使许多中国人摒弃儒学的时候,西方学术界的大师仍然给予儒学最高的评价。在 1972～1973 年,英国著名历史学家阿诺尔德·汤因比在与日本创价学会倡导者池田大作有过一次漫长的谈话,汤因比说:

　　第一,中华民族的经验。在过去二十一个世纪中,中国始终保持了迈向全世界的帝国,成为名副其实的地区性国家的榜样。
　　第二,在漫长的中国历史长河中,中华民族逐步培育起来的世界精神。

第三，儒教世界观中存在的人道主义。

第四，儒教和佛教所具有的合理主义。

第五，东亚人对宇宙的神秘性怀有一种敏感，认为人要想支配宇宙就要遭到挫败。我认为这是道教带来的最宝贵的直感。

第六，这种直感是佛教、神道与中国哲学的所有流派（除去今天已灭绝的法家）共同具有的。人的目的不是狂妄地支配自己以外的自然，而是有一种必须和自然保持协调而生存的信念。

仿佛是为了证实儒学的价值，从 20 世纪 70 年代以来，东亚的中国台湾、韩国、香港、新加坡等"四小龙"在东亚崛起，引起世界上各界人士的关注，"四小龙"共同的特点是在历史上受到了儒学深刻的影响。以韩国来说，它在李朝时期引进了中国的书院，从此书院成为韩国传播儒学的据点，一直保存到今天。其间虽说中国自身将书院改为学校，但韩国人对儒学的热情仍然痴心不改，书院这一教育形式至今仍然存在于韩国。又如祭孔仪式，中国由于时代的变更过于激烈，不论是大陆还是台湾，都没有保存传统的、纯粹的祭孔仪式。而韩国的祭孔仪式则从 600 年前延续至今日。由于以上原因，今日的韩国每每自称为儒学最发达的区域；中国的台湾地区在蒋介石与蒋经国的领导之下，一直将尊崇儒学当做既定方针，尽管台湾的政权结构受西方影响很大，但儒学在台湾一直有崇高的地位；西化较深的新加坡与香港也一直保持着尊儒的传统。实际上，当 20 世纪初中国的学校纷纷将《四书》从教材中剔除出去的时候，只有基督教系列的教会学校仍然坚持使用《四书》等儒家教材，所以香港、新加坡虽受西方文化影响较大，但二地民众并不歧视儒学。尤其是新加坡，其前总理李光耀等人直言不讳地将儒学当做新加坡崛起的原因。事实上，在全世界的范围之内，理智的学者大都尊重儒学，视其为世界上三大文化潮流之一。除了大陆地区，很少有人小看儒学这一文化思潮的。

从大历史来看，近 1000 年来，推动世界经济发展的力量一直是旧大陆的两端，其一为西部的欧洲，其二为东部的中国、日本、韩国。这两大区域最早建立了发达的农业社会，这是世界其他区域所不具备的，也是这两大区域最早开始从农业社会开始向工业社会的转型，近 500 年来世界贸易，主要是欧洲与东亚的贸易,美国的出现使世界的发达区域三足鼎立,但并没有在实质上改变旧的世界体系。在这 1000 年里,东亚领先欧洲的历史长达 800 年,欧洲只是近 200 年领先东亚,明清的中国长期是世界上最伟大的国家,这一历史的本身证明了儒学及其他东亚传统文化的价值。工业革命在欧洲发生后,东亚逐渐落后于欧洲,但儒家有一种"知耻近乎勇"的精神,20 世纪下半叶以来,日本首先成为发达国家,尔后东亚国家奋力追赶,"四小龙"现在已经进入发达国家与地区的行列,"四小龙"之后,又有中国与东南亚"四小虎"崛起,从而使东亚与西欧、北美并列,成为世界经济发展的主要推动力量。可见,就文化的本质而言,当今世界推动世界经济发展的动力与 200 年前其实没有变化,主要是基督教国家与儒教国家承担了这一主要任务。

二、儒学在人类文化发展过程中的作用

从文化学的角度来看,推动世界发展的动力主要来自于文化的创新,而文化的创新则来自于不同文化的交融与碰撞。自从一万年前农业文明起源以来,世界各地形成了各有特色的农业文明,这些文明都是各民族千百年以来的文化积累,有着极为丰富的文化价值。但是,各民族文化也有其各自的局限性,只有突破各自的局限性,吸收其他民族文化的长处,才能取得文化的不断更新。中国在近二百年的落后,其中原因之一就是文化上的自高自大,从而产生了自我封闭,落后于世界的发展潮流。但这一事实并非说明中国的主体文化没有价值,其实,儒学对世界的发展起过重要作用。欧洲在其文艺复兴运动过程中,广泛吸取世界各地的文化传统,其中,以传教士为主的西方学者,将中国的儒家经典传到西方,对西方哲学的进化起过相当作用。莱布尼兹提出的二进位制是受中国古老的八卦的影响,这是众所周知的;黑格尔认为客体精神是世界的本源,这与儒家提出"理"是世界本源的观点有相似之处。在其他方面,中国小说《玉娇梨》传入欧洲,使欧洲人认识怎样构造情节复杂的小说;《赵氏孤儿》戏剧的传播,使欧洲人对戏剧本性认识产生极大的飞跃,从而完善与发展了欧洲的戏剧。

回顾中国文化史的发展,融会与贯通一直是文化发展的主题。春秋战国时期中国文化的发展,与各地区的文化交融有关。在西周初期,周王朝为了达成对全国的统治,将统治者分封于中原各地,他们带领原属于西周的部落与中原各地

民族相互融合,建立了数百个国家。经过长时期的交融之后,春秋战国时期,各诸侯国的文化已有了初步的繁荣。战国时期,各个国家的往来更为频繁,各种不同的文化都在中原这一大熔炉里陶冶,从而形成了中华文化的主干。汉朝建立后,南方的楚人成为统治者,他们大力提倡楚辞,起用越巫,从而使南方文化进一步融入中原,中国在战国秦汉时期出现了中国历史上第一个文化高潮,这与中国各地文化的交融有关。魏晋南北朝以后,佛教在中国展开,佛教带来了不同风格的印度文化,在与佛教文化的交融中,隋唐的中国文化又达到了一个新的高潮,其成果一直延续到宋朝。但自宋朝之后,中国放慢了与世界交流的步伐,中国文化的发展也出现了停滞,元、明、清三个朝代的中国文化似不如秦汉时期,更不如唐宋时期,其原因在于:元、明、清时期的中国未能大幅度地从海外世界吸收富有生命力的外来文化,所以,发展是有限的。

从中外文化交流的历史来看,不论是西方文化还是东方文化,都需要在交流中发展,没有交流,不论本身的文化有多么伟大,或者在历史上曾经创造过多少伟大的成绩,都会在停滞中落后。就这一点而言,近 200 年来中国的落后,并非儒学自身不够伟大,或者说是没有价值,它对西方文化的贡献早已说明了它的价值,其主要问题在于:它处在自我封闭的环境中,对外来文化吸收不够,造成了中国总体文化水准跟不上时代的步伐。

自从新文化运动以来,中国在向西方学习方面进行了很大的努力,今日中国的大学都是以科学技术的研究为其主要内容,全国的大学拥有数十万老师,每年有数百万大学生毕业,但令人遗憾的是:中国的科技界少有发明与创新,基本上是跟在世界发达国家之后亦步亦趋,模仿他们的发明,消化西方先进的技术。令人尴尬的是:这种模仿与消化似乎永无止境,虽然西学传到中国已经有一百多年的历史,中国人掌握西方技术也有了一百年的历史,但构成今日中国工业主体的,仍然是西方发明的技术与生产流水线。西方发明一种,我们引进一种,罕有属于中国人的发明。而与我国大约同时向西方学习的日本,现在已经是获得诺贝尔奖的大户,日本在自动化、数码技术上的发展,早已领先世界的潮流。

日本与中国在向西方学习的道路上与我们不同的是:日本人并没有在反传统之上花费很大的力量,相反,日本是一个传统文化保存较好的国家,日本男女至今还穿和服,其神道教的庙宇遍布于全国,日本受儒教的影响有限,但是,儒教带来忠诚、信用、重视礼节之类的观念却成为日本人日常生活的常规,日本人将对天皇的忠诚转化为对公司的忠诚,将儒家的信用作为商场的基本准则,彬彬有礼的日本人每每获得外人的好感,于是,日本的传统文化使他们获益匪浅。日本人的文化底蕴既有西方的科学、技术与文化,也有日本的传统文化以及从中国传来的文化基因,他们既然拥有丰富的文化内涵,不断有所发现与发明,其实是很自然的。在他们的身上,早已体现了东西文化交融的特征。

中国在历史上曾经是一个拥有四大发明的国家,但自新文化运动发生后,我们越来越成为失去传统的民族,尤其是"文化大革命"的潮流铲除了一切传统文化,在这一代受教育的人们,基本是在文化沙漠中长大。由于缺乏本民族文化的底蕴,我们的文化素养在东亚各民族中是最低的,这妨碍了我们对西方文化精髓的了解,因此,虽然我们接受了先进的科学技术,但我们只知道它的末流,并未掌握它的核心。要想有发明创造,一定要有所对照与比较,一个人只有拥有较为丰富的文化知识,掌握不同的文化体系,才能有所比较,才能有所发明,否则,他的思维会局限于某种静止的状态中无法发展。缺乏文化底蕴,这是新一代人最大的缺陷。

要想使新一代人拥有丰富的文化底蕴,不仅要让新一代人学习世界上的先进文化,也要让新一代人学习传统文化。事实上,西方文化已被发掘到极致,从中很难找到新的东西,而儒学这一庞大的文化体系,正被纳入西方学者的新视野,西方人正在努力发掘中国传统文化中不同于西方的概念,从中寻找发明的契机。以西方药学来说,经过数百年的发展,西方原有的医药学潜力已经发掘得差不多了,现在药学界新潮流是学习中国与印度的古药学,从中发现有价值的新药。在文化方面也是一样,西方文化的发展也会有其局限性,要有新观点与新体系的产生,有必要借鉴不同于西方的文化体系,这是许多西方学者重视东方文化的原因之一。对东方学者来说,则要在学习西方先进文化的同时,牢牢掌握东方固有文化精神,这样才能拥有扎实的文化基础,才能有所建树,甚至做出西方学者尚未做出的东西。

三、传统儒学与中华文化的复兴

中华文化的上一次高潮已经是在唐宋时期,其动力来自印度的佛教文化与中国的传统文化结合,中国传统文化从中汲取了大量的文化营养,在文化的激荡中达到文化的自我更新。近代以来,来自欧美的西方文化再一次传入中国,引起广泛的文化交流与激荡。面对西方文化的传入,文化的自闭是不对的,这是晚清遗老遗少受到大家反对的原因。但是,许人将反对闭关自守发展到反对儒学的运动,这有没有走得过分了? 则是一个疑问。

　　我们承认:近代中国新文化运动的兴起及其在一定时段的反传统,在吸收西方文化方面起了重大的作用,但在打开中国文化吸收西方文化的大门后,有没有必要再反儒学? 新文化运动中的部分人将儒学与西学当做对立的两个方面,认为只有不断地反传统才能有效地吸收西方文化。因此,他们最为激烈的口号是"打倒孔家店"。从表面上看,中国西学的传播似乎是推倒孔家店之后进行的。然而,西学在中国的生根发芽,实际上并没有构成与儒学的根本冲突,近代以来的中国人基本上是敞开胸怀拥抱世界上的先进文化,所有的学校都将孔子的像放在一边,大力学习先进的科学技术与文化,西方的科学体系很快在中国普及,实际上,中国的儒者从来没有像有些国家那样,将西方的科学与文化当做洪水猛兽。儒者几乎是没有反抗地让出了他们的地盘,因为,他们自身也认为:只有科学才能救国,既然儒学的主题就是救国,他们不能不欢迎西学。倒是许多从西方来到中国的学者对中国人轻视孔子与儒学传统感到奇怪,在西方世界,各民族都着力捍卫自己的文化传统,只要是属于民族自身的东西,哪怕是一支小小的歌曲,在他们看来都是难得的文化财富,要用尽全部力量去保护。至于儒学这样伟大的文化传统,使世界上多少学者都对其丰富的文化遗产感到敬畏,而中国人却视而不见,这无疑是让人遗憾的。

　　对于中国人反对传统的表现,有一个西方学者进行了认真的研究,其结论是:中国人有反传统的传统。其原因在于中国人具有赶潮流的性格,每当有新的文化潮流涌进,都会有中国人一窝蜂地跟进,为了表示自己坚持拥护新文化潮流,还会嘲笑与反对以往自己拥护过的某种文化潮流。这种思维方式是非此即彼的简单化思维方式,也是一元论文化观的产物。而世界早已经进入了多元文化的时代,在多元文化观时代,没有什么非此即彼的思维方式,不同的文化可以共存,并在共存中达到共荣。所以,儒学与西方近代的思想文化体系是可以共存的。今天复兴儒学这一中华文化的传统,并非是要铲除从西方传来的民主、法制、均富等文化观念,而是要在这一基础上,达到文化的全面繁荣。儒学与西学不是非此即彼的对立面,儒学并非不重视法制,中国历来的儒学大师,都对违法的行为深恶痛绝,因此,在儒学的引导下,中国的官场成长起一批清官,他们都是以维护法制、敢于挑战权贵为荣。其次,在儒学萌芽的春秋时代,中国尚没有所谓的专制制度,因而培养了儒家民本主义的思想,以后虽然历经变化,儒学的思想中一直有"民贵君轻"的传统,因此,作为一个儒者,接受民主制度并没有困难。近来在多处国际会议上,都发现有所谓传统派与西学派发生冲突,一旦有人说要弘扬传统文化,就有人说弘扬传统文化不利于民主法制,其实,二者可以共存,并不构成对立。

当今世界文化发展的潮流是在频繁的文化交流中寻找创新的机会,儒学作为一个流传两千多年的、庞大的文化体系,其中含有丰富的文化财富,有待于人们去挖掘。作为中国人,我们很有必要延续儒学这一文化传统,并在吸收西学的基础上,达到文化的交融与飞跃。就这一点看,新世纪中华文化的复兴,应是建立在西学与儒学融会贯通的基础上。也就是说,儒学将为中华文化的复兴做出巨大的贡献,这是历史赋予的使命。

(作者单位:福建省社会科学院)

宋代"洛学""四书"类要籍叙录

杨　昶

北宋程颢、程颐兄弟二人遍解群经,但除了《周易程氏转》之外,并未留下几部系统的解经典籍。至于"四书",则素为二程所推重,故有完整著述行世。二程学派号为"洛学",传承演进于有宋一代,延及朱熹、宋汝谐等辈,均编著有"四书"类作品。今胪列其中要者十余种,撰为"叙录",以考察其思想学术统绪的一个侧面。

一、《明道先生改正大学》一卷　宋程颢编

程颢(1032~1085),洛阳人,字伯淳,学者称明道先生。与弟颐从学于周敦颐,并享北宋理学奠基者之誉,世称"二程"。神宗朝,为监察御史里行,与王安石新政对立;创"天者理也"、"只心便是天"诸说,认为:知识,真理的来源,只是内在于人的心中,"更不可外求"。他和其弟颐的学说后来为朱熹所继承发展,也称"程朱学派"。二程言论和著作,后人合编为《二程全书》,包括《二程遗书》、《二程外书》、《明道文集》、《伊川文集》、《程氏经说》、《二程粹言》等,今人合编为《二程集》。(中华书局 1981 年 7 月版)《大学》本是《礼记》中的一篇。韩愈、李翱等把它看做与《孟子》、《周易》同样重要的"经书"。二程接受这种观点,竭力推崇其在"经书"中的地位。二程说,"《大学》,孔子之遗言也。学者由是而学,则不迷于入德之门也"。(《粹言》卷第一)二程重新编定了《大学》的章次。朱熹在《记〈大学〉后》一文中说,《大学》"简编散脱,传文颇失其次,子程子盖尝正之"。经过二程和后来朱熹的解释,《大学》中所谓格物致知、正心诚意、

修身、齐家、治国、平天下的纲目,便构成完整的、循序渐进的为封建统治服务的思想层次和思维体系。二程重新编定《大学》,即《明道先生改正大学》、《伊川先生改正大学》,载《程氏经说》卷第五。

二、《伊川先生改正大学》一卷　宋程颐编

程颐(1033～1107),洛阳人,字正叔。世称伊川先生。曾和兄程颢从学于周敦颐,同为北宋理学奠基者,称"二程"。并官至崇政殿说书,与王安石新政对立;治学以"穷理"为主,认为:"天下之物皆能穷,只是一理";此理"在天为命,在人为性,论其所主为心"。他和程颢的学说后来为朱熹所继承发展,也称"程朱学派"。其言论和著作,后人合编为《二程全书》,今编订为《二程集》。(中华书局1981年7月版)二程都重新编定过《大学》的章次,程颐所编为《伊川先生改正大学》,载《程氏经说》卷第五,亦收入《二程集》中。

三、《论语解》一卷　宋程颐撰

二程治学,把《大学》、《中庸》、《论语》、《孟子》抬高到和六经相同的地位。《宋史·程颐传》说,颐之为学"以《大学》、《语》、《孟》、《中庸》为标指,而达于六经"。这和后来朱熹所说"四子,六经之阶梯"(《朱子语类》卷一○五)是相同的意思。"四书"并行,始于二程的提倡,乃至朱熹作《四书集注》,遂使"四书"风行天下,盛传后世,成为维护封建统治的经典。《论语解》是程颐对《论语》的解说和发挥,载《程氏经说》卷第六,也收入《二程集》内。

四、《中庸解》一卷　宋吕大临撰

吕大临(1040～1092),京兆兰田(今属陕西)人,字与叔,初学于张载,后转入二程门下,与谢良佐、游酢、杨时并称程门"四先生"。以荫入仕,后登进士第,元祐中为太学博士、迁秘书省正字。著有《云阁札记解》、《考古图》等。《中庸解》一卷,载《程氏经说》卷第八,亦收入《二程集》内,而实出自吕大临手笔。朱熹已有详明辨证,详《朱子语类》卷六十二:"向见刘致中说,今世传明道《中庸解》,是与叔初本,后为博士演为讲义。先生又云:尚恐今解是初著,后撮其要为解也。"

五、《中庸义》一卷　　宋杨时撰

杨时(1053~1135),南剑州将乐(今属福建)人,字中立。熙宁进士。调官
不赴,学于程颢;颢死,又学于程颐,为程门"四先生"之一;东南学者推为"程氏
正宗"。高宗时,官至龙图阁直学士。以著书讲学为事。晚年隐居龟山,学者称
龟山先生。有《二程粹言》、《龟山集》。《中庸义》是杨时阐述二程思想的代表
作。杨时受学于二程时,曾"得其绪言",深知《中庸》之书的重要。但是,"熙宁
以来,士于经盖无所不究,独于《中庸》阙而不讲"。因此,杨时立意著《中庸义》,
以广"道学之传"。其《序》说:"予昔在元丰中,尝受学明道先生之门,得其绪言
一、二,未及卒业而先生没,继又从伊川先生。未几先生复以罪流窜涪陵,其立言
垂训为世大禁,学者胶口无敢复道";"于是追述先生之遗训,著为此书。以其所
闻,推其所未闻者。虽未足尽传先生之奥,亦妄意其庶几焉。学者因吾言而求之
于圣学之门墙,庶乎可窥而入也。"《中庸义》收在《龟山集》卷之四。《龟山集》
有《四库全书》本,四十二卷。

六、《孟子传》二十九卷　　宋张九成撰

张九成(1092~1159),杭州钱塘(今浙江杭州)人,字子韶,号横浦居士,又
号无垢居士。少游京师,从杨时学。绍兴二年(1132)进士第一,历著作郎,礼
部、刑部侍郎等职。他研思经学,多施训解。著作有《横浦集》等。张九成之学
出于杨时,又喜与僧宗杲游,故不免杂于释氏。其时冯休作《删孟子》,李觏作
《常语》,司马光作《疑孟》,晁说之作《诋孟》,郑厚叔作《艺圃折衷》,都极力排斥
《孟子》,故张九成撰《孟子传》,特发明于义利经权之辨,著孟子尊王贱霸有大
功,拨乱反正有大用。每一章为解一篇,主于阐扬宏旨,不主于笺诂文句。今有
《四库全书》本、《摛藻堂四库全书荟要》本,另《四部丛刊三编》有《张状元孟子
传》残本二十九卷。

七、《四书章句集注》十九卷　　宋朱熹撰

朱熹(1130~1200),徽州婺源(今属江西)人,生于南剑州尤溪(今属福建),
后迁居建阳(今属福建)考亭。字元晦,一字仲晦,号晦庵,又号晦翁,别称紫阳。

绍兴十八年(1148)进士,累官秘阁修撰等,晚年居考亭讲学。受业于李侗,得程颢、程颐之传,兼采周敦颐、张载等人学说,集北宋以来理学之大成,建立一个客观唯心主义的思想体系,是中国封建社会后期影响最大的思想家。其学派被称为"闽学"、程朱学派。他认为,"太极"是宇宙的根本和全体,包括不能分离的"理"、"气","理"在"气"先;万物有万理,万理均源于"天理",而"天理"即"三纲五常"。人们须"去人欲,存天理","正心诚意"、"居敬"、"穷理"以"求仁"。主要著作有《四书章句集注》、《伊洛渊源录》、《资治通鉴纲目》、《楚辞集注》、《诗集传》等,及后人编纂的《朱子语类》、《朱文公文集》。《四书章句集注》是朱熹最有代表性的著作之一。朱熹祖述二程的观点和做法,特别尊崇《孟子》和《礼记》中的《大学》、《中庸》,使之与《论语》并列。认为《大学》中的"经"的部分是"孔子之言而曾子述之","传"的部分是"曾子之意而门人记之";《中庸》是"孔门传授心法",而由"子思笔之于书以授孟子"。四者合起来,代表了由孔子经过曾参、子思传到孟子这样一个儒家道统,而二程和自己则是这一久已中断的道统的继承者、发扬者。其书包括《大学章句》一卷,《中庸章句》一卷,《论语集注》十卷,《孟子集注》七卷。所有集注均表现朱熹的哲学思想,并赋予孔孟思想理学色彩。《大学章句》、《中庸章句》均成书于孝宗淳熙十六年(1189),基本上是作者自己的注释,对《大学》还区分了经传并重新编排了章节。《论语集注》、《孟子集注》成书于孝宗乾道四年(1168),多引用二程及程门弟子的言论注释。光宗绍熙元年(1190),朱熹知漳州,刊刻四书,"四书"名称从此确立。元、明、清封建统治者推崇理学,将此注本定为科举取士的必读之书。此书版本较多,通行的有《四库全书》本、1957年中华书局本和1983年中华书局《新编诸子集成》本。

八、《四书或问》三十九卷   宋朱熹撰

朱熹既作《四书章句集注》之后,又因诸家之说纷错多歧,便一一设为问答,以明去取之意,故陆续撰成此书。凡《大学》二卷、《中庸》三卷、《论语》二十卷、《孟子》十四卷。其书非一时所著。《中庸或问》原与《辑略》俱附章句之末,《论语或问》、《孟子或问》则各自为书,流布于世,后坊刻合为一帙。今有《四库全书》本、《西京清麓丛书正编》本和《洪氏唐石经馆丛书》本。

九、《论孟精义》三十四卷　宋朱熹撰

隆兴元年(1163),朱熹曾辑诸家论说《论语》为"要义"一书,其本不传。乾道八年(1172),因复取二程、张载及范祖禹、吕希哲、吕大临、谢良佐、游酢、杨时、侯仲良、尹焞、周孚先等十二家之说,荟萃条疏,名之曰《论孟精义》,而自为之序。凡《论语》二十卷、《孟子》十四卷,又各有纲领一篇,不入卷数。今有《四库全书》本。另,《西京清麓丛书正编》、《洪氏唐石经馆丛书》中,有题署朱熹所辑《国朝诸老先生论孟精义》二十四卷,非朱熹旧本。

十、《中庸辑略》二卷　宋石𡼖撰　朱熹删定

石𡼖,新昌(今江西宜丰)人,字子重,号克斋。绍兴十五年(1145)进士,官至太常主簿,出知南康军。宋儒治学求性道,《中庸》定为"心传"之要,论说日详,故石𡼖取周敦颐、张载、二程及吕大临、谢良佐、游酢、杨时、侯仲良、尹焞之说,辑为此书,初名集解。乾道九年(1173),朱熹为作序,极称其谨密详审。淳熙十六年(1189),朱熹做《中庸章句》,因重为删定,更名辑略,而仍以集解原序冠其首。今有《四库全书》本、《朱子遗书》本和《西京清麓丛书正编》本。

十一、《论语意原》二卷　宋宋汝谐撰

宋汝谐,处州(今属浙江)人,字舜举,号东谷,官至吏部侍郎。另著有《东谷易翼传》。《论语意原》前有自序,云:"二程横渠杨谢诸公互相发明,然后《论语》之义显。谓诸公有功于《论语》则可,谓《论语》之义备见于诸公之书则不可。予于此书少而诵,长而辨,研精覃思,以求其指归。既断以己说,复附以诸公之说,期归于当而已。"今《四库全书》本做二卷,武英殿聚珍本、《墨海金壶》本、《指海》、《经苑》、《丛书集成初编》本均做四卷。

(作者单位:华中师范大学古代文献研究所)

大同之道与族群融合

——《周易·同人》卦之深蕴

黄黎星

　　《周易》这部古老、奇特的哲学文化之"圣典",是华夏大地丰厚、特殊的土壤所孕育、萌生、绽放的一朵思想智慧之奇葩。《周易》由"经""传"两部分组成。《周易》"经"的部分,包括以阴阳符号为内核、以八卦符号为本体的结构严密的六十四卦符号象征体系,以及配合符号象征体系而又具有独自象征意蕴的卦爻辞文字系统。作为于西周前期定型的独特的经典,它积淀、融会了先民们("圣人"或"先王"可视为他们的代表)智慧、情感的精华。而《周易》"传"的部分,一般认为是春秋战国时期儒门圣贤所撰制,作为最古老、最权威的解"经"文献,并且附"经"以行近两千年,它以人文主义思想对"经"的内容进行定向的发挥、改造,从而构成了《周易》中富于纯正哲理的部分。《周易》对中国古代学术文化诸多领域产生了广泛而深刻的影响,在中国思想文化史上占有重要的地位。滥觞于先秦时期的《易》学研究,经两千多年的发展而形成蔚为壮观的《易》学史长流,其中包含了历代学者依傍《周易》所创发的丰富的学术思想、所融入的精妙的哲理智慧。

　　《周易》第十三卦为《同人》卦。唐孔颖达《周易正义》曰:"同人,谓和同于人。"①宋朱熹《周易本义》曰:"同人,与人同也。"②历代《易》家持论大体相同。该卦主旨,在于阐发"和同于人"之道。《易》本象数,发为义理,从《同人》卦象

---

①　[清]阮元校刻《十三经注疏》中华书局 1980 年版。
②④　[宋]朱熹:《周易本义》卷一,金陵书局十三经读本。

来看,由下离上乾组成六爻卦,所谓"天火同人",取象宏大,而卦爻辞所论者,显
然是指集团、族群之间的"和同"关系问题,因此,《同人》卦的深蕴,在于反映了
先民对大同之道的追求,以及对族群融合的思考。其中的哲理意蕴,对我们今天
仍然有着重要的启示意义。

一、《同人》卦的象数与义理

　　《同人》卦卦形为下离上乾。历代《易》学家多认为:离为火,乾为天,天位于
上方,火之性炎上,故含有"趋同"、"谐同"的象征意蕴。唐·李鼎祚《周易集
解》引郑玄曰:"乾为天,离为火,卦体有巽,巽为风。天在上,火炎上而从之,是
其性同于天也。火得风然后炎上益炽,是犹人君在上,施政教使天下之人和同而
事之,以是为人和同者,君之所为也。"③在这里,郑玄还以"互卦"之例进行解说。
(《同人》卦下互为巽)朱熹《周易本义》曰:"以离遇乾,火上同于天。"④此外,乾
在《先天八卦方位图》中处于南方,而离在《后天八卦方位图》中也处于南方,也
寓含着"同位"、"同居"的意义。《周易集解》又引荀爽曰:"乾舍于离,相与同
居,故曰同人也。"又引九家易曰:"乾舍于离,同而为日;天日同明,故曰同
人。"⑤近代《周易》象学大师尚秉和先生据此认为:汉代《易》学家是以"先后天"
方位的《易》例来解说《同人》卦命名之义的,"夫《同人》卦义,舍九家、荀爽说,
无有当者"⑥。此亦可备为一说。

　　《同人》卦辞为:"同人于野,亨,利涉大川,利君子贞。"《周易集解》引郑玄
曰:"风行无所不遍,遍则会通之德大行,故曰'同人于野,亨'。"又引崔憬曰:"以
离文明而合乾健,九五中正,同人于二,为能通天下之志,故能'利涉大川,利君
子贞'。"⑦唐孔颖达《周易正义》释曰:"野是广远之处,借其野名,喻其广远,言
和同于人,必须宽广无所不同,用心无私,处非近狭,远至于野,乃得亨通。""与
人同心,是以涉难,故曰'利涉大川'也;与人和同,易涉邪僻,故'利君子贞'也。"
"此'利涉大川',假物象以明人事。"⑧《同人·彖》曰:"同人,柔得位得中而应乎

　　③⑤　[唐]李鼎祚:《周易集解》卷四,四库全书本。
　　⑥　尚秉和:《周易尚氏学》卷五,中华书局1980年版。
　　⑦　司马迁:《史记》中华书局1959年版。
　　⑧②④⑤　[清]阮元校刻《十三经注疏》中华书局1980年版。

乾,曰'同人'。同人,曰'同人于野,亨,利涉大川',乾行也。文明以健,中正而应,君子正也。唯君子为能通天下之志。"此《彖》辞是在卦辞的基础上,结合卦爻之德、之象做进一步的阐发。综观历代《易》家之论,《同人·彖》所揭明的要义在于以下三点:其一,《同人》卦中的乾,有刚健无私之性;其二,《同人》卦中离与乾相配合,有光明磊落之象;其三,六二以柔中上应于九五刚中,有秉中持正之德。从义理上说,"同人于野"表现了"和同于人"时应该具有的博大的胸怀,以及"同人"之道的宏伟目标;"利涉大川"是对"和同于人"所需要的涉险克难过程的准备;"利君子贞"则强调了"和同于人"者不可缺少的正直无私的品德。

《同人》卦的《大象传》曰:"天与火,同人;君子以类族辨物。"这也是以天体在上、火性炎上,两相亲和,来解释《同人》卦上乾下离之象。这里,"类"用如动词,犹言"类析",与"辨"字义近互文;"族",孔颖达《周易正义》曰:"族,聚也。"②即指人类群体。朱熹《周易本义》曰:"类族辨物,所以审异而致同也。"③因此,"君子以类族辨物"是指君子观《同人》卦天、火虽异,其性存同之象,因而悟知:通过辨析人类、众物的异同特征,可以存其异而求"和同"。

初九爻辞曰:"同人于门,无咎。"《小象传》释曰:"出门同人,又谁咎也!"魏王弼《周易注》解说道:"居《同人》之始,为'同人'之首者也。无应于上,心无系吝,通夫大同,出门皆同,故曰'同人于门';出门同人,谁与为咎?"④即:初九爻以阳居初,处于"同人"之始,不系应于上,有出门就广泛与人和同之象,所以"无咎"。

六二爻辞曰:"同人于宗,吝。"孔颖达《周易正义》曰:"系应在五,而和同于人在于宗族,不能弘阔,是鄙吝之道。"⑤即指六二爻与九五爻相应,犹如仅与同宗亲近者和同,有褊狭之象,所以有所憾惜,故称"吝"。尚秉和先生从诸爻之关系上分析说:"卦五阳皆同于二,今二独亲五,则三、四忌之,致吝之道。"④此说亦通。这里应该注意的是:《彖传》中褒扬六二爻"柔得位得中而应乎乾",是从卦象整体上取义的,而六二爻辞称"吝",则是单就爻象而论。元·董真卿《周易会通》引冯当可论此爻曰:"以卦体言之,则有大同之义;以爻义言之,则示阿党之

---

③　［宋］朱熹《周易本义》卷一,金陵书局十三经读本。
④　尚秉和:《周易尚氏学》卷五. 北京:中华书局.1980 年版。

戒。"①

　　九三爻辞曰:"伏戎于莽,升其高陵,三岁不兴。"孔颖达《周易正义》曰:"九三处下卦之极,不能包弘上下、通夫大同,欲下据六二,上与九五相争也;但九五刚健,九三力不能敌,故伏潜兵戎于草莽之中。""唯升高陵,以望前敌,量斯势也;纵令更经三岁,亦不能兴起也。"②此指九三居位不中,却刚亢用强,但又不敌九五,虽然"伏戎"、"升陵",却终难达到目的。

　　九四爻辞曰:"乘其墉,弗克攻,吉。"王弼《周易注》曰:"处上攻下,力能乘墉者也。履非其位,以与人争,二自五应,三非犯己,攻三求二,尤而效之,违义伤理,众所不与,故虽乘墉而不克也。不克则反,反则得吉也。不克乃反,其所以得吉,困而反则者也。"④此指九四居位不正,又无应与,欲同于六二,却为九三所隔;但九四阳爻居于阴位,有自反而不克攻之象。因在困境中能够及时回到正道,所以获"吉"。

　　九五爻辞曰:"同人,先号咷,而后笑,大师克相遇。"意为:九五和同于人,起先痛哭号咷,后来欣喜欢笑,大战告捷、志同道合者相遇合。王弼《周易注》曰:"近隔乎二刚,未获厥志,是以'先号咷'也;居中处尊,战必克胜,故'后笑'也;不能使物自归,而用其强直,故必须'大师克'之,然后'相遇'也。"⑤说明九二阳刚中正,尊居"君位",与六二同心相应,但因九三、九四为敌欲争,起初因不能遇合而号咷悲痛,直至克敌制胜后才与六二相遇而笑。

　　上九爻辞曰:"同人于郊,无悔。"孔颖达《周易正义》曰:"处'同人'之极,最在于外,虽欲同人,人必疏己,不获所同,其志未得。然虽阳在于外,远于内之争讼,故无悔吝也。"⑥此指上九爻处于《同人》卦之终极,"同人"道穷,有独居荒外、难觅同志之象,故《小象传》称其"志未得也";但也因此远避纷争,超然自乐,所以不至于悔恨。

　　综观《同人》卦六爻,是围绕着"和同于人"这一中心主旨,分别展示了"同人"之时的各种复杂、曲折的情状:初九爻刚出门就与人和同,但"同人"之道没有得到更高层次上的弘扬,所以仅获"无咎"而已;六二爻"同人"于自己的宗族

　　① 黄寿祺、张善文:《周易译注》,上海古籍出版社.1989 年版。
　　②④⑤⑥ [清]阮元校刻《十三经注疏》,中华书局 1980 年版。

亲人，从广泛的"大同"之道上看，其"和同"面显然过于褊狭，所以未免憾惜；九三爻、九四爻则是争相强"同"于人，违背中道，未能守正，所以前者徒劳无益，后者改过则吉；九五阳刚中正，但在"同人"过程中也曾遭受危厄，但因秉持君子之刚直而得遂"同人"之志；上九孤身远遁于荒外，"同人"道穷。①

二、《同人》卦的思想智慧

从根本主旨上看，《同人》卦所追求的广泛地"和同于人"的理想境界，在我国古代政治与伦理思想史上，无疑具有一定的进步意义，其中的思想智慧值得我们深入探析。

《同人》卦的"同人"之道，核心就在于卦辞所高揭的"同人于野"！这是一种宏大广博的"大同"。

我们知道，相传是源于"周公制礼"而为孔子所继承发扬的儒家礼制文化，其核心思想之一，就是所谓"尊尊"与"亲亲"。博学如孔子，亦赞叹"周监于二代，郁郁乎文哉！吾从周"（《论语·八佾》）。应该说，周礼在伦理文化建设上已经达到了一个新的高度，其敬事天地、分辨尊卑、区分亲疏的规范颇为完善，其影响深刻而持久。但我们应该看到，这种"尊尊"、"亲亲"的礼制规范，首先主要是针对具有相同血缘关系的同一家族、宗族与酋邦而设定的，然后才由内而外、由核心而边缘地层层推广开来，由宗族伦理发展成为国家政治伦理。这也就是后世所谓由"齐家"而"治国"而"平天下"推进的思路。然而，《周易》的《同人》卦，倡导发扬的却是与宗族伦理有所不同的"和同"，是放眼于更广大族群的"类族辨物"的"和同"。我们看到：《同人》卦卦辞称"同人于野，亨"，而其中六二爻辞则以"同人于宗"为"吝"。如前文所解说的，"同人于宗"，是宗族内部的"和同"，亦即周礼之所谓"亲亲"，《周易》认为如此"和同"过于褊狭，所以占断辞称"吝"。既然要追求"大同"之境界，就应该"同人于野"，就应该最广泛地促进不同族群之间的融合。

由此，我们联想到《礼记·礼运》里所记载的孔子之语。孔子论"大同"之道曰："大道之行也，天下为公，选贤与能，讲信修睦。故人不独亲其亲，不独子其

---

① 黄寿祺、张善文：《周易译注》，上海古籍出版社1989年版。

子,使老有所终,壮有所用,幼有所养,矜寡孤独废疾者皆有所养,男有分,女有归。货恶其弃于地也,不必藏于己;力恶其不出于身也,不必为己。是故谋闭而不兴,盗窃乱贼而不作,故外户而不闭。是谓大同"。这是孔子对"大道之行"的理想社会的描述与追怀。接下来,《礼记·礼运》又记载孔子论"小康"之道曰:"今大道既隐,天下为家,各亲其亲,各子其子,货力为己,大人世及以为礼,城郭沟池以为固,礼义以为纪。禹、汤、文、武、成王、周公,由此其选也。此六君子者,未有不谨于礼者也。以著其义,以考其信、著有过,刑仁讲让,示民有常。如有不由此者,在执者去,众以为殃。是谓小康。"这是孔子对"三代之英"的赞美与认同。仅就人伦关系而论,两相比较,"人不独亲其亲,不独子其子"的"天下为公"之"大同",显然是比"各亲其亲,各子其子"而"礼义以为纪"之"小康"有着更高的境界,"同人于野,亨"与"同人于宗,吝"的区别也正可与之类比。一般认为,《礼记》是战国时期的儒家著作,而《周易》"经"的部分定型于西周前期,"传"的部分撰著于春秋末至战国时期,但我们可以看出:《同人》卦"和同于人"的理想,与《礼记·礼运》所言的"大同"境界,在义理上有着相互通融的密切关联性。

《同人》卦强调"和同于人"时必须具备刚健、光明、正直、无私的品格,确属睿见卓识,体现了先民们的道德与智慧。

春秋战国时期的学者,对"和"与"同"的区别,已有了颇为深刻的认识。《左传·昭公二十年》记齐侯与晏子论和,"公曰:'和与同异乎?'对曰:'异。和如羹焉。水火醯醢盐梅以烹鱼肉,燀之以薪。宰夫和之,齐之以味,济其不及,以泄其过。君子食之,以平其心。君臣亦然。'"这是以烹调为例来说明"和"如调剂百味。《国语·郑语》记史伯对桓公曰:"夫和实生万物,同则不继。以他平他谓之和,故能丰长而物归之;若以同裨同,尽乃弃矣。"这是辨析了有机和谐之"和"比机械相合之"同"在属性、功能、价值上的不同。在人际关系上,孔子曾说:"君子和而不同,小人同而不和。"(《论语·子路》)朱熹《四书集注》曰:"和者,无乖戾之心;同者,有阿比之意。"程树德《论语集释》引元代学者陈天祥《四书辨疑》曰:"和者固无乖戾之心,只以无乖戾之心为和,恐亦未尽。若无中正之气,专以无乖戾为心,亦与阿比之意相邻,和与同未易辨也。中正而无乖戾,然后为和。凡在君父之侧,师长朋友之间,将顺其美,匡救其恶,可者献之,否者替之,结者解之,离者合之,此君子之和也。而或巧媚阴柔,随时俯仰,人曰可,己亦曰可;人曰否,己亦曰否,惟言莫违,无唱不和,此小人之同也。"①孔子"君子和而不同"的言论,被后世遵奉为处世交友的原则,影响甚大。但是,《同人》卦取象宏大,涉及的是集团、族群之间的"和同",因此,它就必然与一般的人际关系的"和同"既有相同之处,又有所区别。集团、族群之间的"和同",就内容而言,涉及社会文化的诸多因素;就分量而言,又往往与整个社会安危治乱相关;就目标而论,又必然地区分为从存异求同的和解到和衷共济的融合的几个不同阶段。因此,《同人》卦之言"和同",就与一般的人际交往中以"和而不同"作为原则的情况有所不同了。《同人》卦的乾、离的组合,本身就有刚健、光明的象征,即《彖传》所说的"文明以健";而在卦辞中,又以"利君子贞"来强调正直、无私的品格,即《彖传》所说的"中正以应"。综合言之,集团、族群之间的"和同",需要刚健的力量、宏大的气魄,才能克服险难,建功立业;需要光明的导引、睿智的分析,才能明辨局势,举措得当;需要正值无私的道德品格,才能促成真正的族群融合。

《同人》卦的思想智慧,还表现为正视现实,在"同"与"争"的尖锐矛盾中极力揭示出"同人"艰难的本质规律。

从古史的记载来看,不同集团、族群之间的"和同",也确实曾经历过"先号咷,而后笑,大师克相遇"的战争过程。司马迁《史记·五帝本纪》中说:"轩辕之时,神农氏世衰,诸侯相侵伐,暴虐百姓,而神农氏弗能征。于是轩辕乃习用干戈,以征不享,诸侯咸来宾从。而蚩尤最为暴,莫能伐。炎帝欲侵陵诸侯,诸侯咸归轩辕。轩辕乃修德振兵,治五气,艺五种,抚万民,度四方,教熊罴貔貅貙虎,以与炎帝战于阪泉之野。三战,然后得其志。蚩尤作乱,不用帝命,于是黄帝乃征师诸侯,与蚩尤战于涿鹿之野,遂禽杀蚩尤。"②这段记载,固然属于经过后代加工的传说之古史,但应该也是有一定的事实依据的,我们在其他先秦两汉的古籍中也可以找到类似的表述。《国语·晋语四》记载:"黄帝以姬水成,炎帝以姜水成。成而异德,故黄帝为姬,炎帝为姜。二帝用师以相济也,异德之故也。"③虽然此语前句说到黄帝、炎帝为同母兄弟,但实际上,炎、黄二帝首领,应是两大族群的代表。《左传·僖公二十五年》又有"(晋文公占卜)遇黄帝战于阪泉之兆"

---

① 程树德:《论语集释》,中华书局 1990 年版。
② 司马迁:《史记》,中华书局 1959 年版。
③ 徐元诰、王树民、沈长云点校:《国语集解》,中华书局 2002 年版。

的记载,也应证了炎、黄二部族曾经交战之事。可见,我们今天自称为"炎黄子孙",作为合称的"炎黄",实际上是由"炎帝"部族与"黄帝"部族融合而成的,而在融合的过程中,战争的手段也确实被使用。古籍记载,在远古时期至夏、商、周三代,天下有"万国"、"万邦",这些"国"、"邦",应属由族群而形成的酋邦国。作为中央王朝,从传说的三皇五帝,到夏、商、周三代,与"万国"、"万邦"的族群相联系交往,以期和睦天下,而在这个"大同"的过程中,以战争等手段解决尖锐的矛盾,也不可避免且时有施之。例如,黄帝征讨、擒杀蚩尤,即是极端之例。与《周易》"经"之定型时代相近的西周前期,也有周公"东征"、"西讨",平定叛乱、安抚众邦的事例。因此,《同人》卦在阐发"和同于人"的主旨时,系以"危辞",以"兵戎"、"攻战"设喻,正是体现出了在总结历史经验的基础上的睿智。

(作者单位:福建师范大学文学院)

从河洛地区都城的规划及其影响
看河洛文化的正统性

易德生

河洛地区①是名副其实的王者之里,洛阳地区作为河洛地区的中心,共有 12 个朝代在此建过都(即夏、商、西周、东周、东汉、曹魏、西晋、北魏、隋、唐、后梁、后唐),前后建都时间有 1200 多年,占中华 5000 年文明史的 1/5 还多。河洛地区真正有资格建立三代以来都城博物馆了。

这其中与河洛地区优越的地理位置和地理环境有关。在西周初年的《何尊》铭文中武王就称:"余其宅兹中国",明确称洛阳为"中国"。熟谙三代历史的司马迁在《史记·周本纪》称:"此(即洛阳)天下之中,四方入贡道里均"。"天下居中"的优越位置和汇聚四方的开放性,奠定了河洛地区成为中国古代文明中心。当山东龙山文化、东南良渚文化、北方的红山文化、南方的石家河文化由于自然因素(如洪水或气候灾变)或社会因素(如无法适应社会巨变)而衰落时,河洛地区的文明却在同样遭遇面前奇迹般崛起。于是,以夏代为起点,中国开始了比新石器时代更高的文明——青铜文明。此后,如《史记·封禅书》所云:"昔三代(即夏、商、周)之居,皆在河洛之间。"都城是历代王朝的政治中心,从都城发展的文化和思想无疑也具有正统性。《易经·系辞上》云:"河出图,洛出书,圣人则之",已充分地说明了这一点。

---

① 关于河洛地区的具体范围,朱绍侯先生曾在《河洛文化与河洛人、客家人》一文中指出:"即指以洛阳为中心,西至潼关、华阴,东至荥阳、郑州,南至汝颍,北跨黄河而至晋南、济源一带地区。"《文史知识》,1994 年第 3 期。

　　本文拟从河洛地区的都城规划及其所含有的礼制思想角度来论述河洛文化的正统性。本文所谓的正统性含义与河洛文化中的"中央文化"、"帝都文化"或"统治文化"含义大致相同。① 中国古代都城布局及其礼制思想的正统性主要表现为《周礼·考工记·匠人》的营国制度所记述的内容。主要表现为内城外郭、择中建宫、中轴线、坐南朝北、左祖右社、方正的里坊格局及棋盘式的街道布局等。

一、河洛地区三代都城的典型性

　　龙山文化时期,大约为五帝传说时代。据考古资料,龙山文化时代的古城址迄今发现约有 60 余处②,主要分布在黄河中下游地区、长江中游地区和内蒙古东南部。

　　从已知的夏商周三代都城看,大多数的三代都城遗址未见城墙遗迹。夏代是都城规划布局的滥觞时期,这一时期的都城已具备了明确的宫城。许多学者认为,偃师二里头遗址是夏代的都城之一,可能就是斟鄩的所在地。两座宫殿遗址相距约 150 米,分布于二里头遗址的中部,这里即宫城区所在。③ "择中"的礼制思想已经出现。既有宫城,又有郭城,宫城与郭城内外相套,形成都城正统性的规划形制的很少。然而,珍贵的是,这种城郭形制首先在河洛地区的偃师商城和郑州商城形成。④

　　偃师商城可分内城(宫城)、外城。其中外城包括大城和小城,但大城是在小城的基础上修建的,时代较晚,是由于某种原因取代了面积较小的小城,而宫城和小城同时建造,修筑年代皆为二里岗期。⑤ 因此,从城市布局来看,应以宫城和小城的布局来谈。内城(宫城)在小城内中部偏南部位,平面近似长方形。

---

① 许顺湛:《河洛文化与台湾》,"河洛文化与台湾研讨会交流论文";张新斌:《河洛文化若干问题的讨论与思考》,《中州学刊》,2004 年第 5 期。

② 马世之:《中国史前城址特征浅析》,《中州学刊》,2002 年第 5 期。

③ 中国科学院考古研究所洛阳发掘队:《河南偃师二里头遗址发掘简报》,《考古》,1965 年 5 期;中国社会科学院考古研究所二里头工作队:《河南偃师二里头早商宫殿遗址发掘简报》,《考古》,1974 年 4 期;《河南偃师二里头二号宫殿遗址》,《考古》,1983 年 3 期。

④ 赵芝荃、徐殿魁:《偃师尸乡沟商代早期城址》,《中国考古学会第五次年会论文集》,文物出版社 1985 年版。

⑤ 中国社会科学院考古研究所洛阳汉魏故城工作队:《偃师商城的初步勘探和发掘》,《考古》,1984 年 6 期。

外城具有郭城性质,而宫城则属于"卫君"之"城"性质。值得注意的是,宫城位于小城南北轴线的中部偏南,宫城北部两条排水通道大致以轴线分别通向大城东、西城门下的石砌水道,因此被认为是"迄今所见中国古代都城采用中轴线对称布局的最早实例"①。班固在《汉书·地理志》中说:"尸乡,殷汤所都"。所以偃师商城一般认为是商汤时所都西亳②,但也有学者认为是商初重臣伊尹流放太甲的"桐宫"。③

郑州商城位于市区东部旧城及北关一带,其规模要比偃师商城大。内城之内主要为宫殿分布区,宫殿区集中分布在城东北隅。④ 后来又在郑州商城外的西面和南面发现了与其同时代的夯土墙基,依其与郑州商城的相互关系,显然已具备了郭城的性质,因此称其为"外郭城墙"是不错的。⑤ 一般学者认为郑州商城为商王仲丁所迁的隞都⑥,但也有认为是商汤所都的西亳。⑦ 但无论如何,应是商代一大都城则无异议。

从偃师商城、郑州商城都城布局来看,它们开创了都城的"内城外郭"制度,城郭呈"回"字形,其功能如《吴越春秋》所说:"筑城以卫君,造郭以守民。"这种都城布局符合《周礼·考工记·匠人》的某些营国制度,一直成为后来都城规划的主导思想之一,具有很强的正统性和示范性。

二、东周列国都城规划大多以西周洛邑为样本

据《尚书》中的《召诰》、《洛诰》和《史记·周本纪》载,周武王灭商后,认为河洛地区为天下中心,有"天保"(天之中心)之优越位置,于是"营周居于雒邑而后去"。武王病逝,武庚叛乱使成王感到大规模经营洛邑的重要性,于是,成王

---

① 曲英杰:《古代城市》,文物出版社 2003 年版,第 40 页。
② 安金槐:《试论郑州商城和偃师商城的早晚关系》;安金槐:《安金槐考古文集》,中州古籍出版社 1999 年版。
③ 邹衡:《夏商周考古学论文集》,文物出版社 1980 年版。
④ 河南省博物馆、郑州市博物馆:《郑州商代城遗址发掘报告》,《文物资料丛刊》第 1 辑,文物出版社 1977 年版。河南省文物考古研究所:《河南郑州商城宫殿区夯土墙 1998 年的发掘》,《考古》,2000 年第 2 期。
⑤ 裴明相:《郑州商代王城的布局及其文化内涵》,《中原文物》,1991 年 1 期。
⑥ 安金槐:《试论郑州商代城址——隞都》,《文物》,1961 年第 4、5 期。
⑦ 邹衡:《郑州商城即汤都亳说》,《文物》,1978 年第 2 期;郑杰祥:《商汤都亳考》,《中国史研究》,1980 年第 4 期。

命召公和周公先后视察洛邑,进行第二次营洛。(《史记·周本纪》)不但如此,成王还决定"定鼎于郏鄏(即洛邑)……天所命也"(《左传》宣公三年)。鼎是国家政权的象征,迁鼎意味着把洛邑定位为和丰、镐一样的都城,称为"成周"。有人认为西周都城主要以丰、镐为主,但事实上,洛邑作为都城,重要性似乎超过丰、镐。① 对于洛邑的位置和布局,西汉以来学者多解释为其包括两座城,分为王城(即西临涧水,为东周平王所迁之城)和成周(即在汉魏故都内)。但据考古调查,这种说法值得怀疑。根据叶万松等人考察,洛邑似乎在瀍水两岸的可能性更大。②

　　杨宽先生结合前人考证和考古资料,认为周公营建的洛邑其实只筑了一座城,该城由王城(宫城)和外郭城两部分组成,王城在西(其位置可能在东周王城偏北),主要用来建筑王宫,是政治中心;东有郭城,横跨在瀍水两岸,大郭用来是安置国人、军队和殷代遗民,形成西小城(宫城)和东大郭城相连的形式,是一种适应地形和政治形势的创新的布局方式。③

　　东周时期,由于诸侯国的强大,出现了一个筑城高潮,当时列国纷纷大筑都城。由于各国都城所处自然环境及地理形势有所不同,其城郭形态呈现出多种多样(比如,有的大郭并不一定是必须用夯土筑成,有时山川壕沟也可当做郭墙的一部分)。但有一点是基本上相通的,洛邑这种都城布局越来越成为一种范本推广开来,成为当时正统和主导的形式。除了曲阜鲁故城、秦都雍城、楚战国都城纪南城(此城不一定是春秋时的郢都)外,大多数都城都以西周洛邑的布局为准,形成小城大郭相连的基本格局。这些都城包括齐故城临淄、晋国都城新田、郑韩新郑故城、赵邯郸故城、燕下都故城、中山灵寿故城、秦咸阳遗址等。④这种布局虽不呈现典型"回"字形,但实质上仍是"内城外郭"制,只是在战争和社会冲突激烈的当时,为了更好地对内城(宫城)加以防御(比如避免四面受敌),使之相对独立,偏向一隅而已。

---

① 王玉哲:《周公旦当政及其东征》,《人文杂志丛刊》第2辑;梁晓景:《西周建都洛邑浅论》,《中国古都研究》第4辑,浙江人民出版社1989年版。

② 叶万松、余扶危:《关于西周洛邑城址的探索》,《人文杂志丛刊》第2辑;另有叶万松等人:《西周洛邑城址考》,《中国古都研究》第7辑,山西人民出版社1991年版。

③ 杨宽上揭书,上编第2章,上海人民出版社2003年版。

④ 杨宽上揭书,李自智:《东周列国都城的城郭形态》,《考古与文物》,1997年第3期。

三、从东汉至隋唐洛阳都城的形制变化及巨大影响看河洛文化的正统性

（一）从东汉洛阳都城开始，都城布局从坐西朝东转变为坐北朝南，中轴线开始突出

秦咸阳宫殿众多、布局杂乱，除了在比拟天象上有特色外（《三辅黄图》云："筑咸阳宫……象帝居。渭水水贯都，以象天汉；横桥南渡，以法牵牛"），其他方面缺乏后来都城布局所具有的特点，例如并无明显的中轴线等。西汉的长安，虽然规模宏大，但类似咸阳，布局缺乏正统规划思想（可能与汉初礼制思想淡漠有关）。另外，整个城以城内西南部的未央宫为朝廷中心，整体格局基本呈现坐西朝东，这与正统的坐北朝南的都城布局格局迥异。

东汉初年，光武帝刘秀定都洛阳。和西汉长安不同，洛阳的布局从坐西朝东转变为坐北朝南。洛阳城有南北二宫，其南北纵列，以南城墙偏东的平城门为正门，与长安以东门为正门明显不同。洛阳平城门是建武十四年（公元38年）和南宫前殿同时建设，足以说明坐北朝南的宫殿形制是从东汉洛阳都城开始的。同时，由于南北二宫形制规整，从北宫北面的玄武门到南宫南面的朱雀门，明显呈一条纵贯都城南北的中轴线。这种转变，是对正统的"择中"思想的回归和尊崇皇权的需要，从东汉洛阳开始，以后都城皆以坐北朝南、突出南北中轴线为正宗。

（二）北魏洛阳城从多方面确立并固定了都城规划的正统性

北魏孝文帝迁都洛阳之后，在参考曹魏邺城、洛阳、南朝建康营建思想的基础上（最深的影响仍然是魏晋洛阳城建规划），修建了一座新的洛阳城，此城是当时我国最大的城市，同时也是当时世界范围内最大的城市之一。[①]

由于洛阳都城规划继承了东汉以来都城发展的主流，其总体布局更多地依从了《周礼·考工记》的营国制度，所以能够充分体现中华民族都城规划的正统特点。可以说，北魏洛阳城从多方面确立并固定了都城规划的正统性，奠定了隋唐以至元明清的都城规划的基础和基本思想。其正统的营国理念主要影响表现在以下几点。

---

① 宿白：《北魏洛阳城和北邙陵墓》，《文物》，1978年7期。

1. 采取以宫城为中心的主体规划结构。北魏洛阳城改变了秦、西汉以来多宫制和东汉南北二宫分散的布局,建立了单一的宫城。宫城采取前朝后寝之制,宫殿北面通常置御家园林。城以宫城为中心,郭以内城为中心,宫、城、郭三者呈环套格局,呈现郭护卫城、城拱卫宫的布局。这种布局层次分明、突出宫城和皇权的作用。另外,结合城市功能分区,宫城为政治枢纽,而把原来分散建筑的宗庙、社稷和中央重要官署等,分别建在宫城南面铜驼街的东西两侧,使内城成为政治活动的主要地区(隋唐以后内城彻底排除了居民区而"唯列府寺",演变为皇城),并使"左祖右社"首次明确在宫城之南。郭为经济区和居住区,形成三个主要的功能区。

2. 中轴线更加突出、明显。由于北魏洛阳城是沿用汉晋旧城的,所以本身都有中轴线特色。宫城正殿为太极殿,宫城南门阊阖门正对太极殿,与城南的宣阳门之间的南北大街铜驼街是全城的中轴线。由于中轴线两侧的中央官署及里坊规划整齐,以中轴线为枢纽,呈东西对称布局,所以中轴线比东汉洛阳城的要更突出、明显。

3. 继承传统的市场、居民里坊的规划传统,同时把郭区的里和市,也严格规划,形制十分整齐。另外,道路采用传统的经纬涂制。

(三)隋唐都城是以北魏洛阳城为模本而建成

隋大兴城(即唐长安城)及东都洛阳城的建成标志着中国都城建设已经成熟。全城以南北向的中轴线为轴心,形成东西对称格局。层次明显的宫城、皇城和外郭城以及郭区严格的坊里制和集中的市制,使整个都城成为整齐的棋盘格局。都城规模宏大,布局严整,是我国都城的典型。[①]宋代以后乃至元、明、清的都城布局基本沿袭隋唐长安城,所不同的是宫城和皇城由郭城的北部又移到了城中部,又回到"回"字形平面形态而已。需要注意的是,隋大兴城及东都洛阳的兴建都出自隋代天才的建筑大师和规划家宇文恺之手,而宇文恺文化背景属于北魏、北周,所以大兴和东都洛阳的规划是以北魏洛阳为主要模本稍加改造而成。如果把北魏洛阳和隋唐的长安、东都洛阳平面图做一对比,就会看到后两者的布局,正是对前者做了模仿,只是长安和东都是新建的,在平面形态上更加整

---

① 宿白:《隋唐长安城和洛阳城》,《考古》,1978 年 6 期。

齐、对称而已。

　　从以上论述可以看出,河洛地区作为王者之里,不同时期其所建都城无论在形制、布局,还是在规划的礼制思想上往往具有很大的正统性和指导性。正是在这种正统性的基础上,最终使都城的营建规范趋于完善,才形成明清都城的最后集大成。河洛地区都城规划所表现出来的正统性及其巨大影响,是河洛地区自夏、商、周三代以来其文化正统性的集中反映。

（作者单位:湖北社会科学院楚文化研究所）

武当道教中的河洛文化因子

刘纪兴　贾海燕

　　武当道教作为中国道教的一个重要流派,其教派、哲学、武术、建筑、音乐等文化因子无一不是多元的、开放的。要探讨其生成文化因子,除了考虑其道家、道教文化的根基作用及楚地人文风俗的影响外,还需考虑河洛文化因子对其的沉淀作用。这种作用,简略归纳起来,主要表现在武当道教文化中儒家哲学的沉积,即阴阳、五行、太极和仁孝、中庸等思想对武当道教的影响,而少林佛学以及陈抟内丹思想对武当道教兴盛更是有着举足轻重的作用。

一、《书》、《易》的哲学因子对武当道教影响

　　武当道教文化中含有丰富的阴阳、五行、太极学说等哲学思想,反映了武当道教的南北交融、儒道互补的中国本土宗教特色。阴阳、五行、太极学说都属于中国古代哲学的范畴,是中国古代的宇宙生成观和方法论,它们建立在古代朴素唯物论的基础上,内含辩证法的思想,是道家关于宇宙生成论的哲学基础,也是道教各个流派必须遵循的理论方法,更是导致道教开放性吸收其他诸如儒家哲学、巫学、中医学、养生学、化学乃至中国化佛学等各学科的哲学基因。

　　阴阳、五行、太极学说的一个共同特点是运动变化,每一学说中的各个要素之间有相反相成、相生相克的特点。阴阳学说认为:天地间一切事物都存在着相互对立的阴阳两面,两者之间不断相互斗争、相互制约,以推动事物的发展和维持事物处于相对稳定的动态平衡中。世间的万事万物若处于阴阳的相互平衡则表现为阴阳协调的上升状态,而阴阳失调则出现一系列的病理状态。五行学说

认为:天地间的万事万物按其不同的属性都可归属于五行之中,此即"五行归五类"。五行学说主要以"相生"、"相克"来说明事物之间的相互关系。在中医学中,五行学说将人体各部分与自然界有关事物密切联系起来,以说明人体与外界之间相互联系的统一性,并运用五行的生克乘侮,来阐述脏腑器官的生理病理,以具体地指导疾病的预防和诊治。这些观念也广泛地运用于我国古代其他学说领域,如在气功学中用于指导内外丹的修炼。太极学说也是我国有关宇宙生成的基本原理,太极原理其大无外,其小无内,凡是客观存在都脱离不了太极阴阳之道,其原理也可阐述世界一切事物运动的基本规律。

阴阳、五行、太极起源甚早,在《易经》《尚书》中均有体现,是道教思想各种来源的哲学基因。最早的"阴阳"、"太极"出现在《易》中,《易》曰:"一阴一阳谓之道",又曰:"易有太极,是生两仪,两仪生四象⋯⋯"此"太极"据学者考证,是武当太极拳名称的来源,而武当太和山的"太和"一词,也出自《易·乾》中的"保和太和,乃利贞。首出庶物,万国咸宁"。古代把阴阳交会、冲合的元气称作"太和"。《老子》第四十二章也曰:"道生一,一生二,二生三,三生万物。万物负阴而抱阳,冲气以为和。"道是通过"阴"、"阳"这一中介,并由天地之气化合而生出万物的。《道藏》所收严遵《老子指归·得一篇》说:"一者,道之子,神明之母,太和之宗,天地之祖⋯⋯天地生于太和,太和生于虚冥"。显然,以"太和"名山,带有浓厚的阴阳观念。五行学说就是以金、木、水、火、土为基本元素来解释宇宙结构的哲学方法,"五行"一词最早见于《尚书·洪范》之《九畴》中,武当所崇尚的主神——"玄武"就与五行有密切的关系。在武当道教中,处处可见五行思想的踪迹。如"七十二峰"一词,《玄天上帝启圣录》说:"武当七十二峰凌耸九霄,气吞太华,应七十二侯。"据闻一多先生考证:"七十二是一年三百六十日的五等分数,而这个数字乃是由五行思想演化出来的一种术语。"[①]

阴阳、五行、太极思想对武当道教文化的影响来源于它们对道家以及医家思想的渗透。秦汉以降,在医家经典《黄帝内经》以及道家著作《淮南子》、《抱朴子》等书籍中逐渐把"太一"(或道)、阴阳、四时、四象、五行、五帝、五神、五脏、五病、五经、五色、五味、五音、五方等比附在一起解释世界所有的一切。正是这南

① 闻一多:《闻一多全集》,中华书局 1989 年版,第 5 页。

北交会的儒道互补的宇宙生成论——阴阳五行学说为道教思想的构建奠定了坚实的根基;而汉末魏伯阳首撰丹书《参同契》,则又把周易卦象引入道教丹学中。自此,周易卦象与《易传》性命之说,成为内外丹学理论中的重要元素。南宋著名道士陈抟精通易理丹道,撰有《无极图》、《太极图》。周敦颐也撰有《太极图说》。太极学说虽源于儒,却充实于道,故道教更以之为本。

不仅如此,武当道教在建筑、音乐乃至武术方面,都极力推崇阴阳、五行、太极学说。

武当建筑是依照中国古代风水学说来建立的,我国的风水学说也是以阴阳五行学说为根基的。如建筑中强调的阳宅风水,讲究阴阳调和、五行相生相克,使建筑达到驱邪扶正的效果。若违反阴阳五行规律,则会出现水土不合、阴阳失调的现象,居住在这些建筑里的人们就会诸事不顺,乃至有天灾人祸发生。武当建筑或采取依山傍水、负阴抱阳的原则;或讲究居中适中、阴阳调和的理论,使武当宫观与自然和谐相处,尽采天时地利,力求天人合一,为修炼者提供良好的居住环境。

武当道教音乐也自觉不自觉地受到阴阳五行思想的影响。在武当音乐中,有中庸、平和、委婉、不见棱角等韵、曲特征,其中"武当韵"引北方之羽(水)冲南方之徵(火),羽徵相和,就是五行相克平衡原则的体现。

阴阳、五行、太极学说对武当武术的影响最为明显。武当修炼内丹常把人体看成一小天地,即人体也要象天法地,以五脏为五行、三宫为三光,分内气为阴阳,视人的生命体为一动态的、有若干无形流转的有机体系。培护人体自身的精气神,让它像道一样周而复始,在人体内流动而永不外泻,于是生命得以无限延伸。沙国政的《八卦转掌歌》说:"八卦转掌论阴阳,五行合和内中藏","内讲气功分三节,外有手法分阴阳"。王宗岳《太极拳论》也说:"太极者,无极而生,动静之机,阴阳之母也。"武当武功深受阴阳对立统一思想的影响,任何武功法则的精髓,千变万化,都离不开阴阳。形意拳、太极拳、八卦掌等武当拳功的每一个动作的开合、动静、刚柔、隐显、虚实、缓急,均是基于阴阳这一根本法则而变化的,形成了"拳法阴阳"的技击理论。太极拳、太极推手等也宗太极、阴阳变化之理而成,《太极拳使用法》说:"太极图之义,阴阳相生、刚柔相济,千变万化,太极拳即由此而生也。"五行拳是武当山道教龙门派以祖师张三丰的太极十三式为依据,并结合汉末名医华佗的健身《五禽戏》,以及道家的传统流派中的吐纳、导引、技击等内容融合而成。在理论上五行拳更偏重于阴阳、五行理论,因而其套路方位、路线讲究分阴阳五行、踩八卦、穿九宫的格局。从五行拳养身健身的角度来看,人分阴阳,成于五行,五行相生则阴阳和顺,五行相克则阴阳不调,和顺者免生疾病,不调者积痼成疾。五行拳正是依其五形相克之数,调节阴阳平衡,讲究内调温养,驱邪扶正,顺其自然而练功不辍,以达到阴阳平和、益寿延年。

二、其他儒学因子对武当道教的影响

在儒家经典著作中,虽然只有《诗》、《书》、《礼》、《易》,《春秋》直接成书于河洛地区,但是《论语》、《大学》、《中庸》、《孝经》等无不与河洛文化的精髓有着直接的联系,因为它们的思想直接秉承于前者,故也可归属河洛文化的系列,至少是子系列。而在武当道教及其武术思想中,不仅可见《书》、《易》的沉积作用,还可以窥见后面四者直接或间接的影响。

仁爱之心、中庸之道是儒家养生理论的重要原则,但儒家不同时期的养生理论,均直接或间接融入道学的养生学说中,这在武当武术中亦能寻其端绪。如在儒学经典中就曾多次载有孔子问道于老聃的记叙。孔子的问道多涉及养生延命的知识,尤其注重心理、精神卫生方面的问题。《庄子·知北游》载:"孔子问于老聃曰:'今日晏闲,敢问至道?'老聃曰:'汝斋戒,疏瀹而心,澡雪而精神,掊击而知……'"由此可知,孔子请教的"道"主要是健身养生知识。其实,孔子对于养生也有自己的见解,《论语·雍也篇》曰:"智者乐水,仁者乐山;智者动,仁者静;智者乐,仁者寿。"意思是说,仁者时刻要克制自己的私欲,陶冶情操,修身养性,心静如水,如此才得以长寿。孔子主张的静,与老子提出的"致虚极,守静笃"有异曲同工之妙。不仅如此,孔子还经常带着弟子登山、游泳、歌舞,他本人更是驾驭、射箭的高手。可见,孔子养生注重动静结合,并身体力行,是中国传统养生思想的重要来源。[①] 武当武术也讲究动静的辩证运用,主张外动内静、动静结合,王宗岳《太极拳论》就强调:"动之则分,静之则合。"可见,"以静制动"是

---

① 冯兆平:先秦儒家与中国古代医学的养生思想[J],上海师范学院学报,1983 年第 3 期,第 156 页。

武当武术修炼与搏击的指导原则,而这一原则与孔子的主张如出一辙,不能说二者毫无瓜葛。

相传为曾子所撰的《大学》和相传为子思所撰的《中庸》发展了孔子的养生学说,提出许多有关炼养的理论。《大学》在讲修身的重要性时说:"欲修其身者,先正其心;欲正其心者,先诚其意;欲诚其意者,先致其知;致知在于格物。"《中庸》也说:"诚之则明,明则诚矣。"综观《大学》与《中庸》所言可知,修身养性的关键是"正心"、"诚意",而要做到"正心"、"诚意",就必须"格物",即排除来自体内外环境的干扰,如此才能使人的思想进入纯净的境界,这正是炼丹必需的具体步骤。《中庸》的"率性、修道、致中和"亦是炼丹修炼的纲领,儒学大师们认为,只有正确对待喜、怒、哀、乐,即所谓的"率性",以适合自然之道,即"修道",才能使体内的阴阳二气达到"中和",从而消除疾病,保持身心健康,寿命永享。李丹纯内丹学以周易卦象为基础,以儒学所主张的"中和"为内丹要旨;太极拳的"动静结合,守中用中"、"空中",以及形意拳的"直中"和八卦掌的"变中"等武当武术,无不与儒家的"中和"思想有着某种内在的联系。

"天之所覆,地之所载……凡有血气者,莫不尊亲"①,表明儒家对孝道推崇备至。在道教教派中,受孝道影响最深的当数对武当道教有重大影响的全真教派,全真教创立者王重阳以三教圆融为指导思想,其中不乏"尊亲"、"养亲"的内容,由此我们得以窥见孝道对武当武术思想的影响。首先,王重阳将儒学的《孝经》作为入教和传道的必修经书,规定对"不孝"、"不敬"、"不善"三种人不予传授教法,并以"忠君王,事父母师资"为修炼内丹的前提,把尽孝与成仙融为一体;其次,王重阳强调为善慈悲,取儒家忠孝仁慈之说并有所发展;最后,王重阳将道教师徒关系纳入儒家宗法关系中,以师代父,保证了孝的实践与全真教规不悖,增强了教团内部的凝聚力。王重阳援儒入道的实践被以后道教作为传统保留,武当道教及其武术就提倡"全仙道,先全人道"。武当道教及其武术能长盛不衰并不断发扬光大,就与其吸收了儒学的宗教伦理有很大的关系。

总体说来,儒学对于武当道教的影响主要在于个人品德修养方面,如忠孝、仁爱、中庸、宽恕等,一言以蔽之,即为"道德"。儒学的中庸、忍让、仁爱、忠孝等

---

① 朱熹撰:四书章句集注[M],中华书局1983年版,第38页。

所蕴涵的人格力量,对武当武术影响渐远渐深,从而形成了一种谦虚礼让、博大宽容而又奋发进取、不屈不挠的武当武术文化及其心理结构。

三、少林佛学及陈抟丹学对武当道教的重要作用

著名史学家、武术家清人黄百家在《内家拳法》中说:"自外家至少林,其术精矣。张三丰既精于少林,复而翻之,是名内家,其得一、二者。已足胜少林。"按黄百家之意,张三丰所精之"少林",当包括外家功夫在内,即张三丰原来的中华功夫。武当内家、少林外家之说最早见于明清之际,即朴学大师黄宗羲的《南雷文集·王征南墓志铭》中。① 事实上,外家功夫与早期佛教并没有必然的联系,它的武术技击训练法和佛学理论不成同一体系,并不代表佛门原始拳法,只是古代中国实用武术的一个汇集提炼。② 尽管如此,黄百家在此处还是点出了少林佛学对武当的影响,也就是少林佛学对武当武术的影响。张三丰能"复而翻之",一方面是因为他精于少林外家功夫,有此基础武功才能发生质的变化;另一方面是由于他精于佛学禅理,并能援佛入道,如此才能对道教内丹理论予以提升,使武当武术产生质变的动力。张三丰《金丹诗·十》有:"三昧初从离下发,一符始自坎中浮。""三昧"为佛教习用术语,为佛教重要修行方法之一,意思是使心神平静,杂念止息。这里指三昧真火,分上中下:上昧君火,生于心,心外阳内阴,象征离卦;中昧臣火,生于肾;下昧民火,生于膀胱。此三昧火首从君火而发,以心神凝聚丹田,故称"三昧初从离下发"。

张三丰被认为是武当道教的创派祖师,这是在明朝时形成的,据统计,承认张三丰为创派祖师的教派大约有十五种之多②,由此可见少林佛学对武当的重要影响。

河洛文化因子对武当道教的影响,不仅表现在少林佛学上,陈抟内丹学思想的影响也是不可忽视的。

陈抟(871~989 年)字图南,自扶摇子,《宋史·陈抟传》谓其亳州真源(今河南鹿邑)人。陈抟精通易理丹道,《宋史·陈抟传》曰:"抟好读《易》,手不释

---

①②　谭大江:太极拳为什么称内家拳[J],十堰大学学报(社科版),1995 年第 1 期,第 58 页。

②　王光德、杨立志:武当道教史略[M],华文出版社 1993 年版,第 201 页。

卷",撰有《无极图》、《太极图》。陈抟之学影响到了周敦颐、邵雍、二程。周敦颐撰《太极图说》,理学由此兴起。元以后,内丹书亦多引用宋理学理论,如俞琰《易外别传》引邵雍、朱熹等人的学说阐述内丹,而引用周敦颐的《太极图说》者则更为普遍。《太极图说》则曰:"太极动而生阳,动极而静,静而生阴。"受此影响,武当武术格外注重阴阳,张伯端的《悟真篇》对内丹的修炼,就十分突出"阴阳"二字,诸如"调停火候托阴阳"、"阴阳得内归交感"、"报言学道诸君子、不识阴阳莫乱为"、"阴阳通数自通神"等比比皆是。而太极拳就是因《周易》系辞和《太极图说》而得名,其变化之理深得易学、理学之要旨。

　　陈抟淹通三教,自成一家,在内丹学以及道家易学上建树颇丰,为宋元内丹学奠定了坚实的基础。陈抟早年举进士不第,遂不求禄仕,隐栖武当九室岩,辟谷食气,为武当的显盛埋下伏笔。陈抟丹法的思想,虽本于《老子》、《周易参同契》,但承唐末引禅入道之遗风,也吸收了佛教的"空观"理论。

　　陈抟以下,其弟子从张无梦、刘海蟾,到张伯端、王重阳,乃至内丹派南宗、北宗的形成,其理论都与陈抟丹法相同,即继续三教合一的实践,注重从佛教吸取营养,内丹南宗的创始人张伯端和北宗全真教的创始人王重阳就是其中最为突出的代表人物,可见陈抟对道教内丹术的影响。

　　宋末元初,武当宫观荒芜于兵乱,至元十二年(公元 1275 年),流散外地的武当道众回到武当,当然还有全国各地的其他教派,其中就有武当本山派和全真派。

　　武当本山派:由流访北方的原武当道士鲁洞云复兴传宗。鲁洞云名大宥,号洞云子。随州应山人(今湖北广水人)。其幼年弃家入武当学道,隐居 40 余年,道法为符箓派。南宋末,访问北方全真道。其最得意弟子张守清,曾名盛一时,多次被皇帝诏见。

　　全真派:由汪真常开山传宗。汪氏其生卒年不祥,名思真,号寂然子,安徽安庆人,宋丞相汪伯彦的后代,嗣全真教法,与鲁洞云一起入武当山,披荆斩棘,复兴五龙,后人评价甚高。其他全真派著名人物还有邓志民、李明良等。

　　武当道教在明朝达到显盛,这与武当武术的创始人张三丰有很大关系,而张三丰"隐仙"一派,更是自称源出陈抟①,如其睡功"蛰龙法"就与陈抟丹法有一定关系。据《三丰全书·道派》所说,张三丰师火龙真人,火龙师麻衣先生李和,麻衣师陈抟,陈抟师文始真人尹喜。该派宗源于文始,至陈抟又兼得少阳派刘海蟾之传,合老子门下文始、少阳二派为一。该派以高标隐逸为宗风,故自称隐仙派,隐派或犹龙派。这一宗派自火龙真人以上,二千年仅三传,且陈抟直承文始,显然难以自圆其说,亦未见于张三丰自述,当为李西月杜撰。但张三丰师事陈抟一系的火龙真人,非无可能。陈抟一系本以华山为中心,据《广阳杂记》,明末华山道士王莱阳言,华山有龙门及陈抟所开的太华二派,太华一派亦名老华山派,见于《诸真宗派宗薄》。则元明间,终南山一带有陈抟华山一派的传人火龙真人,当非无稽之谈。而张三丰的学说,如睡功"蛰龙法"即系陈抟得于何昌一者,可见他确与陈抟一派有渊源关系。但陈抟一系,亦与全真道同源,张三丰的学说、行径更多源自全真道者,当时官方也把他这一派归于全真,如张三丰之徒王宗道,永乐三年胡濙携之入朝,给全真牒。"可见,陈抟一系及其学说对张三丰有着一定的影响,更对武当道教的发展有着直接或间接的影响。

（作者单位：湖北省社会科学院）

---

① 任继愈:中国道教史[M],中国社会科学出版社2001年版,第616、842页。

豫剧里的河洛文化基因

郭光宇

　　起源于明末清初的豫剧,距今不过二三百年的历史。豫剧诞生时间虽晚,根源却很古老,它承继着河洛文化的传统,保留了河洛文化的许多原始基因,在哲学思想、伦理道德、美学观念等文化内涵上和河洛文化有割不断的深层联系。

豫剧的重唱与河洛文化的诗歌传统

　　在"唱、念、做、打"四种技艺中,豫剧对歌唱的重视,则更为突出。若问豫剧何以重唱,必会以观众喜之作答。然再深究下去,豫剧的观众为什么会有这一习惯,这就会涉及它产生的深层原因——河洛文化的美学观念影响所致,是河洛文化的诗歌传统在发挥作用。

　　河洛文化圈内的诗歌活动起源极早,源远流长。早在夏、商、周三代之前的史前阶段,就有许多关于诗歌活动的传说,被一些后世文献记录下来。黄帝的后裔帝喾曾"命咸黑作为声歌:《九招》、《六列》、《六英》;……帝尧立,乃命质为乐,质乃效山林溪谷之音以歌,……"(《吕氏春秋·古乐》)"帝舜弹五弦之琴以歌南风,其诗曰:'南风之薰兮,可以解吾民之愠兮;南风之时兮,可以阜吾民之财兮。'"(《绎史》卷十引《尸子》)《孟子·万章上》也记载了远古时期河洛地区民众的歌唱活动。以上所举的这些进行艺术活动的华夏民族早期的氏族领袖,都曾以河洛地区为其主要活动区域。《竹书纪年》指出"帝喾……居亳",亳,据《水经注·河水下》云,即"今河南偃师城西二十里,尸乡亭是也。"而尧舜,《竹书纪年》则指出,尧"游于首山(首阳山)"、"祭于洛","修坛场于河洛,择良日率舜等升首山",皆在今河洛一带活动。夏禹建都在洛阳东南的登封阳城,其孙太康迁都洛阳偃师境内的斟鄩,商汤灭夏后,居洛阳偃师境内尸乡,史称"西亳"。以上说的是河洛地区诗歌传统之久。若说河洛文化对诗歌的重视,则要首推周公。

周公最大的历史贡献是对夏商王朝统治的历史经验做出理论总结,在洛阳制礼作乐,制定了一整套的礼乐宗法制度。"乐"和"礼"至此成为统治者的最重要手段与治国之本,是不可逾越之法规。孔子对周公的礼乐制度推崇备至,"郁郁乎文哉,吾从周!"他遵从周公礼乐并重的思想,把诗歌的重要性推到了至高无上的地位。他删定的诗歌总集《诗经》,其中著名的《周南》和《王风》中的诗歌都产生于河洛地区。其后,由于河洛文化优秀诗歌传统数千年不断地得到延续和强化,影响了一代又一代河洛人的艺术创作和艺术欣赏,形成最为深刻最基本的群体心理定势,以文化基因的形式被保留下来。后代的各种文艺活动,无不打上了它的深刻印记,戏曲艺术也莫能例外。

豫剧,就是河洛文化中重视诗歌文化基因的一种复制和彰显,它把河洛文化重视歌唱的古老文化基因的效用,发挥到淋漓尽致、无以复加的地步。豫剧论古老比不上昆曲,论功夫比不上京剧,论优美比不上越剧,论趣味比不上川剧,可它为什么专业剧团居全国之冠,受到许多人的欢迎呢?其中奥秘何在?答案也许很多,但豫剧重唱、善唱,作为答案之一,必不可少。

应该指出,豫剧的重唱,决不单单是一味把唱词拉长。单是唱词过长,很容易使戏拖沓、冗长,造成观众的审美疲劳,"长"又何益?既"长"又能使观众喜欢,这才叫善唱。精彩的豫剧长唱段,往往都是又长又好。豫剧五大名旦之一马金凤演唱的《穆桂英挂帅》,其中的"辕门外三声炮如同雷震",唱词共有55句,可谓长矣。但喜欢豫剧的观众,对这段唱百听不厌,有许多戏迷还喜欢学唱摹仿。好在何处?首先是它唱的是地方,该唱才唱,观众正盼着此处唱上一大段才好。宋王朝不辨忠奸,杨家将受到不应有的待遇,穆桂英对此很有怨气,恰遇边关又急,国家用人之际,在余老太君激励之下,她又要挂帅出征,内心有一肚子怨气、豪气要倾吐。此处歌唱正是有情而发,怎能不抓人心?更因为马金凤演唱得好,不仅发挥了她"豫剧轻音乐"的特长,且节奏变化多,旋律有起有伏,甩腔、垛板的恰当运用,听起来丰满、亲切、动人,余味无穷。河洛文化重视歌唱的远古基因在这里得到了充分的体现。这也就是豫剧得到中原人喜欢的原因,这也是造成清末民初,京、昆这些老资格剧种在中原大地衰退的奥秘所在。

大和观念和豫剧对团圆之趣的追求

先秦时期出现的《河图》、《洛书》和《易经》,被认为是河洛文化的源头和元典。均衡与秩序,是它们透露出的共同的古人的哲学信息,在《易经》中更明确地表现为"大和"的观念。《易经》最早由伏羲氏创立先天八卦,推演出六十四卦,并写了第一卦的卦辞,历史上称为《周易》。它以"阴"、"阳"概念去认识宇宙万物的对立统一关系,特别重视阴阳的调和变化,开宗明义,首篇《乾》卦就通过"元、亨、利、贞"的关系,研究事物的本原,即阴阳二气交合变化的"天道"规律,并且在此卦《彖》中明确指出:"保合大和,乃'利贞'。"句中的"大和",即指阴阳对立的调和因阴阳对立的统一是物质世界的基本存在形式,也是天地大化的开端,故谓之大和。全句的意思是,惟有天地阴阳之大和,才能有利于获得各自的生命与属性。

戏曲表现人生,离不开矛盾冲突,也就是离不开《易经》中所说的阴阳二气,戏曲的开端,往往要揭示阴阳二气的冲突,也即揭示"阴"、"阳"二气因不得而出现的争斗,最后再使"阴""阳"二气由"不和"走向"大和",使矛盾得以解决,冲突得到调和,使一场戏最后能呈现"团圆"局面,实现戏中冲突的终结。中原是戏曲艺术的发祥地,是河洛文化的大本营,在戏曲艺术之中,不可能不受到河洛文化"大和"哲学观念的影响。早在宋元杂剧里就已出现的大团圆结尾现象,就是一个很好的证明。豫剧,作为宋元杂剧的后世变种,自然也因保留"大团圆"结尾手法,而和河洛文化挂起钩来。

对于中国戏曲的大团圆结尾有些人常常表示不满和鄙视,以为是肤浅、落后。殊不知,戏曲的这种处理矛盾结局的办法,是和深刻的思维方式和哲学观念有关。矛盾再复杂,斗争再尖锐,中原人总要让它找到解决的办法,哪怕是现实生活中难以实现的事情,也要让它在想像中得以实现。在元杂剧里,关汉卿的《感天动地窦娥冤》,白朴的《唐明皇秋夜梧桐雨》,都是绝佳的例证。这里丝毫没有消极意识存在,却充满了对人生的乐观的积极的态度。这种做法,正是河洛文化中提倡的"大和"观念的生动体现。"大和",正是河洛人的美好向往和现实追求,是处世做人的基本原则。历经数千年之后,河洛人的这一人生哲学仍在豫剧中不断得以反映。

最能体现河洛文化中"大和"观念的豫剧剧目是《桃花庵》。开始时尖锐的冲突最后以"大和"的局面结束,观众也为各家的达观明理和最终达到的和睦相处而赞叹不已。这个剧目在豫剧界为常演剧目,深受观众的好评,其原因除剧目好之外,恐怕也和中原人受河洛文化"大和"观念影响有关。

应该指明的是,不要以为《易经》提倡"大和",就否定变革、斗争。事实上,它除了强调均衡、秩序的同时,也主张适当的变革,《易经》"革"卦,就是专门研究世界变革之理的。在本卦的《象》里更明确指出,"天地革而四时成,汤武革命,顺乎天而应乎人。革之时,大矣哉!"可见,《易经》只是把"大和"观念作为理想的境界和追求的目标,它同时也在探讨实现"大和"的手段和途径,"革命"一词,正明确说明了河洛人也并不对合理采用斗争手段有什么反感。比如,忠奸矛盾不可调和,《审诰命》的唐成以及《宇宙锋》里权奸赵高之女赵花芝都采用了毫不妥协的斗争手段;当恶人当道、黑暗势力横行之时,豫剧更高举斗争的旗帜,鼓励人们去砸烂旧世界、粉碎不平的世道。豫剧《司马貌告状》则是这类剧目的典型。从这些充满想像力和浪漫主义的斗争之中,我们可以清楚地体察到中原人对公平、正义的追求,对"大和"境界的向往以及信仰和遵从"大和"观念的执着坚定。豫剧产生之初以及其后漫长的发展过程中,中原长期处于天灾人祸之中。严重的"失和"现实,反映到豫剧里,呐喊和抗争自然成为基调,难免会出现激昂慷慨的情绪,这是完全可以理解的。随着中华民族的复兴,人们的处境及生活的改善,豫剧如何在新的时期更好地体现"大和"观念,正是我们戏剧界同仁应该思考探索的课题。

(作者单位:河南省计划生育管理干部学院)

河洛文化与中国医药学的起源

沈振辉

中国的医药学在世界上独树一帜。近世以来,当源于西方的科技文化以高势能的姿态席卷全球,一统天下之时,各国古老的自然科技学说纷纷被纳入其体系,从历史舞台上消逝。在这场全球性的科学统一浪潮中,唯独中医药学傲霜挺立,未在汹涌而来的近现代科技浪潮下枯萎,继续以其独特的魅力为世人所瞩目。

中国的医药学能以自己的特色独立于世界,是我们民族的骄傲。在人类医学发展的童年,世界各国都有相似的原始医术,然而,其后世之所以分道扬镳,都是受所在地区文化的影响。特别是早期文化在奠定医药学的发展方向上尤其重要。中国医药学发展的童年是在河洛地区,河洛文化因此给中国医药学打下了深深的印记,并使这一印记一直保留至今。

一、河洛地区在中国医药学起源过程中的地位

河洛处于中原,是上古时代中国医药学的发源之地。古史传说,中国医药学的起源和伏羲、神农、黄帝等上古时代的圣人有关。《帝王世纪》曰:"伏羲画八卦,所以六气、六府、五藏、五行、阴阳、四时、水火、升降得以有象,百病之理,得以有类,乃尝百药而制九针,以拯夭枉。"《淮南子·修务训》称:"神农乃始教民,尝百草之滋味,当时一日而遇七十毒,由此医方兴焉。"至于黄帝,也有教民治病的传说,中国最早的医学典籍《黄帝内经》就是以黄帝和岐伯、雷公等讨论医学的形式编写的。伏羲、神农、黄帝等事迹虽然出于传说,然而亦不尽然为后人的臆

想。因为,任何一种划时代的创见,在由经验向理论的发展时,终须由个人来完成,社会变革及学科发展若无杰出人物的推动,是难以实现质的飞跃的。晋代葛洪云:"世人以人所尤长,众所不及者便谓之圣";"圣人者,人事之极号也"。①伏羲、神农、黄帝等圣人因其在医药学创始阶段的贡献而成为世代相传的历史追忆。而巧的是,伏羲、神农、黄帝都是上古时代河洛大地上的英雄人物,这便凸显出河洛地区在中国医药学缘起阶段的渊源地位。

河洛地区和中国医药学发端的联系不限于传说,上古时代,河洛地区是夏、商、周三朝的政治中心,也是当时的文化发达地区。"禹都阳城"据考证位于河南登封;"商汤之都"西亳是在河南偃师;两地都处于河洛。至于殷商的安阳、西周的洛阳,亦属河洛不争之地。故司马迁《史记》曰:"昔三代之居,皆在河洛。"由此而言,三代医药发展的重心皆在河洛地区。春秋战国至秦汉时期,中国的政治文化格局有了变动,除了河洛文化以外,周围的齐鲁文化、秦陇文化、燕赵文化、吴越文化、晋文化、楚文化等也蓬勃发展起来了。但是,地处中原的河洛文化仍然居于文化前列,对医药学的发展给予相当大的影响。

河洛地区在上古时代文化发达,很多古代经典与之有关联。《山海经》以古代中原为中心描述,极可能是产自河洛地区的一本古代典籍。该书记载了上古时代的巫医活动:"有灵山,巫咸、巫即、巫盼、巫彭、巫姑、巫真、巫礼、巫抵、巫谢、巫罗十巫,从此升降,百药爰在。""开明东,有巫彭、巫抵、巫阳、巫履、巫凡、巫相,夹窫窳之尸,皆操不死之药。"巫咸、巫彭在甲骨卜辞中屡见其名,《世本》亦有:"巫彭作医"之说,《山海经》的此段记载因此可以被看做是反映商代的医学背景。商代尚处于巫医不分的时代,但已有相当活跃的医药实践,其中尤以殷墟安阳为重要。学者研究,殷墟的甲骨卜辞中关于疾病的内容有 500 条之多,其疾病多以部位称名,有"疾首"、"疾口"、"疾目"、"疾齿"等,仅少数病名如"风疾"、"瘖疾"等与后世相似。殷墟甲骨涉及疾病的面相当广。胡厚宣《殷人疾病考》归纳曰:"殷人之病,凡有头、眼、耳、口、牙、舌、喉、鼻、腹、足、趾、尿、产、妇、小儿、传染等十六种,具备今日之内、外、脑、眼、耳鼻喉、牙、泌尿、产妇、小儿、传

---

① 葛洪:《抱朴子·内篇》,浙江人民出版社 1984 年版。

染诸科。"①殷商时代,药物疗病已开始。1973 年河北藁城台西村晚商遗址中发现了桃仁、杏仁、郁李仁等 30 多枚药用植物种子,是为商代药疗的有力证据。台西村 14 号墓还出土了一件装在漆盒中的医疗用具砭镰,可以用来切割痈疡或放血,证明其时亦已有了外科手术一类的治疗。② 此外,殷墟甲骨中有"沐"、"浴"等字,殷墟出土了成套的壶、盂、勺、盘等盥洗用具,说明殷人已有洗手、洗澡等卫生习惯;殷墟建筑以铜和砾石打地基,房屋高大通风,周围有陶制的排水管道,显示居住条件的进步。这些对于疾病的预防有着积极的意义。

周朝医药学在商朝的基础上,有了飞跃发展,其最重要的变化是出现了巫医分家。《周礼》把"巫祝"列入"春官大宗伯"属下,把"医师"列入"天官冢宰"管辖。又把医生分为"食医"、"疾医"、"疡医"、"兽医"四类。《周礼》还建立了一套医政组织和医疗考核制度,规定由"医师"总管医之政令,统领各科医生。医生在年终要稽考医事,以核定待遇。"十全为上,十失一次之,十失二次之,十失三次之,十失四为下。"《周礼》不仅载有疾病分科治理的制度,还记载了病历及死亡报告制度。规定:"凡民之有疾病者,分而治之,死终则各书其所以,而入于医师。"巫医分家、医学分科及医事制度的建立,为医药经验的积累和医疗水平的提高创造了条件。在《周礼》中,疾病已不是简单地用发病部位来命名,出现了"痟首疾"、"痒疥疾"、"疟寒疾"、"嗽上气疾"等与四季转化有关的病名,显示当时已初步了解某些疾病与气候变化的规律。

周朝的药物知识也有很大的发展。《诗经》中载有 50 多种植物,大多具有药用价值③;《山海经》记载的动、植、矿物药达 124 种④,使用方法分口服、沐浴、佩带、涂抹等,其功效有"食之不饥"、"食之已劳"、"食之多力"、"食之无卧"、"食者利于人"等。

西周秦汉之时,中医药学在实践的基础上形成了理论归纳。出现《黄帝内经》这样的具有总结性的医学理论代表作品。《黄帝内经》不是出于一人的手笔,也不是一个时期编成的,西汉末刘歆《七略》著录有《黄帝内经》18 卷,其后

---

① 胡厚宣:《甲骨学商史论丛初集》,河北教育出版社 1999 年版。
② 河北省文物管理处台西考古队:河北藁城台西村商代遗址发掘简报,《文物》1979 年 6 期。
③ 潘富俊:《诗经植物图鉴》,上海书店出版社 2003 年版。
④ 薛愚:《中国药学史料》,人民卫生出版社 1984 年版,第 35 页。

辗转流传,衍化出不同传本,今本《黄帝内经》由《黄帝内经素问》、《黄帝内经灵枢》两部各 9 卷的独立著作组成。

河洛大地处于中原,在古代是医家活跃的地区。《史记·扁鹊仓公列传》记载,战国时期,名医扁鹊周游列国行医,到达过魏国的都城大梁(今开封)和东周的都城洛阳。扁鹊的医术高明,能根据各地不同情况随俗而医。在洛阳,他听说当地人敬爱老人,便针对老年人眼耳不灵,中风偏瘫等多发病,担任"耳目痹医"。东汉末年,名医张仲景、华佗都在河洛地区行过医。张仲景为南郡涅阳(今河南南阳)人,属于河洛地区。东汉末年,当地疫病流行,张仲景发愤学医,救命活人,成为世之良医。他根据医学典籍及自己的行医经验,编纂了《伤寒杂病论》一书,书中提出包括理、法、方、药在内的系统的辨证施治原则,奠定了中医诊疗学的基础。此书被后人赞为"授人之渔"之作,贡献厥功至伟,张仲景因此被推崇为医中之圣。

东汉在中国文化发展史上是一重要阶段,汉字从殷商甲骨文开始,发展至东汉出现楷书,使汉字得以定型。中国的医药学也是从殷商开始有较为确切的记载,至东汉《伤寒杂病论》出现,标志中医的诊疗学发展成熟。如果我们把诊疗学成熟作为中医药学起源过程中的阶段性标志。可发现河洛地区在整个这一阶段的中医药学发展过程中是处于一个比较中心的位置。

二、河洛文化对于中国医药学起源阶段的影响

河洛地区在中国医药学起源阶段处于中心位置,河洛文化因此对中国医药学的起源发生过重要影响。河洛文化博大精深,举凡《易经》、《诗经》、《礼记》、《尚书》、《山海经》、《道德经》等中国最古老的文化经典,都出自上古三代的中原地区,皆属河洛文化。佛教传入中土,首先来到洛阳。因此,可说儒、道、佛三家最初的精华都集于河洛文化。

《黄帝内经》是中国医药学发展的里程碑式的著作。该书奠定了中医药学的理论基础。以《黄帝内经》为代表的中医药文化受到儒家及道家思想的深刻影响已是学术界普遍的定论,如:《内经》在解释人体脏腑和药物配伍时使用儒家君臣关系的伦理政治观。《素问·灵兰秘典论》说:"心者,君主之官也"、"肺者,相傅之官"、"肝者,将军之官"、"胆者,中正之官"、"膻中者,臣使之官"、"脾

胃者,仓廪之官"、"三焦者,决渎之官"、"膀胱者,州都之官"。《素问·至真要大论》有将药物分成君臣佐使配伍的论述。儒家的天人合一思想在中医理论中也有体现。《素问·宝命全形论》认为:"人生于地,悬命于天,天地合气,命之曰人。人能应四时者,天地之父母。"阐述了人体小宇宙和天地大宇宙的联系。中医药理论还吸收了儒家中庸的思想,在诊断上,警惕"过与不及"的危害,提出"以我知彼,以表知里;以观过与不及之理,见微得过,用之不殆。"(《素问·阴阳应象大论》)在治疗上,中医注重平衡,强调以"中"为度。《素问,至真要大论》云:"谨察阴阳所在而调之,以平为期。"后世在此基础上形成"补其不足损其有余"的重要治疗理论。①

　　道家思想对中医药学理论也产生过广泛而深刻的影响。道家有"道"、"气"、"精"等术语。"道"在老庄哲学中被视作万物之源,《道德经》曰:"道生一,一生二,二生三,三生万物。"(第四十二章)《黄帝内经》亦有类似的表述,称:"阴阳者,天地之道也。"(《素问·阴阳应象大论》)又曰:"嗜欲不能劳其目,淫邪不能惑其心,愚智贤不肖,不惧于物,故合于道,所以能年皆度百岁而动作不衰者,以其德全不危也。"(《素问·上古天真论》)从《黄帝内经》所论之"道"与老庄哲学的"道"比较来看,两者的意思是极其相近的。"气"在道家那儿是作为生命的要素,生是气聚,死是气散。《庄子·知北游》曰:"人之生,气之聚也。聚则为生,散则为死。"《黄帝内经》也有气聚得生的说法。《素问·宝命全形论》曰:"天覆地载,万物悉备,莫贵于人。人以天地之气生,四时之法成。"把禀天地之气而生作为人生命的由来。"精"在道家是作为化育万物的元素,道家有时单述"精",有时称其为"精神"。《庄子·刻意》云:"精神四达并流,并无不极,上际于天,下蟠于地,化育万物。"反映道家思想的《管子·内业》说:"凡物之精,此则为生,下生五谷,上为列星。"中医药学理论也认为,"精"或者"精神"是养护生命的根本。《灵枢·本藏》说:"人之血气精神者,所以奉生而周于性命者也。"中医在接受道家"精"的观念之后,又进一步把"精"分成与生俱来的"先天之精"和从饮食营养而来的"后天之精",然而,仍保持"精"是生命的基础这一基本观点。如《素问·金匮真言论》所说:"夫精者,身之本也。"①

由于儒、道的早期经典与河洛文化密切相关,儒、道两家的思想在《黄帝内经》中的体现可被看做是处于起源阶段的中医药学受到河洛文化的影响所至。

然而,河洛文化最著名的经典是《易经》,《易经》被称作中国文化的始祖、中国哲学的第一著作。《易经》的成书历史又和河出图、洛出书这一有河洛地区显著特色的文化传说相连,引人入胜。因此,有学者认为:"河洛文化,《易》以贯之。"②中国医药学的起源阶段是在河洛地区,《易经》有没有对中国医药学的起源产生过影响? 如果有,其影响的程度如何? 这是一个饶有兴趣的问题。

《易经》和中国医药学的关系是研究《易经》的热门。目前,这一问题有两种不同的观点,一种认为,《易经》对中国医药学从起源阶段就有很大影响,《黄帝内经》中的许多重要理论递嬗于《易经》。另一种认为,《易经》在中国医药学发展的初期没有什么影响,所谓"不知易,不足以言大医"的话出于明代医家张景岳之书,其书说此话来自唐代著名医家孙思邈之语,实际是曲解了孙思邈的原论。

笔者赞同上述第一种观点,"医易相通"虽是自明代医家开始得到认识,但是两者的关系渊源实则早已存在。阴阳是中国哲学的基本概念,其产生和《易经》的(--)和(-)符号有关。《易经》以(--)名之为阴爻,以(-)名之为阳爻,虽然是在《易经·系辞》中才出现,但是(--)爻和(-)爻对立而存的思想在阴阳之名未有之前已经存在。中国医药学的起源之地和《易经》的缘起之地同属河洛文化,《易经》阴阳对立的学说应该对医药学产生影响。事实上,中医理论的核心就是阴阳学说。《素问·阴阳应象大论》曰:"阴阳者,天地之道也,万物之纲纪,变化之父母,生杀之本始,神明之府也。"把阴阳放在第一重要的位置。《黄帝内经》还运用阴阳之说对中医学的理论作了系统的阐发。如:以阴阳之说对人体的部位进行划分。《素问·金匮真言论》说:"夫言人之阴阳,则外为阳,内为阴。言人身之阴阳,则背为阳,腹为阴。言人身之脏腑中阴阳,则脏者为阴,腑者为阳。肝、心、脾、肺、肾五脏皆为阴,胆、胃、小肠、大肠、膀胱、三焦、六腑皆为

①　参见程宝书:《论道家思想与中医学》,引载著作同上。
②　杨作龙:《河洛文化导扬》,《洛阳师范学院学报》2004年第1期。

阳。故背为阳,阳中之阳心也;背为阳,阳中之阴肺也。腹为阴,阴中之阴肾也,阴中之阳肝也;腹为阴,阴中之至阴脾也。此皆阴阳、表里、内外、雌雄相输应也,故以应天之阴阳也。"以阴阳之说阐释人体的生理功能及病理变化。《素问·生气通天论》说:"阴者藏精而起亟也,阳者卫外而为固也。"把"阴"看成是用来储藏精气的器官或物质;"阳"则作为精气的某种功能或力量。《素问·阴阳应象大论》说:"阴胜则阳病,阳胜则阴病。"指出阴阳不平衡乃人体致病的根由。

中医药学的理论并非建立在解剖学和生理学的实验基础之上,而是以观象、取象的方法推导出人体的生理、病理之象。这一特殊的取类比象方式的来源也是《易经》。取类比象是《易经》的一大特色,所谓"象"是指直观可察的具象,或是具象中隐含的较少形象的意象。《周易》以"象"为思维工具,对客体事物加以归类或类比,以此来区分、认识世界上的万事万物。

《周易》"象"思想贯穿于《黄帝内经》,是《内经》核心理论脏象学说形成的基础。《素问·五运行大论》曰:"夫变化之用,天垂象,地成形,七曜纬虚,五行丽地。地者,所以载生成之形类也。虚者,所以列应天之精气也。形精之动,犹根本之与枝叶也,仰观其象,虽远可知也。"《黄帝内经》中有许多来自自然之物的比拟,如:《灵枢·经水》用自然界的十二经水,类推人体的十二经脉。《素问·阴阳应象大论》把天象、地象、人象合三为一,建立人体的脏象,其说曰:"东方生风,风生木,木生酸,酸生肝,肝生筋,筋生心,肝主目。其在天为玄,在人为道,在地为化,化生五味。道生智,玄生神,神在天为风,在地为木,在体为筋,在藏为肝,在色为苍,在音为角,在声为呼,在变动为握,在窍为目,在味为酸,在志为怒,怒伤肝,悲胜怒;风伤筋,燥胜风,酸伤筋,辛胜酸"。南方、中央、西方、北方也各有属于自己的脏象。

值得注意的是,这种以象为喻,宣示医理的方法早在春秋时期已得到实际应用。《左传·昭公元年》记载晋平公请医和为之诊疾,医和曰:"疾不可为也,是谓近女室,疾如蛊。"医和在解释何为"蛊"时,引用了《易经》的"蛊"卦。说:"淫溺惑乱之所生也。于文,皿虫为蛊;谷之飞亦为蛊;在《周易》女惑男、风落山谓之蛊,皆同物也。"这一例子形象地说明了《易经》对于医学的影响并非很晚才出现。

《周易》除了象以外还有"数",称为易数,包括天数、地数、大衍数、卦爻数、河图数、洛书数等。《黄帝内经》亦从中吸收,将来自经验的零乱材料纳入易数体系,形成条理化的理论。《内经》得到运用的有一至九的天地至数、河图洛书数及九宫数等。其中,河图数在《内经》中演变为脏象之数。洛书数在《内经》中演变为九宫数。

以上列举可以看出,《周易》对中医药学的理论体系的形成影响是巨大的,由于两者之间有着这样的密切关系,因此,中医学界形成了"医易同原(源)"的认识。

中医药学的核心理论并不全部来自《周易》,另一核心理论五行就不是源出于《周易》的学说。五行学说最早见于《尚书·洪范》,其以水、火、木、金、土五种物质称作五行,用它们的性质来解释世界,"水曰润下,火曰炎上,木曰曲直,金曰从革,土爰稼穑。润下作咸,炎上作苦,曲直作酸,从革作辛,稼穑作甘。"五行学说后来经过战国时期的发展,被理解为相生、相克的宇宙秩序。《黄帝内经》吸纳了五行学说,用五行对五脏进行归类,确定肝木、脾土、心火、肺金、肾水的模式,并用五行相生相克的原理来说明人体的生理病理之象,指导临床诊断与治疗。

河洛文化是一个综合的复杂文化,中国医药学在其起源的过程中从多方面受到来自河洛文化的各种文化经典的影响,从而形成了一种极富自然哲学意味的医药文化。有的研究者认为,中华科学有一个传之久远的凌驾于各学科之上的统一的文化模型,它是:"以易经为基础,先后纳入阴阳五行、气论、干支计时法、河洛理数而形成的一套理、象、数、图并举,关于世界生成演变的功能性结构象征模型及其符号体系。"[①]西方的科学范畴里没有与之相对应者。笔者赞同这样的观点,并进一步设想这一文化模型还应当扩大为包括儒、道文化的其他思想理论,而造成这一文化模型的环境就在河洛大地。河洛文化对于中国医药学在起源阶段的影响,从根本上说就是河洛地区的文化模型对医药发展的塑造。而中医药学至今仍有旺盛的生命力,也是得益于这一文化模型对其的塑造,它使得中医药学不止是一种纯粹的医学,而成为一种代表东方文化的自然哲学。因此,其在近现代西方医学一统天下的浪潮中依然能独立存在。

（作者单位:复旦大学国际文化交流学院）

---

① 李曙华:《中华科学的基本模型与体系》,《哲学研究》2002 年第 2 期。

河图洛书太极八卦的现代应用

黎之江

　　河图、洛书、太极、八卦是华夏族书写文字的起源。古书上说,伏羲仰首观察天上星辰的变化,俯首察看地上万物的荣枯变迁,同时仔细考察动物身上的花

纹,特别是乌龟背上的神秘的图形,如上图,以及研究人自己身上的构造,因而创造出种种神秘的符号,绘出河图、洛书、太极,代表包括人和自然整个宇宙在内的世界上一切事物及其演变,称之为八卦。八卦的基本内容:乾天、震雷、兑泽、离火、巽风、坎水、艮山、坤地。伏羲氏用八卦演示自然界各种变化规律,根据它制定了人类社会的法则和规范,从此,有了必须遵守的道德准则,伏羲以八卦治天下,天下伏而化之。伏羲的八卦后来演变成《易》经,经历代的完善,成了现代预测哲学的基础。传说由伏羲发明的天干地支纪年历法,屡经改进而成为已沿用4000多年的农历。河图、洛书、太极均为八卦的基本内容。《易·系辞》上"河出图,洛出书,圣人则之。"正是这样说的。为了给现代人解八卦之迷,重将古人对中华传统文化的源泉形成作个粗浅解说,以提高对学习八卦的兴趣,知道八卦就是科学,用八卦就是用科学。在现今要建设和谐社会与创新社会,重新认识八卦

不是没有好处的。现分河图、洛书、太极、现代应用、结语略述如下：

河图。河图产生于伏羲时代，当时人数法阴阳，数法日月星辰，进行复杂有意义的实践与研究，总结演变得出河图。如下图所示。

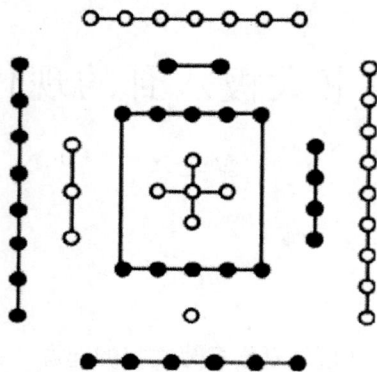

河图文字表述是："天一生水，地六成之（北方为水，为寒，其数一、六）；地二生火，天七成之（南方为火，为热，其数二、七）；地四生金，天九成之（西方为金，为燥，其数四、九）；天五生土，地十成之（中央为土，为湿，其数五、十）。"一、三、五、七、九为天数，为阳；二、四、六、八、十为地数，为阴。风、寒、暑、湿、燥、火为天之阴阳。金、木、水、火、土为地之阴阳。我们通过上面的学习，认识一些与阴阳术数的见解，就是"数法阴阳"、"数法日月星辰"、"数法天地"。在我们的传统文化里，在我们的阴阳术数构造体系里，方位始终是与四时，与数，与阴阳，与风寒暑湿燥火，与金木水火土联系在一起的，再结合到我们人体，就有一个脏腑相配属的问题。如果我们用成数来表示，就是北方六配肾，南方七配心，东方八配肝，西方九配肺，中央十配脾。因此中医的数是阴阳术数的数，是河图的数，不是现代数理逻辑体系的数。总之，伏羲画河图，是数法阴阳，数法日月星辰，数法天地，表五方、四时、风寒暑湿燥火，表阴阳术数构造体系，表植物与气候关系图，更是表数与象的基本关系图。

洛书。洛书产生于伏羲时代，当时人们根据太阳系运动的变化规律，总结出地球绕太阳一周变化规律，用数来表示：1 + 5 + 9 = 15；8 + 5 + 2 = 15；3 + 5 + 7 = 15；4 + 5 + 6 = 15，得出洛书。如下图所示。

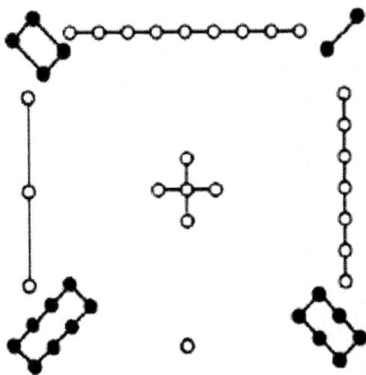

它们的相加的和都是 15。15 这个数是一个节气数。《素问·六节藏象论》中岐伯说,5 日为 1 候,3 候为 1 气。也就是 15 天为 1 节气,1 年 24 个节气,正好 365 天,加上中央 1 候五天,就是 365 天一年的整数。气的基本单位是候,强调候,是把气放在更细微的层次来考虑。每 5 天是个小变动,3 个 5 天就是 1 个中等变化,是为 1 气,6 个气为 1 时,4 个时加上 1 个候就构成 1 年,构成了春夏秋冬的循环。以上说的气候,从现代气象学角度讲,可以说是反映了湿度、温度、气压等多方面因素的变化,直接间接地影响植物动物也包括人类本身的变化。洛书除了表阴阳,表二十四节气气候的变化,还表四方四隅的空间方位、时间和月份。总之,伏羲画洛书,用阴阳术数构造体系,使我们看到了由于数的变动,带来了时间、方位的变动,而由时间、方位的变动,带来了阴阳的变动,由阴阳的变动,又带来了气候的变动,而气候的变动又带来了人类活动的变动,真是触一发而动万机,所以上古人就告诉我们,要想全面了解一个问题,就必须结合天、地、人这三方面的因素来考虑,凭借河图洛书这样一些阴阳术数构造体系来认识、改造、创造世界,同时认识、改造、创造人类本身。

太极。太极产生于伏羲时代。太极指原始混沌之气。《易·系辞》上"易有太极,是生两仪,两仪生四象,四象生八卦。"太极乃指气运动而分阴阳,由阴阳而生四时,因而出现天、地、风、雷、水、火、山、泽八种自然现象,推衍为宇宙万事万物。这是伏羲时代对宇宙观察总结演绎出来的感知认识论,是阴阳术数构造体系的具体运用。由于伏羲时代农牧业生产的需要,产生了天文学。中国古代天文学的最重要贡献之一是确定了"二十四节气"。"二十四节气"从哪里来的呢?它来自"黄道",黄道是太阳系运动轨迹,也包括月球绕地球运动和地球自转的轨迹。中国先民在地球表面上通过感官知觉出来太阳的东升西沉、五大行星的运转以及月亮的圆缺。中国先民在日中的时候看太阳在八尺圭表的阴影，就可知道黄道运行情况，将太阳的运行圭表阴影长短尺寸，按顺序排列在一个圆上，分出"二十四节气"，如下图所示。

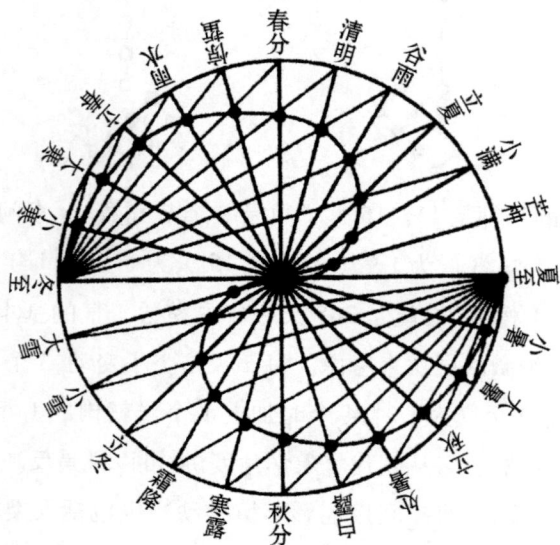

《周髀算经》记载高八尺圭表晷影的长短结果如下：（如公元 2005 年 12 月 22 日 2 时 35 分，农历十一月二十二日）冬至一丈三尺五寸；小寒一丈二尺五寸小五分；大寒一丈一尺五寸一分小四分；立春一丈零五寸二分小三分；雨水九尺五寸二分小二分；惊蛰八尺五寸四分小一分；春分七尺五寸五分；清明六尺五寸五分小五分；谷雨五尺五寸六分小四分；立夏四尺五寸七分小三分；小满三尺五寸八分小二分；芒种二尺五寸九分小一分；（如公元 2005 年 6 月 21 日 14 时 46 分，农历五月十五日）夏至一尺六寸；小暑二尺五寸九分小一分；大暑三尺五寸八分小二分；立秋四尺五寸七分小三分；处暑五尺五寸六分小四分；白露六尺五寸五分小五分；秋分七尺五寸五分；寒露八尺五寸四分一分；霜降九尺五寸二分小二分；立冬一丈零五寸二分小三分；小雪一丈一尺五寸一分小四分；大雪一丈二尺五寸小五分。这样，我们便可以根据先民的数来画出太极（阴阳双鱼）图来了。在太极图的基础上再输入指南针、四方四隅、河图、洛书、八卦、甲子、五行、二十八星宿就成了农家、阴阳家、军事家、风水先生和航海家、旅游家用于指导农牧业、指挥作战、堪舆、指明方向的罗经（盘）。中医学家在太极图上输入五脏六腑、十四经络、穴位、时间就成了子午流注、飞腾八法、灵龟八法开穴钟。如果在太极图中输入五方、五嗅、五味、五色、五谷、五兽、五鸟就可以成饮食疗法指导图。总之，只要你需要，太极图就能帮助你解决衣、食、住、行和工作中的困难。

现代应用。以上是中国先民认识宇宙，改造世界方法的总结，历史过了几千年，这种认识宇宙、改造世界的方法十分有效。我们不仿用河图、洛书、太极图所组成的阴阳八卦，来印证现代应用。现从认识哲学、祛病养生、防灾平安举例说明。

认识哲学。哲学是关于如何看世界的学说，是自然知识和社会知识的概括和总结。中国人讲哲学，是自上古以来以《周易》开始的，从一（阳）讲至二（阴），从二讲至三（阴阳和合），从三讲至万物，生息无穷。概括起来有阴阳，有八卦，有处理事物的八条基本公式，也可以说是六十四卦，六十四条公式，只要你将所需要解决的问题套进去，至万事万物，至生息无穷，延续几千年都是这样来认识世界、改造世界包括人类本身。老子《道德经》的第一章说："道可道，非常道；名可名，非常名。"讲的是"道"、"名"的形象概念。"玄"的概念是什么？"玄"就是晷（guǐ），意即：太阳光线照射到八尺圭表的阴影）。我们只要在日中的时候看看太阳在圭表下的投影长短数字，就可以知道天道的运行情况，将运行情况绘制成太极阴阳双鱼图。因为这个晷影是黑色的，所以叫做"玄"。中国哲学就是这样看得见，摸得着的形象思维，还可通过晷的长短推知太阳系各星球运行规律。中国哲学就是这样通俗易懂，但是这影子有多重，现代的科学发展还不能确知，有待今后的科学发展。还得依靠阴阳八卦的思维方法去解决问题。

祛病养生。中国土生土长的医学高精尖，世界独有。中国土生土长的医学突出阴阳和合中庸于天地人之间，简称中医。中医的整体观念主要是把人体放在天地这个阴阳八卦背景里去考虑，人的健康也好，疾病也好，祛病养生也好，都与天地阴阳八卦的影响密切相关，人与天地阴阳八卦从某种意义上来说，就是一个实在的整体。人是作为天地阴阳八卦这个整体的一分子，因而，必须遵循局部服从整体的原则，分子更无例外。我们对疾病的认识，对祛病养生的认识，就是要发现作为分子的局部，在哪些方面跟不上阴阳八卦整体的步伐，在哪些方面违犯了整体的原则，而治疗疾病，祛病养生，就是把上述认识到的不协调因素纠正过来，实者泻之，虚者补之，热者寒之，寒者热之，燥者湿之，湿者燥之，使局部重新跟上整体的步伐，达到天地人阴阳八卦平衡，人生的祛病养生益寿延年的目的就能达到。如果你风热感冒，那就是太阴肺经出了问题，你可在肺经的列缺、少商穴上用实者泻之的手法，在与太阴肺经为表里的阳明大肠经的合谷穴上用实者泻之的手法，将太阴肺经表里的热毒排出体外，内外阴阳平衡，人的身体就康复了；如果你风寒感冒，还是太阴肺经和阳明大肠经出了问题，处理的方法就应是寒者热之，大碗的红糖热姜汤喝下肚去，大棉被一盖，出一身大汗，把寒气逼出体外，阴阳平衡，风寒感冒就好了。

防灾平安。宇宙间不停运动，影响到人类的平安，以近年为例，有彗星尾部将要接近地球，有太阳黑子爆炸十年左右周期来一次，有印度洋海啸，有南极上空出现臭氧层空洞，有"非典"肆虐全球，有艾滋病在全球流行，有禽流感危及人类。以上这些不一而足，有的是人类无力预防，有的是人类可以总结历史来避开，有的是人类可以在灾害还未到来时采取预防措施……中国自上古以来，就总结一套行之有效的太极八卦图，将干支纪年放入里面进行对历史的总结，对现在和未来的预测，告知人什么时候该做什么不该做什么，如有瘟疫流行的地方你不要去，不可避免一定要去，那你一定随身多带药物备急时用。如有山洪暴发，有泥石流、容易滑坡的地方你要绕路走，等等。好比现在驾车不能喝酒一样通俗易懂。防灾平安，放到天地人的阴阳八卦大环境中去考虑，趋福避祸，行正去邪，人生才能安全。如八卦中的乾卦，说的是乾、元、亨、利、贞。对案件而言，公务人员是代表上天的意志办事的，必须十分谨慎，出了错要受到上天处罚的，"上九，亢龙有悔"，就是告诫我们，必须全心全意为人民服务，有法必依，执法必严，违法必究，犹如一条乘云升高的龙，它升到了最亢，最干净的地方，四顾茫然，有了忧郁积闷现象，这时候，公务员不能有半点私心，因为位居极点，悔吝必生，那是必然的趋势，所以，作为公务员来说，要防灾平安，就必须替天行道，才能元、亨、利、贞有好结果，否则将有乐极生悲的现象。不是吗？广西的成克杰就是其中一例。

结语。如何认识世界，创新世界，最基本的方法就是学哲学、用哲学。伏羲时代用阴阳来分，现代用矛盾两方面来分，统一体＝太极。毛泽东深谙太极阴阳八卦真谛，"一分为二"在20世纪50至80年代可以夸张地说，在中国红色海洋的年代里几乎是家喻户晓人人皆知。"一分为二"代替了"太极生两仪"。"事物的矛盾法则，即对立统一的法则，是唯物辩证法的最根本法则。"代替了"河出图,洛出书,圣人则之。《易》有四象,所以示也"。从根本上讲"和谐社会"、"创新社会"的思维也是来自《易》经,和谐社会就是太极社会,创新社会就是阴阴相生相克的互变社会,就看执政者如何将全体人们引导到天下为公的天堂。上古人观察形象,总结出来的河图、洛书、太极图、阴阳八卦是形象思维的结晶,至今还光辉不减,只不过有时被暂时的乌云挡住。东风正在吹动,春天已经来临,百花齐放的形象将展示在世人面前,中国传统文化的精髓河图、洛书、太极图、八卦、《易》也将在其中大放异彩。不是吗? 小到人类个体祛病养生、企业协调企业主和员工利益分成,中到处理朝鲜半岛无核化的六方会淡、伊拉克战争,大到如何认识世界、创新世界,都需要运用河图、洛书、太极图、八卦、《易》的阴阳平衡原理去处理各方的利益均衡,太过和不及都会得病,引起纠纷甚至动到导弹的热战争。但愿世人都知道八卦相生相克的原理,人法自然,人法阴阳,运用阴阳术数构造体系共创和谐社会与创新社会,协调中庸人间的是是非非,化解各种矛盾,走向天下为公的世界大同。

（作者单位:中国未来研究院）

河洛文化的历史地位与现实意义

范毓周

河洛文化是根植于河洛地区的中国传统文化的主体与核心。河洛文化作为中原文化的核心,源远流长,博大精深,曾经最早孕育出中华民族的远古文明,后来在中国文明的数千年演进历程中,一直是中国传统文化的源泉和主流,具有丰富的历史内涵和无可比拟的重要地位。直到今天,河洛文化对于凝聚海内外华人仍有不可低估的独特作用,在中华民族的民族复兴和祖国统一大业中仍然具有重要影响和积极意义。

一、河洛文化是中国文明形成与早期发展的主导力量

河洛文化,顾名思义是指产生和发展于河洛地区的区域文化。"河洛"一词,最早见于《史记》,其《封禅书》说:"昔三代之居,皆在河洛之间,"学术界对于河洛文化的理解是逐步深入的,目前认识虽未完全统一,但大体上讲,主要有狭义和广义两种不同的看法。就"河洛"的地域概念而言,狭义的理解无疑应指地处黄河与洛水交汇处的洛阳及其周边一带。[①] 但从文化发展的角度看,这里显然只是更广阔范围的中原地区的中心腹地,从广义的角度看,"河洛"的地域应当包括更大范围的中原地区,河洛文化即是中原文化,河洛文化分布的中原地

---

① 主张狭义说法的有李先登,例如,他主张:"河洛文化指的是中国古代河洛地区的文化。河洛地区指的是黄河中游潼关至郑州段的南岸,洛水、伊水及嵩山周围地区,包括颍水上游登封等地,大致包括北纬34°至35°、东经110°至114°的地区,概言之就是今天河南省的西部地区。见其所著《河洛文化与中国古代文明》,载《河洛文化论丛》第1辑,河南大学出版社1990年版。

区,是中国古代文明的发祥地。现在越来越多的学者认同这一看法①。本文对河洛文化的论述即是在这种广义概念基础上展开的。

　　前不久,我在一次国际会议上曾经指出:"历史上的中原地区是指包括今天河南大部、河北和山西南部、陕西东部在内的黄河中游流域的广大地区。历史上最早建立的夏、商、周三个王朝均以这里为中心腹地,因而就中国文明的形成和早期发展而言,中原地区显然是中国文明诞生和成长的历史摇篮。"②就这一意义上讲,河洛文化形成和传承的中原地区,是中国古代文明的发祥地,河洛文化是中国文明形成与早期发展的主导力量。

　　对于中国文明的起源与形成问题,学术界曾经经历过一个漫长的认识过程。其中,最为重要的是如何认识中原地区的河洛文化在中国文明形成和早期发展历史进程中的地位与作用。

　　中国考古学一开始就是在河洛地区发端的,而且是与中国文明的起源和形成问题密切相关的。学术界普遍认为,1921 年瑞典人安特生(J. Gunnar Andersson)在河南三门峡地区渑池县最初发现仰韶遗址引发了中国考古学的诞生。③由于仰韶出土彩陶的纹饰与中亚土库曼斯坦的安诺遗址等地出土的彩陶颇为相似,安特生提出了"中国文化西来说"④。他的这一说法很为中国学者所怀疑。1928 年中央研究院历史语言研究所在河南安阳小屯开始大规模发掘殷墟后,发现商代文化与仰韶文化有相当大的差别,这使人们认识到仰韶文化和商代文化间有很大的距离,商代文化应该另有来源。徐中舒先生认为它们各有其渊源,应

---

① 主张广义说法的学者较为普遍,参看苏秉琦、殷玮璋,《关于考古学文化的区系类型问题》,《文物》1981 年第 5 期。李学勤:《河洛的历史地位与河洛文化的性质》,《寻根》1994 年 1 期。朱绍侯:《河洛文化与河洛文化圈》,《寻根》1994 年 1 期;又《河洛文化研究之展望》,《洛阳工学院学报(社会科学版)》2001 年 3 期。

② 参看拙著,《中原文化在中国文明形成进程中的地位与作用》,即刊《郑州大学学报》2006 年 2 期。

③ 也有学者认为应从 1900 年瑞典学者斯文·赫定(Hedin Sven Anders)、斯坦因(Aurel Stein)进入我国新疆进行楼兰、尼雅遗址的发掘开始,本文采用通行说法。

④ 说见 J. Gunnar Andersson,*An Early Chinese Culture*,Bull. Geol. Soc. of Ching 5(1923). No. 1 pp. 1—68. 又 *Children of the Yellow Earth*:*Studies in Prehistoric China*,The MIT Press,Cambridge,Massachusetts,1973.

当分属两个系统。① 傅斯年则在 1935 年发表《夷夏东西说》。② 这种东西对立的二元论一出,影响颇广,直到 20 世纪 50 年代中期,仰韶文化向东、龙山文化向西在河南形成混合文化的说法仍很流行。1956 年安志敏等在河南三门峡庙底沟遗址发现庙底沟二期文化层后,才最终被仰韶文化发展到龙山文化再到历史时期的商代文化的一元论彻底替代。③ 此后相当长一段时期里,中原地区的考古文化一直被普遍认为是中国文明的源头和中心,其在中国文明形成进程中具有其他地区文化不可比拟的地位和作用本来是无可置疑的。

　　但是,到了 20 世纪 70 年代末期,由于中原地区以外的重要考古发现日益增多,著名考古学家苏秉琦先生在 70 年代末期率先提出"区系类型理论"④,各地的考古学者纷纷响应,逐步形成了一种多元论的趋势。普遍认为中国史前文化既不是外来的,也不是以中原地区为中心向外传播的,各地史前文化是在适应当地自然条件的基础上发展起来的,是所谓"满天星斗",它们直接或间接相互促进、相互影响,都对中国古代文明的形成和发展作出了自己的贡献,中国文明的形成进程是多元一体的格局。⑤ 这些看法无疑打破了原来中国文明的形成进程的一元论,但是,也应看到,这一认识在某种程度上却忽略了中原地区的河洛文化在中国文明的形成进程中的中心地位和主导作用。

　　上述认识与中国境内各个地区考古文化发展的实际情况是颇有出入的。事实上,从新石器时代中期,中原地区就率先崛起了由东向西的磁山文化—裴李岗文化—老官台文化,从它们所共有的圜底钵、平底钵、三足钵和圜底碗等器物类型⑥,可以清楚地看出它们相互联系颇为密切,已经形成了一个较大的区域文

①　徐中舒:《再论小屯与仰韶》,《安阳发掘报告》第 3 册,1931 年,556 ~ 557 页。
②　傅斯年:《夷夏东西说》,《庆祝蔡元培先生六十五岁论文集》(下编),第 1093 ~ 1134 页,南京,1935 年。
③　参看中国科学院考古研究所,《庙底沟和三里桥》,科学出版社 1959 年版。安志敏:《试论黄河流域新石器时代文化》,《文物参考资料》1959 年 10 期,第 559 ~ 565 页。石兴邦:《黄河流域原始社会考古研究上的若干问题》,《文物参考资料》1959 年 10 期,第 566 ~ 570 页。
④　参看苏秉琦、殷玮璋,《关于考古学文化的区系类型问题》,《文物》1981 年 5 期,又收入《苏秉琦考古学论述选集》,第 225 ~ 234 页,文物出版社 1984 年版。
⑤　参看陈星灿,《中国史前文化研究的心路历程》,载浙江省文物考古研究所编辑:《良渚文化研究——纪念良渚文化发现六十周年国际学术讨论会文集》,第 133 ~ 143 页,科学出版社 1999 年版。
⑥　杨肇清:《略论裴李岗文化与磁山文化的关系》,《磁山文化论集》,河北人民出版社 1989 年版。

化,这应当被看做是中原地区河洛文化已经出现了雏形。这与和它们约略同时出现的兴隆洼文化、后李文化和彭头山文化的相对孤立发展相比,显然具有明显的发展优势。在随后的新石器时代晚期的仰韶文化时期,由老官台文化发展而来的仰韶文化半坡类型向北发展,覆盖了到陕北和额尔多斯地区,并同时沿着黄河向东扩展到今洛阳以西一带,另外还经汉水流域影响到南阳盆地;而地处中原东部地区的仰韶文化后冈类型则扩展到今豫北、晋南、晋中、鲁东北、冀北和内蒙古南部等广大地区。上述两种类型的仰韶文化经过较长时间的激荡和交互影响,终于在中原地区形成发展态势强劲的仰韶文化庙底沟类型。毫无疑问,这一时期的仰韶文化构成了中原地区的河洛文化的重要内涵,显示了强大的发展态势。仰韶文化庙底沟类型形成后立即迅速向四周相邻地区扩展,北部拓展到河套地区,南端影响到汉水中游和湖北北部地区,东部已达华北平原的北部,西部伸展到甘肃湟水流域,并在仰韶文化末期形成影响广泛的庙底沟二期文化。[1]尽管学者间对于庙底沟二期文化的渊源和性质尚有争议,但在其影响下,在渭水中下游流域、豫西和晋中、晋南地区这一广大范围内形成具有比较统一文化面貌的区域文化则是大家共同认可的。[2] 因此不难想象,与周边其他相关考古文化相比,中原地区的河洛文化在当时不仅是当时处于中心地位的强势文化,而且在当时中国境内各类文化的发展态势中起着明显的主导作用。

　　当历史进入龙山时代时,中国东部地区的几个文化区的考古文化相互影响,不断交融,文化面貌渐趋一致[3],但在各个地区的地域性龙山文化中,由客省庄二期文化、三里桥文化、陶寺文化、王湾三期文化、郝家台文化和后冈二期文化共同组成的中原地区的龙山文化具有明显的一致性[4],它们共同构成了中国文明形成前夕的河洛文化,其影响最为引人注目。从已有的考古资料可以看出,原来属于大汶口文化范畴的河南东部地区在中原龙山文化影响下,形成了面貌接

---

① 张忠培:《仰韶时代——史前社会的繁荣与向文明时代的转变》,《文物季刊》1997 年 1 期。
② 严文明:《略论仰韶文化的起源和发展阶段》,载《仰韶文化研究》,文物出版社 1989 年版。
③ 张光直先生曾以"Longshanoid"概括龙山文化时期各地文化面貌渐趋统一的现象,学界多称之为"龙山期"或"龙山时代"。说见 K. C. Chang, *Rethingking Archeaology*, New York:, Random House, 1967. 又《中国相互作用圈和文明的形成》,《庆祝苏秉琦考古五十五年论文集》,《文物出版社》1989 年。
④ 严文明:《龙山文化与龙山时代》,《史前考古论集》,科学出版社 1998 年版。

近中原文化的王油坊文化①,中原龙山文化中的王湾三期文化甚至向南深入到江汉平原,导致了当地的强势文化石家河文化的衰亡②,显示了河洛文化在当时具有强大的扩张力量。到了"龙山时代"的后期,中原龙山文化已经构成当时中国境内诸文化的核心,在中国文明形成进程中各个区域文化竞相发展、相互竞争的大背景下,以中原河洛文化为中心的发展态势和格局已经形成。河洛文化成为中国境内各种文化交会激荡产生的推动历史发展的主动力,直接推动了中国文明的形成。

值得注意的是,上述中原地区各种考古文化的融会、激荡而产生的河洛文化作为当时的强势文化向外扩张进程,和中国历史传说中的史前重大战争都来自中原地区部族的发展与扩张轨迹几乎是可以相互印证的。例如上述仰韶文化半坡类型和仰韶文化后冈类型的扩张与激荡形成仰韶文化庙底沟类型,在其影响下,在渭水中下游流域、豫西和晋中、晋南地区这一广大范围内形成具有比较统一文化面貌的文化区域,并在龙山文化时期形成由客省庄二期文化、三里桥文化、陶寺文化、王湾三期文化、郝家台文化和后冈二期文化共同组成具有明显的一致性的中原龙山文化,在其直接影响下,原来属于大汶口文化范畴的河南东部地区、开始出现了面貌接近中原文化的造律台文化等这一系列文化演进过程,与炎、黄二族经过阪泉大战融会为势力强大的华夏集团并经过涿鹿之战进一步打击地处东部的蚩尤族的历史进程是大体吻合的。而中原龙山文化中的王湾三期文化向南深入到江汉平原,导致了当地的强势文化石家河文化的衰亡,则和传说中尧舜禹时期的中原集团征伐三苗可以相互印证。③ 这些情况则从另一侧面反映河洛文化是通过联盟与战争形成了它的强大发展态势和中心地位的。④ 这些雄踞中原的部族由于战争扩大了联合的范围和统驭空间,促进了民族融合、文化交流⑤,确立了河洛文化在中国文明形成进程中的中心地位,使河洛文化成为推

① 王油坊文化也称河南龙山文化王油坊类型,也称造律台类型或青堌堆类型,参看李伯谦《论造律台类型》,《文物》1983 年第 4 期。
② 白云:《关于"石家河文化"的几个问题》,《江汉考古》1993 年第 4 期。
③ 参看徐旭生:《中国古史的传说时代》第二章,第 40～125 页。又,许顺湛:《中原远古文化》,第 217～231 页。
④ 参看韩建业,《中国上古时代三大集团交互关系探讨——兼论中国文明的形成》,《北京大学学报》(哲学社会科学版)1996 年第 1 期。
⑤ 参看王震中,《中国文明的比较研究》第九章,第 361～366 页,陕西人民出版社 1994 年版。

动中国文明形成进程的主导力量。

　　在河洛文化传承发展的过程中,由于私有制产生、阶级分化,原始社会组织
发生了深刻的变化,特权阶层筑城自保,中国社会逐步开始朝着建构国家文明的
方向发展。城邑、文字、青铜器等中国文明形成的主要标志,最早就是在中原地
区河洛文化的文化演进过程中先后出现的。

　　我们还应当注意,在距今 6000～4800 年,相当于中原编年的仰韶文化的中、
晚期,中原地区就出现了以环壕为特点的大型聚落,以半坡、姜寨的环壕聚落为
例,它们的面积已在 5 万平方米以上,百余座房屋散布在壕沟以内,墓葬区和手
工业区集中于壕沟以外,表明聚落的全体成员共同生活在同一个合理布局和统
一管理的空间,已经具备了后来城邑的雏形。① 郑州西山古城的发现,使人们对
仰韶文化晚期的中原文化的认识发生了极大的改观。郑州西山城址属于仰韶文
化秦王寨类型(即大河村类型)遗址中发现的唯一夯筑城址,应为当时诸多氏族
部落的中心。这座距今 5300～4800 年的的城址,城址东南部虽遭后来人类活动
的破坏,无法确知原有面积,但从同期文化堆积推断,其遗址规模可能达到 20 万
平方米。② 值得注意的是,在其周围还环绕分布有同期存在的 20 多处聚落遗
址③,其中包括遗址面积多达 40 万平方米的大河村遗址。④ 这些现象向我们揭
示出,至少在仰韶晚期,河洛文化的中心腹地已经出现了较大规模的城邑,它无
疑为后来河洛文化覆盖的中原地区在龙山文化阶段出现新密古城寨⑤、郾城郝

---

① 参看《半坡》,文物出版社 1963 年版;《姜寨》(上、下),文物出版社 1988 年版。
② 许顺湛:《郑州西山发现黄帝时代古城》,《中原文物》1996 年 1 期。杨肇清:《试论郑州西山仰韶
　　文化晚期古城址的性质》,《华夏考古》1997 年 1 期。张玉石:《西山仰韶城址及其相关问题研
　　究》,《中国考古学的跨世纪反思》,香港商务印书馆 1999 年版。国家文物局考古领队培训班:
　　《郑州西山仰韶时代城址的发掘》,《文物》1999 年 7 期。
③ 参看杨肇清,《试论郑州西山仰韶文化晚期古城址的性质》,《华夏考古》1997 年 1 期。
④ 郑州市博物馆:《郑州大河村遗址发掘报告》,《考古学报》1979 年 3 期。
⑤ 蔡全法等:《龙山时代考古的重大收获》,《中国文物报》2000 年 5 月 21 日。河南省文物考古研究
　　所:《河南新密市古城寨龙山文化城址发掘简报》,《华夏考古》2002 年第 2 期。蔡全法:《古城寨
　　龙山城址与中原文明的形成》,《中原文物》2002 年第 5 期。

家台①、安阳后岗②、辉县孟庄③、襄汾陶寺④、登封王城岗⑤、淮阳平粮台⑥等一系列成熟的城邑的普遍出现奠定了重要的基础。就城邑的出现与早期发展而言，正是河洛文化直接推动中国文明的形成与早期发展进程。

文字的萌芽也是在河洛文化中最先出现的。目前，甲骨文之前的早期文字还很少发现，但从甲骨文的书写体系中可以清楚地看出，中国文字书写体系的形成，应有两个来源，一是以象形为手段的象形文字，一是以特殊符号为记录手段的记号文字，甲骨文中就有相当数量的记号文字，如数字"五"、"七"、"十"和天干的"甲"、"乙"等，均无从以象形文字体系的六书理论进行阐释。目前虽然在中原地区尚未发现以象形为手段的象形文字，但在仰韶文化的半坡遗址和姜寨遗址等处却率先出现相当数量的陶器刻画符号，它们在后来的甲骨文中多能找到类似的文字，其中还有个别文字符号与甲骨文象形字大体一致⑦，应当说它们也是中国文字的源头之一。毫无疑问，中原地区的河洛文化对于中国文字的形成也曾起到积极的推动作用。⑧

青铜器在中原地区也是有其久远传统的。在中原地区很早就出现了黄铜器，例如，1973 年在临潼姜寨的仰韶文化遗址 F29 居住面表层和 T259 就分别出土过半圆形残铜片和铜管各一件，其距今年代约 6100～5600 年。⑨ 1980 年在龙山文化时期的河南登封王城岗遗址的 WT196H617 灰坑中则发现了青铜器的残

---

① 河南省文物研究所等：《郾城郝家台遗址的发掘》，《华夏考古》1992 年第 3 期。
② 中国社会科学院考古研究所安阳工作队：《1979 年安阳后冈遗址发掘报告》，《考古学报》1985 年第 1 期。
③ 河南省文物考古研究所：《河南省辉县市孟庄龙山文化遗址发掘简报》，《考古》2003 年第 3 期。袁广阔：《孟庄龙山文化遗存研究》，《考古》2000 年第 3 期。
④ 参看国家文物局，《山西襄汾陶寺文化城址》，《2001 年中国重要考古发现》，文物出版社 2002 年版。
⑤ 河南省文物研究所等：《登封王城岗与阳城》，文物出版社 1992 年版。
⑥ 河南省文物研究所、周口地区文化局文物科：《河南淮阳平粮台龙山文化城址试掘简报》，《文物》1983 年第 3 期。
⑦ 据目前不完全统计，西安半坡仰韶文化遗址出土陶片共有记号文字 113 个，不重复的 27 种，临潼姜寨仰韶文化遗址出土陶片共有记号文字 129 个，不重复的 38 种。它们中有与甲骨文"五"、"七"、"八"、"十"、"甲"、"乙"等字结构完全一致，另外还有与甲骨文"阜"、"鱼"象形文字结构大体一致的字。
⑧ 参看傅永和，《汉字的起源》，《语文导报》1986 年第 2 期。
⑨ 参看《姜寨》(上、下)，附录六，文物出版社 1988 年版。

片,胎质虽然很薄,但厚薄均匀,已经是用多块合范方法铸造的青铜容器残片。[①]多块合范方法铸造的青铜容器的出现是青铜冶铸技术的重大突破。曾有学者认为登封王城岗遗址是《世本》中所讲的"禹都阳城"[②],联系到文献中禹铸九鼎的传说[③],可以认为正是中原地区的河洛文化中青铜器的出现和发展直接推进了中国文明形成的进程。

此外,考古学资料和文献资料都显示在距今4000多年前中原地区发生过大洪水灾害,邯郸、洛阳、武功等地均曾发现过龙山时代晚期发生洪水侵袭的遗迹,我国东部地区同时发生过大范围的洪水灾害。[④]"大禹治水"在中国则是家喻户晓的,其时代正是这个时期。通过治理洪水活动,不仅解决了当时面临的水灾问题,使人们安居乐业,更重要的是加速了各部族间的联盟与融合,强化了中原集团的领导地位[⑤],对实现统一中国文化做了最早的重大贡献。这从另一个侧面也说明,正是中原地区的河洛文化直接推动了中国文明的最后形成和早期发展。

从已有考古资料还可以清楚地看出,在河洛文化诞生和发展的中原地区很早就出现了城郭林立、礼制规范化、贫富分化和阶级产生、文化艺术长足发展的景象。正是中原地区的河洛文化促进了我们的先民在地处黄河中下游的中原地区长期繁衍、生息,不断劳作、发展,并在汲取相临地区文化的诸多文化因素基础上,创造出文明形成的基本条件,最终催生出彪炳于世的中国早期文明,代表中国早期文明的唐虞时代和夏、商、周三代王朝都以河洛文化传布的中心腹地为其发展中心,司马迁在《史记·货殖列传》中曾经指出:"昔唐人都河东,殷人都河内,周人都河南。夫三河在天下之中,若鼎足,王者所更居也,建国各数百千岁。"可以说是很精辟的概括。这也从另一侧面反映河洛文化在中国文明早期发展进程中的核心地位是无可置疑的。纵观中国文明的发达史,从远古到文明肇始,中原地区始终是中国文明诞生和早期发展的历史摇篮,甚至直到人们艳称

---

① 河南省文物研究所等:《登封王城岗与阳城》,文物出版社1992年版。
② 参看安金槐,《试论登封王城岗龙山文化城址与夏代阳城》,《中国考古学会第四次年会论文集》,文物出版社1985年版。马世之:《王城岗遗址的再探讨》,《中原文物》1995年第3期。
③ 参看李先登,《禹铸九鼎辨析》,《中国历史博物馆馆刊》1992年第18/19期。
④ 参看王润涛,《洪水传说与中国古代国家的形成》,《湖北大学学报》1990年第2期。
⑤ 王葆富等:《太湖流域良渚文化时期的自然环境》,《东方文明之光——良渚文化发现60周年纪念文集》,海南国际新闻出版中心1992年版。

的汉唐盛世,河洛文化一直发挥着其他任何地域文化无可替代的主导作用。毫无疑问,河洛文化在中国文明的历史发展进程中具有其他地区文化不可替代的核心地位,是直接推动这一历史进程的主导力量,

二、河洛文化是中国传统文化的核心内涵

河洛文化在中国历史上之所以重要,一个重要原因就在于它所形成和传承的地域在地理位置上处于历史上各个时期的中国版图上的中心。从文化发生学的观点看,尽管文化从来都是分别产生并交互影响的,但是处于中心地位的文化比较容易形成发展的优势。这种状况使得河洛文化从文化内涵上能够在自身优势基础上充分吸收和容纳周围甚至边远地区的文化因素,从而形成内涵更加丰富、影响日益强大的高端文化,再反过来向周边传播,形成更大范围的文化核心。河洛文化所在的中原地区相对于周边相邻地区的其他地域文化,不但最早跨入文明时代,而且在以后的数千年里,长期是我国政治、经济、文化、交通中心,河洛文化由此成为强势文化,历代统治者把河洛文化作为官方文化用制度安排的方式进行推行,要求朝野奉行,并竭力推崇和理论化,使之规范化、法制化,从而奠定了河洛文化作为官方文化的基础,取得经典文化的正统地位。这就使诞生和发展于中原地区的河洛文化,不同于其周边的其他地域文化,在中国传统文化数千年持续发展的历史长河中,一直是作为国家文化、中央文化、统治文化和经典文化的代表,长期发挥着主导作用,因而在中国传统文化中始终居于核心地位。

《史记·封禅书》中记载:“昔三代之居,皆在河洛之间,故嵩高为中岳,而四岳各如其方,四渎咸在山东。”无论从文献记载,还是从考古发现看,在中国境内,率先进入文明时代、出现“国家”形态的地区,正是形成河洛文化的中原地区的中心腹地的河洛地区。河洛地区是中国历史上第一个王朝“夏王朝”建立统治的中心地区,是夏王朝的都城所在。《逸周书·度邑篇》也讲:“自洛延于伊,居易毋固,其有夏之居”;《国语·周语上》又说“昔伊洛竭而夏亡”。可知,夏代的政治中心是在伊水、罗水交汇处的洛阳及其周围的河洛平原。1959 年以来,考古工作者在地处河洛文化中心腹地的二里头文化遗址进行过多次发掘,研究

表明这里就是中国历史上第一个王朝——夏王朝的都城遗址。① 夏代以后,商、西周、东周、东汉、三国魏、西晋、北魏、隋、唐、五代后梁、后唐、后晋均曾建都洛阳,商中后期、秦、西汉、五代、北宋、金等历史朝代的首都也都在其东西周围或两侧的郑州、安阳、咸阳、西安和开封等地。正因为如此,河洛文化一开始就具有国家文化、中央文化、统治文化和经典文化的性质,后来也一直处于当时文化的核心地位。河洛文化的文化渊源中最为人称道和被普遍推崇是所谓"河图"、"洛书",相传它们均是在传说时代的河洛文化中心腹地出现的。它们曾被誉为中国早期先民思维的最高成就,并被视为中华文明第一个高峰和里程碑。其源出于《易经·系辞上》:"河出图,洛出书,圣人则之。"相传伏羲即是依此"图"、"书"画作八卦,构成《周易》一书的来源。对于河图、洛书,历代学者曾作种种推断和臆测,例如,《汉书·五行志》中记载刘歆曾说:"禹治洪水,赐《洛书》,法而陈之,《洪范》是也。"即《洛书》就是《尚书》中的《洪范》,其他的说法不一而足。尽管这些说法从今天的学术眼光看,并非确凿有据,但由此而产生的《周易》为代表的数术文化在古代中国曾经是被普遍视为经典文化的重要核心文化。"河图"、"洛书"在客观上无疑反映了河洛文化在中华文明早期演进过程中曾经起到过其独特而重大的作用。文献中又讲西周早期周公在河洛文化中心腹地的洛阳成周摄政时曾制礼,礼乐文化是河洛文化的重要基础,在西周一代曾是当时全社会的行为规范,后来经过儒家的提倡和历代王朝的推崇,一直是对中国社会、中国思想文化、中国历史产生了深远影响的制度文化。在中国历史上对全社会产生重大影响的儒家学说、道家学说、佛学、玄学、理学等中重要思想、宗教文化,或肇始于斯,或兴盛于此,也都是在这里形成和传承的。它们对中华民族的民族心理、思想信仰和文化品格的形成和中国人的社会生活与宗教、文化起着任何其他学说无可比拟的决定影响和作用,从某种意义上甚至可以说,决定了中国历史的走向,无疑在中国传统文化中是居于核心地位的。②

　　在艺术领域,河洛文化也是中国传统文化的重要源头和传承主流。中国书法就目前已发现的文字书写体系而言,商代后期的甲骨文和商周金文时代最早,

① 参看王学荣:《偃师商城布局的探索和思考》,《考古》1999 年 2 期。
② 参看陈玉龙、杨通方、夏应元、范毓周合著的《汉文化论纲》,北京大学出版社 1993 年版。

它们可以说是中国书法最早的源头。① 古代中原地区不仅为中国书法艺术的源头所在,更是中国书法艺术传承的滥觞。秦代以来,可以说世代有才人,名家辈出。例如,出生于河南上蔡的秦相李斯(公元前280～公元前203年),力倡以小篆为"书同文"的基础,开中国经典书法艺术之先河,奠定小篆标准书体的秦《泰山刻石》、《琅邪台刻石》等书法名作均出自他的手笔。出生于河南开封陈留的东汉书法家蔡邕(132～192年),首创飞白书法,曾奉诏书丹六经,立碑于太学门外,一度是当时垂范隶书法度的一代宗师。出生于河南长葛的三国时期魏国书法家钟繇,曾被尊为楷法鼻祖,也有《宣示表》、《贺捷表》、《荐季直表》等名帖传世。晋代大书法家王羲之的书法深受其影响。出生在河南开封的北魏书法家郑道昭(?～516年),则开北魏圆笔之宗,上承汉隶,下开唐楷,横放杰出,一枝独秀。影响了唐代颜、柳诸家书风的唐代书法巨匠褚遂良和草书理论家孙过庭等著名书法家,也都是中原地区造就的杰出人才。② 此后,中原书法蔚为风气,名家辈出,不可胜数,一直到今天文脉未断,中原地区的书法名家仍然在全国具有重要的影响和地位。河洛文化中的绘画艺术也发端甚早,早在新石器时代晚期,就有汝州阎村仰韶文化遗址出土的红陶缸上的《鹳鱼石斧图》出现。③ 进入文明时期以后,夏、商两代都有图籍存于王府,周代已有专门从事绘画的画工或画史在中原王都的宫室墙壁上画有壁画。汉代以后,则逐步形成民间画工、尚方画工与文人画家多层次的画家群体活跃在中原地区,形成了颇具特色的河洛画派,构成河洛文化的重要组成部分,对历代绘画的发展起着不容忽视的主导作用。④ 其他艺术门类的情形也大抵相同。总之,在中国数千年的历史长河中,河洛文化与其他区域性文化相互撞击、融合、补充,共同创造了多元互补的中国传统文化,由于地域优势和政治需求等多种原因,河洛文化一直居于核心地位,是推动中国传统文化不断发展的主导力量。

---

① 参看拙著,《甲骨文》,人民出版社1986年版。又拙著,《出土文献与中国书法》,《书法世界》2003年2期;《商周金文与中国早期书法艺术》,《书画世界》2005年7期。

② 参看葛坤英,《河洛文化与中国书法》,《中州今古》2000年6期。

③ 参看拙著,《临汝阎村新石器时代陶画〈鹳鱼石斧图〉试释》,《中原文物》,1982年4期。

④ 参看宫大中,《河洛文化与河洛画派》,《洛阳大学学报》1998第3期。

三、河洛文化的影响与现实意义

曾有学者指出,以河洛文化为中心的中华文化的主要特点是:(一)历久弥坚的大一统思想;(二)根深蒂固的"中国"意识;并说:历史一再证明,中华民族对文化传统的认同,能够超越时空限制,超越社会制度和意识形态差异;中华民族文化上的统一,使政治、地域上的分裂不可能持久。世界应该是多元而又互补的,冲突而又融合的。在这方面,中华文化可提供解决冲突、和平共处、互不干涉、共同发展的理论思想。① 应当说这一看法是很中肯的。河洛文化正是在这一基础上不断扩大其影响和对中国历史发展进程起到积极有效的推动作用的。

在中国数千年的历史发展过程中,由于河洛文化所倡导的大一统思想深入人心,故在不同历史时期一度出现分裂局面,但一旦处于中心地位的王朝居于中原地区的优势地位,很快便以中央王朝的名义和号召力使中国重新走向统一。甚至连少数族群建立的王朝政权都无一例外。从秦王朝的统一六国到三国归晋,从隋对南北朝长期分裂局面的结束到北宋重新从五代十国的混沌中重归统一,从元朝彻底终结宋、辽、金的对峙到清王朝平定准葛尔、三藩分裂、回归台湾使国家版图完整统一,无一不是河洛文化所倡导的大一统思想深入人心所造成深刻影响的结果。

河洛文化所强调的根深蒂固的"中国"意识,是中国历史上多民族融合和民族团结的精神力量。历史上,中华民族是不断发展壮大的。从最早的炎、黄集团发展到华夏族群,再突破夷、夏之别融会各个少数族群进入汉族群体,直至兼容所有中国境内的民族群体构成中华民族大家庭,都是在"中国"意识基础上形成的。历史上,民族团结和疆域完整是任何王朝的政治职责,顺之则兴,逆之则亡。尽管中国历史上王朝更迭,甚至统治者族群变换,但无一例外地都是以维护"中国"的各民族间团结和版图完整为己任的,这也是中国文明为什么在人类文明史上是数千年未曾断绝的文明的根本原因。

河洛文化的强劲的凝聚力与向心力表现在所有受其沐浴的中国人,无论走到哪里,都对自己的祖居地怀有深厚的情愫,都竭力保持自己的文化认同精神和

---

① 朱康有:《河洛文化与祖国统一大业》,《南京政治学院学报》2003 年第 4 期。

民族归属感。最为典型的例子是客家人,他们在历史的变动中屡次播迁,但是不管走到哪里,他们都坚定地保存自己拥有的河洛文化,并称自己是来自足以引为骄傲的河洛地区。[①] 在今天的闽、台地区,广为人知的"河洛郎"就是这种精神的动人写照。当今,在中华民族 100 个世族大姓中,有 73 姓源于中原。南迁的河洛人在赣、闽、粤交界的地区生活,形成了"客家民系"。一部分闽南人、客家人到港澳台和国外谋生,成为港澳台侨同胞的主体。在台湾,汉族人口占 82.7%,其中 80% 是由福建去台湾的闽南人,20% 是祖籍广东的客家人。他们承认河洛地区是他们的祖籍地,自称"河洛郎",认同河洛文化。河洛文化对他们有巨大的感召力和吸引力。

事实上,中华民族的文化源头在中原地区,河洛文化是中国传统文化的核心和主导力量,在海内外华人中,已是一个普遍的认识,深入研究河洛文化的传承和影响,特别是研究河洛文化与港澳台同胞的关系,对增进港澳台同胞和海外侨胞对中华民族的认同感,凝聚世界华人、促进祖国统一有着重大的现实意义。

(作者单位:南京大学历史系)

---

① 　参看韩忠厚,《客家民系"根在河洛"》,《洛阳大学学报》1994 年 3 月(第 9 卷 1 期)。

目前研究河洛文化的几点不足

董玉梅

一、对本地域文化特色的研究不足

在了解研究河洛文化过程中,我感受的比较多的是研究者大多把研究重点放在河洛文化在华夏文化中的地位等方面,而作为地域文化,人们想具体而形象地感受河洛文化的地域文化特色却比较困难。许多研究者把河洛文化定义为地域文化,然而什么是河洛的地域文化却从中感受得不是太明确。

地域文化通常是指在特定的地域范围内长期形成的历史遗存、文化形态、语言、心理特征、社会习俗、生产生活方式等。地域文化的第一个特性是其地域性:本地区与其他地区在自然环境、语言、心理特征、社会习俗、生产生活方式等方面的不同,它们给人的感受就是本地方独具的地域特色。

目前,对河洛文化的了解大多集中在华夏文化的起源以及夏、商、周历史的发展方面,有时候似乎让人觉得这是在研究中国上古时期的通史;似乎对河洛地区进行的文化和历史的描述和解释,也可以用于其他地区,而且有时很容易把河洛地区的历史与陕西、山西或者山东的一些地方历史混淆。例如:从洛阳沿黄河西上可到达陕西关中地区,这里也是华夏文化的起源地,历史上西安及附近地区也有着许许多多的文化成就,其成就对中华文明的发展也有着重大影响;由汉到唐,西安地区长期作为政治中心,其文化的发达非其他地区可比。河洛地区与关中地区有许多相似之处,如果不是专门的研究者,或者普通的研究者没有进行细致的研究,常常容易把两个地区弄混淆。

有些研究者曾统计历史上有许多文化名人在河洛地区生活过并取得了哪些

成就,其中大多所列举的皆为汉唐人物,而这些人物中,有许多人大多数时间里是在长安生活或创作。那么,这些文化名人的成就究竟是属于河洛文化还是属于关中文化? 这个问题便不好回答。因此,研究比较两地文化的差异主要表现在什么地方? 河洛地区的民居、民风、习俗与关中地区相比有什么相同或不同? 这些问题若不进行系统的研究,河洛文化的文化地域特色很难体现出来,河洛文化的独特地位也不容易真正地被人们认识和理解。

从洛阳沿黄河东下至山东,齐鲁文化在华夏文化起源上虽不及河洛文化那样鲜亮夺目,但在华夏文化的发展和进程中,同样有其鲜亮夺目的光彩。孔子所创立的儒家思想从汉武帝以后,成为中国两千余年封建社会的统治思想。儒家思想体系中的政治思想、伦理道德等不可避免地渗透到了河洛地区并且也在默默地改造着这一文化。儒家文化对河洛地区人们原有的道德观念和行为规范有冲击,让这一地区发生着什么样的变化? 原居民的道德观念和行为规范还有多少保留? 河洛文化与齐鲁文化的交融是怎样的一个过程? 这些问题不作进一步的研究,河洛文化的发展过程谁又能真正地说清楚。

如果研究者在研究的过程中,力图表现河洛地区的地域特色,比如"水席"和"唐三彩"等,如果我们在河洛文化的研究成果中,能够认识河洛文化在文化形态、心理特征、生活方式、传统习俗等方面具有的鲜明的标志,那么河洛文化就更容易被人们理解和接受。

二、对河洛文化渐进式辐射的研究不足

最近一段时期,海外华侨掀起的"寻根热"促进了大陆各地的地域文化的研究,河洛文化的热度更高。无论是研究广东的文化还是台湾的历史,人们总是直接地联系到河洛文化。一些研究者从姓氏、建筑、语言、信仰等方面研究我国南方客家文化与河洛文化的关系。这种研究实际上是在解决河洛文化对中华文明发展产生哪些重大影响这一重大课题。不过,有些研究方法还值得商榷。例如,有的研究者在研究闽南话与河洛话的关系时,采取直接对应的方法,试图说明闽南话是由河洛话转变而来,这样的直接对应的研究可能有失科学的严谨性。《郑州晚报》曾组织过一次专题报道,内容是"探寻客家历史足迹",在《松口之恋》一篇中有如下报道:

一千多年前,他(梁庆宜)的祖先梁祖芳做出勇敢的举动,携妻带子,从京都洛阳南下,渡过淮河,到了淮河南岸。时间是公元 317 年。梁家族谱如此记载。

史料记载当时的情况是,西晋的皇帝无能,五个支派的胡人趁势起乱,一直打进皇宫,整个洛阳城无论布衣白丁、贵胄巨贾一齐遭殃。为了存续香脉,梁就一咬牙,舍弃雕梁画栋的楼房,尽拣细软,领着家人往南奔。见山就翻,见河就过,一口气摆渡到淮河南岸。

后来不知什么原因,一年不到,梁再举家南下,一直到钱塘合浦间,这里人文、地理与淮河南岸差不多。此后的许多年,梁祖芳的后裔数次举族搬迁。在长达千年的时间里,梁氏宗族由钱塘合浦间,到福建三山里,再移至泉州淡村。还不停,又迁到广东顺德,再走就走到了福建宁化石壁。最后一站是广东梅州松口镇,此时约公元 1312 年。当时的族长是梁孟坚,梁祖芳的第 31 世玄孙。

从梁祖芳到梁孟坚,从洛阳到松口镇,梁氏家族前后经历 995 年,共 31 世。其间,迁徙地点包括钱塘合浦、福建三山里、泉州淡村、广东顺德、福建宁化石壁等地。

我举这个例子,意在说明,在这个家族的漫长的迁徙过程中,梁祖芳的后代们显然不可能保持语言的纯洁和不受当地语言文化的影响,当然,这种语言上的变化也绝不会是跳跃式的突变过程。梁氏家族的语言应该是随着繁衍的不断,而在不断地、入乡随俗地吸收江浙方言、闽南方言和粤语的成分,直至最后使用客家话和粤语。

这个过程反映了南方客家文化部分源自于久远的河洛文化,也间接地说明了另一种历史现象,即河洛文化在历史上是在向周边地区辐射或传播着,实际上也是在人口迁移的过程中具有的文化融合过程。从我国西晋开始的人口大迁徙的过程中,河洛文化对我国南方产生很大的影响,包括河洛语也会对迁徙各地产生一定的影响。不过,这种影响或辐射是一个渐变的过程,而不是一个跳跃式的突变过程。用一个不恰当的例子来说,把河洛语对闽南语的影响比喻为一条线段,目前,我们对线段的两端顶点知道的较多,而对线段中间所知却很少。如果,我们不把河洛文化对周边地区的渐进式影响研究清楚,那么,河洛文化对中国文化产生重大影响这一结论也不容易被人们接受。

又比如,20世纪50年代在武汉近郊发现的盘龙城,应该是河洛文化对长江文化的一次冲击。作为军事城堡出现的盘龙城,在其350年存在的过程中,实际上是不断地把河洛文化中的军事思想、建筑工艺、农业技术等内容传播到长江流域的文化范围之中。我觉得,这也是一个渐进的过程,并不是在突然间对长江流域产生影响的。而且,由于中国的政治中心多在北方,因此,华夏文化对南方文化的影响一直是持续不断进行着的。黄河流域的黄帝,长江流域的炎帝,应该说,也是借助于河洛文化才联结成为炎黄文化的。这些内容都需要河洛文化的研究者来研究。如果把这些内容研究透了,河洛文化的特色就充分体现出来了。

三、对河洛文化与周边地区文化的比较研究不足

河洛文化在中华文明的发展史上占据着什么地位?目前学术界的看法逐渐趋向一致:著名历史学家戴逸先生认为"河洛文化是中国文化的重要源泉之一,而且长期以来处于领先地位"(《关于河洛文化的四个问题》)。中原历史及文化研究的权威程有为先生在《"河洛文化"略论》中提出:"河洛文化是中华民族文化的一部分,它对其他地区的文化发展有重大影响,在中国文化发展史上有着十分重要的地位。"这些结论是站在中华文明发展史的角度作出的,从宏观的视角出发,观点的正确性毋庸置疑。但是,河洛文化的领先地位和对其他地区的重要影响不仅要从宏观的视野去表述,也需要从微观的角度通过与周边地区的比较研究去作进一步论证。

例如,关中文化与河洛文化的比较研究。为什么提出这个命题呢?因为两个地区在历史上由许多相似之处。简单列举如下:中国古代,关中地区与河洛地区地域相距较近,有着相似的地理纬度、相似的气候条件、相同的土壤和水利条件。从半坡文化与龙山文化的特征看,两地都是中华文明起源的中心地区;都是古代中国竞争政治中心最激烈的两个地区,南宋以前,多数朝代均在关中地区和河洛地区建都;两个地区在历史上都饱经战乱,反复经历着建设、繁荣和毁灭的轮回;两个地区都有着丰厚的文化积淀,保留着大量的历史文化遗存;两个地区

都是人杰地灵,司马迁在长安写成《史记》,司马光在洛阳完成《资治通鉴》;宋代道学的奠基人中,关中地区有张载,河洛地区有程颢、程颐;两地的历史文化名人不胜枚举。

东周时期,周从镐京迁都洛邑,这是关中文化和河洛文化的早期文明中的早期的大规模的文化融合,这种文化的融合,都足以说明关中文化与河洛文化对中华文明的发展产生过重大影响,在相当时期都处于领先地位。那么,两种文化产生的影响程度如何衡量?其影响各自侧重于哪些方面?在不同的时期哪一种文化处于领先地位?两种文化在构成华夏文化的过程中分别充当什么样的角色?两种文化的交融是一个怎样的过程?如果能够把这些问题弄清楚,其重大意义不仅在于推进两地地域文化的深入研究,而且有助于社会科学研究者为人们勾画出华夏文化的演进历程。

（作者单位:武汉地方志办公室）